U0480017

马克思历史观及其当代价值研究

孙大飞◎著

图书在版编目（CIP）数据

马克思历史观及其当代价值研究 / 孙大飞著. — 成都 : 四川大学出版社, 2022.8
ISBN 978-7-5690-5435-4

Ⅰ. ①马… Ⅱ. ①孙… Ⅲ. ①马克思主义－历史观－研究 Ⅳ. ① A811.692

中国版本图书馆 CIP 数据核字 (2022) 第 064476 号

书　　名：马克思历史观及其当代价值研究
　　　　　Makesi Lishiguan ji qi Dangdai Jiazhi Yanjiu
著　　者：孙大飞

选题策划：梁　平
责任编辑：陈克坚　杨　果
责任校对：傅　奕
装帧设计：裴菊红
责任印制：王　炜

出版发行：四川大学出版社有限责任公司
　　　　　地址：成都市一环路南一段 24 号（610065）
　　　　　电话：（028）85408311（发行部）、85400276（总编室）
　　　　　电子邮箱：scupress@vip.163.com
　　　　　网址：https://press.scu.edu.cn
印前制作：四川胜翔数码印务设计有限公司
印刷装订：四川盛图彩色印刷有限公司

成品尺寸：185mm×260mm
印　　张：19.25
字　　数：754 千字

版　　次：2023 年 3 月 第 1 版
印　　次：2023 年 3 月 第 1 次印刷
定　　价：98.00 元

扫码获取数字资源

四川大学出版社
微信公众号

前　言

马克思的历史观当然可以称劳动史观、生产史观、结构史观、规律史观、价值史观、群众史观、主体史观、空间史观、自然史观等，不过，我们认为这只是马克思历史观特性局部展现的一些历史认识。从整体上看，马克思历史认识应是把劳动、生产、结构、规律、价值、群众、主体、空间、自然、实践等历史因素包括在内且融为一体的一种总体性历史观。如何把这些历史因素在人类社会发展中的作用以及相互之间的关系阐释清楚，展现出马克思历史认识中各种历史因素融为一体的总体性特征，说明马克思的历史观何以是一种总体性的历史观，应是当前马克思历史观研究面临的一个重要任务。

我们认为马克思的历史观应具有如下特征：一是马克思历史认识的哲学立场是新唯物主义，反对依赖于人的思维或精神本性以及依赖于人的生物本性或自然本性的唯心主义；二是马克思历史认识的起点是现实的人，反对以抽象的人为起点；三是马克思历史认识的主体是主体性与结构性的相互制约，反对割裂主体与结构的关系；四是马克思历史认识认为《德意志意识形态》（以下简称《形态》）和《〈政治经济学批判〉序言》（以下简称《序言》）的历史认识具有同构性，反对割裂《形态》和《序言》历史认识的关系；五是马克思历史认识是规律同价值相结合，反对割裂规律和价值的关系；六是马克思历史认识认为过去、现在、未来相通，反对割裂三种时段的关系；七是马克思历史认识认为时间和空间相融合，反对割裂两种因素的关系；八是马克思历史认识认为自然与社会的关系相联系，反对割裂自然和社会的关系；九是马克思历史认识认为立场、观点、方法相统一，反对割裂立场、观点或方法三者的关系。

从上述对马克思历史观的特征认识看，我们认为马克思的历史观应具有如下历史认识的整体指向：其一，马克思的历史观是新唯物主义从事实出发的历史观，以此区别于从人的思维或精神本性以及人的生物本性或自然本性出发来认识历史的唯心主义历史观或旧唯物主义历史观；其二，马克思的历史观是以现实的人为起点的历史观，以此区别于依赖于人的思维或精神本性以及人的生物本性或自然本性构成的抽象人的历史观；其三，马克思的历史观是主体与结构相互制约的历史观，以此区别于主体主义或结构主义的历史观；其四，马克思的历史观是《形态》和《序言》两种历史认识同构的历史观，以此区别于只研究《序言》或《形态》历史认识的历史观；其五，马克思的历史观是规律论与价值论相结合的一种历史观，以此区别于只研究价值或只研究规律的历史观；其六，马克思的历史观是过去、现在、未来相通的历史观，以此区别于只注重过去或未来的历史观；其七，马克思的历史观是时间性和空间性相融合的历史观，以此区别于只关注时间或空间的历史观；其八，马克思的历史观是自然与社会关系相联系的历史观，以此区别于只研究自然或社会的历史观；其九，马克思的历史观是立场、观点、方法相统一的历史观，以此区别于只研究立场、观点或方法的历史观。

总之，马克思的历史观是由立场、观点、方法共同构成的一种历史认识，其中方法主要指的是历史认识的“视界”，立场主要指的是历史认识的哲学出发点，而观点则是立足于何种哲学立场、从何种视界出发“观”历史得出的主要历史认识。所谓马克思的历史观，具体说就是，“现实的人”在一定的“空间”中，站在新唯物主义从事实出发的哲学“立场”上，从长度（过去、现在和未来的统一）、宽度（人与自然的关系和人与人的关系的统一）和深度（表层与深层的统一）的多维“视界”出发，探讨社会和自然关系历史发展中主体、规律、价值、自然、科技、空间以及“真善美”如何实现的方案和实践活动路向的一种历史认识问题。

“回到马克思”和“让马克思走入当代”是问题的一体两面。这既能阐明马克思历史观的整体意蕴①，也能彰显马克思历史观在中国特色社会主义进入新时代时的当代价值。

---

① 马克思主义的整体性问题是近年来学术界一直探讨的一个重要问题，其中有两个互为关系的研究路向：一是马克思主义本身的整体性问题，其中侯惠勤的《论马克思主义的整体性》（2021）、赵家祥的《剩余价值理论是政治经济学的核心问题——兼论马克思主义的整体性》（2021）、陈晏清的《推进马克思主义理论的整体性研究》（2021）、程恩富的《论马克思主义研究的整体观——基于十二个视角的全方位分析》（2021）等知名学者都有对此问题的探讨；二是马克思主义本身整体性研究的延伸问题，例如郝立新的《恩格斯与马克思主义理论的整体性》（2020）是有关恩格斯对马克思主义整体性贡献的研究，刘希良的《深入把握中国共产党百年推进马克思主义中国化的整体性》（2022）是有关马克思主义中国化整体性问题的研究，王新建的《马克思主义整体性思维：习近平新时代时中国特色社会主义思想的鲜明底色》（2020）是有关习近平新时代中国特色社会主义思想的整体性问题的研究。另外还有一些对此问题研究的专著，例如房广顺等所著的《马克思主义整体性研究》（2012）、程恩富主编的《马克思主义科学体系整体性研究》（2013）、童贤成所著的《马克思主义科学体系整体性研究》（2014）、赵秀娥所著的《马克思主义整体性研究》（2015）、李秀娟所著的《哲学诠释学视域下马克思主义整体性研究》（2015）、程恩富等主编的《马克思主义基本原理整体性研究》（2017）、赵家祥所著的《马克思主义的整体性研究》（2018）、肖贵清所著的《中国化马克思主义整体性研究》（2018）、刘召峰所著的《学科贯通视野中的马克思主义基本原理研究：“从抽象上升到具体”的一种解读》（2018）、程恩富等主编的《马克思主义基本原理学科建设与整体性研究》（2020）等。

目　录

引　言

一、研究问题的提出

习近平总书记在《中共中央关于党的百年奋斗重大成就和历史经验的决议》中指出，中国共产党历史上历经了“夺取新民主主义革命伟大胜利”“完成社会主义革命和推进社会主义建设”“进行改革开放和社会主义现代化建设”“开创中国特色社会主义新时代”四件大事，其各个时段都体现着中国马克思主义与时俱进的自身特质。“习近平新时代中国特色社会主义思想是当代中国马克思主义、二十一世纪马克思主义，是中华文化和中国精神的时代精华，实现了马克思主义中国化新的飞跃。”[①] 这是我们理解新时代马克思主义的历史逻辑。

习近平总书记在纪念马克思诞辰二百周年的讲话中指出，学习马克思就要学习马克思的人类社会发展规律、人民立场、生产力和生产关系、人民民主、文化建设、社会建设、人与自然关系、世界历史、政党建设[②]等思想认识，“马克思主义理论体系和知识体系博大精深，涉及自然界、人类社会、人类思维各个领域，涉及历史、经济、政治、文化、社会、生态、科技、军事、党建等各个方面”[③]，内容涉及人类社会发展中的立场、主体、规律、价值、自然、科技、时空、方法等方面，是对人类社会发展历史问题的全面解答。中国马克思主义的发展就是“不断从中汲取科学智慧和理论力量”[④]。这是我们理解新时代马克思主义的思想逻辑。

中国特色社会主义进入新时代。习近平总书记不仅对涉及人类社会发展中的主体、规律、价值、自然、科技、时空、共同体等问题的历史、经济、政治、文化、社会、生态、科技、军事、党建等各个方面有论述，而且对于如何认识这些问题也有论述，强调“坚持历史唯物主义立场、观点、方法，立足中国、放眼世界，立时代之潮头，通古今之变化，发思想之先声”[⑤]。这是我们理解新时代马克思主义的文本逻辑。

---

① 习近平：《中共中央关于党的百年奋斗重大成就和历史经验的决议》，《人民日报》，2021年11月17日第1版。

② 中共中央党史和文献研究院：《十九大以来重要文献选编（上）》，中央文献出版社，2019年，第428～433页。

③ 习近平：《习近平在哲学社会科学工作座谈会上的讲话》，《人民日报》，2016年5月19日第2版。

④ 中共中央党史和文献研究院：《十九大以来重要文献选编（上）》，中央文献出版社，2019年，第428页。

⑤ 习近平：《习近平致中国社会科学院中国历史研究院成立的贺信》，《历史研究》，2019年第1期，第4页。

"守正创新"[①]，这不仅需要"回到马克思"，厘清马克思对历史的认识，也需要"让马克思走入当代"，面对习近平总书记的历史论述，在阐明对马克思历史观继承发展和创新创造认识的特质的基础上，进一步回答时代发展提出的如何加深马克思历史观的理解问题。"马克思的思想理论源于那个时代又超越了那个时代，既是那个时代精神的精华又是整个人类精神的精华。"[②]

二、研究的主要内容

本研究内容主要分为三部分：一是"回到马克思"的历史观的理解部分，主要是引言和第一章到第十章，其中第四章到第八章主要是看历史的长度、宽度和深度问题；二是"走入当代"的马克思历史观的当代价值部分，主要是第十一章；三是"回到马克思"和"走入当代"历史观的时代问题，主要是结语部分。

引言部分主要包括研究问题的提出、研究的主要内容、研究采用的方法以及概念的使用四部分内容，这部分理解的关键是要切入研究目的，突出问题意识。

第一章即马克思历史观的立场论问题，主要探讨的是马克思历史认识中的立场问题，具体包括马克思立场认识的历程、特征以及理论意义方面，强调新唯物主义的世界统一性。本章在马克思历史认识理论意义方面主要展示的是：新唯物主义为马克思历史认识从事实出发的哲学立场的形成夯实了基础。

第二章即马克思历史观的起点论问题，主要探讨的是马克思历史认识中的起点问题，具体包括起点认识的历程、特征以及理论意义方面，强调现实的人的整体性。本章在马克思历史认识理论意义方面主要展示的是："现实的人"为马克思历史认识承担者的形成确立了前提。

第三章即马克思历史观的主体论问题，主要探讨的是马克思历史认识中的主体问题，具体包括主体认识的历程、特征以及理论意义方面，强调主体性的结构制约性。本章在马克思历史认识理论意义方面主要展示的是：主体为马克思历史认识施动者的形成奠定了根基。

第四章和第五章是马克思历史观的规律论问题，主要探讨的是马克思历史认识中的规律问题，其中第四章主要探讨的是《〈政治经济学批判〉序言》中以"生产关系"为中介的社会结构内容的规律解读问题，第五章主要探讨的是《德意志意识形态》中以"交往关系"为中介的社会结构内容的规律解读问题，强调两种历史规律的同构性。这两章在马克思历史认识理论意义方面主要展示的是：以生产为基础的历史规律对于从生产看历史的马克思历史认识表层与深层的沟通，即对表层与深层相统一看历史"深度"视角的形成具有重要作用。

第六章即马克思历史观的价值论问题，主要探讨的是马克思历史认识中的价值问

① 习近平：《中共中央关于党的百年奋斗重大成就和历史经验的决议》，《人民日报》，2021年11月17日第1版。

② 中共中央党史和文献研究院：《十九大以来重要文献选编（上）》，中央文献出版社，2019年，第423页。

题，具体包括马克思价值认识的历程、特征以及理论意义方面，强调价值的全面性。本章在马克思历史认识理论意义方面主要展示的是：价值对于马克思历史认识人类社会未来与现在和过去的沟通，即对过去、现在、未来相统一看历史“长度”视角的形成具有重要作用。

第七章即马克思历史观的自然论问题，主要探讨的是马克思历史认识中的自然问题，具体包括马克思自然认识的历程、特征以及理论意义方面，强调自然的存在性。本章在马克思历史认识理论意义方面主要展示的是：自然认识的发展对于马克思历史认识人与自然的关系和人与人的关系沟通，即对人、自然、社会相统一看历史“宽度”视角的形成具有重要作用。

第八章即马克思历史观的科技论问题，主要探讨的是马克思历史认识中的科技问题，具体包括马克思科技认识的历程、特征以及理论意义方面，强调科技的中介性。本章在马克思历史认识理论意义方面主要展示的是：人与自然的关系和人与人的关系在人的对象性活动中的贯通对于马克思历史认识看历史宽度“视角”的形成具有重要作用。

第九章即马克思历史观的空间论问题，主要探讨的是马克思历史认识中的空间问题，具体包括马克思空间认识的历程、特征以及理论意义方面，强调空间的“场域性”。本章在马克思历史认识理论意义方面主要展示的是：空间“实践场域”对于马克思历史认识“立足点”的形成具有重要的作用。

第十章即马克思历史观的方法论问题，主要探讨的是马克思历史认识中的方法问题，具体包括马克思方法认识的历程、特征以及理论意义方面，强调方法的关系性。本章在马克思历史认识理论意义方面主要展示的是：方法的关系性对于马克思历史认识长度（过去、现在和未来的统一）、宽度（人与自然的关系和人与人的关系的统一）和深度（表层与深层的统一）“多维”视界的形成具有重要作用。

第十一章即马克思历史观的当代价值问题，主要探讨的是马克思历史观的时代价值问题，具体包括马克思历史观当代价值的认识指引、守正、创新以及时代挑战问题，强调马克思历史观当代价值“守正创新”的特性。本章在马克思历史认识理论意义方面主要展示的是：“走入当代”的马克思历史观在立场、观点、方法方面“守正”和“创新”的回答以及时代挑战的应对问题。

结语部分，主要探讨的是“回到马克思”和“走入当代”马克思历史观关系如何理解的问题，具体包括习近平总书记提出的“历史时代”和“百年未有之大变局”的认识问题，强调了马克思历史观走入当代的语境性。本部分在马克思历史认识理论意义方面主要展示的是：在“历史时代”和“百年未有之大变局”认识的语境中理解“回到马克思”和“走入当代”马克思历史观关系的问题。

三、研究采用的方法

（1）文本研究法，既要注重文本阐释，又要关注现实，是文本与现实的统一；（2）逻辑与历史相统一的研究法，既要注重逻辑，也要关注历史，是逻辑与历史的统一；（3）思辨与实证相结合的研究法，既要注重理论分析，又要关注事实确证，是思辨与实证的统一；（4）比较研究法，既要注重自身理论的正面阐述，也要关注对非马克思主义或反马克思主义的评判，更要关注马克思主义内部自身理论的回应，是正面阐释与反面回应的统一。

四、概念的使用说明

第一，马克思的指称。本书（包括题目）中“马克思”的概念，是在马克思和恩格斯两位经典作家共同指代的意义上使用的。如果书中在论述的过程中涉及一些著作、陈述或观点需要明确指明是“马克思”时，我们就单独使用“马克思”的概念；如果书中在论述的过程中涉及一些著作、陈述或观点需要明确指明是“恩格斯”时，我们就单独使用“恩格斯”的概念；如果书中有些地方需要共同指明两位经典作家或重点强调时就使用“马克思恩格斯”的概念指称。不过，在一般意义上，我们更多的是使用“马克思”这个概念。“马克思主义”这个概念我们在两种意义上使用：其一，是指马克思、恩格斯以及列宁和中国马克思主义的意义指称；其二，是指具体的马克思主义意义指称，例如，“马克思之后的马克思主义”“西方马克思主义”“俄国马克思主义”“中国马克思主义”，或“列宁的马克思主义”“毛泽东的马克思主义”等更为具体的马克思主义指称。马克思主义是个复数，而不是单数，是个总体性指称。[①]

第二，历史观的界域。历史观的界域需要回答两个问题：一是“历史”认识专业术语的表述问题，二是历史认识中“历史”的理解问题。下面先回答第一个问题。

马克思历史认识分别有“唯物主义历史观”“唯物史观”“历史唯物主义”以及“历史观”四种称谓，其中“历史观”的称谓最早，是在《德意志意识形态》中论述与“唯心主义历史观”相对的唯物主义历史认识时使用的，“这种历史观就在于：从直接生活的物质生产出发阐述现实的生产过程……”[②] 杨耕教授认为唯物主义历史观的概念在《德意志意识形态》中已经形成了[③]，但这一术语首次出现却是在恩格斯1859年写的《卡尔·马克思〈政治经济学批判〉》一文中，马克思的经济学“本质上是建立在唯物主义历史观的基础上的”，这一观点马克思在《〈政治经济学批判〉序言》中“已经作了扼要的阐述”[④]。“唯物史观”是恩格斯在《论住宅问题》中批评蒲鲁东的著作《战争与和平》“缺少唯物主义”而“求助于造物主”时提出来的，指出“德国的唯物史观是以一

---

① 孙大飞：《西方马克思主义和后马克思主义历史观研究》，中国社会科学出版社，2021年，第10～14页。

② 中共中央马克思恩格斯列宁斯大林著作编译局：《马克思恩格斯选集（第一卷）》，人民出版社，2012年，第171页。

③ 杨耕：《危机中的重建：唯物主义历史观的现代阐释》，江苏人民出版社，2022年，第30页。巴加图利亚认为“正是”在《德意志意识形态》中，“唯物主义历史观第一次全面地被描述出来，并且成为完整的概念”。由此来看，巴氏的观点同杨教授的观点应可以认为是相同的（［苏联］Г．А．巴加图利亚：《马克思的第一个伟大发现——唯物史观的形成和发展》，陆忍译，中国人民大学出版社，1981年，第61页）。

④ 中共中央马克思恩格斯列宁斯大林著作编译局：《马克思恩格斯选集（第二卷）》，人民出版社，2012年，第8页。

定历史时期的物质经济生活条件来说明一切历史事件和观念，一切政治、哲学和宗教的”[①]。“历史唯物主义”[②] 的首次使用是在 1890 年 8 月恩格斯致康·施密特的信中，其后在 1892 年《社会主义从空想到科学的发展》的英文版导言中，恩格斯对历史唯物主义进行了解释，认为“用‘历史唯物主义’这个名词来表达一种关于历史过程的观点……这种观点认为一切重要历史事件的终极原因和伟大动力是社会的经济发展，是生产方式和交换方式的改变，是由此产生的社会之划分为不同的阶级，是这些阶级彼此之间的斗争”[③]。

中国学术界对马克思恩格斯唯物史观和历史唯物主义的重新理解，起源于 1982 年伯良（南京大学的孙伯鍨和姚顺良）的《从“两种生产”的理论谈对历史唯物主义的狭义和广义解释》一文，认为广义的历史唯物主义应包括生活资料的生产和人类自身的生产两个方面，其后黄明理、俞吾金、张一兵、王金福、周林东、李世忠、宫敬才、陈尚伟、安启念、尤金等学者先后提出了大历史观、大唯物史观和广义历史唯物主义的概念。[④] 总体上看有四种认识趋向：一是从研究的视角看，是物质生产扩展到两种生产，再扩展到狭义的物质生产到广义的物质生产，又扩展到生产的唯物主义问题；二是从研究的对象看，是自然与生产的对象扩展到社会与人，再扩展到社会、自然、思维，最终是自然观与社会观的历史统一问题；三是从研究的时空关系看，是时间上扩展到人的产生的猿人的前古代时期，空间上扩展到全球，形成时间上的纵向变化和地域上的横向差异的结合问题；四是从研究的内容看，是历史规律认识扩展到历史认识，又扩展到方法、价值以及审美和语言认识问题。[⑤] 我们认为不管是“大历史观”“大唯物史观”还是“广义历史唯物主义”，其对于马克思历史认识的研究都是可以结合在一起的，而不是把相互之间的关系对立起来，否则就会夸大唯物主义历史观和历史唯物主义的“区

---

① 中共中央马克思恩格斯列宁斯大林著作编译局：《马克思恩格斯选集（第三卷）》，人民出版社，2012 年，第 259 页。

② 中共中央马克思恩格斯列宁斯大林著作编译局：《马克思恩格斯选集（第四卷）》，人民出版社，2012 年，第 599 页。

③ 中共中央马克思恩格斯列宁斯大林著作编译局：《马克思恩格斯选集（第三卷）》，人民出版社，2012 年，第 760 页。

④ 黄明理：《现代科学的大历史观——唯物史观的现代形态》，南京大学出版社，1993 年。俞吾金：《论两种不同的历史唯物主义概念》，《中国社会科学》，1995 年第 6 期，第 96～107 页。张一兵：《马克思历史辩证法的主体向度》，河南人民出版社，1995 年。王金福：《马克思哲学在理解中的命运——对马克思主义哲学史的解释学考察》，苏州大学出版社，2003 年。周林东：《人化自然辩证法——对马克思的自然观的解读》，人民出版社，2008 年。李世忠：《马克思实践范式的大唯物史观研究》，中国民主法制出版社，2011 年。宫敬才：《马克思经济哲学研究》，人民出版社，2014 年。陈尚伟：《马克思哲学中的以人为本研究：对马克思人本思想的文本解读》，学习出版社，2015 年。安启念：《通往自由之路：马克思哲学思想研究》，中国人民大学出版社，2016 年。尤金：《空间与历史唯物主义》，人民出版社，2019 年。

⑤ 青年卢卡奇开创的西方马克思主义同我国马克思主义者对马克思历史认识的研究路向迥异，是一种不包括“本体论”和“自然观”的唯物主义社会历史观（参阅孙大飞：《西方马克思主义和后马克思主义历史观研究》，中国社会科学出版社，2021 年，第 118～127 页）。第二国际的学者如考茨基虽然认为马克思《〈政治经济学批判〉序言》中论述的历史规律指的不是“所有一切历史的发展规律，而只是至今的历史即人类的‘史前时期’的发展规律”[《哲学研究》编辑部：《唯物主义历史观（第五分册）》，上海人民出版社，1964 年，第 320 页]，但毕竟考茨基、拉法格、梅林等还有一些关于自然认识的论述（参阅陈爱萍：《第二国际马克思主义哲学：时代、问题与批判》，中国社会科学出版社，2017 年，第 176～207 页）。

别”而否认“实质上的同一性”①。当然，二者也不是“总体与局部、包含与被包含”②的一种关系。这是问题的一个方面。

在《德意志意识形态》中，马克思、恩格斯虽然没有提出“唯物主义历史观”这个概念，但是却提出了“唯心主义历史观”③ 这个概念的，那么，认为唯物主义历史观这一概念在《德意志意识形态》中已经形成也并非不可。马克思、恩格斯在《德意志意识形态》中所使用的“唯心主义历史观”主要是在与“唯物主义历史观”相对的意义上使用的，强调从“物质实践”角度解释各种“观念形态”④ 的唯物主义问题。关于历史认识中注重唯物主义这一点的重要性，恩格斯在1893年的书信中也有说明，认为“从基本经济事实中引出政治的、法的和其他意识形态的观念以及以这些观念为中介的行动”，在当时是“必须这样做”⑤ 的。当然，当时这样做也存在不足，就是“为了内容方面而忽略了形式方面”，也就是“这些观念等等是由什么样的方式和方法产生的”⑥ 问题。针对德国社会民主党的青年派对马克思历史观的误解以及资产阶级思想家对马克思历史观的曲解，恩格斯在1890年8月致康·施密特的信中首次提出了“历史唯物主义”⑦ 的概念，明确指出马克思的历史观不是把经济理解为一种实体的决定论。也就是说，恩格斯历史唯物主义概念主要是针对对马克思历史观“经济决定论”的不正确理解提出来的。“历史观”这个概念马克思、恩格斯在《德意志意识形态》中多次使用，其后恩格斯多次使用过这个概念⑧，其中在1890年的书信中，恩格斯先后交替使用了“唯物史观”“历史观”“历史唯物主义”的概念。⑨ 从马克思恩格斯“历史观”“唯物主义历史观”“历史唯物主义”三个概念的使用情况看，“唯物主义历史观”和“历史唯物主义”可以在包含不同内容的意义上同等看待，而“历史观”这个概念在范围上应是最大的。当然，马克思、恩格斯所使用的“历史观”是有自身特性的。也正是在这种意义上，马克思、恩格斯在使用“历史观”概

---

① 舒远招：《略论唯物史观与历史唯物主义的区别——与张奎良教授商榷》，《马克思主义与现实》，2016年第2期，第29页。

② 肖士英：《历史唯物主义与唯物史观本然关系之多视域解蔽及其效应》，《河北学刊》，2020年第1期，第68页。

③ 中共中央马克思恩格斯列宁斯大林著作编译局：《马克思恩格斯选集（第一卷）》，人民出版社，2012年，第172页。

④ 中共中央马克思恩格斯列宁斯大林著作编译局：《马克思恩格斯选集（第一卷）》，人民出版社，2012年，第172页。

⑤ 中共中央马克思恩格斯列宁斯大林著作编译局：《马克思恩格斯选集（第四卷）》，人民出版社，2012年，第642页。

⑥ 中共中央马克思恩格斯列宁斯大林著作编译局：《马克思恩格斯选集（第四卷）》，人民出版社，2012年，第642页。

⑦ 中共中央马克思恩格斯列宁斯大林著作编译局：《马克思恩格斯选集（第四卷）》，人民出版社，2012年，第599页。

⑧ 中共中央马克思恩格斯列宁斯大林著作编译局：《马克思恩格斯选集（第三卷）》，人民出版社，2012年，第401页、第723页。中共中央马克思恩格斯列宁斯大林著作编译局：《马克思恩格斯选集（第四卷）》，人民出版社，2012年，第255页、第264页、第599页。

⑨ 中共中央马克思恩格斯列宁斯大林著作编译局：《马克思恩格斯选集（第四卷）》，人民出版社，2012年，第598～599页。

念时，是有限定词语的，例如“新的历史观”“我们的历史观”“马克思的历史观”[①] 等。也正是这个原因，本书采用“历史观”这个称谓来研究马克思的历史认识问题。

马克思、恩格斯之后，普列汉诺夫使用过“唯物史观”这个概念，是在强调马克思历史认识的一元性质，批评“因素论”时使用的，认为因素论就是“把社会生活中某几方面随便提了出来，将它们看作独立的实体，将它们看作是来自各个不同方面并具有程度不同功效的引导社会人类走向进步的一种特殊力量”[②] 的一种历史认识。“历史唯物主义”这个概念，普列汉诺夫也使用过，是在批评歪曲马克思历史认识为“经济唯物主义”和如何理解地理环境作用时，同“辩证唯物主义”这个概念一起使用的，强调马克思历史认识的“辩证的理性”，“辩证唯物主义承认……相互作用的存在，但它同时用说明生产力的发展来解释这种相互作用”[③]。“‘辩证唯物主义’这一术语”是“唯一能够正确说明马克思哲学特点的术语。”[④] 如果说普列汉诺夫所使用的“辩证唯物主义”是在指称马克思哲学意义上讲的，也并非不可。这同列宁所使用的“辩证唯物主义”的概念是有相同之处的。不过，列宁“辩证唯物主义”概念的使用同斯大林有所不同，前者是在包含自然观和社会历史观的意义上讲的，而后者则是在对“自然界现象”的认识方法和理论解释的“辩证”和“唯物主义”[⑤] 意义上讲的。再者，二者所谓的“推广”意义也是不同的。列宁所说的“推广”是指包括费尔巴哈的旧唯物主义的认识“不够彻底和全面”[⑥]，而当“把唯物主义贯彻和推广运用于社会现象领域”，消除了以往历史理论没有把物质生产的发展程度看作是人们历史活动思想动机的“根源”和“忽视居民群众的活动”的两个主要缺点时，“唯物主义历史观”[⑦] 才被发现出来，由此，“半截”[⑧] 的唯物主义问题也就避免了。这同“历史唯物主义”被仅仅指涉为“辩证唯物主义”[⑨]

① 中共中央马克思恩格斯列宁斯大林著作编译局：《马克思恩格斯选集（第三卷）》，人民出版社，2012 年，第 723 页。中共中央马克思恩格斯列宁斯大林著作编译局：《马克思恩格斯选集（第四卷）》，人民出版社，2012 年，第 599 页。中共中央马克思恩格斯列宁斯大林著作编译局：《马克思恩格斯选集（第四卷）》，人民出版社，2012 年，第 264 页。

② ［俄］格奥尔基·瓦连廷诺维奇·普列汉诺夫：《普列汉诺夫哲学著作选集（第二卷）》，生活·读书·新知三联书店，1961 年，第 336 页。

③ 王荫庭：《普列汉诺夫读本》，中央编译出版社，2008 年，第 124 页。

④ 王荫庭：《普列汉诺夫读本》，中央编译出版社，2008 年，第 126 页注释①。拉布里奥拉也使用过“历史唯物主义”概念，是在批判“经济解释可以理解一切”的经济决定论时提出来的，强调社会生活整体意义理解的“有机的历史观”。这同普列汉诺夫“历史唯物主义”概念的使用有相同之处（［意］安·拉布里奥拉：《关于历史唯物主义》，杨启嶙、孙魁、宋中龙译，人民出版社，1984 年，第 47 页、第 48 页）。

⑤ 中共中央马克思恩格斯列宁斯大林著作编译局：《斯大林选集（下卷）》，人民出版社，1979 年，第 424 页。

⑥ 中共中央马克思恩格斯列宁斯大林著作编译局：《列宁专题文集　论马克思主义》，人民出版社，2009 年，第 8 页。

⑦ 中共中央马克思恩格斯列宁斯大林著作编译局：《列宁专题文集　论马克思主义》，人民出版社，2009 年，第 14 页。列宁在《马克思学说的历史命运》中也说过，把哲学唯物主义对“自然界的认识推广到对人类社会的认识”的问题，这同斯大林所说的“推广”不同。列宁是在推进 18 世纪和费尔巴哈唯物主义哲学认识的基础上说的这个问题，强调了“最完备最深刻最无片面性的关于发展的学说”的辩证法在这一过程中的认识意义问题（中共中央马克思恩格斯列宁斯大林著作编译局：《列宁专题文集　论马克思主义》，人民出版社，2009 年，第 68 页）。

⑧ 中共中央马克思恩格斯列宁斯大林著作编译局：《马克思恩格斯选集（第四卷）》，人民出版社，2012 年，第 248 页。

⑨ 中共中央马克思恩格斯列宁斯大林著作编译局：《斯大林选集（下卷）》，人民出版社，1979 年，第 424 页。

原理推广出来的认识是不同的，而同恩格斯晚年所说的“运用”意义是基本相似的——在黑格尔学派解体过程中产生的同马克思的名字联系在一起的这个派别，“第一次对唯物主义世界观采取了真正严肃的态度，把这个世界观彻底地（至少在主要方面）运用到所研究的一切知识领域里去了”①。

再者，我们认为用“历史观”称谓马克思的历史认识，同“世界观”的指称并不冲突。庞卓恒先生认为马克思“实践唯物主义世界观是以对整个人类历史的自然发展过程及其规律的揭示为基础的世界观”，所以，马克思的世界观“本身就同时是一种历史观”②。这从马克思的两段论述即“在劳动发展史中找到了理解全部社会史的锁钥的新派别”③和“关于现实的人及其历史发展的科学”④蕴含的意义中是可以得到说明的。在马拥军教授看来，唯物史观“不仅仅是社会历史观”，而且“是整个人类生活的历史观”，具有“一般世界观”⑤的意义。

下面需要回答另一个问题：马克思历史观中的“历史”如何理解呢？2007年孙正聿教授发文认为，“‘历史唯物主义’是把‘历史’作为解释原则或‘理论硬核’的唯物主义，而不是把‘历史’作为研究领域或解释对象的唯物主义”⑥，也即从感性的人的活动出发理解人与世界的关系的一种新世界观。段忠桥和李荣海二位教授不同意孙教授的观点，认为把历史当作一种“解释性原则”而非“解释对象”，有“极容易动摇马克思主义哲学的唯物主义基础”⑦的危险，而用“人们的存在”来说明“人们的意识”正是马克思提出历史唯物主义哲学的“新的发展道路”⑧。问题争议的焦点在于，是不是把历史唯物主义的“历史”作为解释原则就一定会导致作为研究对象的“历史”存在的否定呢？王南湜和陶福源二位教授对此的回答是否定的，“肯定历史唯物主义概念中的‘历史’是关于‘人类史’的一种实在指谓，并不否定以此为前提和根据的关于‘历史性’和历史‘解释原则’”⑨，其中的原因在于：“正是历史唯物主义之为一种方法或解释原则，才使历史之唯物主义地作为研究对象得以可能，作为历史唯物主义之理论对象的社会存在，并不是直观地摆放在那里的，而是只有在这一理论方法的视野中才呈

① 中共中央马克思恩格斯列宁斯大林著作编译局：《马克思恩格斯选集（第四卷）》，人民出版社，2012年，第249页。

② 庞卓恒：《为什么说世界观是人们控制自己的思想和行为的总开关——兼说历史观是世界观的组成部分》，载朱佳木：《中国特色社会主义与马克思主义史学理论建设：中国社会科学院第二届马克思主义史学理论论坛论文集》，中国社会科学出版社，2015年，第28页。

③ 中共中央马克思恩格斯列宁斯大林著作编译局：《马克思恩格斯选集（第四卷）》，人民出版社2012年，第265页。

④ 中共中央马克思恩格斯列宁斯大林著作编译局：《马克思恩格斯选集（第四卷）》，人民出版社，2012年，第247页。

⑤ 马拥军：《唯物史观：社会历史观还是一般世界观？》，《广西大学学报（哲学社会科学版）》，2005年第1期，第29页、第30页。

⑥ 孙正聿：《历史唯物主义与马克思主义的新世界观》，《哲学研究》，2007年第3期，第6页。

⑦ 李荣海：《历史唯物主义的解释原则及其世界观的意义——与孙正聿先生商榷》，《哲学研究》，2008年第8期，第10页。

⑧ 段忠桥：《什么是马克思恩格斯创建的历史唯物主义？——与孙正聿教授商榷》，《哲学研究》，2008年第1期，第9页。

⑨ 陶富源：《世界观·人类史观与历史唯物主义》，《马克思主义研究》，2009年第6期，107页。

现出来的。”[①] 实际上，这个问题高清海和孙伯鍨二位先生早已指出过了，其中高先生提出了“实践观点的思维方式也就是马克思唯物史观的思维方式”问题，而孙先生所提出了“历史”就是“把事物当作‘过程’来理解的辩证思维方法”[②] 问题。杨国荣教授所说的“以‘物’观之”“以‘心’观之”“以‘言’观之”和“以‘事’观之”[③] 认识世界的方式，也是在这种意义上谈的这个问题。对于这个问题，恩格斯有多次论述，在《路德维希·费尔巴哈和德国古典哲学的终结》中讲到的认识事物的“过程”[④] 问题以及“从自然界和历史中被驱逐出去的哲学”只剩下“逻辑和辩证法”[⑤] 问题，都是在这种意义上讲的。这是我们所说的马克思历史观中“历史”的一层含义。

不过，这层含义认识的历史还需要进一步做一下解释。黑格尔的“历史”是从“发生的事情”本身的历史、“发生的事情的历史”和“历史的叙述”[⑥] 客观和主观两个方面来认识的，其中历史的叙述也即“口述、书写、绘图、塑像”[⑦] 表达的历史问题。这是历史认识的一个方面。另一个方面，我们还可以通过这些历史记载或记录的研究，获得人与世界关系把握的常识的、神话的、宗教的、艺术的、伦理的和科学的知识[⑧]，通过不断的实践活动反复地思考和归纳就会逐渐提炼出一种历史认识中解释历史的原则。也就是说，作为“解释”原则的“历史”和作为“反观”[⑨] 对象的“历史”的认识是具有一致性的。

从孙正聿教授自身的认识看，提出历史唯物主义的“历史解释原则”，并非要否定作为研究对象的历史。马克思和把“存在”视为某种超历史的或非历史的存在的“解释世界”的哲学不同，他把“现实的历史”的存在视为“改变世界”[⑩] 的哲学。作为解释原则的历史，其所面对的历史有两个相互联系的方面：一是作为同“社会”同义而与自然界相对意义上来理解的“历史”，就是我们所说的马克思历史观“历史”的另一层含义。恩格斯在 1893 年致弗兰茨·林的信中就是这种用法：“历史在这里应当是政治、法律、哲学、神学，总之，一切属于社会而不是单纯属于自然界的领域的简单概括。”[⑪]

---

① 王南湜：《历史唯物主义何以可能——历史唯物主义“历史”双重意义的统一性》，《学习与探索》，2009 年第 5 期，第 47 页。

② 高清海、孙利天：《马克思的哲学观变革及其当代意义》，孙伯鍨：《作为方法的历史唯物主义》，载叶汝贤、孙麾：《马克思与我们同行：新世纪马克思哲学研究》，中国社会科学出版社，2003 年，第 24 页、第 107 页。

③ 杨国荣：《人与世界：以“事”观之》，生活·读书·新知三联书店，2021 年，第 1 页、第 2 页、第 12 页。

④ 中共中央马克思恩格斯列宁斯大林著作编译局：《马克思恩格斯选集（第四卷）》，人民出版社，2012 年，第 250 页。

⑤ 中共中央马克思恩格斯列宁斯大林著作编译局：《马克思恩格斯选集（第四卷）》，人民出版社，2012 年，第 264 页。

⑥ ［德］黑格尔：《历史哲学》，王造时译，上海书店出版社，2006 年，第 56 页。

⑦ 王明珂：《反思史学与史学反思》，上海人民出版社，2016 年，第 15 页。

⑧ 科林伍德“一切历史都是思想史”的论断对历史认识还是有一定积极意义的（［英］科林伍德：《历史的观念》，何兆武、张文杰、陈新译，北京大学出版社，2010 年，第 462 页）。

⑨ 对于包含历史意义的世界观的理解，很多学者都指出了世界观的反思性意蕴问题［冯友兰：《中国哲学史新编（上卷）》，人民出版社，1998 年，第 29 页。孙正聿：《思想中的时代》，北京师范大学出版社，2004 年，第 174 页。夏甄陶：《夏甄陶文集（第二卷）》，中国人民大学出版社，2011 年，第 45 页。杨学功：《传统本体论哲学批判——对马克思哲学变革实质的一种理解》，人民出版社，2011 年，第 238 页］。

⑩ 孙正聿：《“现实的历史”：〈资本论〉的存在论》，《中国社会科学》，2010 年第 2 期，第 4 页。

⑪ 中共中央马克思恩格斯列宁斯大林著作编译局：《马克思恩格斯选集（第四卷）》，人民出版社，2012 年，第 642～643 页。

当然，这个层面上理解的“社会”概念主要侧重于人类活动及其现象的横向式考察，同侧重于纵向考察的“历史”[①] 是不能分离开来的（当然，这种区分是相对的，在实际历史发展中不可能区分开来，表现为一体化），否则就会失去马克思历史理解的自身特质了。再者，这并不排除此种层面上理解的“社会”概念可以再具体划分，例如，相对于政治国家的社会概念或相对于家庭等私人领域的社会概念等。二是指既包括社会的历史又包括自然的历史的一种“历史”理解问题，相当于一般所说的“一切事物的发展过程”[②] 的一种认识方式，也即我们所说的马克思历史观“历史”的又一层含义。从社会与自然的关系来认识人类社会的历史应更具有意义，这在中国学术界已基本达成了共识。[③] 在《德意志意识形态》中，马克思、恩格斯提出的“历史的自然和自然的历史”[④] 的关系问题，恩格斯在《路德维希·费尔巴哈和德国古典哲学的终结》一书中谈到的“生活在自然界中”和“生活在人类社会中”的“我们”[⑤] 如何理解自然界和人类社会的发展史问题，都是在这种意义上讲的。

一言以蔽之，我们对马克思历史观中“历史”概念的理解主要是在四个层面上使用的：一是与自然相对的社会的历史，二是自然与社会关系的历史，三是信息与符号的历史，四是解释意义的历史。[⑥] 这四种认识是相辅相成的，是超越了“原始”“反省”以及“哲学”[⑦] 历史概念认识的一种融合，并不存在否定或排斥某种的问题。也就是在这种意义上，我们赞同杨耕教授对西方历史哲学研究的判断：分析的历史哲学作为思辨历史哲学由历史本体论转向历史认识论是有积极意义的。不过，“分析的历史哲学在考察历史时竟把历史学的前提——历史本身一笔勾销了”，而结果则是在历史哲学研究的“这条道路上走到了逻辑终点”[⑧]。后现代历史哲学“把语言符号和事实等同起来”[⑨] 也就在所难免了。自英国哲学家沃尔什把历史划分为“(1) 过去人类各种活动的全体，以

---

① “同一吾人所托以生存的社会，纵以观之，则为历史，横以观之，则为社会。横观则收之于现在，纵观则放之于往古。”（李守常：《史学要论》，河北教育出版社，2000 年，第 293 页）这是李大钊对社会和历史关系的理解，对我们理解历史极具启发意义。

② 赵家祥、李清昆、李士坤：《历史唯物主义教程》，北京大学出版社，1999 年，第 550 页。

③ 吴江：《马克思主义是一门大史学》，中央编译出版社，2002 年，第 109～115 页。肖士英：《马克思历史决定论内在融贯性研究》，中国社会科学出版社，2018 年，第 5 页。于沛：《历史的慧眼：我们今天怎样读历史》，湖南人民出版社，2019 年，第 1～6 页。

④ 中共中央马克思恩格斯列宁斯大林著作编译局：《马克思恩格斯选集（第一卷）》，人民出版社，2012 年，第 156 页。

⑤ 中共中央马克思恩格斯列宁斯大林著作编译局：《马克思恩格斯选集（第四卷）》，人民出版社，2012 年，第 237 页。

⑥ 海德格尔对历史也有四个层面的解读：一是“‘历史’这个术语既意指‘历史中现实’也意指关于历史现实的可能科学”；二是它“既不意指关于历史的科学也不意指历史学的对象，而是意指未必对象化了的这个存在者本身”；三是“历史主要不是意指过去之事这一意义上的‘过去’，而是指出自这过去的渊源”；四是指“历史还意味着‘在时间中’演变的存在者整体”，也即“历史意味着人的、人的组合及其‘文化’的演变和天命。在这里历史主要不是指存在者的演历这一存在方式，而是主要指存在者的一种领域”（海德格尔：《存在与时间》，陈嘉映、王庆节译，商务印书馆，2016 年，第 512 页、第 513 页）。很明显，这同我们的理解是有一定差距的。

⑦ ［德］黑格尔：《历史哲学》，王造时译，上海书店出版社，2006 年，第 1 页。

⑧ ［加］斯威特：《历史哲学：一种再审视》，魏小巍、朱舫译，北京师范大学出版社，2008 年，总序第 9 页。

⑨ ［加］斯威特：《历史哲学：一种再审视》，魏小巍、朱舫译，北京师范大学出版社，2008 年，总序第 13 页。

及（2）我们现在用它们所构造的叙述和说明”也即“思辨的学科”和“批判的学科”①两种意义时，这一走向就面临着会滑向历史唯心主义理解的可能性。这是问题的一个方面。另一方面，我们当然不会否定历史是“包括人类过去的活动及其产物，同时也包括人类现在的活动和筹划未来的活动及其产物”② 的历史认识，可问题在于如何把过去、现在、未来统一起来呢？法国哲学家高概有一段论述经常被引用来说明这个问题。“只有现在时是被经历的。过去与将来是视界，是从现在出发的视界。人们是根据现在来建立过去和投射将来的。一切都归于现在。”③ 在现在的视界中连接过去与将来有一定的道理。④ 问题在于仅仅通过“视界”是否可以实现过去、现在、未来的连接问题。加达默尔“效果历史”的理解方式也存在问题。“历史理解的真正对象不是事件，而是事件的‘意义’。”⑤ 这种认识“显然是把我们如何从客观历史对象中获取正确认识与我们如何把获取的历史认识服务于我们自身这两者混淆了”⑥。这个问题还是列宁说得全面，无产阶级的革命任务“不仅仅限于解释过去，而且大胆地预察未来，并勇敢地用实际活动来实现未来”⑦。历史是一种与“视界”有关的解释，更是人们从事实际活动来完成历史任务的过去、现在、未来相统一的一种过程。

孙正聿和段忠桥二位教授有关马克思历史观的“历史”是解释原则还是研究对象的争议，是一个很值得思考的问题。在我们看来，二位教授的观点都有一定道理：其一，“历史”作为历史认识的解释原则不可能没有现实基础，否则就成为马克思所批判的单纯“解释世界”⑧ 的旧哲学了；其二，“历史”作为社会存在决定社会意识所圈定的研究对象，是不可能忽略人的头脑所具有的“改造”外部事物反映到大脑中的“物质的东西”⑨ 的功能的，否则也就成为马克思所批判的“直观的唯物主义”⑩ 的旧唯物主义哲学了。“作为实体（认识对象）的历史和作为解释原则（认识方式）的历史”是历史唯物主义解释框架下，马克思主义历史认识论中“历史”的“两种存在方式”⑪。

总体上看，我们认为上述认识所涉及的是如何从立场、观点、方法的角度理解

① ［英］沃尔什：《历史哲学导论》，何兆武、张文杰译，北京大学出版社，2008年，第6页、第7页。

② 刘曙光：《历史决定论和主体选择论（总序）》，吉林人民出版社，2006年，第1页。

③ ［法］高概：《话语符号学》，王东亮译，北京大学出版社，1997年，第7页。

④ 克罗齐“一切真历史都是当代史”的论断对历史认识还是有一定积极意义的（［意］贝奈戴托·克罗齐：《历史学的理论和实际》，傅任敢译，商务印书馆，1982年，第2页）。

⑤ ［德］汉斯-格奥尔格·加达默尔：《真理与方法：哲学诠释学的基本特征（上卷）》，洪汉鼎译，上海译文出版社，2004年，第426页。

⑥ 袁吉富：《历史认识论和历史方法论》，吉林人民出版社，2006年，第111页。

⑦ 中共中央马克思恩格斯列宁斯大林著作编译局：《列宁选集（第二卷）》，人民出版社，2012年，第441页。

⑧ 中共中央马克思恩格斯列宁斯大林著作编译局：《马克思恩格斯选集（第一卷）》，人民出版社，2012年，第136页。

⑨ ［德］马克思：《资本论（第一卷）》，人民出版社，2018年，第22页。

⑩ 中共中央马克思恩格斯列宁斯大林著作编译局：《马克思恩格斯选集（第一卷）》，人民出版社，2012年，第136页。

⑪ 李弦：《马克思主义历史认识论研究》，中国社会科学出版社，2020年，第113页。

马克思的历史观问题。马克思和恩格斯虽然没有明确提出立场、观点、方法[①]的认识问题，但是在历史认识中无处不贯穿这一认识原则。从第一章开始，我们就要来分别探讨马克思历史观中立场、观点、方法的理解问题。第一章我们首先来探讨一下马克思历史观中的立场问题。

最后，说明一下本书涉及《马克思恩格斯全集》引用情况：本书作者分别引用了《马克思恩格斯全集》2016 年版本、1995 版本。特此说明。

① 在马克思主义发展史上，明确提出马克思主义认识中立场、观点、方法问题的是中国的马克思主义者毛泽东，列宁虽然没有明确提出这一认识问题，但在其马克思主义认识中也是贯穿了这一认识原则的（参阅：郑国玺、薛建平、叶长安：《马克思主义立场、观点、方法理论研究》，四川人民出版社，2012 年，第 143～164 页。郑杭生：《掌握马克思主义的立场、观点、方法》，《教学与研究》，1990 年第 3 期，第 4～6 页。吴波：《论马克思主义的立场、观点和方法》，《毛泽东邓小平理论研究》，2006 年第 8 期，第 1～6 页。张森年：《“马克思主义立场、观点、方法”源流考》，《中南民族大学学报（人文社会科学版）》，2007 年第 3 期，第 93～98 页）。立场、观点和方法问题是中国马克思主义对马克思主义思想的一个重要发展，是贯穿于中国马克思主义发展之中的一个重要思想，对中国社会的发展具有重要的指导意义。关于这个问题，我（《马克思历史观及其当代价值研究》一书作者孙大飞）会在第十一章详细阐释。

第一章　马克思历史观的立场论[①]

马克思的历史观是“新的历史观”[②]。新的历史观所坚持的是“世界的真正的统一

① 从我们的认识看，青年马克思的转变应是一个“立场”的转变问题，首先应是哲学“立场”的转变问题。赵汀阳教授倡导一种“无立场”的研究方法，指的是首先“反对自己偏好的思维”的一种“无立场思维”，认为只有“当把自己的偏好悬隔起来，使之不成为证明的依据”时，自己“才能看见别人、听见别人进而理解别人”（赵汀阳：《没有世界观的世界——政治哲学和文化哲学文集》，中国人民大学出版社，2005年，第3页）。赵教授的意思实际上是害怕“自己的偏好思维”会影响和别人的交流。这种认识也并非没有道理，问题可能在于我们在应用知识的过程中，不可能清除掉自身所带有的经验、知识背景、认知模式、思维方式、文化传统、认识目的乃至心理因素等。这些东西正如张耕华教授所言，是一把“双刃剑”：一方面我们知识的应用离不开这些东西，另一方面这些东西又会影响我们知识的应用（张耕华：《历史哲学引论》，复旦大学出版社，2009年，第60页）。我们认为问题的处理可能是这样：一方面我们在知识应用中离不开这些东西，另一方面我们在应用知识这些东西时要尽量客观。这种尽量客观的要求也正是马克思唯物主义哲学立场所持有的认识问题。从这层意义看，立场是不可能没有“价值”介入的，正如琼·罗宾逊夫人的论述一样，我们是不可能排除认识中的主体价值判断的，“不管怎样，给定某种经济制度，我们就能以一种客观的方式，毫不走样地描述这种经济制度运行的技术特征。但是，如果没有悄悄介入的道德评价，我们就不可能对一种制度进行描述。比如说，我们从制度外部对制度进行观察意味着这个制度不是唯一可能存在的制度，在对这一制度进行描述的时候，我们（大鸣大放地或默默地）将其与其他现实的或想象的制度进行比较。差异意味着选择，选择意味着评判。我们不能不做评判，我们所做的评判源自已经深深浸入我们的人生观并且在某种程度上已经印在我们脑海中的伦理预设。我们无法逃避我们自己的思维习惯”（［英］琼·罗宾逊：《经济哲学》，安佳译，商务印书馆，2017年，第16页）。也就是说，道德价值性判断因素介入知识的应用是一种客观事实，承认这一客观事实应是实事求是的一种科学态度。而不是像弗里德曼所持有的观点一样，认为“实证经济学是独立于任何特别的伦理观念或规范判断的。……实证经济学是或者可以是一门‘客观’科学，其‘客观性’与任何一门自然科学的‘客观性’完全相同”（［美］米尔顿·弗里德曼：《弗里德曼文萃》，胡雪峰、武玉宁译，首都经济贸易大学出版社，2001年，第120～121页）。弗里德曼用自然科学的认识形式来比附实证经济学，从而否定实证经济学中的主观性因素和主体性介入的方法，实际上，自从牛津大学历史上第一位政治经济学教授西尼尔提出政治经济学是一种用“自然事态当做通则”的科学因而不能存在价值判断的主张以来，西方的资产阶级政治经济学就一直在沿着自然科学方法的道路向前狂奔（［英］西尼尔：《政治经济学大纲》，蔡受白译，商务印书馆，2017年，第4页）。习近平总书记在《在纪念马克思诞辰二百周年大会上的讲话》中指出：“一八四三年移居巴黎后，马克思积极参与工人运动，在革命实践和理论探索的结合中完成了从唯心主义到唯物主义、从革命民主主义到共产主义的转变。”［中共中央党史和文献研究院：《十九大以来重要文献选编（上）》，中央文献出版社，2019年，第420～421页］很明显，马克思的这种转变是包含哲学立场和价值立场的共同转变的。当然，立场可以从哲学立场、价值立场、阶级立场、认识立场、科学立场等方面来认识，其中哲学立场应是更为根本的一种立场。

② 中共中央马克思恩格斯列宁斯大林著作编译局：《马克思恩格斯选集（第三卷）》，人民出版社，2012年，第723页。“我们的历史观”“马克思的历史观”也是马克思、恩格斯对历史观使用的一种称呼［中共中央马克思恩格斯列宁斯大林著作编译局：《马克思恩格斯选集（第四卷）》，人民出版社，2012年，第599页。中共中央马克思恩格斯列宁斯大林著作编译局：《马克思恩格斯选集（第四卷）》，人民出版社，2012年，第264页］。列宁使用过“科学的历史观”的说法［中共中央马克思恩格斯列宁斯大林著作编译局：《列宁全集（第一卷）》，人民出版社，2013年，第112页］。很明显，这些概念的使用都是在与其他历史观相区分的意义上作出界定的，体现的是马克思主义历史观概念使用的特点。

性在于它的物质性”① 的新唯物主义哲学立场。这是区别于唯心主义或旧唯物主义历史认识的根本点，也是马克思历史认识的哲学出发点。

第一节 立场认识的形成

对于唯物主义的认识问题，马克思在中学时期特别是大学博士论文的写作时期就遇到了，《莱茵报》时期之后逐渐发展成为对黑格尔思辨唯心主义的一种批判。与马克思相比，恩格斯唯物主义哲学立场的转变较为容易一些，其中早期的《英国工人阶级状况》《国民经济学批判大纲》等著作都渗透着唯物主义思想。可以说，如何认识唯物主义问题几乎是贯穿马克思、恩格斯一生学术研究的一个关键问题。不过，明确提到唯物主义概念认识问题的，还是《〈黑格尔法哲学〉批判》《神圣家族》《1844 年经济学哲学手稿》《关于费尔巴哈的提纲》《德意志意识形态》《卡尔·马克思〈政治经济学批判。第一分册〉》《反杜林论》《资本论》《自然辩证法》《路德维希·费尔巴哈和德国古典哲学的终结》以及《社会主义从空想到科学的发展》的英文版（“导言”部分）等著作。在上述著作中，《〈黑格尔法哲学〉批判》中提到了“抽象的唯物主义”②，《神圣家族》中提到了法国起源于笛卡尔和洛克两派的唯物主义问题③，《卡尔·马克思〈政治经济学批判。第一分册〉》《资本论》《路德维希·费尔巴哈和德国古典哲学的终结》和《资本论（第一卷）》中提到了“自然科学唯物主义”或“自然科学的唯物主义”④ 的问题，《关于费尔巴哈的提纲》中提到了费尔巴哈的“直观的唯物主义”和马克思的“新唯物主义”⑤，《德意志意识形态》中提到了“实践的唯物主义”⑥，《卡尔·马克思〈政治经济学批判。第一分册〉》《反杜林论》《路德维希·费尔巴哈和德国古典哲学的终结》中

---

① 中共中央马克思恩格斯列宁斯大林著作编译局：《马克思恩格斯选集（第三卷）》，人民出版社，2012 年，第 419 页。

② 中共中央马克思恩格斯列宁斯大林著作编译局：《马克思恩格斯全集（第一卷）》，人民出版社，2016 年，第 355 页。

③ 中共中央马克思恩格斯列宁斯大林著作编译局：《马克思恩格斯全集（第二卷）》，人民出版社，2016 年，第 160 页。恩格斯1892 年在《社会主义从空想到科学的发展》的英文版导言中结合英国和法国资产阶级革命发生的历史，对此问题有更为详细的阐述［中共中央马克思恩格斯列宁斯大林著作编译局：《马克思恩格斯选集（第三卷）》，人民出版社，2012 年，第 765～767 页］。

④ 中共中央马克思恩格斯列宁斯大林著作编译局：《马克思恩格斯选集（第二卷）》，人民出版社，2012 年，第 11 页。中共中央马克思恩格斯列宁斯大林著作编译局：《马克思恩格斯选集（第四卷）》，人民出版社，2012 年，第 237 页。［德］马克思：《资本论（第一卷）》，人民出版社，2018 年，第 429 页。

⑤ 中共中央马克思恩格斯列宁斯大林著作编译局：《马克思恩格斯选集（第一卷）》，人民出版社，2012 年，第 136 页。

⑥ 中共中央马克思恩格斯列宁斯大林著作编译局：《马克思恩格斯选集（第一卷）》，人民出版社，2012 年，第 155 页。

提到了18世纪的唯物主义[①]，《反杜林论》《社会主义从空想到科学的发展》中提到了“现代唯物主义”[②]，《自然辩证法》中提到了“庸俗的唯物主义”[③]，《社会主义从空想到科学的发展》的英文版“导言”中提到了“英国唯物主义”[④]。

在《关于费尔巴哈的提纲》中，马克思所面临的是两种哲学观点：一是旧唯物主义，二是唯心主义。其中旧唯物主义指的是包括费尔巴哈在内的“从前的一切唯物主义”[⑤]，那么“从前的一切唯物主义”具体是指哪几种呢？马克思、恩格斯在《神圣家族》中有论述，后来恩格斯在《社会主义从空想到科学的发展》1892年英文版“导言”中也有论述。从马克思、恩格斯的论述看，从前的一切唯物主义可以划分为三个阶段：一是近代以来的唯物主义，其中包括17世纪以来的代表人物如培根、霍布斯和洛克等人的英国唯物主义[⑥]和18世纪的代表人物如拉美特利、伽桑狄、爱尔维修、孔狄亚克、霍尔巴赫、狄德罗等人的法国唯物主义[⑦]；二是中世纪的唯名论者邓斯·司各脱[⑧]；三是古希腊哲学家阿那克萨哥拉和德谟克利特[⑨]。从前的一切唯物主义除上述三种之外，第四种就是《关于费尔巴哈的提纲》中提到的“费尔巴哈的唯物主义”[⑩]。马克思所面对的唯物主义除从前的一切唯物主义之外，实际上至少还有两种唯物主义：一是《德意志意识形态》中提到的经验主义[⑪]，二是恩格斯在《自然辩证法》中提到的福格特、摩莱肖特以及毕希纳等的“庸俗的唯物主义”[⑫]。另外，马克思在《历史法学派的哲学宣

① 中共中央马克思恩格斯列宁斯大林著作编译局：《马克思恩格斯选集（第二卷）》，人民出版社，2012年，第11页。中共中央马克思恩格斯列宁斯大林著作编译局：《马克思恩格斯选集（第三卷）》，人民出版社，2012年，第400页。中共中央马克思恩格斯列宁斯大林著作编译局：《马克思恩格斯选集（第四卷）》，人民出版社，2012年，第234页。

② 中共中央马克思恩格斯列宁斯大林著作编译局：《马克思恩格斯选集（第三卷）》，人民出版社，2012年，第400页、第517页。中共中央马克思恩格斯列宁斯大林著作编译局：《马克思恩格斯选集（第三卷）》，人民出版社，2012年，第795页。

③ 中共中央马克思恩格斯列宁斯大林著作编译局：《马克思恩格斯选集（第三卷）》，人民出版社，2012年，第891页。

④ 中共中央马克思恩格斯列宁斯大林著作编译局：《马克思恩格斯选集（第三卷）》，人民出版社，2012年，第753页。

⑤ 中共中央马克思恩格斯列宁斯大林著作编译局：《马克思恩格斯选集（第一卷）》，人民出版社，2012年，第133页。

⑥ 中共中央马克思恩格斯列宁斯大林著作编译局：《马克思恩格斯全集（第二卷）》，人民出版社，2016年，第163～165页。

⑦ 中共中央马克思恩格斯列宁斯大林著作编译局：《马克思恩格斯全集（第二卷）》，人民出版社，2016年，第160～167页。

⑧ 中共中央马克思恩格斯列宁斯大林著作编译局：《马克思恩格斯全集（第二卷）》，人民出版社，2016年，第163页。

⑨ 中共中央马克思恩格斯列宁斯大林著作编译局：《马克思恩格斯全集（第二卷）》，人民出版社，2016年，第163页。

⑩ 中共中央马克思恩格斯列宁斯大林著作编译局：《马克思恩格斯选集（第一卷）》，人民出版社，2012年，第133页。

⑪ 中共中央马克思恩格斯列宁斯大林著作编译局：《马克思恩格斯选集（第一卷）》，人民出版社，2012年，第153页。

⑫ 中共中央马克思恩格斯列宁斯大林著作编译局：《马克思恩格斯选集（第三卷）》，人民出版社，2012年，第891页。

言》中把当时的历史法学派称为“实证”[①] 的研究也应属于唯物主义的一种。

实际上，在《神圣家族》中，马克思还提过一种“重农学派”[②]，重农学派把关于剩余价值起源的研究从流通领域转到直接生产领域，为亚当·斯密、大卫·李嘉图和西斯蒙第等分析资本主义生产奠定了基础，而亚当·斯密、大卫·李嘉图和西斯蒙第等的资本主义经济研究，其中蕴含的唯物主义就是被张一兵先生称为“马克思主义历史唯物论变革的真正批判性始源”的存在于古典经济学中的“社会唯物主义”[③]。实际上在《神圣家族》中，马克思还提过一种唯物主义流派，就是傅立叶、欧文、德萨米以及盖伊等人的唯物主义思想，其理论形式就是恩格斯在《社会主义从空想到科学的发展》中所说的“18 世纪法国伟大的启蒙学者们所提出的各种原则的进一步的、据称是更彻底的发展”[④] 问题。

实际上在《神圣家族》中，马克思所论述的唯物主义是同唯心主义结合在一起的，其中就谈到了黑格尔的思辨哲学问题。[⑤] 另外，马克思还谈到了法国的笛卡尔[⑥]、中世纪的唯名论[⑦]、古希腊的阿那克萨哥拉和德谟克利特[⑧]等哲学家，其中笛卡尔是具有本质主义思想的，在中世纪与唯名论相对的唯实论当属唯心主义阵营，而古希腊哲学家除阿那克萨哥拉和德谟克利特二位之外还有泰勒斯、阿那克西曼德、亚里士多德、赫拉克利特以及毕达哥拉斯等哲学家[⑨]。这是恩格斯在《自然辩证法》中所提及的哲学家名单。这是《关于费尔巴哈的提纲》以前对唯心主义的论述，此后的《德意志意识形态》中，马克思也谈到了唯心主义的问题，其中的一支是青年黑格尔派[⑩]，另外的一支就是德国的历史编纂学[⑪]。当然，还有一个人物需要提及，此人就是蒲鲁东。马克思是在《哲学的贫困》中对其黑格尔式的唯心主义思想进行剖析的。这是马克思《关于费尔巴

---

① 中共中央马克思恩格斯列宁斯大林著作编译局：《马克思恩格斯全集（第一卷）》，人民出版社，1995 年，第 231 页。

② 中共中央马克思恩格斯列宁斯大林著作编译局：《马克思恩格斯全集（第二卷）》，人民出版社，2016 年，第 166 页。

③ 张一兵：《回到马克思：经济学语境中的哲学话语》，江苏人民出版社，2014 年，第 63 页。参阅唐正东：《马克思对古典经济学的超越及其哲学意义》，《北京师范大学学报（社会科学版）》，2022 年第 4 期，第 5 页。

④ 中共中央马克思恩格斯列宁斯大林著作编译局：《马克思恩格斯选集（第三卷）》，人民出版社，2012 年，第 775 页。

⑤ 中共中央马克思恩格斯列宁斯大林著作编译局：《马克思恩格斯全集（第二卷）》，人民出版社，2016 年，第 71～76 页。

⑥ 中共中央马克思恩格斯列宁斯大林著作编译局：《马克思恩格斯全集（第二卷）》，人民出版社，2016 年，第 160 页。

⑦ 中共中央马克思恩格斯列宁斯大林著作编译局：《马克思恩格斯全集（第二卷）》，人民出版社，2016 年，第 163 页。

⑧ 中共中央马克思恩格斯列宁斯大林著作编译局：《马克思恩格斯全集（第二卷）》，人民出版社，2016 年，第 163 页。

⑨ 中共中央马克思恩格斯列宁斯大林著作编译局：《马克思恩格斯选集（第三卷）》，人民出版社，2012 年，第 868～870 页。

⑩ 中共中央马克思恩格斯列宁斯大林著作编译局：《马克思恩格斯选集（第一卷）》，人民出版社，2012 年，第 145 页。

⑪ 中共中央马克思恩格斯列宁斯大林著作编译局：《马克思恩格斯选集（第一卷）》，人民出版社，2012 年，第 174 页。

哈的提纲》著作前后对黑格尔哲学批判的一部分。除此以外，加上《神圣家族》中对黑格尔思辨哲学的批判，马克思还有三次对黑格尔的批判，分别是《法哲学原理》《巴黎手稿》以及《资本论》时期对黑格尔哲学的批判。①

近代之前的唯物主义如何理解呢？中世纪的唯名论与唯实论是唯物和唯心的对立是容易理解的，问题在于中世纪之前古希腊的哲学特别是早期的自然哲学如何理解呢？我认为赵敦华先生的观点是值得思考的。在赵先生看来，古代哲学最大的特点就是物质与精神的互渗现象的存在，泰勒斯的水、阿那克西美尼的气甚至是在斯宾诺莎哲学思想里面都有这种哲学思想认识存在，也即物质性和精神性是缠绕在一起的，分得并不是很清楚。② 恩格斯在《自然辩证法》中就曾指出过泰勒斯的磁石、阿那克西米尼的空气以及毕达哥拉斯的以太对灵魂理解的问题。③ 这一点我们从恩格斯提出的哲学基本问题也可以看得出来，其中对“灵魂”和“自然力”④ 的论述就是古代哲学观念物质与精神互渗现象存在的明证。当然，这也是法国思想家列维-布留尔在《原始思维》中曾论述过的一个问题。⑤

马克思、恩格斯对唯物主义认识的总结，主要是在马克思《关于费尔巴哈的提纲》和恩格斯《路德维希·费尔巴哈和德国古典哲学的终结》等著作中，且都与费尔巴哈有关——只有费尔巴哈的哲学“才至少向前迈进了一步”⑥。在《关于费尔巴哈的提纲》中，马克思认为包括费尔巴哈的“从前的一切唯物主义”的主要缺点是：“对对象、现实、感性，只是从客体的或者直观的形式去理解，而不是把它们当做感性的人的活动，当做实践去理解，不是从主体方面去理解。”⑦ 这段话中包含有两层意思，也即从表层来说，是批评旧唯物主义存在的缺点，从深层来说则是阐释马克思对唯物主义的理解。在马克思看来，新唯物主义就是注重人的感性活动的唯物主义，强调的是作为实践的主体的人的能动创造性问题⑧，也即“实践活动的唯物主义”⑨ 或“实践的唯物主义”⑩。

---

① 翁寒冰：《马克思对黑格尔的五次批判：一种反思性的学术解读》，东南大学出版社，2016 年，第 11～198 页。

② 赵敦华、孙熙国：《中西哲学的当代研究与马克思主义哲学创新》，人民出版社，2011 年，第 26～27 页。

③ 中共中央马克思恩格斯列宁斯大林著作编译局：《马克思恩格斯全集（第二十卷）》，人民出版社，2016 年，第 528 页。

④ 中共中央马克思恩格斯列宁斯大林著作编译局：《马克思恩格斯选集（第四卷）》，人民出版社，2012 年，第 230 页。

⑤ ［法］列维-布留尔：《原始思维》，丁由译，商务印书馆，1981 年，第 62～98 页。

⑥ 中共中央马克思恩格斯列宁斯大林著作编译局：《马克思恩格斯选集（第一卷）》，人民出版社，2012 年，第 143 页注释①。

⑦ 中共中央马克思恩格斯列宁斯大林著作编译局：《马克思恩格斯选集（第一卷）》，人民出版社，2012 年，第 133 页。

⑧ 俞吾金先生认为马克思《关于费尔巴哈的提纲》中对主体的强调正是康德哲学哥白尼式的革命的一种创新性发展，“康德是通向马克思的桥梁”［俞吾金：《实践与自由（前言）》，武汉大学出版社，2010 年，第 14 页］。

⑨ 中共中央马克思恩格斯列宁斯大林著作编译局：《马克思恩格斯选集（第一卷）》，人民出版社，2012 年，第 136 页。

⑩ 中共中央马克思恩格斯列宁斯大林著作编译局：《马克思恩格斯选集（第一卷）》，人民出版社，2012 年，第 155 页。

也正是在这种唯物主义理解的意义上，黑格尔思辨唯心主义抽象发展的“能动的方面”[①] 的问题也就被新唯物主义克服了。费尔巴哈的唯物主义不是不涉及“人”的问题，而是说其所理解的“人”只是“感性对象”而不是“感性活动”，也即只是承认“‘现实的、单个的、肉体的’”人之间的“爱与友情”[②] 关系的社会的人。恩格斯在1886年《路德维希·费尔巴哈和德国古典哲学的终结》中也有对费尔巴哈这种认识的批评，认为费氏是以“宗教名义”来理解“性爱、友谊、同情、舍己精神等等”[③]，此是其一；其二，费氏对人“追求幸福的欲望”的“人生来就有”的“平等权利”的道德设想，也是“极其贫乏的”[④]，同“康德的绝对命令一样软弱无力”[⑤] ——“权利决不能超出社会的经济结构以及由经济结构制约的社会的文化发展”[⑥]。这两点是费尔巴哈宗教哲学和伦理学“唯心主义”在“社会领域”[⑦] 中认识的主要表现。对自然问题的理解，虽然费氏也曾提出过“纯粹自然科学的唯物主义虽然‘是人类知识的大厦的基础，但不是大厦本身’”[⑧] 的正确认识，但由于生活时代的自然科学“还处在剧烈的酝酿过程中”[⑨]，那么，“法国唯物主义的一切片面性的、历史的自然观”一直“没有为费尔巴哈所了解”，也就不是“他的过错了”。[⑩] 一言以蔽之，在费尔巴哈的认识之中，“自然界和人都只是空话”[⑪] ——费尔巴哈“从来没有完全摆脱唯心主义”[⑫] ——那么，费尔巴哈克服不了18世纪唯物主义机械和形而上学（反辩证法）的缺陷[⑬]也就理所当然了。

---

① 中共中央马克思恩格斯列宁斯大林著作编译局：《马克思恩格斯选集（第一卷）》，人民出版社，2012年，第133页。

② 中共中央马克思恩格斯列宁斯大林著作编译局：《马克思恩格斯选集（第一卷）》，人民出版社，2012年，第157页。

③ 中共中央马克思恩格斯列宁斯大林著作编译局：《马克思恩格斯选集（第四卷）》，人民出版社，2012年，第240页。

④ 中共中央马克思恩格斯列宁斯大林著作编译局：《马克思恩格斯选集（第四卷）》，人民出版社，2012年，第244页。

⑤ 中共中央马克思恩格斯列宁斯大林著作编译局：《马克思恩格斯选集（第四卷）》，人民出版社，2012年，第247页。

⑥ 中共中央马克思恩格斯列宁斯大林著作编译局：《马克思恩格斯选集（第三卷）》，人民出版社，2012年，第364页。

⑦ 中共中央马克思恩格斯列宁斯大林著作编译局：《马克思恩格斯选集（第四卷）》，人民出版社，2012年，第237页。

⑧ 中共中央马克思恩格斯列宁斯大林著作编译局：《马克思恩格斯选集（第四卷）》，人民出版社，2012年，第237页。

⑨ 中共中央马克思恩格斯列宁斯大林著作编译局：《马克思恩格斯选集（第四卷）》，人民出版社，2012年，第236页。

⑩ 中共中央马克思恩格斯列宁斯大林著作编译局：《马克思恩格斯选集（第四卷）》，人民出版社，2012年，第237页。

⑪ 中共中央马克思恩格斯列宁斯大林著作编译局：《马克思恩格斯选集（第四卷）》，人民出版社，2012年，第247页。

⑫ 中共中央马克思恩格斯列宁斯大林著作编译局：《马克思恩格斯选集（第三卷）》，人民出版社，2012年，第898页。

⑬ 中共中央马克思恩格斯列宁斯大林著作编译局：《马克思恩格斯选集（第三卷）》，人民出版社，2012年，第400页。中共中央马克思恩格斯列宁斯大林著作编译局：《马克思恩格斯选集（第四卷）》，人民出版社，2012年，第234页、第235页。

有一种观点认为恩格斯所理解的旧唯物主义是机械的和形而上学的唯物主义，强调的是新唯物主义的辩证性，而马克思所理解的旧唯物主义是直观的唯物主义，强调的是新唯物主义的实践性。[①] 从上面恩格斯对包括费尔巴哈的旧唯物主义认为的认识考察看，这种认识不太全面。恩格斯认为费尔巴哈之所以对人和自然界的认识是"空话"，其根本原因是费氏没有把"现实的、活生生的人"作为"历史中行动的人"来考察，"关于现实的人及其历史发展的科学"必然会代替费氏对"抽象的人的崇拜"[②] 的认识。费尔巴哈的唯物主义只承认"'现实的、单个的、肉体的人'"之间"爱与友情"的关系，也即只把人看成是"感性对象"[③]，或者说是"自然领域"中的"唯物主义者"[④]，而不是"历史"领域的"唯物主义者"[⑤]。也就是说费尔巴哈唯物主义中的人是抽象的人，而青年黑格尔派的其他代表人物如鲍威尔的"精神"、施特劳斯的"社会"以及施蒂纳的"个体性"中的人仍是"抽象的人"[⑥]。马克思的唯物主义之所以是彻底的唯物主义就是从社会的生产来看历史的一种唯物主义，或者说就是把人放到社会生产的历史中来看的一种唯物主义。"从现实的人"出发来认识人类社会历史的发展，对马克思恩格斯唯物主义历史认识的理解具有重要意义。关于这一点，我会在下一章来详细阐述。

马克思、恩格斯走向新唯物主义，除了没有被"把实体了解为主体"，注重"内部的过程"中概念运动的一种"绝对的人格"[⑦] 的黑格尔的思辨唯心主义[⑧]迷惑之外，也没有被经验主义的"抽象"[⑨] 迷惑。对此，马克思多次批评过孔德的实证主义，例如在《资本论（第一卷）》第二版的跋中，马克思就认为"为未来的食堂开出调味单"的"孔德主义"同"批判地分析既成的事实"[⑩] 的研究思路是不同的。在马克思看来，单纯的经验主义肯定是有问题的，而以黑格尔为代表的唯心主义也不是没有可取之处。也正是在这种意义上马克思才在《资本论（第一卷）》第二版的跋中，直言不讳地说是黑格尔

---

① 孙荣：《恩格斯与马克思主义哲学》，黑龙江人民出版社，2005 年，第 247～250 页。

② 中共中央马克思恩格斯列宁斯大林著作编译局：《马克思恩格斯选集（第四卷）》，人民出版社，2012 年，第 247 页。

③ 中共中央马克思恩格斯列宁斯大林著作编译局：《马克思恩格斯选集（第一卷）》，人民出版社，2012 年，第 157 页。

④ 中共中央马克思恩格斯列宁斯大林著作编译局：《马克思恩格斯选集（第三卷）》，人民出版社，2012 年，第 898 页。

⑤ 中共中央马克思恩格斯列宁斯大林著作编译局：《马克思恩格斯选集（第一卷）》，人民出版社，2012 年，第 158 页。

⑥ 侯才：《青年黑格尔派与马克思早期思想的发展：对马克思哲学本质的一种历史透视》，中国社会科学出版社，2021 年，第 14 页、第 15 页。

⑦ 中共中央马克思恩格斯列宁斯大林著作编译局：《马克思恩格斯全集（第二卷）》，人民出版社，2016 年，第 75 页。

⑧ 列宁认为唯心主义就是"把认识的某一特征、某一方面、某一侧面，片面地、夸大地……发展（膨胀、扩大）为脱离了物质、脱离了自然的、神化了的绝对。……人的认识不是直线（也就是说，不是沿着直线进行的），而是无限地近似于一串圆圈、近似于螺旋的曲线。这一曲线的任何一个片断、碎片、小段都能被变成（被片面地变成）独立的完整的直线，而这条直线能把人们（如果只见树木不见森林的话）引到泥坑里去"（列宁：《哲学笔记》，人民出版社，1998 年，第 311 页）。

⑨ 中共中央马克思恩格斯列宁斯大林著作编译局：《马克思恩格斯选集（第一卷）》，人民出版社，2012 年，第 153 页。

⑩ ［德］马克思：《资本论（第一卷）》，人民出版社，2018 年，第 19 页。

"这位大思想家的学生"，并说在《资本论（第一卷）》"价值理论的一章中"，有些地方甚至是"卖弄起黑格尔特有的表达方式"[①]。一言以蔽之，在马克思看来，经验主义和唯心主义都有不足之处，只有从"现实的个人"[②]出发，才会真正实现对"从前的一切唯物主义"[③]以及唯心主义直至后来的各种主义的超越式发展，特别是"英法两国社会历史领域中的经验主义哲学"和"青年黑格尔派唯心主义思辨哲学"[④]。"只要描绘出这个能动的生活过程，历史就不再像那些本身还是抽象的经验主义者所认为的那样，是一些僵死的事实的汇集，也不再像唯心主义者所认为的那样，是想象的主体的想象活动。"[⑤]这个就是马克思历史认识所要面对的新唯物主义的理解问题：既有思想、观念、概念、语言与现实的关系问题，也有思想、观念、概念、语言之间如何产生关系而同现实有何关系的问题，还有如何理解人和现实的关系问题。问题解决的关键就在于如何实现"多样性的统一"[⑥]。

第二节　立场认识的特征

在《反杜林论》中，恩格斯提出了一个世界统一性的思想认识，"世界的真正的统一性在于它的物质性"[⑦]。马克思有"统一性"的思想，是在《〈政治经济学批判〉导言》中提出的"多样性的统一"问题，是在指出抽象到具体的认识线路中的具体是一种"许多规定的综合"[⑧]的具体时谈到的这个问题的。恩格斯所说的世界物质性统一问题，其理解的关键在于如何理解杜林提出的存在问题。

第一，统一性的本质。恩格斯认为杜林对统一性的认识是从包罗万象的存在开始的，思想中的存在是统一的，现实中的存在也是统一的。思想中的存在和现实中的存在之所以是统一的，是因为"思维和存在必须互相协调，互相适应，'互相一致'"[⑨]。从"存在"出发认识统一性的根本依据在于，杜林"企图以思维和存在的同一性去证明任

① ［德］马克思：《资本论（第一卷）》，人民出版社，2018年，第22页。

② 中共中央马克思恩格斯列宁斯大林著作编译局：《马克思恩格斯选集（第一卷）》，人民出版社，2012年，第146页。

③ 中共中央马克思恩格斯列宁斯大林著作编译局：《马克思恩格斯选集（第一卷）》，人民出版社，2012年，第133页。

④ 宫敬才：《马克思经济哲学微观研究》，人民出版社，2021年，第317页。

⑤ 中共中央马克思恩格斯列宁斯大林著作编译局：《马克思恩格斯选集（第一卷）》，人民出版社，2012年，第153页。

⑥ 中共中央马克思恩格斯列宁斯大林著作编译局：《马克思恩格斯选集（第二卷）》，人民出版社，2012年，第701页。

⑦ 中共中央马克思恩格斯列宁斯大林著作编译局：《马克思恩格斯选集（第三卷）》，人民出版社，2012年，第419页。

⑧ 中共中央马克思恩格斯列宁斯大林著作编译局：《马克思恩格斯选集（第二卷）》，人民出版社，2012年，第701页。

⑨ 中共中央马克思恩格斯列宁斯大林著作编译局：《马克思恩格斯选集（第三卷）》，人民出版社，2012年，第418页。

何思维产物的现实性"[①]。也就是说，这种"同一性"可以如此理解："一方面，思维可以认识存在、把握存在；另一方面，思维中设想或想象的东西也可以转化为实际上存在的东西。"[②] 这种"同一性"是以思维与存在的同质性（homogeneity）为前提的，而所谓"同质性"是指"思维与存在具有同样的属性"[③]。杜林所说的世界统一性中的存在（Sein）即英语中的 Being，也就是黑格尔哲学体系中开端的 Sein，是一个"有、纯有——没有任何更进一步的规定"[④] 概念。实际上"只是思想虚无的对应物"，也就是一种"真正的虚无"[⑤]。所以，恩格斯反驳杜林说，"当我们说到存在，并且仅仅说到存在的时候，统一性只能在于：我们所说的一切对象都是存在的、实有的"[⑥]。恩格斯的意思是说，当我们来说世界的统一性也即是什么时，这种统一性只能首先在一切对象都是实际存在的意义上来理解。这里的"实有"也即"存在"就是英文中的"exist"。俞宣孟先生也认为，杜林所使用的"存在"（即 Sein）不是指实际的"存在"[⑦]。从上面可以看出，杜林正是剽窃和抄袭了黑格尔《逻辑学》的思想，构建了自己对"存在"理解的世界统一性的理论体系。

世界的统一性只能在一切对象实际存在的意义上来理解，而"并不在于它的存在"[⑧]。这里的"存在"就是前面说的黑格尔哲学意义上的（Sein）即英语的 Being，是一个没有任何规定性的空无或虚无，指的并不是实际的"存在"。"世界的真正的统一性在于它的物质性。"[⑨] 这里的物质性，在宗占林教授看来，指的是"客观实存事物所具有的一切属性，不仅包括它们的共性，而且也包括它们的差异性"[⑩]。且宗教授认为世界的真正统一性在于它的物质性不能理解成世界统一于物质，因为这种提法不仅无法与唯心主义、朴素唯物主义、庸俗唯物主义、二元论划清界限，也无法说明世界统一的多样性。[⑪] 在冯契先生看来，"作为世界统一原理的物质"是从哲学和科学认识的长期发展中概括、总结出来的，"是认识发展的成果，内容非常丰富"[⑫]，其所体现的不仅是人自身认识能力的提高，而且也是人的实践蕴含的自由取向的昭示——"人的实践在本质

---

① 中共中央马克思恩格斯列宁斯大林著作编译局：《马克思恩格斯选集（第三卷）》，人民出版社，2012 年，第 418 页。

② 俞吾金：《问题域的转换——对马克思和黑格尔关系的当代解读》，人民出版社，2007 年，第 261 页。

③ 俞吾金：《问题域的转换——对马克思和黑格尔关系的当代解读》，人民出版社，2007 年，第 262 页。

④ ［德］黑格尔：《逻辑学（上卷）》，杨一之译，商务印书馆，1982 年，第 69 页。

⑤ 中共中央马克思恩格斯列宁斯大林著作编译局：《马克思恩格斯选集（第三卷）》，人民出版社，2012 年，第 419 页。

⑥ 中共中央马克思恩格斯列宁斯大林著作编译局：《马克思恩格斯选集（第三卷）》，人民出版社，2012 年，第 419 页。

⑦ 俞宣孟：《本体论研究》，上海人民出版社，2012 年，第 123 页。

⑧ 中共中央马克思恩格斯列宁斯大林著作编译局：《马克思恩格斯选集（第三卷）》，人民出版社，2012 年，第 419 页。

⑨ 中共中央马克思恩格斯列宁斯大林著作编译局：《马克思恩格斯选集（第三卷）》，人民出版社，2012 年，第 419 页。

⑩ 宗占林：《马克思恩格斯哲学基本思想探讨与解析》，黑龙江大学出版社，2010 年，第 217 页。

⑪ 宗占林：《马克思恩格斯哲学基本思想探讨与解析》，黑龙江大学出版社，2010 年，第 217~219 页。

⑫ 冯契：《认识世界和认识自己》，华东师范大学出版社，2016 年，第 243 页。

上是要求自由的活动”[①]。

费尔巴哈对存在的认识是从分析存在者的意义开始的，认为本质和存在都是存在者。“任何一个本质，都只是被规定为它所是的”[②]，“哲学是关于存在物的知识”[③]。在费尔巴哈看来，“存在是主体，思维是宾词”，这才是“思维与存在的真正关系”[④]，而黑格尔则完全颠倒了这种主次关系，把思维当作了主词，把存在者当作了宾词。因此，黑格尔的存在是离开了具体存在而从思想中抽象出来的本质，没有任何的实在性，是一个空洞性的概念。不过，费尔巴哈所说的存在也并非完整意义上的一种理解——“自然界这个无意识的实体，是非发生的永恒的实体，是第一性的实体”[⑤]，也即费尔巴哈所说的存在主要指的是自然界的存在，从本质层面上讲是一种自然主义的理解方式。这也就是恩格斯所说的费尔巴哈的“下半截”[⑥] 的唯物主义的问题——“唯物主义和历史是彼此完全脱离的”[⑦]。正如陶德麟先生所言，旧唯物主义的物质概念是不包括历史的，因而其物质观是片面的、非辩证的，“旧唯物主义的物质概念就没有包括人的实践活动及其产物”[⑧]。在物质第一性的理解方面，由于对物质概念理解的差异，“新唯物主义和旧唯物主义虽然都讲物质第一性，可是概念的内涵不同，命题的性质也不同”[⑨]。

综上所述，恩格斯认为世界的统一性问题的认识不能从虚无的存在（Being）出发来证明，只能从世界的实际存在出发来论证。这就是恩格斯提出的世界统一性命题的本质问题。

第二，统一性的基点。杜林的哲学同黑格尔的哲学相同，都是从存在（Sein）即英语的 Being 出发来证明世界的统一性，这是思辨唯心主义的特点基质。与唯心主义相反，唯物主义在理解世界的统一性方面，坚持从事物实际存在出发来说明。但对唯物主义辩证的理解统一性而言，仅仅满足于确立从实际存在出发的立场还是不够的。只有实现从直观或机械的唯物主义向实践唯物主义转变，才能够完整而又全面地理解世界统一

① 冯契：《认识世界和认识自己》，华东师范大学出版社，2016 年，第 58 页。冯契先生对于“物质”概念还有另外一种认识，认为“作为客观实在的物质”是在实践中都能经验到的，“内容单纯，是认识论的前提”（冯契：《认识世界和认识自己》，华东师范大学出版社，2016 年，第 243 页）。

② ［德］路德维希·费尔巴哈：《费尔巴哈哲学著作选集（上卷）》，荣震华、李金山等译，商务印书馆，1984 年，第 312 页。

③ ［德］路德维希·费尔巴哈：《费尔巴哈哲学著作选集（上卷）》，荣震华、李金山等译，商务印书馆，1984 年，第 108 页。

④ ［德］路德维希·费尔巴哈：《费尔巴哈哲学著作选集（上卷）》，荣震华、李金山等译，商务印书馆，1984 年，第 115 页。

⑤ ［德］路德维希·费尔巴哈：《费尔巴哈哲学著作选集（下卷）》，荣震华、王太庆、刘磊译，商务印书馆，1984 年，第 523 页。

⑥ 中共中央马克思恩格斯列宁斯大林著作编译局：《马克思恩格斯选集（第四卷）》，人民出版社，2012 年，第 248 页。

⑦ 中共中央马克思恩格斯列宁斯大林著作编译局：《马克思恩格斯选集（第一卷）》，人民出版社，2012 年，第 158 页。

⑧ 陶德麟：《哲学的现实与现实的哲学：马克思主义哲学及其中国化研究》，北京师范大学出版社，2005 年，第 7 页。

⑨ 陶德麟：《哲学的现实与现实的哲学：马克思主义哲学及其中国化研究》，北京师范大学出版社，2005 年，第 7～8 页。

性的认识。

在《关于费尔巴哈的提纲》中，马克思对包括费尔巴哈的“从前的一切唯物主义”即旧唯物主义展开了批判，认为其主要缺点是对“对象、现实、感性”采取了“客体的或者直观的形式”的理解方式，而没有“把它们当做感性的人的活动，当作实践去理解”，也就是没有“从主体方面去理解”①。具体说，就是忽视了人的能动的创造性，形成了一种“不是把感性理解为实践活动的唯物主义”② 的直观的唯物主义。费尔巴哈的直观唯物主义特征使其对人的理解采取了直观方式，也即把人的本质理解为“‘类’”——“一种内在的、无声的、把许多个人自然地联系起来的普遍性”，而没有把人的本质理解为“一切社会关系的总和”③。费尔巴哈在历史方面陷入唯心主义也是必然的了。所以，马克思在《德意志意识形态》中继续对费尔巴哈的直观唯物主义进行批判，明确地指出费尔巴哈在历史领域中“不是一个唯物主义者”④。即使费尔巴哈对人的感性对象的存在的承认比起“‘纯粹的’唯物主义者”有很大的优点，“但是，他把人只看做是‘感性对象’，而不是‘感性活动’”⑤ 的认识就直接暴露了其直观唯物主义的缺陷。既然费尔巴哈对人的理解具有直观的特性，那么其对自然的理解也很难说不是直观唯物主义的，其主要原因仍然是其没有看到人的感性活动之于自然向人生成的意义问题——“这种活动、这种连续不断的感性劳动和创造、这种生产，正是整个现存的感性世界的基础”⑥。总体上看，马克思所批判的旧唯物主义就是一种直观的唯物主义，即忽略了人的感性活动的唯心主义。

恩格斯在《反杜林论》中对包括费尔巴哈在内的旧唯物主义也进行了批判，认为旧唯物主义即18世纪的唯物主义是一种“纯粹形而上学的、完全机械的唯物主义”⑦。在《路德维希·费尔巴哈和德国古典哲学的终结》一书中，他进一步指出18世纪的唯物主义除了具有“机械”⑧ 的局限性之外，其第二个特有的局限性就是“不能把世界理解为

---

① 中共中央马克思恩格斯列宁斯大林著作编译局：《马克思恩格斯选集（第一卷）》，人民出版社，2012年，第133页。恩格斯在1888年为《路德维希·费尔巴哈和德国古典哲学的终结》一书发行写的序言中，曾将《关于费尔巴哈的提纲》称为“包含着新世界观的天才萌芽的第一个文献”[中共中央马克思恩格斯列宁斯大林著作编译局：《马克思恩格斯选集（第四卷）》，人民出版社，2012年，第219页]。

② 中共中央马克思恩格斯列宁斯大林著作编译局：《马克思恩格斯选集（第一卷）》，人民出版社，2012年，第136页。

③ 中共中央马克思恩格斯列宁斯大林著作编译局：《马克思恩格斯选集（第一卷）》，人民出版社，2012年，第135页。

④ 中共中央马克思恩格斯列宁斯大林著作编译局：《马克思恩格斯选集（第一卷）》，人民出版社，2012年，第158页。

⑤ 中共中央马克思恩格斯列宁斯大林著作编译局：《马克思恩格斯选集（第一卷）》，人民出版社，2012年，第157页。

⑥ 中共中央马克思恩格斯列宁斯大林著作编译局：《马克思恩格斯选集（第一卷）》，人民出版社，2012年，第157页。

⑦ 中共中央马克思恩格斯列宁斯大林著作编译局：《马克思恩格斯选集（第三卷）》，人民出版社，2012年，第400页。

⑧ 中共中央马克思恩格斯列宁斯大林著作编译局：《马克思恩格斯选集（第四卷）》，人民出版社，2012年，第234页。

一种过程，理解为一种处在不断的历史发展中的物质”[①]。对于费尔巴哈，恩格斯认为费尔巴哈虽然承认精神是物质的最高产物的唯物主义认识，“但是费尔巴哈到这里就突然停止不前了”[②]，他没有意识到人的能动性在唯物主义中的作用；虽然他也批判不重视社会和历史且具有非辩证思维方式看问题的“纯粹自然科学的唯物主义”——“纯粹自然科学的唯物主义虽然‘是人类知识的大厦的基础，但不是大厦本身’”[③]，但是没有意识到人及其实践活动在人或历史与自然关系中的认识作用。费尔巴哈唯物主义最大的缺陷就是抽象性，远离人的实践活动。总体上说，费尔巴哈的思想仍然是唯心主义的，这一点最明显的表现就是“宗教哲学和伦理学”[④] 的认识方面——因为其并没有按照事实本身的联系来认识宗教和道德，而是用一种幻想的联系来把握事实。费尔巴哈在社会领域内的认识并没有超过他“1840 年或 1844 年的观点”[⑤]，并没有什么进展。

马克思在批判旧唯物主义的过程中，也阐释了自身对唯物主义的理解。在《关于费尔巴哈的提纲》中，马克思把自己理解的唯物主义称为“新唯物主义”，并认为其立足点是人类社会或社会的人类，而旧唯物主义则与此相反，其立足点则是“市民社会”[⑥]。再具体一点说就是，新唯物主义是立足于人类社会或社会的人类来探讨人的感性活动的一种“新唯物主义”，而立足于市民社会的直观的旧唯物主义的短视性即非历史性则注定了其不可能超越市民社会的视野，发展出一种超越本阶级利益的唯物主义学说。

恩格斯在《反杜林论》中把自己的唯物主义称为“现代唯物主义”，认为现代唯物主义应是对西方 2000 多年以来唯物主义的全面继承和提升——“现代唯物主义，否定的否定，不是单纯地恢复旧唯物主义，而是把 2000 年来哲学和自然科学发展的全部思想内容以及这 2000 年的历史本身的全部思想内容加到旧唯物主义的持久性的基础上”[⑦]。这是在旧唯物主义的基础上彻底颠倒了思辨唯心主义的现代唯物主义，也即一种把人的感性活动看作唯物主义核心内容的现代唯物主义。“人们的存在就是他们的现实生活过程”[⑧]，这个“现实生活过程”就是人们基于物质生产实践而把地理环境、人

① 中共中央马克思恩格斯列宁斯大林著作编译局：《马克思恩格斯选集（第四卷）》，人民出版社，2012 年，第 235 页。

② 中共中央马克思恩格斯列宁斯大林著作编译局：《马克思恩格斯选集（第四卷）》，人民出版社，2012 年，第 234 页。

③ 中共中央马克思恩格斯列宁斯大林著作编译局：《马克思恩格斯选集（第四卷）》，人民出版社，2012 年，第 237 页。

④ 中共中央马克思恩格斯列宁斯大林著作编译局：《马克思恩格斯选集（第四卷）》，人民出版社，2012 年，第 239 页。

⑤ 中共中央马克思恩格斯列宁斯大林著作编译局：《马克思恩格斯选集（第四卷）》，人民出版社，2012 年，第 237 页。

⑥ 中共中央马克思恩格斯列宁斯大林著作编译局：《马克思恩格斯选集（第一卷）》，人民出版社，2012 年，第 136 页。

⑦ 中共中央马克思恩格斯列宁斯大林著作编译局：《马克思恩格斯选集（第三卷）》，人民出版社，2012 年，第 517 页。

⑧ 中共中央马克思恩格斯列宁斯大林著作编译局：《马克思恩格斯选集（第一卷）》，人民出版社，2012 年，第 152 页。

口因素等外在条件纳入人们活动之中的一种关系性的而非实体性的存在。[①]

第三，统一性的主线。哲学基本问题[②]是恩格斯在《路德维希·费尔巴哈和德国古典哲学的终结》中，在论述黑格尔学派并没有批判地克服黑格尔哲学而解体之后提出的，认为"思维和存在的关系问题"是哲学基本问题——"全部哲学，特别是近代哲学的重大的基本问题，是思维和存在的关系问题。"[③] 这个问题包括两方面的问题：其一是本原问题——"什么是本原的，是精神，还是自然界？"[④] 其二是如何认识外部世界的问题——"我们关于我们周围世界的思想对这个世界本身的关系是怎样的？我们的思维能不能认识现实世界？我们能不能在我们关于现实世界的表象和概念中正确地反映现实？"[⑤] 第一个方面的本原问题指的是唯心主义与唯物主义的划分问题，凡是断定精神对自然界来说是本原的就属于唯心主义阵营，反之，凡是认为自然界是本原的就属于唯物主义阵营；第二个方面的认识问题指的是认识的同一性问题，主要是对人与世界之间是否具有认识关系、是可知还是不可知的一种关系、可知的关系能否用表象和概念正确反映现实等问题的回答。

这是恩格斯对哲学基本问题内容的论述，实际上马克思在其思想发展的几个阶段上也有对哲学基本问题的论述。在《博士论文》中，马克思在对货币"塔勒"存在问题的探讨中，提出了"一百个想象出来的塔勒"与"一百个真正的塔勒具有同等价值"[⑥] 的认识，认为康德对"是"不是一个"实在的谓词"而是逻辑上的"一个判断的系词"[⑦] 的本体论证明的批判是"无济于事"[⑧] 的——上帝存在的证明就是"对人的本质的自我意识的存在的证明"，所谓直接的存在就是"自我意识"[⑨]。这与黑格尔的观点即认为康

---

① 王金福教授认为地理环境、人口因素只是自然存在并非社会存在，只有"当它们进入人的活动时"，才"构成社会存在的因素"（王金福：《马克思哲学在理解中的命运——对马克思主义哲学史的解释学考察》，苏州大学出版社，2003 年，第 323 页）。有关"社会"关系性而非实体性的理解，可以参阅江苏人民出版社 2020 年出版的孙伯鍨和张一兵的《走进马克思》一书第 342 页的相关内容。

② 对于哲学基本问题的理解，我认为赵敦华和孙熙国二位教授在其编著的《中西哲学的当代研究与马克思主义哲学创新》一书中解释得比较恰当，认为哲学基本问题在近代的提出是以人类抽象出了较为清晰的物质与精神概念为前提的，在此之前，人类社会对物质与精神的认识存在的是互渗现象。人类社会中哲学基本问题起源的古老形式是灵魂不死的观念和自然力的人格化的观念以及由这两种观念生发出的灵魂对肉体、灵魂对外界的关系和神与自然的关系的认识（赵敦华、孙熙国：《中西哲学的当代研究与马克思主义哲学创新》，人民出版社，2011 年，第 23～32 页）。

③ 中共中央马克思恩格斯列宁斯大林著作编译局：《马克思恩格斯选集（第四卷）》，人民出版社，2012 年，第 229 页。

④ 中共中央马克思恩格斯列宁斯大林著作编译局：《马克思恩格斯选集（第四卷）》，人民出版社，2012 年，第 231 页。

⑤ 中共中央马克思恩格斯列宁斯大林著作编译局：《马克思恩格斯选集（第四卷）》，人民出版社，2012 年，第 231 页。

⑥ 中共中央马克思恩格斯列宁斯大林著作编译局：《马克思恩格斯全集（第四十卷）》，人民出版社，2016 年，第 284 页。

⑦ ［德］康德：《纯粹理性批判》，邓晓芒译，人民出版社，2017 年，第 363 页。

⑧ 中共中央马克思恩格斯列宁斯大林著作编译局：《马克思恩格斯全集（第四十卷）》，人民出版社，2016 年，第 284 页。

⑨ 中共中央马克思恩格斯列宁斯大林著作编译局：《马克思恩格斯全集（第四十卷）》，人民出版社，2016 年，第 285 页。

德对"'思维与存在的差别'"的说法是粗浅的、对于"人心由上帝的思想到上帝存在的确信的过程"[①] 是不能取消的认识有一定相同之处。在《莱茵报》时期的《摩泽尔记者的辩护》一文中，马克思认为研究国家状况不能忽视"各种关系的客观本性，而用当事人的意志来解释一切"[②]。在《1844年经济学哲学手稿》中，马克思认为以需要、激情、愿望等为基础的无效需求与拥有货币的有效需求之间的差别就是思维与存在之间的差别，也即心中的观念与现实对象存在之间的差异，而如果想要食物等"想象的、表象的、期望的存在"转化为能够获得食物等"感性的、现实的存在"需要借助货币"这样的媒介"——货币是"真正的创造力"[③]。思维和存在虽然"有区别，但同时彼此又处于统一中"[④]。在《神圣家族》中，马克思批评了对存在和思维关系神秘的同一性的理解，认为"必须用实际的和具体的方式"来消灭财产、资本、金钱、雇佣劳动等诸如此类的东西，才能让曼彻斯特的工人摆脱自身所处的屈辱地位，才"不仅能在思维中、意识中"，而且也能"在群众的存在中、生活中真正成其为人"[⑤]。在《关于费尔巴哈的提纲》中，马克思强调了人的思维的客观真理性"是一个实践的问题"[⑥]。在《德意志意识形态》中，马克思在批判德国意识形态学家"现实世界是观念世界的产物"[⑦] 的错误思想认识中，提出了"不是意识决定生活，而是生活决定意识"[⑧] 的有关思维与存在关系认识的观点。在《〈政治经济学批判〉序言》中，把思维与存在的关系表述为"人们的社会存在决定人们的意识"[⑨] 的关系认识问题。只有把恩格斯对哲学基本问题的认识同马克思的认识结合在一起，哲学基本问题的认识才是全面的。

一般认为哲学基本问题包括本原问题和如何认识外部世界的问题两个方面的内容，而实际上对哲学基本问题的认识不能仅仅局限于恩格斯在《路德维希·费尔巴哈和德国古典哲学的终结》著作中的两方面的论述。如果结合马克思、恩格斯对思维和存在的关系问题在其他著作中的认识，就会发现哲学基本问题不仅仅包括自然界的本原和认识的同一性两个问题。存在的认识、思维转化为存在的媒介、思维转化为存在的实现方式、思维与存在关系的基点以及思维与存在的关系等方面也应是哲学基本问题的相关内容。

---

① ［德］黑格尔：《小逻辑》，贺麟译，商务印书馆，1980年，第141页。

② 中共中央马克思恩格斯列宁斯大林著作编译局：《马克思恩格斯全集（第一卷）》，人民出版社，1995年，第363页。

③ 中共中央马克思恩格斯列宁斯大林著作编译局：《马克思恩格斯全集（第四十二卷）》，人民出版社，2016年，第154页。

④ 中共中央马克思恩格斯列宁斯大林著作编译局：《马克思恩格斯全集（第四十二卷）》，人民出版社，2016年，第123页。

⑤ 中共中央马克思恩格斯列宁斯大林著作编译局：《马克思恩格斯全集（第二卷）》，人民出版社，2016年，第66页。

⑥ 中共中央马克思恩格斯列宁斯大林著作编译局：《马克思恩格斯选集（第一卷）》，人民出版社，2012年，第134页。

⑦ 中共中央马克思恩格斯列宁斯大林著作编译局：《马克思恩格斯全集（第三卷）》，人民出版社，2016年，第16页注释①。

⑧ 中共中央马克思恩格斯列宁斯大林著作编译局：《马克思恩格斯全集（第三卷）》，人民出版社，2016年，第30页。

⑨ 中共中央马克思恩格斯列宁斯大林著作编译局：《马克思恩格斯选集（第二卷）》，人民出版社，2012年，第2页。

总体上看，哲学基本问题认识的发展，是从理性思维扩展到非理性思维，从过去、现在意识扩展到未来意识，从有意识扩展到无意识，从语言符号与存在的关系扩展到非语言符号和存在的关系，从主客观的关系扩展到主客体的关系，从思维与存在的静止性关系扩展到精神性活动与物质性活动的关系，最终从本原论、认识论扩展到存在论。

第四，统一性的向度。首先是“从人间升到天国”① 的纵向问题。在《德意志意识形态》中，马克思认为德国哲学是“从天国降到人间”，而他所理解的哲学则是“从人间升到天国”②。而马克思所理解的哲学要想“从人间升到天国”，就必须把黑格尔“倒置”③ 或“倒立”④ 的哲学倒过来，也即学术界一般所说的“颠倒”问题⑤。马克思首要的任务就是颠倒这种认识，“从思想世界降到现实世界”⑥。

马克思对黑格尔思辨哲学的“颠倒”始自《黑格尔法哲学批判》，认为黑格尔是在用抽象逻辑领域中已形成的思想来发展自己的对象，而不是“从对象中发展自己的思想”⑦，是一种泛逻辑神秘主义，以至于把哲学的意义理解成了“逻辑本身的事物”，而不是“事物本身的逻辑”⑧。也就是说，事物的内容是在作为逻辑运动主体的观念的单纯的逻辑演绎运动过程中产生的，而不是来自事物自身的运动过程。不过，马克思对黑格尔思辨哲学比较集中的批判还是在《1844年经济学哲学手稿》“对黑格尔的辩证法和整个哲学批判”这一节中，认为黑格尔哲学有双重错误：第一个错误和黑格尔所理解的异化有关，认为黑格尔所理解的异化只是形式上的“纯粹的即抽象的哲学思维的异化”，以至于把“外化历史和外化的全部消除”变成了“抽象的、绝对的思维的生产史，即逻辑的思辨的思维的生产史”⑨。也即在黑格尔看来，外部自然或事物是思辨的逻辑成长为绝对精神而异化也即“外化”出来的结果，“世界是一朵花，这花永恒地从那唯一的种子里生长出来”⑩。第二个错误与黑格尔对人的本质的理解有关，认为黑格尔所理解的人的本质是抽象的意识，是“在意识中、在纯思维中即在抽象中发生的占有”，

---

① 中共中央马克思恩格斯列宁斯大林著作编译局：《马克思恩格斯选集（第一卷）》，人民出版社，2012年，第152页。

② 中共中央马克思恩格斯列宁斯大林著作编译局：《马克思恩格斯选集（第一卷）》，人民出版社，2012年，第152页。

③ 中共中央马克思恩格斯列宁斯大林著作编译局：《马克思恩格斯选集（第二卷）》，人民出版社，2012年，第12页。

④ ［德］马克思：《资本论（第一卷）》，人民出版社，2018年，第22页。

⑤ 王庆丰：《辩证法的观念》，吉林大学出版社，2020年，第73页。

⑥ 中共中央马克思恩格斯列宁斯大林著作编译局：《马克思恩格斯全集（第三卷）》，人民出版社，2016年，第525页。

⑦ 中共中央马克思恩格斯列宁斯大林著作编译局：《马克思恩格斯全集（第三卷）》，人民出版社，2002年，第18～19页。

⑧ 中共中央马克思恩格斯列宁斯大林著作编译局：《马克思恩格斯全集（第一卷）》，人民出版社，2016年，第263页。

⑨ 中共中央马克思恩格斯列宁斯大林著作编译局：《马克思恩格斯全集（第三卷）》，人民出版社，2002年，第318页。

⑩ ［德］黑格尔：《哲学史讲演录（第四卷）》，贺麟、王太庆译，商务印书馆，1978年，第311页。

再具体一点说，就是“对这些作为思想和思想运动的对象的占有”①，也即在意识和纯粹思维中通过思想之间以及概念之间的纯粹的逻辑运动关系来说明人所具有的本质特征。总体上来看，黑格尔的这两个错误都与绝对精神有关，意识、自我意识、外部对象以及人本身都不是实存意义上的一种独立存在，而仅仅是绝对精神的一个环节和表现。“绝对知识，那种已经不是向外部而是仅仅在自身内部进行的抽象思维运动，就是说，纯思想的辩证法是结果。”②

在《神圣家族》中马克思对黑格尔思辨结构的秘密进行了彻底揭示，认为第一个颠倒的秘密在于实在的存在（实存即 existence）和思想性、理智性的观念、抽象概念关系颠倒了。这个颠倒的过程具体说可以分为三个步骤：首先从现实的苹果、草莓等中抽象出一个一般观念即果实，然后把果实这个抽象观念想象为苹果、草莓等的一般本质，继之再把果实宣布为苹果、草莓等的实体。也就是说，在黑格尔看来，观念中果实这个概念才是苹果或草莓的本质，而不是像苹果、草莓等可以实际感触到的“定在”，也即“苹果、梨、扁桃等等是‘果实’的简单的存在形式，是它的样态”③。这是一个特殊果实和一般果实关系的纵向颠倒，但是颠倒的任务并没有完成。因为在黑格尔看来，哲学既不是“停留在现象的知识上”的“经验主义”，也不是“只想同观念打交道”的“形而上学”，而精神“在本质上是能动的……它能使自身转化为现象”④。也就是说，黑格尔的概念不是形式逻辑意义上的抽象概念，而是辩证逻辑意义上的理性具体的概念，是通过概念间的中介关系让所有的概念都运动起来的一种认识方式。对于“果实”而言，就是说“‘一般果实’并不是僵死的、无差别的、静止的本质，而是活生生的、自相区别的、能动的本质”⑤。具体说就是如何让一般果实在每一种具体果实中个体显现，并解决如何从自身的一种形式转换为“另一种形式”的问题，此时果实天然属性的意义已经让位于“‘绝对果实’的生命过程中取得一定地位的思辨属性”⑥ 了。从颠倒的历程看，这一次的颠倒已经不同于第一次了，而是一种“抽象”之上的“再抽象”、颠倒基础上的再颠倒。这种颠倒的颠倒之后的关系发生了变化，原来纵向对应的关系转变为概念之间横向的规定关系，也即苹果的概念、扁桃的概念以及其他概念之间发生的横向的必然性的关系，横向的概念与概念之间的逻辑规定关系代替了纵向的概念与实存

---

① 中共中央马克思恩格斯列宁斯大林著作编译局：《马克思恩格斯全集（第三卷）》，人民出版社，2002 年，第 318 页。

② 中共中央马克思恩格斯列宁斯大林著作编译局：《马克思恩格斯全集（第三卷）》，人民出版社，2002 年，第 319 页。

③ 中共中央马克思恩格斯列宁斯大林著作编译局：《马克思恩格斯全集（第二卷）》，人民出版社，2016 年，第 72 页。

④ 转引自［法］奥古斯特·科尔纽：《马克思的思想起源》，王谨译，中国人民大学出版社，1987 年，第 18 页注释①。

⑤ 中共中央马克思恩格斯列宁斯大林著作编译局：《马克思恩格斯全集（第二卷）》，人民出版社，2016 年，第 73 页。

⑥ 中共中央马克思恩格斯列宁斯大林著作编译局：《马克思恩格斯全集（第二卷）》，人民出版社，2016 年，第 74 页。

之间的实在关系。[①]

马克思在“颠倒”了黑格尔哲学即“从天国降到人间”之后，还要“从人间升到天国”[②]。这里涉及的实际上是人的观念、概念以及语言等和现实之间的关系的理解问题。这种关系最终表现为三个方面：一是概念与实存之间纵向的实在关系问题，二是概念与概念之间横向的逻辑关系问题，三是思想观念以及思想观念间、概念以及概念间与语言等符号之间的关系问题。一言以蔽之，只要这三种关系是建立在实践唯物主义的基础上的，也就意味着“从人间升到天国”哲学的可能性。

其次是从现在逆溯过去与瞻望未来的横向问题。张世英先生认为在人与世界的关系之中有两种超越性思想：一个是从表面的感性存在超越到非时间性的永恒的普遍性概念中去的纵向超越，另一个是从在场的事物之中超越到不在场的事物之中去的横向超越。其中纵向超越达到的是一种“抽象同一性或普遍性”，而横向超越达到的则是“不同现实事物（包括在场的与不在场的）之间的相互融通的整体”[③]。横向超越不但不排斥“从感性认识到理性认识的过程”，而且这一认识过程只有“纳入‘横向超越’之内”，超越性思想认识才是完整的。也就是说，超越性不仅是“对普遍性和‘事理’的认识”，而且也是“超越这在场的‘事理’，进入不在场的‘事理’”[④] 的一种认识。张世英先生的超越性思想强调的是在出场和显现的事理与未出场和未显现的事理之间建立关系，也即在在场与不在场之间形成一种“境域”或“境遇”关系。当然，横向关系并不排斥人与人、主体与主体之间关系语言交流的作用，也并不忽略语言概念的思维问题，“事实上，没有语言，也不能进行思维，形成不了概念，概念的构成受语言的制约”[⑤]。

实际上，马克思对于这种历史认识中现在、过去和未来的沟通问题是有很深刻的思想认识的。其一是“人体解剖对于猴体解剖是一把钥匙”[⑥] 的历史认识能够沟通现在与过去“逆向”与“顺向”的问题。其意是说在认识了高等动物之后，低等动物身上表露的高等动物的征兆才有可能被理解。这就是马克思所倡导的从现在认识过去，可以简称为“人体解剖法”的研究方法。在《资本论（第一卷）》中，马克思把这种研究方法表述为“从后思索法”[⑦]，认为“对社会生活形式的思索”和“科学分析”“遵循着一条同实际运动完全相反的道路”，也即“这种思索是从事后开始的，是从已经完全确定的材

---

① 崔唯航：《马克思哲学革命的存在论阐释——从理论哲学到实践哲学》，中国社会科学出版社，2005 年，第 61～63 页。

② 中共中央马克思恩格斯列宁斯大林著作编译局：《马克思恩格斯选集（第一卷）》，人民出版社，2012 年，第 152 页。

③ 张世英：《哲学导论》，北京大学出版社，2016 年，第 32 页。

④ 张世英：《哲学导论》，北京大学出版社，2016 年，第 31 页。

⑤ 张世英：《进入澄明之境：哲学的新方向》，商务印书馆，1999 年，第 16～17 页。

⑥ 中共中央马克思恩格斯列宁斯大林著作编译局：《马克思恩格斯选集（第二卷）》，人民出版社，2012 年，第 705 页。

⑦ 年鉴学派的布洛赫认为，历史学家考察历史的顺序与事件不可能完全吻合，历史研究就是“由已知推向未知”，也就是要“倒溯历史”。如果对现实一无所知，“要了解历史也必定是徒劳无功的”（［法］布洛赫：《为历史学辩护》，张和声、程郁译，中国人民大学出版社，2006 年，第 39 页、第 37 页）。另外，伯特尔·奥尔曼对此问题也有思考（［美］布洛赫伯特尔·奥尔曼：《辩证法的舞蹈：马克思方法的步骤》，田世锭、何霜梅译，高等教育出版社，2006 年，第 215～216 页）。

料、发展的结果开始的"[①]。"从后思索法"从其具体操作步骤要求来看[②]，第一步是需要选择思索的出发点，进行典型分析。自然科学如物理学"是在保证过程以其纯粹形态进行的条件下从事实验的"，也即是"在自然过程表现得最确实、最少受干扰的地方考察自然过程的"[③]，而这种方法在历史科学中却是不可能采用的，只能采用典型分析的历史考察形式。也正是因为如此，所以，马克思以资本主义经济发达形式的英国和政治发达形式的法国作为从后思索法的起点开展典型分析。在考察东方社会时，马克思把印度和中国作为分析的典型形式，在马克思看来，中国是东方社会的"活的化石"，体现着"一切东方运动的共同特征"[④]。第二步是对所要认识的社会形态、社会关系进行总体分析。这一步在马克思看来，就是寻找某个社会发展的"普照的光"也即占主导地位的生产：这种占主导的生产在一切社会形式中"是一种普照的光"，决定着"其他一切生产的地位和影响"，不仅如此，这种"特殊的以太"还决定着"它里面显露出来的一切存在的比重"[⑤]。第三步就是"逆向溯因"了。我们需要补充的是"从后思索法"能够进行的一个前提条件是要对资本主义社会及其意识形态获得批判性的见识。在马克思看来，如果一个学者把资本主义理解为永恒的、自然的生产方式，而没有以批判的方式来理解资本主义社会及其意识，他是不可能由资本主义社会进入以前的社会形式和意识的。如同早期"神话"的理解要依赖于"基督教"的"自我批判"一样，就封建的、古代的和东方的经济理解而言，只有在资产阶级社会的资产阶级经济"自我批判已经开始时"[⑥]，才有可能得到理解。黑格尔之所以走向保守而没有走向批判，其中的主要原因就在于黑格尔哲学的意识形态性质，其哲学仍然是解释世界的哲学，而没有建立起来"实践批判的立场"[⑦]。正如恩格斯所评述的，黑格尔作为德国人仍然"拖着一根庸人的辫子"，"没有完全摆脱德国庸人的习气"[⑧]，是一种无批判的实证主义哲学家。

"人体解剖法"也即"从后思索法"是马克思《资本论》写作及其相关手稿研究时采用的主要方法，不过这种方法在研究方面也存在不足之处。关于这一点，马克思在《〈政治经济学批判〉导言》中论述"从后思索"方法时，曾谈到过这个问题，认为历史认识如果把"过去的形式"总是看成向着自己发展的各个阶段的"最后的形式"，就有

---

① ［德］马克思：《资本论》（根据作者修订的法文版第一卷翻译），中国社会科学出版社，1983年，第55页。

② 杨耕：《危机中的重建：唯物主义历史观的现代阐释》，江苏人民出版社，2022年，第311～315页。

③ 中共中央马克思恩格斯列宁斯大林著作编译局：《马克思恩格斯全集（第二十三卷）》，人民出版社，2016年，第8页。

④ 中共中央马克思恩格斯列宁斯大林著作编译局：《马克思恩格斯全集（第十五卷）》，人民出版社，2016年，第545页。

⑤ 中共中央马克思恩格斯列宁斯大林著作编译局：《马克思恩格斯选集（第二卷）》，人民出版社，2012年，第707页。

⑥ 中共中央马克思恩格斯列宁斯大林著作编译局：《马克思恩格斯选集（第二卷）》，人民出版社，2012年，第706页。

⑦ 何中华：《实践唯物主义的奠基之作——再读马克思〈关于费尔巴哈的提纲〉》，载任平、陈忠：《当代视野中的马克思主义哲学》，人民出版社，2010年，第460页。

⑧ 中共中央马克思恩格斯列宁斯大林著作编译局：《马克思恩格斯选集（第四卷）》，人民出版社，2012年，第225页。

可能会“对过去的形式作片面的理解”，更何况“自我批判”[①] 有时是在特定条件下才有可能进行的。马克思曾告诫说，绝不能像资产阶级经济学家一样抹杀一切历史差别，“把一切社会形式都看成资产阶级社会形式”，认为只要“认识了地租，就能理解代役租、什一税等等”，问题是“不应当把它们等同起来”。[②] 也就说，只有通过对现在事物状况的批判性认识，找到研究过去问题的正确的立场和切入点，才不会把对现在事物的认识观念不加区别地套用到过去事物的认识之中。这种研究方法的使用就是要注意现在和过去的差异，不要把现在的观念和过去的观念等同起来。所以，马克思在由现在到过去的“人体解剖法”“逆向”认识的基础上又提出了一种由过去到现在的“顺向”认识的“猴体解剖法”。这种认识方法同思想史研究中长期争论的“历史主义”有相似之处。历史主义作为一种研究方法在理解上虽然有些差异，但总体上看都和历史性的时间有关系应是大体不差的。[③] 人体解剖完成之后还需要进行猴体解剖，主要是因为史前社会和东方社会的社会结构及其机制等方面存在着独特性，而“人体解剖法”在剖析如此社会阶段的认识方面具有一定局限性，而采用发生学方法的猴体解剖法可以通过实证考察追溯人类社会的来龙去脉和历史过程。当然，这种研究方法不是无条件的，问题的关键在于要有足够的材料，否则很难进行这种方法的研究。19 世纪 60 年代伊始，史前社会研究中涌现了一大批人类学家。这对马克思人类社会的研究提供了有益的帮助。例如，摩尔根《古代社会》一书的论述采用的就是“从前思索”的猴体解剖法。摩尔根的这本书对马克思史前社会的研究产生过一定的影响。马克思为了完善《资本论》中有关地租的章节，就是采用猴体解剖的方法研究了原始时代的历史以及俄国和美国的土地关系等相关内容。恩格斯在 1893 年写的纪念马克思逝世十周年的文章中，认为“马克思研究任何事物时都考察它的历史起源和它的前提”[④]。当然，马克思对于人类学研究成果的采用还是有选择性的，并非全盘接受。关于这一点我们在前文的论述中已经阐述过了——例如对于摩尔根的方法和成果，恩格斯曾阐述过如何使用的问题，认为对摩尔根的著作不能只是客观的叙述，而不作批判，如果不利用新得出的成果，联系我们的观点和已有的结论，“那就没有意义了”[⑤]。

马克思人体解剖与猴体解剖的历史认识线路，是历史认识的逆向回还与顺向前进的往复的认识。只有把历史认识的逆溯法与顺序法结合起来，才能实现历史认识线路的整体把握。这里还有一个“现在”与“未来”的关系问题需要解决，也即“批判旧世界”

① 中共中央马克思恩格斯列宁斯大林著作编译局：《马克思恩格斯选集（第二卷）》，人民出版社，2012 年，第 706 页。

② 中共中央马克思恩格斯列宁斯大林著作编译局：《马克思恩格斯选集（第二卷）》，人民出版社，2012 年，第 705 页、第 706 页。

③ ［美］德怀特·李、罗佰特·贝克：《“历史主义”的五种含义及其译价》，焦佩锋译，载复旦大学当代国外马克思主义研究中心：《当代国外马克思主义评论（第 7 辑）》，人民出版社，2009 年，第 308～320 页。

④ 中共中央马克思恩格斯列宁斯大林著作编译局：《马克思恩格斯全集（第二十二卷）》，人民出版社，2016 年，第 400 页。

⑤ 中共中央马克思恩格斯列宁斯大林著作编译局：《马克思恩格斯全集（第三十六卷）》，人民出版社，2016 年，第 144 页。

与“发现新世界”[①] 的历史认识、现在与未来沟通的“逆向”与“顺向”问题。这是从现在逆溯过去与瞻望未来的横向问题的第二个方面。

对于马克思所说的批判，一般都不会陌生，因为马克思《资本论》的副标题就是政治经济学批判。不过，批判并不是马克思《资本论》中专有的认识方式，马克思从早年博士论文“痛恨所有的神”[②] 的宗教批判开始，依次进行了包括国家和王权等的政治批判、黑格尔的思辨哲学和费尔巴哈的直观唯物主义的批判以及晚年为了使政治经济学批判某些论点表达得更明确一些的人类学批判等若干阶段，这充分说明批判是贯穿马克思一生历史研究的一种重要方法。从内容上看，马克思对批判的认识是形而上学、意识形态和资本三者批判[③]的整体统一，或从再宽泛一点的意义看，是宗教、政治、哲学、经济学和人类学五者批判[④]的整体统一。“反对一切形而上学”[⑤] 就是要使哲学面向现实的世界和人的存在，对人的异化的生存状态给予深刻的批判，对人的解放和全面发展给予深切的关怀。资产阶级社会的意识形态以其虚假的形式发挥着为统治阶级政治统治辩护和服务的政治功能。“确立此岸世界的真理”是“真理的彼岸世界消失以后”的历史的任务，而“揭露具有非神圣形象的自我异化”则是“人的自我异化的神圣形象被揭穿以后”为“历史服务的哲学的迫切任务”——对天国的批判也就变成了对尘世、宗教和法的批判，“对神学的批判变成对政治的批判”[⑥]。资本是资本主义社会最基本的社会存在物，是“资产阶级的生产关系”[⑦]，就是它的自为运动才创造了一个不同于传统社会的现代社会。以资本为基础的生产，一方面借助于创造价值的剩余劳动创造出“一个普遍的劳动体系”，另一方面也创造出一个“普遍利用自然属性和人的属性的体系”，而科学也“表现为这个普遍有用性体系的体现者”。[⑧] 只有首先对资本主义的资本进行批判，才能深入资本主义的现实生活之中，完成对资本主义生产方式的批判，全面触摸人类历史过去以及未来的发展过程，从而把握住人类历史运动一般规律。

马克思说过他们“不想教条式地预料未来”[⑨]，不过，马克思也并不是对未来没有过设想，最熟悉的莫过于《德意志意识形态》中“在共产主义社会里……今天干这事，

---

① 中共中央马克思恩格斯列宁斯大林著作编译局：《马克思恩格斯全集（第一卷）》，人民出版社，2016 年，第 416 页。

② 中共中央马克思恩格斯列宁斯大林著作编译局：《马克思恩格斯全集（第一卷）》，人民出版社，1995 年，第 12 页。

③ 杨耕：《马克思主义历史观研究》，北京师范大学出版社，2017 年，总序，第 9～15 页。

④ 参阅社会科学文献出版社 2013 年出版的黄秋生教授的《马克思批判理论的逻辑进路》一书第 28～141 页的相关内容。

⑤ 中共中央马克思恩格斯列宁斯大林著作编译局：《马克思恩格斯全集（第二卷）》，人民出版社，2016 年，第 159 页。

⑥ 中共中央马克思恩格斯列宁斯大林著作编译局：《马克思恩格斯选集（第一卷）》，人民出版社，2012 年，第 2 页。

⑦ 中共中央马克思恩格斯列宁斯大林著作编译局：《马克思恩格斯选集（第一卷）》，人民出版社，2012 年，第 341 页。

⑧ 中共中央马克思恩格斯列宁斯大林著作编译局：《马克思恩格斯全集（第四十六卷上册）》，人民出版社，2016 年，第 392 页、第 393 页。

⑨ 中共中央马克思恩格斯列宁斯大林著作编译局：《马克思恩格斯全集（第一卷）》，人民出版社，2016 年，第 416 页。

明天干那事……"① 的那段论述。除此以外，马克思在《1844年经济学哲学手稿》《共产党宣言》《反杜林论》等著作中对未来社会的发展也是有过设想的。当然，如果孤立地看待马克思、恩格斯的论述，会认为马克思对未来的设想是乌托邦主义的。但如果我们结合马克思、恩格斯对历史规律的认识看，他们对未来的预测也并非一种乌托邦。列宁说："神奇的预言是童话。科学的预言却是事实。"② 我们认为至少从批判的角度看，马克思认为未来的预测问题是不能离开现实的。或者这样说，马克思对未来的预测是建立在对现实批判的基础上的。马克思主义"不仅仅限于解释过去，而且大胆地预察未来，并勇敢地用实际活动来实现未来"③，讲的就是解释和预见未来的活动需要以实践活动为基础，在创造并预见未来的活动过程中，不仅要认识社会规律，而且更要利用社会规律，在客观必然性制约的空间中充分发挥历史主体的能动性。"应该做什么，应该马上做些什么"，这当然完全取决于"将来某个特定的时刻"人们将不得不在其中活动的那个既定的历史环境，而"现在提出这个问题"看似是虚无缥缈的和"幻想的"④。

马克思对旧世界的批判是为了发现新世界，而发现新世界又有助于批判旧世界。只有在批判旧世界与发现新世界的往返回复之中，才能实现历史认识由现在到未来所把握的正确线路。

马克思恩格斯历史认识世界统一性要解决的就是哲学立场问题，这就是下一个需要讨论的问题了。

第三节　立场论在历史认识中的理论意义

马克思恩格斯世界统一性的哲学认识所要解决的是新唯物主义的哲学立场问题，那么，如何理解新唯物主义的哲学立场呢？这与马克思、恩格斯所理解的唯物主义的实质有关。

有关唯物主义的实质问题，恩格斯在《路德维希·费尔巴哈和德国古典哲学的终结》一书中有论述，认为所谓唯物主义就是理解现实世界即"自然界和历史"时，从"事实"也即"事实本身的联系"，而不是从"先入为主的唯心主义怪想"也即"幻想的联系"出发，来对待它在"人面前所呈现那样"⑤ 来理解。也就是，我们在理解外部世界时，"不是自然界和人类去适应原则"，而是"原则"要"符合自然界和历史的情况"，

---

① 中共中央马克思恩格斯列宁斯大林著作编译局：《马克思恩格斯选集（第一卷）》，人民出版社，2012年，第165页。此段详细引文是："在共产主义社会里，任何人都没有特殊的活动范围，而是都可以在任何部门内发展，社会调节着整个生产，因而使我有可能随自己的兴趣今天干这事，明天干那事，上午打猎，下午捕鱼，傍晚从事畜牧，晚饭后从事批判，这样就不会使我老是一个猎人、渔夫、牧人或批判者。"

② 中共中央马克思恩格斯列宁斯大林著作编译局：《列宁选集（第三卷）》，人民出版社，2012年，第551页。

③ 中共中央马克思恩格斯列宁斯大林著作编译局：《列宁选集（第二卷）》，人民出版社，2012年，第441页。

④ 中共中央马克思恩格斯列宁斯大林著作编译局：《马克思恩格斯全集（第三十五卷）》，人民出版社，2016年，第154页。

⑤ 中共中央马克思恩格斯列宁斯大林著作编译局：《马克思恩格斯选集（第四卷）》，人民出版社，2012年，第249页。

对事物认识“唯一唯物主义的观点”问题——“原则不是研究的出发点”①，而是“按照事物的真实面目及其产生情况来理解事物”②。从人类社会历史发展中的“事实”出发来认识外部世界，这就是马克思历史认识哲学立场唯物主义的根本实质。下面继之而来需要回答的问题就是：如何理解恩格斯所说的“事实”呢？

马克思、恩格斯在历史认识的论述中，多处讲到了历史认识要从“事实”出发的问题，其中在《1844年经济学哲学手稿》中，马克思谈到自然科学研究时，认为科学只有从“感性意识和感性需要”也即“自然界”出发，才有可能是“现实的科学”——费尔巴哈所说的“感性必须是一切科学的基础”③ 是对的。在马克思看来，自然科学研究就是要从经验事实出发，经验观察是实证科学研究具有的自身特点。对这一点更为详细的论述，是在《德意志意识形态》中，马克思不仅从“纯粹经验”的角度提出了“现实的个人”认识的“物质生活条件”④ 的问题，而且明确地主张只有用“经验观察”的“实证科学”的方法，才有可能摆脱对人的“思辨”⑤ 的理解方式。马克思在1877年《给〈祖国纪事〉杂志编辑部的信》中提出过反对用“历史哲学理论”来看待俄国社会的发展问题，认为不能把他对西欧资本主义的研究变成“一般发展道路的历史哲学理论”，强调人类社会发展中问题处理的历史性，“极为相似的事变发生在不同的历史环境中”就会引起“完全不同的结果”，本来是自己耕种自己小块土地的独立经营的罗马的自由农民，被剥夺后并没有变成雇佣工人，同时发展起来的生产方式也不是“资本主义的，而是奴隶制的”⑥。马克思反对“使用一般历史哲学理论这一把万能钥匙”来处理人类社会中发生的一切问题，认为处理人类社会历史发展中的问题首先是研究“每一个”，继之“再把它们加以比较”，才能找到“理解这种现象的钥匙”⑦，而不是采用一种“超历史”⑧ 的认识方式。在马克思看来，处理人类社会历史发展中的问题是一个由个别研究到一般理论概括再到理论比较发展的过程，而强调个别问题所说的就是要注意事物研究中的事实问题。“我们在思想中把个别的东西从个别性提高到特殊性，然后再

---

① 中共中央马克思恩格斯列宁斯大林著作编译局：《马克思恩格斯选集（第三卷）》，人民出版社，2012年，第410页。

② 中共中央马克思恩格斯列宁斯大林著作编译局：《马克思恩格斯选集（第一卷）》，人民出版社，2012年，第156页。

③ 中共中央马克思恩格斯列宁斯大林著作编译局：《马克思恩格斯全集（第四十二卷）》，人民出版社，2016年，第128页。

④ 中共中央马克思恩格斯列宁斯大林著作编译局：《马克思恩格斯选集（第一卷）》，人民出版社，2012年，第146页。

⑤ 中共中央马克思恩格斯列宁斯大林著作编译局：《马克思恩格斯选集（第一卷）》，人民出版社，2012年，第153页。

⑥ 中共中央马克思恩格斯列宁斯大林著作编译局：《马克思恩格斯选集（第三卷）》，人民出版社，2012年，第730页。

⑦ 中共中央马克思恩格斯列宁斯大林著作编译局：《马克思恩格斯选集（第三卷）》，人民出版社，2012年，第730页。

⑧ 中共中央马克思恩格斯列宁斯大林著作编译局：《马克思恩格斯选集（第三卷）》，人民出版社，2012年，第731页。

从特殊性提高到普遍性；我们从有限中找出和确定无限，从暂时中找出和确定永久。”①

在1881年给维·伊·查苏利奇的复信中，马克思除了继续强调《资本论（第一卷）》中社会发展的“‘历史必然性’”是“‘限制在西欧各国’”② 之外，又强调了俄国农村公社如果要成为“社会新生的支点”，就必须在其不受到“破坏性影响”之外加上一个“保证它具备自然发展的正常条件”③。关于这个“正常条件”，《共产党宣言》1882年俄文版的序言中有论述，指的是俄国革命和西方无产阶级革命之间的关系问题——“假如俄国革命将成为西方无产阶级革命的信号而双方互相补充的话，那么现今的俄国土地公有制便能成为共产主义发展的起点”④。马克思对俄国土地公有制是否能成为共产主义发展起点的论述的条件，也即要把俄国自身的发展问题放到东西方互动的历史之中来看，强调的也是事物研究中的“事实”问题。关于这一点，马克思在给维·伊·查苏利奇复信的初稿中论述得更清楚，强调如果“不通过资本主义制度的卡夫丁峡谷”，就要“把资本主义制度所创造的一切积极的成果用到公社中来”⑤。毕竟，“资本主义生产”和俄国农村公社的土地公有制“同时存在”⑥。这和马克思对印度和旧中国如何发展问题的看法是一致的，强调的也是要把对这两个国家未来的前途认识放到世界历史中来看的一个问题——旧中国与外界的隔绝会“在英国的努力之下被暴力所打破”，与外界完全隔绝的状态必然会逐渐“解体”⑦。这也就是《德意志意识形态》中所说的，大工业“首次开创了世界历史”，消灭了各国以往自然形成的闭关自守的状态，“使每个文明国家以及这些国家中的每一个人的需要的满足都依赖于整个世界”⑧ 的问题。

马克思强调人类社会研究不能采用一般历史哲学的方法，而恩格斯则认为自然研究也不能采用自然哲学的方法，是在《路德维希·费尔巴哈和德国古典哲学的终结》中提出来的，认为由于近代以来细胞的发现、能量转化和有机自然物的进化这“三大发现”和自然科学的其他进步，用自然“自身的联系”来代替“观念的、幻想的联系”⑨，也

① 中共中央马克思恩格斯列宁斯大林著作编译局：《马克思恩格斯选集（第三卷）》，人民出版社，2012年，第937页。

② 中共中央马克思恩格斯列宁斯大林著作编译局：《马克思恩格斯选集（第三卷）》，人民出版社，2012年，第839页。

③ 中共中央马克思恩格斯列宁斯大林著作编译局：《马克思恩格斯选集（第三卷）》，人民出版社，2012年，第840页。

④ 中共中央马克思恩格斯列宁斯大林著作编译局：《马克思恩格斯选集（第一卷）》，人民出版社，2012年，第379页。

⑤ 中共中央马克思恩格斯列宁斯大林著作编译局：《马克思恩格斯选集（第三卷）》，人民出版社，2012年，第825页。

⑥ 中共中央马克思恩格斯列宁斯大林著作编译局：《马克思恩格斯全集（第十九卷）》，人民出版社，2016年，第451页。

⑦ 中共中央马克思恩格斯列宁斯大林著作编译局：《马克思恩格斯全集（第九卷）》，人民出版社，2016年，第111页。

⑧ 中共中央马克思恩格斯列宁斯大林著作编译局：《马克思恩格斯选集（第一卷）》，人民出版社，2012年，第194页。

⑨ 中共中央马克思恩格斯列宁斯大林著作编译局：《马克思恩格斯选集（第四卷）》，人民出版社，2012年，第252页。

即从“事实中发现联系”而不是“从头脑中想出联系”①的自然研究的时代到来了，“自然哲学”也就“最终被排除了”②。在《自然辩证法》中，恩格斯指出自然科学的研究不能从黑格尔的“精神、思维、观念”出发，而是必须从“既有的事实出发”，也即“从物质的各种实在形式和运动形式出发”。③即使是理论自然科学的研究“也不能构想出种种联系塞到事实中去”，而是要从“事实中发现这些联系”，而且“这些联系一经发现，就要尽可能从经验上加以证明”。④

在马克思、恩格斯看来，不管是人类史中的问题还是自然史中的问题，其研究的出发点是相同的，都强调要从“事实”出发。“在自然界和历史的每一个科学领域中，都必须从既有的事实出发。”⑤这个“事实”如果概括来说，就是指与主观世界领域中一切活动产物相对意义上客观存在的事物、现象和过程。这个“事实”既是指人类社会历史发展中的事实，也是指自然历史发展中的事实和指自然与社会关系历史发展中的事实。当然，也包括科学研究以及技术的应用问题。

苏联学者艾·瓦·依林柯夫有一种观点，认为马克思在《资本论》中的研究活动，所面对的主要是书籍、报告、统计表、报纸和证词等经验材料显现出来的语言、术语、数字、表格等“‘抽象’形式”，因而马克思的“工作总是以批判地分析和重新审查经验认识层次上的各种抽象为开端，以批判地克服这些抽象为开端，并通过批判这些抽象的片面性和主观性，通过揭露包含在这些抽象里的幻觉（这要从整个现实着眼，从现实的具体性着眼）而向前推进”⑥。这种认识不全面。马克思研究所面对的不只是经验事实，也是思维抽象。马克思使用的“事实”概念，除上面的用法之外，还包括人们感觉经验中真实性被证实了的描述、陈述以及被证实了的理论、观点和命题——在《资本论》中，马克思直接利用了“361种以政治经济学为主的文献，124种包括工厂视察员报告为主的英国官方文件，各种报刊35种，文学作品34种”，共计“554种材料”⑦的各种资料来源。关于这一点，我们从马克思在《德意志意识形态》中对实证的经验性研究的批评也可以看得出来。在马克思看来，如果只注重实证的经验事实，会是“一些僵死的事实的汇集”⑧。在马克思看来，社会研究不是“为未来的食堂开出”所谓“孔德主义”

---

① 中共中央马克思恩格斯列宁斯大林著作编译局：《马克思恩格斯选集（第四卷）》，人民出版社，2012年，第264页。

② 中共中央马克思恩格斯列宁斯大林著作编译局：《马克思恩格斯选集（第四卷）》，人民出版社，2012年，第253页。

③ 中共中央马克思恩格斯列宁斯大林著作编译局：《马克思恩格斯选集（第三卷）》，人民出版社，2012年，第878页。

④ 中共中央马克思恩格斯列宁斯大林著作编译局：《马克思恩格斯选集（第三卷）》，人民出版社，2012年，第878页。

⑤ 中共中央马克思恩格斯列宁斯大林著作编译局：《马克思恩格斯选集（第三卷）》，人民出版社，2012年，第878页。

⑥ ［苏］艾·瓦·伊林柯夫：《马克思〈资本论〉中抽象和具体的辩证法》，孙开焕、鲍世明、王锡群等译，山东人民出版社，1993年，第115页。

⑦ 宫敬才：《马克思经济哲学微观研究》，人民出版社，2021年，第319页。

⑧ 中共中央马克思恩格斯列宁斯大林著作编译局：《马克思恩格斯选集（第一卷）》，人民出版社，2012年，第153页。

的“调味单”[①]，所以，马克思认为孔德的观点是一种“腐朽的实证主义”[②]，所持的是“狭隘的庸人世界观”[③]。相比之下，马克思认为从整体上看，黑格尔比拥有数学、物理专业知识的孔德“不知道伟大多少倍”[④]。当然，马克思对黑格尔的思辨唯心主义也不是照单全收。在《德意志意识形态》中，马克思批评了青年黑格尔派对主体以及活动太过于注重“词句”[⑤]，而历史编纂学则太过于注重“纯粹的思想”[⑥]。一言以蔽之，在马克思看来，人类社会活动中的历史研究既要注重经验“事实”，也不能忽略“思想”“观念”和“词句”的事实，要把历史认识中的“思想”“观念”“词句”建立在“事实”的基础上。《资本论》的科学性所蕴含的“事实”之意，指的“不仅是由人的行为所形成的生产事实，也包括产生这些行为的人所具有的观念事实”[⑦]。马克思所讲的“事实”首先是与人们历史活动中的实践有关的“事实”问题，也即第一种事实现象所指的客观存在的事物、现象和过程。同这种事实相比，第二种事实是第一种本源事实所派生出来的现象。所以，二者并不矛盾。

综上所述，马克思历史认识中所说的要从“事实”出发的“事实”，也即“人们的存在”[⑧] 或“人们的社会存在”[⑨]，具体说就是人们的“现实生活过程”[⑩]。如果说“人们的社会存在”指的是自然环境的自然条件、经济的政治的等诸多方面的社会条件以及包括既有的意识形态、特定的文化传统以及一般知识状况等的精神条件[⑪]等条件问题，也不是不可以。不过，条件是“前提性的”[⑫]，总是可以“被人们的实践活动改变的”[⑬]。

---

① ［德］马克思：《资本论（第一卷）》，人民出版社，2018 年，第 19 页。

② 中共中央马克思恩格斯列宁斯大林著作编译局：《马克思恩格斯全集（第三十一卷）》，人民出版社，2016 年，第 236 页。

③ 中共中央马克思恩格斯列宁斯大林著作编译局：《马克思恩格斯全集（第三十九卷）》，人民出版社，2016 年，第 374 页。

④ 中共中央马克思恩格斯列宁斯大林著作编译局：《马克思恩格斯全集（第三十一卷）》，人民出版社，2016 年，第 236 页。

⑤ 中共中央马克思恩格斯列宁斯大林著作编译局：《马克思恩格斯选集（第一卷）》，人民出版社，2012 年，第 145 页。

⑥ 中共中央马克思恩格斯列宁斯大林著作编译局：《马克思恩格斯选集（第一卷）》，人民出版社，2012 年，第 174 页。

⑦ 李逢铃：《〈资本论〉科学性的争论与真意》，《理论与评论》，2021 年第 1 期，第 40 页。宗占林教授有一种观点，认为毛泽东所说的“实事求是”中的“事实”指的就是“客观存在着的一切事物”，而“从实际出发”中的“实际”，既包括客观事物的“实际”，同时也包含着实践的目的要求的“实际”，后一个“实际”容易被忽略掉。“从实际出发”的实质是要求利用客观条件达到实践活动的目的，做到主观与客观相统一（宗占林：《马克思恩格斯哲学基本思想探讨与解析》，黑龙江大学出版社，2010 年，第 252 页）。

⑧ 中共中央马克思恩格斯列宁斯大林著作编译局：《马克思恩格斯选集（第一卷）》，人民出版社，2012 年，第 152 页。

⑨ 中共中央马克思恩格斯列宁斯大林著作编译局：《马克思恩格斯选集（第二卷）》，人民出版社，2012 年，第 2 页。

⑩ 中共中央马克思恩格斯列宁斯大林著作编译局：《马克思恩格斯选集（第一卷）》，人民出版社，2012 年，第 152 页。

⑪ 本书编写组：《马克思主义哲学》，高等教育出版社，2020 年，第 140～141 页。

⑫ 龚培河：《马克思主义关于历史规律及其实现方式研究》，中国社会科学出版社，2014 年，第 71 页。

⑬ 庞卓恒：《唯物史观与历史科学》，高等教育出版社，2004 年，第 6 页。

也就是说，在人们的现实生活过程中，“物质实践”[①] 特别是“物质生活的生产方式”[②]居于核心和基础地位，在人类社会历史发展中起着决定作用。马克思历史认识中的“物”，并不仅仅指人类社会历史活动中的“外部生存条件和外部环境”，更主要的是指人们的物质生产实践、人们的实际生活过程[③]：其一，此处“物质的生产”并非仅仅指经济学意义上谋取人的物质生活资料需要的经济活动，而首先是指与“理论活动”或并不触及对象的“沉思默想”有着根本区别的，运用手足眼耳等感性器官直接接触活动对象的“物质生产实践活动”[④]，也即马克思新唯物主义哲学意义上讲的“对象性的［*gegenständlicehe*］活动”[⑤]，或者说，是指本体论含义上“概念前、范畴前的感性活动”[⑥]；其二，这种意义上理解的“物”，当然是“可感觉”的“物”，但又是社会关系意义上的“超感觉”之“物”，也即“可感觉而又超感觉的社会的物”。[⑦]

综上所述，立场论对于从立场、观点、方法看待马克思历史观具有的意义在于：新唯物主义对于马克思历史认识从事实出发哲学立场的形成夯实了基础。当然，这个出发点的完全确定还要依赖于如何理解“现实的人”所具有的唯物主义问题。下一章我们就来探讨“现实的人”作为“起点”的历史认识问题。

---

① 中共中央马克思恩格斯列宁斯大林著作编译局：《马克思恩格斯选集（第一卷）》，人民出版社，2012年，第172页。

② 中共中央马克思恩格斯列宁斯大林著作编译局：《马克思恩格斯选集（第二卷）》，人民出版社，2012年，第2页。

③ 刘曙光：《历史决定论和主体选择论》，吉林人民出版社，2006年，第49页。

④ 庞卓恒：《唯物史观与历史科学》，高等教育出版社，2004年，第13页。

⑤ 中共中央马克思恩格斯列宁斯大林著作编译局：《马克思恩格斯选集（第一卷）》，人民出版社，2012年，第133页。

⑥ 冷梅：《马克思生产概念的当代阐释》，华中科技大学出版社，2012年，第10页。

⑦ 杨耕：《为马克思辩护：对马克思哲学的一种新解读》，江苏人民出版社，2017年，作者的话，第13页。

第二章　马克思历史观的起点[①]论

"没有社会，人类历史是空的"[②]，同样，没有人，人类社会也是空的——"社会是人的社会，历史是人的历史"[③]。只有人有了，才会有社会和历史。"自从世界上有了'人'——'能思想、具有精神力量'的'物种'后，'世界'就向'人''显现'出'另一种''样子'。"[④] 当然，这里的人指的是"现实的人"[⑤]。本章就来谈谈"现实的人"在马克思人类社会历史发展认识中的问题。

第一节　现实的人认识的形成

马克思对人的问题的探讨开始于中学时期，认为"人类的天性"[⑥] 就是为人的完美

---

① 西方哲学从苏格拉底开始从关注自然转向关注人自身，晚期希腊和罗马哲学特别关注的是人的精神和肉体的和谐以及精神修养和道德完善等问题，中世纪的基督教哲学是一种以上帝为中心的神学，欧洲真正对人认识的发现开始于文艺复兴，17世纪后有关人是什么、人性是什么、人的本质是什么以及人的使命等问题在英国的培根、法国的笛卡尔、空想社会主义者莫尔以及后续诸多思想家中成为关注的重点问题（陈新夏：《唯物史观价值取向当代建构》，首都师范大学出版社，2021年，第38～68页）。

② 陈先达：《处在夹缝中的哲学：走向21世纪的马克思主义哲学》，北京师范大学出版社，2004年，第197页。

③ 安启念：《新编马克思主义哲学发展史》，中国人民大学出版社，2015年，第15页。

④ 叶秀山、王树人：《西方哲学史（学术版　第一卷）》，江苏人民出版社，2004年，第32页。

⑤ "现实的个人"是马克思、恩格斯在《德意志意识形态》中针对青年黑格尔派"实体""自我意识""类""唯一者""人"以及"词句"提出的一个概念［中共中央马克思恩格斯列宁斯大林著作编译局：《马克思恩格斯选集（第一卷）》，人民出版社，2012年，第144页、第145页］，而"现实的人"则是恩格斯在《路德维希·费尔巴哈和德国古典哲学的终结》中针对费尔巴哈"抽象的人"提出的一个概念［中共中央马克思恩格斯列宁斯大林著作编译局：《马克思恩格斯选集（第四卷）》，人民出版社，2012年，第247页］。二者的共同点是在历史领域都是唯心主义的。所以，马克思、恩格斯要转入新唯物主义就必须突破青年黑格尔派及费尔巴哈唯心主义的哲学藩篱。"现实的个人"和"现实的人"的关系在马克思恩格斯历史观的视野中并不矛盾。"'现实的个人'是社会历史中的个人，个人的自我解放必须立足于具体历史关系和社会关系，因为这种关系是个人在现实世界中真正解放的必要条件。同理，'现实的人'的解放是从'现实的个人'的解放开始，只有'现实的个人'充分认识到自身的处境并迫切地体会到自身的需要，肯定并发展自身的力量，才能实现自身的解放。只有'现实的个人'在解放自身的同时，也为他人的解放提供条件，'现实的人'的解放才会成为可能。"（高爽、黄明理：《论解放维度中"现实的人"与"现实的个人"的辩证统一关系——基于〈德意志意识形态〉的文本分析》，《思想教育研究》，2022年第1期，第70页）

⑥ 中共中央马克思恩格斯列宁斯大林著作编译局：《马克思恩格斯全集（第四十卷）》，人民出版社，2016年，第7页。

和幸福而工作，此时的马克思的思想认识中还带有神学色彩，而到了大学时期，马克思逐渐成为一个无神论者，其中的原因主要是马克思意识到了现实关注的重要性，也正是如此，马克思“从理想主义，……转而向现实本身去寻求思想”，认为“证实精神本性”和“肉体本性”一样是“必要的”，因此，马克思说：“不想再练剑术，而只想把真正的珍珠拿到阳光中来。”[①] 很明显，马克思青年时期对人的认识的矛盾主要集中于理想主义和现实主义的关系问题，正如马克思自己所说，“我的天国、我的艺术同我的爱情一样都变成了某种非常遥远的彼岸的东西。一切现实的东西都模糊了，而一切正在模糊的东西都失去了轮廓。……我应该研究法学，而且首先渴望专攻哲学。……这里首先出现的严重障碍正是现实的东西和应有的东西之间的对立”[②]。或者说，这就是经常提起的马克思青年时期“应然”和“实然”的矛盾困惑问题。

不过，真正促使马克思对人的认识发生巨大转变的，还是《莱茵报》时期遇到的物质利益问题，正是这个问题促使马克思开始对黑格尔哲学所宣传的理性国家是所有人利益的代表的观点产生了怀疑。在克罗茨纳赫时期，马克思开始思考这个问题，思考的结果则是“国家必须先成为现实的人”[③]，而不是相反——黑格尔对现实的人和国家的关系的认识是颠倒的。因此，从现实的人来看，人的本质只能是一种“社会特质”，而不是表现为“人的胡子、血液、抽象的肉体”[④] 的自然本性。人只能生活在世界、国家和社会之中，“人就是人的世界，就是国家，社会”[⑤]。克罗茨纳赫时期是马克思对人的认识发生转变的关键时期，马克思由此逐渐摆脱抽象的人性论而转向对人的现实问题的思考。这是马克思在《1844 年经济学哲学手稿》中继续思考的问题。在马克思看来，种的类特性的“生命活动的性质”就是人的“自由的有意识的活动”[⑥]。人有意识的生命活动同动物生命活动的不同之处就在于，人自己的生活对人自身来说是对象，如此，才可以说人的活动是“自由”[⑦] 的，才能成其为有意识的类存在物。但是，“异化劳动把这种关系颠倒过来”了，以致“人正因为是有意识的存在物，才把自己的生命活动，自己的本质变成仅仅维持自己生存的手段”[⑧]。在批判“国民经济学”没有说明“从私有

---

① 中共中央马克思恩格斯列宁斯大林著作编译局：《马克思恩格斯全集（第四十卷）》，人民出版社，2016 年，第 15 页。

② 中共中央马克思恩格斯列宁斯大林著作编译局：《马克思恩格斯全集（第四十卷）》，人民出版社，2016 年，第 9～10 页。

③ 中共中央马克思恩格斯列宁斯大林著作编译局：《马克思恩格斯全集（第三卷）》，人民出版社，2002 年，第 50 页。

④ 中共中央马克思恩格斯列宁斯大林著作编译局：《马克思恩格斯全集（第一卷）》，人民出版社，2016 年，第 270 页。

⑤ 中共中央马克思恩格斯列宁斯大林著作编译局：《马克思恩格斯全集（第一卷）》，人民出版社，2016 年，第 452 页。

⑥ 中共中央马克思恩格斯列宁斯大林著作编译局：《马克思恩格斯全集（第三卷）》，人民出版社，2002 年，第 273 页。

⑦ 中共中央马克思恩格斯列宁斯大林著作编译局：《马克思恩格斯全集（第三卷）》，人民出版社，2002 年，第 273 页。

⑧ 中共中央马克思恩格斯列宁斯大林著作编译局：《马克思恩格斯全集（第三卷）》，人民出版社，2002 年，第 273 页。

财产的本质中产生"[①]出来的规律问题时，马克思对工人的异化问题进行了详细论述，认为存在着产品同劳动者、劳动者同劳动者、人的类本质同人、人同人这四种异化形式。当然，马克思此时还没有完全走出抽象人性论的藩篱，但不能不说马克思此时已经开始朝向唯物史观所理解的现实的人的入口了。这个问题的关键就是此时马克思已经开始深入思考"劳动"问题了。在《神圣家族》中，马克思认为现实的人就是具有人的自我意识的"生活在现实的实物世界"[②]中的人，这种人不仅是"实物"与"人"的关系的一种存在，而且也是"人对人的社会关系"中的"人为他人的定在"[③]。在《关于费尔巴哈的提纲》中，马克思批判费尔巴哈把人理解成"单个人所固有的抽象物"，认为人"在其现实性上"是"一切社会关系的总和"[④]。在《德意志意识形态》中，马克思明确提出了"现实的个人"[⑤]的概念，强调"有生命的个人的存在"是全部人类历史的"第一个前提"[⑥]。在此基础上，马克思论述了创造历史的相互联系的四个方面，也即物质生活资料的需要以及引起的新的需要和种的繁衍以及人的意识问题。[⑦]这是马克思从现实的人出发对人认识的具有不同出发点和层次结构的四种基本规定性，也正是《德意志意识形态》中对人的这些认识，才真正使马克思进入了唯物史观对现实的人的理解界域。在其后的《哲学的贫困》《雇佣劳动与资本》《共产党宣言》等著作中，马克思具体论述了资本主义社会中经济的人或人的经济存在问题，认为处在资本主义社会中的人，只能理解成"经济范畴的人格化"，也即处在生产关系或更为具体的社会经济关系中的"一定的阶级关系和利益的承担者"[⑧]。因此，不能像资产阶级经济学家一样把经济学的研究定位为研究物的问题。对于经济学而言，其研究的就是人和人之间的关系，也即"阶级和阶级之间的关系"[⑨]问题。现实的人在阶级社会中所产生的社会关系主要表现为阶级关系。马克思、恩格斯分别在几处地方论述了这个问题。其中在《共产党宣言》中，马克思、恩格斯论述了资本家和工人之间阶级矛盾产生和发展的历史[⑩]；在《反杜

① 中共中央马克思恩格斯列宁斯大林著作编译局：《马克思恩格斯选集（第一卷）》，人民出版社，2012年，第49页。

② 中共中央马克思恩格斯列宁斯大林著作编译局：《马克思恩格斯全集（第二卷）》，人民出版社，2016年，第245页。

③ 中共中央马克思恩格斯列宁斯大林著作编译局：《马克思恩格斯全集（第二卷）》，人民出版社，2016年，第52页。

④ 中共中央马克思恩格斯列宁斯大林著作编译局：《马克思恩格斯选集（第一卷）》，人民出版社，2012年，第135页。

⑤ 中共中央马克思恩格斯列宁斯大林著作编译局：《马克思恩格斯选集（第一卷）》，人民出版社，2012年，第146页。

⑥ 中共中央马克思恩格斯列宁斯大林著作编译局：《马克思恩格斯选集（第一卷）》，人民出版社，2012年，第146页。

⑦ 中共中央马克思恩格斯列宁斯大林著作编译局：《马克思恩格斯选集（第一卷）》，人民出版社，2012年，第158～162页。

⑧ 马克思：《资本论（第一卷）》，人民出版社，2018年，第10页。

⑨ 中共中央马克思恩格斯列宁斯大林著作编译局：《马克思恩格斯选集（第二卷）》，人民出版社，2012年，第15页。

⑩ 中共中央马克思恩格斯列宁斯大林著作编译局：《马克思恩格斯选集（第一卷）》，人民出版社，2012年，第400～413页。

林论》中，恩格斯从生产的角度论述了资本主义发生在生产关系之中的阶级斗争以及斗争矛盾起源的问题[①]；在《资本论（第三卷）》中，马克思提出了雇佣工人、资本家和土地所有者三大阶级的关系问题[②]；在给约瑟夫·魏德迈的信中，马克思阐述了自己对"阶级"的理解，认为阶级问题一定同这三个方面相联系，也即阶级斗争的存在是同生产发展的一定历史阶段相联系的、阶级斗争必然导致无产阶级专政、这个专政是"达到消灭一切阶级和进入无阶级社会的过渡"[③]。

在《德意志意识形态》中，马克思、恩格斯提出的是"现实的个人"[④]的概念，"现实的人"是恩格斯在《路德维希·费尔巴哈和德国古典哲学的终结》中提出的另一个概念。在恩格斯看来，从抽象的人转到现实的人就是要把"人作为在历史中行动的人去考察"[⑤]。只有从抽象的人转到现实的人，才能用"关于现实的人及其历史发展的科学"来代替费尔巴哈新宗教对"对抽象的人的崇拜"[⑥]的认识。"现实的人"这个概念的提出，是对"现实的个人"概念的补充和发展，是马克思、恩格斯对社会历史发展中"人"的概念认识的整体性提升。

关于"人"的认识，对于恩格斯而言，同样是经历了从抽象的人向现实的人理解的发展过程。对人的现实认识，恩格斯也基本上是在1845—1846年间确立的。不过，有一点需要指出，恩格斯在对人的现实认识转化方面可能要比马克思相对容易一些。恩格斯提早接触到社会现实的经历能够使他更清楚地看清人的存在问题，早在1843年9月恩格斯就写出了被马克思称为"批判经济学范畴的天才大纲"[⑦]的《国民经济学批判大纲》的经济学著作。不仅如此，恩格斯在1845年前后还写出了《英国工人阶级状况》这一著作，对英国工人阶级劳动和生活状况进行了详细的记述，这为恩格斯对人的理解提供了现实的认识材料。《德意志意识形态》中有对人的意识的阐述，但是不够详细和完整，而这个工作是恩格斯在《反杜林论》和《自然辩证法》中继续完成的，主要论述的是人及其意识的产生以及人与自然之间的关系问题。在《反杜林论》中，恩格斯认为自然是人的生命之源，人的肉、血和头脑都属于和存在于自然界，而人的思维和意识归根到底也是"自然界的产物"[⑧]。人来自自然界，人脑产物的思维和意识最终意义

---

① 中共中央马克思恩格斯列宁斯大林著作编译局：《马克思恩格斯选集（第三卷）》，人民出版社，2012年，第654～671页。

② 马克思：《资本论（第三卷）》，人民出版社，2018年，第1001～1002页。

③ 中共中央马克思恩格斯列宁斯大林著作编译局：《马克思恩格斯选集（第四卷）》，人民出版社，2012年，第426页。

④ 中共中央马克思恩格斯列宁斯大林著作编译局：《马克思恩格斯选集（第一卷）》，人民出版社，2012年，第146页。

⑤ 中共中央马克思恩格斯列宁斯大林著作编译局：《马克思恩格斯选集（第四卷）》，人民出版社，2012年，第247页。

⑥ 中共中央马克思恩格斯列宁斯大林著作编译局：《马克思恩格斯选集（第四卷）》，人民出版社，2012年，第247页。

⑦ 中共中央马克思恩格斯列宁斯大林著作编译局：《马克思恩格斯选集（第二卷）》，人民出版社，2012年，第3页。

⑧ 中共中央马克思恩格斯列宁斯大林著作编译局：《马克思恩格斯选集（第三卷）》，人民出版社，2012年，第410页。

上讲也来自自然界。恩格斯在此是从人以及人的意识起源的意义上来论述人对自然界的依赖性和自然界的本源性问题。但这并不是说人在自然面前完全是被动的。人可以发挥自己的能动性，认识自然、利用自然，让自然为人类服务。人之所以能够比其他生物强，根本原因就在于人“能够认识和正确运用自然规律”①，让自然服务于人类。动物同自然的关系是直接同一的，利用的是自身的器官，而人利用的则是延长了的“自然的肢体”②。不仅如此，人恰恰是在同自然之间这种劳动的关系中，创造了自身。“劳动创造了人本身。”③ 马克思、恩格斯其他关于人的生产问题的论述，我会在后面的章节中进行阐释。

关于人类起源问题的直接探讨，主要体现在恩格斯的《自然辩证法》以及《家庭、私有制和国家的起源》的著作中。总体上看，主要表现为两个方面的问题：其一，人如何产生的问题。这个问题主要是恩格斯在《劳动在从猿到人转变中的作用》一文中论述的，恩格斯首先是从政治经济学视角说起的，认为劳动不只是和自然一起“是一切财富的源泉”，而且“是整个人类生活的第一个基本条件”④。劳动如此重要，而且“达到这样的程度，以致我们在某种意义上不得不说：劳动创造了人本身”⑤。恩格斯以此为起点，叙述了几十万年前类人猿如何从树上下到地上，开始直立行走而“由此就迈出了从猿过渡到人的具有决定意义的一步”⑥。在接下来的叙述中，恩格斯强调了直立行走对手解放的意义，认为手不仅是“劳动的器官”，也是“劳动的产物”⑦，就是因为手的发展，才使人在劳动中、在对自然的支配中“扩大了人的眼界”⑧。于是，语言在劳动中慢慢产生了，然后语言和劳动一起成为了猿脑过渡到人脑的“最主要的推动力”⑨。最后“由于手、说话器官和脑”在个人和社会中发生了共同的作用，“人才有能力完成越来越复杂的动作，提出并达到越来越高的目的”⑩。人类的劳动经过一代又一代的发展，

---

① 中共中央马克思恩格斯列宁斯大林著作编译局：《马克思恩格斯选集（第三卷）》，人民出版社，2012 年，第 998 页。

② 马克思：《资本论（第一卷）》，人民出版社，2018 年，第 209 页。

③ 中共中央马克思恩格斯列宁斯大林著作编译局：《马克思恩格斯选集（第三卷）》，人民出版社，2012 年，第 988 页。

④ 中共中央马克思恩格斯列宁斯大林著作编译局：《马克思恩格斯选集（第三卷）》，人民出版社，2012 年，第 988 页。

⑤ 中共中央马克思恩格斯列宁斯大林著作编译局：《马克思恩格斯选集（第三卷）》，人民出版社，2012 年，第 988 页。

⑥ 中共中央马克思恩格斯列宁斯大林著作编译局：《马克思恩格斯选集（第三卷）》，人民出版社，2012 年，第 989 页。

⑦ 中共中央马克思恩格斯列宁斯大林著作编译局：《马克思恩格斯选集（第三卷）》，人民出版社，2012 年，第 990 页。

⑧ 中共中央马克思恩格斯列宁斯大林著作编译局：《马克思恩格斯选集（第三卷）》，人民出版社，2012 年，第 991 页。

⑨ 中共中央马克思恩格斯列宁斯大林著作编译局：《马克思恩格斯选集（第三卷）》，人民出版社，2012 年，第 992 页。

⑩ 中共中央马克思恩格斯列宁斯大林著作编译局：《马克思恩格斯选集（第三卷）》，人民出版社，2012 年，第 995 页。

逐渐发展出了打猎和畜牧之外的农业以及“纺纱、织布、冶金、制陶和航海”[①]，随着商业和手工业的发展，又出现了艺术和科学，民族和国家也从部落中发展起来。其二，人如何发展的问题。这个问题主要是恩格斯也在《自然辩证法》中论述的，强调了所谓“两次提升”对于人的发展的意义问题。“只有一种有计划地生产和分配的自觉的社会生产组织，才能在社会方面把人从其余的动物中提升出来，正像一般生产曾经在物种方面把人从其余的动物中提升出来一样。”[②] 关于“两次提升”是马克思在论述宇宙产生过程中细胞出现之后，原生生物如何逐渐分化为最初的植物和动物时提出来的，认为人就是从最初的动物即脊椎动物中发展出来的。自从人从脊椎动物中分化出来从而和猿区别开来之后，人就在手和“自然规律知识的迅速增加”[③] 的脑的发育过程中，逐渐进入了历史。人离动物越远，创造历史就会越有意识，而历史也就越小地受“未能预见的作用、未能控制的力量”的影响，也就越加符合“历史的结果和预定的目的”[④]。人从起源意义或发生学意义上讲是来自自然，但人在历史发展的过程中，随着对自然规律以及人类社会发展规律的把握，人类受自发性的影响就会越来越小，也就会越来越有规律地把握人与自然以及人与社会之间的关系问题，从而逐渐把人“正像一般生产曾经在物种方面把人从其余的动物中提升出来一样”，“在社会方面把人从其余的动物中提升出来”[⑤]，如此，人类社会的史前时期才会“以这种社会形态而告终”[⑥]。

总体上看，马克思、恩格斯对现实的人的理解主要是针对费尔巴哈和施蒂纳对人的理解而提出的。不管是费尔巴哈还是施蒂纳，都不是把人理解为处于具体的、现实的活动和关系中的“现实的人”[⑦]，而是理解为一种抽象集合体的“类”[⑧]。虽然费尔巴哈和施蒂纳也谈到了个人，但充其量不过是抽掉了一切现实活动和关系的精神性的“‘纯粹

---

① 中共中央马克思恩格斯列宁斯大林著作编译局：《马克思恩格斯选集（第三卷）》，人民出版社，2012 年，第 995 页。

② 中共中央马克思恩格斯列宁斯大林著作编译局：《马克思恩格斯选集（第三卷）》，人民出版社，2012 年，第 860 页。此段详细引文：“达尔文并不知道，当他证明经济学家们当做最高的历史成就加以颂扬的自由竞争、生存斗争是动物界的正常状态的时候，他对人们，特别是对他的同胞作了多么辛辣的讽刺。只有一种有计划地生产和分配的自觉的社会生产组织，才能在社会方面把人从其余的动物中提升出来，正像一般生产曾经在物种方面把人从其余的动物中提升出来一样。”

③ 中共中央马克思恩格斯列宁斯大林著作编译局：《马克思恩格斯选集（第三卷）》，人民出版社，2012 年，第 859 页。

④ 中共中央马克思恩格斯列宁斯大林著作编译局：《马克思恩格斯选集（第三卷）》，人民出版社，2012 年，第 859 页。

⑤ 中共中央马克思恩格斯列宁斯大林著作编译局：《马克思恩格斯选集（第三卷）》，人民出版社，2012 年，第 860 页。

⑥ 中共中央马克思恩格斯列宁斯大林著作编译局：《马克思恩格斯选集（第二卷）》，人民出版社，2012 年，第 3 页。

⑦ 中共中央马克思恩格斯列宁斯大林著作编译局：《马克思恩格斯选集（第四卷）》，人民出版社，2012 年，第 247 页。

⑧ 中共中央马克思恩格斯列宁斯大林著作编译局：《马克思恩格斯选集（第一卷）》，人民出版社，2012 年，第 135 页。

的’个人”[1]，实际上就是“一些没有任何前提的德国人”[2]。

第二节　现实的人认识的特征

马克思批评青年黑格尔派，特别是费尔巴哈，以及德国历史编纂学派，是因为在马克思看来，他们对人的本质、特性理解得不够全面。只有对人的本质、特性理解得全面，才会对现实的人有完整的理解。“培养社会的人的一切属性，并且把他作为具有尽可能丰富的属性和联系的人，因而具有尽可能广泛需要的人生产出来。”[3]

第一，“现实的人”具有自然性。在《德意志意识形态》中，马克思提出“有生命的个人的存在”应是全部人类历史认识的“第一个前提”，“个人的肉体组织以及由此产生的个人对其他自然的关系”是“第一个需要确认的事实”[4]。恩格斯1844年在致马克思的信中谈到了两个方面的问题：一是要避免人成为“一个虚幻的形象”，就既不要像黑格尔那样“从虚无中去引申”，也不要像费尔巴哈那样“从上帝引申出来”，必须把人的认识建立在经验的基础上；二是只有采用“从经验主义和唯物主义出发”的认识方式，也即“从个别物中引申出普遍物”的认识方式，人才会成为“某种真实的东西”。[5] 人是“从对每个时代的个人的现实生活过程和活动的研究中”抽象出来的“最一般的结果的概括”[6]，并不带有任何神秘和思辨的色彩。通过用纯粹经验方法确立的现实的有生命的个体存在，“当然是处于既有的历史条件和关系范围之内的自己，而不是意识形态家的所理解的‘纯粹的’个人”[7]。具体说就是，现实的人就是处于使人们成为现在这种样子的周围生活条件中的现实存在着的、活动的人，也即是“从事活动的，进行物质生产的，因而是在一定的物质的、不受他们任意支配的界限、前提和条件下活动着”[8] 的现实的个人。

第二，“现实的人”具有社会性。现实的人是处于既有社会关系中的作为“一切社

---

① 中共中央马克思恩格斯列宁斯大林著作编译局：《马克思恩格斯选集（第一卷）》，人民出版社，2012年，第199页。

② 中共中央马克思恩格斯列宁斯大林著作编译局：《马克思恩格斯选集（第一卷）》，人民出版社，2012年，第158页。

③ 中共中央马克思恩格斯列宁斯大林著作编译局：《马克思恩格斯全集（第四十六卷上册）》，人民出版社，2016年，第392页。

④ 中共中央马克思恩格斯列宁斯大林著作编译局：《马克思恩格斯选集（第一卷）》，人民出版社，2012年，第146页。

⑤ 中共中央马克思恩格斯列宁斯大林著作编译局：《马克思恩格斯全集（第二十七卷）》，人民出版社，2016年，第13页。

⑥ 中共中央马克思恩格斯列宁斯大林著作编译局：《马克思恩格斯选集（第一卷）》，人民出版社，2012年，第153页。

⑦ 中共中央马克思恩格斯列宁斯大林著作编译局：《马克思恩格斯选集（第一卷）》，人民出版社，2012年，第199页。

⑧ 中共中央马克思恩格斯列宁斯大林著作编译局：《马克思恩格斯选集（第一卷）》，人民出版社，2012年，第151页。

会关系的总和”[①] 而存在的人。这些关系既有个人对除了自身肉体组织“其他自然的关系”[②]，也有由“不同个人的共同活动”[③] 所产生的人们之间的社会关系，还包括以上两种关系的关系，因此，那种非历史的、脱离一定的自然关系和社会关系的“抽象的——孤立的——人的个体”[④]，在现实生活中是根本不存在的，其充其量不过是资产阶级社会中的一种凝固的抽象物，也即那种封闭的和想象中的人。在马克思看来，对人的本质的理解要有三个方面的认识：其一，既然“人的真正的社会联系”是人的本质，那么，人在自己的本质积极实现的过程中，就要“创造、生产人的社会联系、社会本质”；其二，人的社会本质不同单个人相对立，而是“每一个单个人的本质”，是他自己的活动、生活、享受和财富；其三，对人的社会联系本质的理解是不以人为转移的，人是“作为现实的、活生生的、特殊的个人”的一种“存在物”，而不是“抽象概念”——“这些个人是怎样的，这种社会联系本身就是怎样的”[⑤]。

当然，具有社会性的现实的人在马克思的历史认识中也是处在一定历史条件中的人。作为“现实的、从事活动”的人，在既有的历史条件之中，既“受自己的生产力和与之相适应的交往的一定发展——直到交往的最遥远的形态——所制约”[⑥]，同时又通过自己的活动在改变这些条件的过程中创造出新的条件，而正是这种连续不断的活动或活动的不断连续，就“形成人们的历史中的联系，就形成人类的历史，这个历史随着人们的生产力以及人们的社会关系的愈益发展而愈益成为人类的历史”[⑦]，因为“人们之间一开始就有一种物质的联系。……这种联系不断采取新的形式，因而就表现为‘历史’”[⑧]。也就是在这种意义上，现实的人借以进行生产和交往的条件及其变化发展的历史，同时“也是发展着的、由每一个新的一代承受下来的生产力的历史，从而也是个人本身力量发展的历史”[⑨]。

第三，“现实的人”具有阶级性。现实的人是处在一定的社会关系之中的人，也就

---

① 中共中央马克思恩格斯列宁斯大林著作编译局：《马克思恩格斯选集（第一卷）》，人民出版社，2012 年，第 135 页。

② 中共中央马克思恩格斯列宁斯大林著作编译局：《马克思恩格斯选集（第一卷）》，人民出版社，2012 年，第 146 页。

③ 中共中央马克思恩格斯列宁斯大林著作编译局：《马克思恩格斯选集（第一卷）》，人民出版社，2012 年，第 165 页。

④ 中共中央马克思恩格斯列宁斯大林著作编译局：《马克思恩格斯选集（第一卷）》，人民出版社，2012 年，第 135 页。

⑤ 中共中央马克思恩格斯列宁斯大林著作编译局：《马克思恩格斯全集（第四十二卷）》，人民出版社，2016 年，第 25 页。

⑥ 中共中央马克思恩格斯列宁斯大林著作编译局：《马克思恩格斯选集（第一卷）》，人民出版社，2012 年，第 152 页。

⑦ 中共中央马克思恩格斯列宁斯大林著作编译局：《马克思恩格斯选集（第四卷）》，人民出版社，2012 年，第 409 页。

⑧ 中共中央马克思恩格斯列宁斯大林著作编译局：《马克思恩格斯选集（第一卷）》，人民出版社，2012 年，第 160 页。

⑨ 中共中央马克思恩格斯列宁斯大林著作编译局：《马克思恩格斯选集（第一卷）》，人民出版社，2012 年，第 204 页。

是处于一定阶级关系中的人，“属于一定的社会形式的”[①] 或“隶属于一定阶级”[②] 的人，而不是唯心论者或费尔巴哈那样的机械唯物论者想象的“抽象的——孤立的——人的个体”[③]。从阶级的角度看，现实的人既包括从事物质生产的劳动阶级，也包括在物质和精神生产中占支配地位的统治阶级。阶级的分化是“物质劳动和精神劳动分离”[④]的结果。就统治阶级而言，在一定条件下还是社会上“有用的或者甚至是必要的”[⑤] 阶级，在人类社会历史发展的某些时候还“决定着某一历史时代的整个面貌”[⑥]。“一切其他的活动，如精神活动、政治活动、宗教活动等”都取决于“基本形式”的“物质活动”[⑦]。因此，统治阶级的活动一旦越出劳动大众的物质活动所需要或所能允许的限度，立即就会由必要的社会阶级变成多余的社会阶级，迟早要被劳动群众抛弃，而劳动阶级则是“在任何情况下都是必要的”，“从来没有过一个时期社会上可以没有劳动阶级而存在的”[⑧]。从人类社会历史发展的整体看，正因为劳动阶级所从事的物质活动从根本上决定着其他社会活动的性质和方向，所以在人类社会历史发展的任何时候，劳动阶级都是现实的人中的主体或基本部分。[⑨]

第四，“现实的人”具有实践性。现实的人之所以是具体的，就是因为他们是由“他们已有的和由他们自己的活动创造出来的物质生活条件”[⑩] 所规定的人。现实的人只有通过他人他物并在与他人他物的对象性关系中才能获得自身多样性的规定性。“个人怎样表现自己的生命，他们自己就是怎样”[⑪] 的：一方面，“人们用以生产自己的生活资料的方式”并不是外在于个人的纯粹的生产方式，而是“这些个人的一定的活动方式”，是表现自己生命和生活的一定方式，也即“是什么样的”个人同他们“生产什么”

---

① 中共中央马克思恩格斯列宁斯大林著作编译局：《马克思恩格斯选集（第一卷）》，人民出版社，2012 年，第 135 页。

② 中共中央马克思恩格斯列宁斯大林著作编译局：《马克思恩格斯选集（第一卷）》，人民出版社，2012 年，第 199 页。

③ 中共中央马克思恩格斯列宁斯大林著作编译局：《马克思恩格斯选集（第一卷）》，人民出版社，2012 年，第 135 页。

④ 中共中央马克思恩格斯列宁斯大林著作编译局：《马克思恩格斯选集（第一卷）》，人民出版社，2012 年，第 162 页。

⑤ 中共中央马克思恩格斯列宁斯大林著作编译局：《马克思恩格斯全集（第十九卷）》，人民出版社，2016 年，第 315 页。

⑥ 中共中央马克思恩格斯列宁斯大林著作编译局：《马克思恩格斯选集（第一卷）》，人民出版社，2012 年，第 179 页。

⑦ 中共中央马克思恩格斯列宁斯大林著作编译局：《马克思恩格斯选集（第一卷）》，人民出版社，2012 年，第 203 页。

⑧ 中共中央马克思恩格斯列宁斯大林著作编译局：《马克思恩格斯全集（第十九卷）》，人民出版社，2016 年，第 315 页。

⑨ 庞卓恒：《唯物史观与历史科学》，高等教育出版社，2004 年，第 17～18 页。

⑩ 中共中央马克思恩格斯列宁斯大林著作编译局：《马克思恩格斯选集（第一卷）》，人民出版社，2012 年，第 146 页。

⑪ 中共中央马克思恩格斯列宁斯大林著作编译局：《马克思恩格斯选集（第一卷）》，人民出版社，2012 年，第 147 页。

和“怎样生产”是一致的，“这取决于他们进行生产的物质条件”[①]；另一方面，个人“是什么样的”同他们在生产中以什么样的方式进行交往也是一致的，而“个人彼此之间的交往［*Verkehr*］”是“随着人口的增长”[②] 开始的生产本身的前提，生产和交往是现实的人表现自己生活的两种基本形式，现实的人怎样在生产方式和交往方式中进行生产和交往，也就决定了他们具有什么样的现实规定性。

第五，“现实的人”具有超越性。现实的人是可以经验直观的感性的人，同时也是具有超感性特征的人。一方面，现实的人在人类社会实践活动中会推动着自身的物质和精神力量不断从低级向高级发展，“在再生产的行为本身中，不但客观条件改变着，例如乡村变为城市，荒野变为清除了林木的耕地等等，而且生产者也改变着，炼出新的品质，通过生产而发展和改造着自身，造成新的力量和新的观念，造成新的交往方式、新的需要和新的语言”[③]。人在实践活动中，不但改造了自然、社会和语言的需要，与此同时，人自身也在这种活动中得到了改造，实现了自身的发展。另一方面，随着社会化大生产的发展，生产和交往活动在劳动的过程中愈加发展，人自身也随着认识世界和改造世界的物质和精神力量水平的提高，逐渐从孤立和对立的个人向消除了“一切自发性”的“完全的个人”[④] 转变，最终在“每个人的自由发展是一切人的自由发展的条件”的“联合体”[⑤] 建构的过程中提升自身的发展。正如马克思所指出的，“整个历史也无非是人类本性的不断改变而已”[⑥]，人类社会历史的发展“始终只是他们的个体发展的历史”[⑦]，也就是现实的个人的“本身力量发展的历史”[⑧]。

总之，马克思所理解的“现实的人”，就是实际存在的、有血有肉的、活生生的人，就是处于一定社会关系之中从事着实践活动的、尤以物质生产活动为主的实际活动着的人，是自然属性和社会属性、个体性和类的特性、现实性与历史性以及能动性和受动性相统一的人，是人类社会历史发展中逐渐摆脱异化而在对象性活动中存在的人，是“属

---

① 中共中央马克思恩格斯列宁斯大林著作编译局：《马克思恩格斯选集（第一卷）》，人民出版社，2012 年，第 147 页。

② 中共中央马克思恩格斯列宁斯大林著作编译局：《马克思恩格斯选集（第一卷）》，人民出版社，2012 年，第 147 页。

③ 中共中央马克思恩格斯列宁斯大林著作编译局：《马克思恩格斯全集（第四十六卷上册）》，人民出版社，2016 年，第 494 页。

④ 中共中央马克思恩格斯列宁斯大林著作编译局：《马克思恩格斯选集（第一卷）》，人民出版社，2012 年，第 210 页。

⑤ 中共中央马克思恩格斯列宁斯大林著作编译局：《马克思恩格斯选集（第一卷）》，人民出版社，2012 年，第 422 页。

⑥ 中共中央马克思恩格斯列宁斯大林著作编译局：《马克思恩格斯选集（第一卷）》，人民出版社，2012 年，第 252 页。

⑦ 中共中央马克思恩格斯列宁斯大林著作编译局：《马克思恩格斯选集（第四卷）》，人民出版社，2012 年，第 409 页。

⑧ 中共中央马克思恩格斯列宁斯大林著作编译局：《马克思恩格斯选集（第一卷）》，人民出版社，2012 年，第 204 页。

于一定的社会形式的”[①] 或“隶属于一定阶级”[②] 的人，也即阶级社会中阶级关系中存在的人。在马克思“现实的人”的认识的视野中，人的社会性中的“阶级性”和“类”特性是统一的，是社会性中的“阶级性”基础上的“阶级性”和“类特性”的一种统一，而非费尔巴哈人的自然主义理解基础上的一种人的“类特性”的一种认识。从这层意义上说，“去阶级性”[③] 当然是有问题的，而执着于“阶级性”或“类特性”[④] 来探讨人类社会的发展问题也是不足取的。对于如何理解人的特性，袁贵仁教授有一种观点，认为作为人的本质的劳动和社会关系既是“不可分割的”，也是不能“互相替代的”，前者是说“劳动是社会关系的源泉，劳动创造社会关系”，后者则是说“‘劳动’比‘社会关系’更根本，因为社会关系是劳动的结果”。[⑤] 沿着袁教授的理解思路，我们认为“现实的人”的自然性、人类性、社会性、阶级性、实践性以及超越性之间的关系[⑥]，可以理解为以人的劳动实践和社会关系展开的一种整体性关系。

第三节　起点论在历史认识中的理论意义

马克思的历史认识是以“现实的人”为起点，还是以“物质生产”为起点，在马克思之后的马克思主义发展中引起过争议。这个问题在中国学术界也曾是一个讨论的热点，西方马克思主义也并非对此问题置身事外，其中有关马克思主义是人本主义的马克思主义还是科学马克思主义的争议就和此问题有关。综合来看，共有三种观点：一种观点认为马克思历史观的起点是物质生产，中国学术界的代表是叶汝贤、王锐生和景

① 中共中央马克思恩格斯列宁斯大林著作编译局：《马克思恩格斯选集（第一卷）》，人民出版社，2012 年，第 135 页。

② 中共中央马克思恩格斯列宁斯大林著作编译局：《马克思恩格斯选集（第一卷）》，人民出版社，2012 年，第 199 页。

③ 拉克劳和墨菲是后马克思主义去阶级性的代表人物（孙大飞：《西方马克思主义和马克思主义历史观研究》，中国社会科学出版社，2021 年，第 256～273 页）。

④ 有关阶级性或类特性问题的探讨，可参阅江苏人民出版社 2020 年出版的孙伯鍨和张一兵的《走进马克思》一书第 343～348 页相关内容，或参阅《吉林大学社会科学学报》2019 年第 5 期刊发的王福生的《高清海类哲学研究中的几个问题》一文第 170～177 页，《现代哲学》2020 年第 3 期刊发的韩立新的《人之“类”规定的意义——评高清海的“类哲学”》一文第 19～31 页的相关内容。

⑤ 袁贵仁：《对人的哲学理解》，东方出版中心，2008 年，第 410 页、第 413 页。

⑥ 《史学理论研究》2022 年第 3 期刊发了以“阶级分析方法与历史研究”为主题的一组文章，分别是《人类本性和人的阶级性》（庞卓恒）、《阶级理论与马克思主义史学》（赵庆云）、《坚持和发展立足于历史实际的阶级分析方法》（李斌）、《阶级分析方法仍是认识历史、把握历史的科学方法》（王广）、《阶级分析是理解 20 世纪中国革命的重要取径》（夏静），其中编者的主要意图是不能淡化阶级分析法，认为阶级分析方法是研究阶级社会历史不可或缺的方法，是唯物史观的看家本领之一。如果抛弃了阶级分析方法，就无法正确解释历史，尤其是鸦片战争至今中国社会发展演变的历史。马克思主义不是只讲人的阶级性，而不讲人类本性，而是如何认识“人类本性和人的阶级性”的关系问题。

天魁[①]教授等，西方马克思主义研究中的代表是属于科学马克思主义的阿尔都塞[②]等；一种观点认为马克思历史观的起点是现实的人，中国学术界的代表是庞卓恒[③]教授等，西方马克思主义研究中的代表是属于人本马克思主义的萨特[④]等；再有一种观点是兼顾二者的认识，认为马克思历史观的起点是物质生产和现实的人，其中的代表是赵家祥和旷三平教授[⑤]等。

在《德意志意识形态》中，马克思、恩格斯论述过人类社会发展中的历史前提问题。首先，马克思、恩格斯谈到了“有生命的个人的存在”也即“个人的肉体组织以及由此产生的个人对其他的自然的关系”[⑥] 的前提问题，继之又谈到了“吃喝住穿”[⑦] 以及其他一些生活需要的东西满足后人们才能够创造历史的前提问题。前者是在人的生物和生理特性意义上讲的，后者则是在满足人的这些生物和生理特性意义上讲的。前后两种前提不但有不可分离的密切关系，而且后一种前提马克思还有推论，认为人在满足能够创造历史而“必须能够生活”[⑧] 的一切人类生存的第一个前提的需要之后，人还会有新的需要、生育而生产他人的生命、劳动而生产自己的生命等其他需要，其中最重要的历史活动就是“生产满足这些需要的资料，即生产物质生活本身”[⑨]。人的基本物质生活需要的满足离不开人的物质生产，且是在一定生产关系中进行的。“为了进行生产，人们相互之间便发生一定的联系和关系；只有在这些社会联系和社会关系的范围内，才会有他们对自然界的影响。”[⑩] 不仅如此，这种在生产关系中进行的生产一定要达到一定“力量”[⑪] 的水平程度，才可能生产出丰富的物质或其他产品满足人的需要。“社会关系和生产力密切相联。”[⑫]

对于马克思、恩格斯《德意志意识形态》“现实的人”的论述，叶汝贤教授的观点是：其一，马克思提出从“现实的人”出发，是针对青年黑格尔派和费尔巴哈的唯心史

---

① 叶汝贤：《马克思的唯物史观》，广东高等教育出版社，2000 年，第 289～301 页。王锐生、景天魁：《论马克思关于人的学说》，辽宁人民出版社，1984 年，第 99～109 页。

② ［法］阿尔都塞：《在哲学中成为马克思主义者容易吗?》，载陈越编译：《哲学与政治：阿尔都塞读本》，吉林人民出版社，2003 年，第 172～220 页。

③ 庞卓恒：《唯物史观与历史科学》，高等教育出版社，2004 年，第 16～22 页。

④ ［法］萨特：《存在主义是一种人道主义》，周熙良、汤永宽译，上海译文出版社，1988 年，第 1～31 页。

⑤ 赵家祥、李清昆、李士坤：《历史唯物主义教程》，北京大学出版社，1999 年，第 19～20 页。旷三平：《唯物史观前沿问题研究：现代哲学视域下的一种理论探讨》，中国社会科学出版社，2004 年，第 362～369 页。

⑥ 中共中央马克思恩格斯列宁斯大林著作编译局：《马克思恩格斯选集（第一卷）》，人民出版社，2012 年，第 146 页。

⑦ 中共中央马克思恩格斯列宁斯大林著作编译局：《马克思恩格斯选集（第一卷）》，人民出版社，2012 年，第 158 页。

⑧ 中共中央马克思恩格斯列宁斯大林著作编译局：《马克思恩格斯选集（第一卷）》，人民出版社，2012 年，第 158 页。

⑨ 中共中央马克思恩格斯列宁斯大林著作编译局：《马克思恩格斯选集（第一卷）》，人民出版社，2012 年，第 158 页。

⑩ 中共中央马克思恩格斯列宁斯大林著作编译局：《马克思恩格斯选集（第一卷）》，人民出版社，2012 年，第 340 页。

⑪ 陆剑杰：《广义经济结构论》，社会科学文献出版社，2005 年，第 7 页。

⑫ 中共中央马克思恩格斯列宁斯大林著作编译局：《马克思恩格斯选集（第一卷）》，人民出版社，2012 年，第 222 页。

观，批判他们从“抽象的人”也即思考出来的、想象出来的、设想出来的人出发的错误；其二，马克思所说的“现实的人”是从观察方法也即认识论的角度提出的，讲的是认识的起点、研究的起点问题，而不是历史唯物主义范畴体系的逻辑起点问题。[①]

第一，叶教授所讲的第一个问题同我们上文所论述的马克思历史认识中“现实的人”形成的理解是一致的。关于马克思、恩格斯对唯物主义的阐述，我们在第一章“立场论”部分已经指出过，西方唯物主义历经了17世纪以来英国始自弗兰西斯科·培根的唯物主义、18世纪法国的唯物主义和费尔巴哈的直观唯物主义三个阶段，而其中费氏的唯物主义正如杨耕教授所言[②]是法国唯物主义（如爱尔维修）中源自洛克而后在“法国有教养的分子”[③]中传承过来的“人本主义唯物主义”。虽然始自古希腊的“自然唯物主义”和传承到费尔巴哈的“人本主义唯物主义”都包含有唯物主义因素，但一定不是马克思科学社会主义和共产主义所倡导的唯物主义。也正是在这种意义上，杨耕教授把马克思的唯物主义指认为“实践唯物主义”，强调马克思唯物主义对“人本唯物主义”的“超越”，创立了“和‘历史’相结合的唯物主义”也即“实践唯物主义”[④]。也就是说，即使在现实生活中谈到具有一定现实性的“人”，也不一定是马克思所说的唯物主义。只要不把人看作“感性活动”，即使是如费尔巴哈[⑤]对人的“感性对象”[⑥]的理解，也都不是马克思所言的唯物主义。只有从马克思所提出的“现实的人”出发，才有可能导向马克思所言的唯物主义。因为只有从“现实的人”出发也即从“人民群众创造历史”出发，才会真正导向马克思所说的唯物主义。

马克思历史观的起点是现实的人，与从意识出发即从抽象的、一般的人出发的唯心史观不同，唯物史观视域中的人，是“处在现实的、可以通过经验观察到的、在一定条件下进行的发展过程中的人”，而“不是处在某种虚幻的离群索居和固定不变状态中的人”[⑦]。也就是说，在理论出发点上，唯物史观与唯心史观的根本对立在于，它“不是从口头说的、思考出来的、设想出来的、想象出来的人”即抽象的个人或人自身等任意

---

① 叶汝贤：《马克思的唯物史观》，广东高等教育出版社，2000年，第301页。

② 萧前、杨耕等：《唯物主义的现代形态——实践唯物主义研究》，中国人民大学出版社，2012年，第53～54页。

③ 中共中央马克思恩格斯列宁斯大林著作编译局：《马克思恩格斯全集（第二卷）》，人民出版社，2016年，第160页。

④ 萧前、杨耕等：《唯物主义的现代形态——实践唯物主义研究》，中国人民大学出版社，2012年，第54页。

⑤ 杨丽珍认为法国唯物主义者爱尔维修在历史观上高出费尔巴哈。爱尔维修所提出的为了生活，人必须要种地、利益支配着我们的一切判断以及人是环境教育的产物等社会历史理论，为马克思创立新历史观提供了重要的思想素材和创新源泉（杨丽珍：《〈德意志意识形态〉中的马克思历史观新探》，科学出版社，2013年，第13～21页）。杨耕教授则认为起源于英国洛克哲学的法国爱尔维修的现实的人道主义，在费尔巴哈那里达到了典型的形态。在批判思辨哲学和神学的过程中，建立了一个以自然为基础的、以人为核心和出发点的人本唯物主义体系（萧前、杨耕等：《唯物主义的现代形态——实践唯物主义研究》，中国人民大学出版社，2012年，第53～54页）。

⑥ 中共中央马克思恩格斯列宁斯大林著作编译局：《马克思恩格斯选集（第一卷）》，人民出版社，2012年，第157页。

⑦ 中共中央马克思恩格斯列宁斯大林著作编译局：《马克思恩格斯选集（第一卷）》，人民出版社，2012年，第153页。

提出的教条出发“去理解有血有肉的人”[①]，而是从“可以用纯粹经验的方法来确认”[②]的现实的前提出发，即从“处在现实的、可以通过经验观察到的、在一定条件下进行的发展过程中的人”[③]出发去理解他们的意识。一句话，它是“从现实的、有生命的个人本身出发，把意识仅仅看做是他们的意识”[④]，而不是“从意识出发，把意识看做是有生命的个人”[⑤]。正是由于坚持从现实的人以及他们的活动和物质生活条件等这样“一些只有在臆想中才能撇开的现实前提”[⑥]出发考察历史，才使马克思能够得出如下结论：“是处在现实交往中的现实的人”而“绝不是人这个神圣概念”创造了经验关系，人只是“在事后”的后来才“把这些关系虚构、描绘、想象、肯定、确认为‘人’这一概念的启示”[⑦]。这正如法的历史所表明的那样，“这些个人的、实际的关系”在最早的和原始的时代是“以最粗鲁的形态直接地表现出来”的，然而，随着“个人利益之发展到阶级利益”的市民社会的发展，法律的关系也随之发生了改变，由此，它们“不再被看作是个人的关系”，而是被看作是“一般的关系了”。[⑧]这就是说，在古代狭隘的地域性的生产活动中，人们的社会关系表现为直接的个人之间的关系，个人要么是“做奴隶”，要么就是“拥有奴隶”，所以，“隶属于某个民族成了人‘最自然的利益’”，只是“在近代，自由竞争和世界贸易产生了伪善的资产阶级的世界主义和人的概念”[⑨]之后，普遍的、一般的“类”“人”等概念才被思辨哲学家提出来并被看作是人类社会发展的历史主体。然而，“个人的这种发展是在历史地前后相继的等级和阶级的共同生存条件下进行的”这个历史事实，却被思辨哲学家颠倒地理解为个人是“强加于他们的普遍观念中进行的”[⑩]。这实际上是以某种人的理想或理想的人为原则，把个人从自发到自觉、从依附到独立的“整个发展过程看做是‘人’的发展过程，从而把‘人’强加于迄今每

① 中共中央马克思恩格斯列宁斯大林著作编译局：《马克思恩格斯选集（第一卷）》，人民出版社，2012 年，第 152 页。

② 中共中央马克思恩格斯列宁斯大林著作编译局：《马克思恩格斯选集（第一卷）》，人民出版社，2012 年，第 146 页。

③ 中共中央马克思恩格斯列宁斯大林著作编译局：《马克思恩格斯选集（第一卷）》，人民出版社，2012 年，第 153 页。

④ 中共中央马克思恩格斯列宁斯大林著作编译局：《马克思恩格斯选集（第一卷）》，人民出版社，2012 年，第 153 页。

⑤ 中共中央马克思恩格斯列宁斯大林著作编译局：《马克思恩格斯选集（第一卷）》，人民出版社，2012 年，第 152 页。

⑥ 中共中央马克思恩格斯列宁斯大林著作编译局：《马克思恩格斯选集（第一卷）》，人民出版社，2012 年，第 146 页。

⑦ 中共中央马克思恩格斯列宁斯大林著作编译局：《马克思恩格斯全集（第三卷）》，人民出版社，2016 年，第 258 页。

⑧ 中共中央马克思恩格斯列宁斯大林著作编译局：《马克思恩格斯全集（第三卷）》，人民出版社，2016 年，第 395 页。

⑨ 中共中央马克思恩格斯列宁斯大林著作编译局：《马克思恩格斯全集（第三卷）》，人民出版社，2016 年，第 169 页、第 170 页。

⑩ 中共中央马克思恩格斯列宁斯大林著作编译局：《马克思恩格斯选集（第一卷）》，人民出版社，2012 年，第 198 页。

一历史阶段中所存在的个人，并把‘人’描述成历史的动力”①。依照思辨哲学家的设想，人类社会发展中的历史主体是“类”或“人”，而不同历史时期的个人不过是“类”或“人”的表现形式和借以实现自己目的的工具，正是“在这些个人中，类或人得到了发展，或者说这些个人发展了人”②。马克思坚决反对这种设想，因为这种设想是与个人的历史和现实发展过程决然不相符合的，因而是“对历史的莫大侮辱”，而且“这样一来，就可以把各种等级和阶级看做是普遍表达方式的一些类别，看做是类的一些亚种，看做是人的一些发展阶段”③。

从根本意义上来说，把“类”或“人”理解为人类社会发展的历史主体，既是旧历史观（包括唯心主义和旧唯物主义）作为一种历史认识的理论前提，也是其运用这种方法考察历史的必然结论。那么，整个历史又是如何被“变成意识的发展过程”④ 的呢？首先，把后来阶段的一般化的个人及其意识强加于先前阶段的个人，且“把‘人’描述成历史的动力”，然后把“整个历史过程”看成是“‘人’的自我异化过程”，于是整个历史也就被本末倒置地变成“意识的发展过程”⑤ 了。旧历史观之所以把人类社会发展的历史主体归结为抽象的“类”或“人”，究其原因就是它站在夸大思想、观念的相对独立性的唯心主义立场。一个阶级在社会上的统治地位既可以表现为物质力量，也可以表现为精神力量，“占统治地位的思想不过是占统治地位的物质关系在观念上的表现”，也即是“以思想的形式表现出来的占统治地位的物质关系”，因此，统治阶级也必然会在每一时代统治的过程中让他们的思想成为“占统治地位的思想”⑥。不过，在考察历史进程时，如果“不顾生产这些思想的条件和它们的生产者”也即产生这些思想的基础的“个人和历史环境”，也就必然会把本来“统治阶级的思想和统治阶级本身”不可分割的“思想独立化”⑦ 了。那么，也势必会碰到这样一种现象：占统治地位的将是越来越抽象的“具有普遍性形式的思想”⑧。因为“把自己的利益说成是社会全体成员的共同利益”是每一个企图取代旧统治阶级的新阶级为了达到自己的目的而把自己的思想赋

---

① 中共中央马克思恩格斯列宁斯大林著作编译局：《马克思恩格斯选集（第一卷）》，人民出版社，2012 年，第 210 页。

② 中共中央马克思恩格斯列宁斯大林著作编译局：《马克思恩格斯选集（第一卷）》，人民出版社，2012 年，第 198 页。

③ 中共中央马克思恩格斯列宁斯大林著作编译局：《马克思恩格斯选集（第一卷）》，人民出版社，2012 年，第 198 页、第 199 页。

④ 中共中央马克思恩格斯列宁斯大林著作编译局：《马克思恩格斯选集（第一卷）》，人民出版社，2012 年，第 211 页。

⑤ 中共中央马克思恩格斯列宁斯大林著作编译局：《马克思恩格斯选集（第一卷）》，人民出版社，2012 年，第 210 页、第 211 页。

⑥ 中共中央马克思恩格斯列宁斯大林著作编译局：《马克思恩格斯选集（第一卷）》，人民出版社，2012 年，第 178 页。

⑦ 中共中央马克思恩格斯列宁斯大林著作编译局：《马克思恩格斯选集（第一卷）》，人民出版社，2012 年，第 179 页、第 180 页。

⑧ 中共中央马克思恩格斯列宁斯大林著作编译局：《马克思恩格斯选集（第一卷）》，人民出版社，2012 年，第 180 页。

予普遍性形式，说成是“唯一合乎理性的、有普遍意义的思想”[①] 的必然行为。进一步说，如果像思辨哲学家那样“把占统治地位的思想同进行统治的个人”——“主要是同生产方式的一定阶段所产生的各种关系”——分割开来，并由此作出“历史上始终是思想占统治地位”的结论，那么，这就很容易把“从这些不同的思想中抽象出‘思想’、观念等等”看成是历史上发展着的具有“概念的‘自我规定’”的“占统治地位的东西”，于是，也就很自然地产生“从人的概念、想象中的人、人的本质、人”中引申出“人们的一切关系”[②] 的唯心主义历史认识了。

总之，“从意识出发，把意识看做是有生命的个人”[③] 的思辨唯心主义历史观所固有的缺点是：撇开人们活动于其中的物质生活条件及其变化发展，抽象出思想、意识等人的一般性、共同性，并把它归结为普遍的、抽象的“类”或“人”，进而以之代替“现实的人”，从而把抽象的“类”或“人”当作人类社会发展中的历史的主体并以此出发来考察历史。这正如马克思在批判施蒂纳时指出的那样，认为只要像施蒂纳把观念的现实基础抛开了，那么，观念也必然被理解为“意识范围以内的观念”，也即被理解为“人的头脑中的思想”，从它们发生的对象性方面返回到主观方面来，实体也就被“提升为自我意识了”，而这些观念也就成了“怪想或固定观念”[④] 了。圣麦克斯和所有现代的批判的思辨哲学家既然都相信“曾经统治过并且还继续统治着世界”是“独立化的思想、具体化的思想、怪影”，那么，他们把以往相信的全部历史是神学的历史认识变为思辨哲学家历史是“怪影的历史”的认识也就是“再容易不过的事了”[⑤]。

唯物主义历史观作为对思辨唯心主义历史观的反拨，是从实际活动着的现实的人以及他们的活动和他们的物质生活条件这样一些“现实前提”[⑥] 出发考察历史的，认为不是被抽象地理解了的类或人才是社会历史的主体，而是只有现实的人即现实的、活动着的个人才是人类社会历史发展的现实主体，所谓类或人等观念的东西，终究不过是现实的人的现实生活过程“在意识形态上的反射和反响”[⑦] 罢了。既然人类社会的历史是受现实的社会历史条件制约的作为历史性存在的现实的人的活动及其物质生活条件的历史，而不是那种不受任何制约的表现为纯粹的存在的精神史、观念史，那么，对社会历

---

① 中共中央马克思恩格斯列宁斯大林著作编译局：《马克思恩格斯选集（第一卷）》，人民出版社，2012 年，第 180 页。

② 中共中央马克思恩格斯列宁斯大林著作编译局：《马克思恩格斯选集（第一卷）》，人民出版社，2012 年，第 181 页。

③ 中共中央马克思恩格斯列宁斯大林著作编译局：《马克思恩格斯选集（第一卷）》，人民出版社，2012 年，第 152 页。

④ 中共中央马克思恩格斯列宁斯大林著作编译局：《马克思恩格斯全集（第三卷）》，人民出版社，2016 年，第 170 页。

⑤ 中共中央马克思恩格斯列宁斯大林著作编译局：《马克思恩格斯全集（第三卷）》，人民出版社，2016 年，第 170 页、第 171 页。

⑥ 中共中央马克思恩格斯列宁斯大林著作编译局：《马克思恩格斯选集（第一卷）》，人民出版社，2012 年，第 146 页。

⑦ 中共中央马克思恩格斯列宁斯大林著作编译局：《马克思恩格斯选集（第一卷）》，人民出版社，2012 年，第 152 页。

史的考察就不能“从意识出发，把意识看做是有生命的个人”[①]，因此也就不能用抽象的类或人代替现实的人，而是应当立足于现实生活的坚实大地，把历史看作是“个人本身力量发展的历史”[②]，运用“符合现实生活的考察方法”，考察现实的人的生活的历史过程，也就是说，“从现实的、有生命的个人本身出发，把意识仅仅看做是他们的意识”[③]。

马克思的历史观作为“描述人们实践活动和实际发展过程的真正的实证科学”[④]，本质上乃是“关于现实的人及其历史发展的科学”[⑤]。坚持从现实的人出发的经验观察方法来考察历史，“根据经验来揭示社会结构和政治结构同生产的联系”[⑥]。不仅现实的、有生命的个人及其现实生活条件是可以被经验地直接观察到的，而且从这种前提出发的关于社会历史的研究及其结论也是可以得到经验证实的。唯物史观运用经验观察方法所进行的“对现实的描述”以及“从对每个时代的个人的现实生活过程和活动的研究中产生”的结论，“充其量不过是从对人类历史发展的考察中抽象出来的最一般的结果的概括”[⑦]，如果这些抽象本身离开了现实的历史，那它就没有任何价值。“这些抽象与哲学不同，它们绝不提供可以适用于各个历史时代的药方或公式。”[⑧] 只要从现实的人的活动及其物质生活条件这样一些现实的前提出发描绘出“处在现实的、可以通过经验观察到的、在一定条件下进行的发展过程中的人”的能动的生活过程，“历史就不再像那些本身还是抽象的经验主义者所认为的那样，是一些僵死的事实的汇集，也不再像唯心主义者所认为的那样，是想象的主体的想象活动”[⑨]。也就是说，马克思的历史观是既超越了唯心主义又超越了经验论的旧唯物主义的一种历史认识。

马克思新唯物主义的哲学立场只有在既反对依赖于人的思维或精神本性的思辨唯心主义，又反对依赖于人的生物本性或自然本性的旧唯物主义哲学认识的基础上，才具有新唯物主义哲学立场内在的全称之意——“唯心主义从它的最后的避难所即历史观中被

---

① 中共中央马克思恩格斯列宁斯大林著作编译局：《马克思恩格斯选集（第一卷）》，人民出版社，2012 年，第 152 页。

② 中共中央马克思恩格斯列宁斯大林著作编译局：《马克思恩格斯选集（第一卷）》，人民出版社，2012 年，第 204 页。

③ 中共中央马克思恩格斯列宁斯大林著作编译局：《马克思恩格斯选集（第一卷）》，人民出版社，2012 年，第 152 页、第 153 页。

④ 中共中央马克思恩格斯列宁斯大林著作编译局：《马克思恩格斯选集（第一卷）》，人民出版社，2012 年，第 153 页。

⑤ 中共中央马克思恩格斯列宁斯大林著作编译局：《马克思恩格斯选集（第四卷）》，人民出版社，2012 年，第 247 页。

⑥ 中共中央马克思恩格斯列宁斯大林著作编译局：《马克思恩格斯选集（第一卷）》，人民出版社，2012 年，第 151 页。

⑦ 中共中央马克思恩格斯列宁斯大林著作编译局：《马克思恩格斯选集（第一卷）》，人民出版社，2012 年，第 153 页。

⑧ 中共中央马克思恩格斯列宁斯大林著作编译局：《马克思恩格斯选集（第一卷）》，人民出版社，2012 年，第 153 页。

⑨ 中共中央马克思恩格斯列宁斯大林著作编译局：《马克思恩格斯选集（第一卷）》，人民出版社，2012 年，第 153 页。

驱逐出去了”，一种“用人们的存在说明他们的意识”[①] 的历史观的探寻之路也就被找到了，历史之谜破解的方法也就被发现了。

第二，叶教授所说的第二个问题也即马克思“现实的人”的提出是从观察方法也即认识论的角度讲的，是认识和研究的起点而不是历史唯物主义范畴体系的逻辑起点问题，我们认为这也不是没有道理，问题在于逻辑起点和认识（研究）起点并不矛盾。从《德意志意识形态》的论述看，马克思、恩格斯在论述“现实的人”时并没有和“物质生产”分开，而区别有两点：一是“现实的人”和“物质生产”的论述比较，“现实的人”在前而“物质生产”在后，这在认识过程的意义上讲也是说得通的；二是“现实的人”和“物质生产”的功能比较，“现实的人”的论述的确是个历史问题，而“物质生产”也的确是个逻辑问题。

关于历史认识的逻辑问题，马克思有论述，是在《〈政治经济学批判〉导言》中分析政治经济学的研究方法时讲的。在马克思看来，从“关于整体的一个混沌的表象”的入口开始的“在分析中达到越来越简单的概念”[②] 的方法是政治经济学初级阶段使用的方法，也就是古典政治经济学家使用的方法。古典政治经济学家采用抽象法，试图把资本主义制度的本质同其所表现的现象区分开来，从而在肯定资本主义私有制的前提下，探索到了资本主义社会某些经济关系的内在联系，发现了一些社会经济生活的客观性和规律性。对此，马克思有评述——“古典政治经济学力求通过分析，把各种固定的和彼此异化的财富形式还原为它们的内在的统一性，并从它们身上剥去那种使它们漠不关心地相互并存的形式；它想了解与表现形式的多样性不同的内在联系”[③]。马克思对于古典政治经济学在初期阶段采用的这种研究方法并没有全盘否定，而是在一定程度上持肯定态度的。不过，在马克思看来古典政治经济学采用的抽象法是有一定缺陷的，也即那种从实在或具体形成抽象过程的方法，只能得到相关的概念或范畴，解决概念的部分抽象问题，但并不能解决概念之间的内在联系问题，其对“抽象”的理解指的是思维认识的切入点，是事物所具有的部分规定性，“资产阶级经济学家也运用抽象方法，但它显然是运用过了头”[④]。所以，马克思认为当资本主义社会发展到一定程度也即政治经济学的研究发展到了一定高级阶段时，就需要采用另外一种研究方法，也即“从表象中的具体达到越来越稀薄的抽象”[⑤]，直到达到一些最简单的规定的方法。马克思对此有一段总结，此即：“具体之所以具体，因为它是许多规定的综合，因而是多样性的统一。因此它在思维中表现为综合的过程，表现为结果，而不是表现为起点，虽然它是现实的起点，因而也是直观和表象的起点。在第一条道路上，完整的表象蒸发为抽象的规定；

---

① 中共中央马克思恩格斯列宁斯大林著作编译局：《马克思恩格斯选集（第三卷）》，人民出版社，2012 年，第 796 页。

② 中共中央马克思恩格斯列宁斯大林著作编译局：《马克思恩格斯选集（第二卷）》，人民出版社，2012 年，第 700 页。

③ 中共中央马克思恩格斯列宁斯大林著作编译局：《马克思恩格斯全集（第二十六卷第三册）》，人民出版社，2016 年，第 555 页。

④ 宫敬才：《马克思经济哲学微观研究》，人民出版社，2021 年，第 55 页。

⑤ 中共中央马克思恩格斯列宁斯大林著作编译局：《马克思恩格斯选集（第二卷）》，人民出版社，2012 年，第 700 页。

在第二条道路上，抽象的规定在思维行程中导致具体的再现”[①]。“具体”作为思维的结果，指的是许多规定的综合，不是感性事物意义上的具体，而是思维中完整地再现出来的总体，“不是关于整体的一个混沌的表象，而是一个具有许多规定和关系的丰富的总体”[②]。理性具体可以是一个概念，也可以是多个概念组成的概念体系，如马克思价值概念的内涵就是由所有制、社会分工、个人劳动、社会劳动、价值、使用价值、具体劳动、抽象劳动、货币、资本、剩余价值等多个方面组合的概念体系。如果用多个概念组成概念体系，也就形成了一种“具体的再现”的叙述方式。这就是从抽象到具体的叙述方法，此种方法同具体—抽象—具体的实证主义概念认识的方法是不同的[③]。人口—阶级—雇佣劳动—资本的认识发展就是从抽象到具体认识方式的一种，其中的人口“已不是关于整体的一个混沌的表象，而是一个具有许多规定和关系的丰富的总体了”[④]。感性具体是直观和表象中未分化的、混沌状态中的一种具体，它也是认识的起点，只不过是抽象或分析的起点，而不是把对象作为整体或总体来思维和理解的起点。当然，马克思并没有否定古典政治经济学的抽象法还有一个原因，也就是在马克思看来从抽象到具体的叙述方法也是离不开从具体到抽象的获取概念的方法的，其应是研究过程中的一个必要的阶段和部分。

从上面的论述看，人类社会发展中的起点的确是两个，即“现实的人”和“物质生产”。按照赵家祥先生的理解，二者并不矛盾。“马克思、恩格斯创立的历史唯物主义的出发点是从事‘物质生产’活动的‘现实的人’与‘现实的人’所从事的‘物质生产’活动的统一。”[⑤] 现在问题的关键不在于承认历史起点有两个，而在于如何把二者的关系说清楚。关于这个问题，我们认为旷三平教授的认识会给我们一定的启示。在旷教授看来，唯物史观从从事实际活动的人出发的历史前提和从人的实践活动出发的逻辑前提是不矛盾的，而是“辩证统一”的，“历史前提是逻辑前提的前提和基础，逻辑前提是历史前提的提炼和升华”[⑥]。一言以蔽之，“现实的人”和“物质生产”的关系，不仅是个逻辑如何从历史的事实中梳理出来上升到理论的问题，也是个如何运用逻辑引导历史发展的问题，也即如何处理逻辑和历史的关系问题。关于这个问题，马克思在《〈政治经济学批判〉导言》中有论述，是在谈到抽象到具体的研究方法是有限度的问题时讲的。在马克思看来，“具体总体作为思想总体、作为思想具体”，只能是“直观和表象加

---

① 中共中央马克思恩格斯列宁斯大林著作编译局：《马克思恩格斯选集（第二卷）》，人民出版社，2012 年，第 701 页。

② 中共中央马克思恩格斯列宁斯大林著作编译局：《马克思恩格斯选集（第二卷）》，人民出版社，2012 年，第 700 页。

③ 西方马克思主义者德拉－沃尔佩所持的就是一种具体—抽象—具体的实证主义概念认识方式，科氏称之为科学的分析的辩证法。关于这种认识方式的详细了解，可以参阅重庆出版社 1997 年出版的张翼星教授的《理论视角的重大转移——“西方马克思主义”的辩证法观》一书第 421～430 页相关内容，或参阅当代中国出版社 1998 年出版的曹文玉教授的《西方人看马克思主义》一书第 449～456 页相关内容。

④ 中共中央马克思恩格斯列宁斯大林著作编译局：《马克思恩格斯选集（第二卷）》，人民出版社，2012 年，第 700 页。

⑤ 赵家祥、李清昆、李士坤：《历史唯物主义教程》，北京大学出版社，1999 年，第 20 页。

⑥ 旷三平：《唯物史观前沿问题研究：现代哲学视域下的一种理论探讨》，中国社会科学出版社，2004 年，第 367 页。

工成概念这一过程的产物”，也即具体作为一个总体一定要有现实基础，而“绝不是处于直观和表象之外或驾于其上而思维着的、自我产生着的概念的产物”[①]。所以，马克思批判黑格尔说，“黑格尔陷入幻觉，把实在理解为自我综合、自我深化和自我运动的思维的结果，其实，从抽象上升到具体的方法，只是思维用来掌握具体、把它当做一个精神上的具体再现出来的方式”[②]。马克思所批判的实际上就是黑格尔的概念辩证法，也即一种认识概念以及概念运动的唯心主义的思辨辩证法，其最大的缺陷就是缺少唯物主义的现实基础。为了避免从抽象到具体的研究方法陷入唯心主义的泥淖，马克思提出了“历来的观念的历史叙述同现实的历史叙述的关系”[③] 问题，强调观念的历史叙述的现实基础问题。很明显，观念的历史叙述若失去现实基础，则同黑格尔概念辩证法的叙述方式也就没有什么不同了。同理，从抽象到具体的叙述方式如果没有现实基础，也即没有现实基础上产生直观和表象这一环节，那么，这种研究方式同黑格尔概念辩证法的叙述方式也就没有什么两样了。这就是马克思所说的从抽象到具体的叙述方式的客观界限问题，若无界限，叙述方式则无法形成辩证形式——“叙述的辩证形式只有明了自己的界限时才是正确的”[④]。当然，现实基础上产生的直观和表象若上升不到理性具体的环节形成概念或概念链的关系，同样也无法形成从抽象到具体的完整叙述方式。这也应是从抽象到具体的叙述方式应用中的一个“界限”问题。“我们的叙述方法自然要取决于对象本身的性质。”[⑤]

逻辑与历史相统一的研究方法是恩格斯[⑥]在《卡尔·马克思〈政治经济学批判。第一分册〉》出版评论中提出来的，认为经济学的批判有“按照历史或者按照逻辑”两种使用方法，其中恩格斯认为“按照历史”的经济学批判方法来做研究，就会发现政治经济学文献“从最简单的关系进到比较复杂的关系”同历史发展具有一致性——“经济范畴出现的顺序同它们在逻辑发展中的顺序也是一样的”，表面看起来这种形式“有好

---

① 中共中央马克思恩格斯列宁斯大林著作编译局：《马克思恩格斯选集（第二卷）》，人民出版社，2012 年，第 701 页。

② 中共中央马克思恩格斯列宁斯大林著作编译局：《马克思恩格斯选集（第二卷）》，人民出版社，2012 年，第 701 页。

③ 中共中央马克思恩格斯列宁斯大林著作编译局：《马克思恩格斯选集（第二卷）》，人民出版社，2012 年，第 709 页。

④ 中共中央马克思恩格斯列宁斯大林著作编译局：《马克思恩格斯全集（第四十六卷下册）》，人民出版社，2016 年，第 513~514 页。

⑤ 中共中央马克思恩格斯列宁斯大林著作编译局：《马克思恩格斯全集（第二卷）》，人民出版社，2016 年，第 7 页。

⑥ 宫敬才教授有两个观点：一是认为恩格斯有关逻辑与历史关系的思想应表述为“逻辑与历史统一”的认识问题；二是认为这个思想的源头应是意大利的思想家维柯，而不是黑格尔（宫敬才：《马克思经济哲学微观研究》，人民出版社，2021 年，第 348 页。宫敬才：《马克思经济哲学研究》，人民出版社，2014 年，第 87 页）。维柯在《新科学》中讲过这样一种观点，认为“观念（思想）的次第必然要跟随各种事物的次第”，“凡是学说（或教义）都必须从它所处理的题材开始时开始”。这一方法的探寻足足花了“二十年光阴去钻研”，才找到这个“科学皇后”。（［意］维柯：《新科学》，朱光潜译，商务印书馆，1989 年，第 126 页、第 148 页、第 159 页、第 163 页）。第一个观点我完全同意，第二个观点我认为也是很值得思考的一个问题。

处”，研究跟随着现实发展，但实际上“这种形式至多只是比较通俗而已”[①]。恩格斯所说的“通俗”指的就是哲学中的“朴素唯物主义”的认识方式，其特点就是强调观念、思想与事物之间一一对应的机械关系，以至于抹杀了人的主体能动的创造性。马克思在《〈政治经济学批判〉导言》中也指出，“经济范畴按它们在历史上起决定作用的先后次序来排列是不行的”[②]。因为历史常常是跳跃式的曲折前进，如果时刻跟随着历史前进，这不仅会使许多无关紧要的材料进入视野，且也会时常“打断思想进程”[③]，所以，在恩格斯看来，经济学的批判中“逻辑的方式是唯一适用的方式”，这种逻辑的方式“无非是历史的方式”，是一种“摆脱了历史的形式以及起扰乱作用的偶然性”[④] 的历史方式。“历史从哪里开始，思想进程也应当从哪里开始，而思想进程的进一步发展不过是历史过程在抽象的、理论上前后一贯的形式上的反映；这种反映是经过修正的，然而是按照现实的历史过程本身的规律修正的，这时，每一个要素可以在它完全成熟而具有典型性的发展点上加以考察。”[⑤] 思想与历史间尽管是一种反映关系，但不是一一对应的机械关系，相反，思想自身的能动性创造性，能够使思想具有自身的逻辑发展过程，但“逻辑的发展完全不必限于纯抽象的领域”，否则概念自身的逻辑发展就会失去现实基础而走向唯心主义，恰恰相反，“逻辑的发展需要历史的例证，需要不断接触现实”[⑥]。逻辑的形式有一个独立的范畴运行系统，是由简单范畴、范畴群、范畴系列、范畴体系组成的运动过程，“正如从简单范畴的辩证运动中产生出群一样，从群的辩证运动中产生出系列，从系列的辩证运动中又产生出整个体系”[⑦]。这种范畴的逻辑的自我运动“是按照现实的历史过程本身地规律修正”[⑧] 过的，这种逻辑的方法比自然主义的历史描述更能反映历史发展的事实运动。当然，这种逻辑本身又是离不开历史的，需要历史来校正。“正因为逻辑方法不过是‘修正’过的历史方法，并且不断地被历史所‘校正’，所以，逻辑方法与历史方法具有内在的一致性。”[⑨] 逻辑分析和历史分析要辩证地结合在一起：一方面历史分析要服从逻辑，逻辑和历史必须在所研究的对象的整体结构上统一起来，范畴体系和序列必须是这个具体整体的结构方式的正确反映；另一方面历史又始

① 中共中央马克思恩格斯列宁斯大林著作编译局：《马克思恩格斯选集（第二卷）》，人民出版社，2012 年，第 13 页。

② 中共中央马克思恩格斯列宁斯大林著作编译局：《马克思恩格斯选集（第二卷）》，人民出版社，2012 年，第 708 页。

③ 中共中央马克思恩格斯列宁斯大林著作编译局：《马克思恩格斯选集（第二卷）》，人民出版社，2012 年，第 13 页。

④ 中共中央马克思恩格斯列宁斯大林著作编译局：《马克思恩格斯选集（第二卷）》，人民出版社，2012 年，第 14 页。

⑤ 中共中央马克思恩格斯列宁斯大林著作编译局：《马克思恩格斯选集（第二卷）》，人民出版社，2012 年，第 14 页。

⑥ 中共中央马克思恩格斯列宁斯大林著作编译局：《马克思恩格斯选集（第二卷）》，人民出版社，2012 年，第 16 页。

⑦ 中共中央马克思恩格斯列宁斯大林著作编译局：《马克思恩格斯选集（第一卷）》，人民出版社，2012 年，第 221 页。

⑧ 中共中央马克思恩格斯列宁斯大林著作编译局：《马克思恩格斯选集（第二卷）》，人民出版社，2012 年，第 14 页。

⑨ 杨耕：《危机中的重建：唯物主义历史观的现代阐释》，江苏人民出版社，2022 年，第 300 页。

终是逻辑的基础，正确理解逻辑只能与历史的规律相一致，而不能和它相矛盾。[①]

一般认为恩格斯论述的逻辑与历史相统一的研究方法指的是叙述的方法，其实逻辑与历史相统一的关系问题不仅仅是一种叙述方法，也是“确定概念之间的内在联系的方法”[②]。这种方法“源于对对象的历史考察，历史本身是确定概念之间关系的客观依据”[③]。这里的“历史”主要是从人类社会活动及其结果意义上讲的，而“逻辑”则是从“运用概念研究或叙述事物性质的方法”[④] 意义上讲的。也就是说，逻辑与历史相统一的关系问题不仅仅是一种叙述的方法，也可以是一种研究的方法。从叙述的方法看，它同马克思所说的从抽象到具体的方法是一致的。从研究的方法看，它是处理材料和确立概念之间关系的一种研究方法。从历史的材料和社会的实际发展之中梳理概念且进一步探索概念之间的关系，同时，要用概念以及概念之间的关系来引导研究的向前发展。这里所体现的是逻辑与历史相一致的一种研究方法，是研究方法与叙述方法的统一。“比较简单的范畴可以表现一个比较不发展的整体的处于支配地位的关系或者一个比较发展的整体的从属关系，这些关系在整体向着以一个比较具体的范畴表现出来的方面发展之前，在历史上已经存在。”[⑤]

实际上，马克思也有逻辑与历史相统一的思想认识，散见于马克思的论著之中。一方面，马克思批评纯粹时间性历史认识的历史主义，认为历史法学派把“对起源的爱好发展到了极端”，这种结果会导致“船夫不在江河的干流上航行，而在江河的源头上航行”。[⑥] 按照历史法学派的历史主义逻辑，虐待奴隶和使奴隶致残是没有多少差别的，奴隶的境况甚至比穷人还要好一些，因为他们可以免除如参加战争等的种类繁多的压迫。这是马克思摘录胡果先生1819年出版的《作为实在法、特别是私法的哲学的自然法教科书》中的一段话：“虐待奴隶和使奴隶致残的权利并不重要，即使发生这种情况，那也不见得比穷人所忍受的痛苦严重多少；至于从身体方面来说，这种情况也并不像战争那样严重，因为奴隶本身到处都必定是用不着参加战争的，甚至在切尔克斯的女奴隶中间美女也比在女乞丐中间更加容易找到。”[⑦] “请听这个老头说些什么!”[⑧] 这是马克思对胡果先生这段话的评论。历史法学派的胡果不知道人类的存在及其实践活动对历史的

---

① 逻辑与历史的关系，除了要从历史事实中梳理出逻辑上升到理论和运用逻辑引导历史发展之外，还有两个问题需要探讨：一是用历史验证理论和逻辑的问题，二是在逻辑和历史关系的处理中如何建构历史的问题。从本质意义上讲，这涉及“历史是什么”的问题，是实存的历史、思想观念的历史、语言符号的历史、解释意义的历史等。“逻辑以历史为前提、基础和依据；历史，则是经过逻辑的梳理和提升，其内在的本质和规律被人们把握住和展示出来。”（宫敬才：《马克思经济哲学研究》，人民出版社，2014年，第85页）

② 郭强：《论马克思的研究方法》，中国社会科学出版社，2010年，第52页。

③ 郭强：《论马克思的研究方法》，中国社会科学出版社，2010年，第52～53页。

④ 郭强：《论马克思的研究方法》，中国社会科学出版社，2010年，第351页。

⑤ 中共中央马克思恩格斯列宁斯大林著作编译局：《马克思恩格斯选集（第二卷）》，人民出版社，2012年，第702页。

⑥ 中共中央马克思恩格斯列宁斯大林著作编译局：《马克思恩格斯全集（第一卷）》，人民出版社，1995年，第229页。

⑦ 中共中央马克思恩格斯列宁斯大林著作编译局：《马克思恩格斯全集（第一卷）》，人民出版社，1995年，第234页。

⑧ 中共中央马克思恩格斯列宁斯大林著作编译局：《马克思恩格斯全集（第一卷）》，人民出版社，1995年，第234页。

意义问题，而只知道历史上曾经有过什么。历史法学派只知道沉迷于过去的历史和生活，而对现实的此岸世界的发现和批判则是不可能的。因此，当萨维尼被任命为普鲁士法律大臣时，马克思对此批判说："历史法学派本身如果不是德国历史的杜撰，那就是它杜撰了德国历史。"① 另一方面，马克思对思想认识的逻辑性也并不排斥，其中马克思在写作《资本论》的过程中，对黑格尔的辩证法又有了新的认识，曾几次赞扬过黑格尔。他说他在人们都把黑格尔当作一条死狗时却公开承认是"这位大思想家的学生"，并且说在《资本论》关于价值理论的一章中，有些地方"甚至卖弄起黑格尔特有的表达方式"。② 当然，马克思集中的对逻辑与历史相统一的思想认识的论述还是在《哲学的贫困》中，既批判了蒲鲁东过分强调概念的逻辑而对历史有所忽略，"把这些范畴看做是观念、不依赖现实关系而自生的思想"③；又批判了其没有在历史的基础上引出逻辑，"蒲鲁东先生给了我们什么呢？是现实的历史，即蒲鲁东先生所认为的范畴在时间次序中出现的那种顺序吗？不是。是在观念本身中进行的历史吗？更不是。这就是说，他既没有给我们范畴的世俗历史，也没有给我们范畴的神圣历史！那么，到底他给了我们什么历史呢？是他本身矛盾的历史"④。蒲鲁东的哲学思想同黑格尔的思辨哲学如出一辙。⑤

对于"现实的人"和"物质生产"起点问题的认识需要说明如下几点：其一，从"现实的人"和"物质生产"的关系看，不管是时间意义还是逻辑意义，"现实的人"都会在"物质生产"之前，是历史认识的"自为"问题，而不是"自在"⑥ 问题。当然，"自在和自为"⑦ 是不能互相分离的。其二，从"现实的人"和"物质生产"的概念认识看，"物质生产"一定是个比"现实的人"更为抽象的概念。"现实的人"应是如马克思《资本论（第一卷）》中作为"出发点"⑧ 的"商品"一样的"表象"⑨ 概念，符

---

① 中共中央马克思恩格斯列宁斯大林著作编译局：《马克思恩格斯全集（第三卷）》，人民出版社，1995 年，第 201 页。

② ［德］马克思：《资本论（第一卷）》，人民出版社，2018 年，第 22 页。

③ 中共中央马克思恩格斯列宁斯大林著作编译局：《马克思恩格斯选集（第一卷）》，人民出版社，2012 年，第 218 页。

④ 中共中央马克思恩格斯列宁斯大林著作编译局：《马克思恩格斯选集（第一卷）》，人民出版社，2012 年，第 226 页。

⑤ 上述这些问题的确值得我们思考，正如宫敬才教授所言，马克思对政治经济学方法论的探讨是一笔宝贵的财富，"如此丰富的内容向后继的研究者提出了挑战：这些内容如何命名？展开后的具体内容有哪些？"（宫敬才：《马克思经济哲学微观研究》，人民出版社，2021 年，第 287 页）有关中国学术界对马克思政治经济学方法争论，可参阅李政、王一钦、魏旭：《论马克思政治经济学方法的整体性——兼答陈龙博士的理论困惑》，《政治经济学评论》，2022 年第 4 期，第 194～210 页。

⑥ "自在"意义的逻辑先在指的是事物的本质对事物的现象在"逻辑"上具有优先地位，即事物的本质决定事物的存在。这里所说的逻辑优先地位，并不是说先有事物的本质、后有事物的现象，而是说事物的本质决定事物自身的产生、演化和灭亡。"自为"意义上的"逻辑先在性"指的是人的认识活动中的主客体关系（孙正聿：《哲学通论》，复旦大学出版社，2017 年，第 209 页）。

⑦ 中共中央马克思恩格斯列宁斯大林著作编译局：《马克思恩格斯全集（第三卷）》，人民出版社，2002 年，第 79 页。

⑧ 中共中央马克思恩格斯列宁斯大林著作编译局：《马克思恩格斯全集（第十九卷）》，人民出版社，2016 年，第 412 页。

⑨ 郭强：《论马克思的研究方法》，中国社会科学出版社，2010 年，第 325 页。

合社会历史实际且适合理论逻辑需要。其三，从现实的人的特性看，历史承担者的形成只能从“现实的人”的认识开始。“如果我们站在‘人’的立场上，从‘人’出发，以历史上的‘人’为中心，将历史看作生命的体现，叙述并分析历史过程，那么，生存—生计—经济、交往—关系—社会、控制—权力—政治、求知—学术—思想、死亡—仪式—宗教、不从（抗拒）—革命或改良—进步等六个方面及其过程，就应当是历史叙述与分析的主要内容。”①

综上所述，起点论对于从立场、观点、方法看待马克思历史观具有的意义在于：“现实的人”对于马克思历史认识承担者的形成确立了前提。“世界观的‘世’，是‘人生在世’的‘世’；世界观的‘界’，是‘人在途中’的‘界’；世界观的‘观’，是‘人的目光’的‘观’。变革世界观，从根本上说，是变革‘人的目光’。这不仅要求拓宽‘人的目光’，使之具有‘远视’世界与未来的能力，而且要求深化‘人的目光’，使之具有‘透视’现实的能力。”② 当然，对于“现实的人”而言，其意义还不止于此，还有一个历史的主体问题。下一章我们就要来探讨马克思历史认识中的“主体”问题。

---

① 鲁西奇：《谁的历史》，广西师范大学出版社，2019年，第11页。

② 孙正聿：《解放思想与变革世界观》，《中国社会科学》，2008年第6期，第38页。

第三章　马克思历史观的主体论[①]

如果把历史比作一幕戏剧，这里面应既有“剧作者”，也有“剧中人”[②]。历史就是由“剧中人”和“剧作者”共同组成的。

---

① 海德格尔在1938年的演讲《形而上学对现代世界图象的奠基》中指出，“主体”这个概念的希腊语原意是“根据”，意指“眼前现成的东西，它作为基础把一切聚集到自身那里”，此种原初的意义“并没有任何突出的与人的关系，尤其是，没有任何与自我的关系”[孙周兴：《海德格尔选集（下）》，生活·读书·新知（上海）三联书店，1996年，第897页]。古希腊哲学的任务是“看”，要“看”出那变动不居的事物后面的永恒在场、现象后面不变的实体。在希腊哲学中，“主体”并不就是人，它只“意味着构成存在者的基础的东西……‘是主体’适用于任何存在者，不管桌子、植物、鸟或人”（[德] 博尔德：《海德格尔分析新时代的技术》，宋祖良译，中国社会科学出版社，1993年，第44页）。中世纪的主体即本体是柏拉图主义化了的“上帝”，一切历史事件都取决于上帝。正如圣奥古斯丁在《忏悔录》所说，上帝“至高、至美、至能、无所不能……创造一切，养育一切，改进一切”（[古罗马] 奥古斯丁：《忏悔录》，周士良译，商务印书馆，1963年，第5页）。到了近代，主体才被“人”垄断，转化为“自我意识”或自我（ego）的“一般主体”，才开始特指人的“主体”。而近代意义上的“主体概念一旦形成，对象意义的obiectum，Objekt，Cegenstand等概念便应运而生，以填补Subjekt（单指‘人的主体’）以外万事万物的指谓空隙”，而“‘主客对立’（Subjekt-Objekt-Gabelung）这个哲学上的大问题亦因而形成”（关子尹：《康德与现象学传统》，载倪梁康等：《中国现象学与哲学评论　第四辑　现象学与社会理论》，上海译文出版社，2001年，第152页）。这也是霍克海默和阿道尔诺在《启蒙辩证法》中谈到的主体与客体的关系如何形成的问题，“主体和客体之间的距离是抽象的前提，它是以占有者与其通过占有物而获得的事物之间的距离为基础的”（[德] 霍克海默、[德] 阿道尔诺：《启蒙辩证法——哲学断片》，渠敬东、曹卫东译，上海人民出版社，2006年，第9页）。在阿道尔诺（又译为阿多诺）看来，主体可以指“特殊个体”，可以指“普遍属性”，“也可以指康德的《导言》中所说的‘普遍意识’……这两个意义相辅相成；缺少一个就很难领会另一个”[[德] 阿多诺：《主体与客体》，载上海社会科学院哲学研究所编：《法兰克福学派论著选辑（上卷）》，商务印书馆，1998年，第208页]。后现代主义不管是后结构主义还是符号学对主体的理解，最大的问题就是掏空了“主体”的内在意义，而问题在于如何结合时代的发展发挥主体的作用。当然，对于主体作“屈从体”的理解，也并非万全之策。

② “剧作者”和“剧中人”是马克思在《哲学的贫困》中，批评蒲鲁东的哲学认识只是看中“原理”，而忽略了“现实的、世俗的历史”时用到的两个概念。“只要你们把人们当成他们本身历史的剧中人物和剧作者，你们就是迂回曲折地回到真正的出发点，因为你们抛弃了最初作为出发点的永恒的原理。”[中共中央马克思恩格斯列宁斯大林著作编译局：《马克思恩格斯选集（第一卷）》，人民出版社，2012年，第227页]“戏剧隐喻”是马克思一直都在使用的一种写作手法，从早期诗歌、博士论文及《莱茵报》时期的各种评论一直到《资本论》及其草稿的撰写，以戏剧来隐喻历史是马克思经常采用的一种历史认识方式。有关马克思的戏剧隐喻认识问题，可以参阅中国社会科学出版社2016年出版的沈湘平的《唯一的历史科学：马克思学说的自我规定》一书第246～254页的相关内容。

第一节 主体认识的形成

马克思对人类历史创造主体的认识首先开始于大学期间，在马克思和其父亲的通信以及毕业的《博士论文》等著作中都能找到马克思对此的论述。马克思在波恩学的是法学，转到柏林大学后，其兴趣转向了哲学和历史研究，其中黑格尔的哲学对马克思的影响很大，几乎伴随了马克思一生。马克思在批判自己对法哲学理解的过程中，阐述了对主体理解的一些问题。一是认为主体不在事物之外，要在对象的发展上“细心研究对象本身”，让事物本身的理性作为一种自身矛盾的东西展开，“在自身中求得自己的统一”，而不是像独断论的数学一样形成“主体围绕着事物转”的，“可是事物本身并没有形成一种多方面展开的生动的东西”① 的认识方式；二是认为实体和形式不能分离，形式从内容里产生，也是内容的进一步发展。马克思批评自己构建的法哲学体系，认为自己第二部分法哲学的观点存在问题，其错误在于把成文的罗马法“与第一部分所应当包含的法的概念的形成”看成了“不同的东西”，且又把第二部分分成了“关于程序法和实体法的学说”——“错误就在于，我认为实体与形式可以而且必须互不相干地发展”②。马克思正面的意思是说，概念也是形式与内容之间的中介环节。当从哲学方面说明法律时，形式必然是从内容里产生出来的，而且形式只能是内容的进一步发展。马克思对自己进行了自我批判，认为当他“把材料作了其作者至多为了进行肤浅的和表面的分类所能够作出的划分”时，“法的精神及其真理”③ 也就消失了。马克思的这一自我批判表明，运用抽象法进行研究，如果离开和周围世界的关系来考察对象，就会导致绝对的唯心主义，从而会产生把本质和事物归结为绝无内容的形而上学的世界观。马克思的博士论文写的是《德谟克利特的自然哲学和伊壁鸠鲁的自然哲学的差别》这个题目，该论文对于马克思主体的认识主要有两个方面：其一，马克思指出伊壁鸠鲁的自然哲学与德谟克利特的自然哲学的根本差别是主体性哲学与实体性哲学的区别。德谟克利特是怀疑主义者，他认为感性现象是唯一真实的客体，而真实的东西是变化着的、不稳定的，所以感性的现实是主观假象，“原则是不在现象中表现的，它始终是没有现实性和处于存在之外的”，正因为世界是主观的假象，“它才脱离原则而保持着自己的独立的现实性；同时作为唯一实在的客体，它本身具有价值和意义”④。而伊壁鸠鲁则是“一个相反的形象”，即独断主义者，他认为一切感官都是真实的报道者，所以感性的现实是真实的实

---

① 中共中央马克思恩格斯列宁斯大林著作编译局：《马克思恩格斯全集（第四十七卷）》，人民出版社，2004年，第8页。

② 中共中央马克思恩格斯列宁斯大林著作编译局：《马克思恩格斯全集（第四十七卷）》，人民出版社，2004年，第8页、第9页。

③ 中共中央马克思恩格斯列宁斯大林著作编译局：《马克思恩格斯全集（第四十七卷）》，人民出版社，2004年，第9页。

④ 中共中央马克思恩格斯列宁斯大林著作编译局：《马克思恩格斯全集（第一卷）》，人民出版社，1995年，第23页。

在，他“在哲学中感到满足和幸福”①。当然，二者哲学观点差异的更深层次的矛盾在于：德谟克利特是必然性的崇拜者，“把必然性看做现实性的反思形式”，把一切都归结为必然性，而伊壁鸠鲁则是偶然性的崇拜者，正如他自己所言，“被某些人当作万物主宰的必然性，并不存在，无宁说有些事物是偶然的，另一些事物则取决于我们的任意性”②。德谟克利特是从唯一实在的客体即对象出发来认识事物的，原子是“自然界的实体，一切都由这种实体产生，一切也分解为这种实体”③。现实是“必然性的实体”④，“相对的必然性只能从实在的可能性中推演出来，这就是说，存在着一系列的条件、原因、根据等等，这种必然性是通过它们作为中介的。实在的可能性是相对必然性的展现”⑤。伊壁鸠鲁则是从主体出发的，注重主体的感受，“这里感兴趣的不是对象本身”，“没有探讨客体的实在根据的兴趣。问题只在于使那作出说明的主体得到安慰”⑥。总之，二者哲学观点的区别在于：“实在的可能性力求证明它的客体的必然性和现实性；而抽象的可能性涉及的不是被说明的客体，而是作出说明的主体。”⑦ 其二，马克思高度地赞扬伊壁鸠鲁的自我意识哲学，认为自我意识是伊壁鸠鲁哲学的最高原则和主体。德谟克利特注重的是原子的物质存在即质料，“德谟克利特则只认识到它的物质存在”⑧；而伊壁鸠鲁还说明了原子的概念本身即它的质料和形式以及它的存在和本质，认为质料是被动的，形式则是能动的。这种能动就是观念的东西即自我意识。自我意识是抽象的个别性形式，也就是主体。“在物质的形态下同抽象的物质作斗争的抽象形式，就是自我意识本身。”⑨ 青年马克思对伊壁鸠鲁“自我意识”哲学的看重，所表明的是马克思对人的主体性和自由的崇拜和渴望。“伊壁鸠鲁哲学的原则不是阿尔谢斯特拉图斯的美食学，像克里西普斯所认为的那样，而是自我意识的绝对性和自由。”⑩ 不过，青年马克思并不认为伊壁鸠鲁的哲学不存在问题，他不满意把人看成抽象的个别性，一味地强调精神要从物质中摆脱出来，“由于物质把个别性、形式纳入它自身之中……物

---

① 中共中央马克思恩格斯列宁斯大林著作编译局：《马克思恩格斯全集（第一卷）》，人民出版社，1995年，第24页。

② 中共中央马克思恩格斯列宁斯大林著作编译局：《马克思恩格斯全集（第一卷）》，人民出版社，1995年，第25页、第26页。

③ 中共中央马克思恩格斯列宁斯大林著作编译局：《马克思恩格斯全集（第一卷）》，人民出版社，1995年，第49页。

④ 中共中央马克思恩格斯列宁斯大林著作编译局：《马克思恩格斯全集（第一卷）》，人民出版社，1995年，第25页。

⑤ 中共中央马克思恩格斯列宁斯大林著作编译局：《马克思恩格斯全集（第一卷）》，人民出版社，1995年，第27页。

⑥ 中共中央马克思恩格斯列宁斯大林著作编译局：《马克思恩格斯全集（第一卷）》，人民出版社，1995年，第28页。

⑦ 中共中央马克思恩格斯列宁斯大林著作编译局：《马克思恩格斯全集（第一卷）》，人民出版社，1995年，第27～28页。

⑧ 中共中央马克思恩格斯列宁斯大林著作编译局：《马克思恩格斯全集（第一卷）》，人民出版社，1995年，第38页。

⑨ 中共中央马克思恩格斯列宁斯大林著作编译局：《马克思恩格斯全集（第一卷）》，人民出版社，1995年，第61页。

⑩ 中共中央马克思恩格斯列宁斯大林著作编译局：《马克思恩格斯全集（第一卷）》，人民出版社，1995年，第62～63页。

质就不再是抽象的个别性了。它成为具体的个别性、普遍性了"[①]，而是提出了要把自由当作定在之中自由的观点。"抽象的个别性是脱离定在的自由，而不是在定在中的自由。它不能在定在之光中发亮。"[②]

对主体进一步的认识主要体现在马克思在克罗茨纳赫时期的文章《黑格尔法哲学批判》中，当然，这并不排除《莱茵报》时期马克思社会实践对其主体认识的影响。因为恰恰就是《莱茵报》时期马克思接触了现实物质利益和黑格尔理性国家观之间的矛盾问题，才促使他再退回到克罗茨纳赫时期来思考这个问题，就此批判了黑格尔在主体方面的一些错误认识。马克思认为黑格尔颠倒了主体与客体的关系，构建了一个把观念当作主体的唯心主义体系。马克思批判了黑格尔颠倒主体和客体的关系，把观念当作出发点，是一种主体的唯心主义。"在这里，主体是意志的纯自我规定，是简单概念本身。"[③] 马克思是在批判黑格尔对国家的理解时提出的这个问题，认为不是现实的、个人的意识希求做出决定，而是黑格尔"神秘的主体"也即意识的本质在做决定。马克思的另一段论述更能说明这个问题，"既然出发点是被当作主体、当作现实本质的'观念'或'实体'，那现实的主体就只能是抽象谓语的最后谓语"[④]。黑格尔的主体理解是一种超验观念，而作为生活的经验事实则被理解为观念的外在表现。这个问题用马克思的话说就是"作为出发点的事实没有被理解为事实本身"，但是相反"被理解为神秘的结果"[⑤]。马克思批判黑格尔脱离经验事实和人的现实的经验性行动来理解主体问题。

不仅如此，黑格尔对行动目的的理解也是抽象的。黑格尔所说的观念就其本性而言是有目的的，不过，这种目的除了"形成自为的无限的现实的精神"[⑥] 逻辑目的的一般规定之外，别无其他。"主体是意志的纯自我规定，是简单概念本身。……这里没有行动着的主体，而如果意志的抽象，意志的纯观念要行动，就只能神秘地行动。一个目的如果不是特殊的目的，就不是目的，正像行动如果没有目的就是无目的、无意义的行动一样。"[⑦] 在马克思看来，观念所追求的一般目的，只能是无行动主体、无目的、无意义的行动，目的总是特殊的，总是与经验主体的特殊行动联系在一起的。黑格尔把主体变成了观念和自我意识，而现实的主体则"变成它们的简单名称"[⑧]，这就"使自在和

---

① 中共中央马克思恩格斯列宁斯大林著作编译局：《马克思恩格斯全集（第一卷）》，人民出版社，1995 年，第 61 页。

② 中共中央马克思恩格斯列宁斯大林著作编译局：《马克思恩格斯全集（第一卷）》，人民出版社，1995 年，第 50 页。

③ 中共中央马克思恩格斯列宁斯大林著作编译局：《马克思恩格斯全集（第三卷）》，人民出版社，2002 年，第 45 页。

④ 中共中央马克思恩格斯列宁斯大林著作编译局：《马克思恩格斯全集（第三卷）》，人民出版社，2002 年，第 22 页。

⑤ 中共中央马克思恩格斯列宁斯大林著作编译局：《马克思恩格斯全集（第三卷）》，人民出版社，2002 年，第 12 页。

⑥ 中共中央马克思恩格斯列宁斯大林著作编译局：《马克思恩格斯全集（第三卷）》，人民出版社，2002 年，第 10 页。

⑦ 中共中央马克思恩格斯列宁斯大林著作编译局：《马克思恩格斯全集（第三卷）》，人民出版社，2002 年，第 45 页。

⑧ 中共中央马克思恩格斯列宁斯大林著作编译局：《马克思恩格斯全集（第三卷）》，人民出版社，2002 年，第 16 页。

自为互相分离、使实体和主体互相分离”，从而落入“抽象的神秘主义”[①] 也就不可避免了。这是其一。其二，马克思认为黑格尔颠倒了市民社会、家庭和国家的关系，构建了一个把国家观念作为独立主体的唯心主义体系。马克思说，黑格尔真正的社会主体是国家的观念、概念，也就是“把国家说成一种具体的主体”[②]，或具体说，就是“被当作主体看待的国家的抽象思想形式，是本身不包含任何消极因素、任何物质因素的绝对观念”[③]。黑格尔认为家庭和市民社会从属于国家，国家是决定社会形成和发展的创造性因素，是宇宙精神的表现和体现。黑格尔完全颠倒了家庭、市民社会和国家的关系，把国家这种经济关系派生的上层建筑的东西当作了人类社会的基础，致使“观念变成了主体”，而“现实的主体，市民社会、家庭、‘情况、任意等等’”却变成了“观念的非现实的、另有含义的客观因素”[④] 了。马克思认为不是国家和法决定市民社会，而是市民社会决定国家和法，市民社会是主体，而国家则是谓语。“家庭和市民社会是国家的现实的构成部分，是意志的现实的精神存在”，是“国家的存在方式”，且只有是“动力”的家庭和市民社会才会使“自身成为国家”[⑤]。

马克思克罗茨纳赫时期之后的巴黎时期也都有对主体的认识问题，其中在《德法年鉴》上发表的《论犹太人问题》和《〈黑格尔法哲学批判〉导言》中也涉及这个问题。马克思在《论犹太人问题》中对主体的认识相比《黑格尔法哲学批判》就更具体了，认为“身为 bourgeois［市民社会的成员］的人”，才可以“被视为本来意义上的人，真正的人”，而“不是身为 citoyen［公民］的人”[⑥]，也即“这种人，市民社会的成员，是政治国家的基础、前提”[⑦]。市民社会的一般成员即社会中的一般人才是社会的主体。《〈黑格尔法哲学批判〉导言》对主体的认识则是发现了实现人的解放的社会主体即无产阶级，从而提出了无产阶级的历史使命问题。马克思认为资产阶级革命只是市民社会的一部分解放了自己，取得普遍统治，丝毫没有触及旧制度的基础。德国解放的实际可能性就在于形成了“一个被戴上彻底的锁链的”并非市民社会阶级的市民社会阶级，这个阶级“只能求助于人的权利”而“不能再求助于历史的权利”，也只有“无产阶级这个特殊等级”[⑧] 才能让这个社会解体。从哲学的任务看，哲学与无产阶级解放和人类解放

---

① 中共中央马克思恩格斯列宁斯大林著作编译局：《马克思恩格斯全集（第三卷）》，人民出版社，2002 年，第 79 页。

② 中共中央马克思恩格斯列宁斯大林著作编译局：《马克思恩格斯全集（第三卷）》，人民出版社，2002 年，第 155 页。

③ 中共中央马克思恩格斯列宁斯大林著作编译局：《马克思恩格斯全集（第三卷）》，人民出版社，2002 年，第 144 页。

④ 中共中央马克思恩格斯列宁斯大林著作编译局：《马克思恩格斯全集（第三卷）》，人民出版社，2002 年，第 10 页。

⑤ 中共中央马克思恩格斯列宁斯大林著作编译局：《马克思恩格斯全集（第三卷）》，人民出版社，2002 年，第 11 页。

⑥ 中共中央马克思恩格斯列宁斯大林著作编译局：《马克思恩格斯全集（第三卷）》，人民出版社，2002 年，第 185 页。

⑦ 中共中央马克思恩格斯列宁斯大林著作编译局：《马克思恩格斯全集（第三卷）》，人民出版社，2002 年，第 187 页。

⑧ 中共中央马克思恩格斯列宁斯大林著作编译局：《马克思恩格斯全集（第三卷）》，人民出版社，2002 年，第 213 页。

就可以理解为这种关系，也即“德国人的解放就是人的解放。这个解放的头脑是哲学，它的心脏是无产阶级”[①]。《1844年经济学哲学手稿》中与主体有关的认识主要有两点：其一，马克思找到了用劳动来规定人，规定现实主体的本质问题。“人始终是主体。”[②]这种主体的规定性可以用劳动来说明：一方面，劳动是人的本质的自我确证，是人的“生命活动”——“生产生活本身对人来说不过是满足一种需要即维持肉体生存的需要的一种手段。而生产生活就是类生活。这是产生生命的生活”[③]，是人的此在的证明，是人的存在方式，“正是在改造对象世界中，人才真正地证明自己是类存在物”[④]。另一方面，劳动是人的自我创造、自我对象化的过程，也就是按照自身“内在的尺度”和“美的规律”[⑤]来塑造自己的过程，也是自我实现的过程，“劳动是人在外化范围之内的或者作为外化的人的自为的生成”[⑥]。总体上说，人通过劳动不仅确证了自身，而且还展开、创造和实现了自身。劳动和人的生命及生命过程的同一性说明劳动对人来说是根本的，也即人的本质就是劳动。人只有通过人的全部活动，才有可能成为现实的类存在物也即作为人的存在物。其二，马克思看到了作为现实主体的工人的异化问题。“我们的出发点是经济事实即工人及其产品的异化。”[⑦]马克思是从经济事实的分析中提出了工人劳动的异化问题。在马克思看来，应该从现实的经济事实出发即从物质生产主体及其活动出发来说明历史，揭示出人类社会历史发展中的规律问题。“整个革命运动必然在私有财产的运动中，即在经济的运动中，为自己既找到经验的基础，也找到理论的基础。”[⑧]马克思“从当前的经济事实出发”，也即从“工人生产的财富越多，他的产品的力量和数量越大，他就越贫穷。工人创造的商品越多，他就越变成廉价的商品。物的世界的增值同人的世界的贬值成正比”[⑨]出发，梳理出了工人同他的劳动产品相异化、劳动活动本身的异化、人的本质同人相异化、人同人相异化的四种工人劳动的异化形式，揭示出了异化劳动的本质——“通过异化劳动，人不仅生产出他对作为异己的、敌对的力量的生产对象和生产行为的关系，而且还生产出他人对他的生产和他的产品的关系，

---

① 中共中央马克思恩格斯列宁斯大林著作编译局：《马克思恩格斯全集（第三卷）》，人民出版社，2002年，第214页。

② 中共中央马克思恩格斯列宁斯大林著作编译局：《马克思恩格斯全集（第三卷）》，人民出版社，2002年，第310页。

③ 中共中央马克思恩格斯列宁斯大林著作编译局：《马克思恩格斯全集（第三卷）》，人民出版社，2002年，第273页。

④ 中共中央马克思恩格斯列宁斯大林著作编译局：《马克思恩格斯全集（第三卷）》，人民出版社，2002年，第274页。

⑤ 中共中央马克思恩格斯列宁斯大林著作编译局：《马克思恩格斯全集（第三卷）》，人民出版社，2002年，第274页。

⑥ 中共中央马克思恩格斯列宁斯大林著作编译局：《马克思恩格斯全集（第三卷）》，人民出版社，2002年，第320页。

⑦ 中共中央马克思恩格斯列宁斯大林著作编译局：《马克思恩格斯全集（第三卷）》，人民出版社，2002年，第275页。

⑧ 中共中央马克思恩格斯列宁斯大林著作编译局：《马克思恩格斯全集（第三卷）》，人民出版社，2002年，第298页。

⑨ 中共中央马克思恩格斯列宁斯大林著作编译局：《马克思恩格斯全集（第三卷）》，人民出版社，2002年，第267页。

以及他对这些他人的关系。”[①] 这种异化关系的本质就在于所反映的是工人与资本家的关系，生产财富的工人不是社会财富的主体，而对劳动生疏的站在劳动之外的资本家却占有工人创造的财富，生产财富的工人贫困潦倒。同时，也揭示出了资本主义制度的不平等和不合理性问题。“通过异化的、外化的劳动，工人生产出一个对劳动生疏的、站在劳动之外的人对这个劳动的关系。工人对劳动的关系，生产出资本家——或者不管人们给劳动的主人起个什么别的名字——对这个劳动的关系。”[②] 这种矛盾与冲突最终解决的方式就在于彻底消灭异化劳动和私有制，无产阶级革命具有历史的客观必然性。只有通过工人解放的政治形式，才能把“社会从私有财产”以及“奴役制”中解放出来，其中包含的是“普遍的人的解放”问题，其中的原因在于在工人对生产的关系中包含着“整个的人类奴役制”，其他“一切奴役关系只不过是这种关系的变形和后果罢了”[③]。《1884年经济学哲学手稿》中马克思对历史主体的理解还存在着诸如过分强调人的个体的、感性的、自然的存在的特性等问题，《神圣家族》进一步发展了马克思对历史主体的理解，其中最重要的一点就是批判了鲍威尔的主观唯心主义主体观，强调了人类社会历史发展中的群众主体的作用问题。在《神圣家族》中，鲍威尔一伙以自我意识与实体的对立为哲学根据，把精神与群众绝对对立起来，认为自我意识是无限的，是世界的创造者。只有工人才创造了一切，“工人甚至创造了人”——“英国和法国的工人就很好地证明了这一点”，而对于批判的批判来说“什么都没有创造”，即使就精神的创造而言，“也会使得整个批判感到羞愧”，批判家永远是“不通人性的人〔Unmensch〕”[④]。同鲍威尔一伙对世界的创造的认识相反，在马克思看来，创造世界上一切的，拥有这一切并为这一切而斗争的，正是现实的、活生生的人。鲍威尔一伙认为他们就是自我意识的体现者，也就是历史的主人，而群众不过是物质、实体的代名词，“精神的真正敌人应该到群众中去寻找”[⑤]，“到群众的自我欺骗和萎靡不振中去寻找”[⑥]。鲍威尔一伙从反对实体的思想出发把群众逐出了历史领域。相反，马克思说：“历史活动是群众的事业，随着历史活动的深入，必将是群众队伍的扩大。”[⑦] 在马克思看来，群众不是人类社会发展中的消极的历史因素，恰恰相反，正是人民群众创造了一切。而且随着物质生产与阶级斗争的深入与发展，人民群众创造历史的活动愈来愈广泛，愈来愈扩大。但是，

---

① 中共中央马克思恩格斯列宁斯大林著作编译局：《马克思恩格斯全集（第三卷）》，人民出版社，2002年，第276页。

② 中共中央马克思恩格斯列宁斯大林著作编译局：《马克思恩格斯全集（第三卷）》，人民出版社，2002年，第277页。

③ 中共中央马克思恩格斯列宁斯大林著作编译局：《马克思恩格斯全集（第三卷）》，人民出版社，2002年，第278页。

④ 中共中央马克思恩格斯列宁斯大林著作编译局：《马克思恩格斯全集（第二卷）》，人民出版社，2016年，第22页。

⑤ 中共中央马克思恩格斯列宁斯大林著作编译局：《马克思恩格斯全集（第二卷）》，人民出版社，2016年，第104页。

⑥ 中共中央马克思恩格斯列宁斯大林著作编译局：《马克思恩格斯全集（第二卷）》，人民出版社，2016年，第105页。

⑦ 中共中央马克思恩格斯列宁斯大林著作编译局：《马克思恩格斯全集（第二卷）》，人民出版社，2016年，第104页。

鲍威尔一伙却认为“历史上的一切伟大的活动”“一开始就是不成功的和没有实际成效的”，恰恰就是这些活动“引起了群众的关怀和唤起了群众的热情”[①]。马克思对此进行了反驳，认为革命之所以不成功是因为革命的原则并不代表不同于资产阶级的绝大多数群众的“实际利益”，而不是因为革命“引起了群众的‘关怀’”或“‘唤起了’群众的‘热情’”[②]。

从《关于费尔巴哈的提纲》到《德意志意识形态》和后来的《哲学的贫困》，马克思对历史主体的认识逐渐走向成熟，其中在《关于费尔巴哈的提纲》中涉及的历史主体的认识首先是主体与主体的实践活动是新旧唯物主义区分的根本特点问题，也就是强调对“对象、现实、感性”要“当做感性的人的活动，当做实践去理解”，即“从主体方面去理解”[③] 的问题。其次是区分了新旧唯物主义在作为主体的人认识上的差异问题，也即批判了费尔巴哈把人的本质归结为“类”的对人的认识的抽象化和庸俗化问题。“本质只能被理解为‘类’，理解为一种内在的、无声的、把许多个人自然地联系起来的普遍性。”[④] 费尔巴哈离开人的社会关系，把人的本质归结为人的自然属性，看成人生来就有的不可改变的无声无息的东西，这就把人的本质庸俗化了。“新哲学将人连同作为人的基础的自然当作哲学唯一的、普遍的、最高的对象。”[⑤] 这是费尔巴哈自己对自己哲学研究对象的说明，其对人是生物学意义上的自然生物认识的观点依然鲜明。再有就是关于新旧唯物主义在作为主体的人的活动认识上的不同问题。《德意志意识形态》中，马克思主要阐述的是作为历史主体的“现实的人”的理解问题，此问题我在前文“现实的人”内涵的阐释中已经进行了大量的论述，在此不再赘述，倒是《哲学的贫困》中关于历史主体的一个观点需要进行一下说明，此问题就是批判蒲鲁东颠倒现实与范畴之间的关系，否认现实主体的错误问题。在 1865 年《论蒲鲁东》一文中，马克思在回忆《哲学的贫困》的内容时指出，蒲鲁东把经济范畴“看做历来存在的、永恒的观念”，而不是“看做历史的、与物质生产的一定发展阶段相适应的生产关系的理论表现”，表明蒲鲁东是“多么赞同思辨哲学的幻想”，而对科学辩证法了解得又是“多么肤浅”[⑥]。对蒲鲁东经济学谬论的批判，特别是关于经济学范畴谬论的批判，是《哲学的贫困》一文的主要任务。蒲鲁东把理性或范畴看作社会历史发展的基础和动力，在《哲学的贫困》中马克思用了很大的篇幅来批判这种错误认识，认为“真正的哲学家蒲鲁东

---

① 中共中央马克思恩格斯列宁斯大林著作编译局：《马克思恩格斯全集（第二卷）》，人民出版社，2016 年，第 102 页。

② 中共中央马克思恩格斯列宁斯大林著作编译局：《马克思恩格斯全集（第二卷）》，人民出版社，2016 年，第 104 页。

③ 中共中央马克思恩格斯列宁斯大林著作编译局：《马克思恩格斯选集（第一卷）》，人民出版社，2012 年，第 133 页。

④ 中共中央马克思恩格斯列宁斯大林著作编译局：《马克思恩格斯选集（第一卷）》，人民出版社，2012 年，第 135 页。

⑤ ［德］路德维希·费尔巴哈：《费尔巴哈哲学著作选集（上卷）》，荣震华、李金山等译，商务印书馆，1984 年，第 184 页。

⑥ 中共中央马克思恩格斯列宁斯大林著作编译局：《马克思恩格斯全集（第二十一卷）》，人民出版社，2003 年，第 58 页。

先生把事物颠倒了”，把现实的关系看成是“一些原理和范畴的化身”[①] 了。蒲鲁东的认识是把这些范畴看作是不依赖现实关系而“自生的思想”，结果是忽略了范畴只是理论上表现的“生产关系的历史运动”，思想的来历也“只能到纯粹理性的运动中去找寻”[②] 了。蒲鲁东的认识问题不仅仅是现实与范畴关系的颠倒问题，而且在他那里经济范畴是一种永恒不变的理性。由于蒲鲁东把任何一种事物都归结为逻辑范畴，把现实的关系看成原理、范畴和抽象的思想，那么，现实的主体在他那里不见了也就不可避免了。在马克思看来，蒲鲁东在最后的抽象中，把一切事物都变为逻辑范畴是不用奇怪的。只要先后抽掉构成某座房屋的个性、材料和这座房屋特有的形式，就会得到“一个物体”，继之如果“把这一物体的界限也抽去”，剩下的也就“只有空间了”，而如果继续“把这个空间的向度抽去”，最后得到的也就“只有纯粹的量这个逻辑范畴了”。[③] 对于“一切有生命的或无生命的”人或物而言，如果继续用这种方法抽去它们的“所谓偶性”，那么，在最后的抽象中剩下的将是作为实体的“一些逻辑范畴”[④] 也就是必然的了。在蒲鲁东看来，一切生活在地上和水中的东西，也就是一切存在物，都可以经过抽象归结为逻辑范畴，整个现实世界由此也就变成了抽象世界，也即淹没在了逻辑范畴的抽象世界之中了。“自以为越来越接近，以至于深入物体”，实际上“越来越远离物体”。[⑤] 这就是蒲鲁东这些唯心主义形而上学者把世界上的事物看作是逻辑范畴从而失去现实的历史主体的结果。

第二节　主体认识的特征

“历史不过是追求着自己目的的人的活动而已。”[⑥] 人在历史活动中，塑造出了主体和主体性；人也在塑造主体和主体性的过程中，从事着历史活动，在“预先规定新的一代本身的生活条件”[⑦] 下从事着人自身的历史活动。

第一，历史创造的主体。在家庭、市民社会和国家关系的认识中，黑格尔坚持国家是市民社会和家庭的基础，是国家决定市民社会和家庭而不是相反，是因为在黑格尔看

---

① 中共中央马克思恩格斯列宁斯大林著作编译局：《马克思恩格斯选集（第一卷）》，人民出版社，2012 年，第 222 页。

② 中共中央马克思恩格斯列宁斯大林著作编译局：《马克思恩格斯选集（第一卷）》，人民出版社，2012 年，第 218 页。

③ 中共中央马克思恩格斯列宁斯大林著作编译局：《马克思恩格斯选集（第一卷）》，人民出版社，2012 年，第 219 页。

④ 中共中央马克思恩格斯列宁斯大林著作编译局：《马克思恩格斯选集（第一卷）》，人民出版社，2012 年，第 219 页。

⑤ 中共中央马克思恩格斯列宁斯大林著作编译局：《马克思恩格斯选集（第一卷）》，人民出版社，2012 年，第 219 页。

⑥ 中共中央马克思恩格斯列宁斯大林著作编译局：《马克思恩格斯全集（第二卷）》，人民出版社，2016 年，第 118～119 页。

⑦ 中共中央马克思恩格斯列宁斯大林著作编译局：《马克思恩格斯选集（第一卷）》，人民出版社，2012 年，第 172 页。

来，国家是最初的东西，而家庭在国家内部才发展成为市民社会——“也正是国家的理念本身才划分自身为这两个环节”[①]。具体说，黑格尔之所以坚持国家的决定作用是因为他在谈到国家的时候就不得不谈到君主问题，且黑格尔的国家决定论同其对君主的认识是完全一致的。黑格尔认为君主这一概念“绝对地起源于自身”而不是派生的，因为这个“以神的权威为基础的东西”包含了“君主权的绝对性的思想”，而“哲学考察的任务就在于理解这种神物”[②]。也就是说，黑格尔坚持国家决定论的现实指向是对普鲁士专制君主实行的君主主权论的支持，而反对的是人民主权论。这说明黑格尔所持的历史观是英雄史观，也即一种源于人类社会早期神话和传说的历史认识，认为是客观精神决定了人类社会的发展，所以，人民是消极被动的助唱队，只有英雄才会“建功立业，担负责任”，二者之间“绝对没有共同的地方”。[③] 在家庭、市民社会和国家关系的认识中，马克思的认识同黑格尔的认识是相反的，认为是“家庭和市民社会使自身成为国家”，只有它们才是真正的“动力”[④]，国家是被家庭和市民社会决定的。由此可以看出，马克思坚持的是人民主权论——“人民主权不是凭借君王产生的，君王倒是凭借人民主权产生的。”[⑤] 这说明马克思所持的历史观是群众史观，也即认为历史是群众创造。有一点需要指出，黑格尔之后的英雄史观并没有消失，其中德国思想家尼采、李凯尔特等都持有英雄史观的思想认识。

正是在这种意义上，黑格尔并不赞同具有人民主权论倾向的契约论，对契约论是持批判态度的，认为契约与婚姻一样是“从人的任性出发”的，而任何人生活于其中不得任意脱离的“国家”则是由“人的理性所规定”的——在国家未产生之前，“建立国家的理性要求却已存在”，所以“国家绝非建立在契约之上”[⑥]。马克思也反对契约论，只不过所不同的是马克思从对契约论的批判走向了群众史观，而黑格尔则走向了英雄史观。关于反对契约论历史认识的问题，恩格斯在《法学家的社会主义》一文中有分析，认为资产阶级的经典世界观是“法学世界观”[⑦]。中世纪神学世界观是世俗化的一种新

---

① ［德］黑格尔：《法哲学原理》，范扬、张企泰译，商务印书馆，1961 年，第 252 页。

② ［德］黑格尔：《法哲学原理》，范扬、张企泰译，商务印书馆，1961 年，第 297 页。

③ ［德］黑格尔：《历史哲学》，王造时译，上海书店出版社，2006 年，第 217 页。英雄史观指的是源于人类社会早期神话和传说的一种历史观，认为是英雄人物、帝王将相决定了人类社会的发展，其中主张英雄人物、帝王将相、天才人物的愿望、意志、品格和才能决定人类社会发展的是主观唯心主义英雄史观，而由客观精神决定人类社会发展的则是客观唯心主义英雄史观。英雄史观虽然在一定程度上肯定、重视群众在人类社会发展中的作用，但也否定不了其英雄史观的性质定位（肖前、李秀林、汪永祥：《历史唯物主义原理》，人民出版社，1991 年，第 345～352 页）。

④ 中共中央马克思恩格斯列宁斯大林著作编译局：《马克思恩格斯全集（第三卷）》，人民出版社，2002 年，第 11 页。

⑤ 中共中央马克思恩格斯列宁斯大林著作编译局：《马克思恩格斯全集（第三卷）》，人民出版社，2002 年，第 37 页。宫敬才教授认为马克思的人民主权论是从市民社会与国家的关系中得出来的，其同资产阶级的人民主权论有两点根本性的差异：一是马克思的人民主权论以劳动基础论为前提（劳动指的是社会下层普通劳动者的劳动）；二是资产阶级的人民主权论是逻辑假设推理的天赋人权论，马克思的人民主权论不是逻辑推演的结果，而是基于劳动创造世界经验事实的概括（宫敬才：《马克思经济哲学研究》，人民出版社，2014 年，第 186～189 页）。

⑥ ［德］黑格尔：《法哲学原理》，范扬、张企泰译，商务印书馆，1961 年，第 83 页。

⑦ 中共中央马克思恩格斯列宁斯大林著作编译局：《马克思恩格斯全集（第二十一卷）》，人民出版社，2016 年，第 546 页。

世界观。所谓神学世界观也就是一种把人类社会神化的历史认识，主张用神灵的意志来解释人类社会发展从而既否定了社会的客观性，又否定了人在社会中的主体性，以至于陷入社会本质认识宿命论的一种历史歪曲认识。资产阶级在兴起的过程中，利用人的自然和本性的理论认识创立了维护本阶级利益的自然主义历史观。关于这一点，马克思在《1844年经济学哲学手稿》中也有阐释，是在批评国民经济学家对私有财产直接作“抽象的公式”式的一般规律理解，而没有说明“劳动和资本分离以及资本和土地分离的原因”[①] 时谈到的这个问题，认为国民经济学家如此理解的原因是“想说明什么的时候，总是置身于一种虚构的原始状态”[②]，也即是从自然权利或社会契约的自然法视野来理解社会。马克思的理解同恩格斯理解的路向是基本相同的，其中马克思在《法的历史学派的哲学宣言》中批评了18世纪流行的“自然状态是人类本性的真正状态”的历史认识，否定了把原始状态描绘成一幅“人类真正状态的纯朴的尼德兰图画”[③] 的观点，认为人与人之间的联合“绝不像《社会契约论》中所描绘的那样是任意的”，而是关于“一些条件的必然的联合”。[④]

在《神圣家族》《德意志意识形态》《共产党宣言》《1848年至1850年的法兰西阶级斗争》《路易·波拿巴的雾月十八日》以及恩格斯的《英国工人阶级状况》和《英国状况——评托马斯·卡莱尔的过去和现在》等著作中，马克思、恩格斯在展开对黑格尔英雄史观批判的过程中，逐渐转向了群众史观。在《英国状况——评托马斯·卡莱尔的过去和现在》中，恩格斯认为卡莱尔和德国早期的谢林一样都持有以泛神论为基础的“‘英雄崇拜’”或“‘天才崇拜’”[⑤] 的历史认识，强调要“把历史的内容还给历史”，不应把历史理解成“‘神’的启示”而应理解成“人的启示”。[⑥] 在《神圣家族》中，青年黑格尔派认为“一切祸害都只在工人们的‘思维’中”，而只要“思想上铲除了资本这个范畴”，那么也就“消除了真正的资本”。[⑦] 在马克思看来，这是黑格尔唯心史观的一种表现——不能把自己等同于历史的创造者而把群众的因素排斥在外，认为群众是“消极的、精神空虚的、非历史的、物质的历史因素”，而认为自己是“积极的因素，一切历史行动都是由这种因素产生的”，改造社会的事业就是去进行“批判的大脑的活

---

① 中共中央马克思恩格斯列宁斯大林著作编译局：《马克思恩格斯全集（第三卷）》，人民出版社，2002年，第266页。

② 中共中央马克思恩格斯列宁斯大林著作编译局：《马克思恩格斯全集（第三卷）》，人民出版社，2002年，第267页。

③ 中共中央马克思恩格斯列宁斯大林著作编译局：《马克思恩格斯全集（第一卷）》，人民出版社，2016年，第97页。

④ 中共中央马克思恩格斯列宁斯大林著作编译局：《马克思恩格斯选集（第一卷）》，人民出版社，2012年，第202页。

⑤ 中共中央马克思恩格斯列宁斯大林著作编译局：《马克思恩格斯全集（第三卷）》，人民出版社，2002年，第516页。

⑥ 中共中央马克思恩格斯列宁斯大林著作编译局：《马克思恩格斯全集（第三卷）》，人民出版社，2002年，第520页。

⑦ 中共中央马克思恩格斯列宁斯大林著作编译局：《马克思恩格斯全集（第二卷）》，人民出版社，2016年，第66页。

动"[①]，相反，"历史活动是群众的事业，随着历史活动的深入，必将是群众队伍的扩大"[②]。在《德意志意识形态》中，马克思除了继续批判黑格尔派的唯心史观之外，认为老年黑格尔派"把一切都归入黑格尔的逻辑范畴"就可以理解一切和青年黑格尔派从宗教或神学方面"来批判一切"[③] 的历史认识是不确切的，不能从历史中把群众排除出去，而把历史仅仅看成是与"元首和国家的丰功伟绩"[④] 相关的一种历史认识。在《德意志意识形态》中，马克思还批判了费尔巴哈的历史认识，认为"当费尔巴哈是一个唯物主义者的时候，历史在他的视野之外；当他去探讨历史的时候，他不是一个唯物主义者"[⑤]。这其中的原因当然是与费尔巴哈直观唯物主义的哲学理念分不开的，但如果深入下去就会发现这与费尔巴哈对黑格尔的思想认识有关。虽然费尔巴哈对黑格尔的思辨唯心主义进行了批判，认为黑格尔完全颠倒了主次关系，而思维与存在的真正关系只能是"存在是主体，思维是宾词"[⑥]，但是其并没有深入黑格尔家庭、市民社会与法和国家的关系探讨之中，这是导致费尔巴哈半截子唯物主义产生的根本原因。恩格斯在《路德维希·费尔巴哈和德国古典哲学的终结》中对费尔巴哈有专门的论述，其中就谈到费尔巴哈关于宗教、伦理等的认识问题，认为"一接触到费尔巴哈的宗教哲学和伦理学，他的真正的唯心主义就显露出来了"[⑦]。具体说就是，费尔巴哈只是用"宗教的名义"来研究性爱、友谊、同情、舍己精神等问题，而不是"按照本来面貌"[⑧] 看待这些关系。虽然费尔巴哈也把人作为出发点，但是这个人不是生活的世界中的人，而"始终是在宗教哲学中出现的那种抽象的人"[⑨]。黑格尔有关伦理学或关于伦理学的学说也即法哲学研究是包括抽象的法、道德、伦理等方面内容的，其中还包括"家庭、市民社会、国家"等方面的问题，而费尔巴哈的研究同黑格尔的研究相比显出"惊人的贫乏"[⑩] 也

---

① 中共中央马克思恩格斯列宁斯大林著作编译局：《马克思恩格斯全集（第二卷）》，人民出版社，2016 年，第 109 页。

② 中共中央马克思恩格斯列宁斯大林著作编译局：《马克思恩格斯全集（第二卷）》，人民出版社，2016 年，第 104 页。

③ 中共中央马克思恩格斯列宁斯大林著作编译局：《马克思恩格斯选集（第一卷）》，人民出版社，2012 年，第 144 页。

④ 中共中央马克思恩格斯列宁斯大林著作编译局：《马克思恩格斯全集（第三卷）》，人民出版社，2016 年，第 44 页。

⑤ 中共中央马克思恩格斯列宁斯大林著作编译局：《马克思恩格斯选集（第一卷）》，人民出版社，2012 年，第 158 页。恩格斯在《路德维希·费尔巴哈和德国古典哲学的终结》中认为，费尔巴哈的唯物主义是半截子的唯物主义——"下半截是唯物主义者，上半截是唯心主义者"[中共中央马克思恩格斯列宁斯大林著作编译局：《马克思恩格斯选集（第四卷）》，人民出版社，2012 年，第 248 页]。

⑥ [德] 路德维希·费尔巴哈：《费尔巴哈哲学著作选集（上卷）》，荣震华、李金山等译，商务印书馆，1984 年，第 115 页。

⑦ 中共中央马克思恩格斯列宁斯大林著作编译局：《马克思恩格斯选集（第四卷）》，人民出版社，2012 年，第 239～240 页。

⑧ 中共中央马克思恩格斯列宁斯大林著作编译局：《马克思恩格斯选集（第四卷）》，人民出版社，2012 年，第 240 页。

⑨ 中共中央马克思恩格斯列宁斯大林著作编译局：《马克思恩格斯选集（第四卷）》，人民出版社，2012 年，第 243 页。

⑩ 中共中央马克思恩格斯列宁斯大林著作编译局：《马克思恩格斯选集（第四卷）》，人民出版社，2012 年，第 243 页。

不使人诧异。马克思在《德意志意识形态》中确立的历史前提即历史认识要从“现实的个人”[①] 出发的观点对历史认识具有重要的意义，这与马克思从家庭、市民社会与国家关系认识中探讨出的“人民主权论”有重要关系。正如埃·博蒂热利所说，马克思如果不是“坚决站在无产阶级立场上，他就不会超过费尔巴哈的十分抽象的观点”[②]。具体说就是，马克思正是站到无产阶级的立场上才对现实的人的认识有了完整的理解，主张历史的创造者问题要从现实的人及其本质来把握的认识才有了实现的可能性。

当然，在马克思恩格斯看来，人民群众并不仅仅局限于无产阶级本身，例如在《共产党宣言》中，马克思、恩格斯就认为“工业的进步”会把“统治阶级的整批成员抛到无产阶级队伍里去”，还有一批“能从理论上认识整个历史运动的一部分资产阶级思想家”也会“转到无产阶级方面来”。[③] 在《1848 年至 1850 年的法兰西阶级斗争》及其续篇《路易·波拿巴的雾月十八日》中论述了工农联盟问题，认为无产阶级革命的胜利必须得到农民的“合唱”[④]，而农民要“把负有推翻资产阶级制度使命的城市无产阶级看做自己的天然同盟者和领导者”[⑤]。

从上面论述来看，历史创造主体从最广泛的意义讲，指的就是人民群众。关于“人民群众是历史的创造者”命题对马克思历史观理解具有的意义，我们会在下一个标题中继续探讨。下面谈谈历史创造中的主体性问题。

第二，历史创造的主体性。对于主体概念，马克思、恩格斯曾在很多种意义上使用过，大体有以下几种：一是把整个社会理解为主体，“主体，即社会”[⑥]，“社会既是这一巨大的总过程的主体，也是这一总过程的结果”[⑦]。二是把主体理解为自然人，“劳动的主体是自然的个人”[⑧]。三是把主体理解为生产者或交换者，“生产也不只是特殊的生产，而始终是一定的社会体即社会的主体在或广或窄的由各生产部门组成的总体中活动着”[⑨]，“每一个主体都是交换者”[⑩]。四是把主体理解为劳动者——工人作为主体，“过

---

① 中共中央马克思恩格斯列宁斯大林著作编译局：《马克思恩格斯选集（第一卷）》，人民出版社，2012 年，第 146 页。

② 中共中央马克思恩格斯列宁斯大林著作编译局马恩室：《1844 年经济学哲学手稿研究（文集）》，湖南人民出版社，1983 年，第 275 页。

③ 中共中央马克思恩格斯列宁斯大林著作编译局：《马克思恩格斯选集（第一卷）》，人民出版社，2012 年，第 410 页。

④ 中共中央马克思恩格斯列宁斯大林著作编译局：《马克思恩格斯选集（第一卷）》，人民出版社，2012 年，第 769 页注释①。

⑤ 中共中央马克思恩格斯列宁斯大林著作编译局：《马克思恩格斯选集（第一卷）》，人民出版社，2012 年，第 766 页。

⑥ 中共中央马克思恩格斯列宁斯大林著作编译局：《马克思恩格斯全集（第三十卷）》，人民出版社，1995 年，第 43 页。

⑦ 中共中央马克思恩格斯列宁斯大林著作编译局：《马克思恩格斯全集（第三十一卷）》，人民出版社，1998 年，第 112～113 页。

⑧ 中共中央马克思恩格斯列宁斯大林著作编译局：《马克思恩格斯全集（第三十卷）》，人民出版社，1995 年，第 480 页。

⑨ 中共中央马克思恩格斯列宁斯大林著作编译局：《马克思恩格斯全集（第三十卷）》，人民出版社，1995 年，第 27 页。

⑩ 中共中央马克思恩格斯列宁斯大林著作编译局：《马克思恩格斯全集（第三十卷）》，人民出版社，1995 年，第 195 页。

去的对象化劳动就统治现在的活劳动。主体和客体的关系颠倒了”①。五是把主体理解为时间、资本等，“资本作为主体”，是“流通的主体”②，“劳动时间本身只是作为主体存在着”③。

这些不同意义上使用的主体概念，如果从范围的角度看，是在三个层面上认识的：一是整个社会主体意义上的理解，即“主体，即社会”；二是集体主体层面上的理解，即把社会组织、社会集团、社会群体作为主体；三是个体主体层面上的理解，即把具体的个人作为主体。如果从内涵的角度看，则是在两个层面上认识的：第一种是本体论意义上的，其意是指某种属性、关系的承担者，也即社会、时间、资本等意义上的指谓。这层意义上的“主体”，我们会在下一个章节中详细阐释。第二种认识与人有关，指的是人类社会发展中“现实的人”作为认识、实践和价值的参与者参与到历史变化过程中去的“人”的指谓，此即自然人、生产者或交换者、作为劳动者的工人等指称。

从当前中国学术界的认识看，对历史中的主体认识大体有以下几种观点：一是侧重于从历史主体和社会实践的关系角度理解，认为历史主体是互动的承担者；二是侧重于从主客体的角度来理解，认为历史主体是使用一定手段即中介物作用于对象而自身也被转化为对象的人；三是侧重于从主体的内在特征来理解，认为历史主体是在以生产劳动为基础的社会历史实践中有意识地有目的地、能动地认识和改造个体的人。但上述认识都只是注重从某一个方面来揭示历史主体这一范畴的特有属性，而缺乏从历史主体的总体特征对其进行解释这一层次。所谓历史主体指的是“对象性的实践活动和认识活动的承担者，是在一定历史发展阶段有意识、有目的地从事社会实践活动的现实的人”④。历史主体当然具有“承担者”的意义，也即某种属性、关系承担者的意义。但历史主体并非仅仅是承担者，而是承担者意义上的“能动者”（agency），也即认识、实践或价值意义上的行动者或施动者。⑤ 如果这样理解历史主体，那么，历史主体的主体性也应该是两种意义的。我们这里不讨论本体意义上的主体性，而只讨论第二种主体性。

那么，这种主体性如何理解呢？按照张世英先生的解释，主体性具有“独立自主、

---

① 中共中央马克思恩格斯列宁斯大林著作编译局：《马克思恩格斯全集（第三十二卷）》，人民出版社，1998年，第125页。

② 中共中央马克思恩格斯列宁斯大林著作编译局：《马克思恩格斯全集（第三十一卷）》，人民出版社，1998年，第7页。

③ 中共中央马克思恩格斯列宁斯大林著作编译局：《马克思恩格斯全集（第三十卷）》，人民出版社，1995年，第121页。

④ 王建刚：《马克思〈1857—1858年经济学手稿〉的历史观》，社会科学文献出版社，2020年，第91页。

⑤ 刘森林教授认为分析马克思的主体概念的用法，必须要在两种维度上对主体概念作出区分：一是认识论“主体”与实践哲学的“主体”区分，二是先验主体与经验主体的区分（刘森林：《追寻主体》，社会科学文献出版社，2008年，第175页）。马克思对主体的认识，要突破的是西方近代哲学始于笛卡尔的“我思”的“意识内在性”（吴晓明、王国坛、张传开、阎孟伟、孙利天、贺来等学者对于“意识的内在性”问题都有研究）。要突破意识的内在性，对马克思而言，当然要借助于经验、实践的认识。从这层意义看，要理解马克思的主体概念，的确是要关注认识、实践、经验意义上的主体认识问题。不过，我们认为这还不够。要理解马克思的主体概念，离开了本体这一维度，主体的理解就是很不深刻的——没有深入主体理解的根基。当然，马克思并没有否定认识主体。从认识主体转向实践主体的意义在于：把认识主体统一于实践主体。关于马克思从认识主体向实践主体的转变，可以参阅中国社会科学出版社2015年出版的郭晶的《“主体性”的当代合理性：马克思的主体性思想研究》一书第60～117页的相关内容。

自我决定、自由、能动性、自我、自我意识或自觉、个人的特殊性、发挥个人的聪明才智、以个人的自由意志和才能为根据等等含义”①。张先生主体性的解释包含的内容要丰富一些，而赵家祥先生的解释则相对简单明了一些，是指“自主性、自为性、主动性、目的性和创造性”，而其中的目的性和创造性则是“历史主体的主体性中最核心的内容”②。马克思对于作为主体的人的主体性的解释主要体现在《1844 年经济学哲学手稿》《神圣家族》《关于费尔巴哈的提纲》以及《资本论》及其手稿等著作中，而《关于费尔巴哈的提纲》则是对主体性问题最为集中的解释。马克思的解释首先针对的是费尔巴哈对对象直观理解的唯物主义方式，其意是指感性事物不是被理解为人们的感性活动，而是被理解为一种自然感性的存在，所强调的不是主体历史地创造性活动，而是依存于一种先在的、既成的思维方式而产生的单纯的自然存在。与费尔巴哈直观唯物主义相对的是否认对象的先在性、既成性而强调主体创造性的唯心主义。不过，唯心主义所强调的主体是精神主体，也即精神创造外部事物和世界的精神主体，而不是“现实的、感性的活动本身”③。也就是说，在马克思看来，“对象、现实、感性”只能“当做感性的人的活动”“当做实践去理解”，也即“从主体方面去理解”，“把人的活动本身理解为对象性的［*gegenständliche*］活动”④。马克思的解释充分体现了主体对对象的能动性和创造性特征，否定了对象被看作是主体活动之外自然存在物的认识方式，同时也超越了抽象的精神主体创造对象的理解方式。

在《神圣家族》中，马克思说：“历史什么事情也没有做……历史不过是追求着自己目的的人的活动而已。”⑤ 对于人类社会历史发展中主体创造性作用的这段论述，是马克思在褒扬费尔巴哈揭露黑格尔概念辩证法的思辨体系功绩时讲的，认为人类社会的历史发展离不开有意识、有目的的人的活动，此种人的目的性的活动正是人的主动性、选择性、创造性等主体能动性的体现，突出的是作为主体的人的目的和意志在主体能动的创造世界过程中的作用和意义。马克思在剩余价值理论的探讨中批判麦克库洛赫在劳动的定义时把劳动主体活动的自觉目的性丢掉了。“把作为人的活动而且是社会规定的人的活动的劳动本身，与作为使用价值、作为物的商品所具有的物理等等的作用等同起来！就是他，把劳动的概念本身都丢掉了！”⑥ 为此，马克思愤怒地说，这是麦克库洛

---

① 张世英：《天人之际——中西哲学的困惑与选择》，人民出版社，2007 年，第 65 页。

② 赵家祥、李清昆、李士坤：《历史唯物主义教程》，北京大学出版社，1999 年，第 77 页。

③ 中共中央马克思恩格斯列宁斯大林著作编译局：《马克思恩格斯选集（第一卷）》，人民出版社，2012 年，第 133 页。

④ 中共中央马克思恩格斯列宁斯大林著作编译局：《马克思恩格斯选集（第一卷）》，人民出版社，2012 年，第 133 页。

⑤ 中共中央马克思恩格斯列宁斯大林著作编译局：《马克思恩格斯全集（第二卷）》，人民出版社，2016 年，第 118～119 页。此段详细引文：“历史什么事情也没有做，它‘并不拥有任何无穷尽的丰富性’，它‘并没有在任何战斗中作战’！创造这一切、拥有这一切并为这一切而斗争的，而正是人，现实的、活生生的人。‘历史’并不是把人当做达到自己目的的工具来利用的某种特殊的人格，历史不过是追求着自己目的的人的活动而已。”

⑥ 中共中央马克思恩格斯列宁斯大林著作编译局：《马克思恩格斯全集（第二十六卷第三册）》，人民出版社，2016 年，第 198 页。

赫“对李嘉图理论的最彻底、最无知的败坏”[①]。在《资本论（第一卷）》中，马克思用人的劳动同动物的活动做了一个鲜明的对比，认为“最蹩脚的建筑师从一开始就比最灵巧的蜜蜂高明”，因为他在用蜂蜡建筑蜂房之前，“已经在自己的头脑中把它建成了”[②]。从一般意义上讲，劳动者在劳动过程开始时就已经在他的表象中观念地存在着“劳动过程结束时得到的结果”[③] 了。也正是在“使自然物发生形式变化”的过程中，劳动者在自然物中实现了“他所知道的”且“作为规律决定着他的活动的方式和方法”[④] 的自己的目的。麦克库洛赫抹杀了劳动主体的活动是有自觉目的的活动这一鲜明的特点，把人的活动同动物、机器和自然力的运动等同起来，必然会得出对劳动主体理解的错误结论。人作为劳动主体，其主体能动性既体现在自觉目的性上，还表现在改造客体使之符合自己的需要方面。在劳动过程中，人的活动使劳动对象“发生预定的变化”[⑤]，由此，劳动过程消失在产品中，“劳动对象化了，而对象被加工了”[⑥]。

人的主体性从人类社会的历史发展看，是一个逐步提升、由弱到强的发展过程。马克思在《1844 年经济学哲学手稿》中说：“劳动是人在外化范围之内的或者作为外化的人的自为的生成。”[⑦] 马克思批评黑格尔，劳动、对象化活动并不能仅仅理解成精神活动，而是指包括精神活动在内的人的一切活动。“劳动的对象是人的类生活的对象化：人不仅像在意识中那样在精神上使自己二重化，而且能动地、现实地使自己二重化，从而在他所创造的世界中直观自身。”[⑧] 人不仅在对象化活动中发挥主体能动性创造对象世界，而且也在对象化活动中完善自身。人的自身素质的提高和自我发展是在人的对象化活动中逐渐发展起来的。“在再生产行为本身中”，不但“乡村变为城市，荒野变为清除了林木的耕地等等”客观条件在改变着，而且生产者也在改变着，炼出了新的品质，造就了新的力量、新的观念、新的交往方式、新的需要以及“新的语言”[⑨]。人在对象化的主体性活动中，根据自身的需要、目的和人的尺度，在遵从客观规律的指引下，实现了对人的活动的改造，而与此同时，人自身也在这种活动中得到了改造，从而实现了自身的发展。也正是在这种意义上，庞卓恒先生认为“人类自身的实践活动和实践活动中成长起来的实践能力——首先是物质生产实践活动和能力”[⑩]，是马克思唯物史观所揭示的人类历史发展的普遍规律的重要支点。在人类社会发展中，也正是在人的实践能

---

① 中共中央马克思恩格斯列宁斯大林著作编译局：《马克思恩格斯全集（第二十六卷第三册）》，人民出版社，2016 年，第 198 页。

② ［德］马克思：《资本论（第一卷）》，人民出版社，2018 年，第 208 页。

③ ［德］马克思：《资本论（第一卷）》，人民出版社，2018 年，第 208 页。

④ ［德］马克思：《资本论（第一卷）》，人民出版社，2018 年，第 208 页。

⑤ ［德］马克思：《资本论（第一卷）》，人民出版社，2018 年，第 211 页。

⑥ ［德］马克思：《资本论（第一卷）》，人民出版社，2018 年，第 211 页。

⑦ 中共中央马克思恩格斯列宁斯大林著作编译局：《马克思恩格斯全集（第三卷）》，人民出版社，2002 年，第 320 页。

⑧ 中共中央马克思恩格斯列宁斯大林著作编译局：《马克思恩格斯全集（第三卷）》，人民出版社，2002 年，第 274 页。

⑨ 中共中央马克思恩格斯列宁斯大林著作编译局：《马克思恩格斯全集（第四十六卷上册）》，人民出版社，2016 年，第 494 页。

⑩ 庞卓恒：《唯物史观与历史科学》，高等教育出版社，2004 年，第 47 页。

力的推动下，人们自身才从“未成熟的个人”发展到消除了“一切自发性”的、具有全面发展的自由个性的“完全的个人”，也才推动社会基本矛盾运动并从而推动社会形态从低级向高级发展到“自由人的联合体”。①

第三，历史创造主体的能动性与客观制约性。② 人类社会发展中作为历史的主体具有主体性是创造历史的前提条件，这是问题的一方面；另一方面的问题是历史主体在人类社会发展中主体性的发挥又不是没有节制的，而是受一定客观历史因素制约的。这也就是人类社会发展中历史主体能动性创造发挥的制约性问题。一般把人类历史主体能动性创造发挥的制约性看成是条件制约性，也即自然环境的自然条件、经济的政治的等诸多方面的社会条件以及包括既有的意识形态、特定的文化传统以及一般知识状况等的精神条件在人类社会的历史发展中制约人的活动问题。③ 对于这个问题，我们来看一下马克思、恩格斯的认识。马克思、恩格斯至少有六次论述过这个问题，其中马克思在《德意志意识形态》中三次提到过这个问题，其后在《致帕维尔·瓦西里耶维奇·安年科夫》的信中又提到过一次，恩格斯在《致约瑟夫·布洛赫》以及《致瓦尔特·博尔吉乌斯》的信中也提到过这个问题。《德意志意识形态》中的这段论述是这样的：“历史的每一阶段都遇到一定的物质结果……使它得到一定的发展和具有特殊的性质。”④ 在《致约瑟夫·布洛赫》的信中，恩格斯也有一段论述：“我们自己创造着我们的历史……也起着一定作用，虽然不是决定性的作用。”⑤ 从上述马克思、恩格斯的两段论述看，这里的历史条件是基于生产力和经济发展的一种条件总和的认识。也就是说，在马克思的论述中，既有生产力方面的因素，也有生产力之外的与自然条件和社会以及精神条件相关的因素，且马克思不是在单独谈论它们在人类社会发展中的历史作用，而是从关系的角度来分析它们的历史作用问题。就这一点而言，实际上同这种观点是一致的——“自然条件或精神条件对人类活动的制约和影响”归根到底是“通过生产方式起作用的”⑥。生产方式在人类社会历史发展中具有决定性和支配性的作用，是“结构功能性”

① 庞卓恒：《唯物史观与历史科学》，高等教育出版社，2004 年，第 47 页。

② “历史创造主体的能动性与客观制约性的关系”，从核心要义上看，说是“主体与结构”的关系也并非不可以。英国新左派的西方马克思主义者佩里·安德森曾阐述过这个问题，认为“结构和主体作为范畴在这个意义上一直是相互依赖的。对主体过多的非难在一定时候必然也会伤害结构。这种作用的最终结果只能是主观性的无限膨胀”。这是安德森在论述第二次世界大战后结构主义发展中主体问题时得出的反思的“教训”（［英］佩里·安德森：《当代西方马克思主义》，余文烈译，东方出版社，1989 年，第 72 页）。当然，我们认识的主体与结构的关系同安德森的论述是有实质性的不同的。

③ 本书编写组：《马克思主义哲学》，高等教育出版社，2020 年，第 140～141 页。

④ 中共中央马克思恩格斯列宁斯大林著作编译局：《马克思恩格斯选集（第一卷）》，人民出版社，2012 年，第 172 页。此段详细引文：“历史的每一阶段都遇到一定的物质结果，一定的生产力总和，人对自然以及个人之间历史地形成的关系，都遇到前一代传给后一代的大量生产力、资金和环境，尽管一方面这些生产力、资金和环境为新的一代所改变，但另一方面，它们也预先规定新的一代本身的生活条件，使它得到一定的发展和具有特殊的性质。”

⑤ 中共中央马克思恩格斯列宁斯大林著作编译局：《马克思恩格斯选集（第四卷）》，人民出版社，2012 年，第 604～605 页。此段详细引文：“我们自己创造着我们的历史，但是第一，我们是在十分确定的前提和条件下创造的。其中经济的前提和条件归根到底是决定性的。但是政治等等的前提和条件，甚至那些萦回于人们头脑中的传统，也起着一定作用，虽然不是决定性的作用。”

⑥ 本书编写组：《马克思主义哲学》，高等教育出版社，2020 年，第 141 页。

的而不“是实体”意义上的一种理解。这是人类社会历史发展规律性展现的最明显特征。在王金福教授看来，传统理解的问题是把地理环境、人口因素也看作是社会存在，而实际上它们“只是自然存在”，因为只有“当它们进入人的活动时”，才“构成社会存在的因素”①。“人们的存在就是他们的现实生活过程。”② 这个现实生活过程就是人们围绕着物质生产实践把地理环境、人口因素等外在条件纳入人们活动之中的一种关系性存在，而非实体性存在。这种关系性存在也就是一种结构性存在，即具有决定性和支配性作用的生产方式聚合地理环境、人口、经济的政治的等诸多方面的社会以及包括既有的意识形态、特定的文化传统以及一般知识状况等的精神的诸种因素一起而形成一种“结构性存在”③。

实际上，马克思对现实人的主体能动性发挥和客观制约性的关系还有更明确的一段论述，是在《哲学的贫困》中提出的，此即人们的现实的世俗的历史，就是把每个世纪中的人们“既当成他们本身的历史剧的剧作者又当成剧中人物”④ 的历史认识。这段话主要包括两个方面的内容：一方面就人是“历史剧的剧作者”而言，是说创造人类历史的既不是绝对观念，也不是天命和神意，而是人类自己，只有人类自身才是人类社会发展的历史主体，只有依靠人类主体能动的创造性才会推动人类社会不断向前发展。另一方面就人是“剧中人物”而言，是说人类的实践活动就其活动方式而言是主动的，但就其结果而言并不是预期的，其行为是受制约的，而制约的因素也就是上文所说的自然条件、社会条件以及精神条件等。其中生产方式能起到聚合自然、社会以及精神等各种条件而产生对主体制约性作用的结构性功能，而其基本结构指的则是受生产力和生产关系、经济基础和上层建筑的矛盾规定并反映的经济结构（广义的经济结构是指包含生产力和生产关系的生产方式，而狭义的经济结构指的则是经济关系或经济制度）、政治结构以及观念结构（观念结构指的是观念上层建筑）等在人类社会发展中所形成的结构性系统的历史规律问题。

那么，如何理解人的主体能动性与客观制约性的关系呢？我们认为需要解决两个问题，也即如何制约和为何制约的问题。实际上，关于前一个问题，我们在前面的论述中已经有过阐述了。条件制约是观察者的视角，但对于理解人的主体能动性发挥和客观制

---

① 王金福：《马克思的哲学在理解中的命运——对马克思主义哲学史的解释学考察》，苏州大学出版社，2003年，第323页。

② 中共中央马克思恩格斯列宁斯大林著作编译局：《马克思恩格斯选集（第一卷）》，人民出版社，2012年，第152页。

③ “结构存在”问题是罗姆巴赫在《结构存在论：一门自由现象学》一书中论述的一个问题，强调结构的动态运行才会产生结构存在问题，“只有当一种完全确定的动态运行起来的时候，才形成一个‘存在者’的结构处境”（[德] 罗姆巴赫：《结构存在论：一门自由现象学》，王俊译，浙江大学出版社，2015年，第56页）。关于结构问题，在西方思想史上是一个重要的问题，涂尔干、韦伯、帕森斯、列维－斯特劳斯、阿尔都塞、德里达、福柯、吉登斯、布迪厄、哈贝马斯都探讨过这个问题。不过，马克思同这些思想家的认识还是有实质性差异的，这个问题我们在下一章还要谈到。关于西方结构思想的发展，可以参阅人民出版社2020年出版的杜玉华的《回到马克思：西方社会结构理论的比较与反思》一书第69～268页的相关内容。

④ 中共中央马克思恩格斯列宁斯大林著作编译局：《马克思恩格斯选集（第一卷）》，人民出版社，2012年，第227页。

约性的关系问题而言，仅仅从观察者的视角看还是不够的，需要引入参与者视角。[①] 从参与者视角看，人的主体能动性发挥和客观制约性的关系问题就是客观条件如何进入人的活动过程的问题。也就是现实生活过程中人们围绕着物质生产实践如何把自然环境的自然条件、经济的、政治的等诸多方面的社会条件以及包括既有的意识形态、特定的文化传统以及一般知识状况等的精神条件纳入人们活动之中的问题。正如我们在前面指出，这种外在条件的聚合问题的核心是生产方式，也即历史规律的实际运行问题。或者说，正是在生产方式的运行中才把这些外在客观条件聚合生发使其运转起来。正如龚培河教授所言，条件制约是“前提性”的，而规律制约则是“过程性”的[②]。

对于后者也即人的主体能动性为何制约的问题，也就是避免主体的人陷入唯意志论的问题。只要把作为活动主体的人放在一定的社会结构中来考察，“揭示社会历史的基础和运动规律”[③]，就不可能陷入唯意志论。当然，也不能把社会结构对人的主体能动性发挥的客观制约性完全理解成不以人为转移的历史规律，否则就有陷入宿命论泥淖的可能性，客观规律“不以人的意志为转移”，但可以“以人的实践能力和认识能力的发展水平为转移”[④]。只有辩证地理解这两方面的关系，社会的主客体理论“才能成为具有科学性的理论”[⑤]。

总体上说，从人类活动中的目的性看，作为主体的人类会起到手段的作用，而从人类自身的发展看，作为人类的主体又是目的本身。“每个人是手段同时又是目的。”[⑥] 人类既改造了客观世界，又提升了自身的能力、素养和品性，是人类活动的一体两面。“实践不仅成就人自身，而且也成就世界。……实践在广义上便表现为成就人自身与成就世界的过程。”[⑦] 在这个过程中，首先作为人的活动对象的自然也表现为一个发展过程，会随着人类活动能力的发展，从手段意义向自身存在的意义转变，最终所要实现的是人与自然关系的和谐发展。

---

① 王晓升教授认为：“在社会历史活动中，人既是历史活动的参与者，又是历史活动的观察者。人的这两个角色是统一在一起的。当人参与历史活动的时候，也要观察其他人的活动并根据其他人的活动来调整自己的活动。同样其他人作为历史的参与者，也会把我作为客体，来观察我的活动，并根据我的活动来调整他自己的活动。因此，人既是历史的参与者又是观察者”（王晓升：《历史唯物主义的当代重构》，社会科学文献出版社，2013 年，第 29 页）。哈贝马斯在谈到社会的进化时认为，在方法论层面，这需要从参与者和考察者互补中来理解这个问题［［德］哈贝马斯：《交往行动理论（第一卷）——行动的合理性和社会合理化》，洪佩郁、蔺菁译，重庆出版社，1994 年，第 156 页］。

② 龚培河：《马克思主义关于历史规律及其实现方式研究》，中国社会科学出版社，2014 年，第 71 页。

③ 陈先达：《历史唯物主义与当代中国》，中国人民大学出版社，2019 年，第 47 页。

④ 庞卓恒：《唯物史观与历史科学》，高等教育出版社，2004 年，第 48 页。

⑤ 陈先达：《历史唯物主义与当代中国》，中国人民大学出版社，2019 年，第 47 页。

⑥ 中共中央马克思恩格斯列宁斯大林著作编译局：《马克思恩格斯全集（第四十六卷上册）》，人民出版社，2016 年，第 196 页。

⑦ 杨国荣：《人类行动与实践智慧》，生活・读书・新知三联书店，2013 年，第 193 页。

第三节　主体论在历史认识中的理论意义

“现实的人”对马克思历史观的理论意义，不仅仅是个历史认识的“起点”如何理解的问题，也是一个与历史认识中的主体有关的重要问题。正如陈先达先生所言，“考察历史的主体和客体，应该从社会与自然的区别着手”[①]。“从社会与自然的区别着手”，我们的理解也就是从社会的性质及其如何构成入手，而从社会的性质及其如何构成入手，也就是从“人”即马克思所提出的“现实的人”的认识入手。恩格斯在《路德维希·费尔巴哈和德国古典哲学的终结》中，在论述社会发展史和自然发展史不同时，所说的社会历史领域内活动的是具有“意识的、经过思虑或凭激情行动的、追求某种目的的人”[②]，其意实际上也就是在强调“现实的人”构成历史的自身特点问题。由此来看，马克思历史认识中的主体是不可能离开“现实的人”的。没有“现实的人”，历史会是空的，同样如果没有“主体”，历史也会是空的。

从“现实的人”和历史“主体”的关系看，“主体”是在“现实的人”生成过程中形成的，而“现实的人”的生成则是在“人”与“自然”“社会”“世界历史”和自身关系发展的互动中生成的。首先是人与自然关系的互动。一方面，人是直接地“自然存在物”[③]，既具有自然力和生命力的能动性，又同作为自然的、肉体的、感性的、对象性存在的动植物一样具有受动性；另一方面，自然（人生活在其中的自然环境和人本身的自然）作为人的活动对象，是被人的感性对象性活动人化的自然，在发展中越来越带有人的活动的特性，“历史本身是自然史的即自然界生成为人这一过程的一个现实部分”[④]。其次是人与社会关系的互动。一方面，人是社会的存在物，“不是单个人所固有的抽象物，在其现实性上，它是一切社会关系的总和”[⑤]；另一方面，“社会也是由人生产的”[⑥]，人正是在生产和交往等的各种活动中，形成了各种相互依赖的关系，也就由此产生了各种组织形式。“‘社会’与‘个人’是相互建构的，正像‘个人’只能从社会（关系）中获得其‘存在’及其‘本质’的规定一样，‘社会’也须在个人的现实生活过程和活动及其物质生活条件面前申明自己规范或框架‘个人’的理由。”[⑦]

---

① 陈先达：《处在夹缝中的哲学：走向21世纪的马克思主义哲学》，北京师范大学出版社，2004年，第197页。

② 中共中央马克思恩格斯列宁斯大林著作编译局：《马克思恩格斯选集（第四卷）》，人民出版社，2012年，第253页。

③ 中共中央马克思恩格斯列宁斯大林著作编译局：《马克思恩格斯全集（第三卷）》，人民出版社，2002年，第324页。

④ 中共中央马克思恩格斯列宁斯大林著作编译局：《马克思恩格斯全集（第三卷）》，人民出版社，2002年，第308页。

⑤ 中共中央马克思恩格斯列宁斯大林著作编译局：《马克思恩格斯选集（第一卷）》，人民出版社，2012年，第135页。

⑥ 中共中央马克思恩格斯列宁斯大林著作编译局：《马克思恩格斯全集（第三卷）》，人民出版社，2002年，第301页。

⑦ 周世兴：《个人的历史与历史的个人——马克思个人理论研究》，人民出版社，2013年，第10页。

从上述的论述看，人正是在与自然和社会产生的各种关系的互动中，才获得了其“现实性”，由此，“现实的人”也就逐渐在历史的发展中生成了。“现实的人”生成的过程也就是历史活动中的“主体”建构的过程，于是历史活动的载体或基础也就逐步形成了，现实的人作为认识和实践的主体也逐渐形成了。主体能离开代理吗？问题在于人不可能总是以代理主体的身份出现。主体总是分裂的吗？问题在于主体不可能不实现同一。主体要隐退或死亡，当然是不可能的。主体是黄昏的悲观主义也不值得提倡，主体是朝霞。主体在处理人和自然的关系、人和人的关系以及人和自我的关系中逐渐生成。个体不可能消逝，群体也不可能消失。只要建基于本体意义上的主体存在，主体就不会消失。下面主要谈谈“人民群众是历史的创造者”命题主体意义的理解问题。有关社会、自然以及社会和自然在形成过程中历史特性的逐步获得问题，我会在后面几章中来详细论述。

“现实的人”是可以从生物、生理、经济、政治、法律或道德伦理等人所具有的特性的个体意义来理解的，但就个体构成的整体而言，“现实的人”又与早期的氏族部落、家庭、集体、阶级、民族、村社、城市国家、地区王国、跨地区帝国以及人类等种种群体性组织脱离不开关系，所关涉的是个体、群体、人类与历史之间发生的各种关系。对于马克思的历史认识而言，并不是泛泛地停留在“人”是历史创造的主体的表面意义上，而是深入具体历史之中对个体与群体在人类社会发展中的作用进行了全面的考察，把历史创造过程中决定性的力量与非决定性的力量、主导性的力量与非主导性的力量区分开来，真正解决了“人”是历史创造的主体也即“谁是历史的创造者”这个问题。

那么，“人民群众是历史的创造者”这个命题对于历史主体形成的理论意义如何理解呢？这个问题的阐释需要从恩格斯对历史观的阐释开始。恩格斯在晚年曾明确指出他们对历史理解的一个关键点，就是从生活的生产和再生产来看历史，也即认为“历史过程中的决定性因素归根到底是现实生活的生产和再生产”①。从生活的生产和再生产来看历史，就意味着历史就是和生产劳动有关的一个历史问题。从生活的生产和再生产来追问历史，也就是追问物质生产主体是谁的历史。答案是明确的，也即只有从事物质生产的人民群众才是人类社会历史发展中生产的主体。或者说，从生活的生产和再生产来追问历史，也就是追问从事物质生产主体的人民群众的历史。当然，这不是否定人类社会历史发展中其他参与群体的历史贡献，而是说人民群众是物质生产的核心和关键部分，其他各部分都是围绕人民群众物质生产这个主体展开的。正如毛泽东对矛盾认识所阐释的，历史发展之中也有“主要矛盾和非主要矛盾”② 以及“矛盾的主要和非主要的方面”③ 的区分：主要矛盾“起着领导的、决定的作用”，非主要矛盾则处于“次要和服从的地位”④；矛盾的主要方面“起主导作用”⑤，规定着事物的性质。马克思的《资

① 中共中央马克思恩格斯列宁斯大林著作编译局：《马克思恩格斯选集（第四卷）》，人民出版社，2012 年，第 604 页。

② 《毛泽东选集（第一卷）》，人民出版社，1991 年，第 320 页。

③ 《毛泽东选集（第一卷）》，人民出版社，1991 年，第 322 页。

④ 《毛泽东选集（第一卷）》，人民出版社，1991 年，第 322 页。

⑤ 《毛泽东选集（第一卷）》，人民出版社，1991 年，第 322 页。

本论》从工人的物质生产展开，所体现的就是矛盾认识的意义。资本是资本主义发展的轴心，只有围绕资本创造剩余价值的劳动，在马克思看来才是生产性劳动。关于这一点，在剩余价值理论的探讨中，马克思曾进行过详细的阐释，认为学校的教师对于雇佣他们的老板来说就是生产工人，因为“老板用他的资本交换教师的劳动能力，通过这个过程使自己发财”，对于一切表演艺术家、演说家、演员、牧师等等人员来说都是这种情况——“对自己的企业主说来，是生产工人”①。再者，马克思并没有否定资本主义发展中除了工人之外的其他群体，在《共产党宣言》中，马克思还论述了包括小工业家、小商人、手工业者、农民的中间阶级问题②，认为他们虽然不是最革命的阶级，但他们为了自己将来的利益，可以“离开自己原来的立场，而站到无产阶级的立场上来”③，而有可能转化为革命的力量。问题的关键在于，在资本主义社会发展中，工人阶级这个群体在历史发展中起着领导的、决定的作用，是资本主义发展的主导，规定着资本主义的性质。

从上面的论述可以看出，“人民群众是历史的创造者”这个命题是从生产劳动和从事生产劳动的人员在历史发展中的作用方面来认识的。也就是从这层意义上讲，我们认为“人民群众是历史的创造者”这个命题具有本体论的意义。上面我们已经指出“现实的人”可以在生物、生理、经济、政治、法律或道德伦理等个体意义上来理解，无疑其中经济意义的理解更具有重要性，是“现实的人”的理解的核心，起到理解“现实的人”的主导作用。关于马克思对此的认识，我们在上文中已经提到过了。问题的关键在于马克思并没有仅仅停留在生物、生理、政治、法律或道德伦理意义上来理解人，而是深入“现实的人”理解的关键部分来认识历史中的人。“要使社会的新生力量很好地发挥作用，就只能由新生的人来掌握它们，而这些新生的人就是工人。工人也同机器本身一样，是现代的产物。……历史本身就是审判官，而无产阶级就是执刑者。”④ 这是问题的一方面。另一方面则在于马克思不仅关注历史发展中的群体问题，同时也没有忽略个体在人类社会发展中的作用。

“人民群众是历史的创造者”在一定程度上具有本体论的意义，是在本原、基础意义上讲的，也即“人民群众是历史的创造者”所具有的本体论的意义，指的是人民群众是人类社会发展依赖力量的本原和基础问题。这个问题和马克思对本体意义上的“主体”理解有关。这是我们前面谈到过的问题。在论述商品交换中商品和货币的关系时，马克思就使用过此种意义上的本体概念。“一种特殊的产品（商品）（物质）必须成为当作每一种交换价值的属性而存在的货币的主体。”贵金属“作为货币关系的主体，即货

① 中共中央马克思恩格斯列宁斯大林著作编译局：《马克思恩格斯全集（第四十八卷）》，人民出版社，2016年，第62页。

② 关于欧洲17世纪以来阶级构成的变化，可以参阅珠海出版社1998年出版的沈汉《西方社会结构的演变——从中古到20世纪西方社会结构的演变》一书第153～255页的相关内容。

③ 中共中央马克思恩格斯列宁斯大林著作编译局：《马克思恩格斯选集（第一卷）》，人民出版社，2012年，第411页。

④ 中共中央马克思恩格斯列宁斯大林著作编译局：《马克思恩格斯选集（第一卷）》，人民出版社，2012年，第776～777页。

币关系的化身”，也就是“作为货币关系的承担者”。[①] 马克思在《资本论（第一卷）》第一版的序言中，也曾使用过“承担者”这个概念，是在谈到如何“描绘资本家和地主的面貌”[②] 时用到的。在马克思看来，资本家和地主作为“人”，“只是经济范畴的人格化，是一定的阶级关系和利益的承担者”[③]。在《资本论（第一卷）》第二章“交换过程”中，马克思在论述商品占有者按照契约形式交换商品时，指出“人们扮演的经济角色不过是经济关系的人格化”，是“作为这种关系的承担者而彼此对立着的”。[④] 具体一点说就是，“人们彼此只是作为商品的代表即商品占有者而存在”[⑤]。褚文渐教授在分析“实践”何以具有“本体论”意义时，指出“实践”之所以具有“本体的含义”，是因为“实践在人的存在范围内具有本质的地位和作用。离开了它，便无从理解属人的世界”，也即“实践本体论不是一种哲学本体论，而只是强调实践的重要地位和作用的观点而已”。[⑥] 从方法论意义上讲，我们也是这样来理解“人民群众是历史的创造者”所具有的本体论意义的，强调人民群众在人类社会发展生产体系中的本原和基础意义。

我们说“人民群众是历史的创造者”具有本原、基础的本体论意义，并不是在封闭的一元实体意义上讲的。[⑦] 这并不排斥其他社会人员也会成为历史活动的参与者或发起者、探索者、组织者、领导者以及表率和示范者。[⑧] 从人类社会发展各个历史阶段的实际运行看，杰出的历史人物在人类社会发展中起到发起、探索、组织、领导、表率和示范等方面的作用，也是可以在主体意义上来理解的。这可以理解为个体主体性也即杰出历史人物的主体性。当然，这主要是在社会群体参与历史活动的层面讲的，并不否定“人民群众是历史的创造者”这个命题所具有的本原和基础的本体意义。

对于人类社会发展中杰出历史人物所起的作用，恩格斯也有客观的评价，认为文艺复兴时代是一次“人类以往从来没有经历过的一次最伟大的、进步的变革，是一个需要巨人并且产生了巨人的时代，那是一些在思维能力、激情和性格方面、在多才多艺和学识渊博方面的巨人。给资产阶级的现代统治打下基础的人物，绝没有市民局限性”[⑨]，列奥纳多·达·芬奇、阿尔勃莱希特·丢勒、马基雅维利、路德等巨人先后出现于历史

---

① 中共中央马克思恩格斯列宁斯大林著作编译局：《马克思恩格斯全集（第四十六卷上册）》，人民出版社，2016年，第121页。刘森林在《追寻主体前》一书中说，在他的理解中，“主体的主要含义就是‘承担者’，即能把人们希冀向往的众多美好存在聚集、承担和支撑起来的根基之所在。知识（真理）、秩序（规则）、进步、个性、乌托邦，相继成为现代主体聚集于自身，或作为根基支撑起一片天空，或作为胚胎孕育于自身的东西。它们作为生发于现代主体的‘生长物’，或维系于现代主体的‘维系物’而体现着‘主体’的地位与功能”（刘森林：《追寻主体》，社会科学文献出版社，2008年，前言，第6页）。

② ［德］马克思：《资本论（第一卷）》，人民出版社，2018年，第10页。

③ ［德］马克思：《资本论（第一卷）》，人民出版社，2018年，第10页。

④ ［德］马克思：《资本论（第一卷）》，人民出版社，2018年，第104页。

⑤ ［德］马克思：《资本论（第一卷）》，人民出版社，2018年，第103～104页。

⑥ 褚文渐：《实践本体论在何种意义上成立》，《理论学刊》，2006年第11期，第42页。

⑦ 李景源教授认为“人民群众是历史的创造者”可以在三种意义上来理解，分别是“民众是推动历史进步的主导力量”“民心是天下兴亡的晴雨表”“民主是打破历史周期率的利器”（李景源：《人民群众是历史的创造者新论》，《理论学刊》，2015年第4期，第74页、第77页、第80页）。

⑧ 本书编写组：《马克思主义哲学》，高等教育出版社，2020年，第204～205页。

⑨ 中共中央马克思恩格斯列宁斯大林著作编译局：《马克思恩格斯选集（第三卷）》，人民出版社，2012年，第847页。

之中。当然，“构成历史的真正的最后动力的动力”还是“使广大群众、使整个整个的民族，并且在每一民族中间又是使整个整个阶级行动起来的动机”，而不是“个别人物，即使是非常杰出的人物的动机”[①]。

程恩富和詹志华认为马克思、恩格斯“创造历史”问题可以在“人民群众、统治阶级和正反面历史人物共同创造历史意义上来”理解，也即恩格斯所说的历史的“合力”创造问题。[②]“无论历史的结局如何，人们总是通过每一个人追求他自己的、自觉预期的目的来创造他们的历史，而这许多按不同方向活动的愿望及其对外部世界的各种各样作用的合力，就是历史。”[③] “大多数人总是注定要从事艰苦的劳动而很少能得到享受。……历史的进步整个说来只是成了极少数特权者的事，广大群众则注定要终生从事劳动，为自己生产微薄的必要生活资料，同时还要为特权者生产日益丰富的生活资料。”[④] 这就是“从历史概念的内涵和外延的界定来把握历史人物的创造者身份”的“广义历史创造者”的概念理解方式问题。当然，这并没有否定分别“从人民群众直接或最终创造进步历史的意义”和“从人民群众和正面历史人物（主要是指领袖）共同创造历史的意义”来理解“创造历史”的问题。[⑤]

综合来看，“人民群众是历史的创造者”的本体论意义，指的不是传统的实体本体论，而是多种不同主体的一元性问题。具体说就是，在理解“人民群众是历史的创造者”命题中如何认识群众、阶级、政党、领袖之间的关系问题。这是马克思主义发展史上一个重要的问题。[⑥]

本书第二章“起点论”论述过“现实的人”蕴含的唯物主义理论意义问题。实际上，关于马克思历史认识中“现实的人”的唯物主义蕴含问题，更具体地说，是同“人民群众是历史的创造者”更为直接相关的一个问题。一般认为“人民群众是历史的创造者”是一种同“英雄史观”相区分的“群众史观”，其中前者属于唯心主义的历史认识，而后者则属于与前者相反的唯物主义的历史认识。那么，其中的原因如何解释呢？这是一个如何看待个人和人民群众在人类社会历史上的作用的问题，其中夸大英雄豪杰、帝王将相、天才人物的愿望、意志、品格、才能（主观唯心主义）和客观精神（客观唯心主义）在历史中的作用的一般称为英雄史观，而“仅仅承认群众是历史运动中的唯一要

---

① 中共中央马克思恩格斯列宁斯大林著作编译局：《马克思恩格斯选集（第四卷）》，人民出版社，2012年，第255页、第256页。

② 程恩富、詹志华：《历史唯物主义视角下历史人物评价问题新探——兼论“广义历史创造者”概念》，《哲学研究》，2016年第10期，第17页。

③ 中共中央马克思恩格斯列宁斯大林著作编译局：《马克思恩格斯选集（第四卷）》，人民出版社，2012年，第254页。

④ 中共中央马克思恩格斯列宁斯大林著作编译局：《马克思恩格斯选集（第三卷）》，人民出版社，2012年，第724页。列宁说在剥削阶级统治的社会中，“创造历史的是一小撮贵族和资产阶级知识分子，工农群众则尚处于沉睡状态”[中共中央马克思恩格斯列宁斯大林著作编译局：《列宁全集（三十四卷）》，人民出版社，2017年，第76页]。

⑤ 程恩富、詹志华：《历史唯物主义视角下历史人物评价问题新探——兼论“广义历史创造者”概念》，《哲学研究》，2016年第10期，第17页。

⑥ 在马克思主义发展史上，关于人民群众创造历史中的领袖、政党、阶级、群众的关系问题，普列汉诺夫、列宁、毛泽东、邓小平、江泽民、胡锦涛、习近平等对此都有论述。

素”的也并不是唯物史观，也即只有承认“人民群众在历史发展中的决定性的作用”，同时并“不否认个别杰出人物的一定的重要的作用”①，才是全面的真正的唯物主义历史观。正如马克思所说，所谓“彻底”也就是“抓住事物的根本”，而“人的根本就是人本身”②。人的“根本”就是自身的实际生活，而其赖以存在的“根本”则是社会的生产方式，而在社会关系中主要从事生产的则是人民群众。关于这一点，我们在上文中已经论述过了。一言以蔽之，“一种社会历史观怎样看待人民群众和个人在历史上的作用，是由它解决社会存在和社会意识关系问题的基本立场所决定的”，而“一般肯定人在世俗生活中的历史作用，也不一定就是唯物主义的”。③

综上所述，主体论对于从立场、观点、方法看待马克思历史观具有的意义在于：主体——建基于历史承担者意义上的——为马克思历史认识施动者（认识、实践和价值的参与者）的形成奠定了根基。当然，对于历史活动的主体而言，其意义还不止于此，还有一个主客体关系中历史规律的认识问题。下一章我们就来探讨马克思历史认识中的“规律”问题。

① 肖前、李秀林、汪永祥：《历史唯物主义原理》，人民出版社，1991年，第350页。

② 中共中央马克思恩格斯列宁斯大林著作编译局：《马克思恩格斯选集（第一卷）》，人民出版社，2012年，第10页。海德格尔在1973年9月7日的研讨中，曾引用过马克思的这句话，并有详细的解释，其中有一段是这样说的：“按照马克思，人，每一个人（他自身就是他自己的根本），正是这种生产以及隶属于生产的消费的人。这就是我们现时代的人。”海德格尔是否达到了马克思的高度，答案是很明确的（［法］F. 费迪耶等：《晚期海德格尔的三天讨论班纪要》，丁耘摘译，《哲学译丛》，2001年第4期，第57页）。

③ 肖前、李秀林、汪永祥：《历史唯物主义原理》，人民出版社，1991年，第345页。

第四章　马克思历史观的规律论[①]（上）

一般认为马克思在《〈政治经济学批判〉序言》中对历史认识的概括是马克思对历史观最详尽的阐释，而实际上马克思对历史的认识远远不止于此，是一个比《〈政治经济学批判〉序言》中历史认识更为广阔的理论体系。但是，《〈政治经济学批判〉序言》却是马克思历史认识体系的逻辑起点。

马克思在大学毕业后的《莱茵报》时期（1842 年 1 月至 1843 年 3 月）开始遇到林

---

① 人类社会发展中的历史规律，直到 19 世纪中期才为马克思、恩格斯所发现。历史规律肯定是脱离不开因果关系，但因果关系不一定就是历史规律。“因果性”只有上升到具有“必然性”的“因果律”，才有可能成为“规律”（张耕华：《历史哲学引论》，复旦大学出版社，2009 年，第 154 页）。西方从古希腊赫拉克利特开始一直到 19 世纪初期对“必然性”和“因果关系”问题的探讨，无疑也是马克思、恩格斯探讨历史规律问题的一个文化渊源。正如爱因斯坦所言，西方科学发展的一个重要传统是在文艺复兴时期“发现通过系统的实验可能找出因果关系”[[美] 爱因斯坦：《爱因斯坦文集（第一卷）》，许良英、李宝恒、赵中立等编译，商务印书馆，2010 年，第 772 页]。恩格斯在《自然辩证法》和晚年的书信中曾专门探讨过必然性和因果性问题，其中必然性是和偶然性一起探讨的，认为必然性和偶然性是一对关系范畴，“偶然性要提高为必然性”，也即必然性要以偶然性“开辟道路”[中共中央马克思恩格斯列宁斯大林著作编译局：《马克思恩格斯选集（第三卷）》，人民出版社，2012 年，第 918 页。中共中央马克思恩格斯列宁斯大林著作编译局：《马克思恩格斯选集（第四卷）》，人民出版社，2012 年，第 649 页]；因果性理解的关键是把握“事物的真正的终极原因”的“相互作用”，也即“一切都是互相转化、互相制约的，在这里是原因，在那里就是结果”[中共中央马克思恩格斯列宁斯大林著作编译局：《马克思恩格斯选集（第三卷）》，人民出版社，2012 年，第 920 页]。有关西方马克思恩格斯之前必然性和因果关系问题的探讨，可以参阅中国社会科学出版社 2007 年出版的陈晏清、阎孟伟的《辩证的历史决定论》一书的第 1～30 页相关内容，或参阅山东大学出版社 1998 年出版的商逾的《决定论的历史形态——西方决定论史研究》一书第 23～368 页的相关内容。

木盗窃、地产析分、摩泽尔农民状况以及自由贸易和保护关税的辩论等与物质利益①有关的“发表意见的难事”，是促使马克思“去研究经济问题的最初动因”，而问题的结果则是使马克思开始解决“苦恼的疑问”，其中发表在《德法年鉴》上的《〈黑格尔法哲学批判〉导言》使马克思明白了法不是从“它们本身”或“人类精神的一般发展”② 来理解，而是根源于物质的生活关系即市民社会来理解。一言蔽之，要理解法的问题就要探讨法与市民社会的关系问题。法与市民社会关系问题的探讨构成了马克思研究人类社会

---

① （1）恩格斯后来对马克思历史研究的动因也有所论述，是 1895 年 4 月 15 日写给理查·费舍有关马克思 1842 年作品出版情况时提到的这个问题，“至于那篇摩塞尔的文章，我是完全有把握的，因为我曾不止一次地听到马克思说，正是他对林木盗窃法和摩塞尔河地区农民处境的研究，推动他由纯政治转向研究经济关系，并从而走向社会主义”［中共中央马克思恩格斯列宁斯大林著作编译局：《马克思恩格斯全集（第三十九卷）》，人民出版社，2016 年，第 446 页］。物质利益问题是马克思历史认识问题的现实切入点，在《神圣家族》中马克思说：“‘思想’一旦离开‘利益’，就一定会使自己出丑。”［中共中央马克思恩格斯列宁斯大林著作编译局：《马克思恩格斯全集（第二卷）》，人民出版社，2016 年，第 103 页］谭培文教授在其著作《马克思主义的利益论》中曾把利益问题比作“马克思走出唯心史观魔谷、走向历史唯物主义的阿莉阿德尼之线”（谭培文：《马克思主义的利益理论——当代历史唯物主义的重构》，人民出版社，2013 年，第 17 页）。（2）对马克思研究经济问题的原因除了马克思所说的这些之外，恩格斯所写的《国民经济学批判大纲》和《英国工人阶级状况》对马克思进入经济研究也是有一定影响的，至少应是促成因素。这一点马克思在《〈政治经济学批判〉序言》中是讲过的，说是自从恩格斯“批判经济学范畴的天才大纲”发表以后，他们就不断通信交换意见，且马克思认为恩格斯“从另一条道路得出”同他“一样的结果”［中共中央马克思恩格斯列宁斯大林著作编译局：《马克思恩格斯选集（第二卷）》，人民出版社，2012 年，第 3 页、第 4 页］。不仅如此，马克思专门有对恩格斯《国民经济学批判大纲》的学习笔记摘要，其中谈到私有制、价值、地租以及资本和劳动的分离等问题［中共中央马克思恩格斯列宁斯大林著作编译局：《马克思恩格斯全集（第四十二卷）》，人民出版社，2016 年，第 3 页、第 4 页］。不过，对于恩格斯本人而言，是十分谦虚的，认为“核心的基本思想是属于马克思的”“马克思是天才，我们至多是能手”［中共中央马克思恩格斯列宁斯大林著作编译局：《马克思恩格斯选集（第一卷）》，人民出版社，2012 年，第 385 页。中共中央马克思恩格斯列宁斯大林著作编译局：《马克思恩格斯选集（第四卷）》，人民出版社，2012 年，第 248 页注释①］。

② 中共中央马克思恩格斯列宁斯大林著作编译局：《马克思恩格斯选集（第二卷）》，人民出版社，2012 年，第 1 页、第 2 页。恩格斯说：“马克思从黑格尔的法哲学出发，得出这样一种见解：要获得理解人类历史发展过程的锁钥，不应当到被黑格尔描绘成‘大厦之顶’的国家中去寻找，而应当到黑格尔所那样蔑视的‘市民社会’中去寻找。但关于市民社会的科学，也就是政治经济学。”［中共中央马克思恩格斯列宁斯大林著作编译局：《马克思恩格斯全集（第十六卷）》，人民出版社，2016 年，第 409 页］另外，列宁在《什么是“人民之友”以及他们如何攻击社会民主党人?》中也有解释，认为马克思之前的社会学家探讨和研究政治法律形式由于没有注重“思想产生的事实”问题，结果导致了社会关系认识忽略与历史的关系问题，而只把社会关系“看做一个由某种原则所贯穿的一定的完整的东西”。从列宁的观点看，卢梭的《社会契约论》以及空想社会主义者的思想认识对此表现得尤为明显［中共中央马克思恩格斯列宁斯大林著作编译局：《列宁选集（第一卷）》，人民出版社，2012 年版，第 7 页］。普列汉诺夫对此也有评价，认为“马克思阐明他的唯物主义历史观是从批评黑格尔的法权哲学开始的”，这是有道理的。不过，普氏所说的“是因为批评黑格尔的思辨哲学的工作早已为费尔巴哈所完成”的原因可能不是很确切［［俄］普列汉诺夫：《普列汉诺夫哲学著作选集（第三卷）》，生活·读书·新知三联书店，1962 年，第 145 页］。

结构问题的切入点[①]，而从这个切入点所展开的就是马克思对家庭、市民社会与法和国家关系问题的探讨，所得的认识结果是："家庭和市民社会都是国家的前提，它们才是真正活动着的；而在思辨的思维中这一切却是颠倒的。"[②] 因此，马克思只有把黑格尔国家是家庭和市民社会的基础的认识"颠倒"[③] 为家庭和市民社会是国家的基础的认识，才算是切入了社会基本结构认识的历史唯物主义路向。当然，马克思首先"颠倒"的还是市民社会与国家的关系问题，也即认为是市民社会决定国家而不是相反的问题。

第一节 《〈政治经济学批判〉序言》中历史规律认识的形成

马克思《〈政治经济学批判〉序言》中以物质生产为起点的社会基本结构理论体系的形成有一个发展过程，最早应起始于克罗茨纳赫时期对市民社会与国家关系的思考。马克思认为黑格尔思维观念决定现实存在的思辨唯心主义，把理性或国家观念分别当作

---

① 安启念教授认为马克思《〈政治经济学批判〉序言》所讲"那段话只是马克思对国家和法与市民社会关系的说明，不是在表述一种完整的历史观"（安启念：《〈1844年经济学哲学手稿〉：大唯物史观与实践辩证法》，《中国人民大学学报》，2008年第1期，第63页）。的确，如果单独看《黑格尔法哲学批判》中的论述内容，绝大多数内容是对内部国家制度本身中的王权、行政权以及立法权的阐释，其中并没有过多涉及市民社会与国家的关系问题。法的问题只是马克思讨论与市民社会关系的切入口。也就是说，如果我们从马克思《黑格尔法哲学批判》到《〈政治经济学批判〉序言》的著作整体来看，情况也就不是这样了，也即马克思探讨的是家庭、市民社会与法、国家、道德、伦理、宗教、艺术、哲学等关系方面历史认识的总体问题，而不仅仅是法的问题。这个问题探讨的起始至少应该是意大利17世纪的思想家维柯，更远一点说起源于古希腊也并非不可，正如阿伦特所说马克思是在试图颠覆古希腊奴隶劳动工艺制作政治活动哲学思考理论活动依次愈来愈高的传统，把一切都归于劳动。在劳动的基础上，重新理解人类社会发展中的社会结构问题（刘森林：《追寻主体》，前言，社会科学文献出版社，2008年，第4页）。

② 中共中央马克思恩格斯列宁斯大林著作编译局：《马克思恩格斯全集（第三卷）》，人民出版社，2002年，第10页。

③ （1）马克思最早提出"颠倒"问题大约是从1843年《黑格尔法哲学批判》中，此即提到的"主语和谓语的这种颠倒"问题［中共中央马克思恩格斯列宁斯大林著作编译局：《马克思恩格斯全集（第三卷）》，人民出版社，2002年，第15页］，其后又使用了"倒立"的概念［［德］马克思：《资本论（第一卷）》，人民出版社，2018年版，第22页］。恩格斯也多次使用"颠倒"的说法，其中在《卡尔·马克思〈政治经济学批判。第一分册〉》的书评中就提到了"颠倒"问题，是在批评黑格尔哲学认识时讲的，认为黑格尔的哲学虽然具有"巨大的历史感做基础"，但却把"真正的关系"颠倒了，从而"头脚倒置了"［中共中央马克思恩格斯列宁斯大林著作编译局：《马克思恩格斯选集（第二卷）》，人民出版社，2012年，第12页］。实际上，对黑格尔思辨哲学的"颠倒"问题从费尔巴哈就已经开始了。"思辨哲学一向从抽象到具体、从理想到实在的进程，是一种颠倒的进程。"［［德］路德维希·费尔巴哈：《费尔巴哈哲学著作选集（上卷）》，荣震华、李金山等译，商务印书馆，1984年，第108页］只要哲学的落脚点仍然在理论领域里，这个"颠倒"也就如阿尔都塞所说的"用头着地的人，转过来用脚走路，总是同一个人"；只有把"颠倒"理解成马克思哲学存在论的革命，才会完整地理解马克思"颠倒"的意义问题，"哲学的结构、问题，问题的意义，始终由同一个总问题贯穿着。"（［法］路易·阿尔都塞：《保卫马克思》，顾良译，商务印书馆，1984年，第54页）。（2）中国学术界专门研究马克思"颠倒"问题的是中国社会科学出版社2010年出版的王福生的《求解"颠倒"之谜：马克思与黑格尔理论传承关系研究》一书，另外与"颠倒"问题有关的专著可以参阅山东人民出版社2010年出版的卞邵斌的《马克思的"社会"概念》一书第110页、中国社会科学出版社2010年出版的崔唯航的《马克思哲学革命的存在论阐释》一书第57～63页、吉林大学出版社2020出版的王庆丰的《辩证法的观念》一书第73～87页的相关内容。

决定性的东西，把“国家观念永远是国家存在的谓语”[①] 弄得相反了，成了国家决定市民社会，由此，马克思确立了市民社会决定国家的历史认识。在《〈黑格尔法哲学批判〉导言》中，马克思强调了宗教和神学批判之后对法和政治批判的问题，也即“联系副本即联系德国的国家哲学和法哲学来进行的”[②] 问题。在《1844 年经济学哲学手稿》中，马克思在理解积极扬弃私有财产意义的过程中，提出了“宗教、家庭、国家、法、道德、科学、艺术等等”都“受生产的普遍规律的支配”[③] 的思想认识——“这种物质的、直接感性的私有财产，是异化了的人的生命的物质的、感性的表现。私有财产的运动——生产和消费——是迄今为止全部生产的运动的感性展现，就是说，是人的实现或人的现实。宗教、家庭、国家、法、道德、科学、艺术等等，都不过是生产的一些特殊的方式，并且受生产的普遍规律的支配”[④] ——初步奠定了后来社会结构理论的雏形，相比克罗茨纳赫时期对“家庭、市民社会与国家”关系的解读，马克思此时对历史观社会结构的理解的架构已经大为扩展了，其中最为关键的有两点：一是生产概念的形成，二是“意识形态”概念的形成。

其一，生产概念的形成与实践、劳动[⑤]概念的逐步认识有关。马克思1843 年由政治问题开始关注资本主义的生产问题，得益于恩格斯同一年写就的论著《国民经济学批判大纲》[⑥]，他也因此称其为“天才大纲”[⑦]。在该著作中，恩格斯在批判自由主义经济学的过程中，提出了“劳动是生产的主要要素，是‘财富的源泉’，是人的自由活动”，但却“很少受到经济学家的重视”[⑧] 问题。在《1844 年经济学哲学手稿》中，马克思开始批判国民经济学，从“经济事实即工人及其产品的异化”[⑨] 出发，提出了工人同他的劳动产品相异化、劳动活动本身的异化、人的本质同人相异化以及人同人相异化的四种工人劳动的异化形式，从而揭示出了异化劳动的本质。在《神圣家族》中，马克思、恩格斯开始深入“尘世的粗糙的物质生产”的“历史的发源地”[⑩] 之中来探讨劳动问

---

① 北京图书馆马列著作研究室：《马恩列斯研究资料汇编》，书目文献出版社，1985 年，第 15～16 页。

② 中共中央马克思恩格斯列宁斯大林著作编译局：《马克思恩格斯选集（第一卷）》，人民出版社，2012 年，第 2 页。

③ 中共中央马克思恩格斯列宁斯大林著作编译局：《马克思恩格斯全集（第三卷）》，人民出版社，2002 年，第 298 页。

④ 中共中央马克思恩格斯列宁斯大林著作编译局：《马克思恩格斯全集（第三卷）》，人民出版社，2002 年，第 298 页。

⑤ 有关马克思劳动概念的认识，可以参阅 2019 年中国社会科学出版社出版的熊来平教授的《马克思的劳动概念及其当代价值》一书第 17～135 页的相关内容。

⑥ 马克思1844 年上半年曾对恩格斯的《国民经济学批判大纲》做过摘录，内容包括私有制、商业的价值以及资本和劳动的关系问题［中共中央马克思恩格斯列宁斯大林著作编译局：《马克思恩格斯全集（第四十二卷）》，人民出版社，2016 年，第 3～4 页］。

⑦ 中共中央马克思恩格斯列宁斯大林著作编译局：《马克思恩格斯选集（第二卷）》，人民出版社，2012 年，第 3 页。

⑧ 中共中央马克思恩格斯列宁斯大林著作编译局：《马克思恩格斯选集（第一卷）》，人民出版社，2012 年，第 33 页。

⑨ 中共中央马克思恩格斯列宁斯大林著作编译局：《马克思恩格斯全集（第三卷）》，人民出版社，2002 年，第 275 页。

⑩ 中共中央马克思恩格斯列宁斯大林著作编译局：《马克思恩格斯全集（第二卷）》，人民出版社，2016 年，第 191 页。

题。1845 年春天，马克思在《关于费尔巴哈的提纲》中提出了“感性的人的活动”的“实践”[①] 理解问题。同年 5 月，恩格斯的《英国工人阶级的状况》出版，书中描绘了英国 1760 年以来工业特别是棉纺织业的发展以及工人阶级的运动。马克思认为这本书中的观点同其研究得出的“市民社会”的解剖要到“政治经济学中去寻求”[②] 的认识“结果”[③] 是一致的。在《德意志意识形态》中，马克思从“现实的个人”[④] 的认识出发，提出了满足吃喝住穿以及其他一些东西的物质生产基础上的新的需要、生命的繁衍以及生命的生产问题[⑤]，且认为只有从“直接生活的物质生产出发”，才能达到对“市民社会”[⑥] 问题的全面认识。至此，马克思对生产的认识基本完成，后期的主要任务就是通过对资本主义生产的分析回溯人类社会的生产劳动问题，晚年《人类学笔记》探讨的内容之一就是原始的劳动问题。恩格斯《家庭、私有制和国家的起源》要探讨的，就是“生活资料”的生产和“人自身的生产”[⑦] 问题，而《自然辩证法》中要探讨的，就是“劳动创造了人本身”[⑧] 的问题。

马克思历史认识中与生产有关的两个重要概念分别是生产力和生产关系，其中生产关系概念最成熟的使用当然是在《〈政治经济学批判〉序言》中，而最早出现则是在《德意志意识形态》中，“共产主义和所有过去的运动不同的地方在于：它推翻一切旧的生产关系和交往关系的基础，并且第一次自觉地把一切自发形成的前提看做是前人的创造，消除这些前提的自发性，使这些前提受联合起来的个人的支配”[⑨]，而《哲学的贫困》《共产党宣言》《1857—1858 年经济学手稿》等著作对生产关系概念都有所发展。生产力的概念，最早使用的是恩格斯，是在写于 1844 年前后的《政治经济学批判大纲》中谈人、自然、劳动及科学包含在生产力中时使用的，“人类所支配的生产力是无穷无尽的。应用资本、劳动和科学就可以使土地的收货量无限地提高”[⑩]。马克思对生产力概念的使用是在写于 1845 年 3 月的《评弗里德里希·李斯特的著作〈政治经济学的国

---

① 中共中央马克思恩格斯列宁斯大林著作编译局：《马克思恩格斯选集（第一卷）》，人民出版社，2012 年，第 133 页。

② 中共中央马克思恩格斯列宁斯大林著作编译局：《马克思恩格斯选集（第二卷）》，人民出版社，2012 年，第 2 页。

③ 中共中央马克思恩格斯列宁斯大林著作编译局：《马克思恩格斯选集（第二卷）》，人民出版社，2012 年，第 4 页。

④ 中共中央马克思恩格斯列宁斯大林著作编译局：《马克思恩格斯选集（第一卷）》，人民出版社，2012 年，第 146 页。

⑤ 中共中央马克思恩格斯列宁斯大林著作编译局：《马克思恩格斯选集（第一卷）》，人民出版社，2012 年，第 158～160 页。

⑥ 中共中央马克思恩格斯列宁斯大林著作编译局：《马克思恩格斯选集（第一卷）》，人民出版社，2012 年，第 171 页。

⑦ 中共中央马克思恩格斯列宁斯大林著作编译局：《马克思恩格斯选集（第四卷）》，人民出版社，2012 年，第 13 页。

⑧ 中共中央马克思恩格斯列宁斯大林著作编译局：《马克思恩格斯选集（第三卷）》，人民出版社，2012 年，第 988 页。

⑨ 中共中央马克思恩格斯列宁斯大林著作编译局：《马克思恩格斯选集（第一卷）》，人民出版社，2012 年，第 202 页。

⑩ 中共中央马克思恩格斯列宁斯大林著作编译局：《马克思恩格斯全集（第一卷）》，人民出版社，2016 年，第 616 页。

民体系〉》一书中，是在批判李斯特把生产力神秘化而强调其唯物主义色彩时引入的，认为生产力并不神秘，“水力、蒸汽力、人力、马力”都是“生产力”，这是“任何一本统计材料”① 中都能看得到的。而与生产关系的首次成对使用则是在《哲学的贫困》中，“人们生产力的一切变化必然引起他们的生产关系的变化吗?”② 而最终在《〈政治经济学批判〉序言》中，马克思在生产力与生产关系矛盾认识的基础上完成了历史规律的实质性概括。

其二，“意识形态”概念是在《德意志意识形态》中形成的。不过，《1844 年经济学哲学手稿》对于马克思、恩格斯意识形态的形成具有重要的意义。从《1844 年经济学哲学手稿》中对黑格尔思辨哲学的批判看，马克思认为要探讨黑格尔的哲学体系，“必须从黑格尔的《现象学》即从黑格尔哲学的真正诞生地和秘密开始”③。马克思引述了黑格尔《现象学》中的“（A）自我意识”“（B）精神”“（C）宗教”以及“（D）绝对精神”四个目录，其中“（A）自我意识”的目录内容是“意识”“自我意识”和“理性”，“（B）精神”的目录则是“真的精神，伦理”“自我异化的精神，教养”“确定自身的精神，道德”，“（C）宗教”的目录内容是“宗教。自然宗教，艺术宗教，启示宗教”，而“（D）绝对精神”的目录内容是“绝对知识”。④ 按照贺麟先生《精神现象学》中文版译者导言的认识，黑格尔的《精神现象学》研究的是“意识的诸形态”⑤ 即德语的“die Gestalten des Bewusstseins”，而不是“意识形态”即德语的“Ideologie”——“德文‘Ideologie’一字一般译作‘意识形态’，也常有译作‘思想体系’或‘观念体系’的。这个字不见于黑格尔的著作中”⑥。也就是说，黑格尔的《精神现象学》是一部研究意识形式或者说是关于意识形态的科学。关于这一点，黑格尔在《精神现象学》一书的序言中是有论述的，认为精神自身是在意识因素里发展的，在发展过程中会展示为各个环节，且这些环节都是“认识和与认识处于否定关系”，如此“它们就都显现为意识的形象”，那么“叙述这条发展道路的科学就是关于意识的经验的科学”。⑦《精神现象学》是关于意识的经验的科学，其主要任务就是叙述精神的各个环节或者意识诸形态的历史发展。“这部《精神现象学》所描述的，就是一般的科学或知识的这个形成过程。”⑧ 按照黑格尔的论述，意识有意识、自我意识、理性、客观精神和绝对精神五大

---

① 中共中央马克思恩格斯列宁斯大林著作编译局：《马克思恩格斯全集（第四十二卷）》，人民出版社，2016 年，第 261 页。

② 中共中央马克思恩格斯列宁斯大林著作编译局：《马克思恩格斯选集（第一卷）》，人民出版社，2012 年，第 233 页。

③ 中共中央马克思恩格斯列宁斯大林著作编译局：《马克思恩格斯全集（第三卷）》，人民出版社，2002 年，第 316 页。

④ 中共中央马克思恩格斯列宁斯大林著作编译局：《马克思恩格斯全集（第三卷）》，人民出版社，2002 年，第 316 页、第 317 页。

⑤ ［德］黑格尔：《精神现象学（上卷）》，贺麟、王玖兴译，商务印书馆，1981 年，译者导言，第 16 页。俞吾金先生认为德语的“die Gestalten des Bewuptseins”这个词，译成“意识形式”更准确，可以同德文“Ideologie”译成“意识形态”这个概念更清晰地相区分（俞吾金：《意识形态论》，人民出版社，2009 年，第 129 页）。

⑥ ［德］黑格尔：《精神现象学（上卷）》，贺麟、王玖兴译，商务印书馆，1979 年，译者导言，第 20 页。

⑦ ［德］黑格尔：《精神现象学（上卷）》，贺麟、王玖兴译，商务印书馆，1979 年，第 23 页。

⑧ ［德］黑格尔：《精神现象学（上卷）》，贺麟、王玖兴译，商务印书馆，1979 年，第 17 页。

主要形式，其中道德、伦理等具体意识形式属于客观精神阶段，而艺术、宗教和哲学等则属于绝对精神阶段，而关于两个阶段的关系，黑格尔认为："哲学知识须以意识的许多具体的形态，如道德、伦理、艺术、宗教等为前提。"① 也就是说，在黑格尔看来，道德、伦理、艺术、宗教、哲学等都是绝对精神具体环节的表现，各个具体环节之间都有内在联系，且都有一个从高到低的不能互相替代的发展过程。从马克思在《德意志意识形态》中使用的"意识形态"②"观念的上层建筑"③ 概念以及精神生产的各种形式④（政治、法律、道德、宗教、形而上学）看，马克思是吸取了黑格尔对"意识形式"认识的思想的。在1859年《〈政治经济学批判〉序言》中，马克思又使用了"社会意识形式"⑤ 和"意识形态的形式"⑥ 的概念。马克思在吸取黑格尔意识形式的理解的过程中，也对法国特拉西的意识形态概念进行了改造。总体上看，马克思的意识形态概念是"泛指阶级社会中一切通过对特定社会关系反映后而建立的思想体系"⑦，"本质上是国家现象"，实质上是"阶级意志的思想表达"⑧。依据俞吾金先生的理解，马克思的意识形态概念可以如此界定："在阶级社会中，适合一定的经济基础以及竖立在这一基础之上的法律的和政治的上层建筑而形成起来的，代表统治阶级根本利益的情感、表象和观念的总和，其根本的特征是自觉地或不自觉地用幻想的联系来取代并掩蔽现实的联系。"⑨ 对此概念的理解需要几点说明：

其一，意识形态与社会意识概念的区分问题。按照俞吾金先生的理解，意识形态是小于社会意识的一个概念，而且意识就是社会意识，不可能是属于其他什么的意识。⑩ 或者说，社会意识就是中性和描述意义上的"人类意识"⑪。当然，意识要过渡到意识形态是不可能离开观念这个中介的，"意识形态概念没有自身独立的历史，从概念史中不能发现这一术语流行的真正秘密，更无法推导出'意识'质变为'意识形态'的过程"，意识只有"先具体化为一种特定的观念，才有质变为意识形态的基础和可能"。⑫

其二，意识形态概念的性质问题。俞吾金先生认为马克思从未在中性的、描述性的

① ［德］黑格尔：《小逻辑》，贺麟译，商务印书馆，1980年，第94页。

② 中共中央马克思恩格斯列宁斯大林著作编译局：《马克思恩格斯选集（第一卷）》，人民出版社，2012年，第152页。

③ 中共中央马克思恩格斯列宁斯大林著作编译局：《马克思恩格斯选集（第一卷）》，人民出版社，2012年，第211页。

④ 中共中央马克思恩格斯列宁斯大林著作编译局：《马克思恩格斯选集（第一卷）》，人民出版社，2012年，第151页。

⑤ 中共中央马克思恩格斯列宁斯大林著作编译局：《马克思恩格斯选集（第二卷）》，人民出版社，2012年，第2页。

⑥ 中共中央马克思恩格斯列宁斯大林著作编译局：《马克思恩格斯选集（第二卷）》，人民出版社，2012年，第3页。

⑦ 杨生平：《论马克思主义意识形态理论的形成和发展》，首都师范大学出版社，1998年，第104页。

⑧ 侯惠勤等：《国外马克思主义意识形态研究著作评析》，中国社会科学出版社，2015年，第1页。

⑨ 俞吾金：《意识形态论》，人民出版社，2009年，第131页。

⑩ 俞吾金：《意识形态论》，人民出版社，2009年，第128页。

⑪ 俞吾金：《马克思使用过中性意义上的Ideology概念吗?》，载复旦大学当代国外马克思主义研究中心：《当代国外马克思主义评论（8）》，人民出版社，2010年，第131页。

⑫ 薛永龙：《观念："意识"质变为"意识形态"的中介》，《中国社会科学报》，2022年6月21日第2版。

意义上使用过意识形态这个概念，“始终是在否定性的、贬抑的意义上使用”[①] 的。只有“把马克思的意识形态概念理解为否定性的概念”，才能抓住“马克思意识形态概念的根本倾向”。[②]

其三，意识形态概念与文化概念的关系问题。按照张秀琴教授的理解，在没有阶级对立的原始社会，意识形态表现为社会意识充当着人类文化发展载体的角色；当人类社会进入阶级社会后，意识形态要扮演双重角色：作为观念的上层建筑和作为人类文化发展的载体；祛除阶级社会意识形态阶级性和虚假性的唯一的途径就是通过实践——实践的共产主义运动。[③]

其四，马克思、恩格斯之后意识形态概念的发展问题。意识形态概念向日常生活扩展是一种认识趋势。“意识形态在其历史变动中，出现了两次重大的转型，这就是适应资产阶级国家的产生从传统意识形态向现代意识形态的转型，以及随着资产阶级意识形态的蜕变和时代特征的转变，革命意识形态向日常生活意识形态的转型。”[④] 这从马克思、恩格斯之后曼海姆意识形态的认识线路和西方马克思主义的认识线路的发展都能看得出来。从当前社会的发展来看，网络意识形态问题应是个值得关注的关键问题。

马克思历史认识中与意识形态有关的两个概念是上层建筑[⑤]和经济基础，此两个概念最成熟的用法都是在 1859 年《〈政治经济学批判〉序言》中，而《德意志意识形态》中的“生产方式”和“市民社会”可以看作是这两个概念的雏形。在马克思、恩格斯看来，历史认识不仅要从“物质生产—生产方式—市民社会（交往形式）—宗教、哲学、道德等意识形式”的社会静态结构来看，而且还要追溯“它们产生的过程”。[⑥]

总之，生产、生产力、生产关系、生产方式、经济基础、上层建筑、政治的上层建筑、观念的上层建筑之间的关系问题，是马克思、恩格斯历史认识规律性问题的核心。

---

① 俞吾金：《马克思使用过中性意义上的 Ideology 概念吗?》，载复旦大学当代国外马克思主义研究中心：《当代国外马克思主义评论（8）》，人民出版社，2010 年，第 132 页。

② 俞吾金：《意识形态论》，人民出版社，2009 年，第 130 页。

③ 张秀琴：《马克思意识形态理论的当代阐释》，中国社会科学出版社，2005 年，第 48 页。

④ 侯惠勤等：《国外马克思主义意识形态研究著作评析》，中国社会科学出版社，2015 年，第 1 页。参阅社会科学文献出版社 2009 年出版的王晓升等所著的《西方马克思主义意识形态理论》一书第 12～421 页或人民出版社 2017 年出版的汪行福等所著的《意识形态星丛——西方马克思主义的意识形态理论及其发展态势》一书第 10～526 页的相关内容。

⑤ 有关马克思对上层建筑的认识，可参阅广西人民出版社 2017 年出版的胡为雄的《马克思的上层建筑理论：文本、解释与现实》一书第 34～186 页的相关内容。或参阅 2021 年《宁夏社会科学》第 6 期刊发的陈培永的《论“法律上层建筑”与“政治上层建筑”的关系》一文第 5～7 页的相关内容。

⑥ 中共中央马克思恩格斯列宁斯大林著作编译局：《马克思恩格斯选集（第一卷）》，人民出版社，2012 年，第 171 页。

如何理解这些历史因素之间的关系问题，就成了马克思、恩格斯解开历史之谜的关键了。[①] 马克思、恩格斯对于历史的认识，《德意志意识形态》和《〈政治经济学批判〉序言》中的论述是最全面和最完整的。下面我们首先来看看《〈政治经济学批判〉序言》中历史认识的理解问题。

第二节 《〈政治经济学批判〉序言》中历史规律内容的解读

本节要对马克思《〈政治经济学批判〉序言》（以下简称《序言》）中所讲的历史规律的内容进行一下分析，其中涉及的具体段落是：

我学的专业本来是法律，但我只是把它排在哲学和历史之次当做辅助学科来研究。1842—1843年间，我作为《莱茵报》的编辑，第一次遇到要对所谓物质利益发表意见的难事。莱茵省议会关于林木盗窃和地产析分的讨论，当时的莱茵省总督冯·沙培尔先生就摩泽尔农民状况同《莱茵报》展开的官方论战，最后，关于自由贸易和保护关税的辩论，是促使我去研究经济问题的最初动因。另一方面，在善良的“前进”愿望大大超过实际知识的当时，在《莱茵报》上可以听到法国社会主义和共产主义的带着微弱哲学色彩的回声。我曾表示反对这种肤浅言论，但是同时在和奥格斯堡《总汇报》的一次争论中坦率承认，我以往的研究还不容许我对法兰西思潮的内容本身妄加评判。我倒非常乐意利用《莱茵报》发行人以为把报纸的态度放温和些就可以使那已经落在该报头上的死刑判决撤销的幻想，以便从社会舞台退回书房。

为了解决使我苦恼的疑问，我写的第一部著作是对黑格尔法哲学的批判性的分析，这部著作的导言曾发表在1844年巴黎出版的《德法年鉴》上。我的研究得出这样一个结果：法的关系正像国家的形式一样，既不能从它们本身来理解，也不能从所谓人类精神的一般发展来理解，相反，它们根源于物质的生活关系，这种物质的生活关系的总和，黑格尔按照18世纪的英国人和法国人的先例，概括为“市民社会”，而对市民社会的解剖应该到政治经济学中去寻求。我在巴黎开始研究政治经济学，后来因基佐先生下令驱逐而移居布鲁塞尔，在那里继续进行研究。我所得到的，并且一经得到就用于指导

---

① 宫敬才教授在维柯的认识方面还有一个观点，认为维柯在历史唯物主义社会结构理论方面有很深的洞见：一是有经济基础和政治性上层建筑的提法，二是在寓言、诗、宗教、法律、哲学以及语言方面都有历史唯物主义的认识（宫敬才：《马克思经济哲学研究》，人民出版社，2014年，第99～103页）。与上述观点有联系的还有两种认识：一是人类制度的起源和判定标准是“人类的需要和利益”，二是历史是人类自己创造的。“任何人只要就这一点进行思索，就不能不感到惊讶，过去哲学家们竟倾全力去研究自然世界，这个自然界既然是由上帝创造的，那就只有上帝才知道；过去哲学家们竟忽视对各民族世界或民政世界的研究，而这个民政世界既然是由人类创造的，人类就应该希望能认识。”除此以外，维柯还认识到了阶级斗争产生的原因和历史作用，认为正是“贵族们”的残暴才激起了“平民们”的反抗，起因是“土地所有权”全部掌握在“贵族们手里”（［意］维柯：《新科学》，朱光潜译，商务印书馆，1989年，第103页、第154页、第134页、第18页）。马克思对维柯这部书的评价是“有不少天才的闪光”［中共中央马克思恩格斯列宁斯大林著作编译局：《马克思恩格斯全集（第三十卷）》，人民出版社，2016年，第618页］。

我的研究工作的总的结果，可以简要地表述如下：人们在自己生活的社会生产中发生一定的、必然的、不以他们的意志为转移的关系，即同他们的物质生产力的一定发展阶段相适合的生产关系。这些生产关系的总和构成社会的经济结构，即有法律的和政治的上层建筑竖立其上并有一定的社会意识形式与之相适应的现实基础。物质生活的生产方式制约着整个社会生活、政治生活和精神生活的过程。不是人们的意识决定人们的存在，相反，是人们的社会存在决定人们的意识。社会的物质生产力发展到一定阶段，便同它们一直在其中运动的现存生产关系或财产关系（这只是生产关系的法律用语）发生矛盾。于是这些关系便由生产力的发展形式变成生产力的桎梏。那时社会革命的时代就到来了。随着经济基础的变更，全部庞大的上层建筑也或慢或快地发生变革。在考察这些变革时，必须时刻把下面两者区别开来：一种是生产的经济条件方面所发生的物质的、可以用自然科学的精确性指明的变革，一种是人们借以意识到这个冲突并力求把它克服的那些法律的、政治的、宗教的、艺术的或哲学的，简言之，意识形态的形式。我们判断一个人不能以他对自己的看法为根据，同样，我们判断这样一个变革时代也不能以它的意识为根据；相反，这个意识必须从物质生活的矛盾中，从社会生产力和生产关系之间的现存冲突中去解释。无论哪一个社会形态，在它所能容纳的全部生产力发挥出来以前，是决不会灭亡的；而新的更高的生产关系，在它的物质存在条件在旧社会的胎胞里成熟以前，是决不会出现的。所以人类始终只提出自己能够解决的任务，因为只要仔细考察就可以发现，任务本身，只有在解决它的物质条件已经存在或者至少是在生成过程中的时候，才会产生。大体说来，亚细亚的、古希腊罗马的、封建的和现代资产阶级的生产方式可以看做是经济的社会形态演进的几个时代。资产阶级的生产关系是社会生产过程的最后一个对抗形式，这里所说的对抗，不是指个人的对抗，而是指从个人的社会生活条件中生长出来的对抗；但是，在资产阶级社会的胎胞里发展的生产力，同时又创造着解决这种对抗的物质条件。因此，人类社会的史前时期就以这种社会形态而告终。

自从弗里德里希·恩格斯批判经济学范畴的天才大纲（在《德法年鉴》上）发表以后，我同他不断通信交换意见，他从另一条道路（参看他的《英国工人阶级状况》）得出同我一样的结果。当1845年春他也住在布鲁塞尔时，我们决定共同阐明我们的见解与德国哲学的意识形态的见解的对立，实际上是把我们从前的哲学信仰清算一下。这个心愿是以批判黑格尔以后的哲学的形式来实现的。①

从理论阐释的内容看，《序言》是一个包括社会动力论、社会结构论（横断面）②

① 中共中央马克思恩格斯列宁斯大林著作编译局：《马克思恩格斯选集（第二卷）》，人民出版社，2012年，第1~4页。

② 杨木：《“经济的社会形态”论——“‘读懂’马克思”专题研究系列论文集》，甘肃人民出版社，2018年，第4页。

及社会形态论（纵断面）[①] 等方面内容的理论体系，其中社会动力论所涉及的是社会基本矛盾问题，社会结构论与经济、政治和观念意识形态三个方面有关，社会形态论则指的是经济基础和上层建筑的关系问题。从各自的内容看，一是社会基本矛盾指的是生产力与生产关系的矛盾以及经济基础与上层建筑的矛盾关系问题；二是包括经济结构、政治结构和意识形态的观念结构的社会结构中的经济结构指的就是包括生产力和生产关系两个方面的生产方式[②]；三是社会形态指的则是一定生产力基础上的经济基础和上层建筑的统一体。从上面内容可以看出社会动力论、社会结构论及社会形态论等都与生产力、生产关系、经济基础以及上层建筑四个要素有关系，也即与生产力与生产关系的矛盾以及经济基础与上层建筑的矛盾有关系。因此，在一定程度上，可以把《序言》中的历史规律概括为“由生产力和生产关系的矛盾、经济基础和上层建筑的矛盾构成的社会有机体各个要素的基本的结合方式和方法”[③] 的社会结构[④]理论，因此，可以把《序言》

---

① 杨木：《“经济的社会形态”论——“‘读懂’马克思”专题研究系列论文集》，甘肃人民出版社，2018 年，第 5 页。苏联哲学家巴加图利亚在解读马克思《〈政治经济学批判〉序言》时指出，“唯物主义历史观的对象是指社会的结构和历史的分期”，同时在注释中巴加图利亚又指出，“关于社会结构和历史分期的概念，同关于社会运动和发展规律的概念是有机地联系着的”，且“从相近的一定程度上看，可以把前者当作后者的外部标志”。或者说是“社会结构和历史过程理论”，也是在相似的横断面和纵断面意义上讲的，“关于唯物主义历史观的这两个方面，应当说，它们作为人类社会历史这个统一过程的横断面和垂直面，是彼此有机地互相联系的”（［苏联］Г. А. 巴加图利亚：《马克思的第一个伟大发现——唯物史观的形成和发展》，陆忍译，中国人民大学出版社，1981 年，第 4 页、第 28 页、第 5 页）。

② 宫敬才教授认为生产方式概念的含义要比“生产力与生产关系的有机统一”的认识要丰富，其中生产关系、劳动生产条件、生产力发展的形式、物质技术形式、社会组织形式以及生产和消费的联结方式都应是生产方式的内在之义（宫敬才：《马克思经济哲学的微观研究》，人民出版社，2021 年，第 86～89 页）。有关生产方式的理解，可以参阅：北京大学出版社 1982 年出版的赵光武等编的《历史唯物主义原理》一书第 105～108 页相关内容，中国社会科学出版社 2019 年出版的于金富的《亚细亚生产方式与中国古代社会》一书第 7～8 页相关内容。或参阅江苏人民出版社 2020 年出版的周嘉昕的《马克思的生产方式概念》一书第 92～349 页的相关内容。

③ 张云飞：《跨越“峡谷”——马克思晚年思想与当代社会发展理论》，人民出版社，2001 年，第 124 页。

④ 韩庆祥教授认为：“‘结构分析’是马克思的唯物史观解释、分析社会历史的一种基本方法。”（韩庆祥：《“结构理论”与中国问题》，载孙麾、郝立新：《唯物史观与中国问题》，中国社会科学出版社，2015 年，第 338 页）。

中概括的历史规律简称为社会结构论。[①] 从三者的关系看，由社会基本矛盾构成的社会动力部分无疑居于核心位置，也就是在社会基本矛盾运动的推动下，社会结构才有了一个形成和发展过程也即“动态”意义上的“历史发展过程（规律）理论”[②]，社会形态也才有了一个历史阶段的序列演化。[③]《序言》中的历史规律可以看作是一种静态抽象，也可以看作是一种历史因素动态运演的组合。不管是静态抽象还是动态组合都会有一个历史发展过程，而这个历史发展过程的最终根源就是物质生产。如何从物质生产的起点探索历史发展的社会结构问题是马克思历史研究的核心问题。马克思在《序言》中对历史规律的概括，简单地说就是一个以物质生产为基础的由社会基本结构展开的理论体系。由此，我们把马克思《序言》中概括的历史规律称为物质生产基础上的社会基本结构理论体系。在这个理论体系中生产关系处于关键位置，所起的是一种联系生产力又联系上层建筑的中介作用，也正是这种中介作用才形成了社会基本结构和社会形态理论，所以，我们把《序言》中马克思对历史认识的解读称为以“生产关系”为中介的社会结

---

① 弗朗索·瓦多斯认为马克思在《〈政治经济学批判〉序言》中对历史规律的概括是应用了结构理论的。[［法］弗朗索·瓦多斯：《从结构到解构：法国20世纪思想主潮（序言）》，季光茂译，中央编译出版社，2004年，第7页]。当然，在马克思主义发展史上对马克思社会结构理论有发展的当首推普列汉诺夫，其在《马克思主义的基本问题》中认为社会最基本的结构包括：“（一）生产力的状况；（二）被生产力所制约的经济关系；（三）在一定的经济‘基础’上生长起来的社会政治制度；（四）一部分由经济直接所决定，一部分由生长在经济上的全部社会政治制度所决定的社会中的人的心理；（五）反映这种心理特性的各种思想体系。”[［法］普列汉诺夫：《普列汉诺夫哲学著作选集（第三卷）》，生活·读书·新知三联书店，1962年，第195页] 再一个就是列宁，其在《什么是“人民之友”以及他们如何攻击社会民主党人？》之中，指出了生产关系是社会关系中“基本的原始的关系”的重要性，并强调了生产力在人类社会形态发展中“自然历史过程”的地位[中共中央马克思恩格斯列宁斯大林著作编译局：《列宁选集（第一卷）》，人民出版社，2012年，第6页、第8～9页]。再有就是毛泽东，在《关于正确处理人民内部矛盾的问题》中，毛泽东提出了“生产关系和生产力之间的矛盾”以及“上层建筑和经济基础之间的矛盾”是社会主义社会的基本矛盾[《毛泽东著作选读（下册）》，人民出版社，1986年，第767页]。从马克思本人看，是有多处使用了社会结构概念的，其中在《〈政治经济学批判〉序言》里使用的是“经济结构”的概念[中共中央马克思恩格斯列宁斯大林著作编译局：《马克思恩格斯选集（第二卷）》，人民出版社，2012年，第2页]。同样在《资本论（第一卷）》“资本积累过程”一节和《哥达纲领批判》中也使用了“经济结构”的概念[马克思：《资本论（第一卷）》，人民出版社，2018年，第822页。中共中央马克思恩格斯列宁斯大林著作编译局：《马克思恩格斯选集（第三卷）》，人民出版社，2012年，第364页]。除此以外，在《德意志意识形态》中使用了“社会结构和政治结构”的概念[中共中央马克思恩格斯列宁斯大林著作编译局：《马克思恩格斯选集（第一卷）》，人民出版社，2012年，第151页]。另外，在《资本论（第三卷）》“资本主义地租的起源”一节中使用了社会结构的概念[［德］马克思：《资本论（第三卷）》，人民出版社，2018年，第894页]。再者，恩格斯在《共产党宣言》德文版序言中也使用了社会结构的概念[中共中央马克思恩格斯列宁斯大林著作编译局：《马克思恩格斯选集（第一卷）》，人民出版社，2012年，第380页]。

② 韩庆祥：《“结构理论”与“中国问题”》，载孙麾、郝立新：《唯物史观与中国问题》，中国社会科学出版社，2015年，第338页。

③ 列宁认为马克思经济运动规律的研究就是揭示“历史上一定的社会的生产关系的发生、发展和衰落”的规律问题[中共中央马克思恩格斯列宁斯大林著作编译局：《列宁选集（第二卷）》，人民出版社，2012年，第428页]。列宁认为马克思的历史唯物主义作为一种“科学理论说明”，强调“生产力的发展”中“一种社会生活结构中发展出另一种更高级的结构，例如从农奴制中生长出资本主义”的问题[中共中央马克思恩格斯列宁斯大林著作编译局：《列宁选集（第二卷）》，人民出版社，2012年，第311页]。

构内容解读。[①] 对生产关系在社会认识中的作用，马克思并非没有论述，其中在 1847 年写给威纳尔·韦尔特海姆的信中，在谈到出版刊物可以利用资本运作时说道："我认为毫无疑问，只有首先阐明生产关系问题，以及从社会生活的其他领域同生产关系的联系中去考察和评价这些领域，才能对当前非常分散的德国运动，以至整个现代运动有一个清楚的认识。"[②] 如果我们联系列宁在《什么是"人民之友"以及他们如何攻击社会民主党人?》一文中对生产关系的认识，就会发现列宁的认识和马克思的观点是如此惊人的一致。在列宁看来，生产关系是社会关系中基本的原始的关系，而只有从社会生活的各种领域中划分出经济领域，从一切社会关系中划分出生产关系，才能体现出生产关系是社会关系中"基本的原始的关系"[③] 的重要性。苏联学者巴加图利亚在阐释马克思的历史观时，认为生产关系这个概念是马克思唯物主义历史观确立的前提，只有确立了生产关系的概念，才会有生产力和生产关系之间关系问题的探讨（生产力是马克思赋予"新的含义"的一个已有的概念）。"生产力的概念在马克思主义以前的政治经济学中就存在了。可以认为，在马克思主义范畴体系中，这个概念有了新的含义。但是生产关系的概念——如果不是在术语上，而至少是在实质上和它的内容上——都是马克思主义的一个特有范畴，并且是唯物主义历史观的核心范畴之一。因此，确定生产关系的概念，是阐明生产力和生产关系之间关系的必要前提。"[④] 当然，《序言》中的内容不仅仅这些，有些方面需要后面再来论述。

① 俞吾金先生认为马克思的本体论是"实践—社会关系"本体论，注重的是"蕴藏在物背后的人与人之间的社会关系"。科莱蒂虽然注重了马克思的社会生产关系问题，"但他的实证主义倾向又使他拒绝谈论本体论"，从而也就无法"彰显马克思哲学革命的真正意义"。至于卢卡奇则没有在"社会存在本体论"认识的基础上探究"社会生产关系"问题。葛兰西虽然关注了马克思的实践，但是没有充分关注实践在马克思哲学本质领域里所做出的"巨大贡献"（俞吾金：《实践与自由》，武汉大学出版社，2010 年，第 274 页）。

② 中共中央马克思恩格斯列宁斯大林著作编译局：《马克思恩格斯全集（第五十卷）》，人民出版社，2016 年，第 408 页。

③ 中共中央马克思恩格斯列宁斯大林著作编译局：《列宁选集（第一卷）》，人民出版社，2012 年，第 6 页。

④ ［苏联］Г. А. 巴加图利亚：《马克思的第一个伟大发现——唯物史观的形成和发展》，陆忍译，中国人民大学出版社，1981 年，第 49 页。

第三节　《〈政治经济学批判〉序言》中历史规律内容解读的历史[①]溯源

马克思对历史规律的探讨是伴随着对历史本身的研究一起进行的，其中现实问题的起点就源于《莱茵报》时期有关物质利益的问题。在克罗茨纳赫时期，马克思曾专门研究过历史问题，马克思读到的历史著作不下24部，绝大部分做了详细的摘录和评注，有的还写了主题索引，主要有格·亨利希的《法国史》、拉贝彭尔格的《英国史》、施密特的《法国史》、卢克莱泰尔的《复辟以来的法国史》、瓦克斯穆特的《革命时代的法国史》、兰齐措勒的《论七月革命的起因、性质和结果》等，涉及公元前古罗马帝国时期到近代英法资产阶级革命为止的25个世纪的世界历史事件，其中有些内容就和所探讨的市民社会与国家和法的理论认识有关。从《克罗茨纳赫笔记》中记录的“索引”内容看，马克思思考的封建社会与资产阶级社会的政治结构和阶级关系以及经济领域中的财产关系和所有制结构等问题的共同主题就是国家与法的形成与发展问题。具体说，一个是从资产阶级的兴起与发展来证明市民社会决定国家的问题，其中马克思注意到资产阶级的产生和地位对于城市公社形成的意义问题。其中马克思谈到“市民阶层的兴起”“农奴的解放”以及“建立自治共同体，城市制度，它的权力与义务”[②]等问题。另一个是从所有制方面强调其是政治制度的基础问题，其中马克思在谈到欧洲历史发展时，记录了欧洲从上古到封建制度时期和17世纪末的国家主权时期的所有制以及各个阶级或阶层变化的状况，如上古时期“整的说来，土地所有制总是德国制度的基础”[③]。克罗茨纳赫时期马克思通过批判黑格尔的思辨唯心主义最终确立了市民社会决定国家和法的历史认识，自此马克思开始逐渐深入历史问题的认识之中了。在《1844年经济学哲学手稿》中，马克思认识到了私有财产本质揭示的起源、发展的历史问题，批评国民经济学对私有财产的认识没有历史认识，缺乏历史感。在《德意志意识形态》中，马克思的历史认识所涉及的主要是资本主义起源问题，其中对资本主义从1500年左右到1845

---

① 聂锦芳教授认为马克思的历史理论研究同历史是紧密结合在一起的，“既着重于原理的阐发，也处处显示出史的铺陈和论证”。聂教授认为马克思的历史研究可以称为是一“历史阐释学”，其特点是“善于把对某一问题的思考、论证和阐发与关于这一问题的学说史的梳理和评析紧密地结合起来”（聂锦芳：《“理解马克思并不容易!”——聂锦芳自选集》，陕西人民出版社，2019年，第392页、第546页）赵磊教授在《马克思主义政治经济学何以“实证”》一文中，有对马克思政治经济学理论和实证关系问题的详细论述，“《资本论》既是马克思运用唯物辩证法和唯物史观揭示资本主义经济发生、发展内在规律的结果，同时也是马克思通过资本主义的宏观样本数据对唯物史观进行实证检验的过程”。（赵磊：《马克思主义政治经济学何以“实证”》，《政治经济学评论》，2020年第1期，第163页）。苏联哲学家巴加图利亚曾对马克思唯物主义历史观的解读提出过一个原则，就是“在马克思主义史的研究中，一般地应以马克思和恩格斯自己所做的追溯性的证明和评述为依据”，同时巴加图利亚也指出，“应当注意在评述和确定日期时可能出现的‘追溯性的差异’”（［苏联］Г. А. 巴加图利亚：《马克思的第一个伟大发现——唯物史观的形成和发展》，陆忍译，中国人民大学出版社，1981年，第6页）。

② 北京图书馆马列著作研究室.《马恩列斯研究资料汇编》，书目文献出版社，1985年，第8页。

③ 北京图书馆马列著作研究室.《马恩列斯研究资料汇编》，书目文献出版社，1985年，第18页。

年为止约350年的时间段划分了三个时期，主要内容包括：第一个时期是美洲的发现和通往东印度的航线开辟之后世界市场的扩大，对封建土地所有者和劳动者沉重打击的问题；开始于17世纪中叶一直延续到18世纪末的第二个时期的主要内容是世界市场的瓜分问题；采用机器生产以及实行最广泛分工的大工业的第三个时期主要讲的是大工业的发展刺激了中世纪以来私有制的快速发展问题。① 关于资本主义开始于16世纪的时间，马克思在《资本论（第一卷）》的第二十四章即"原始积累"中是明确规定了的，"资本主义时代是从16世纪才开始的"②。不过，马克思也提到了地中海沿岸某些城市在14和15世纪"已经稀疏地出现了资本主义生产的最初萌芽"③ 问题，并且马克思明确地指出资本主义社会的经济结构是从封建社会经济结构中产生出来的，"后者的解体使前者的要素得到解放"④。

关于资本主义最初萌芽问题，实际上马克思在《德意志意识形态》中是有所论述的，是从中世纪城市的兴起讲起的，认为分工促进了生产力的发展，而其"直接结果就是工场手工业的产生，即超出行会制度范围的生产部门的产生"⑤。在《共产党宣言》中，马克思更为详细地论述了资本主义的起源与发展及其阶级矛盾的产生与发展问题。从马克思对资本主义起源的研究可以很明显地看出，马克思对资本主义认识的把握，不是仅仅局限在欧洲地域中探讨的，而是在世界视域中进行的。这不仅表现为"美洲的发现、绕过非洲的航行，给新兴的资产阶级开辟了新天地"⑥ 问题，而且表现为中世纪城市兴起的问题。因为中世纪城市的兴起与欧洲和东方商贸道路的重新打通有关系。在《历史学笔记》中，马克思专门记述了"十字军东征"和亚洲的成吉思汗及其子孙向西方扩展的情况。⑦ 东西方商贸的打通对于欧洲中世纪后期城市的兴起起到了重要的推动作用，而城市的兴起对于资本主义生产关系在城市之中萌芽奠定了基础。"前所未知的一个新社会集团，即市民阶级或资产阶级出现了。一种新的生产财富的方式开始流行，一种商业和工业使欧洲所能产生的财富是注定要远超过农民组织和农业所曾能生产的财富。"⑧

马克思研究资本主义起源当然是为了追溯资本主义生产关系的萌芽及其发展问题，而从另一个方面看，这个问题不可避免地会与欧洲前资本主义社会的中世纪的封建社会以及再远一点的古希腊罗马的奴隶社会状况有关系，因此探究封建社会和奴隶社会的社

① 中共中央马克思恩格斯列宁斯大林著作编译局：《马克思恩格斯选集（第一卷）》，人民出版社，2012年，第190～195页。

② ［德］马克思：《资本论（第一卷）》，人民出版社，2018年，第823页。

③ ［德］马克思：《资本论（第一卷）》，人民出版社，2018年，第823页。

④ ［德］马克思：《资本论（第一卷）》，人民出版社，2018年，第822页。

⑤ 中共中央马克思恩格斯列宁斯大林著作编译局：《马克思恩格斯选集（第一卷）》，人民出版社，2012年，第188页。

⑥ 中共中央马克思恩格斯列宁斯大林著作编译局：《马克思恩格斯选集（第一卷）》，人民出版社，2012年，第401页。

⑦ ［德］马克思：《卡尔·马克思历史学笔记（第一册）》，中共中央编译局马列著作编译部译，中国人民大学出版社，2005年，第84～174页。

⑧ ［美］汤普森：《中世纪经济社会史（300—1300年）（下册）》，耿淡如译，商务印书馆，1997年，第407页。

会结构状况问题，也即生产基础上的社会结构理论问题也势必是马克思历史研究的课题之一。这既是一个历史事实问题，也是一个理论阐释问题。在《德意志意识形态》《哲学的贫困》《共产党宣言》《资本论》及其手稿以及《历史学笔记》等著作中，马克思对欧洲前资本主义社会、中世纪的封建社会以及古希腊罗马的奴隶社会状况都有论述。

在1859年《〈政治经济学批判〉序言》之后，马克思分别写了《1859—1861年经济学手稿》和《1861—1863年经济学手稿》，在1867年终于出版了《资本论（第一卷）》。在《资本论（第一卷）》第99页的一个注释中马克思谈到了物质生产之于历史发展的基础性意义问题，是在"商品拜物教及其秘密"这一节中谈到巴师夏"古代希腊人和罗马人专靠掠夺为生"的观点时提到的这个问题的，认为希腊人和罗马人的经济同资产阶级经济一样也构成"他们的世界的物质基础"。而1859年《政治经济学批判》一书出版后，遭到了美国德文报纸的指责，其认为马克思在该书中所讲的以物质生产为基础的历史认识只适用于物质利益占统治地位的资产阶级世界而不适用于宗教占统治地位的中世纪和政治占统治地位的雅典和罗马。在马克思看来，这种指责是没有道理的。古代世界和中世纪都不可能依靠政治或天主教生活，"地产的历史构成罗马共和国的秘史"①。恩格斯在《路德维希·费尔巴哈和德国古典哲学的终结》中对此也有解释，认为罗马共和国内部的斗争"归根到底"就是起因于"土地所有权"②。在《资本论》的手稿即《1857—1858年经济学手稿》中"资本主义生产以前的各种形式"的标题中，马克思对资本主义之前社会物质生产之于历史发展的基础性意义就进行过说明，是在批评蒲鲁东对财产做"非经济起源"的理解时提到的这个问题，认为蒲鲁东不但在非经济起源的意义上理解土地财产，而且对资本和雇佣劳动也做了非经济起源的理解。在马克思看来，劳动的客观条件作为资本出现和工人作为无财产者、抽象工人出现也即"价值同活劳动之间发生的交换，是以一个历史过程为前提的"③，也即资本与雇佣劳动关系的形成有一个历史过程——"资本与雇佣劳动的起源史"④。生产的原始条件以及人的再生产的原始条件同人的活动存在之间的分离关系"在雇佣劳动与资本的关系中才得到完全的发展"⑤。在马克思看来，即使前资本主义社会在历史发展中也不可能脱离"经济和运动的经济基础这一事实"，人们自古以来的社会生活都是建立在"生产"上面的，而建立在某个时期某种"生产"上面的"社会生产的关系"，就是我们所说的"经济关系"⑥。

---

① ［德］马克思：《资本论（第一卷）》，人民出版社，2018年，第100页。

② 中共中央马克思恩格斯列宁斯大林著作编译局：《马克思恩格斯选集（第四卷）》，人民出版社，2012年，第260页。

③ 中共中央马克思恩格斯列宁斯大林著作编译局：《马克思恩格斯全集（第三十卷）》，人民出版社，1995年，第480～481页。

④ 中共中央马克思恩格斯列宁斯大林著作编译局：《马克思恩格斯全集（第三十卷）》，人民出版社，1995年，第481页。

⑤ 中共中央马克思恩格斯列宁斯大林著作编译局：《马克思恩格斯全集（第三十卷）》，人民出版社，1995年，第481页。

⑥ 中共中央马克思恩格斯列宁斯大林著作编译局：《马克思恩格斯全集（第三十卷）》，人民出版社，1995年，第481页。

在马克思看来，欧洲中世纪的封建社会和古希腊罗马的奴隶社会的社会基本结构也需要从物质生产基础上来理解，其中就中世纪封建社会而言，是一种建立在农奴和领主、陪臣和诸侯、俗人和牧师之间依人身依附关系为特征的生产关系，其剩余劳动和产品“作为劳役和实物贡赋而进入社会机构之中。在这里，劳动的自然形式，劳动的特殊性是劳动的直接社会形式”①。就上层建筑而言，马克思虽然反对黑格尔基于国家的基础性所理解的市民社会、家庭与国家的关系，但是并不反对这种划分法，而且马克思对历史规律的理解就是建立在这种划分方式的基础上的。从整体上看，黑格尔对近代以来市民社会、家庭与国家关系的理解是这样一种过程：社会从混沌的绝对国家中产生，然后在社会的发展中又催生了新的国家，最后由于私人利益与整体利益的冲突而使市民社会、家庭的发展集中导向为绝对国家的方向。“现代国家的本质在于，普遍物是同特殊性的完全自由和私人福利相结合的，所以家庭和市民社会的利益必须集中于国家。”②中世纪后期的绝对国家不同于黑格尔的绝对国家，中世纪后期的绝对国家是在同教权的斗争中产生出来的。因为中世纪社会虽然存在世俗王国的俗权，但是俗权是从属于教权的，且俗权不仅服从于教权，而且还需要依靠教权获得统治的合法性基础。“在中世纪时，世俗统治者只服从于单一教会的纪律，只要满足了教会的要求，便不至于被目为异端。”③ 11世纪随着欧洲商贸的兴起，在城市发展的过程中逐渐催生了一个新兴的群体即市民，继之在中世纪后期城市衰落的过程中，市民社会由此兴起。发端于西塞罗的文明社会与野蛮社会二分法的市民社会界定，后被霍布斯、卢梭、洛克等近代契约论思想家所继承，成为反对专制王权和封建特权的有力武器，而其后继者便是黑格尔和马克思了。④ 中世纪农奴的徭役劳动不管是为自己的劳动还是为封建主的强迫劳动在时间和空间上都是明显分开的，而古希腊罗马社会的奴隶劳动即使用来补偿其本身生活资料的价值的工作日部分也是为主人劳动的无酬劳动。奴隶劳动的这种特点是源于奴隶完全没有人身自由的社会地位状况。

在《反杜林论》中，恩格斯说：“只知道资本主义的生产、交换和分配的形式是不够的。对于发生在这些形式之前的或者在不发达的国家内和这些形式同时并存的那些形式，同样必须加以研究和比较，至少是概括地加以研究和比较。”⑤ 政治经济学不是仅仅谈论资本主义生产方式的狭义政治经济学，而是“研究人类社会中支配物质生活资料的生产和交换的规律的科学”⑥。马克思立足于欧洲资本主义发展从世界历史发展的视

---

① ［德］马克思：《资本论（第一卷）》，人民出版社，2018年，第95页。

② ［德］黑格尔：《法哲学原理》，范扬、张企泰译，商务印书馆，1961年，第261页。

③ ［美］弗里德里希·沃特金斯：《西方政治传统：现代自由主义发展研究》，黄辉、杨健译，吉林人民出版社，2001年，第44页。

④ 关于中世纪市民社会的形成和发展状况，可以参阅人民出版社2014年出版的宫敬才的《马克思经济哲学研究》一书第140～168页相关内容，或参阅康新文等译上海译文出版社1991年出版的法国雷吉娜·佩尔努的《法国资产阶级史（上册）》一书第1～393页相关内容。

⑤ 中共中央马克思恩格斯列宁斯大林著作编译局：《马克思恩格斯选集（第三卷）》，人民出版社，2012年，第529页。

⑥ 中共中央马克思恩格斯列宁斯大林著作编译局：《马克思恩格斯选集（第三卷）》，人民出版社，2012年，第525页。

域所论证的物质生产基础上人类社会发展基本结构的理论问题，实际上就是一种广义的政治经济学问题。马克思对人类社会发展的认识并不是仅仅局限于欧洲自身历史发展的，而是说马克思对社会基本结构理论的探讨从一开始就是立足于世界视域的平台来展示问题的。俞吾金先生认为马克思的思想来源除了德国古典哲学、英法古典政治经济学以及英法空想社会主义之外，还应有第四个来源即英国、法国、德国以及俄国的人类学来源，此种认识提出的主要意义在于破除欧洲中心论倾向，从而有利于完整地理解马克思的思想和突出非西方社会创造历史的自觉性。① 我们认为这种认识是有一定道理的，是对列宁所说的马克思思想认识三个直接来源的继承与发展。从马克思主义发展史上马克思思想的非议看，都是纠结在普遍性与特殊性的关系认识方面。从我们的认识看，马克思对人类社会发展的历史认识从一开始就不仅仅是着眼于欧洲自身的历史发展，就是世界视野的而不是欧洲中心论倾向的。马克思的这种认识实际上在19世纪50年代之后就更为明显地表现出来了：一是东方社会问题开始进入马克思的研究视域，二是史前社会问题继之也进入了马克思的问题研究之中。首先进入马克思问题研究之中的是东方社会问题。②

在1848年革命之后的第二年的年底，马克思迁到了伦敦，次年的年初开始经济学研究，形成了一系列的研究笔记即《伦敦笔记》，其中《1857—1858年经济学手稿》《1861—1863年经济学手稿》以及《1863—1865年经济学手稿》被称为马克思《资本论》研究的三大手稿，1867年《资本论（第一卷）》出版。与此同时，对中国、印度等东方社会的研究也进入了马克思的视野。关于马克思何以要在《资本论》研究的过程中关注东方社会的问题是马克思主义发展史中一直争论的一个问题。马克思为《纽约每日论坛报》撰稿、对东方国家如印度以及中国等被西方殖民侵略的关注、对东方国家民族解放运动的期望以及对英国对外殖民政策的思考等问题实质上涉及的都是一个问题即殖民问题。欧洲如英国等国家的对外殖民又和资本主义的原始积累有关系。也就是说，殖民问题和原始积累问题本来就有关系。“原始积累的不同因素……在英国，这些因素在17世纪末系统地综合为殖民制度、国债制度、现代税收制度和保护关税制度。”③ 殖民是资本主义原始积累中与国债、税收等并重的一个重要方面。从马克思《资本论》的体系结构看，最后两章分别是第二十四章的“所谓原始积累”和第二十五章的“现代殖民理论”，其中原始积累部分主要探讨的是欧洲15世纪以来生产者与生产资料的分离问题也即农村居民、政府和资本家（租地农场主）围绕土地等问题产生的关系问题，殖民理

---

① 俞吾金：《重新理解马克思——对马克思哲学的基础理论和当代意义的反思》，北京师范大学出版社，2005年，第7～14页。

② 这个问题需要说明两点：(1) 唯物史观视野的扩展问题，一是马克思从亚细亚公社所有制上溯到更早的氏族社会的视野的纵向扩展，二是对俄国农村公社同日耳曼公社的比较以及由此必然涉及的东西方文明发展路向的比较的横向视野扩展（黄克剑：《人韵——一种对马克思的理解》，东方出版社，1996年，第409～410页）。(2) 人类社会发展的原生形态问题，其中摩尔根《古代社会》记录的美洲的原始社会应是最早的原生形态形式，亚细亚的或印度的所有制形式应是次生形态，而俄国人所说的形式应是再次生形态。这就是马克思1881年给维·伊·查苏利奇复信草稿中提到的人类社会发展中“原生的、次生的、再次生的等等类型”的问题［中共中央马克思恩格斯列宁斯大林著作编译局：《马克思恩格斯全集（第十九卷）》，人民出版社，2016年，第432页］。

③ ［德］马克思：《资本论（第一卷）》，人民出版社，2018年，第861页。

论主要探讨的是美洲新大陆资本主义生产关系的发展问题。很明显，殖民问题的探讨是资本研究中原始积累认识的一个自然延伸。马克思写于 1879 年的《历史学笔记》记述的是公元前 91 年至 1648 年欧洲以及与欧洲相关的历史发展状况，其最后记述的内容也是原始积累问题即“托马斯·莫尔论强迫迁移及圈地运动”，与《资本论》第二十四章即“所谓原始积累”部分在时间上是对应的。这也说明马克思对原始积累问题是《资本论》研究中一直关心的一个问题，并非偶然性现象。

马克思对中国、印度等东方社会殖民问题的探讨的文章主要发表在《纽约每日论坛报》上。马克思对印度殖民问题以“有利于促进社会生产力的发展和社会文明水平的提高为标尺”的历史尺度（客体尺度）和以“一定的道德准则和主体性原则为标尺”[①] 的价值尺度（主体尺度）评价标准的权衡是否很纠结呢？马克思是有些纠结，但答案不是模糊的。在《不列颠在印度的统治》一文中，马克思在描述了英国在印度统治的状况后指出，从“个人的感情来说”，对于印度古老形式的文明以及谋生手段的丧失是会感到“难过”的，但马克思在论述了印度社会停滞的表现即农村公社（东方专制制度的基础）、不开化的利己性的人（社会主体）、苟安的生活方式（社会主体）、种姓划分和奴隶制度（社会状况）等方面之后，认为“如果亚洲的社会状态没有一个根本的革命，人类能不能实现自己的使命?”[②] 那么，由此也就不难理解马克思何以会说“从历史观点来看，我们有权同歌德一起高唱”歌德的“我们何必因这痛苦而伤心，既然……曾经被帖木儿的统治吞没”[③] 这首诗了。因为在马克思看来，人类社会的发展是进步的，是先进生产方式替代旧的生产方式而走向文明的一个历史过程。“由铁路系统产生的现代工业，必然会瓦解印度种姓制度所凭借的传统的分工，而种姓制度则是印度进步和强盛的基本障碍。”[④] 对于中国问题的探讨，主要著作大多也是发表在《纽约每日论坛》上的，同对印度的评价差不多，认为中国处在一个“野蛮的、闭关自守的、与文明世界隔绝的状态”[⑤]，强调了追求文明与历史进步的必要性，指出旧中国与外界的隔绝会“在英国

---

① 丰子义：《发展的反思与探索：马克思社会发展理论的当代阐释》，中国人民大学出版社，2006 年，第 190 页。

② 中共中央马克思恩格斯列宁斯大林著作编译局：《马克思恩格斯选集（第一卷）》，人民出版社，2012 年，第 854 页。

③ 中共中央马克思恩格斯列宁斯大林著作编译局：《马克思恩格斯选集（第一卷）》，人民出版社，2012 年，第 854～855 页。马克思在《鸦片贸易史》一文中谈到鸦片贸易时，强调不想在分析鸦片贸易的文章中“详述这种贸易的道德方面”[中共中央马克思恩格斯列宁斯大林著作编译局：《马克思恩格斯选集（第一卷）》，人民出版社，2012 年，第 802 页]。这也体现了马克思对于人类社会发展基于进步性的一种历史认识。当然，这并不是说马克思不从道德的角度看历史。

④ 中共中央马克思恩格斯列宁斯大林著作编译局：《马克思恩格斯选集（第一卷）》，人民出版社，2012 年，第 860～861 页。

⑤ 中共中央马克思恩格斯列宁斯大林著作编译局：《马克思恩格斯选集（第一卷）》，人民出版社，2012 年，第 779 页。

的努力之下被暴力所打破”，与外界完全隔绝的状态必然会逐渐“解体”[①]。

总体上看，马克思认为亚洲印度、中国等是一种建立在“小小的半野蛮半文明的公社”[②] 的经济基础上的由专制制度的上层建筑所配套构成的前资本主义社会的社会结构理论体系。这种社会结构体系的打破，从最终意义上讲要依赖于内在动力的变化，但外在的因素也是不可忽略的。这应是“充当了历史的不自觉的工具”[③] 的英国所需要完成的历史进步的任务即“消灭旧的亚洲式的社会”[④]。马克思对社会革命充满了期待，认为当“伟大的社会革命”支配了资产阶级时代的成果、世界市场和现代生产力，且“使这一切都服从于最先进的民族的共同监督”[⑤] 时，人类才会出现文明的进步。

当然，有两个方面需要指明：一是马克思虽然强调了英国等殖民国家对亚洲印度、中国等国家侵略带来的进步性即“重建的使命”[⑥] 问题，但这并不否定马克思对殖民危害的道德谴责。二是马克思虽然批评了亚洲印度、中国等国家发展的停滞性，但对这些国家的发展还是充满了希望和期待的，其中对中国是这样论述的：“如果我们欧洲的反动分子不久的将来会逃奔亚洲，最后到达万里长城，到达最反动最保守的堡垒的大门，那末他们说不定就会看见这样的字样：中华共和国自由，平等，博爱。”[⑦]

马克思并非在 19 世纪 70 年代后才逐渐转向对俄罗斯问题研究的，实际上在 1853 年马克思就已经开始了对俄罗斯的研究，其中一个重要原因是土耳其问题，这其中涉及的是俄罗斯和土耳其的关系问题。恩格斯在 1853 年发表在《纽约每日论坛》上的《在土耳其的真正论点》一文中指出，俄国是欧洲大陆上的一种“专制”[⑧] 势力。不过，马克思对俄罗斯问题的专门研究还是开始于 19 世纪 70 年代之后，其中也与《资本论》

---

① 中共中央马克思恩格斯列宁斯大林著作编译局：《马克思恩格斯全集（第九卷）》，人民出版社，2016 年，第 111 页。徐芹认为马克思主义经典作家是从“批判旧中国社会弊端的历史唯物主义视角……谴责西方列强侵犯中国人权的人道主义立场……支持中国民族民主革命斗争的正义立场……考察中国社会发展问题的世界历史视域……展望中国社会发展前景的人类解放宗旨”五种科学视角来研究中国问题的（徐芹：《马克思主义经典作家研究中国问题的科学视角》，《思想教育研究》，2022 年第 6 期，第 46～52 页）。

② 中共中央马克思恩格斯列宁斯大林著作编译局：《马克思恩格斯选集（第一卷）》，人民出版社，2012 年，第 853 页。

③ 中共中央马克思恩格斯列宁斯大林著作编译局：《马克思恩格斯选集（第一卷）》，人民出版社，2012 年，第 854 页。叶险明教授认为对这一问题的理解需要把握三个方面的问题：一是“所谓‘建设使命’只是出于英国资本主义发展的需要，对印度并非是一种‘福音’”；二是“所谓‘建设使命’只是一种可能和趋势，它不等于‘重建印度社会’”；三是“‘建设使命’只是指为印度的新生提供‘物质基础’，而‘物质基础’的建设并不等于改善印度人民的生活，更不等于印度社会的进步”（叶险明：《世界历史理论的当代建构》，中国社会科学出版社，2014 年，第 183 页、第 184 页）。这实际上涉及的是如何理解英国在印度建设的目的问题。对于英国殖民者而言，印度的建设只能服从于英国自身的建设，而不是印度自身的建设问题。

④ 中共中央马克思恩格斯列宁斯大林著作编译局：《马克思恩格斯选集（第一卷）》，人民出版社，2012 年，第 857 页。

⑤ 中共中央马克思恩格斯列宁斯大林著作编译局：《马克思恩格斯选集（第一卷）》，人民出版社，2012 年，第 862 页。

⑥ 中共中央马克思恩格斯列宁斯大林著作编译局：《马克思恩格斯选集（第一卷）》，人民出版社，2012 年，第 857 页。

⑦ 中共中央马克思恩格斯列宁斯大林著作编译局：《马克思恩格斯全集（第七卷）》，人民出版社，2016 年，第 265 页。

⑧ 中共中央马克思恩格斯列宁斯大林著作编译局：《马克思恩格斯全集（第九卷）》，人民出版社，2016 年，第 18 页。

的研究有关系。马克思对俄罗斯进行研究是为了“研究土地问题，进一步深化《资本论》的理论逻辑”①。马克思写关于地租的章节是为了搞清楚资本主义中雇佣劳动与资本关系中处于辅助地位的地租问题的前史问题。马克思曾经说过，资产阶级社会资本是支配一切经济的权力，是“它必须成为起点又成为终点，必须放在土地所有制之前来说明”②，因此马克思《资本论》章节内容的安排是先阐述资本后阐述土地所有制，但是在“分别考察了两者之后，必须考察它们的相互关系”③，也即要考察历史上劳动者与生产条件相分离的过程。欧洲之外的社会很明显也就成了马克思需要考察的对象了。对此，恩格斯在写于1893年纪念马克思的文章中也有解释，认为马克思“研究原始时代的历史，研究农学、俄国的和美国的土地关系、地质学等等，主要是为了在‘资本论’第三卷中最完善地写出关于地租的章节”④。一般认为马克思对俄国的研究是“卡夫丁峡谷”的跨越问题即俄国未来社会的发展问题，实际上“卡夫丁峡谷”跨越问题⑤和与《资本论》研究有关的土地问题是一个问题。《资本论》研究中的土地问题指的是前资本主义土地使用的生产关系如何转变为资本主义生产关系如地租问题，而“卡夫丁峡谷”跨越问题的一个重要方面就是俄国公共村社土地制度在未来发展中的作用问题，即俄国公共村社土地制度在未来的社会发展中是保留下来还是像欧洲的英国一样通过资本主义的原始积累而瓦解。“俄国公社，这一固然已经大遭破坏的原始土地公共占有形式，是能够直接过渡到高级的共产主义的公共占有形式呢？或者相反，它还必须先经历西方的历史发展所经历的那个瓦解过程呢？”⑥ 在《1857—1858年经济学手稿》中马克思已经提出过前资本主义社会发展的两条线路问题，即“自由的小土地所有制解体”和“东方公社为基础的公共土地所有制解体”⑦ 问题，其中前一个指的是欧洲土地所有制解体问题，而后一个指的则是东方如印度、中国、俄国等国家土地所有制解体问题。在给维·伊·查苏利奇复信草稿的一稿中，马克思认为俄国农村公社的未来发展，主要取决于俄

① 张云飞：《跨越“峡谷”——马克思晚年思想与当代社会发展理论》，人民出版社，2001年，第69页。

② 中共中央马克思恩格斯列宁斯大林著作编译局：《马克思恩格斯选集（第二卷）》，人民出版社，2012年，第707～708页。

③ 中共中央马克思恩格斯列宁斯大林著作编译局：《马克思恩格斯选集（第二卷）》，人民出版社，2012年，第708页。

④ 中共中央马克思恩格斯列宁斯大林著作编译局：《马克思恩格斯全集（第二十二卷）》，人民出版社，2016年，第400页。

⑤ 有关“卡夫丁峡谷”问题（有的称为“东方社会”问题）是中国学术界自20世纪80年代以来一直没有中断的一个议题，最近几年又成了一个学术热点，可参阅如下文章：陈健、张旭：《大国社会主义发展道路：如何跨越卡夫丁峡谷?》，《马克思主义与现实》，2022年第3期，第107～118页。丁堡骏：《中国道路是跨越卡夫丁峡谷的科学社会主义道路》，《当代经济研究》，2022年第1期，第22～24页。赵家祥：《跨越“资本主义制度的卡夫丁峡谷”问题的再探讨——兼与俞良早教授商榷》，《中国延安干部学院学报》，2022年第1期，第54～66页。俞良早：《马克思在俄国跨越卡夫丁峡谷问题上的谨慎态度和理智观点》，《思想理论教育导刊》，2021年第2期，第4～11页。梅景辉：《马克思主义社会形态理论视域下“卡夫丁峡谷”的跨越》，《社会科学家》，2020年第11期，第7～12页。袁秉达：《马克思跨越“卡夫丁峡谷”设想与中国特色社会主义制度创新和完善》，《科学社会主义》，2019年第6期，第13～18页。

⑥ 中共中央马克思恩格斯列宁斯大林著作编译局：《马克思恩格斯选集（第一卷）》，人民出版社，2012年，第379页。

⑦ 中共中央马克思恩格斯列宁斯大林著作编译局：《马克思恩格斯全集（第三十卷）》，人民出版社，1995年，第465页。

国公社同“资本主义生产是同时代的东西”以及“资本主义是处于危机状态”[①]的外部条件和公社所有制具有的稳固性以及能使个人得到发展的私人占有的“‘农业公社’所固有的二重性”[②]的内部条件两个方面。在给维·伊·查苏利奇复信草稿的第二稿中，马克思说如果俄国吸取资本主义生产方式的“肯定成果，就有可能发展并改造它的农村公社的古代形式，而不必加以破坏”[③]。马克思在第二稿中是从生产方式角度思考这个问题的，强调了资本主义生产方式对农村公社改造和发展的作用。在给维·伊·查苏利奇的复信中，马克思强调了俄国农村公社是“俄国社会新生的支点”的问题，不过前提是“首先必须肃清从各方面向它袭来的破坏性影响”，同时指出《资本论》（即第一卷）中既没有赞成也没有反对“俄国农村公社有生命力的论据”。[④]后来马克思在1882年《共产党宣言》俄文版序言中对此问题的回答基本一致，对俄国的土地公有制能不能成为共产主义发展的起点并没有怀疑，只是强调了一点即“假如俄国革命将成为西方无产阶级革命的信号而双方互相补充的话”[⑤]，这种假设就会是可能的。马克思在此强调的是革命对土地公有制是否保留的意义问题。

总体上看，我们认为马克思对俄国是否能够跨越“卡夫丁峡谷”[⑥]这一问题是着眼于生产方式基础上的国家内外部条件的聚合，是站在人类社会历史发展世界视域的一种历史认识。当然，俄国的社会结构同印度以及中国的社会结构是有些不同的，因为俄国的资本主义在1861年农奴制改革之后是有所发展的，且俄国并非处于国家殖民状态。不过，实质上并没有改变自然经济基础上的政治专制制度相配套的社会结构体系。这是马克思对俄国社会发展分析的另一方面。

总体上看，俄国所处的历史阶段与印度及中国等纯粹的东方国家还是不同的，这也就是马克思何以会在给维·伊·查苏利奇复信的草稿中提到原始公社的发展阶段问题。在给维·伊·查苏利奇复信草稿的初稿中，马克思说不能把所有的原始公社混为一谈，“在这些历史的形成中，有一系列原生的、次生的、再次生的等等类型”[⑦]。但对于俄国原始公社处于原始公社的某一阶段马克思并没有指明，只是说公社有生命力而其解体的

---

① 中共中央马克思恩格斯列宁斯大林著作编译局：《马克思恩格斯全集（第十九卷）》，人民出版社，2016年，第432页。

② 中共中央马克思恩格斯列宁斯大林著作编译局：《马克思恩格斯全集（第十九卷）》，人民出版社，2016年，第434页。

③ 中共中央马克思恩格斯列宁斯大林著作编译局：《马克思恩格斯全集（第十九卷）》，人民出版社，2016年，第444页。

④ 中共中央马克思恩格斯列宁斯大林著作编译局：《马克思恩格斯全集（第十九卷）》，人民出版社，2016年，第269页。

⑤ 中共中央马克思恩格斯列宁斯大林著作编译局：《马克思恩格斯选集（第一卷）》，人民出版社，2012年，第379页。

⑥ 陈先达先生认为，资本主义“卡夫丁峡谷”的跨越问题，是“就资本主义作为一个完整社会形态说的，而不是就资本主义社会的要素和成分说的，更不是就资本主义在自己发展阶段取得的具有积极意义的成果说的。资本主义作为人类社会形态发展的积极成果是不能跨越的。任何一个跨越资本主义社会阶段的社会主义国家，都必须善于利用资本主义的文明成果”（陈先达：《历史唯物主义与当代中国》，中国人民大学出版社，2019年，第14～15页）。

⑦ 中共中央马克思恩格斯列宁斯大林著作编译局：《马克思恩格斯全集（第十九卷）》，人民出版社，2016年，第432页。

原因是阻碍其发展的经济条件。在给维·伊·查苏利奇复信草稿的二稿中，马克思认为俄国农村公社属于“表现为一系列不同的、标志着依次更迭的时代的阶段”的古代社会“这一链条中最新的类型”①，其特点是农民已拥有了居住房屋和菜园，有一定的私人所有权，且血统亲属关系已不是维持公社内部交往的唯一纽带了。

在19世纪70年代后，马克思虽然基本上停止了《资本论（第一卷）》之后的写作，但是并没有停止《资本论》相关问题的研究，其中东方社会问题就是马克思19世纪70年代之后研究的一个方向。与此同时，马克思还开始了另一项研究即人类学研究，为此马克思还写了一些记述史前社会的笔记即《人类学笔记》，其中就有对路易斯·亨·摩尔根的《古代社会》、亨利·萨姆纳·梅恩的《古代法制史讲演录》、约·拉伯克的《文明的起源和人的原始状态》等著作的笔记摘要。② 为此，产生了马克思主义发展史上又一个有争议的问题，即马克思在19世纪70年代后何以开始转向人类学研究。

对于马克思19世纪70年代后转向人类学研究，首先梅林的观点值得重视，他认为马克思在自己的妻子去世后基本上是陷入了一种“慢性死亡”③ 状态，相比于燕妮只多活了15个月。这种观点的问题在于否定了马克思晚年《人类学笔记》的重要性，以至于割裂了《资本论》和《人类学笔记》之间的关系问题，当然这种认识是有问题的。苏联学者对《人类学笔记》所持的基本看法是《资本论》政治经济学批判的继续与深化，而这种继续与深化主要是针对“资本流通、地租和农业关系问题”④ 的探讨，另外马·柯瓦列夫斯基、彼·费多谢也夫等都持这种观点。不过，这种认识也存在问题，即对马克思晚年人类学笔记的内容与人类学的关系持否定态度。虽然劳伦斯·克拉德、诺曼·莱文、莫里斯·布洛赫等学者不拒绝马克思人类学笔记的研究，但问题在于他们把马克思人类学研究看作是贯穿马克思一生的问题，即从早期的哲学人类学到晚期的经验人类学，强调人类学研究是马克思一生的思想认识。当然克拉德等学者的认识也不能否定，应承认人类学思想在马克思历史研究中的作用，不过问题在于如何把《资本论》的历史研究和《人类学笔记》的历史研究贯穿成为一体，而不是采取割裂的方式认识问

① 中共中央马克思恩格斯列宁斯大林著作编译局：《马克思恩格斯全集（第十九卷）》，人民出版社，2016年，第444页。

② 马克思的《人类学笔记》并不全是有关史前社会的记述，其中马·柯瓦列夫斯基的《公社土地所有制》和约·布·菲儿的《印度和锡兰的雅利安人村社》的摘要是有关东方国家的土地制度和村社结构及其生活方面的笔记。此处使用的史前社会的概念与《〈政治经济学批判〉序言》中使用的是不同的，指的是对于地球人类这个物种而言都还处于史前时期的情况。《德意志意识形态》《共产党宣言》中使用的史前社会的概念就是此意。

③ ［德］弗·梅林：《马克思传》，樊集译，人民出版社，1972年，第653页。

④ 沈真：《苏联理论界对马克思晚年手稿的研究》，载高崧、骆静兰、胡企林：《马克思主义来源研究论丛（第十一辑）》，商务印书馆，1988年，第430页。

题。[①] 马克思在晚年并没有放弃完成工作的想法，且在1881年和1882年间，“在人类学、前资本主义生产方式、非西方社会、社会主义革命、唯物史观等方面的研究工作取得了重大进展”[②]。

马克思的人类学研究真正开始应是19世纪70年代之后，虽然马克思在大学期间修过人类学课程，但这种人类学并不是后来马克思所研究的人类学，而且现代意义上的人类学是19世纪70年代之后才产生的一门学科，正如恩格斯所说，“在60年代开始以前，根本谈不到家庭史。历史科学在这一方面还是完全处在摩西五经的影响之下”[③]。马克思《人类学笔记》中有关史前社会的内容，其中一部分是关于美国人类学家摩尔根《古代社会》一书的摘要，这部分在《笔记》中占有非常重要的地位。关于马克思何以要研究摩尔根，其中贺麟先生有个解释，认为“正是由于哲学基本立足点（历史唯物论）的相近，以及马克思迫切想扩充自己关于原始社会的结构及其演变等方面的知识”[④]，使得马克思开始阅读《古代社会》并写下了著名的《路易斯·亨·摩尔根〈古代社会〉一书摘要》（以下简称《摘要》）一书。我们对比一下马克思的《摘要》和摩尔根的《古代社会》篇目，就会发现马克思的《摘要》和摩尔根的《古代社会》的篇目是不同的（见表4-1）。

① 王东教授认为马克思晚年的《人类学笔记》是有关国家和文明起源的认识（王东、刘军：《“人类学笔记”，还是“国家与文明起源笔记”——为马克思晚年笔记正名》，《哲学研究》，2004年第2期，第15页）。罗秋立认为马克思的《人类学笔记》是政治经济学批判发展为社会人类学批判的一种认识（罗秋立：《历史唯物主义与社会人类学批判》，人民出版社，2008年，第5页）。美国劳伦斯·克拉德和唐纳·德凯利认为人类学是贯穿马克思一生的研究，而晚年笔记的内容与思想不过是对早年人类学思想的深化而已。苏联学者的观点认为马克思晚年的人类学笔记是对《资本论》或政治经济学批判工作的继续和完成（罗秋立：《历史唯物主义与社会人类学批判》，人民出版社，2008年，第2～4页）。

② ［意］马赛罗·穆斯托：《马克思的晚年岁月》，刘同舫、谢静译，人民出版社，2022年，第7页、第5页。

③ 中共中央马克思恩格斯列宁斯大林著作编译局：《马克思恩格斯选集（第四卷）》，人民出版社，2012年，第16页。

④ 贺麟：《略论人类学从摩尔根到马克思》，载中共中央马克思恩格斯列宁斯大林著作编译局《马列主义研究资料》编辑部：《马列主义研究资料（第4辑）》，人民出版社，1987年，第10页。

表 4-1　马克思的《摘要》和摩尔根的《古代社会》篇目对比

马克思的《摘要》	摩尔根的《古代社会》
第一编：由各种发明和发现而来的智力发展 第一章 第一编第二章：生存的技术 第三编第一章：古代家庭 第三编第二章：血缘家庭 第三编第三章：普那路亚家庭 第三编第四章：对偶制家庭和父权制家庭 第三编第五章：专偶制家庭 第三编第六章：和家庭有关的各种制度的顺序 第四编：（财产观念的发展） 第一章：三种继承法 第二章：（第四编）三种继承法（续前） 第二编：（管理观念的发展） 第一章：以性别为基础的社会组织 第二编第二章：易洛魁人的氏族 第二编第三章：易洛魁人的胞族 第二编第四章：易洛魁人的部落 第二编第五章：易洛魁人的联盟 第二编第六章：加诺万尼亚族系其他诸部落的氏族 第二编第七章：阿兹特克联盟 第二编第八章：希腊人的氏族 第二编第九章：希腊人的胞族、部落和民族 第二编第十章：希腊政治社会的建立 第二编第十一章：罗马人的氏族 第二编第十二章：罗马人的库里亚、部落和民族 第二编第十三章：罗马政治社会的建立 第二编第十四章：世系从女系到男系的转变 第二编第十五章：人类其他部落中的氏族	第一编：由各种发明和发现所体现的智力发展 第一章：人类文化的几个发展阶段 第二章：生存的技术 第三章：人类发展进度的比例 第二编：政治观念的发展 第一章：以性别为基础的社会组织 第二章：易洛魁人的氏族 第三章：易洛魁人的胞族 第四章：易洛魁人的部落 第五章：易洛魁人的联盟 第六章：加诺万尼亚族系其他部落中的氏族 第七章：阿兹特克联盟 第八章：希腊人的氏族 第九章：希腊人的胞族、部落和民族 第十章：希腊政治社会的建立 第十一章：罗马人的氏族 第十二章：罗马人的库里亚、部落和民族 第十三章：罗马政治社会的建立 第十四章：世系从女系到男系的转变 第十五章：人类其他部落中的氏族 第三编：家族观念的发展 第一章：古代家族 第二章：血婚制家族 第三章：伙婚制家族 第四章：偶婚制家族和父权制家族 第五章：专偶制家族 第六章：与家族相关的制度的顺序 第四编：财产观念的发展 第一章：三种继承法 第二章：三种继承法（续）

马克思在《人类社会笔记》中，在研究家庭、氏族及部落的发展顺序时，强调了生存技术在发展中的作用问题，把摩尔根《古代社会》一书原章节的顺序即各种发明和发现所体现的智力发展、政治观念的发展、家庭观念的发展、财产观念的发展的安排，调整为各种发明和发现所体现的智力发展、家庭观念的发展、财产观念的发展、政治观念的发展的形式。[①] 马克思修改后的结构更能体现出历史发展中各组成要素的发展过程及其相互关系问题，凸显了对历史进行唯物主义理解的方式。

总体上看，马克思对史前社会的研究主要强调了如下几个方面：

（1）史前社会结构唯物主义的理解问题。英国历史学家否认氏族是血缘关系的基

① 中共中央马克思恩格斯列宁斯大林著作编译局：《马克思恩格斯全集（第四十五卷）》，人民出版社，2016年，第 328～571 页。

础，认为在一切氏族中“根本的结构和观念的基础”[①] 都是相同的，氏族只是观念地占有一个共同祖先。马克思不同意这种认识，认为氏族的基础“不是观念”而“是物质”，“用德语说是肉欲的！”[②] 马克思的意思是说，人自身的生产虽然体现的是一种血缘亲属关系，但同样是一种具有客观性的物质力量，物质性的东西具有决定性意义。

（2）物质生产在人类社会历史发展中的基础性问题。关于这一点，从马克思对摩尔根《古代社会》的篇目修改就已经看出来了，马克思之所以修改的一个重要原因就是要突出物质生产的决定作用。关于这一点晚年恩格斯是专门论述过的，指出他和马克思所肯定的就是“历史过程中的决定性因素归根到底是现实生活的生产和再生产”[③] 这样一个根本性的观点，强调的是物质生活资料的生产在人类社会发展中的最终决定意义。当然，马克思、恩格斯所说的“生产”是在两种意义上讲的，也即通过物质劳动而达到的“自己的生命”的生产和通过生育而达到的“他人的生命”[④] 的生产两种生产形式，且这两种生产形式的关系是随着人类社会的历史发展而不断改变的。

（3）物质生产和人的生产在人类社会发展中的关系问题。就物质生产和人的生产在史前社会发展的关系[⑤]看，则表现为人的生产主导地位日益削弱而物质生产的决定作用日益凸显的一个历史过程。这个历史过程就是氏族在物质因素的作用下的瓦解和具有必然性的过程，由于房屋、土地、畜群已经在专偶制家庭中成为私有制的形式，那么，氏族酋长等人和氏族群众由于财富等“处于内部冲突之中”也就是“不可避免的”[⑥] 了。也就是说，私有财产的出现，从人类社会发展看，并不是氏族社会地域不稳定的问题，而是私有财产出现后氏族社会瓦解的必然性问题。“不管地域如何：同一氏族中的财产差别使氏族成员的利益的共同性变成了他们之间的对抗性。”[⑦]

马克思关于人的生产思想最早萌芽于《1844 年经济学哲学手稿》，认为人的生产“正如其它任何商品生产的情况一样”[⑧] 可以用商品生产中需求和供给的关系来说明。这也是资本主义人的生产的特点。在《德意志意识形态》中，马克思在谈到作为人的历史存在的“前提”规定时，认为人除了要满足于吃、喝、住、穿的物质生活资料以及其

---

① 中共中央马克思恩格斯列宁斯大林著作编译局：《马克思恩格斯全集（第四十五卷）》，人民出版社，2016 年，第 503 页。

② 中共中央马克思恩格斯列宁斯大林著作编译局：《马克思恩格斯全集（第四十五卷）》，人民出版社，2016 年，第 503 页。

③ 中共中央马克思恩格斯列宁斯大林著作编译局：《马克思恩格斯选集（第四卷）》，人民出版社，2012 年，第 604 页。

④ 中共中央马克思恩格斯列宁斯大林著作编译局：《马克思恩格斯选集（第一卷）》，人民出版社，2012 年，第 160 页。

⑤ 有关物质生活资料的生产和再生产以及人类自身的生产和再生产，可以参阅齐鲁书社 2004 年出版的周志山的《马克思社会关系理论及其当代意义》一书第 123～127 页的相关内容。

⑥ 中共中央马克思恩格斯列宁斯大林著作编译局：《马克思恩格斯全集（第四十五卷）》，人民出版社，2016 年，第 517 页。

⑦ 中共中央马克思恩格斯列宁斯大林著作编译局：《马克思恩格斯全集（第四十五卷）》，人民出版社，2016 年，第 522 页。

⑧ 中共中央马克思恩格斯列宁斯大林著作编译局：《马克思恩格斯全集（第四十二卷）》，人民出版社，2016 年，第 49 页。

他一些新产生的需要以及具有意识或精神方面的特性而异于动物的规定之外[①]，还有第三种规定即人自身的繁殖问题——夫妻间关系以及父母和子女间关系的"家庭"[②]问题。这包括"通过生育而生产他人的生命"以及"通过劳动而生产自己的生命"[③]问题。这是一个类的特性问题，而"生产生活就是类生活。这是产生生命的生活"[④]。在《资本论》研究的相关文献中，马克思也谈到了人的生产问题，是从生产与消费的角度进行阐释的，认为人自身的再生产是通过人的吃喝的消费实现的，人同自然界中的植物消费元素和化学物质一样也生产着自己的身体。"消费直接也是生产……在吃喝这一种消费形式中，人生产自己的身体，这是明显的事。"[⑤]不过，人的生产同产品的生产也有些不同，产品的生产者是物化问题，而人的生产者则是"所创造的物人化"[⑥]问题。资本主义社会中的工人就是通过消费来生产自己，这种"消费是为了再生产现有工人的肌肉、神经、骨骼、脑髓和生出新的工人"[⑦]。物质生活资料消费是人的生命生产即存活的基本要求。人的生产问题在马克思历史认识中与物质生产一样都是重要的问题。

马克思在探讨物质生产与人类社会发展的关系问题的过程中，同样也探讨了物质生产和人的生产的关系问题。这一点主要体现在马克思关于家庭、市民社会和国家的关系问题的探讨之中，是从《黑格尔法哲学批判》中意识到家庭、市民社会决定国家的关系认识开始的，其中在《1844年经济学哲学手稿》中，马克思在阐述宗教、国家、法、道德、科学、艺术等这些生产的一些特殊方式都"受生产的普遍规律的支配"问题时，也提到了家庭同时也"受生产的普遍规律的支配"[⑧]问题。在《致帕维尔·瓦西里耶维奇·安年科夫的信》中，马克思谈到在生产、交换和消费发展的一定阶段上，就会有相应的社会制度形式、"等级或阶级组织"[⑨]产生时，谈到了家庭的产生也属于这种情况。在《家庭、私有制和国家的起源》一书中，恩格斯也谈到过"物质生产"和"人的生产"在人类社会发展中的关系问题，认为在人类社会发展中，一定历史时代和一定地区内的人们生活于其下的社会制度，不仅会受劳动发展阶段生产的制约，而且同样也会受

① 中共中央马克思恩格斯列宁斯大林著作编译局：《马克思恩格斯选集（第一卷）》，人民出版社，2012年，第158～163页。

② 中共中央马克思恩格斯列宁斯大林著作编译局：《马克思恩格斯选集（第一卷）》，人民出版社，2012年，第159页。

③ 中共中央马克思恩格斯列宁斯大林著作编译局：《马克思恩格斯选集（第一卷）》，人民出版社，2012年，第160页。

④ 中共中央马克思恩格斯列宁斯大林著作编译局：《马克思恩格斯全集（第三卷）》，人民出版社，2002年，第273页。

⑤ 中共中央马克思恩格斯列宁斯大林著作编译局：《马克思恩格斯选集（第二卷）》，人民出版社，2012年，第690页。

⑥ 中共中央马克思恩格斯列宁斯大林著作编译局：《马克思恩格斯选集（第二卷）》，人民出版社，2012年，第691页。

⑦ 中共中央马克思恩格斯列宁斯大林著作编译局：《马克思恩格斯全集（第四十四卷）》，人民出版社，2001年，第660页。

⑧ 中共中央马克思恩格斯列宁斯大林著作编译局：《马克思恩格斯全集（第三卷）》，人民出版社，2002年，第298页。

⑨ 中共中央马克思恩格斯列宁斯大林著作编译局：《马克思恩格斯选集（第四卷）》，人民出版社，2012年，第408页。

家庭发展阶段生产的制约。劳动越不发展，劳动产品的数量就会越少，那么“社会制度就越在较大程度上受血族关系的支配”①。当“组成为国家的新社会”代替了“以血族团体为基础的旧社会”时，家庭制度会“完全受所有制的支配”②，人的生产在社会结构中的作用开始消退，生产力的决定性、主导性地位开始凸现从而成为基础性力量，家庭制度已经融入受所有制关系支配的社会制度中去了。一言以蔽之，恩格斯是把物质生产和人的生产在人类社会发展中的作用看作一个历史过程，人类社会越不发展，人的生产的支配作用就越大，而人类社会越发展，人的生产的支配作用就越小。恩格斯提出的“在劳动发展史中找到了理解全部社会史的锁钥”③，就是强调要从劳动的视角来看人类社会发展的问题。这并不是要把劳动看成绝对的实体，而是当作认识问题或分析问题的一个视角，也即从劳动的视角认识和分析人类社会发展中社会结构的历史组合问题。这才是恩格斯所说的劳动作为“锁钥”④ 对人类社会发展认识的意义问题。

《家庭、私有制和国家的起源》一书是恩格斯在马克思去世之后，利用马克思的《人类学笔记》材料在 1884 年写的，完成了马克思的遗愿，完善了马克思历史观的认识，在马克思主义发展史上具有重要的地位。在《家庭、私有制和国家的起源》一书的序言部分，恩格斯提出了两种生产理论，认为“食物、衣服、住房以及为此所必需的工具的生产”之外的“人自身的生产，即种的繁衍”⑤ 对于历史认识同样具有重要性。关于恩格斯《家庭、私有制和国家的起源》中提出的物质生产和人的生产的“两种生产”理论有几种不同的认识：一种观点的代表是俄国民粹派思想家米海洛夫斯基和特卡乔夫，认为恩格斯晚年对人的生产理论的承认是对唯物史观的重大修正和补充；第二种观点的代表以德国社会民主党人类学家库诺夫、第二国际的伯恩斯坦和考茨基、日本的河上肇、20 世纪 30—50 年代苏联的一些理论家以及当代一些西方马克思学学者为代表，认为恩格斯晚年的两种生产理论是一种失误，是对唯物史观统一性的破坏；第三种观点以普列汉诺夫和一些人类学家为代表，认为两种生产理论是统一的，是对唯物史观的补充和发展。⑥ 当然，我们认为上述认识是不完整的，对恩格斯的这些指认也是不正确的。这一点从我们上述对物质生产和人的生产关系的关系论述中已经很清楚了。

总体上看，马克思对物质生产和人的生产关系的认识是从整个人类社会的发展看的，是从物质生产和人的生产关系演变的过程理解的。

最后需要指出一点，我们对物质生产和人的生产关系的理解同“两种生产共同决定

① 中共中央马克思恩格斯列宁斯大林著作编译局：《马克思恩格斯选集（第四卷）》，人民出版社，2012 年，第 13 页。

② 中共中央马克思恩格斯列宁斯大林著作编译局：《马克思恩格斯选集（第四卷）》，人民出版社，2012 年，第 13 页。

③ 中共中央马克思恩格斯列宁斯大林著作编译局：《马克思恩格斯选集（第四卷）》，人民出版社，2012 年，第 265 页。

④ 中共中央马克思恩格斯列宁斯大林著作编译局：《马克思恩格斯全集（第十六卷）》，人民出版社，2016 年，第 409 页。

⑤ 中共中央马克思恩格斯列宁斯大林著作编译局：《马克思恩格斯选集（第四卷）》，人民出版社，2012 年，第 13 页。

⑥ 吴家华：《理解恩格斯——恩格斯晚年历史观研究》，安徽大学出版社，2005 年，第 117～123 页。

论”“两种生产一体论”“物质生产一元决定论”的理解方式当然是不同的。不过，我认为那种因反对依次决定论即反对把原始社会的发展看成是物质生活资料的生产遵照前后时间序列逐渐取代人自身的生产过程认识的另外一种理解，同样不利于完整地解释二者的关系。这种认为原始社会是物质生活资料的生产而不是人自身的生产或别的其他因素决定了历史进程的观点[①]，在我看来，本身就具有二元对立的色彩，因为“通过生育所进行的他人生活的生产本身也是生产力”[②]，正如恩格斯所说“种族本身就是一种经济因素”[③]。物质资料的生产和人的生产从生产力的发展来看，是生产过程的一体两面，两者是不可能分开的。

（4）社会结构的演变问题。马克思认为相比于人的生产的作用在人类社会发展中的作用更突出，结果势必就是史前社会包括原始公有制的生产资料所有制、集体生产的组织方式、平均划分产品的分配方式、无阶级和剥削的社会关系以及原始民主的事务管理制度五个方面氏族社会“社会基本结构”[④] 解体问题的产生。

（5）未来社会的发展问题。马克思认为随着生产力水平的极大提高，社会将会在更高水平上向原始公有制复归，共产主义会在全世界胜利。“以财富为唯一的最终目的”，社会的“自我消灭”和终结后，所代替的将是“更高级形式上”的社会制度，是“古代氏族的自由、平等和博爱的复活”。[⑤] 张云飞教授有一种观点，认为生产力、生产关系、经济基础和上层建筑逐步成为社会基本结构而生产力发展成为基础有一个历史演变过

---

① 林峰：《正确领会晚年恩格斯的历史观——“两种生产依次决定论”质疑》，《哲学动态》，2020 年第 3 期，第 6 页。

② 江洋：《恩格斯〈家庭、私有制和国家的起源〉研究读本》，中央编译出版社，2017 年，第 246 页。

③ 中共中央马克思恩格斯列宁斯大林著作编译局：《马克思恩格斯选集（第四卷）》，人民出版社，2012 年，第 649 页。

④ 张云飞：《跨越“峡谷”——马克思晚年思想与当代社会发展理论》，人民出版社，2001 年，第 139 页。

⑤ 中共中央马克思恩格斯列宁斯大林著作编译局：《马克思恩格斯全集（第四十五卷）》，人民出版社，2016 年，第 398 页。

程，是从史前社会起“存在着一个从潜在到突现、从弱小到强大的过程”①。“每一个文化时期都比前一时期有着显著的进步，这不仅表现在发明的数量上，而且也表现在由这些发明造成的财产的种类和总额上。……财产的增长是与标志着人类进步的各个文化时期的各种发明和发现的增多以及社会制度的改善有着密切关系的。”② 现在有一个问题是：史前社会的社会结构在社会基本结构发展的过程中是全部消失了还是会留有遗存呢？从马克思的观点看，史前社会的社会结构虽然不能全部留存下来，但是其部分特点还是会存留下来的。问题无非是有的民族国家和地区发展得快一点，而有的地方则相对发展得慢一点而已。从人类社会发展的历史看，社会形态在历史中的“并存”与“继起”和“延续”与“断裂”并不是罕见的。③

从上述认识看，马克思对人类社会历史发展中社会结构认识的历史溯源主要是从四个方面展开的：一是资本主义的社会结构问题，此问题主要是与欧洲历史发展有关，而

---

① 张云飞：《跨越“峡谷”——马克思晚年思想与当代社会发展理论》，人民出版社，2001 年，第 138 页。马克思的《政治经济学批判》一书出版后不久，有报纸就对马克思总结的历史规律提出了质疑，认为马克思的历史认识只适用于现今的资本主义世界，而不适用于天主教占统治地位的中世纪以及政治占统治地位的雅典和罗马［［德］马克思：《资本论（第一卷）》，人民出版社，2018 年，第 100 页］。此问题在马克思和恩格斯之后仍有疑虑，其中考茨基就认为马克思的唯物史观不是提出“唯物主义历史观的一般规律，而是仅仅提出至今的历史的规律”［《哲学研究》编辑部：《唯物主义历史观（第五分册）》，上海人民出版社，1964 年，第 321 页］。卢卡奇认为“历史唯物主义首先是资产阶级社会及其经济结构的一种理论”，它“不能像运用于资本主义发展的各种社会形态那样完全以同一种方式运用于前资本主义的各种社会形态”（［匈］卢卡奇：《历史与阶级意识》，杜章智、任立、燕宏远译，商务印书馆，1992 年，第 312 页、第 323 页）。哈贝马斯认为“只有在资本主义中，当市场除了它的控制职能以外，还拥有稳定阶级关系的职能时……资本主义生产关系才出现，并具有经济的形态”（［德］尤尔根·哈贝马斯：《重建历史唯物主义》，郭官义译，社会科学文献出版社，2000 年，第 155 页）。而原始社会行使生产关系职能的则是血缘系统。在上述学者看来，马克思《〈政治经济学批判〉序言》（以下简称《序言》）所讲的历史规律之所以不能适用于资本主义之前的社会，主要是因为在反对者看来这种理论的运用必须预先假设一个历史时期会存在着一种高度分化的社会结构层次秩序，比如社会可以划分为经济、政体、意识形态等层次分明的结构系统，且每一个社会结构系统都会有相应的市场、国家、教会等制度化的运行组织体系。而史前社会由于生产力极端落后，不可能出现马克思预先假定的下层基础与上层建筑结构的分化状况（刘森林：《发展哲学引论》，广东人民出版社，2000 年，第 66～77 页）。也就是说，反对者之所以认为《序言》中马克思所讲的历史规律不适用于资本主义之前的社会，主要是因为社会结构未分化。我们认为反对者之所以认为《序言》中马克思所讲的历史规律不能适用于资本主义之前的社会，是因为他们把《序言》中的社会结构认识实体化了。所谓实体化也就是把《序言》中的历史规律看成是绝对的永恒的超时空的一种历史认识，因此可以被当作一种历史解释的永恒模式而适用于一切社会。所谓社会结构的实体化，就是说如果马克思所讲的有关社会结构的历史规律，如果适用于资本主义之前的社会，那么，这种历史规律的社会结构在资本主义之前的社会也应是存在的。考茨基等具有马克思主义倾向的学者对马克思社会结构历史规律实体化的误读是这样一种认识，即“一种只能使它成为这种事物，而不成为别的事物的本质结构（或者是各种结构的结合物），正是这种结构使得物体之所以成为本身，而不成为其他事物”（［英］布朗等：《批判实在论与马克思主义》，陈静、薛军伟、强东红等译，广西师范大学出版社，2007 年，第 7 页）。或者说，考茨基等具有马克思主义倾向的学者对马克思社会结构历史规律实体化的理解是一种结构实体化的理解方式。如果静态地看马克思社会结构的历史规律的确容易把社会结构认识实体化，相反，如果动态地看这种认识就可能不会出现这种误读。也就是说从一般理论阐释看，如果对马克思《序言》中社会结构历史规律的解释，采用历史发生学的结构性解析法，就不会出现实体化的误读。

② 中共中央马克思恩格斯列宁斯大林著作编译局：《马克思恩格斯全集（第四十五卷）》，人民出版社，2016 年，第 378 页。

③ 王峰明：《马克思的历史决定论：基于〈资本论〉及其手稿的阐释》，北京师范大学出版社，2022 年，第 205 页、第 232 页。

欧洲历史中又尤以英国最为典型[①]；二是资本主义之前封建或奴隶时代的社会结构问题，此问题与欧洲中世纪和古希腊罗马时期的历史发展有关，也与欧洲之外如俄国和东方的历史发展有关；三是史前社会的社会结构问题，此问题与美洲历史发展有关；四是资本主义社会之后的社会结构问题，此问题主要涉及的是人类社会历史发展的未来走向问题，我会在第六章来论述这个问题。

第四节 《〈政治经济学批判〉序言》中历史规律内容解读的拓展理解

马克思强调了以生产关系为中介的社会结构内容对于历史发展的重要性，但马克思并没有否定采用“自然、家庭结构、血缘关系、社会习俗、文化秩序”等理论工具来分析历史发展的作用。马克思在《资本论（第三卷）》中“劳动地租”一节中对此有分析，是在分析了被榨取无酬剩余劳动形成的奴隶或农奴的生产关系基础上生长出经济共同体结构和政治结构之后谈到的这个问题，认为只有在“同劳动方式和劳动社会生产力的一定的发展阶段相适应”的“生产条件的所有者同直接生产者的直接关系”中，才能发现“整个社会结构”和“国家形式”的“最隐蔽的秘密”和“隐藏着的基础”[②]。马克思的意思是说，一种生产关系中生长出来的经济和政治社会结构是最隐蔽的秘密和隐藏着的基础，而这并不影响自然条件、种族关系等因素从外部发生作用而产生历史影响。

实际上，马克思在《〈政治经济学批判〉序言》中论述人类社会发展规律时，已经指出了一个历史认识的前提性问题。“物质生活的生产方式制约着整个社会生活、政治生活和精神生活的过程。”[③] 这段话中作为定语的“物质生活”对“生产方式”的限定本身就说明了人类社会历史发展中社会结构认识的范围和阈限问题。在《德意志意识形态》中，马克思已经指出过这个问题，只不过马克思当时的主要目的是剥取人类社会发展中社会结构的内核而对这个问题没有展开。在论述了作为内核的社会结构的出发点即“个人的肉体组织以及由此产生的个人对其他自然的关系”的第一个事实之后，马克思就提到在此“不能深入研究人们自身的生理特性”以及包括地质、山岳水文地理、气候等“自然条件”[④] 问题，目的就是说主要是剥取人类社会发展物质生产基础上的社会结构问题。不过，马克思在此是提出了人类社会发展中社会结构总体认识的思路的。“任何历史记载都应当从这些自然基础以及它们在历史进程中由于人们的活动而发生的变更出发。”[⑤] 马克思所讲的就是人的活动与自然的关系问题，强调的是自然对于人的活动

① 宫敬才：《马克思经济哲学微观研究》，人民出版社，2021年，第297页。

② ［德］马克思：《资本论（第三卷）》，人民出版社，2018年，第894页。

③ 中共中央马克思恩格斯列宁斯大林著作编译局：《马克思恩格斯选集（第二卷）》，人民出版社，2012年，第2页。

④ 中共中央马克思恩格斯列宁斯大林著作编译局：《马克思恩格斯选集（第一卷）》，人民出版社，2012年，第146页。

⑤ 中共中央马克思恩格斯列宁斯大林著作编译局：《马克思恩格斯选集（第一卷）》，人民出版社，2012年，第147页。

特别是物质生产活动在物质生活的所有过程和条件中的意义问题。

再者，从上文的论述看，马克思、恩格斯是关注了资本主义之前社会中家庭结构、血缘关系、社会习俗等社会结构因素在人类社会发展中的作用的。至于文化方面，马克思、恩格斯也是没有忽略的。不但关注了资本主义的文化即“精神的生产”① 问题，而且对前资本主义社会的文化问题也是有所重视的，提到了“希腊神话”的艺术问题，认为要求“艺术家具备一种与神话无关的幻想”② 是不可能的。“从另一方面看：阿基里斯能够同火药和铅弹并存吗？或者，《伊利亚特》能够同活字盘甚至印刷机并存吗？随着印刷机的出现，歌谣、传说和诗神缪斯岂不是必然要绝迹，因而史诗的必要条件岂不是要消失吗？但是，困难不在于理解希腊艺术和史诗同一定社会发展形式结合在一起。困难的是，它们何以仍然能够给我们以艺术享受，而且就某方面说还是一种规范和高不可及的范本”③ ——“物质生产的发展例如同艺术发展”具有“不平衡关系”④。

总体上看，马克思实际上是把人类社会发展中物质生产基础上生产力、生产关系、经济基础以及上层建筑四个要素构成的基本矛盾所形成的社会基本结构与外部自然、家庭结构、血缘关系、社会习俗、文化秩序等要素所形成的社会结构结合到一起了。具体说就是，人类社会发展中社会结构的内容除了包括生产结构、经济结构、政治结构、意识形态结构、阶级结构之外，当然也离不开自然、人口、地理环境以及家庭结构、血缘关系、社会习俗、文化秩序等要素的介入。⑤ 这种社会结构的总体性，可以看作是社会方面的因素与自然方面的因素相结合的统一体。这种统一体所表现出的是一种包括生产关系在内的广义的社会关系。当然，这并不排除社会因素与自然因素的比例或比重关系在人类社会历史发展中会有变化的可能性。“在一切社会形式中都有一种一定的生产决定其他一切生产的地位和影响，因而它的关系也决定其他一切关系的地位和影响。这是一种普照的光，它掩盖了一切其他色彩，改变着它们的特点。这是一种特殊的以太，它

---

① 中共中央马克思恩格斯列宁斯大林著作编译局：《马克思恩格斯选集（第一卷）》，人民出版社，2012 年，第 404 页。

② 中共中央马克思恩格斯列宁斯大林著作编译局：《马克思恩格斯选集（第二卷）》，人民出版社，2012 年，第 711 页。

③ 中共中央马克思恩格斯列宁斯大林著作编译局：《马克思恩格斯选集（第二卷）》，人民出版社，2012 年，第 711 页。

④ 中共中央马克思恩格斯列宁斯大林著作编译局：《马克思恩格斯选集（第二卷）》，人民出版社，2012 年，第 710 页。周忠厚等认为马克思所说的不平衡是一种辩证统一的关系：其一，从大范围和长时间来考察，物质生产发展会带来艺术生产的发展。其二，这种宏观的大体平衡表现为微观的不平衡，相对的平衡表现为绝对的不平衡。其三，既要看到艺术受物质生产制约，又要反对简单平衡论。其四，从更长时间、更大范围承认艺术生产同物质生产的发展大体平衡关系是唯物的；而从偶然性和绝对意义的角度承认两者的不平衡关系是辩证的（周忠厚、边平恕、连铗等：《马克思主义文艺学思想发展史》，中国人民大学出版社，2007 年，138～145 页）。

⑤ 在《什么是“人民之友”以及他们如何攻击社会民主党人？》之中，列宁指出了两个方面的问题：一是强调了生产关系是社会关系中“基本的原始的关系”的重要性问题，认为只有从社会生活的各种领域中划分出经济领域，从一切社会关系中划分出生产关系，才能体现出生产关系是社会关系中“基本的原始的关系”的重要性问题；二是认为只有把社会关系归结于生产关系，把生产关系归结于生产力的水平，才能把社会形态的发展看作自然历史过程［中共中央马克思恩格斯列宁斯大林著作编译局：《列宁选集（第一卷）》，人民出版社，2012 年，第 6 页、第 8～9 页］。列宁是从根本基础和基本结构来理解马克思的历史认识的，而这恰恰说明了马克思社会结构历史认识的特点问题。

决定着它里面显露出来的一切存在的比重。”[①] 这个问题是马克思在《资本论（第一卷）》中“绝对剩余价值和相对剩余价值的生产”这一章中提及的，是在谈到劳动生产率和自然条件的关系时涉及的这个问题。从自然条件的分类看，马克思认为自然条件应包括如人种等人本身的自然和人的周围的自然，其中人的周围的外界自然条件在经济上可以分为如土壤的肥力、渔产丰富的水域等的生活资料的自然富源和如瀑布、河流、森林、金属、煤炭等的劳动资料的自然富源两大类，其中第一类自然富源会在人类社会早期即文化初期“具有决定性的意义”，而第二类自然富源会在人类社会较高发展阶段“具有决定性的意义”[②]。当然，这种决定性的意义是随着人类社会的发展而改变的，也即外界自然条件在人类社会发展中作用大小是与人的活动发展阶段相关的，是与人的历史发展中自身的活动能力的大小有关的。发达的英国同相对落后的印度相比或发达的雅典、科林斯同落后的黑海沿岸各国相比，在利用自然富源方面就是有很大的差异的。“绝对必须满足的自然需要的数量越少，土壤自然肥力越大，气候越好，维持和再生产生产者所必要的劳动时间就越少”[③]，那么，生产者在为自己从事的劳动之外为别人提供的剩余劳动就可能越多，那么也就说明这个历史阶段的社会生产力发展水平越高，反之就会越低。马克思所理解的自然条件除了可以从外部自然环境、人自身的自然意义上理解之外，还可以从生产要素和地理环境意义上来认识。

总体上看，马克思对人类社会结构的认识是社会方面的因素与自然方面的因素相结合的各种关系融合的一种总体性认识，其中物质生产基础上的社会基本结构居于该理论体系的核心，起着人类社会发展中社会结构形成的主导和引领作用，而生产关系则是社会基本结构组合和变化的中介，而支点则是物质生产和生产力。如何把人类社会历史发展中的自然方面的因素与社会方面的因素聚合到一起，还与人类社会历史发展中交往有关。人类社会历史发展中的交往关系有两重，“一重是人与自然之间的交往关系，另一重是人与人之间的交往关系”[④]。下一章我们来探讨马克思历史认识中与交往有关的历史规律问题。

---

① 中共中央马克思恩格斯列宁斯大林著作编译局：《马克思恩格斯选集（第二卷）》，人民出版社，2012 年，第 707 页。

② ［德］马克思：《资本论（第一卷）》，人民出版社，2018 年，第 586 页。

③ ［德］马克思：《资本论（第一卷）》，人民出版社，2018 年，第 586 页。

④ 席大民：《普遍交往论和世界历史论》，吉林人民出版社，2006 年，第 72～73 页。

第五章　马克思历史观的规律论[①]（下）

马克思《〈政治经济学批判〉序言》（以下简称《序言》）中对历史认识的总结要晚《德意志意识形态》（以下简称《形态》）十多年，从逻辑意义上讲，《序言》中的历史认识要比《形态》中的历史认识更根本，而《形态》中的历史认识与《序言》中的历史认识相比更广泛。[②] 具体说就是交往意义上讲的一种历史认识，也即“生产力与交往形式的关系”[③] 或“生产力和交往关系”[④] 的历史认识问题。

第一节　《德意志意识形态》中历史规律认识的形成

马克思对有关交往关系问题的历史认识始自《博士论文》，以此为起点可以划分为

① 西方社会交往问题的研究最早可以追溯到古希腊时期，其中亚里士多德就探讨过实践哲学中的公正交往问题。不过，从具有独立人格和与享有权利的个体出发来研究主体间的交往问题却是西方近代的事情，其中洛克、休谟、孟德斯鸠、爱尔维修、霍尔巴赫、康德、费希特、黑格尔以及费尔巴哈等都讨论过这个问题（姜爱华：《马克思交往理论研究》，知识产权出版社，2009 年，第 1～15 页）。

② 张一兵教授在 1995 年出版了《马克思历史辩证法的主体向度》一书，在这本书中，张教授提出了一个马克思历史认识的重要观点，即从客观社会物质生产发展出发认识历史的广义理解的历史唯物主义和马克思用以直接研究资本主义经济现实的理论前提的狭义理解的唯物史观（张一兵：《马克思历史辩证法的主体向度》，河南人民出版社，1995 年，第 160 页）。这个观点在 2020 年和孙伯鍨先生共同出版的《走进马克思》一书中表述为广义历史唯物主义和狭义历史唯物主义，其中前者指的是“一般历史的哲学层面上揭示了历史发展的一般规律和历史研究的基本方法”的历史认识，后者指的是“基于现代资本主义的历史起源和发展进程揭示其独特的对抗形态和内在规律，从而把对资本主义的批判提升到科学水平”的历史认识（孙伯鍨、张一兵：《走进马克思》，江苏人民出版社，2020 年，第 29 页）。从立论的文本基础看，广义历史唯物主义比较看重的是《德意志意识形态》中马克思的这段历史论述，即“这种历史观就在于：从直接生活的物质生产出发阐述现实的生产过程……不是从观念出发来解释实践，而是从物质实践出发来解释各种观念形态”[中共中央马克思恩格斯列宁斯大林著作编译局：《马克思恩格斯选集（第一卷）》，人民出版社，2012 年，第 171～172 页]。狭义历史唯物主义比较看重的是《〈政治经济学批判〉序言》中马克思的这段历史论述，即“人们在自己生活的社会生产中发生一定的必然的不以他们的意志为转移的关系……因此，人类社会的史前时期就以这种社会形态而告终”[中共中央马克思恩格斯列宁斯大林著作编译局：《马克思恩格斯选集（第二卷）》，人民出版社，2012 年，第 2～3 页]。张一兵教授的认识是有一定道理的。这对于我们理解马克思的历史观具有重要的启发意义。

③ 中共中央马克思恩格斯列宁斯大林著作编译局：《马克思恩格斯选集（第一卷）》，人民出版社，2012 年，第 203 页。

④ 中共中央马克思恩格斯列宁斯大林著作编译局：《马克思恩格斯选集（第二卷）》，人民出版社，2012 年，第 709 页。

三个时期：(1)《博士论文》到《1844年经济学哲学手稿》为转向唯物主义理解交往关系时期：《博士论文》时期马克思还主要是从自我意识方面来看待精神交往问题，《莱茵报》时期之后马克思看到了利益关系在交往中的作用，开始从自我意识领域转向物质生活领域看待人与人的关系交往问题，其中在《论犹太人问题》中认为要解决社会关系对人的活动的制约，就要把政治解放推进到人类解放，才能消灭真正的世俗桎梏。这就是说，只有消灭了“世俗桎梏，才能克服宗教的狭隘性”，而不是相反，“首先克服他们的宗教的狭隘性”，才能“消灭他们的世俗桎梏”①。马克思对人的交往关系根源的理解逐步向物质生活领域物质生产劳动的深层掘进，于是在《1844年经济学哲学手稿》中，马克思开始从异化劳动的角度来看待工人和资本家之间的关系问题，指出了人与人交往关系中扭曲的异化问题，异化劳动“不仅生产出他同作为异己的、敌对的力量的生产对象和生产行为的关系，而且生产出其他人同他的生产和他的产品的关系，以及他同这些人的关系。……也生产出不生产的人对生产和产品的支配”②，也就是“生产出资本家（或者不管人们给雇主起个什么别的名字）同这个劳动的关系”③。《1844年经济学哲学手稿》中马克思除谈到工人和资本家之间的异化等人与人之间的交往关系之外，也论及了“人与自然的交往”问题，认为这种交往是人生存的基本条件。自然界是“人为了不致死亡而必须与之不断交往的人的身体”也即“人的无机的身体”④。(2) 19世纪40年代中后期是交往关系认识的历史唯物主义确立时期：马克思“超出费尔巴哈而进一步发展费尔巴哈观点的工作”⑤是从《神圣家族》开始的，重要的一点就是批驳了布鲍威尔一伙把现实的人化为“抽象的人”⑥的观点。《关于费尔巴哈的提纲》批判费尔巴哈从宗教自我异化的角度对人的不恰当理解，提出了人的本质在现实性上是“一切社会关系的总和”⑦的观点，强调了人与环境之间的辩证关系等问题。在《形态》中确立了从现实的个人考察交往的原则问题，批评了“关于自己本身、关于自己是何物或应当成为何物的种种虚假观念”，指出不要“按照自己关于神、关于模范人等等观念来建立自己的关系”⑧，而是要从生产的角度认识人与人之间的交往关系，也即生产与交往关系的必然性以及人类社会在这种矛盾关系中的历史发展。(3) 19世纪50年代后是交往关系认

① 中共中央马克思恩格斯列宁斯大林著作编译局：《马克思恩格斯全集（第一卷）》，人民出版社，2016年，第425页。

② 中共中央马克思恩格斯列宁斯大林著作编译局：《马克思恩格斯全集（第四十二卷）》，人民出版社，2016年，第99～100页。

③ 中共中央马克思恩格斯列宁斯大林著作编译局：《马克思恩格斯全集（第四十二卷）》，人民出版社，2016年，第100页。

④ 中共中央马克思恩格斯列宁斯大林著作编译局：《马克思恩格斯全集（第四十二卷）》，人民出版社，2016年，第95页。

⑤ 中共中央马克思恩格斯列宁斯大林著作编译局：《马克思恩格斯选集（第四卷）》，人民出版社，2012年，第247页。

⑥ 中共中央马克思恩格斯列宁斯大林著作编译局：《马克思恩格斯全集（第二卷）》，人民出版社，2016年，第246页。

⑦ 中共中央马克思恩格斯列宁斯大林著作编译局：《马克思恩格斯选集（第一卷）》，人民出版社，2012年，第135页。

⑧ 中共中央马克思恩格斯列宁斯大林著作编译局：《马克思恩格斯全集（第三卷）》，人民出版社，2016年，第15页。

识的历史唯物主义拓展时期：其一，马克思在《〈政治经济学批判〉导言》《1857—1858年经济学手稿》《1861—1863年经济学手稿》以及《资本论（第一卷）》中，确立了资本认识不是物而是人的关系的出发点——黑人只有“在一定关系下”才成为奴隶，纺纱机“在一定的关系下”才成为资本，“脱离了这种关系，它也就不是资本了”①。因此，要“阐明资本的概念，必须从价值出发，并且从已经在流通运动中发展起来的交换价值出发”②。同时，马克思还在追溯资本主义的起源中，阐述了1500年以来欧洲内部以及与之外美洲等地区的交往问题。其二，在《给〈祖国纪事〉杂志编辑部》《给维·伊·查苏利奇的复信》的书信以及有关印度、中国的评论和著作中，阐述了欧洲殖民过程中与东方国家间的交往问题，指出了俄国在世界发展过程中如何跨越“资本主义制度的卡夫丁峡谷”③ 的问题。其三，在《人类学笔记》中探讨了史前社会的交往问题，其中恩格斯在《家庭、私有制和国家起源》中完成了有关史前社会的交往问题。

第二节　《德意志意识形态》中历史规律内容的解读

在《德意志意识形态》中，马克思对历史观有两种阐释：一种是交往社会结构的静态阐释——“这种历史观就在于：从直接生活的物质生产出发阐述现实的生产过程，把同这种生产方式相联系的、它所产生的交往形式即各个不同阶段上的市民社会理解为整个历史的基础，从市民社会作为国家的活动描述市民社会，同时从市民社会出发阐明意识的所有各种不同的理论产物和形式，如宗教、哲学、道德等等，而且追溯它们产生的过程”④。具体说这种静态社会结构是这样几个层面的认识：物质生产—生产方式—市民社会（交往形式）⑤ —宗教、哲学、道德等意识形式，也就是巴加图利亚所说的“生产—交往—政治的上层建筑—社会意识形式”⑥ 的结构形式。马克思在这段论述中说得很清楚，要“追溯它们的生产过程”，也就是说马克思除了要对交往关系的社会结构进行静态论述之外，还要进行动态论述。这是马克思对交往关系的社会结构的另一种论

---

① 中共中央马克思恩格斯列宁斯大林著作编译局：《马克思恩格斯选集（第一卷）》，人民出版社，2012年，第340页。

② 中共中央马克思恩格斯列宁斯大林著作编译局：《马克思恩格斯全集（第四十七卷）》，人民出版社，2016年，第15页。

③ 中共中央马克思恩格斯列宁斯大林著作编译局：《马克思恩格斯选集（第三卷）》，人民出版社，2012年，第825页。

④ 中共中央马克思恩格斯列宁斯大林著作编译局：《马克思恩格斯选集（第一卷）》，人民出版社，2012年，第171页。

⑤ 马克思在《德意志意识形态》中使用了交往、交往形式、交往方式以及交往关系等概念，在本书中，我主要是使用同生产力相对的交往关系的概念，书中如有论述的需要，就分别使用。交往形式与交往关系相比其指代的意义更为具体，主要是在交往属性视角的物质交往和精神交往、交往主体视角的个人交往和民族国家交往以及交往地域范围视角的区域交往和世界交往等意义上使用的（侯振武、杨耕：《关于马克思交往理论的再思考》，《哲学研究》，2018年第7期，第11页）。

⑥ ［苏联］Г. А. 巴加图利亚：《马克思的第一个伟大发现——唯物史观的形成和发展》，陆忍译，中国人民大学出版社，1981年，第56页。

述。在马克思看来，生产力与交往手段、交往形式以及交往关系是人类社会历史发展中的一项主要矛盾，这个主要矛盾体现的是交往形式与个人行动或活动的关系，也即与以物质活动为基础的人们的精神活动、政治活动、宗教活动等的关系；生产力与交往形式的矛盾会有一个适应与不适应再到适应的发展过程，“已成为桎梏的旧交往形式被适应于比较发达的生产力，因而也适应于进步的个人自主活动方式的新交往形式所代替；新的交往形式又会成为桎梏，然后又为另一种交往形式所代替。由于这些条件在历史发展的每一阶段都是与同一时期的生产力的发展相适应的，所以它们的历史同时也是发展着的、由每一个新的一代承受下来的生产力的历史，从而也是个人本身力量发展的历史”①。除此以外，在《致帕维尔·瓦西里耶维奇·安年科夫》的信中，马克思也有一段与上述相似的论述：“社会——不管其形式如何——是什么呢？是人们交互活动的产物。人们能否自由选择某一社会形式呢？决不能。在人们的生产力发展的一定状况下，就会有一定的交换［commerce］和消费形式。在生产、交换和消费发展的一定阶段上，就会有相应的社会制度形式、相应的家庭、等级或阶级组织，一句话，就会有相应的市民社会。有一定的市民社会，就会有不过是市民社会的正式表现的相应的政治国家。”②如果把这一段的“生产力、市民社会、政治国家”社会结构形式对比上文《德意志意识形态》中的社会结构形式，就会发现二者的逻辑演绎步骤基本相一致。另外，在《哲学的贫困》中，马克思也有此方面的论述，就是这一段：“随着新生产力的获得，人们改变自己的生产方式，随着生产方式即谋生的方式的改变，人们也就会改变自己的一切社会关系。手推磨产生的是封建主的社会，蒸汽磨产生的是工业资本家的社会。”③ 如果对比上一章《〈政治经济学批判〉序言》内容的解读，就会发现这一段阐述的内容从结构和内在涵义上看，要比《〈政治经济学批判〉序言》宽泛一些——马克思在这里使用的是“社会关系”④，而不是更为具体的生产关系。在《马克思致帕维尔·瓦西里耶维奇·安年科夫》的信中，马克思有对蒲鲁东《贫困的哲学》中“唯心主义和形而上学”的观点的详细评论，信中的表述的思想后来成为马克思撰写《哲学的贫困》的基础。从上述论述可以看出，《德意志意识形态》和《〈政治经济学批判〉序言》历史观的阐释前后是有密切联系的。这里还有一个问题，就是如何看待《〈政治经济学批判〉导言》中马克思的历史阐释及其在马克思历史认识史上的地位问题。刘怀玉教授认为《〈政治经济学批判〉序言》存在着没有完全摆脱超历史形而上学的幽灵、有落入欧洲中心论历史哲学狭隘性的窠臼、直线性决定论的进步假设容易忽略政治行动策略上的能动性的问题⑤。相反，《〈政治经济学批判〉导言》中有三个方面的优点：一是注重有别于一般和

---

① 中共中央马克思恩格斯列宁斯大林著作编译局：《马克思恩格斯选集（第一卷）》，人民出版社，2012 年，第 204 页。

② 中共中央马克思恩格斯列宁斯大林著作编译局：《马克思恩格斯选集（第四卷）》，人民出版社，2012 年，第 408 页。

③ 中共中央马克思恩格斯列宁斯大林著作编译局：《马克思恩格斯选集（第一卷）》，人民出版社，2012 年，第 222 页。

④ 中共中央马克思恩格斯列宁斯大林著作编译局：《马克思恩格斯选集（第一卷）》，人民出版社，2012 年，第 222 页。

⑤ 刘怀玉：《历史唯物主义的空间化问题》，江苏人民出版社，2022 年，第 137～138 页。

共同点的差异性，二是反对启蒙时代的进步观，三是强调要研究资本主义的当下结构问题。[①]“正是基于对‘历史’严格的自觉的限定，《导言》以及《57—58 手稿》、《资本论》及其手稿所表达的历史观，才突破交往历史观的局限而转向了资本积累的历史观。”[②] 有一点是肯定的，资本主义研究的确是马克思所说的要在“资本主义生产方式以及和它相适应的生产关系和交换关系”[③] 的研究中“从个别上升到一般”[④]，因此，从这种意义上讲，认为《〈政治经济学批判〉序言》中的历史叙述是“广义历史唯物主义”，而《〈政治经济学批判〉导言》中的历史叙述则是“狭义历史唯物主义”[⑤]，是有一定道理的。《〈政治经济学批判〉导言》有从生产关系角度对“资本”问题的详细论述。我们认为问题可能在于不是找寻《〈政治经济学批判〉序言》和《〈政治经济学批判〉导言》历史叙述的差异性，而是整合二者的共同性，或者说是勾连二者差异性中的共通性问题。

从《德意志意识形态》中看，马克思在这里使用了“交往形式”的概念来指称“市民社会”。马克思最早接触市民社会问题是《莱茵报》时期，理论上探讨是在克罗茨纳赫时期，始于对黑格尔《法哲学原理》批判，其中《黑格尔法哲学批判》《论犹太人问题》《〈黑格尔法哲学批判〉导言》《1844 年经济学哲学手稿》《关于费尔巴哈的提纲》中都有对市民社会认识的论述，展现了马克思对市民社会的不同理解。

马克思提出的“市民社会”概念如何理解呢？“马克思使用的‘市民社会’概念在《德意志意识形态》中发生了重要的并且是显著的变化，出现了狭义和广义的区分。在《形态》中，除了继续在原有的特指‘资产阶级社会’的意义上使用‘市民社会’概念，用以论述分工的发展之外，更重要的是在奠定其唯物史观的基本原则的时候，马克思赋予了‘市民社会’概念以新的理论内涵，用在任何社会形态中都存在的、受生产力决定并与生产力相互制约的‘交往形式’来界定‘市民社会’，从而使市民社会概念在事实上出现了广义和狭义的区分。……这清楚地表明，马克思和恩格斯此时使用的广义市民社会概念已完全跳出了资产阶级社会的特定历史范畴，它被用来指称在一切社会形态中都作为经济基础而存在的，与生产力构成辩证运动的交往形式。”[⑥] 从上面的论述看，马克思使用的市民社会概念在《德意志意识形态》中有两层含义，分别是作为特定历史范畴的“资产阶级社会”和“用来指称在一切社会形态中都作为经济基础而存在的，与生产力构成辩证运动的交往形式”。按照俞可平教授的理解，作为特定历史范畴的“资产阶级社会”指称的“市民社会”肯定是个“历史范畴”[⑦]，那么，“交往形式”指代的“经济基础”意蕴的“市民社会”概念作为“范畴”如何理解呢？按照谭培文教授的理

---

① 刘怀玉：《历史唯物主义的空间化问题》，江苏人民出版社，2022 年，第 138～139 页。

② 刘怀玉：《历史唯物主义的空间化问题》，江苏人民出版社，2022 年，第 140 页。

③ ［德］马克思：《资本论（第一卷）》，人民出版社，2018 年，第 8 页。

④ 中共中央马克思恩格斯列宁斯大林著作编译局：《马克思恩格斯选集（第二卷）》，人民出版社，2012 年，第 1 页。

⑤ 刘怀玉：《历史唯物主义的空间化问题》，江苏人民出版社，2022 年，第 130 页。

⑥ 蒋红：《马克思市民社会理论研究》，云南人民出版社，2012 年，第 15 页。

⑦ 俞可平：《马克思的市民社会理论及其历史地位》，《中国社会科学》，1993 年第 4 期，第 60 页。

解是个“分析概念”[1] ——“作为分析概念，‘市民社会’就是私人利益关系的总和，而这一总和的核心内容是私人物质利益关系”[2]。“市民社会包括各个人在生产力发展的一定阶段上的一切物质交往。……真正的市民社会只是随同资产阶级发展起来的；但是市民社会这一名称始终标志着直接从生产和交往中发展起来的社会组织，这种社会组织在一切时代都构成国家的基础以及任何其他的观念的上层建筑的基础。”[3] 谭教授的分析是有道理的。不过，有一点需要说明一下：市民社会作为历史概念或分析概念，在我们看来，不是说马克思历史唯物主义创立之后就不再使用历史概念了——“马克思在创立历史唯物主义以后，主要是在分析概念意义上来使用‘市民社会’概念的”[4] ——而且是分析概念和历史概念继续共同使用。再有一点，我也同意谭教授的观点，即马克思在创立历史唯物主义之前，“既是在分析概念意义上，又是在历史概念意义上来使用‘市民社会’概念的”[5]。从《黑格尔法哲学批判》中的这段论述——“家庭和市民社会都是国家的前提，它们才是真正活动着的；而在思辨的思维中这一切却是颠倒的”[6]，就能看得出来，其中的“市民社会”是分析性概念。关于这一点对于马克思创立唯物史观的重要性，恩格斯说得很清楚。一是《卡尔·马克思》（1868）中的一段论述：“马克思从黑格尔的法哲学出发，得出这样一种见解：要获得理解人类历史发展过程的锁钥，不应当到被黑格尔描绘成‘大厦之顶’的国家中去寻找，而应当到黑格尔所那样蔑视的‘市民社会’中去寻找”[7]。二是《关于共产主义者同盟的历史》（1885）中的一段论述：“马克思不仅得出同样的看法，并且在《德法年鉴》（1844 年）里已经把这些看法概括成如下的意思：决不是国家制约和决定市民社会，而是市民社会制约和决定国家，因而应该从经济关系及其发展中来解释政治及其历史，而不是相反。”[8] 苏联的巴加图利亚在解读马克思的唯物主义历史观时，也认为马克思《黑格尔法哲学批判》这部著作的“主要成果”就是“市民社会决定国家”，是在批判黑格尔法哲学“国家决定市

---

① 分析概念侧重的是理论的建构或反思，要么是正向意义，要么是反向意义，其中弗格森、洛克、孟德斯鸠、西方马克思主义者（卢卡奇、葛兰西、阿尔都塞、哈贝马斯等）、阿伦特、黄宗智、罗威廉、中国学者（邓正来、张一兵、李佃来、景跃进等）等，就是分别从道德、经济、政治、社会、生活、意识形态等结构因素来认识市民社会的。除此以外，市民社会概念还可以在描述性和价值性意义上使用，其中平田清明（日本）、方朝晖、俞可平、宫敬才、邓宏炎、谭培文、韩立新、王新生等，就分别曾在描述性或价值性方面探讨过市民社会问题。当然，这并不排除市民社会同时可以在三种意义上使用。实际上，市民社会还有一种认识方式，是从社会人员构成即个人或群体方面来认识的，其中自由主义和社群主义就属于这种认识。很明显，马克思的认识应是最全面和最深刻的。

② 谭培文：《马克思主义的利益理论：当代历史唯物主义的重构》，人民出版社，2013 年，第 16 页。

③ 中共中央马克思恩格斯列宁斯大林著作编译局：《马克思恩格斯选集（第一卷）》，人民出版社，2012 年，第 211 页。

④ 谭培文：《马克思主义的利益理论：当代历史唯物主义的重构》，人民出版社，2013 年，第 16 页。

⑤ 谭培文：《马克思主义的利益理论：当代历史唯物主义的重构》，人民出版社，2013 年，第 16 页。

⑥ 中共中央马克思恩格斯列宁斯大林著作编译局：《马克思恩格斯全集（第三卷）》，人民出版社，2002 年，第 10 页。

⑦ 中共中央马克思恩格斯列宁斯大林著作编译局：《马克思恩格斯全集（第十六卷）》，人民出版社，2016 年，第 409 页。

⑧ 中共中央马克思恩格斯列宁斯大林著作编译局：《马克思恩格斯选集（第四卷）》，人民出版社，2012 年，第 202 页。

民社会”[①] 的过程中得出的这个结论。再具体一点说就是，马克思1843 年《黑格尔法哲学批判》手稿中市民社会决定国家的结论“潜在地包含着对社会的经济基础和政治上层建筑之间关系的阐述”[②]。实际上，马克思在《〈政治经济学批判〉序言》中已经解释过这个问题了。《莱茵报》时期的物质利益问题使马克思转向了“对黑格尔法哲学的批判性的分析”，从而得出了法的关系的认识要深入市民社会的“物质的生活关系”中，而不是从“它们本身”或“人类精神的一般发展”[③] 出发的认识思路，从而使马克思进入从市民社会的视角分析市民社会与国家关系的社会基本结构问题——“市民社会是全部历史的真正发源地和舞台”[④]。当然，“市民社会”这个概念并不是仅仅在历史概念和分析概念的意义上使用的。这是下一章我们要继续探讨的问题。

那么，巴加图利亚对马克思、恩格斯所用的“市民社会”这个概念是如何理解的呢？在巴加图利亚看来，《德意志意识形态》《马克思致帕维尔·瓦西里耶维奇·安年科夫》以及恩格斯在《路德维希·费尔巴哈和德国古典哲学的终结》[⑤] 中所使用的“市民社会”概念，“同马克思在《〈政治经济学批判〉序言》中表述的作为生产关系总和的基础这个概念是相同的”[⑥]。巴加图利亚对市民社会概念的这个界定，对中国学术界的认识有很大影响，其中蒋教授的理解就基本上和巴加图利亚是一样的，而谭教授所说的“市民社会”即“一定物质生产关系的总和或社会的经济基础”[⑦] 的理解同巴加图利亚也是没有分别的。不过，有一点不同的是，蒋教授更为明确地给出了这样一个等式：市民社会等于经济基础等于交往形式。这就是巴加图利亚所说的“通过另一个尚不为人知

---

① ［苏联］Г. А. 巴加图利亚：《马克思的第一个伟大发现——唯物史观的形成和发展》，陆忍译，中国人民大学出版社，1981 年，第 17 页。

② ［苏联］Г. А. 巴加图利亚：《马克思的第一个伟大发现——唯物史观的形成和发展》，陆忍译，中国人民大学出版社，1981 年，第 25 页。

③ 中共中央马克思恩格斯列宁斯大林著作编译局：《马克思恩格斯选集（第二卷）》，人民出版社，2012 年，第 2 页。

④ 中共中央马克思恩格斯列宁斯大林著作编译局：《马克思恩格斯全集（第三卷）》，人民出版社，2016 年，第 41 页。

⑤ “因此，至少在这里，国家、政治制度是从属的东西，而市民社会、经济关系的领域是决定性的因素。从传统的观点看来（这种观点也是黑格尔所尊崇的），国家是决定的因素，市民社会是被国家决定的因素。表面现象是同这种看法符合的。……市民社会的一切要求（不管当时是哪一个阶级统治着），也一定要通过国家的意志，才能以法律形式取得普遍效力。……国家的意志总的说来是由市民社会的不断变化的需要，是由某个阶级的优势地位，归根到底，是由生产力和交换关系的发展决定的。……国家和公法是由经济关系决定的。”［中共中央马克思恩格斯列宁斯大林著作编译局：《马克思恩格斯选集（第四卷）》，人民出版社，2012 年，第 258～259 页］

⑥ ［苏联］Г. А. 巴加图利亚：《马克思的第一个伟大发现——唯物史观的形成和发展》，陆忍译，中国人民大学出版社，1981 年，第 23 页。

⑦ 谭培文：《马克思主义的利益理论：当代历史唯物主义的重构》，人民出版社，2013 年，第 16 页。如何理解生产关系的总和是理解经济基础问题的关键，其中赵家祥先生指出，“‘生产关系总和’这个概念，指的就是一种生产关系各个方面的总和，而不是同时存在的各种生产关系的总和”（赵家祥、李清昆、李士坤：《历史唯物主义教程》，北京大学出版社，1999 年，第 213 页）。大学生公共课《马克思主义基本原理》教材只有对经济基础的说明，认为所谓经济基础指的就是“由社会一定发展阶段的生产力所决定的生产关系的总和”，对该定义的把握需要注意两点：“其一，社会的一定发展阶段上往往存在多种生产关系，但决定一个社会性质的是其中占支配地位的生产关系。其二，经济基础与经济体制具有内在联系。”（本书编写组：《马克思主义基本原理》，高等教育出版社，2021 年，第 125 页）

道的概念‘交往’、‘交往形式’，来为我们确定一个不为人知道的‘市民社会’”[①] 这个概念的问题。问题的关键在于如何理解交往形式这个概念在马克思历史认识中的作用，也即在蒋教授看来，“‘交往形式’、‘交往关系’”是生产关系“过渡性质的表达”[②]。也就是说，“交往形式”被看作是生产关系的过渡概念[③]。在我看来，“交往形式”这个概念不仅不能看作是生产关系不成熟的过渡概念，而且还要理解成比“生产关系”更大的一个概念，也即包含“生产关系”的一个概念。“交往关系和生产关系并不是后者替代前者的关系，而是前者包含后者的关系。”[④] 关于交往形式和生产关系概念的比较，下文中我们还要详细阐释这个问题。当然，此处的“市民社会”是可以理解成经济基础的。不过，此处的“市民社会”也是不能仅仅被理解成“经济基础”的。因为市民社会也是可以在更为广义的意义上来指称社会概念的。这个问题，我们会在下一章继续探讨。我们把马克思基于物质生产而对生产力与交往手段、交往形式以及交往关系进行的历史规律概括，简化为以“交往关系”[⑤] 为中介的一种历史规律认识。

在《德意志意识形态》《马克思致帕维尔·瓦西里耶维奇·安年科夫》以及《〈政治经济学批判〉导言》中，马克思对生产与交往的关系意义的历史总结，使用的是生产力

---

① ［苏联］Г. А. 巴加图利亚：《马克思的第一个伟大发现——唯物史观的形成和发展》，陆忍译，中国人民大学出版社，1981年，第22页。

② 蒋红：《马克思市民社会理论研究》，云南人民出版社，2012年，第16页。

③ 交往形式被认为是生产关系生成的一个过渡概念，最早起源于苏联哲学界，认为交往这个概念在《德意志意识形态》中“起着十分重要的作用”，而在晚期，虽然这个概念“本身仍然存在并被使用”，但是它的地位，“说得确切些”，它“在发展了的马克思主义的范畴体系中的比重改变了”（［苏联］Г. А. 巴加图利亚：《马克思的第一个伟大发现——唯物史观的形成和发展》，陆忍译，中国人民大学出版社，1981年，第53页）。虽然巴加图利亚没有明确说交往形式是个不成熟的概念，但至少对交往形式这个概念重视不够。中国学术界也有这种认识，认为《德意志意识形态》中的交往形式是“‘生产关系’的雏形”，在《哲学的贫困》中，“‘交往形式’已被‘生产关系’所代替”［黄楠森、庄福龄、林利：《马克思主义哲学史（第一卷）》，北京出版社，2005年，第539页］。唐敬东教授也持有这种观点，认为交往形式是“一个具有局限性的概念”，对于马克思哲学层面的思考，“具体地说就是在对‘交往形式’的理解上，显然也难以真正深入下去”（唐敬东：《从斯密到马克思——经济哲学方法的历史性诠释》，江苏人民出版社，2009年，第333页、第338页）。不过，王峰明教授不同意上述两种观点，其中对唐教授的观点有详细的批述，不同意唐教授的这个“总的判断”——马克思在1857年前后才完成对生产关系概念的科学认识，此前无论是《德意志意识形态》还是《哲学的贫困》，“马克思尽管有时候用的是生产关系概念，但他头脑中想的却只是交换关系和分配关系的内涵”（王峰明：《历史唯物主义：一种微观透视》，社会科学文献出版社，2014年，第150）。作为形式或手段的交往概念的确具有概念过渡的特性。这种过渡具有两个方面的作用：一是在过渡中生发出生产关系的概念，二是在生发出生产关系概念的过程中丰富交往关系的自身特性。这两种关系是马克思历史认识规律性问题不可分离紧密结合的两个组成部分。

④ 席大民：《普遍交往论和世界历史论》，吉林人民出版社，2006年，第12页。

⑤ 马克思、恩格斯在《德意志意识形态》中对于有关交往的历史规律使用最多的是生产力和交往形式关系的矛盾表达，为了能够和以生产关系为中介的历史规律相区分，同时也考虑到马克思在《〈政治经济学批判〉导言》中使用的是交往关系而没有使用如交往形式等概念，因此，我主要使用与生产力概念相对的交往关系来表述有关以交往为中介的历史规律的认识问题。

和交往手段①、生产力和交往形式②、生产力和交往关系③相对的一种关系性认识。关于马克思使用的交往关系等概念，如果再坚持马克思使用的交往形式、交往方式、交往关系是不成熟的概念，而是生产关系概念使用的一种不成熟的过渡表达，就目前的情况看，是不利于马克思历史观完整的理解的。从马克思对生产关系和交往关系两个概念的使用看，在《德意志意识形态》中，马克思既有单独各自使用两个概念的情况，也有一起使用的情况，即使《哲学的贫困》中在与生产力相对的意义上使用了生产关系的概念，这之后对于交往关系也没有放弃使用。总体上看，马克思历史认识中使用的交往关系概念具有以下几个方面的问题：

第一，如何理解交往关系的内涵问题。在《致帕维尔・瓦西里耶维奇・安年科夫》的信中，马克思有对“交往”一词的阐述，是在批评蒲鲁东时提到的这个问题：一方面强调了生产力在社会发展中的客观性作用，另一方面同时也强调了人们何以要改变继承的社会形式的必要性，即“交往方式”与“既得的生产力”之间的矛盾问题，认为当“交往［commerce］方式不再适合于既得的生产力时”，人们就要“改变他们继承下来的一切社会形式”。④ 当然，这是在人类社会文明存续的意义上讲的。由此，马克思提出了他对“交往”的理解，为了具体说明交往的内涵，马克思还以英国为例说明了1640年和1688年革命何以会发生的原因。“交往”（英文是commerce，德文是Verkehr）最宽泛的意义指的是包括“各种特权、行会和公会的制度、中世纪的全部规则”的“社会关系”，也即“适应于既得的生产力和产生这些制度的先前存在的社会状况”。⑤ 从交往“Verkehr”一词最宽泛的意义看，应是涵盖了一定生产阶段上的一切社会形式和社会关系的一种认识。⑥ 在这个意义上，交往关系基本等同于社会关系。当然，这也并不排除交往关系可以在与生产关系相对并列的狭义的意义上来理解。在谈到银行家如何占有财富时，马克思论述过这个问题，认为“只有在现存在的生产关系和交往关系的范围以内”，银行家的财富才可以称得上是财富。因为财富的占有只有在生产关系和交往关系的条件下“并用适于这些条件的手段才可能被‘占有’”。⑦ 这里交往概念的理解要注意两点：其一，交往是现实的人的一种存在和活动方式；其二，作为交往

---

① 中共中央马克思恩格斯列宁斯大林著作编译局：《马克思恩格斯选集（第一卷）》，人民出版社，2012年，第170页。

② 中共中央马克思恩格斯列宁斯大林著作编译局：《马克思恩格斯选集（第一卷）》，人民出版社，2012年，第195页、第196页、第202页。

③ 中共中央马克思恩格斯列宁斯大林著作编译局：《马克思恩格斯选集（第二卷）》，人民出版社，2012年，第709页。

④ 中共中央马克思恩格斯列宁斯大林著作编译局：《马克思恩格斯选集（第四卷）》，人民出版社，2012年，第409页。

⑤ 中共中央马克思恩格斯列宁斯大林著作编译局：《马克思恩格斯选集（第四卷）》，人民出版社，2012年，第409页。

⑥ 侯振武与杨耕认为马克思使用的交往概念一词即commerce与德文中的Verkehr一词具有相同的内涵，是指社会生活中的交通、交换或交易，日常生活中的交际交流等……战争本身，等等（侯振武、杨耕：《关于马克思交往理论的再思考》，《哲学研究》，2018年第7期，第11页）。

⑦ 中共中央马克思恩格斯列宁斯大林著作编译局：《马克思恩格斯全集（第三卷）》，人民出版社，2016年，第446页。

主体的现实的人，是个人和人群共同体方式存在和活动的统一。“社会——不管其形式如何——是什么呢？是人们交互活动的产物。”①

第二，如何理解交往关系的类型问题。“各民族之间的相互关系取决于每一个民族的生产力、分工和内部交往的发展程度。这个原理是公认的。然而不仅一个民族与其他民族的关系，而且这个民族本身的整个内部结构也取决于自己的生产以及自己内部和外部交往的发展程度。一个民族的生产力发展的水平，最明显地表现于该民族分工的发展程度。任何新的生产力，只要它不是迄今已知的生产力单纯的量的扩大（例如，开垦土地），都会引起分工的进一步发展。”② 马克思、恩格斯的这段话，至少可以有如下几个方面的理解：其一，交往关系至少可以分为民族的内部交往和外部交往两种类型；其二，民族内部交往和外部交往的发展都取决于生产和交往的发展程度；其三，从人类社会历史发展世界交往的意义看，这两种交往都可以发展成世界交往，“各个相互影响的活动范围在这个发展进程中越是扩大，各民族的原始封闭状态由于日益完善的生产方式、交往以及因交往而自然形成的不同民族之间的分工消灭得越是彻底，历史也就越是成为世界历史。例如，如果在英国发明了一种机器，它夺走了印度和中国的无数劳动者的饭碗，并引起这些国家的整个生存形式的改变”③。

第三，如何理解交往关系的维度问题。一般认为把交往看作是人类社会内部的人与人之间的一种交往关系比较容易理解，不过，如果认为交往也包括人与自然的关系也并非不可：生产中作为物质生产资料的自然在与生产发生关系的过程中必然会产生人与自然的交往关系；生产实践与交往实践是人类实践活动的两种样态，起初从属于物质生产的交往在人类社会发展中逐渐分化出来，随着分工的进一步扩大，生产和交往的关系也不断分化，从而产生相互作用的一种关系，即物质生产决定着交往，而交往又对物质生产起着极大的反作用，因为生产力“只有在这些个人的交往和相互联系中才是真正的力量”④。除此以外，人与自然的关系还表现在人口的生产以及“不要过分陶醉于我们人类对自然界的胜利”⑤ 而要保持人与自然关系的和谐发展等方面。所以，从广义上讲，交往包括人与人以及人与自然之间的两重关系。从交往关系归根结底的认识看，交往关系中的自然当然也可以理解成生产要素或地理环境的自然，而若仅仅就交往关系而言，这种层面上理解的自然不能单纯理解成客体意义上的生产要素或地理环境的自然，而是要理解成具有一定主体意义的自然。当然，这种理解并不是把自然看成一个独立的主体、完全以自然为中心的自然中心主义。这种人与自然的关系既是人与包括人在内的自

---

① 中共中央马克思恩格斯列宁斯大林著作编译局：《马克思恩格斯选集（第四卷）》，人民出版社，2012 年，第 408 页。

② 中共中央马克思恩格斯列宁斯大林著作编译局：《马克思恩格斯选集（第一卷）》，人民出版社，2012 年，第 147 页。

③ 中共中央马克思恩格斯列宁斯大林著作编译局：《马克思恩格斯选集（第一卷）》，人民出版社，2012 年，第 168 页。

④ 中共中央马克思恩格斯列宁斯大林著作编译局：《马克思恩格斯选集（第一卷）》，人民出版社，2012 年，第 208 页。

⑤ 中共中央马克思恩格斯列宁斯大林著作编译局：《马克思恩格斯选集（第三卷）》，人民出版社，2012 年，第 998 页。

然之间的关系，也是人与生存环境的自然之间的一种关系，还是人与作为人的实践活动要素的自然之间的关系。

第三节　《德意志意识形态》中历史规律内容解读的历史追踪[①]

马克思对于交往发展的历史论述从时间性看，可以划分为史前时期、民族地域史时期和世界历史三个时期。

一、史前时期[②]的交往

对于史前时期的交往历史的记述主要是在马克思写于1879年10月至1881年6月的《人类学笔记》[③] 和恩格斯《自然辩证法》中写于1876年的《劳动在从猿到人转变过程中的作用》以及1884年出版的《家庭、私有制和国家的起源》等著作中，其中除了涉及唯物史观的内容之外，另一个主要内容就是古代社会（原始社会）人类早期的交往问题。马克思的《人类学笔记》主要有《路易斯·亨·摩尔根〈古代社会〉一书摘要》《亨利·萨姆纳·梅恩〈古代法制史讲演录〉（1875年伦敦版）一书摘要》《约·拉伯克〈文明的起源和人的原始状态〉（1870年伦敦版）一书摘要》《马·柯瓦列夫斯基〈公社土地占有制，其解体的原因、进程和结果〉（第1册，1879年莫斯科版）一书摘要》等著作。在《路易斯·亨·摩尔根〈古代社会〉一书摘要》中，马克思接受了摩尔根把古代社会分为蒙昧期、野蛮期和文明期三个阶段，而每个阶段又可以再分为低级、中级和高级三个小的阶段历史分期的交往尺度，认为在蒙昧期低级阶段人类童年发展到食用鱼类和使用火的蒙昧中期阶段，再到弓箭使用的蒙昧高级阶段，然后过渡到野蛮低级的制陶到中级阶段的驯养动物、冶铁和铁器使用的野蛮高级阶段。[④] 随着人类“生存的技术”[⑤] 的变化，人类从蒙昧期低级阶段的果实和植物根块等天然食物为食，逐渐向用火来烹煮鱼的人工制造食物方式转变，到了野蛮期，西半球以种植淀粉食物为食，东

① 有关马克思史前时期交往的记叙，可以参阅中央编译出版社2009年出版的李百玲的《晚年马克思恩格斯交往观研究》一书第14～107页的相关内容。另外有关人类交往发展的历史，可以参阅王晋新等译北京大学出版社2017年出版的威廉麦·R. 克尼尔和威廉·H. 麦克尼尔的《麦克尼尔全球史：从史前到21世纪的人类网络》一书第9～51页的相关内容。

② 此处使用的史前社会的概念同《〈政治经济学批判〉序言》中使用的是不同的，指的是对于地球人类这个物种而言都还处于史前时期的情况。《德意志意识形态》《共产党宣言》中使用的史前社会的概念就是此意。

③ 马克思的《人类学笔记》并不全是有关史前社会的记述，其中马·柯瓦列夫斯基的《公社土地所有制》和约·布·菲儿的《印度和锡兰的雅利安人村社》的摘要是有关东方国家的土地制度和村社结构及其生活方面的笔记。

④ 中共中央马克思恩格斯列宁斯大林著作编译局：《马克思古代社会史笔记》，人民出版社，1996年，第122～125页。

⑤ 中共中央马克思恩格斯列宁斯大林著作编译局：《马克思古代社会史笔记》，人民出版社，1996年，第125页。

半球以驯养动物的肉类和乳类为食的生存方式逐渐确立起来家畜的大量驯养、铁器的使用，在以前园艺的基础上，“便产生了田野农业，从而第一次提供了无限量的食物”①。在人类生存方式逐渐进步的过程中，人类也就由人与自然关系中的被动地位逐渐向主动地位转化，主体性逐渐增强，同时人与自然交往中的自然客体也在逐渐获取自身的相对独立性，人与人之间的交往关系也就走向了更深的层次。这就是原始人类交往中的婚姻家庭形式的变化问题，也即基于血亲和姻亲基础上的血亲交往、两性交往以及由此引起的两性分工与不同社会地位之间的交往问题。马克思改造了摩尔根有关家庭形式的说法，分析并阐释了血缘家庭、普那路亚家庭、对偶家庭和父权制家庭以及专偶制家庭四种形式，强调生产力的发展和人类交往水平的提高，原始人类婚姻家庭形式发生相应的变化；反之，婚姻家庭形式的不断发展又规范着原始人之间的交往关系。原始血缘家庭向专偶婚制的过渡是原始人交往发展的必然结果，是原始人交往中血亲之间的婚姻关系向非血缘氏族成员之间的婚姻关系的一个重要转变。“彼此没有血缘关系的人们之间的婚姻，创造出在体力上和智力上都更强健的人种”②，为生产和交往的发展奠定了基础。而财产观念的出现则促进了个体身份的确立，独立型的交往主体逐渐萌芽。马克思认为财产观念是在原始人从蒙昧阶段向野蛮阶段过渡的过程中产生的，也即当“单个人的财产对象”和“家长成了财产积累的自然中心”这两种现象出现的时候，“人类财产发展的新历程便于此发端”③ 了。正是财产关系得到充分发展的情况下，经济关系才成为主宰人与人之间交往的基本关系。恩格斯在《家庭、私有制和国家的起源》中对于财产观念的发展在原始社会瓦解过程中的作用给予了详细的论证和阐释。在原始人家庭形式演变的过程中，最初的社会组织也开始逐渐产生了。

《公社土地占有制，其解体的原因、进程和结果》一书是马克思建议柯瓦列夫斯基写的，主要是系统研究当时存在于亚洲、非洲和拉丁美洲的古老的公社土地占有制度问题。马克思所作的摘要的结构与该书的原结构一致，并没有重新安排顺序。在《马·柯瓦列夫斯基〈公社土地占有制，其解体的原因、进程和结果〉（第 1 册，1879 年莫斯科版）一书摘要》中，马克思首先对柯瓦列夫斯基在书中记述的美洲红种人的所有制与社会交往关系进行了摘评，美洲大陆北美的东达科塔人和巴西的博托库人在“人类社会的原始群状态”中，“没有婚姻和家庭”，只有如战争、狩猎、捕鱼这样的“共同生活和相同的营生”的关系以及“母亲及其亲生子女之间的骨肉关系”④。这是一种原始的共有制度，他们的狩猎物是“整个狩猎者集团的共同财富”，而不是私有财产。即使“食物最初也不是私有财产”，是“在个人之间而不是在家庭之间分配”的，而作为私有财产的“只有他们身上穿的衣服”和“同有机界和无机界的斗争中当作工具使用的比较原始

① 中共中央马克思恩格斯列宁斯大林著作编译局：《马克思古代社会史笔记》，人民出版社，1996 年，第 130 页。

② 中共中央马克思恩格斯列宁斯大林著作编译局：《马克思古代社会史笔记》，人民出版社，1996 年，第 157 页。

③ 中共中央马克思恩格斯列宁斯大林著作编译局：《马克思古代社会史笔记》，人民出版社，1996 年，第 187 页。

④ 中共中央马克思恩格斯列宁斯大林著作编译局：《马克思古代社会史笔记》，人民出版社，1996 年，第 1 页。

的武器”。[①] 这种“阻碍着财产关系的个体化”的古老形式“保持了数千年之久”[②]。后来，随着物质生产条件和生存资料的不断提高和丰富，这种原始群状态也就逐渐自行瓦解并发展出了氏族和家庭等古老的社会组织形式。在“英属东印度”这一节中，马克思赞同柯瓦列夫斯基书中对印度公社发展五个阶段的划分，也即原始经济关系从氏族到家庭，再到农村公社的过程。具体说，第一个阶段就是“实行土地共同所有制和集体耕种的氏族公社”；在第二个阶段中，家庭公社从氏族公社中依照氏族分支的数目分化出来，“土地所有权的不可分割性和土地的共同耕作制”[③] 最终消失了；第三个阶段指的是“由继承权即由亲属等级的远近来确定份地因而份地不均等的制度”[④] 问题，也即由于氏族成员增加造成的确定距同一氏族首领的亲属等级的远近变得越来越困难的问题（战争、殖民等情况也是影响因素）；第四个阶段的问题则是“不均等的基础已不再是距同一氏族首领的亲属等级的远近”，而是变为“由耕种本身表现出来的事实上的占有”问题；第五阶段指的是“公社土地或长或短定期的重分制度”问题，也即公社成员面对不均等的土地，既反对按“亲属等级的远近”决定的份地制度，又反对按“事实上的占有”情况批准的制度进行分配，而是要求按地段大小均等进行重新分配，于是“公社土地或长或短定期的重分制度”[⑤] 也就产生了。柯瓦列夫斯基划分农村公社演变的五个阶段，说明的是公社的土地是由最初的大范围绝对的共同均等的占有逐渐向个体家庭私人所有转移的过程。这个过程便是从血缘为基础进行联合走向没有血缘关系的自由交往的过程。

有关阿尔及利亚的古老土地所有制问题，从马克思的摘录看，阿尔及利亚是除印度外，古老形式的土地所有制形式保存下来最多的地方，占统治地位的土地所有制形式主要是“氏族所有制和不分居家庭所有制”[⑥]。阿拉伯人、土耳其人和法国人长达若干世纪的统治“都没有能够摧毁血缘组织和以血缘组织为基础的地产不可分和不可出让的原则”[⑦]。阿尔及利亚的土地所有制有两种形式，即个体土地所有制和集体土地所有制两种制度，前者“迄今仍在土著的柏柏尔中，以及在构成城市居民主体的摩尔人和希伯来人中占主要地位”，后者则是在柏柏尔人中居住在北部地中海沿岸等地的被称为卡比尔人中存在，“保存着氏族所有制和公社所有制的许多痕迹，直到现在仍然过着不分居家

① 中共中央马克思恩格斯列宁斯大林著作编译局：《马克思古代社会史笔记》，人民出版社，1996 年，第 2 页。

② 中共中央马克思恩格斯列宁斯大林著作编译局：《马克思古代社会史笔记》，人民出版社，1996 年，第 5 页。

③ 中共中央马克思恩格斯列宁斯大林著作编译局：《马克思古代社会史笔记》，人民出版社，1996 年，第 36 页。

④ 中共中央马克思恩格斯列宁斯大林著作编译局：《马克思古代社会史笔记》，人民出版社，1996 年，第 36～37 页。

⑤ 中共中央马克思恩格斯列宁斯大林著作编译局：《马克思古代社会史笔记》，人民出版社，1996 年，第 37 页。

⑥ 中共中央马克思恩格斯列宁斯大林著作编译局：《马克思古代社会史笔记》，人民出版社，1996 年，第 101 页。

⑦ 中共中央马克思恩格斯列宁斯大林著作编译局：《马克思古代社会史笔记》，人民出版社，1996 年，第 101 页。

庭的生活，严格遵守家庭财产不可出让的原则”。[①] 卡比尔人中存在土地私有制只是一种例外情况，也是“氏族的、公社的和家庭的所有制逐渐瓦解过程的产物”[②]。这就是阿尔及利亚的土地所有制与社会交往情况，而上述有关各个地区的殖民入侵与土地所有制瓦解等的关系问题不在我们的论述之列，也就在此不再赘述。

在《约·拉伯克〈文明的起源和人的原始状态〉（1870年伦敦版）一书摘要》中，马克思除了指出拉伯克在原始婚姻家庭关系上的看法存在错误，对财产和继承关系上实行土地、权力和财产的长子继承制不了解之外，马克思还“摘批”了拉伯克对原始宗教在人类文明发展中的认识问题。马克思不同意拉伯克有关宗教发展的认识，由“无神论”向“自然崇拜或图腾崇拜”“萨满教”“偶像崇拜或拟人观”发展，最后发展成为“神成了造物主，不单单是自然的一部分了，第一次成为超自然的存在”[③]。对此，马克思的“摘批”是：“这意味着，拉伯克先生认为神是头脑的编造。”[④] 在马克思看来，神是人头脑中臆想的产物，是为人的需要而被创造出来的，不过，这个创造物最终战胜了创造者自己的意志而成为统治人的至上力量和一种超自然的存在。所以，马克思批评拉伯克说：“试比较拉伯克并没有意识到的一点，即蒙昧人的推理能力高于信神的欧洲人。”[⑤] 实际上，关于宗教产生问题，马克思在1843年撰写的《〈黑格尔法哲学批判〉导言》中已经说得很清楚了，“人创造了宗教，而不是宗教创造人”[⑥]，宗教产生的根源不是在天上而是在人间。作为人的自我意识，“宗教里的苦难既是现实的苦难的表现，又是对这种现实的苦难的抗议”[⑦]。再者，马克思认为拉伯克对于科学与宗教关系的认识也是错误的，科学与宗教的关系并不是拉伯克所认为的“科学所反对的只是宗教的错误”[⑧]，二者的关系在本质上是对立的。马克思对拉伯克有关原始社会的暴力交往也即对犯罪事件的处理和报复问题也做了一些“摘批”，认为暴力交往是受一定规则约束的，“合法的报复在量的方面常常是有严格规定的”[⑨]。

梅恩的《古代法制史讲演录》是以布雷亨法规为参照撰写的。在《亨利·萨姆纳·

---

① 中共中央马克思恩格斯列宁斯大林著作编译局：《马克思古代社会史笔记》，人民出版社，1996年，第101～102页。

② 中共中央马克思恩格斯列宁斯大林著作编译局：《马克思古代社会史笔记》，人民出版社，1996年，第106页。

③ 中共中央马克思恩格斯列宁斯大林著作编译局：《马克思古代社会史笔记》，人民出版社，1996年，第529页。

④ 中共中央马克思恩格斯列宁斯大林著作编译局：《马克思古代社会史笔记》，人民出版社，1996年，第529页。

⑤ 中共中央马克思恩格斯列宁斯大林著作编译局：《马克思古代社会史笔记》，人民出版社，1996年，第529页。

⑥ 中共中央马克思恩格斯列宁斯大林著作编译局：《马克思恩格斯选集（第一卷）》，人民出版社，2012年，第1页。

⑦ 中共中央马克思恩格斯列宁斯大林著作编译局：《马克思恩格斯选集（第一卷）》，人民出版社，2012年，第2页。

⑧ 中共中央马克思恩格斯列宁斯大林著作编译局：《马克思古代社会史笔记》，人民出版社，1996年，第541页。

⑨ 中共中央马克思恩格斯列宁斯大林著作编译局：《马克思古代社会史笔记》，人民出版社，1996年，第544页。

梅恩〈古代法制史讲演录〉（1875年伦敦版）一书摘要》中，马克思从几个方面对梅恩原始社会法律的错误认识展开了批判。首先是古代法形成的前身即契约问题的批判。梅恩认为根据布雷亨法规，契约有两种形式即有效契约和无效契约。古代社会为规范和调整社会成员交往关系而订立的契约的效力，要受到“家族、远亲、同村人、部落、首领的权利的限制”[1]，是为协调各个交往主体的权利义务关系而定制的。如果缔结有损教会利益的契约，“还受教会权利的限制”[2]。《艾锡尔书》中认定的两性临时同居是“惯常的社会秩序的组成部分”[3]，以及由此对双方权利的规定（特别指出要照顾女方的利益）问题，梅恩认为这是教会影响的结果。马克思不同意这种认识，认为“这在蒙昧时代的高级阶段，例如，在红种的印第安人那里，到处可见”[4]。也就是说，这并不是特殊阶段和特殊地域才出现的现象，在蒙昧时代的高级阶段之所以随处可见，就是因为当时的社会关系就是如此，而不是人为干预的结果。其次，马克思认为梅恩对古代社会真实的社会关系也没有搞清楚。梅恩认为从部落公社确立起，土地就开始代替血缘关系而逐渐“成为社会的基础”[5]。马克思认为梅恩并不了解这种转变，并不是所有比家庭大的人类集团所居住的土地都会逐渐取代日益模糊的血缘关系而“成为他们之间联合的纽带”，而是氏族在这个过程中充当了必要的角色，对此，马克思评述说：“这表明氏族是一个多么不为他梅恩所注意的事实!”[6] 梅恩不了解社会关系的实质是根本不懂得氏族才是原始社会的组织形式这个问题，“因为梅恩先生把在印度存在的那种联合家庭错误地当作最早的形式”[7] 了，也即最早的社会组织形式了。再次，马克思认为梅恩对国家起源的理解也存在问题。梅恩对国家起源的暴力论是这样解释的，认为权力的产生“最重要的是社会上一部分人在体力上和武力上占优势”，从而“使居于少数的人获得了能对构成整个社会的各成员施加不可抵挡的压力的权力”。[8] 马克思认为这个论断是根本不符合事实的，“就这些影响（首先是经济的）以‘道德的’形式存在而论，它们始终是派生的，第二性的，绝不是第一性的”[9]。很明显，马克思是就经济与道德关系来论

---

① 中共中央马克思恩格斯列宁斯大林著作编译局：《马克思古代社会史笔记》，人民出版社，1996年，第436页。

② 中共中央马克思恩格斯列宁斯大林著作编译局：《马克思古代社会史笔记》，人民出版社，1996年，第436页。

③ 中共中央马克思恩格斯列宁斯大林著作编译局：《马克思古代社会史笔记》，人民出版社，1996年，第436页。

④ 中共中央马克思恩格斯列宁斯大林著作编译局：《马克思古代社会史笔记》，人民出版社，1996年，第436页。

⑤ 中共中央马克思恩格斯列宁斯大林著作编译局：《马克思古代社会史笔记》，人民出版社，1996年，第437页。

⑥ 中共中央马克思恩格斯列宁斯大林著作编译局：《马克思古代社会史笔记》，人民出版社，1996年，第437页。

⑦ 中共中央马克思恩格斯列宁斯大林著作编译局：《马克思古代社会史笔记》，人民出版社，1996年，第443页。

⑧ 中共中央马克思恩格斯列宁斯大林著作编译局：《马克思古代社会史笔记》，人民出版社，1996年，第509页。

⑨ 中共中央马克思恩格斯列宁斯大林著作编译局：《马克思古代社会史笔记》，人民出版社，1996年，第509页。

说上层建筑的起源问题，也即国家的起源问题。“在存在国家（在原始公社等之后）——即政治上组织起来的社会——的地方，国家绝不是君主……”① 最后，马克思认为梅恩对地产和财产占有制的理解也存在问题。梅恩认为地产有双重起源，分别来自“亲属或部落成员的个人权利与家庭或部落的集体权利相分离”和“部落首领的统治权的成长和变形”②。马克思认为地产不是双重起源，只不过是“部落所有制和包括部落首领在内的部落集体这同一个来源的两个分支”③。在爱尔兰，土地占有权实质上都是“部落的或家庭的权利”，一个部落或家庭的所有成员“都有在全部部落所占的土地中取得相应的一份的平等权利”④。

二、民族地域史时期的交往⑤

有关民族地域史的交往主要是马克思写于 1881 年底到 1882 年底的《历史学笔记》中论述的问题，所记载的是公元前 91—1648 年近 1750 年的历史，其中第一册是公元前 91—1320 年（近 1400 年，）第二册是 1300—1470 年（近 170 年），第三册是 1470—1580 年（近 110 年），第四册是 1580—1648 年（近 70 年）。从上述记载的时间看，马克思着重研究的是奴隶社会、封建社会直至资本主义萌芽、发展的历史。从空间范围说，《历史学笔记》主要记述的是地中海沿岸（主要是罗马帝国）、大西洋沿岸以及部分东方世界发生的历史事实。该笔记的记载是从公元前 91 年古罗马国家的公民权的扩大开始的（涉及古罗马的兴盛和古代地中海国际关系的雏形的内容），结束是 1648 年欧洲 30 年战争后《韦斯特敏斯特合约》签订的纪年（这一年是神圣罗马帝国彻底衰落的界碑）。总体上看，整部笔记以罗马帝国的兴衰为主线，记载了近代国际关系史的起源及其如何走向近代世界历史的过程，内容涉及从奴隶制到封建制，再从封建制到新兴资本主义势力兴起等历史事实。

马克思对“十字军东征”和“蒙古西征”有详细的摘录。“十字军东征”主要有四次，时间涉及从 1093 年到 1200 年前后，其中第一次是 1096 年到 1099 年，第二次是 1147 年到 1149 年，第三次远征的参与国主要是德意志、法兰西和英格兰（德国远征的时间是 1188 年，法兰西和英格兰远征的时间是 1190 年到 1192 年），第四次是 1202 年到 1204 年。⑥“蒙古西征”开始于 1219 年成吉思汗西征，其子孙从 1224 年到 1241 年分

① 中共中央马克思恩格斯列宁斯大林著作编译局：《马克思古代社会史笔记》，人民出版社，1996 年，第 509 页。

② 中共中央马克思恩格斯列宁斯大林著作编译局：《马克思古代社会史笔记》，人民出版社，1996 年，第 444 页。

③ 中共中央马克思恩格斯列宁斯大林著作编译局：《马克思古代社会史笔记》，人民出版社，1996 年，第 444 页。

④ 中共中央马克思恩格斯列宁斯大林著作编译局：《马克思古代社会史笔记》，人民出版社，1996 年，第 464 页。

⑤ 部分内容可以参阅知识产权出版社 2008 年出版的黄皖毅的《马克思世界史观：文本、前沿与反思》一书第 63～82 页的相关内容。

⑥ ［德］马克思：《卡尔·马克思历史学笔记（第一册）》，中央编译局马列著作编译部译，中国人民大学出版社，2005 年，第 84～174 页。

别征服了俄国（1238年）及其周边国家（1241年初进入匈牙利和波兰），1253年开始攻打波斯和巴格达（1258年2月攻陷巴格达并侵占叙利亚）。[①]“十字军东征”和“蒙古西征”所涉及的主要是环地中海国家，体现的是以地中海为中心的世界历史形成的先兆问题，其内涵在于验证了马克思在《德意志意识形态》中提出的战争也是一种交往形式的观点，也即潜在于家庭中奴隶制的发展，除了人口和需求增长的原因之外，“战争和交易这种外部交往的扩大”[②] 也是促使奴隶制发展的重要条件。东西方之间的战争，扩大和加强了西欧基督教和西亚伊斯兰文明之间的交往，从而使地区之间、民族之间或国家之间的联系、沟通和融合逐渐得到了加强。许多雕刻珍品从君士坦丁堡被运到西方用来装饰自己的住宅、宫殿和教堂，西方才知道东方竟有如此“高超的技艺”[③]。

当然，战争交往和经济交往也并不是分开的。这一点《历史学笔记》中是有记载的，其中在涉及成吉思汗西征时，就提到了一些国家边贸很活跃的问题。“花剌子模的居民和东方的贸易往来相当活跃。”[④] 在依靠经济落后地区的大贵族的兰开斯特家族（红蔷薇）和依靠经济发达地区的封建主以及新贵族和市民的约克家族（白蔷薇）的“蔷薇战争”中，也记述了一些有关经济发展的历史事实。在战争的过程中，“各地的财富和工业都有增长。各郡小业主的财富和人数越来越多”[⑤]。与此同时，“遭到破产和覆灭的其实主要是一些贵胄显爵及其封建家臣”，而收入丰盈的贵族则“最受尊敬，出自名门的人都在做生意，出售自己的羊毛和牲畜，并不认为从事农业是丢人的事”。[⑥] 对待上层贵族争夺王位发起的战争，“实业阶级和地主阶级基本上是袖手旁观的”[⑦]。

马克思的《历史学笔记》还有尤为重要的一点是，在以地中海为中心[⑧]进行战争交往（商贸）内容形式的历史叙事框架之中，是包括了东方国家历史活动内容的，在叙述西方历史的过程中融入了东方历史的因素，像俄罗斯、东欧、中亚以及东亚的一些的民族都卷入了世界历史、东西方文明的交往之中了。俄罗斯在遭受了蒙古两个半世纪的统治之后，终于在15世纪后期赢得了独立，寻求发展是彼得大帝的梦想。

---

① ［德］马克思：《卡尔·马克思历史学笔记（第一册）》，中央编译局马列著作编译部译，中国人民大学出版社，2005年，第150～155页。

② 中共中央马克思恩格斯列宁斯大林著作编译局：《马克思恩格斯选集（第一卷）》，人民出版社，2012年，第148页。

③ ［德］马克思：《卡尔·马克思历史学笔记（第一册）》，中央编译局马列著作编译部译，中国人民大学出版社，2005年，第135页。

④ ［德］马克思：《卡尔·马克思历史学笔记（第一册）》，中央编译局马列著作编译部译，中国人民大学出版社，2005年，第148页。

⑤ ［德］马克思：《卡尔·马克思历史学笔记（第四册）》，中央编译局马列著作编译部译，中国人民大学出版社，2005年，第228页。

⑥ ［德］马克思：《卡尔·马克思历史学笔记（第四册）》，中央编译局马列著作编译部译，中国人民大学出版社，2005年，第228页。

⑦ ［德］马克思：《卡尔·马克思历史学笔记（第四册）》，中央编译局马列著作编译部译，中国人民大学出版社，2005年，第228页。

⑧ 马克思、恩格斯之后，有关地中海历史的探讨成为西方历史研究的一个热点，其中有法国布罗代尔1947年答辩通过的博士论文《菲利普二世时代的地中海和地中海世界》，当代英国历史学家克劳利出版的地中海史诗三部曲即《1453：君士坦丁堡之战》《海洋帝国：地中海大决战》《财富之城：威尼斯海洋霸权》，等等。

三、世界历史时期的交往

马克思、恩格斯对这一时期论述得最为详细，有关这段历史的论述主要体现在《1844年经济学哲学手稿》《德意志意识形态》《哲学的贫困》《共产党宣言》以及《资本论》及其手稿中，其中尤以《德意志意识形态》中的论述最为全面。在《德意志意识形态》中，马克思、恩格斯把这个时期的交往问题又划分为三个相对小的时期。第一个时期是欧洲中世纪后期。欧洲11世纪城市兴起之后，城市手工业逐渐发展起来。不过，此时的“分工还是非常少的”①。随着生产力的发展，分工开始扩大为生产和交往的分离，商人阶层形成了。于是临近区域之间的贸易也就发展起来了，从而城市与城市之间也彼此建立了联系。“最初的地域局限性开始逐渐消失。”② 这种城市之间联系扩大带来的分工的直接结果就是行会制度之外的“工场手工业”③ 产生了。第二个时期开始于17世纪中叶，并一直持续到18世纪末。这是工场手工业和分工进一步的发展阶段。与此同步，随着美洲和通往东印度航线的发现，由殖民主义商业交往所开辟出来的世界市场和商业与航运也发展起来。虽然工场手工业得到了一定发展，资本运动的速度加速了，“但相对来说总还是缓慢的”④。世界市场的分割和各个国家之间的相互竞争“都严重地妨碍了流通”⑤。此时的商人和工场手工业主“同后一时期的商人和工业家比较起来，他们仍旧是小市民”⑥。第三个时期是大工业的发展阶段。同前一阶段相比，“把自然力用于工业目的，采用机器生产以及实行最广泛的分工”⑦ 是这一阶段的最大特点。广泛的分工和机器生产的采用大大提高了大工业生产的实力，“大工业创造了交通工具和现代的世界市场，控制了商业，把所有的资本都变为工业资本，从而使流通加速（货币制度得到发展）、资本集中”⑧。正是这个大工业“首次开创了世界历史”，消灭了各国以往自然形成的闭关自守的状态，“使每个文明国家以及这些国家中的每一个人的需要的

① 中共中央马克思恩格斯列宁斯大林著作编译局：《马克思恩格斯选集（第一卷）》，人民出版社，2012年，第187页。

② 中共中央马克思恩格斯列宁斯大林著作编译局：《马克思恩格斯选集（第一卷）》，人民出版社，2012年，第187页。

③ 中共中央马克思恩格斯列宁斯大林著作编译局：《马克思恩格斯选集（第一卷）》，人民出版社，2012年，第188页。

④ 中共中央马克思恩格斯列宁斯大林著作编译局：《马克思恩格斯选集（第一卷）》，人民出版社，2012年，第193页。

⑤ 中共中央马克思恩格斯列宁斯大林著作编译局：《马克思恩格斯选集（第一卷）》，人民出版社，2012年，第193页。

⑥ 中共中央马克思恩格斯列宁斯大林著作编译局：《马克思恩格斯选集（第一卷）》，人民出版社，2012年，第193页。

⑦ 中共中央马克思恩格斯列宁斯大林著作编译局：《马克思恩格斯选集（第一卷）》，人民出版社，2012年，第194页。

⑧ 中共中央马克思恩格斯列宁斯大林著作编译局：《马克思恩格斯选集（第一卷）》，人民出版社，2012年，第194页。

满足都依赖于整个世界”[①]。在这样的发展阶段上，大工业“使分工丧失了自己自然形成的性质的最后一点假象。它把自然形成的性质一概消灭掉（只要在劳动的范围内有可能做到这一点），还把所有自然形成的关系变成货币的关系”[②]。至此，世界历史真正揭开了新的一页。

马克思上述对世界历史发展三个阶段的分析表明，世界历史的出现根源于生产力的发展以及由此引起的分工和交往的发展。生产力的发展必然带来分工的扩大和随之人们之间、国家和区域之间交换和交往的逐渐发展。“各民族之间的相互关系取决于每一个民族的生产力、分工和内部交往的发展程度。”[③]

第四节　规律认识的特征

在《哲学的贫困》中，马克思在批判蒲鲁东不理解原理和范畴是生产出来的时说，“社会关系和生产力密切相联”[④] 的。在马克思看来，理解生产力是不能离开社会关系的。生产力和社会关系如何产生关系是马克思理解以生产力为基础的历史规律的一种最广义的方式[⑤]。

第一，历史规律的同构性。这种同构性指的是《〈政治经济学批判〉序言》与《德意志意识形态》中历史规律内容解读的关系问题。对于这种关系的认识，首先应理解生

① 中共中央马克思恩格斯列宁斯大林著作编译局：《马克思恩格斯选集（第一卷）》，人民出版社，2012 年，第 194 页。

② 中共中央马克思恩格斯列宁斯大林著作编译局：《马克思恩格斯选集（第一卷）》，人民出版社，2012 年，第 194 页。

③ 中共中央马克思恩格斯列宁斯大林著作编译局：《马克思恩格斯选集（第一卷）》，人民出版社，2012 年，第 147 页。

④ 中共中央马克思恩格斯列宁斯大林著作编译局：《马克思恩格斯选集（第一卷）》，人民出版社，2012 年，第 222 页。

⑤ 马克思对历史规律采用生产力和社会关系的认识表达方式，应是历史规律认识的一种广义的理解。除在《哲学的贫困》中，马克思表述过这种认识形式之外，在 1846 年 11 月《马克思致帕维尔·瓦西里耶维奇·安年科夫》的信中，马克思在批评蒲鲁东先生混淆了思想和事物的错误时，强调了生产力和交往社会形式的重要性，其中讲到了中世纪的生产力和“各种特权、行会和公会的制度、中世纪的全部规则”等社会制度的关系问题，认为社会就是在“既得的生产力和产生这些制度的先前存在的社会状况的社会关系”中发展的，“随着新的生产力的获得，人们便改变自己的生产方式，而随着生产方式的改变，他们便改变所有不过是这一特定生产方式的必然关系的经济关系”——“这正是蒲鲁东先生没有理解、更没有证明的”［中共中央马克思恩格斯列宁斯大林著作编译局：《马克思恩格斯选集（第四卷）》，人民出版社，2012 年，第 409 页、第 410 页］。在《共产党宣言》中，马克思在论述资产阶级生存的动力时，使用了生产工具、生产关系和社会关系的概念，也即“资产阶级除非对生产工具，从而对生产关系，从而对全部社会关系不断地进行革命，否则就不能生存下去”［中共中央马克思恩格斯列宁斯大林著作编译局：《马克思恩格斯选集（第一卷）》，人民出版社，2012 年，第 403 页］。在《雇佣劳动与资本》中，马克思说：“为了进行生产，人们相互之间便发生一定的联系和关系；只有在这些社会联系和社会关系的范围内，才会有他们对自然界的影响，才会有生产。”［中共中央马克思恩格斯列宁斯大林著作编译局：《马克思恩格斯选集（第一卷）》，人民出版社，2012 年，第 340 页］在《在〈人民报〉创刊纪念会上的演说》中，马克思谈到机器、财富、科技虽然进步了，但是“人的生命则化为愚钝的物质力量”时，使用了“生产力与社会关系之间的这种对抗”的矛盾关系的表达方式［中共中央马克思恩格斯列宁斯大林著作编译局：《马克思恩格斯选集（第一卷）》，人民出版社，2012 年，第 776 页］。马克思的这种表达方式同生产力同交往关系的表达方式应是基本等同的。

产关系和交往关系之间的关系问题。“生产关系总合起来就构成所谓社会关系，构成所谓社会”[①]，从结构与功能的关系看，强调的应是生产关系在社会关系中的地位和作用问题，指的是生产关系在社会关系中主导作用问题。对于生产关系与交往关系之间关系的理解也应从二者各自在社会关系中的地位和所起的作用来认识。交往实践从发生根源上讲从属于生产实践，而生产实践中发生的生产关系必然在起源意义上讲要先于交往关系而存在。在所有的社会关系中，生产关系是决定其他一切关系的基本的原始的关系，也就是说生产关系是社会关系的基础，同样，也是交往关系的基础。生产关系决定其他一切社会关系，也决定交往关系。交往关系是生产关系基础上派生出来的一种社会关系，而生产关系则是生产基础上产生的一种关系，也就是说生产力与交往关系之间的矛盾就是由生产力与生产关系之间的矛盾派生出来的，而不是把两种矛盾看成是相等的一种关系。[②] 从生产力与生产关系的矛盾关系同生产力与交往关系的矛盾关系在人类社会发展中所起的地位和作用看，此处的交往关系从概念界定看应是相对于生产关系的一种社会关系，也即马克思所说的“最广泛的意义而言”[③] 的交往关系。

对于生产关系概念的认识，李秀林等编著的《辩证唯物主义和历史唯物主义原理》认为，所谓生产关系就是人们在物质生产过程中所结成的经济关系，是以生产资料所有制为基本的、决定的方面，由生产、分配、交换和消费四个环节构成的统一体。[④] 大学公共课“马克思主义基本原理”基本同上述认识差不多，唯一不同之处就是把斯大林所说的生产中人与人的关系以及产品分配的关系也加入其中了。[⑤] 我认为这并非没有道理，只不过更多的是强调了生产关系客观方面的意义而已，而对生产关系主体构成方面的意义照顾不足。我认为生产关系从主体构成方面看，指的应是“生产条件的所有者同直接生产者的直接关系”[⑥]。在马克思看来，凡要进行生产，就必须使“劳动者和生产资料”结合起来，且“这种结合的特殊方式和方法”还是社会结构区分为“不同的经济时期”[⑦] 的标准。马克思在此所说的就是劳动者和生产资料的结合问题，指的就是人与人社会关系上的结合，而不是人与自然关系上的结合问题。劳动者和生产资料的结合会因劳动资料的所有情况不同而产生不同的结合方式，用自己的生产资料和使用他人的生产资料的结合方式就是不同的。因此，劳动者同生产资料的结合实际上就是劳动者同生产资料所有者的结合。只有在“同劳动方式和劳动社会生产力的一定的发展阶段相适

---

① 中共中央马克思恩格斯列宁斯大林著作编译局：《马克思恩格斯选集（第一卷）》，人民出版社，2012 年，第 340 页。

② 列宁在《什么是“人民之友”以及他们如何攻击社会民主党人》一文中指出：“只有把社会关系归结于生产关系，把生产关系归结于生产力的水平，才能有可靠的根据把社会形态的发展看做自然历史过程。”［中共中央马克思恩格斯列宁斯大林著作编译局：《列宁选集（第一卷）》，人民出版社，2012 年，第 8～9 页］

③ 中共中央马克思恩格斯列宁斯大林著作编译局：《马克思恩格斯选集（第四卷）》，人民出版社，2012 年，第 409 页。

④ 李秀林、王于、李淮春等：《辩证唯物主义和历史唯物主义原理》，中国人民大学出版社，2004 年，第 104～105 页。

⑤ 本书编写组：《马克思主义基本原理》，人民出版社，2021 年，第 122 页。

⑥ ［德］马克思：《资本论（第三卷）》，人民出版社，2018 年，第 894 页。段忠桥教授对生产关系的解释就是从主体入手来看的，可参阅江苏人民出版社 2009 年出版的段忠桥的《重释历史唯物主义》一书第 104 页相关内容。

⑦ ［德］马克思：《资本论（第二卷）》，人民出版社，2018 年，第 44 页。

应”的“生产条件的所有者同直接生产者的直接关系”中，才能发现“整个社会结构”和“国家形式”的“最隐蔽的秘密”和“隐藏着的基础”①。当然，生产关系所反映的是利益关系问题的认识并非有误，从实质性意义讲生产关系就是一种利益关系。“如果把生产关系范畴转换成利益、权利、意志及其表达，更容易理解和把握‘心’与‘物’的具体关系。”② 就这一点而言，同李秀林等编著的《辩证唯物主义和历史唯物主义原理》和大学公共课“马克思主义基本原理”还是有相同之处的。从这层意义上讲，我认为生产关系是不包括劳动或技术意义上的关系的，即使分工或协作这种关系也是不包括在生产关系之内的。③ 马克思在论述资本时已经说得非常明确了，强调资本作为一种生产关系在本质上是一种与劳动者相异化、相反对的权力关系问题。从“严格的经济学意义上”设定“生产资本”的雇佣劳动是一种“活劳动”，活劳动所需的“对象条件”和劳动能力所需的“客观要素”都是从作为与“自己相对立的异己的权力”和“自为存在的、不以它为转移的价值生产出来”④ 的。再有一点需要指出的是，马克思所讲的分配、交换、消费与生产的关系绝不是“经济学家拿来与生产并列的几个项目”⑤ 问题，而“摆在面前的对象，首先是物质生产”⑥ 问题。马克思强调了两个方面：一是生产、分配、交换、消费四个环节关系的相互中介问题，二是这四个环节中生产的主导问题。

---

① ［德］马克思：《资本论（第三卷）》，人民出版社，2018 年，第 894 页。

② 晏辉：《走向生活世界的哲学》，新星出版社，2015 年，第 49 页注释①。亨利希·库诺也把生产关系理解成“经济关系”即“财产关系和市民的生产关系”，认为“这种关系是社会成员之间的关系，是社会成员参加社会生产过程的结果”，不是“技术的或‘机械’的企业关系”（［比］亨利希·库诺：《马克思的历史、社会和国家学说》，袁志英译，上海译文出版社，2006 年，第 495 页、第 496 页）。段忠桥教授认为马克思的生产关系概念有狭义和广义之分，前者是指生产过程中人与人的社会关系，而后者则是指生产过程中人与自然的关系和人与人的关系的总和（段忠桥：《重释历史唯物主义》，江苏人民出版社，2009 年，第 102 页）。

③ 威廉姆·肖则认为马克思的生产关系包括“‘所有权’关系”和“‘劳动’关系”，其中“劳动关系”指的是“物质的、技术的关系”（［美］威廉姆·肖：《马克思的历史理论》，阮仁慧、钟石韦、冯瑞荃译，重庆出版社，1989 年，第 24 页）。科恩用“生产的社会关系”来指称生产关系，“我们把构成经济结构的生产关系称为生产的社会关系，劳动关系是生产的物质关系”，劳动关系不属于生产关系，而是“属于作为经济结构的基础的生产力一方”（［英］G. A. 科恩：《卡尔马克思的历史理论——一种辩护》，段忠桥译，高等教育出版社，2008 年，第 136 页、第 138 页）。不管对生产关系如何理解，生产关系一定是一种社会关系。这一点是肯定无疑的。

④ 中共中央马克思恩格斯列宁斯大林著作编译局：《马克思恩格斯全集（第三十卷）》，人民出版社，1995 年，第 455 页、第 456 页。

⑤ 中共中央马克思恩格斯列宁斯大林著作编译局：《马克思恩格斯选集（第二卷）》，人民出版社，2012 年，第 688 页。萨伊的《政治经济学概论》的三篇分别是“财富的生产”“财富的分配”“财富的消费”（［法］萨伊：《政治经济学概论》，陈福生、陈骅译，商务印书馆，1963 年，第 58 页、第 318 页、第 436 页），约翰·穆勒的《政治经济学原理》的前三篇分别是生产、分配、交换［［英］约翰·穆勒：《政治经济学原理（上、下）》，金镝、金熠译，华夏出版社，2017 年，第 3 页、第 167 页、第 395 页］，詹姆斯·穆勒的《政治经济学要义》是首次把生产、分配、交换和消费四个环节整合到一起的一本专著（［英］詹姆斯·穆勒：《政治经济学要义》，吴良健译，商务印书馆，2010 年，第 5 页、第 16 页、第 50 页、第 121 页）。马克思《资本论》三卷的基本理论结构是“资本的生产过程”“资本的流通过程”“资本主义生产的总过程”三大部分，而并没有按照生产、分配、交换和消费四个环节的构架展开。马克思已经在《资本论》的序言中说得很明确了，就是研究“资本主义生产方式以及和它相适应的生产关系和交换关系”［［德］马克思：《资本论（第一卷）》，人民出版社，2018 年，第 8 页］。

⑥ 中共中央马克思恩格斯列宁斯大林著作编译局：《马克思恩格斯选集（第二卷）》，人民出版社，2012 年，第 683 页。

“一定的生产决定一定的消费、分配、交换和这些不同要素相互间的一定关系。”①

从上面论述看，交往关系概念在内涵理解方面要大于生产关系，也即交往关系包含着生产关系。但从另一方面看，二者又有一个共同的基础，也即是一种同构性关系。所谓同构性是指“两种结构之间有其共同的‘母结构’，这两种结构在母结构的基础上具有共同性”②。具体说就是，以“生产关系”为中介的历史规律与以“交往关系”为中介的历史规律的共同“母结构”都是物质生产或生产力的基础性问题，二者都是在这个基础上发展起来的，且以“生产关系”为中介的历史规律与以“交往关系”为中介的历史规律相比更接近于物质生产或生产力的基础性根基。或者说，这两种结构是在物质生产基础上“嵌套”③ 在一起的，也就是物质生产基础上生产关系和交往关系的结构问题。中国学者在研究马克思社会结构理论的过程中提出了五种有代表性的观点值得人们思考：其一是“生产力和生产关系的矛盾、经济基础和上层建筑的矛盾构成的社会有机体各个要素的基本结合方式和方法”④ 的理解；其二是基于以经济为基底的“经济基础”和“上层建筑”要素组成的社会结构和“阶级”人员组成的社会结构的理解⑤；其三指的是“表现为生产力、生产关系、上层建筑三个因素的有机联结”的“人的社会结构”和“涵盖着人们的物质生产与物质交往活动，精神生产与精神交往活动”的“人的实践活动结构”双层结构构成的逻辑结构系统⑥；其四指社会结构不仅包括生产力、生产关系、经济基础、上层建筑四个因素构成的生产力、生产关系总和（经济基础）、上层建筑所形成的三个基本层次，也包括社会的内部结构与外部结构，还包括社会历史结构与现实结构和社会现实结构与社会未来结构，甚至还包括社会存在与社会意识形成的二重结构⑦；其五指社会结构是由社会元结构（人、自然、社会的初始和形成问题）、社会一般结构（生产、经济、政治、文化四种要素的层级关系）、社会基本结构（基本生产力、经济基础、政治上层建筑、社会意识形态四个方面的纵向和横向的层次关系）、社会总体结构（自然等的元要素、生产等的普适要素、基本生产力等的基本要素、旧社会遗留成分和未来新因素构成的非基本要素）共同构成的一种最广义的、最具有哲学意蕴的社会结构认识。⑧ 上述认识有几个特点：其一，结构涵盖的宽度是逐渐扩大的；其

---

① 中共中央马克思恩格斯列宁斯大林著作编译局：《马克思恩格斯选集（第二卷）》，人民出版社，2012 年，第 699 页。

② 李秀林、王于、李淮春等：《辩证唯物主义和历史唯物主义原理》，中国人民大学出版社，2004 年，第 59 页。

③ 杰西·洛佩兹和约翰·斯科特在论述“关系结构”和“制度结构”关系时，认为二者关系的根本问题是如何理解“一个与另一个相关的社会结构各个方面的分层、嵌套或嵌入（layering，nesting，or enbedding）”问题（［英］杰西·洛佩兹、约翰·斯科特：《社会结构》，允春喜译，吉林人民出版社，2007 年，第 98 页）。在马克·格兰诺维特看来，“行为和制度”不能被“视为相互独立的东西”，而是“受到社会关系的限制”的，也即“经济行动与社会结构”是一种“镶嵌问题”（［美］马克·格兰诺维特：《镶嵌——社会网与经济行动》，罗家德译，社会科学文献出版社，2007 年，第 1 页）。

④ 张云飞：《跨越“峡谷”——马克思晚年思想与当代社会发展理论》，人民出版社，2001 年，第 124 页。

⑤ 欧阳英：《构建和谐社会的政治哲学阐释》，江苏人民出版社，2010 年，第 107 页。

⑥ 林剑：《论实践唯物主义视野中的实践范畴与唯物史观的逻辑结构》，《哲学研究》，2004 年第 12 期，第 7 页。

⑦ 宋一夫：《二重结构理论》，中国社会科学出版社，2006 年，第 160～277 页。

⑧ 谢平仄：《社会结构论》，湖北人民出版社，1993 年，第 48～271 页。

二，结构挖掘的深度是逐渐深入的；其三，结构溯源的长度是逐渐延伸的；其四，上文论述的以“生产关系”为中介的社会结构和以“交往关系”为中介的社会结构都是包含在内的，且是以“生产关系”为中介的社会结构为基础的。不过，还要指出一个问题，即社会结构的因素关系如何理解呢？西方马克思主义者从青年卢卡奇、葛兰西到阿尔都塞和英国新左派马克思主义者都有对这个问题的理解和解释。[①] 中国学术界的张一兵和王峰明二位教授对此也有自己的看法，其中前者认为这种结构关系是一种“基础”和“主导”[②] 的问题，也即马克思所论述的社会历史发展一般性的物质生产基础和历史发展的一定阶段上某一因素在社会历史生活中占主导地位、起决定作用的问题；后者则认为这种结构关系应理解成“逻辑学”意义上“本质”和“现象”的共时性关系，而不是理解成“发生学”意义上的“历时性”[③] 关系。最后需要指出一点，以“生产关系”为中介的历史规律和以“交往关系”为中介的历史规律虽然都会与感性意义上的时间和空间以及纵向或横向有关系，但绝不是感性意义上的一种理解。[④]

第二，历史规律的差异性。人类社会的发展规律同自然的发展规律虽然是有差异的，但这并不会否定人类社会的发展具有历史规律性。关于这一点恩格斯在《路德维希·费尔巴哈和德国古典哲学的终结》和晚年的书信中都有阐释，认为自然界中发生的动力“全是没有意识的、盲目的动力”，这些动力的相互作用是在没有“预期的自觉的目的”的情况下发生的，相反，社会历史则是由“具有意识的、经过思虑或凭激情行动的、追求某种目的的人”的活动构成的——“任何事情的发生都不是没有自觉的意图，没有预期的目的的”[⑤]。当然，这并不是说历史进程不受“内在的一般规律”[⑥] 支配，它是在非共同意志也即“‘单个意志’的主观愿意”[⑦] 相互交错的“意向”冲突中，通过“归根到底”由“经济的必然性”所决定的“偶然性”来“为自己开辟道路的”[⑧]。偶然性在人类社会历史发展中表现为一种自发性，以分工为基础的工场手工业的协作最初就是“自发的无意识的创造物”[⑨]，同样，资本主义生产流通中的“各个因素虽然产生于个人的自觉意志和特殊目的”，但从过程的总体看则表现为“一种自发形成的客观联系”[⑩]。偶然性和必然性关系的融合也即自发性和自觉性关系的统一。人类社会历史的发展就是在杂乱无章的历史现象中发现背后支配历史发展的内在的规律。

---

① 孙大飞：《西方马克思主义和后马克思主义历史观研究》，中国社会科学出版社，2021 年，第 146～152 页。

② 张一兵：《马克思历史辩证法的主体向度》，武汉大学出版社，2010 年，第 40 页。

③ 王峰明：《历史唯物主义：一种微观透视》，社会科学文献出版社，2014 年，第 107 页。

④ 参阅第十章第三节的相关论述。

⑤ 中共中央马克思恩格斯列宁斯大林著作编译局：《马克思恩格斯选集（第四卷）》，人民出版社，2012 年，第 253 页。

⑥ 中共中央马克思恩格斯列宁斯大林著作编译局：《马克思恩格斯选集（第四卷）》，人民出版社，2012 年，第 254 页。

⑦ 俞吾金：《实践与自由》，武汉大学出版社，2010 年，第 200 页。

⑧ 中共中央马克思恩格斯列宁斯大林著作编译局：《马克思恩格斯选集（第四卷）》，人民出版社，2012 年，第 649 页。

⑨ ［德］马克思：《资本论（根据作者修订的法文版第一卷翻译）》，人民出版社，1983 年，第 367 页。

⑩ 中共中央马克思恩格斯列宁斯大林著作编译局：《马克思恩格斯全集（第三十卷）》，人民出版社，1995 年，第 147 页。

第三，历史规律的层次性。历史规律的认识是分层的，主要包括历史规律的逻辑归纳、历史规律的理论阐述以及历史规律的运行三个方面，在《〈政治经济学批判〉序言》和《德意志意识形态》中对历史规律的归纳就是一个逻辑表述问题，此种表述纯属逻辑演绎。逻辑表述属于原理的逻辑归纳，其具体意义的阐释需要用理论的论述来进行。这个任务马克思本人也讲过，例如《资本论（第一卷）》中，马克思批驳研究方法误解时所说的研究方法基础上的叙述方法的"先验的结构"[①]，以及《资本论（第一卷）》的主题是研究"资本主义生产方式以及和它相适应的生产关系和交换关系"[②] 问题都是和这些内容有关系的。不过，这些任务主要是恩格斯来完成的。恩格斯在马克思之后的《在马克思墓前的讲话》《路德维希·费尔巴哈和德国古典哲学的终结》《自然辩证法》以及《致约瑟夫·布洛赫》《致康拉德·施密特》《致弗兰茨·梅林》《致瓦尔特·博尔吉乌斯》等著作和书信中几次对历史规律的阐释就属于此种认识。逻辑表述是理论的归纳，理论论述是理论的阐释，但这都代替不了历史规律认识的最后一个环节即历史规律的实现问题，包括机制和特点的认识等。陈先达先生对此有详细的阐述，认为对马克思历史规律的认识要从逻辑表述、理论阐述和实际应用三个方面来进行，理论表述是无主体的，理论论述是为了防止对理论的认识变为教条或者曲解理论的原意，实际应用所涉及的是与历史主体和客体有关的历史规律的机制和特点问题。[③]

第四，历史规律的分殊性[④]。历史规律可以分为特殊历史规律和一般历史规律两种历史认识。恩格斯在《在马克思墓前的讲话》中评价马克思有两大发现：一个是"人类历史的发展规律"，另一个是"现代资本主义生产方式和它所产生的资产阶级社会的特殊的运动规律"[⑤]。其中第一个发现可以认为是具有一般性的人类历史的发展规律即一般规律，而第二个发现则可以认为是具有特殊性的人类历史的发展规律即特殊规律。关于马克思的历史认识要发现一般规律，恩格斯在《路德维希·费尔巴哈和德国古典哲学的终结》中也讲过这个问题，认为人类社会的历史同自然领域一样，也是在清除臆造的"人为的联系"中"通过发现现实的联系"，来"发现那些作为支配规律在人类社会的历史上起作用的一般运动规律"。[⑥]

---

① ［德］马克思：《资本论（第一卷）》，人民出版社，2018 年，第 22 页。

② ［德］马克思：《资本论（第一卷）》，人民出版社，2018 年，第 8 页。

③ 陈先达：《历史唯物主义与当代中国》，中国人民大学出版社，2019 年，第 47 页。陈先生的学生王峰明教授在阐释如何理解马克思的社会形态理论时，认为马克思社会形态理论的揭示，要处理好"社会形态演进的一般规律与这种规律的实现方式和作用方式之间的关系问题"（王峰明：《马克思的历史决定论：基于〈资本论〉及其手稿的阐释》，北京师范大学出版社，2022 年，第 221 页）。

④ 冯友兰先生认为"共类"和"别类"的关系是"理－分殊"的一种关系［冯友兰：《三松堂全集（第 4 卷）》，河南人民出版社，2001 年，第 41 页］。在此借用以此说明历史规律可以分为一般历史规律和特殊历史规律问题。德国社会学家卢曼也有类似的思想，认为自己的社会理论可以概括为一般社会系统理论（general theory of social systems）和社会分殊理论（a theory of modern society）两种形式（Nikla Luhmann. The Differentiation of Society [M]. trans. Stephen Holmes and Charles Larmore，New York：Columbia University Press，1982：xi－xii.）。

⑤ 中共中央马克思恩格斯列宁斯大林著作编译局：《马克思恩格斯选集（第三卷）》，人民出版社，2012 年，第 1002 页。

⑥ 中共中央马克思恩格斯列宁斯大林著作编译局：《马克思恩格斯选集（第四卷）》，人民出版社，2012 年，第 253 页。

对于人类社会历史上起作用的一般规律的认识，按照恩格斯的理解，首先就是探究“历史人物的动机背后并且构成历史的真正的最后动力的动力”，也即划清旧唯物主义用“实用主义”的“行动的动机来判断一切”① 的历史观问题。人类社会的历史发展是“使广大群众、使整个整个的民族，并且在每一民族中间又是使整个整个阶级行动起来的动机”②，而不是“个别人物，即使是非常杰出的人物的动机”③。马克思的历史认识同包括费尔巴哈的唯物主义、18 世纪的唯物主义④以及英国 17 世纪以来的唯物主义⑤也即“从前的一切唯物主义”⑥ 的旧唯物主义划清历史认识的界限，也就同一切历史认识的唯心主义划清了界限——“从笛卡尔到黑格尔和从霍布斯到费尔巴哈这一长时期内，推动哲学家前进的……只是纯粹思想的力量”，而不是“自然科学和工业的强大而日益迅猛的进步”。⑦ 具体说，就是确立马克思历史认识中新唯物主义的唯物主义立场，就要同把人类社会“神化”的“神学历史观”、“精神化”的“唯心主义历史观”、“自然化”的“自然主义历史观”⑧ 划清界限。

对于特殊历史规律，马克思开始研究的主要是资本主义的历史规律，也即“现代资本主义生产方式和它所产生的资产阶级社会的特殊运动规律”⑨ 问题。对此，马克思在《资本论》的“序言”中说得明确——对资本主义研究就是研究“资本主义生产方式以及和它相适应的生产关系和交换关系”⑩ 问题。马克思的认识当然不止于此，而是在资本主义生产规律研究的基础上，进一步深入前资本主义社会，对其生产方式以及“和它相适应的生产关系和交换关系”问题进行更为深入的研究。马克思的《1857—1858 年经济学手稿》《1861—1863 年经济学手稿》中就有对这个问题的探讨。马克思研究资本主义以及前资本主义社会各个阶段的特殊历史规律是为了寻求一般历史规律。如果按照哲学中特殊性寓于普遍性的认识看，人类社会发展中的一般历史规律正是通过资本主义以及前资本主义社会各个阶段特殊历史规律的研究体现出来的，且正是到了人类社会历

---

① 中共中央马克思恩格斯列宁斯大林著作编译局：《马克思恩格斯选集（第四卷）》，人民出版社，2012 年，第 255 页。

② 中共中央马克思恩格斯列宁斯大林著作编译局：《马克思恩格斯选集（第四卷）》，人民出版社，2012 年，第 255～256 页。

③ 中共中央马克思恩格斯列宁斯大林著作编译局：《马克思恩格斯选集（第四卷）》，人民出版社，2012 年，第 255 页。

④ 中共中央马克思恩格斯列宁斯大林著作编译局：《马克思恩格斯选集（第四卷）》，人民出版社，2012 年，第 234 页。

⑤ 中共中央马克思恩格斯列宁斯大林著作编译局：《马克思恩格斯选集（第三卷）》，人民出版社，2012 年，第 753 页。

⑥ 中共中央马克思恩格斯列宁斯大林著作编译局：《马克思恩格斯选集（第一卷）》，人民出版社，2012 年，第 133 页。

⑦ 中共中央马克思恩格斯列宁斯大林著作编译局：《马克思恩格斯选集（第四卷）》，人民出版社，2012 年，第 233 页。

⑧ 李秀林、王于、李淮春等：《辩证唯物主义和历史唯物主义原理》，中国人民大学出版社，2004 年，第 93 页、第 94 页。

⑨ 中共中央马克思恩格斯列宁斯大林著作编译局：《马克思恩格斯选集（第三卷）》，人民出版社，2012 年，第 1002 页。

⑩ ［德］马克思：《资本论（第一卷）》，人民出版社，2018 年，第 8 页。

史发展的资本主义社会阶段时，一般历史规律才逐渐展现出历史规律所蕴含的一般特性。马克思的历史观蕴含的历史规律的特性在人类社会发展的资本主义之前的社会中不是没有展现，而只是到了资本主义社会这种历史特性才逐渐较为完整地显现出来。毛泽东在《实践论》中指出，“人们能够对于社会历史的发展作全面的历史的了解，把对于社会的认识变成了科学，这只是到了伴随巨大生产力——大工业而出现近代无产阶级的时候”，马克思主义才成为“科学”。① 人类社会历史发展中的一般规律和特殊规律不是分割开来的而是统一的。恩格斯在1890年写给康拉德·施密特的信中指出，研究马克思的历史观“必须重新研究全部历史”②，就是要“详细研究各种社会形态的存在条件，然后设法从这些条件中找出相应的政治、私法、美学、哲学、宗教等等的观点”③。研究人类社会发展中的历史，不仅要研究资本主义历史，而且也要研究资本主义之前的社会历史。

对于一般历史规律和特殊历史规律的关系，唐正东教授的论述对我们的理解具有一定的启示。在唐教授看来，历史唯物主义可以分为“历史本质论”和“历史运作论”两个层面，其中前者说的是“生产力生产关系的矛盾运动”问题，后者说的是历史规律的运行问题，强调在本质与现象关系认识下来处理好二者的关系，特别是在思考中国当下问题时，“不应抛弃本质而走向现象，而应着力思考历史本质与历史现象之间的辩证关系”④。马克思、恩格斯对“人类历史发展一般规律与具体社会形态发展特殊规律的辩证统一性”的探讨始自《德意志意识形态》，“在《资本论》中，这种理论特点通过资本主义批判的科学方法论而清晰地展现出来”，对于马克思恩格斯历史观这种辩证的解读，“不仅有利于我们对当代国外学界从一般规律与特殊规律的二元论框架来解读唯物史观的理论努力进行有效的剥离，从而使我们对唯物史观的深层内涵作出更为清晰的把握，而且还能使我们在历史观和方法论层面上更好地理解中国特色社会主义的伟大实践对唯物史观的继承与发展”。⑤ 以伍德为代表的一批当代左翼认为马克思主义有关生产方式和社会形态的理论只是关于资本主义特殊性的科学，“强调每一种社会形式的特殊性(通常是探索占有者和生产者之间占优势的社会关系所决定的特殊‘运动规律’)”⑥，历史唯物主义的“巨大力量不在于任何单线的历史观，而是在于对历史特殊性的特有灵敏性”⑦。很明显，这种认识的问题在于割裂了马克思历史认识中一般历史规律和特殊历

① 《毛泽东选集（第一卷）》，人民出版社，1991年，第283页、第284页。

② 中共中央马克思恩格斯列宁斯大林著作编译局：《马克思恩格斯选集（第四卷）》，人民出版社，2012年，第599页。

③ 中共中央马克思恩格斯列宁斯大林著作编译局：《马克思恩格斯选集（第四卷）》，人民出版社，2012年，第599页。

④ 唐正东：《从斯密到马克思——经济哲学方法的历史性诠释》，江苏人民出版社，2009年，第425页、第427页。或参阅唐正东：《从斯密到马克思——经济哲学方法的历史性诠释（作者的话）》，江苏人民出版社，2009年，第1～6页。

⑤ 唐正东：《历史规律的辩证性质——马克思文本的呈现方式》，《中国社会科学》，2021年第10期，第4页。

⑥ ［加］艾伦·梅克森斯·伍德：《民主反对资本主义——重建历史唯物主义》，吕薇洲、刘海霞、邢文增译，重庆出版社，2007年，第111页。

⑦ ［加］艾伦·梅克森斯·伍德：《民主反对资本主义——重建历史唯物主义》，吕薇洲、刘海霞、邢文增译，重庆出版社，2007年，第123页。

史规律的关系问题。

从马克思历史认识的内容看，历史规律的同构性、差异性、层次性以及分殊性中，同构性应是历史规律认识的突出特征，同构性是以生产为基点的。

第五节 规律论在历史认识中的理论意义

关于马克思历史观规律的认识，我们将在第六章“价值论”、第九章“空间论”以及第十章“方法论”中继续探讨。下面我们主要探讨一下马克思、恩格斯之后，对马克思历史观中规律认识最具有理论挑战性的决定论[①]的指认问题。

对马克思历史认识决定论（经济、生产、生产力、科技等等）的指认，恩格斯在世时就已经出现了，其后李凯尔特、阿隆、雅斯贝尔斯、罗素、克罗齐、柏林、波普（也译为“波普”“波普尔”“波珀”）以及宾格莱等西方自由主义者持续强化了这种认识。李凯尔特虽然也认为历史研究中注意经济生活也是有其价值的，但其最终还是认为，“任何试图把一切现象同那被当作唯一的本质成分的经济史联系起来的做法，必定要被归入迄今为止所进行的最随心所欲的历史解释之列”[②]。唯物史观把经济生活看成是历史的本质，“这根本不是一种经验的、与价值相联系的历史科学，而是一种以粗暴的和非批判的方式臆造出来的历史哲学”[③]。波普认为马克思的历史决定论是一种整体主义的本质主义，“这种观点认为，纯粹知识或‘科学’的任务是去发现和描述事物的真正本性，即隐藏在它们背后的那个实在或本质。柏拉图尤其相信，可感知事物的本质可以在较真实的其他事物中找到，即在他们的始祖或形式中找到”[④]，这种认识的“两位典型代表人物就是柏拉图和马克思”[⑤]。柏林认为马克思的历史观是“建立在一个无论怎么说都是自我证明的形而上学的基础上，建立在一个巨大的假设上，这个假设是马克思从黑格尔和古典哲学那里继承来的”[⑥]。克罗齐认为“历史决定论永远产生‘历史哲学’”[⑦]，因为“企图采取因果关系作接合剂”的历史决定论和“企图利用终极论的魔杖”[⑧] 的历史哲学都是一种企图使预成计划实现的历史观，而柯林伍德（也译为科林伍德），则把历史认识企图发现历史进程的一般规律或实现一个特殊目的称为“神学决定论”[⑨]。宾客莱说，马克思的大错就在于“他相信他已经发现了历史规律，这些规律与

---

① 孙大飞：《破除对马克思历史观的经济决定论的误读》，《江汉论坛》，2016年第10期，第40～46页。

② ［德］H. 李凯尔特：《文化科学和自然科学》，涂纪亮译，商务印书馆，1986年，第102页。

③ ［德］H. 李凯尔特：《文化科学和自然科学》，涂纪亮译，商务印书馆，1986年，第101页。

④ ［英］卡尔·波普尔：《开放社会及其敌人（第一卷）》，郑一明等译，中国社会科学出版社，1999，第66页。Popper汉译名有“波普”“波普尔”“波珀”等。特此说明。

⑤ ［英］卡尔·波普：《历史决定论的贫困》，杜汝楫、邱仁宗译，华夏出版社，1987年，第57页。

⑥ ［英］以赛亚·伯林：《现实感：观念及其历史研究》，潘荣荣、林茂译，译林出版社，2004年，第132页。

⑦ ［意］贝内戴托·克罗齐：《历史学的理论和实际》，傅任敢译，商务印书馆，1982年，第46页。

⑧ ［意］贝内戴托·克罗齐：《历史学的理论和实际》，傅任敢译，商务印书馆，1982年，第53页。

⑨ ［英］科林伍德：《历史哲学的性质和目的》，徐奕春译，载张文杰：《现代西方历史哲学译文集》，广西师范大学出版社，2002年，第179页。

自然规律同样有根据，以同样决定论的方式起作用”[①]。波普尔说得更为直接，他说马克思关于科学预测的强调，作为“一种重要的、方法论的发现”把“马克思引入了歧途”，也即“严格的科学方法必须建立在严格的决定论的基础之上”——“马克思关于自然界和历史发展的‘无情规律’的说法，清楚地表明了拉普拉斯氛围和法国唯物主义的影响”[②]。这种认识实际上就是王金福教授所说的“决定论”误认问题，也即反对马克思学说的人认为，“马克思的历史观只承认经济因素的决定作用，否认思想观念、道德、政治等因素的作用；或只肯定社会历史发展的规律性、必然性，否认偶然性因素的作用；或只承认人民群众创造历史的作用，否认个人在历史上的作用；等等”，其核心问题就是如何看待经济等因素在人类社会发展中的作用问题，实质是“只讲相互作用而否定经济发展在社会历史发展中的最终决定作用”。[③] 关于这个问题，恩格斯在论述经济基础和上层建筑的关系时，已经说得很清楚了，认为政治、法、哲学、宗教、文学、艺术等社会因素等等的发展虽然是以经济发展为基础，但“它们又都互相作用并对经济基础发生作用”，这并不是说只有经济状况才是积极的原因，其余一切都不过是消极的结果，而是说“这是在归根到底不断为自己开辟道路的经济必然性的基础上的相互作用”。[④] 也就是说，这是在承认“相互作用的力量很不相等”的、其中必然会有一种力量是“最强有力的、最本原的、最有决定性的”[⑤]，在此前提下来认识社会因素的作用问题，所反对的是不分彼此的、平均用力的“‘因素’论”[⑥] 或“多元折中主义”[⑦] 的错误观点，“在这些现实关系中，经济关系不管受到其他关系——政治的和意识形态的——多大影响，归根到底还是具有决定意义的，它构成一条贯穿始终的、唯一有助于

① ［美］L. J. 宾克莱：《理想的冲突——西方社会中变化着的价值观念》，马元德、陈自澄、王太庆等译，商务印书馆，1983年，第98页。

② ［英］卡尔·波普尔：《开放社会及其敌人（第二卷）》，郑一明等译，中国社会科学出版社，1999，第146页。

③ 王金福：《马克思的哲学在理解中的命运——马克思主义哲学史的解释学考察》，苏州大学出版社，2003年，第331页。

④ 中共中央马克思恩格斯列宁斯大林著作编译局：《马克思恩格斯选集（第四卷）》，人民出版社，2012年，第649页。吴家华教授认为此处“归根到底”有三层意思：一是说经济是历史过程中最原始、最根本的决定因素，政治、法律的和意识形态的因素只有在一定条件下才能产生并发挥作用；二是说经济虽然是社会历史过程中的最根本的决定因素，但不是唯一的决定因素，影响历史过程并在许多情况下决定历史斗争形式的还有政治、法律和意识形态因素；三是说经济对历史过程中的决定作用并不总是直接的，往往要通过政治的、法律的、道德的中介或形式（吴家华：《理解恩格斯——恩格斯晚年历史观研究》，安徽大学出版社，2005年，第73页）。王峰明教授对于“归根到底”的解释更为彻底，是联系着“相互作用”进行解释的。王教授并不赞同普列汉诺夫发生学意义上对“相互作用”与“一元决定作用”关系问题的理解，认为相互作用与一元决定作用的关系实质上是一种逻辑意义上的本质与现象的关系问题。“本质抽象与现象具体的关系就成了‘本源’与‘派生’的关系，生产力的一元决定作用就成了‘历时性’的‘起源决定’，而不是‘共时性’的‘趋势决定’，本质抽象之于现象具体就具有了‘发生学’而不是‘逻辑学’意义上的先在性。”（王峰明：《历史唯物主义：一种微观透视》，社会科学文献出版社，2014年，第107页）

⑤ 中共中央马克思恩格斯列宁斯大林著作编译局：《马克思恩格斯选集（第四卷）》，人民出版社，2012年，第614页。

⑥ ［俄］格奥尔基·瓦连廷诺维奇·普列汉诺夫：《普列汉诺夫哲学著作选集（第二卷）》，生活·读书·新知三联书店，1961年，第336页。

⑦ 庞卓恒、李学智、吴英等：《史学概论》，高等教育出版社，2019年，第25页。

理解的红线”[①]。

对马克思历史认识决定论的指认，除了上面这种误认之外，还有一种，也即艾伦·梅克森斯·伍德所说的马克思历史认识基础和上层建筑隐喻认识“简化论”中“否认人的作用”[②] 问题，其中的代表人物主要为波普尔、雷蒙·阿隆、乔治·莱茵尔、霍耐特、拉克劳和墨菲等。在乔治·莱茵尔看来，马克思《〈政治经济学批判〉序言》和《共产党宣言》存在着两种公式对立问题：“一是《〈政治经济学批判〉序言》中的‘客观公式’，强调生产力的发展及其与生产关系的冲突；二是《共产党宣言》中的‘主观公式’，侧重于阶级斗争。”[③] 恩格斯对此也有详细论述，认为虽然我们是在一定的经济、政治以及传统等前提和条件下创造历史，但历史“最终的结果总是从许多单个的意志的相互冲突中产生出来的”，也就是由各种特殊的生活条件孕育的无数互相交错的意志力量所形成的无数个力的平行四边形而造就的“合力”[④] 的历史结果。这是一个愿望相互影响，而“最后出现的结果就是谁都没有希望过的事物”的一种“自然过程”。[⑤] 这是一个强调人类社会发展中主体的作用，而又尊重历史发展最终的决定作用的历史认识。对此，王南湜教授的观点是值得思考的。在王教授看来，合力论不是物质条件决定论之外的另一种认识，而是对于在客观的既定物质条件所界限的可能性范围内，在特定的历史条件下即各个意志互相冲突的条件下，人的活动对于历史结果的作用的具体说明，是对于既定物质条件的决定作用与人的活动作用如何具体地统一的说明。[⑥] 俞吾金先生对“意志”的解释对我们理解恩格斯提出的“合力论”也具有一定的启发意义。在俞教授看来，主观意志要区分“单个意志”和“作为合力的意志”，因此，人类历史发展的客观规律之所以是客观的，正是因为它奠基于同样的具有客观性的“作为合力的意志”之上，从而扬弃了所有“单个意志”主观随意性的一种认识，也即有意识的“单个意志”在参与历史活动过程中被融合为无意识的“作为合力的意志”，也即对于历史规律而言，虽然不以任何“单个意志”的主观愿望为转移，但它本身却是奠基于客观的“作为合力的意志”[⑦] 之上的。

列宁有两段论述，对于我们理解马克思历史认识中“因素”和“人”的作用问题极具启发意义。其一，结构的“因素”方面。列宁在 1894 年《什么是“人民之友”以及他们如何攻击社会民主党人?》中说：“决定论思想确认人的行为的必然性，摒弃所谓意志自由的荒唐的神话，但丝毫不消灭人的理性、人的良心以及对人的行动的评价。恰巧

① 中共中央马克思恩格斯列宁斯大林著作编译局：《马克思恩格斯选集（第四卷）》，人民出版社，2012 年，第 649 页。

② ［加］艾伦·梅克森斯·伍德：《民主反对资本主义——重建历史唯物主义》，吕薇洲、刘海霞、刑文增译，重庆出版社，2007 年，第 49 页。

③ ［英］乔治·莱尔因：《重构历史唯物主义》，姜兴宏、刘明如译，中国社会科学出版社，1991 年，第 24 页。

④ 中共中央马克思恩格斯列宁斯大林著作编译局：《马克思恩格斯选集（第四卷）》，人民出版社，2012 年，第 605 页。

⑤ 中共中央马克思恩格斯列宁斯大林著作编译局：《马克思恩格斯选集（第四卷）》，人民出版社，2012 年，第 605 页。

⑥ 王南湜：《追寻哲学的精神：走向实践哲学之路》，北京师范大学出版社，2006 年，第 196～202 页。

⑦ 俞吾金：《实践与自由》，武汉大学出版社，2010 年，第 198 页、第 199 页、第 200 页。

相反，只有根据决定论的观点，才能作出严格正确的评价，而不致把什么都推到自由意志上去。”[①] 这段话是列宁批评米海洛夫斯基在“决定论和道德观念”以及“历史必然性和个人作用”[②] 关系认识中的错误问题时提出来的。在米海洛夫斯基看来，上述两种关系在解决中会产生同自己的“道德观念和个人作用”相冲突的问题，所以，列宁说他就这个问题写了“一大堆纸张”，也“说了无数的小市民感伤的荒唐话”，而实际上是一个并不存在“冲突”[③] 的问题。在列宁看来，决定论中“人的行为的必然性”与人的“意志自由”“理性”“良心”以及“对人的行动的评价”之间的关系并不发生冲突，相反，决定论的意义在于能够促进人的“意志自由”“理性”“良心”[④] 等主体能动性的发挥更向客观性发展，而不至于使人的能动性无法得到制约、脱离正常活动轨道。其二，主客体关系的“人”的方面。列宁在写于 1907 年的《反对抵制》中，认为俄国社会民主党要维护如“抵制”等这些以往“优良的革命传统”，要“善于利用这些传统来进行经常的宣传鼓动”，同时也要注意“向群众介绍对旧社会直接采取攻势应具备”的包括阶级、生产关系和上层建筑等方面的各种“条件”，而不是“简单地重复某些口号”。[⑤] 正是在要“肃清”自由派（和机会主义）寄生虫对“抵制”传统的错误影响和阐明孟什维克对“抵制”的不正确认识的背景下，列宁提出了上述问题，并从理论上说了这样一段话：“马克思主义和其他一切社会主义理论的不同之处在于，它出色地把以下两方面结合起来：既以完全科学的冷静态度去分析客观形势和演进的客观进程，又非常坚决地承认群众（当然，还有善于摸索到并建立起同某些阶级的联系的个人、团体、组织、政党）的革命毅力、革命创造性、革命首创精神的意义。”[⑥]

总体上看，不管对马克思历史认识中是“因素”方面还是“人”的方面决定论的误读，其根本原因都是实体化[⑦]的思维方式，也即把经济、生产等看作是历史发展推动中具有绝对独立自主地位因素的一种认识，人类社会发展的历史是无需“人”的介入的。20 世纪 70 年代发生、持续近 20 年的“布伦纳辩论”，在更深层次上所牵涉的是如何对待“生产力决定论”和如何认识“历史唯物主义理论归属”[⑧] 问题。从马克思主义角度看，“布伦纳辩论”的价值在于“生产力决定论”和“历史唯物主义的理论归属”问题，不仅仅是个理论争议的哲学问题，还是个与如“封建社会向资本主义过渡”历史发展实际有关的历史学问题。

西方历史发展中，不乏从“实体”意义上来理解事物发展的思想家，基督教的“上帝”、笛卡尔的“我思”、康德的“大自然的目的”、空想社会主义者的“理性”等都是一种支配历史超人实体作用的认识，究其根源与柏拉图“型相”即理念的哲学认识有

① 中共中央马克思恩格斯列宁斯大林著作编译局：《列宁选集（第一卷）》，人民出版社，2012 年，第 26 页。

② 中共中央马克思恩格斯列宁斯大林著作编译局：《列宁选集（第一卷）》，人民出版社，2012 年，第 26 页。

③ 中共中央马克思恩格斯列宁斯大林著作编译局：《列宁选集（第一卷）》，人民出版社，2012 年，第 26 页。

④ 中共中央马克思恩格斯列宁斯大林著作编译局：《列宁选集（第一卷）》，人民出版社，2012 年，第 26 页。

⑤ 中共中央马克思恩格斯列宁斯大林著作编译局：《列宁选集（第一卷）》，人民出版社，2012 年，第 750 页。

⑥ 中共中央马克思恩格斯列宁斯大林著作编译局：《列宁选集（第一卷）》，人民出版社，1995 年，第 747 页。

⑦ 孙大飞：《传统本体论误读：马克思历史观澄明的现代存在论理路》，《甘肃社会科学》，2015 年第 5 期，第 47～51 页。

⑧ 关锋：《“布伦纳辩论”及其马克思主义思想史效应》，《学术月刊》，2022 年第 5 期，第 22 页。

关。对于历史不能从“实体”意义上来理解，其中马克思在《博士论文》中探讨的主要是决定论和自由意志论的关系问题。在面对罗马哲学家西塞罗指责伊壁鸠鲁倡导原子偏斜运动时，马克思是这样反驳的：“西塞罗所要求的物理的原因会把原子的偏斜拖回到决定论的范围里去，而偏斜正是应该超出这种决定论的。”[①] 伊壁鸠鲁倡导的偶然性、自由意志和原子偏斜运动与德谟克利特所持的必然性和规律性的原子决定论是一对矛盾观点认识。在《德意志意识形态》中，马克思、恩格斯认为历史不能理解成“处于世界之外和超乎世界之上的东西”[②]，且对黑格尔（概念[③]）、青年黑格尔派（词句[④]）、历史编纂学家特别是18世纪以来的历史编纂学家（普遍形式的思想[⑤]）以及费尔巴哈（感情[⑥]）对历史实体性的理解都进行了批评，认为历史不是“某种脱离日常生活的东西”，不能遵照生活之外的“某种尺度来编写”。[⑦] 在《自然辩证法》中，恩格斯也曾论及决定论问题，是在“偶然性和必然性”[⑧] 的标题中谈到的这个问题，是在认可自然界中同时存在偶然性和必然性两种关系认识，反对“用根本否认偶然性的办法来对付偶然性”的一种“决定论”[⑨] 认识。恩格斯反对这种从“法国唯物主义中移入自然科学”[⑩] 只承认必然性的决定论认识。对于必然性与人的意志的关系，恩格斯在《路德维希·费尔巴哈和德国古典哲学的终结》中曾谈到这个问题，认为尽管历史是由具有意志、情感的人组成的，但并不能否定历史具有规律性的问题。“历史进程是受内在的一般规律支配的”[⑪]，因为从合力论的认识看，人们创造历史的活动是由许多不同主体按照各自的需要、利益和价值取向去改造历史客体的活动汇合而成的。恩格斯晚年对“实体性”马克思历史认识的原因做了更清楚的阐释，是在《答保尔·恩斯特先生》一文中论述的。在恩格斯看来，“历史是完全自动地形成的，丝毫没有（正是创造历史的）人的参

---

① 中共中央马克思恩格斯列宁斯大林著作编译局：《马克思恩格斯全集（第四十卷）》，人民出版社，2016年，第213页。

② 中共中央马克思恩格斯列宁斯大林著作编译局：《马克思恩格斯选集（第一卷）》，人民出版社，2012年，第173页。

③ 中共中央马克思恩格斯列宁斯大林著作编译局：《马克思恩格斯选集（第一卷）》，人民出版社，2012年，第181页。

④ 中共中央马克思恩格斯列宁斯大林著作编译局：《马克思恩格斯选集（第一卷）》，人民出版社，2012年，第145页。

⑤ 中共中央马克思恩格斯列宁斯大林著作编译局：《马克思恩格斯选集（第一卷）》，人民出版社，2012年，第180页。

⑥ 中共中央马克思恩格斯列宁斯大林著作编译局：《马克思恩格斯选集（第一卷）》，人民出版社，2012年，第157页。

⑦ 中共中央马克思恩格斯列宁斯大林著作编译局：《马克思恩格斯选集（第一卷）》，人民出版社，2012年，第173页。

⑧ 中共中央马克思恩格斯列宁斯大林著作编译局：《马克思恩格斯选集（第三卷）》，人民出版社，2012年，第916页。

⑨ 中共中央马克思恩格斯列宁斯大林著作编译局：《马克思恩格斯选集（第三卷）》，人民出版社，2012年，第917页。

⑩ 中共中央马克思恩格斯列宁斯大林著作编译局：《马克思恩格斯选集（第三卷）》，人民出版社，2012年，第917页。

⑪ 中共中央马克思恩格斯列宁斯大林著作编译局：《马克思恩格斯选集（第四卷）》，人民出版社，2012年，第254页。

与”，“经济关系（但是它们本身就是人创造的!）就像玩弄棋子一样地玩弄这些人”[①]的认识是“直截了当”地重复了从形而上学者杜林那里学来的“荒谬论断”[②]。关于杜林的哲学认识，恩格斯在《反杜林论》中有所论述，认为杜林的哲学思想即基本模式论是来源于“一个叫做黑格尔的人的‘热昏的胡话’”，也即杜林是照抄照搬了黑格尔《逻辑学》第一部分存在论的范畴认识，“在黑格尔的范畴模式论的笼子里谈哲学”。[③]

马克思、恩格斯虽然对决定论问题做过很清楚的说明，但我们认为有些方面还需要进一步阐述。苏联学者对历史决定论的认识是在强调承认必然性是不会否定偶然性和否定人的积极活动的必要性的相对意义上来理解的，“因果性和必然性”[④] 不能混为一谈。中国学者的认识几乎没有超出苏联学者认识的视域，大多是在具有因果必然性的规律与自由意志相对的意义上理解的，“决定论就是因果决定论，它的深层内涵就是确认事物运动变化的规律性和必然性”[⑤]，与此相对的就是强调自由意志的非决定论。李秀林等编的《辩证唯物主义和历史唯物主义原理》虽然认为与决定论相对的是观念决定事物发展的目的论和否认事物发展有规律性和必然性的非决定论[⑥]，但在总体上认识差异并不大。

对于阐释清楚马克思的历史认识何以不是决定论，中国学者先后提出了可能性空间说、选择规律说、统计规律说、主体运动规律说、混沌理论说等认识[⑦]，这些认识对于我们完整地理解马克思的历史认识具有一定的启发意义。为了能够对马克思决定论的历史认识问题理解得更加清楚，我们要对此问题做一些补充，主要是有关历史规律中的因果必然性的理解问题。

其一，如何理解历史规律所反映的因果关系和必然性关系问题。因果性不一定等于必然性的因果性，偶然性也包含因果性，同样，必然性也不一定等于因果必然性，因为必然性可以在“事实最终如此存在或某一事实结果发生的不可避免”[⑧] 意义上理解。具体到历史必然因果性就是庞卓恒教授所说的从“人们首先必须吃、喝、住、穿，然后才能从事政治、科学、艺术、宗教等等”这一终极事实和终极原因推导出来的“因果必然

---

① 中共中央马克思恩格斯列宁斯大林著作编译局：《马克思恩格斯全集（第二十二卷）》，人民出版社，2016年，第97～98页。

② 中共中央马克思恩格斯列宁斯大林著作编译局：《马克思恩格斯全集（第二十二卷）》，人民出版社，2016年，第97页。

③ 中共中央马克思恩格斯列宁斯大林著作编译局：《马克思恩格斯选集（第三卷）》，人民出版社，2012年，第421页、第422页。从理论和社会原因探讨决定论问题，可参阅中央编译出版社2021年出版的刘菲菲和郝继松的《马克思恩格斯对经济决定论的批判及其当代价值研究》一书第14～30页的相关内容。

④ ［苏联］罗森塔尔、尤金：《简明哲学词典》，中共中央马克思恩格斯列宁斯大林著作编译局译，生活·读书·新知三联书店，1973年，第142页。

⑤ 陈晏清、阎孟伟：《辩证的历史决定论》，中国社会科学出版社，2007年，第1页。

⑥ 李秀林、王于、李淮春等：《辩证唯物主义和历史唯物主义原理》，中国人民大学出版社，2004年，第159页。

⑦ 龚培河：《马克思历史规律及其实现方式（前言）》，中国社会科学出版社，2014年，第9页。最新的观点是“融贯说”（参阅中国社会科学出版社2018年出版的肖士英的《马克思历史决定论内在融贯性研究》一书第314～337页相关内容）。

⑧ 张耕华：《历史哲学引论》，复旦大学出版社，2009年，第156页。

性规律”。[①]

其二，如何理解历史规律进行因果必然性概括的必要性问题。历史决定论可以看作是对历史认识上升到因果必然性的一种抽象概括，是事物认识原因简约化的必然要求，正如列宁对“芝诺悖论”所反映出的概念如何认识时所说的一样：“如果不把不间断的东西割断，不使活生生的东西简单化、粗糙化，不加以划分，不使之僵化，那么我们就不能想象、表达、测量、描述运动。思想对运动的描述，总是粗陋化、僵化。不仅思想是这样，而且感觉也是这样；不仅对运动是这样，而且对任何概念也都是这样。”[②] 关于对事物认识的简化问题，格申克龙认为要想知道未来的东西势必要用“头脑的产物、范式与模型来构想历史事件以及历史事件的发展序列，以此来研究规律性和对规律性的偏离，否则我们将无法接近于历史的真实”，因此，对于运用模型想问题和为“‘不可避免的’”事件或现象建立某种相互关系或序列关系而言，“我们都是决定论者”。[③]

其三，如何理解历史规律进行因果必然性概括的形式表述问题。历史规律需要逻辑表述、理论论述，而且也需要一种理论的形式表达。[④] 这就是张耕华教授所说的“必然性一词也可以用来指称规律呈现的确定性”[⑤] 问题，也就是事物关系呈现的确定性而不是事物关系本身的确定性问题。

其四，如何理解历史规律进行因果必然性概括的唯物主义基础问题。王南湜教授认为任何一种历史理论都不是直接关于实践对象或历史实在的，只能是关于理论对象的，而任何一种历史决定论也不是直接关于实践对象或历史实在的决定论，只能是关于理论对象的决定论。[⑥] 我们认为王教授的这种划分的意义在于理论观念与事物实在关系的认识不至于混淆于一体，但问题在于如果进行这种划分又会不会陷入唯心主义的窠臼呢？刘森林教授关于这方面的问题也有思考，是在讨论矛盾的逻辑意义时讲到的这个问题，即认为马克思对矛盾的认识当然是“社会实践中造就的”[⑦]，不可能在纯逻辑意义上论说矛盾问题，至于 B. 阿格尔提出的马克思《资本论》及其手稿中存在的逻辑性表述与经验化表述之间的矛盾如何理解的问题[⑧]，刘教授对此的回答是：二者的关系只能理解成是“一体的张力”[⑨] 的问题。刘教授的解释在避免唯心主义和机械唯物主义认识方面是有一定说服力的。

其五，如何理解世界有规律的问题。世界如果没有规律，人类的种种行动就会面临

---

① 庞卓恒：《唯物史观与历史科学》，高等教育出版社，2004 年，第 36 页。

② 列宁：《哲学笔记》，人民出版社，1998 年，第 219 页。

③ ［美］亚历山大·格申克龙：《经济落后的历史透视》，张凤林译，商务印书馆，2012 年，第 40 页。有关马克思、恩格斯对“决定”的理解，可参阅中山大学出版社 2020 年出版的关锋的《经典马克思主义与中国特色社会主义新时代》一书第 215～220 页的相关内容。

④ 陈先达：《历史唯物主义与当代中国》，中国人民大学出版社，2019 年，第 47～56 页。孙大飞：《传统本体论误读：马克思历史观澄明的现代存在论理路》，《甘肃社会科学》，2015 年第 5 期，第 47～51 页。

⑤ 张耕华：《历史哲学引论》，复旦大学出版社，2009 年，第 156 页。

⑥ 王南湜：《辩证法：从理论逻辑到实践智慧》，武汉大学出版社，2011 年，第 310 页。

⑦ 刘森林：《辩证法的社会空间》，吉林人民出版社，2006 年，第 40 页。

⑧ ［加］B. 阿格尔：《马克思的辩证理论与西方马克思主义》，冯炳昆摘译，载中国社会科学院情报研究所：《当代国外马克思主义研究——纪念马克思逝世一百周年译文集》，中国社会科学出版社，1983 年，第 34～35 页。

⑨ 刘森林：《辩证法的社会空间》，吉林人民出版社，2006 年，第 43 页。

众多的不可预测的变数，从而不可预期。因此，人类要行动，就要事先获取“对该类行动能够实现该意图或满足该欲望之规律性的认知”，也可能正是“出于纯粹的好奇心”，或“更可能出于对知识价值的追求”的过程中，人类才“历史地确立了科学研究的目标，即对规律的探索”① ——“内含着人类对自身作出终极关怀的热情和追求自由的意志”② ——一个源源不绝的、坚持不懈的探索的历史。

综上所述，规律论对于从立场、观点、方法看待马克思历史观具有的意义在于：以生产为基础的历史规律为马克思历史认识提供了一个从“生产”看历史的视角。如何从“生产”看历史的视角拓展到“劳动”“实践”以及“经济”的视角看历史，这是马克思历史认识表层与深层相结合认识“视界”形成的一个重要方面。这是后面内容逐步展开的一个主要问题。当然，对于历史规律而言，其自身的认识并不是根本目的。只有服务于人类社会历史发展，才会把“是什么”和“应当是什么”③ 更好地结合起来，才会把“能够做得到”的事情“努力”去“完成”④。下一章我们就来探讨马克思历史认识中的“价值”问题。

---

① 颜青山：《世界为什么有规律——哲学人类学与哲学动物学的论证》，《中国社会科学评价》，2021 年第 4 期，第 40 页。

② 张雄：《经济哲学——从历史哲学向经济哲学的跨越》，云南人民出版社，2002 年，第 94 页。

③ ［美］爱因斯坦：《爱因斯坦文集（第三卷）》，许良英、赵中立、张宣三编译，商务印书馆，2010 年，第 207 页。

④ ［美］弗洛姆：《希望的革命》，本社编译组译，中国台北环宇出版社，1971 年，第 40 页。

第六章　马克思历史观的价值[①]论

马克思在《〈政治经济学批判〉序言》中讲到历史研究的“苦恼的疑问”，除说到“研究经济问题的最初动因”之外，还提到另外一条原因即对“法国社会主义和共产主义”思潮无法实现“评判”[②] 的问题。对于共产主义和社会主义思潮，马克思在少年时期就对法国的空想社会主义有所了解，《莱茵报》时期又直接接触了有关共产主义和社会主义思潮的各种争论。在回击奥格斯堡《总汇报》的指责时，马克思认为讨论共产主义要采用“更切实”的方式，“多说些明确的意见，多注意一些具体的事实，多提供一些实际的知识”[③]，而不是发空论、唱高调和自我欣赏。虽然马克思既不相信如卡贝、德萨米、魏特林等人所宣传的“没有摆脱它的对立面即私有制的存在的影响”的共产主义，也不相信如傅立叶、蒲鲁东等人“本身只不过是社会主义原则的一种特殊的片面的实现而已”[④] 的共产主义，但并没有忽略共产主义思想本身的重要性，并准备认真对它进行批判。从1843年初马克思发表在《德法年鉴》上的《论犹太人问题》和《〈黑格尔法哲学批判〉导言》两篇文章看，尽管马克思提出的人类解放和无产阶级历史使命问题还带有费尔巴哈人本主义思想的色彩，但已经预示着马克思对共产主义的理解开始发生

---

① 安启念教授认为马克思历史认识中价值问题的思考，是对西方“资本主义发展中人道主义理想的失落”和“空想社会主义的失败”的一种推进和发展。“人道主义的真正实现，在空想社会主义者那里只能是一种善良而美好的愿望。他们没有发现社会历史发展的客观规律，社会主义取代资本主义的历史必然性在他们的视野之外，他们在实践上的失败是不可避免的。……要使人道主义理想真正成为现实，必须揭示‘意见’和理性发展的客观机制与规律，把理想建立在历史发展客观规律的基础上，使理想具有客观必然性。这是当时时代摆在追求人道主义理想和以社会主义取代资本主义为己任的进步知识分子面前的一项历史性任务。”（安启念：《新编资本主义哲学发展史》，中国人民大学出版社，2015，第10页、第15页）马克思、恩格斯的思想当然是“建立在欧洲文艺复兴即资产阶级启蒙运动和欧洲社会主义和人道主义的最优秀、最光辉的传统之上的”（［南］普勒德拉格·弗兰尼茨基：《马克思主义和社会主义》，杨元恪、陈振华译，人民出版社，1982年，第9页）。陈新夏教授的论述更为宽泛，是从古希腊苏格拉底对人自然属性转向内在属性认识的转变一直论述到马克思恩格斯时代的费尔巴哈的人本唯物主义以及空想社会主义（陈新夏：《唯物史观价值取向当代建构》，首都师范大学出版社，2021年，第38～68页）。这对于我们理解马克思对人的价值的认识更有参考意义，马克思恩格斯的思想是对“两千多年来人类思想和文化发展中一切有价值的东西”的“吸收和改造”［中共中央马克思恩格斯列宁斯大林著作编译局：《列宁选集（第四卷）》，人民出版社，2012年，第299页］。

② 中共中央马克思恩格斯列宁斯大林著作编译局：《马克思恩格斯选集（第二卷）》，人民出版社，2012年，第2页。

③ 中共中央马克思恩格斯列宁斯大林著作编译局：《马克思恩格斯文集（第十卷）》，人民出版社，2009年，第3页。

④ 中共中央马克思恩格斯列宁斯大林著作编译局：《马克思恩格斯全集（第一卷）》，人民出版社，2016年，第416页。

重要变化了。在1843年9月与卢格的通信中马克思把这个问题概括为“往何处去”的问题，认为“‘从何处来’这个问题没有什么疑问，但是对于‘往何处去’这个问题却很糊涂”[①]。“往何处去”指的就是人类社会向何处去即“发现新世界”的问题。新世界的发现应着重于“批判旧世界”，而不是如卡贝、德萨米和魏特林以及傅立叶和蒲鲁东等“教条主义”[②]地理解共产主义和社会主义学说。“从何处来”和“往何处去”指的应是人类社会的形成和发展中的价值取向问题。“往何处去？这是马克思为自己设立的中心问题，而这恰恰就是他的社会理想问题。”[③]当然，“从何处来”并不排除“人来源于动物界”[④]的问题。

第一节　价值认识的形成

从历史认识价值的角度看，在价值承载的意义上马克思使用了三种“社会”概念，分别是“社会形态”“社会有机体”和“自由人的联合体”。马克思对“社会”[⑤]概念的使用，是从克罗茨纳赫时期“市民社会”概念认识开始的。我们在前文中已经指出过“市民社会”这个概念，既可以在历史概念意义上使用，也可以在分析概念上使用。下面马克思的这些论述中对“市民社会”概念的使用基本上都是在历史概念意义上使用的：

(1)“如果在阐述家庭、市民社会、国家等等时把人的这些社会存在方式看作人的本质的实现，看作人的本质的客体化，那么家庭等等就表现为主体所固有的特质。人始终是这一切实体性东西的本质，但这些实体性东西也表现为人的现实普遍性，因而也就是一切人所共有的东西。”[⑥]（《黑格尔法哲学批判》）

---

① 中共中央马克思恩格斯列宁斯大林著作编译局：《马克思恩格斯全集（第一卷）》，人民出版社，2016年，第415页。

② 中共中央马克思恩格斯列宁斯大林著作编译局：《马克思恩格斯全集（第一卷）》，人民出版社，2016年，第416页。

③ 郝敬之：《论马克思学说的整体性》，《山东社会科学》，2005年第2期，第7页。

④ 周林东：《人化自然辩证法——对马克思的自然观的解读》，人民出版社，2008年，第186页。

⑤ 西方社会概念最早是古希腊的家庭与城邦模式，古罗马帝国所展现的是一种世界主义秩序模式，而中世纪则是基督教关照下的此岸之城的世俗秩序问题。1500年之后，随着资本主义的萌芽和发展，自然法视野作为政治或法律范畴的社会和古典政治经济学视野作为经济或商业范畴的社会也相继出现了。马克思就是在黑格尔划分的家庭、市民社会、国家的三分法中开始研究资本主义这个市民社会的（陈祥勤：《马克思与普遍历史问题》，学林出版社，2012年，第118～129页）。市民社会概念能否认为自古希腊就产生了呢？宫敬才教授认为市民社会在西方主要是产生于11世纪（宫敬才：《马克思经济哲学研究》，人民出版社，2014年，第186页）。这同法国学者佩尔努的看法是一致的[[法]雷吉娜·佩尔努：《法国资产阶级史（上册）》，康新文等译，上海译文出版社，1991年，第1页）。不过，也有学者认为市民社会起源于古希腊的城邦时期，在从古代到古典时期的发展过程中，发展出了“作为公民‘共同体’的政治内涵与作为外在利益关系结合的市场社会的经济内涵”意义上的两条线索，成了西方市民社会的源头（王浩斌：《市民社会的乌托邦：马克思主义的社会历史哲学阐释》，江苏人民出版社，2011年，第31页。或参阅方朝晖：《市民社会的两个传统及其在现代的汇合》，《中国社会科学》，1994年第5期，第102页）。

⑥ 中共中央马克思恩格斯列宁斯大林著作编译局：《马克思恩格斯全集（第三卷）》，人民出版社，2002年，第51～52页。

(2)“不是身为 citoyen［公民］的人，而是身为 bourgeois［市民社会的成员］的人，被视为本来意义上的人，真正的人。”[①] “人在其最直接的现实中，在市民社会中，是尘世存在物。……相反，在国家中，即在人被看作是类存在物的地方，人是想像的主权中虚构的成员；在这里，他被剥夺了自己现实的个人生活，却充满了非现实的普遍性。”[②] “实际需要、利己主义是市民社会的原则。”[③]（《论犹太人问题》）

(3)“部分的纯政治的革命的基础是什么呢？就是市民社会的一部分解放自己，取得普遍统治，就是一定的阶级从自己的特殊地位出发，从事社会的普遍解放。”[④]（《〈黑格尔法哲学批判〉导言》）

(4)“在国民经济学家看来，社会是市民社会，在这里任何个人都是各种需要的整体，并且［XXXV］就人人互为手段而言，个人只为别人而存在，别人也只为他而存在。正像政治家议论人权时那样，国民经济学家把一切都归结为人，即归结为个人，从个人那里他抽去一切规定性，把个人确定为资本家或工人。”[⑤]（《1844 年经济学哲学手稿》）

(5)“直观的唯物主义，即不是把感性理解为实践活动的唯物主义，至多也只能达到对单个人和市民社会的直观。”“旧唯物主义的立脚点则是市民社会，新唯物主义的立脚点则是人类社会或社会化的人类。”[⑥]（《关于费尔巴哈的提纲》）

实际上，市民社会的历史概念从表达方式来看，指的就是经常所说的事物的“描述性”问题，意指对存在事物现象实事求是地呈现，“被用来指称一种感性的、具体存在的社会现象”[⑦]。与这种“描述性意蕴”相对的是“分析性意蕴”[⑧]，一般“被用来指称这些感性现象的分析性本质”[⑨] 问题。当然，这两种表达方式并不是互相对立的，就如同我们谈到“国家”这个概念一样：一方面“人们的理解不可能脱离具体的、感性存在的国家，即不可能脱离它的描述性意蕴”，另一方面“这一概念所传达的分析性内涵却又可以同时使人们在此基础上把握国家的一般本质”。[⑩] 人们对概念的使用表达除“描述性意蕴”和“分析性意蕴”之外，还有“第三重意蕴——价值性意蕴”[⑪]。就像共产

① 中共中央马克思恩格斯列宁斯大林著作编译局：《马克思恩格斯全集（第三卷）》，人民出版社，2002 年，第 185 页。

② 中共中央马克思恩格斯列宁斯大林著作编译局：《马克思恩格斯全集（第三卷）》，人民出版社，2002 年，第 173 页。

③ 中共中央马克思恩格斯列宁斯大林著作编译局：《马克思恩格斯全集（第三卷）》，人民出版社，2002 年，第 194 页。

④ 中共中央马克思恩格斯列宁斯大林著作编译局：《马克思恩格斯全集（第三卷）》，人民出版社，2002 年，第 210 页。

⑤ 中共中央马克思恩格斯列宁斯大林著作编译局：《马克思恩格斯全集（第三卷）》，人民出版社，2002 年，第 353 页。

⑥ 中共中央马克思恩格斯列宁斯大林著作编译局：《马克思恩格斯选集（第一卷）》，人民出版社，2012 年，第 136 页。

⑦ 王新生：《市民社会论》，广西人民出版社，2003 年，第 53 页。

⑧ 王新生：《市民社会论》，广西人民出版社，2003 年，第 53 页。

⑨ 王新生：《市民社会论》，广西人民出版社，2003 年，第 54 页。

⑩ 王新生：《市民社会论》，广西人民出版社，2003 年，第 54 页。

⑪ 王新生：《市民社会论》，广西人民出版社，2003 年，第 54 页。

主义、公共领域、法治社会等概念一样，“它们除了表达一种感性的存在和特定的分析本质之外，还传达着人们特定的价值期望，表达着一种应然的形态”[①]。具体说就是，市民社会概念的描述性意蕴“作为一个描述性概念”所指涉的是“一种特殊的、感性的生活状态和生活世界”[②]；市民社会概念的分析性意蕴“作为分析性概念”所指涉的则是“一个与国家相对，并与之构成结构性关系的独立领域；指在整个现代社会中，社会成员按照独立的个人间相互承认的原则进行自主的经济和社会交往活动的私人自主领域”[③]；市民社会概念的价值性意蕴作为价值性概念表达的是一种“避免国家对私人生活的不当干预，以此达到对个人自由的有效保护”[④] 的理想目标问题，是在与政治国家区分的意义上使用的。我们不一定完全同意王教授的观点[⑤]，但不可否认的是王教授对方法的认识是有一定道理的。借鉴上述认识的方法，我们认为马克思的市民社会概念，从描述意义也即历史概念看，指的就是资本主义社会或资产阶级社会。正是面对资本主义社会发展中存在的问题，马克思开始在《1844 年经济学哲学手稿》中从异化[⑥]的角度来思考人类社会的发展问题。从这个方面看，马克思市民社会概念的确是具有明显的价值规范和理想指向的[⑦]。当然，马克思对市民社会概念的使用并非仅仅着眼于价值意义的理解的。

那么，在《1844 年经济学哲学手稿》中，马克思是如何从异化的角度来认识人类社会发展的呢？刘启良先生认为马克思对人类社会发展的认识，是从“异化”的角度，

---

① 王新生：《市民社会论》，广西人民出版社，2003 年，第 54 页。

② 王新生：《市民社会论》，广西人民出版社，2003 年，第 54 页。

③ 王新生：《市民社会论》，广西人民出版社，2003 年，第 59 页。

④ 王新生：《市民社会论》，广西人民出版社，2003 年，第 62 页。

⑤ 徐长福教授认为马克思在《黑格尔法哲学批判》手稿中评论黑格尔《法哲学原理》时提出来的“市民社会决定国家”命题，其本义是市民社会成员应该掌握国家立法的实权，从而实现真正的民主制，是一个政治哲学命题，而不是唯物史观的命题。即使是唯物史观的命题也不是本义而是转义。也就是说，马克思提出的这一命题，政治哲学是本义而唯物史观则是转义。徐教授虽然没有完全否定马克思这一命题的唯物史观意义，但和政治哲学相比还是排了顺序的（徐长福：《“市民社会决定国家”命题的复义性——马克思的本义和恩格斯的转义》，《马克思主义与现实》，2021 年第 6 期，第 58 页）。实际上，王新生教授对市民社会的认识同我们对市民社会的认识是有一定差异的，因为王教授是从政治哲学的角度理解这个问题的。在段忠桥教授看来，马克思的唯物史观即政治哲学，他的政治哲学即唯物史观的看法难以成立。的确，至少“从唯物史观是一种实证性的科学理论既得不出它与规范性观念无涉的结论，也得不出马克思和恩格斯在自由、平等、公平、正义等问题上没有自己的规范性观念的结论”（段忠桥：《唯物史观是政治哲学吗？——与王新生教授商榷》，《中国社会科学评价》，2021 年第 3 期，第 13 页）。当然“历史唯物主义是在政治哲学的思想运演中推导出来的”看法，在段教授看来同样也是不正确的观点（段忠桥：《历史唯物主义是在“政治哲学思想运演中推导出来”的吗？——质疑李佃来教授的一个新见解》，《中国人民大学学报》，2017 年第 1 期，第 29 页）。学术界要加强马克思这个命题的研究，的确是目前马克思主义历史观研究的一个重要问题。

⑥ 黑格尔之前“异化”这个概念已经在宗教和政治方面开始使用，是黑格尔开始把这个概念提升为哲学概念，是在绝对精神外化的意义上使用的。费尔巴哈是在主体与客体关系意义上使用异化概念的，指的是主体沦为客体而为客体所支配的一种状态（侯才：《马克思的遗产》，黑龙江人民出版社，2009 年，第 236～238 页）。异化一词的使用流传开来是 1932 年马克思《1844 年经济学哲学手稿》在苏联发表之后的 20 世纪 40 和 50 年代，成为“神学、哲学、社会学、政治学、哲学人类学、文艺批评、精神分析的基本用语，成为政治口号，成为到处使用的陈词滥调和意义含糊的大杂烩”[沈恒炎、燕宏远：《国外学者论人和人道主义（第一辑：西方国家）》，社会科学文献出版社，1991 年，第 278 页]。

⑦ 市民社会作为一种分析概念，我们在上一章已经分析过了。

把人类社会划分为没有异化现象的社会、有异化现象的社会（主要是资本主义社会）和异化被扬弃的社会即共产主义社会的三个阶段。[①] 这种划分是有道理的。在《〈政治经济学批判〉序言》中，马克思在阐述“亚细亚的、古希腊罗马的、封建的和现代资产阶级的生产方式”几个经济的社会形态演进时，说过这样一句话——“人类社会的史前时期就以这种社会形态而告终”[②]。很明显，这里的“史前时期”指的应是包括现代资产阶级生产方式在内的之前的几个经济的社会形态所经历的时期，那么，如果加上所期望的未来理想社会，正是三个社会阶段，而这同《1844年经济学哲学手稿》中划分的三个人类社会阶段在方向上是具有一致性的。也就是说，不能认为马克思《1844年经济学哲学手稿》中的异化思想完全是从道德、意志、愿望等人性出发的一种认识，就像黑格尔所理解的“理念”一样——“神圣的理念恰恰在于自己决然将这种他物从自身置于自身之外，又使之回到自身之内以便自己作为主观性和精神而存在”[③]——是一个从设立对象到外化出对象再到返回自身的三个阶段的过程。实际上，此时马克思已经意识到了实践活动对于共产主义实现的历史意义，“要扬弃私有财产的思想，有思想上的共产主义就完全够了。而要扬弃现实的私有财产，则必须有现实的共产主义行动”[④]。马克思之所以批评国民经济学对“私有财产的事实”没有进行说明，就是因为在马克思看来，不能“把私有财产在现实中所经历的物质过程，放进一般的、抽象的公式，然后又把这些公式当作规律”，而是应说明私有财产的本质，就必须揭示私有制的起源和发展的历史过程，也即必须要考察整个人类发展史，也即国民经济学存在的问题就是“没有指明这些规律是怎样从私有财产的本质中产生出来的”——“劳动和资本分离以及资本和土地分离的根源的钥匙”。[⑤] 从这层意义看，马克思的这段话——“共产主义是私有财产即人的自我异化的积极的扬弃，因而是通过人并且为了人而对人的本质的真正占有；因此，它是人向自身、向社会的即合乎人性的人的复归，这种复归是完全的，自觉的和在以往发展的全部财富的范围内生成的。这种共产主义，作为完成了的自然主义＝人道主义，而作为完成了的人道主义＝自然主义，它是人和自然界之间、人和人之间的矛盾的真正解决，是存在和本质、对象化和自我确证、自由和必然、个体和类之间的斗争的真正解决。它是历史之谜的解答，而且知道自己就是这种解答”[⑥]——并非如有些学者特别是西方部分学者所认为的那样：这段话正是马克思论证人—非人—人的复归的明证。正如宫敬才教授所言，马克思的这段话的确是在论述人，不过论述的“不是空洞抽象的人，而是具体的社会历史的人，其真正的指称对象是作为主体的劳动者”，其针

① 刘启良：《马克思东方社会理论》，学林出版社，1994年，第115～119页。

② 中共中央马克思恩格斯列宁斯大林著作编译局：《马克思恩格斯选集（第二卷）》，人民出版社，2012年，第3页。

③ ［德］黑格尔：《自然哲学》，梁志学、薛华、钱广华等译，商务印书馆，1980年，第20页。

④ 中共中央马克思恩格斯列宁斯大林著作编译局：《马克思恩格斯全集（第三卷）》，人民出版社，2002年，第347页。

⑤ 中共中央马克思恩格斯列宁斯大林著作编译局：《马克思恩格斯全集（第四十二卷）》，人民出版社，2016年，第89页。

⑥ 中共中央马克思恩格斯列宁斯大林著作编译局：《马克思恩格斯全集（第三卷）》，人民出版社，2002年，第297页。

对的目标是“资本主义条件下的劳动异化”[①]。马克思正是在揭示劳动者劳动过程中劳动者与劳动对象、劳动资料、劳动过程和劳动产品存在异化现象的问题中，进入了人类社会问题探讨的视域，开始了从人本学劳动异化史观走向客观经济现实的转换历程[②]。

在《关于费尔巴哈的提纲》中，针对“旧唯物主义”的立足点是“市民社会”的问题，马克思提出了相对于个人而言的群体性意义上“人类社会”[③] 的概念。正是如此，在《德意志意识形态》中，马克思、恩格斯虽然没有提出社会形态的概念，但已经开始从社会形态的角度来分析人类社会发展问题，主要是在分工和所有制方面认识的，认为人类社会发展中各个不同阶段的“分工”同相同时期“所有制的各种不同形式”具有一致性，也即每一阶段的“分工”能够决定“个人在劳动材料、劳动工具和劳动产品方面的相互关系”[④]。这个阶段具体展开也即人类社会发展所经历的“部落所有制……古典古代的公社所有制和国家所有制……封建的或等级的所有制”[⑤] 几个历史时期。在《路易·波拿巴的雾月十八日》中，马克思开始明确使用社会形态这个概念，“新的社会形态一形成，远古的巨人连同复活的罗马古董——所有这些布鲁士斯们、格拉古们、普卜利克拉们、护民官们、元老们以及凯撒本人就都消失不见了”[⑥]。从马克思提出的这段话的上下文看，马克思强调的是法国大革命的意义问题，认为是法国大革命奠定了现代资产阶级社会的政治基础，而波拿巴的贡献则是为法国资本主义的进一步发展创造了一些条件。这个意义上理解的社会形态指的是与封建制度斗争中新形成的、历史发展中不同社会形式前后相继的意义上的资产阶级社会，可以看作是在政治和生产力方面分析使用的概念。

除使用“社会形态”的概念之外，马克思还使用过“社会经济形态”的概念，是在《1861—1863年年经济学手稿》中提出来的，“正像各种不同的地质层系相继更迭一样，在各种不同的社会经济形态的形成上，不应该相信各个时期是突然出现的，相互截然分

---

① 宫敬才：《马克思经济哲学微观研究》，人民出版社，2021年，第285页。

② 张一兵：《回到马克思：经济学语境中的哲学话语》，江苏人民出版社，2014年，第223页。日本学者角田史幸对张一兵教授的这个观点持有异议，认为“张先生所说的这种从‘人本异化史观（人本主义）’（科学以前的马克思）向‘科学马克思主义（唯物史观）’的转换。……是一种诠释者将自身裁剪过的判断强加给马克思的做法”。在角田史幸看来，“只有理解马克思从一开始赋予自身的思想课题以及追求通往人的解放与自由之变革的意向性与意志，并沿着这条道路，体悟马克思的原初思想，才能真正地‘回到马克思’”（［日］角田史幸：《割裂的马克思》，陈旺译，《社会科学报》，2022年8月27日第8版）。对于马克思《1844年经济学哲学手稿》1932年问世后的认识争议，可以参阅许恒兵、刘光育：《〈1844年经济学哲学手稿〉公开问世后的学术形象及反思》，《理论与现代化》，2022年第4期，第84页。

③ 中共中央马克思恩格斯列宁斯大林著作编译局：《马克思恩格斯选集（第一卷）》，人民出版社，2012年，第136页。

④ 中共中央马克思恩格斯列宁斯大林著作编译局：《马克思恩格斯选集（第一卷）》，人民出版社，2012年，第148页。

⑤ 中共中央马克思恩格斯列宁斯大林著作编译局：《马克思恩格斯选集（第一卷）》，人民出版社，2012年，第148页、第149页。

⑥ 中共中央马克思恩格斯列宁斯大林著作编译局：《马克思恩格斯选集（第一卷）》，人民出版社，2012年，第669～670页。

开的。”[①] 此处马克思使用的是“社会经济形态”概念，是在社会形态同经济联系的意义上使用的，并且强调了其地质学[②]隐喻的意义，也即社会经济形态是一个前后相继发展的阶段。马克思除了提出“社会经济形态”的概念之外，还使用过“经济的社会形态”的概念，是在《〈政治经济学批判〉序言》中，论述亚细亚的、古代的、封建的以及现代资产阶级的生产方式演进时提出来的，此即：“大体说来，亚细亚的、古希腊罗马的、封建的和现代资产阶级的生产方式可以看做是经济的社会形态演进的几个时代。资产阶级的生产关系是社会生产过程的最后一个对抗形式……因此，人类社会的史前时期就以这种社会形态而告终。”[③] 对于如何理解“经济的社会形态”，在《资本论（第一卷)》中，马克思有段论述，认为“劳动资料的遗骸”就像动物遗骸的结构对于已经绝种的动物的机体的认识具有重要的意义一样，它“对于判断已经消亡的经济的社会形态”同样也具有重要的意义——各种经济时代的区别在于“怎样生产”也即用什么样的劳动资料来生产，而“不在于生产什么”[④]。对于理解“经济社会形态”，在马克思看来，关键是认识各个经济时代劳动中所有使用的劳动资料问题，其中最为关键的就是表现劳动手段的劳动工具问题。

对人类社会发展中经济社会形态的分析，马克思注重的是社会关系中生产关系的主导作用，但马克思并没有忽略其他社会关系在人类社会发展中的作用，强调社会理解人与人以及人与自然之间交往关系的作用。从马克思《德意志意识形态》后对社会概念的理解就可以看得出来，他在1846年的《马克思致帕维尔·瓦西里耶维奇·安年科夫》的信中指出社会是“人们交互活动的产物”[⑤]，在1849年的《雇佣劳动与资本》中则把社会理解成结构与功能意义上的“生产关系总合起来”[⑥] 构成的社会关系，而在《1857—1858年经济学手稿》中则从人的角度把社会理解成“个人彼此发生的那些联系和关系的总和”[⑦]。也正是在这种意义上，马克思不仅提出了人类社会发展中“三大社会形态”

① 中共中央马克思恩格斯列宁斯大林著作编译局：《马克思恩格斯全集（第四十七卷)》，人民出版社，2016年，第472页。

② 根据日本学者大野节夫的考证，在1851年夏，马克思曾经阅读过英国农业化学家约翰斯顾的《农业化学和地质学讲义》，接触到一些地质学方面的知识，受此影响，几个月后马克思在《路易·波拿巴的雾月十八日》中创造了“Gesellschatsformation”一词，中文译作“社会形态”［［日］大野节夫：《马克思的社会形态和生产方式的概念》，李成鼎摘译，载中国历史唯物主义研究会：《历史唯物主义论丛（第五辑)》，清华大学出版社，1984年，第291页］。

③ 中共中央马克思恩格斯列宁斯大林著作编译局：《马克思恩格斯选集（第二卷)》，人民出版社，2012年，第3页。

④ ［德］马克思：《资本论（第一卷)》，人民出版社，2018年，第210页。

⑤ 中共中央马克思恩格斯列宁斯大林著作编译局：《马克思恩格斯选集（第四卷)》，人民出版社，2012年，第408页。

⑥ 中共中央马克思恩格斯列宁斯大林著作编译局：《马克思恩格斯选集（第一卷)》，人民出版社，2012年，第340页。

⑦ 中共中央马克思恩格斯列宁斯大林著作编译局：《马克思恩格斯全集（第三十卷)》，人民出版社，1995年，第221页。

问题[①]，还提出了如何从“有机体”和“联合体”的角度理解社会的问题。

“三大社会形态”是马克思在《1857—1858年经济学手稿》和《资本论》中，从人的发展角度提出的理解人类社会发展阶段的一种方式，其中《1857—1858年经济学手稿》中阐述的是“人的依赖关系……物的依赖性……自由个性”[②]三个发展阶段，而在《资本论（第一卷）》中阐述的则是“人们在自己劳动中的直接的社会关系”阶段、“人们之间的物的关系和物之间的社会关系”[③]阶段、“自由人联合体”[④]的社会关系三个阶段。不过，对于“三大社会形态”的论述还是《1857—1858年经济学手稿》比较详细，其中从“人的依赖关系”“物的依赖性”和“自由个性”三个发展阶段之间的关系看，“第二个阶段为第三个阶段创造条件”[⑤]，对于第一阶段的人的发展，虽然看上去“个人显得比较全面”（个人并不丰富的关系没有同社会权力和社会关系相对立），但在马克思看来，“留恋那种原始的丰富，是可笑的”[⑥]。对于人的发展形态与社会形态的关系，在文中马克思是有所论述的，其中马克思在论述完三大社会形态理论之后，随即讲了一段话，即“家长制的，古代的（以及封建的）状态随着商业、奢侈、货币、交换价值的发展而没落下去，现代社会则随着这些东西同步发展起来”[⑦]。“商业、奢侈、货币、交换价值的发展”问题是资本主义社会的主要特征，也即“物的依赖性”阶段的问题，由此可以得出，“物的依赖性”阶段指的就是资本主义社会历史阶段，那么，与此相关，“家长制的，古代的（以及封建的）状态”指的应是前资本主义社会，以此类推，“自由个性”的发展阶段应该与后资本主义社会即未来的共产主义社会相关。上述认识也体现于这段论述之中，在马克思看来，“一切劳动产品、能力和活动”所进行的私人的交换同

① 段忠桥教授在2006年的文章《马克思从未提出过“五种社会形态理论”》和《马克思提出过“五种社会形态理论”吗?》、季正矩在2009年的文章《正确认识马克思的社会形态理论》中，都认为“五大社会形态”理论是对马克思原著的误读和曲解，既缺乏充分的文本依据，也没有世界性的普遍事实依据作支撑。相反，奚兆永在2006年的文章《关于五种社会形态理论的讨论》、庞卓恒在2011年的文章《马克思社会形态理论的四次论说及历史哲学意义》、徐觉哉在2012年的文章《社会形态演进规律之探索——思想史片断的梳理》、赵家祥在2015年的文章《五种社会形态划分法和三种社会形态划分法的含义及其相互关系》中都认为“五种社会形态理论”贯穿于马克思经典著作，不但本身是一个完整的体系，而且也与人类社会发展的事实相符，因此，它的真理性不容降低和抹杀。张凌辉在2020年的文章《“社会形态”是认识历史演进的标杆》中认为，“社会形态”是对社会存在方式的概括性总结，是科学揭示社会历史演变规律的重要标杆，用马克思文本中的意涵演进对“社会形态”概念作一番梳理和辨析，有利于纠正当下历史理论方面的认知偏差（张凌辉：《“社会形态”是认识历史演进的标杆》，《历史评论》，2020年第4期，第85页）。杨艳秋在2021年的文章《马克思主义社会形态理论与中国史学》中认为，“社会形态理论是马克思主义发展观的核心内容，作为解释社会发展一般规律的一种理论范式，对历史学有着重要意义”（杨艳秋：《马克思主义社会形态理论与中国史学》，《史学集刊》，2021年第4期，第4页）。

② 中共中央马克思恩格斯列宁斯大林著作编译局：《马克思恩格斯全集（第三十卷）》，人民出版社，1995年，第107～108页。

③ ［德］马克思：《资本论（第一卷）》，人民出版社，2018年，第90页。

④ ［德］马克思：《资本论（第一卷）》，人民出版社，2018年，第96页。

⑤ 中共中央马克思恩格斯列宁斯大林著作编译局：《马克思恩格斯全集（第三十卷）》，人民出版社，1995年，第108页。

⑥ 中共中央马克思恩格斯列宁斯大林著作编译局：《马克思恩格斯全集（第三十卷）》，人民出版社，1995年，第112页。

⑦ 中共中央马克思恩格斯列宁斯大林著作编译局：《马克思恩格斯全集（第三十卷）》，人民出版社，1995年，第108页。

“自然发生的或政治性的”[①] 以个人相互之间的统治和从属关系为基础的分配以及“同在共同占有和共同控制生产资料的基础上联合起来的个人所进行的自由交换”[②] 是相对立的。在“这种统治和从属的性质是家长制的，古代的或是封建的”状况下进行的交换，并不是发生在整个共同体生活之中，征服了“全部生产关系和交往关系”，而只是“在不同共同体之间”[③] 发生的一些交换关系。总体上说，马克思把家长制的、古代的及封建的生产方式都归结为第一大形态，也即资本主义以前的社会，而第二大形态指的则是资产阶级社会，第三大形态指的则是未来的共产主义社会。马克思三大社会形态的划分主要不是根据生产资料占有的性质，而主要是着眼于人的生产能力的发展水平以及在此基础上形成的个人独立和自由程度、人的个性发挥程度以及人的社会交往程度等。由此来看，第一大社会形态即人的依赖的最初社会形态的特征就表现为片面自给的生产能力、原始丰富而缺乏自主的活动、狭隘地域性的社会联系、自然的需要以及萌发状态的自由个性等。第二大社会形态即物的依赖的社会形态的特征则表现为具有全面的能力、人的独立性、全面的关系、多方面的需要以及物役下的自由个性等。第三大社会形态即个人全面发展的社会形态的特征则表现为从属于社会财富的全面能力、自由自主的活动、自由全面的社会关系、真正丰富的需要以及真正的自由个性，等等。[④]

对于“自由人的联合体”我们会在后面来论述，下面先看看马克思是如何理解人类社会发展中的“有机体”[⑤] 问题。“社会有机体”这个概念，马克思最早使用是在《莱茵报》时期《评奥格斯堡〈总汇报〉论普鲁士等级委员会的文章》的文章中，是在谈论人民的等级划分与国家关系问题时提到的这个概念，认为不能任意划分等级，如果“把人民机械地划分成几个固定的、抽象的组成部分，并且要求这些无机的、被强制确定的部分进行独立运动（这只能是抽搐运动）”，是不能实现“有机运动”的——“他根本不知道国家生活的有机体本身，只知道国家表面地机械地包括着的那些不同部分的共存”。[⑥] 在马克思看来，国家生活正确理解的关键在于将其视为一个由具有差异性功能的若干部分构成的处于不断运动中的而非静止的一个完整的有机整体，“国家生活”有机体的理解要体现出其辩证性。马克思使用“社会机体”的概念是在《哲学的贫困》中，是在批评蒲鲁东不能单凭运动、时间和顺序的唯一的逻辑公式来说明社会运动时运

---

① 中共中央马克思恩格斯列宁斯大林著作编译局：《马克思恩格斯全集（第三十卷）》，人民出版社，1995年，第108页。

② 中共中央马克思恩格斯列宁斯大林著作编译局：《马克思恩格斯全集（第三十卷）》，人民出版社，1995年，第109页。

③ 中共中央马克思恩格斯列宁斯大林著作编译局：《马克思恩格斯全集（第三十卷）》，人民出版社，1995年，第109页。

④ 杨文圣：《马克思社会形态理论历史生成与当代价值》，中国社会科学出版社，2013年，第145～168页。

⑤ 马天俊认为马克思的有机体认识，是在批判黑格尔国家观过程中对其有机体思想的一种继承与发展，而这种结果就是在形成自己的社会有机体概念的过程中，提出了“自由人联合体”这一思想认识（马天俊：《有机体隐喻：从黑格尔到马克思》，《哲学研究》，2021年第11期，第14页）。

⑥ 中共中央马克思恩格斯列宁斯大林著作编译局：《马克思恩格斯全集（第一卷）》，人民出版社，1995年，第333页。

用了“社会机体”[①] 的概念，批评单纯用政治经济学的范畴来构筑社会体系容易把本来是连续的社会割裂成单个的社会，而强调的则是社会运动的连续性问题。在《资本论（第一卷）》“序言”中则有这样一段论述：“现在的社会不是坚实的结晶体，而是一个能够变化并且经常处于变化过程中的有机体。”[②] 这里“有机体”的概念指称的是有机体理解的意义上的社会，强调的是社会发展变化的特征。这与马克思在《哲学的贫困》中使用的“有机体”的概念的意义是基本相同的。在《〈政治经济学批判〉导言》中，也有一段论述，是在阐释生产、交换、分配、消费的关系时提到的这个问题，认为生产、交换、分配、消费这些不同要素相互间都有一定的关系——“不同要素之间存在着相互作用。每一个有机整体都是这样”[③]，其意是指如果从经济的角度来理解社会，那么社会各个分工不同的部门之间会产生相互作用、相互依赖的关系。在《1857—1858 年经济学手稿》中，马克思也有一段有关社会有机体的论述，是在论述社会依靠现有生产发展以及传统所有制关系等条件向前发展的过程中提出来的，认为任何社会的“生产力和生产关系”[④] 都不是从无，也不是从空中或依靠设定的观念发展出来的。不仅完成的资产阶级体制而且任何一个社会的“有机体制”都会遵从这种规律。马克思对社会有机体的论述包含了四层具有普遍性特征的意思：一是强调社会有机体的“前提”性（作为总体的前提），二是强调社会有机体的“创造”性（从社会中创造出缺乏的器官），三是强调社会有机体的“生成”性，四是强调“总体”[⑤] 性。

从上述论述看，社会有机体是社会形态在人类社会历史发展中呈现的一种和谐运行状态，是人类社会在历史发展中所趋向的一种目标——是“生命力的完全释放，每一个人都作为其中的一个细胞而随之实现全面的自由”[⑥] ——“以人的自由而全面的发展为

---

① 中共中央马克思恩格斯列宁斯大林著作编译局：《马克思恩格斯选集（第一卷）》，人民出版社，2012 年，第 223 页。

② ［德］马克思：《资本论（第一卷）》，人民出版社，2018 年，第 10 页、第 13 页。

③ 中共中央马克思恩格斯列宁斯大林著作编译局：《马克思恩格斯选集（第二卷）》，人民出版社，2012 年，第 699 页。

④ 中共中央马克思恩格斯列宁斯大林著作编译局：《马克思恩格斯全集（第三十卷）》，人民出版社，1995 年，第 236 页。

⑤ 中共中央马克思恩格斯列宁斯大林著作编译局：《马克思恩格斯全集（第三十卷）》，人民出版社，1995 年，第 237 页。此段引文为：“这种有机体制本身作为一个总体有自己的各种前提，而它向总体的发展过程就在于：使社会的一切要素从属于自己，或者把自己还缺乏的器官从社会中创造出来。有机体制在历史上就是这样生成为总体的。生成为这种总体是它的过程即它的发展的一个要素。”另外，列宁说马克思主义社会形态结构理论研究的科学意义，“在于阐明支配着一定社会有机体的产生、生存、发展和死亡以及为另一更高的有机体所代替的特殊规律（历史规律）”［中共中央马克思恩格斯列宁斯大林著作编译局：《列宁选集（第一卷）》，人民出版社，2012 年，第 34 页］。按照现代对“社会有机体”的理解，其应具有过程性、整体性、系统性、自组织性、平衡性、自我修复性的主要特征（靳书君、李永杰：《马克思社会有机体概念的特征与意蕴》，《广西社会科学》，2017 年第 3 期，第39～40 页）。

⑥ 毕文锐：《“社会有机体”概念释要——基于马克思主义视角》，《北京交通大学学报（社会科学版）》，2021 年第 1 期，第 129 页。

目的”[①]，而这种目标所走向的理想社会就是“自由人的联合体”。

在1894年应意大利人朱泽培·卡内帕为刊物《社会评论》题字邀请的回信中，恩格斯说只有《共产党宣言》中这段话即“代替那存在着阶级和阶级对立的资产阶级旧社会的，将是这样一个联合体，在那里，每个人的自由发展是一切人的自由发展的条件”最适合作为“表述未来新时代的思想”[②]，除此以外再也找不到合适的了。关于自由人的联合体思想，在《莱茵报》时期1842年7月《第179号“科伦日报”社论》中，马克思说到应当“把国家了解为相互教育的自由人的联合体”[③]。此时马克思还停留在黑格尔的理性国家观之内，认为国家真正的社会教育作用就在于它是一种“合乎理性的社会的存在”[④]。在《德意志意识形态》中，马克思认为，无产者的共同体是控制了“个人的自由发展和运动的条件”[⑤] 的一种联合，而不是分工产生的异己联系。在《资本论（第一卷)》中，马克思认为“自由人联合体”[⑥] 是用公共的生产资料进行劳动且自觉地把个人劳动力当作社会劳动力使用的一种联合组织形式。在《法兰西内战》中，马克思认为，“工人”自身解放和“环境”和“人”[⑦] 都加以改造的实现需要一个长期历史过程。在《家庭、私有制和国家的起源》中，恩格斯认为未来的社会是不需要国家“在生产者自由平等的联合体的基础上按新方式来组织生产的”[⑧] 一种组织。

马克思自由人的联合体认识同真正的共同体认识是一致的，而真正的共同体思想则是在《德意志意识形态》中提出来的，认为只有在共同体中，个人才能获得全面发展才能的手段和自由。只有“各个人在自己的联合中并通过这种联合获得自己的自由”的共同体，才是“真正的共同体”[⑨]。而虚假共同体则是“相对于各个人而独立的”[⑩]，是一个阶级反对另一个阶级的联合，是被统治阶级的虚幻的共同体和新的桎梏。虚幻的共同体和真正的共同体从阶级性看是不同的：虚幻共同体的基本特征不仅是虚假性，且这种

---

① 靳书君、李永杰：《马克思社会有机体概念的特征与意蕴》，《广西社会科学》，2017年第3期，第38页。王晓升教授认为马克思对社会有机体的理解不能仅仅理解成需要和适应意义上的功能主义认识方式，除此以外，社会有机体还应具有合法性或正当性的“规范”功能，或者说马克思社会有机体的理解是功能和规范的统一（王晓升：《历史唯物主义的当代重构》，社会科学文献出版社，2013年，第1～16页）。

② 中共中央马克思恩格斯列宁斯大林著作编译局：《马克思恩格斯全集（第三十九卷)》，人民出版社，2016年，第189页。

③ 中共中央马克思恩格斯列宁斯大林著作编译局：《马克思恩格斯全集（第一卷)》，人民出版社，2016年，第118页。

④ 中共中央马克思恩格斯列宁斯大林著作编译局：《马克思恩格斯全集（第一卷)》，人民出版社，2016年，第118页。

⑤ 中共中央马克思恩格斯列宁斯大林著作编译局：《马克思恩格斯选集（第一卷)》，人民出版社，2012年，第202页。

⑥ ［德］马克思：《资本论（第一卷)》，人民出版社，2018年，第96页。

⑦ 中共中央马克思恩格斯列宁斯大林著作编译局：《马克思恩格斯选集（第三卷)》，人民出版社，2012年，第103页。

⑧ 中共中央马克思恩格斯列宁斯大林著作编译局：《马克思恩格斯选集（第四卷)》，人民出版社，2012年，第190页。

⑨ 中共中央马克思恩格斯列宁斯大林著作编译局：《马克思恩格斯选集（第一卷)》，人民出版社，2012年，第199页。

⑩ 中共中央马克思恩格斯列宁斯大林著作编译局：《马克思恩格斯选集（第一卷)》，人民出版社，2012年，第199页。

共同体还是“新的桎梏”——“由于这种共同体是一个阶级反对另一个阶级的联合，因此对于被统治的阶级来说，它不仅是完全虚幻的共同体，而且是新的桎梏”[①]；与虚幻共同体相反，真正的共同体则表现为自主活动同物质活动以及个人发展同社会进步相统一的基本特征，它是个人才能获得全面发展的手段，只有在这种“共同体中才可能有个人自由”[②]。马克思对共同体的虚假性、虚幻性的批判源于《莱茵报》时期。马克思此时虽然还处在黑格尔理性国家观的光圈笼罩之下，但在利益与法律及国家职能本性的矛盾冲突的认识中，他已经初步意识到了国家作为共同体的虚幻性，所以他说：“私人利益非常狡猾，它会得出进一步的结论，把自己最狭隘和最空虚的形态宣布为国家活动的范围和准则。”[③] 马克思此时已经看出了国家共同体的虚幻性，但还没有从阶级性的角度认清国家作为共同体虚幻性的根源。马克思是在《德意志意识形态》中彻底实现对国家共同体虚幻性的批判的，但不能忽略《黑格尔法哲学批判》对马克思实现共同体认识转换的作用，也即在此著作中，马克思开始接触洛克、亚当·斯密以及孟德斯鸠等人从政治经济学的角度对社会与国家关系的思考，意识到了黑格尔基于自由主义的批判而建构的理想主义国家共同体是“一种虚构”[④]。在黑格尔看来，所谓合乎理性就是指“抽象概念的各个环节达到了现实性”，而不是指“现实的人的理性达到了现实性”[⑤]，因此黑格尔是不可能得出“国家，以这些抽象为前提的伦理生活，无非是这些虚幻东西的社会性（社会生活）”，恰恰相反，黑格尔由此得出的结论是“这些虚幻东西是这种伦理生活的从属环节”。[⑥] 在写于 1844 年《评一个普鲁士人的〈普鲁士国王和社会改革〉一文》中，马克思针对卢格“‘在人们不幸脱离了共同体和他们的思想离开了社会原则这种状况下爆发的’起义会被扼杀”[⑦] 的观点，认为工人起义就是为了脱离资本主义这种塑造他们本质的政治共同体，“人的本质是人的真正的共同体”[⑧]，在其现实性上，“是一切社会关系的总和”[⑨]。当然，在马克思看来，政治解放还不是人的解放，因为“政

---

① 中共中央马克思恩格斯列宁斯大林著作编译局：《马克思恩格斯选集（第一卷）》，人民出版社，2012 年，第 199 页。

② 中共中央马克思恩格斯列宁斯大林著作编译局：《马克思恩格斯选集（第一卷）》，人民出版社，2012 年，第 199 页。

③ 中共中央马克思恩格斯列宁斯大林著作编译局：《马克思恩格斯全集（第一卷）》，人民出版社，1995 年，第 261 页。

④ 中共中央马克思恩格斯列宁斯大林著作编译局：《马克思恩格斯全集（第三卷）》，人民出版社，2002 年，第 151 页。

⑤ 中共中央马克思恩格斯列宁斯大林著作编译局：《马克思恩格斯全集（第三卷）》，人民出版社，2002 年，第 37 页。

⑥ 中共中央马克思恩格斯列宁斯大林著作编译局：《马克思恩格斯全集（第三卷）》，人民出版社，2002 年，第 134 页。

⑦ 中共中央马克思恩格斯列宁斯大林著作编译局：《马克思恩格斯全集（第三卷）》，人民出版社，2002 年，第 393 页。

⑧ 中共中央马克思恩格斯列宁斯大林著作编译局：《马克思恩格斯全集（第三卷）》，人民出版社，2002 年，第 394 页。

⑨ 中共中央马克思恩格斯列宁斯大林著作编译局：《马克思恩格斯选集（第一卷）》，人民出版社，2012 年，第 135 页。

治共同体甚至都被那些谋求政治解放的人贬低为维护这些所谓人权的一种手段”①，政治解放所塑造的人仍然是抽象的人、人为的人或法人，只能是“从一种普遍内容的假象中得到解放”②，所以，政治共同体所显示出的解放的限度必然会被进一步的人的解放的目的取代。也就是说，在马克思看来，“人的解放”的完成必须具备两个方面的条件：一是抽象的公民复归于“现实的个人”自身，个人在自身的“经验生活”“个体劳动”“个体关系”中成为“类存在物”；二是人要把意识到“自身‘固有的力量’是社会力量”的力量“组织起来”，且这种力量不能“以政治力量的形式同自身分离”。③

在《德意志意识形态》之后的《资本论（第一卷）》及其手稿的写作中，马克思继续展开了对资本主义共同体所表现出的抽象性特点的批判，其中在《1857—1858 年经济学手稿》的“货币章”中，马克思在讨论了人的依赖关系之后继续讨论物的依赖关系时，指出了物的依赖关系中的抽象统治问题，认为在“物的依赖关系”而不是“人的依赖关系”的情形中，人会由以前“互相依赖的”关系转向受“抽象统治”的关系，而这些“抽象或观念”实际上也就是“统治个人的物质关系的理论表现”④ 而已。资本主义中资本的生产作为“一种特殊的以太”⑤ 决定了资本主义一切显露出来的存在的比重，结果只能是追逐剩余价值和获取一般的货币财富。当一般的财富作为生活中抽象的享受欲而被无限制地追逐和猎取时，作为“万物的结晶”的“一般财富的有限的代表”⑥ 的货币就不可避免地成了社会运转中的主动轮了。对资本主义劳动关系和财富的了解是理解资本主义社会抽象如何占统治地位的关键。

马克思对货币与资本共同体表现出的抽象性的批判，所启动的是对资本主义现代性的批判，是对自由人的联合体或真正的共同体的目标实现的一种史前病症分析。也就说，马克思首先要解决的就是资本主义社会如何走向真正共同体的问题，除此以外，马克思还要解释社会历史是如何从资本主义以前的共同体形式发展到市民社会的问题，也即抽象共同体如何代替了自然共同体的问题。以血缘和地缘为基础的自然共同体在货币和资本羽化为抽象统治的过程中就逐渐地退出历史舞台而慢慢地被瓦解了。马克思在《1857—1858 年经济学手稿》“资本主义以前的各种形式”一节中，指出了自然共同体的三种存在形式：第一种共同体是部落共同体，此种共同体维系群体共同性的是血缘、

① 中共中央马克思恩格斯列宁斯大林著作编译局：《马克思恩格斯全集（第三卷）》，人民出版社，2002 年，第 185 页。

② 中共中央马克思恩格斯列宁斯大林著作编译局：《马克思恩格斯全集（第三卷）》，人民出版社，2002 年，第 187 页。

③ 中共中央马克思恩格斯列宁斯大林著作编译局：《马克思恩格斯全集（第三卷）》，人民出版社，2002 年，第 189 页。

④ 中共中央马克思恩格斯列宁斯大林著作编译局：《马克思恩格斯全集（第三十卷）》，人民出版社，1995 年，第 114 页。

⑤ 中共中央马克思恩格斯列宁斯大林著作编译局：《马克思恩格斯选集（第二卷）》，人民出版社，2012 年，第 707 页。

⑥ 中共中央马克思恩格斯列宁斯大林著作编译局：《马克思恩格斯全集（第三十卷）》，人民出版社，1995 年，第 228 页。

语言以及习惯，“并不是共同占有（暂时的）和利用土地的结果，而是其前提”①；第二种共同体的生产目的不是发财致富，而是“自给自足”，为公社成员而生产，“把自己作为小块土地的所有者并以此资格作为公社成员再生产出来”②；第三种共同体的生产目的是为人而生产，不管是“处在怎样狭隘的民族的、宗教的、政治的规定上”③ 的何种人。这三种共同体可以看作是与资本主义所有制相对的、前资本主义的、以共同体为基础的所有制的三种具体形式即自然共同体。马克思在《德意志意识形态》中已经采用过这种划分方式，是在谈到分工基础上形成的部落［Stamm］所有制、古典古代的公社所有制和国家所有制以及“封建的或等级的所有制”时提出的，认为封建的或等级的所有制“像部落所有制和公社所有制一样，也是以一种共同体为基础的”④，也即部落［Stamm］所有制、古典古代的公社所有制和国家所有制以及封建的或等级的所有制都可以看作是人类历史发展过程中不同时期存在的共同体形式。与此相对应，马克思的共同体认识可以划分为自然共同体、抽象共同体、真正的共同体三种形式，而共同体也是要“没落”的，也即是要产生“对立物”的，此也是必然的，是“货币欲或致富欲望”所致使的——“货币”这种本身的共同体是不可能“容忍任何其他共同体凌驾于它之上”的。⑤

前资本主义的共同体形式的瓦解从劳动与资本的关系看会表现为三个方面：一是“劳动者把土地当作生产的自然条件的那种关系的解体”⑥，二是“劳动者是工具所有者的那种关系的解体”⑦，三是直接属于生产的客观条件的“劳动者本身、活的劳动能力本身”也即奴隶或农奴的这种关系“也同样发生解体”⑧。第一种关系解体意味着土地所有制的根基被瓦解掉了，共同体成员自己的试验场和自己所支配的领域的这种关系也就自然而然地解体了，即自然形成的共同体成员关系解体了。第二种关系解体指的是劳动者同手工业劳动和与此种劳动形式相联系的行会同业公会制度的解体。传统的劳动形式及其管理方式在现代工业的冲击之下逐渐为现代工业体系所取代。第三种关系解体指的是基于前两种关系发生之后人与人的依赖关系为物与物的关系所代替而渐次形成劳动与资本对立的关系的问题。资本抽象共同体的形成是以传统地租的消失为前提的，而且

---

① 中共中央马克思恩格斯列宁斯大林著作编译局：《马克思恩格斯全集（第三十卷）》，人民出版社，1995年，第466页。

② 中共中央马克思恩格斯列宁斯大林著作编译局：《马克思恩格斯全集（第三十卷）》，人民出版社，1995年，第471页。

③ 中共中央马克思恩格斯列宁斯大林著作编译局：《马克思恩格斯全集（第三十卷）》，人民出版社，1995年，第479页。

④ 中共中央马克思恩格斯列宁斯大林著作编译局：《马克思恩格斯选集（第一卷）》，人民出版社，2012年，第149页。

⑤ 中共中央马克思恩格斯列宁斯大林著作编译局：《马克思恩格斯全集（第三十卷）》，人民出版社，1995年，第174页、第175页。

⑥ 中共中央马克思恩格斯列宁斯大林著作编译局：《马克思恩格斯全集（第三十卷）》，人民出版社，1995年，第490页。

⑦ 中共中央马克思恩格斯列宁斯大林著作编译局：《马克思恩格斯全集（第三十卷）》，人民出版社，1995年，第491页。

⑧ 中共中央马克思恩格斯列宁斯大林著作编译局：《马克思恩格斯全集（第三十卷）》，人民出版社，1995年，第491页。

现代地租也只是资本增值的一个环节而已。资本共同体与自然共同体在结构上的一个重要区别就是资本在运动的过程中带动其他各种参与因素从而形成一个总体的社会机体。“在完成的资产阶级体制中，每一种经济关系都以具有资产阶级经济形式的另一种经济关系为前提，从而每一种设定的东西同时就是前提，那么，任何有机体制的情况都是这样。”①

社会经济形态是“社会形态的质的表现”，而社会形态则是“社会有机体的表现形式”②，社会有机体则是“包括人以及社会生产生活各领域在内的有机整体”③。未来的共产主义所展现出的“自由人的联合体”的意蕴，就是人与人以及人与自然关系的真正和谐状态。这种和谐状态是对人的异化的积极扬弃。

第二节　价值认识的特征

“人们的社会历史始终只是他们的个体发展的历史。”④ 马克思对人的关注并非仅仅关注群体的社会性问题——“在真实的集体的条件下，各个个人在自己的联合中并通过这种联合获得自由”⑤。马克思对人的关注应是个体与群体共同发展的历史，而不仅仅是关注群体的社会性问题。

第一，价值的科学性。在《1844年经济学哲学手稿》中，马克思认为国民经济学家虽然从经济事实出发，但是没有说明这个事实，即没有理解私有财产“是怎样从私有财产的本质中产生出来的”，而是直接把私有财产所经历的物质过程看作是抽象的公式，而又把这些公式当成了一般规律。具体讲，就是国民经济学没有“说明劳动和资本分离以及资本和土地分离的原因”。⑥ 国民经济学家如此理解的原因就是“想说明什么的时候，总是置身于一种虚构的原始状态”⑦。在马克思看来，要说明私有财产的本质就需要揭示私有制的起源、发展的历史过程，要考察整个人类发展史。因此，马克思利用了黑格尔关于劳动的分析，提出了异化劳动的概念，指出了人的本性劳动与异化劳动的发展过程问题。“异化劳动从人那里夺去了他的生产的对象，也就从人那里夺去了他的类生活”，而人与动物相比的“现实的类对象性”的优点，由于被夺走了“他的无机的身

---

① 中共中央马克思恩格斯列宁斯大林著作编译局：《马克思恩格斯全集（第三十卷）》，人民出版社，1995年，第236～237页。

② 孙承叔：《真正的马克思——〈资本论〉三大手稿的当代意义》，人民出版社，2009年，第101页。

③ 曾红宇：《马克思社会有机体思想研究》，中国社会科学出版社，2013年，第99页。

④ 中共中央马克思恩格斯列宁斯大林著作编译局：《马克思恩格斯选集（第四卷）》，人民出版社，2012年，第409页。

⑤ 中共中央马克思恩格斯列宁斯大林著作编译局：《马克思恩格斯全集（第三卷）》，人民出版社，2016年，第84页。

⑥ 中共中央马克思恩格斯列宁斯大林著作编译局：《马克思恩格斯全集（第三卷）》，人民出版社，2002年，第266页。

⑦ 中共中央马克思恩格斯列宁斯大林著作编译局：《马克思恩格斯全集（第三卷）》，人民出版社，2002年，第267页。

体即自然界"[①]，这个优点也就变成缺点了。"异化劳动导致：(3) 人的类本质——无论是自然界，还是人的精神的类能力——变成对人来说是异己的本质，变成维持他的个人生存的手段。异化劳动使人自己的身体，同样使在他之外的自然界，使他的精神本质，他的人的本质同人相异化。(4) 人同自己的劳动产品、自己的生命活动、自己的类本质相异化的直接结果就是人同人相异化。当人同自身相对立的时候，他也同他人相对立。凡是适用于人对自己的劳动、对自己的劳动产品和对自身的关系的东西，也都适用于人对他人、对他人的劳动和劳动对象的关系。"[②] 这就是经常被提起的马克思所说的劳动本身的异化、劳动产品的异化、人的类本质同人异化以及个人同他人异化四种劳动异化现象。不过，严格意义上讲，只有劳动本身的异化才可以被称为劳动异化，其他三种都是关系异化也即交往异化现象问题。这也可以被认为是人类生产劳动过程中，在生产和各种社会关系的交往中产生的一种人类社会现象问题。"人的异化，一般地说，人对自身的任何关系，只有通过人对他人的关系才得到实现和表现。"[③]

在《1844 年经济学哲学手稿》中，马克思对共产主义学说的理解已经开始具有实践唯物主义的特性了：其一，马克思开始把共产主义学说和经济学研究结合起来理解共产主义的新方向，认为共产主义运动"必然在私有财产的运动中，即在经济中，为自己既找到经验的基础，也找到理论基础"[④]；其二，私有财产这一概念可以"从外化的人、异化劳动、异化的生命、异化的人这一概念得出"[⑤]；其三，私有财产问题是共产主义理解的现实问题，而私有财产又与异化有关系，由此，"异化劳动"同"人类发展"的关系问题就是解决共产主义理解的实质问题，此种认识"为解决这一任务得到了许多东西。……问题的这种新的提法本身就已包含问题的解决"[⑥]。异化劳动的产生与私有财产有关系，正是私有财产才导致了工人劳动和非现实化（对象化）的后果。"从外化劳动这一概念，即从外化的人、异化劳动、异化的生命、异化的人这一概念得出私有财产这一概念。"[⑦] 国民经济学把私有财产"这个基本前提当做确定不移的事实，而不作任何进一步的考察……"[⑧] 马克思在完成《关于费尔巴哈的提纲》的著作之后，就走出了

---

① 中共中央马克思恩格斯列宁斯大林著作编译局：《马克思恩格斯全集（第三卷）》，人民出版社，2002 年，第 274 页。

② 中共中央马克思恩格斯列宁斯大林著作编译局：《马克思恩格斯全集（第三卷）》，人民出版社，2002 年，第 274～275 页。

③ 中共中央马克思恩格斯列宁斯大林著作编译局：《马克思恩格斯全集（第三卷）》，人民出版社，2002 年，第 275 页。

④ 中共中央马克思恩格斯列宁斯大林著作编译局：《马克思恩格斯全集（第四十二卷）》，人民出版社，2016 年，第 120～121 页。

⑤ 中共中央马克思恩格斯列宁斯大林著作编译局：《马克思恩格斯全集（第四十二卷）》，人民出版社，2016 年，第 100 页。

⑥ 中共中央马克思恩格斯列宁斯大林著作编译局：《马克思恩格斯全集（第四十二卷）》，人民出版社，2016 年，第 102 页。

⑦ 中共中央马克思恩格斯列宁斯大林著作编译局：《马克思恩格斯全集（第三卷）》，人民出版社，2002 年，第 277 页。

⑧ 中共中央马克思恩格斯列宁斯大林著作编译局：《马克思恩格斯文集（第一卷）》，人民出版社，2009 年，第 255～256 页。

思辨逻辑的藩篱，成功给出了“不再用异化来说明历史，而是用历史来说明异化”[①] 的人类解放历史之谜的答案。无产阶级“表明人的完全丧失”，只有克服劳动异化，“通过人的完全回复才能回复自己本身”。[②]

“异化”概念的使用并非仅仅出现在《1844 年经济学哲学手稿》中，之前的《黑格尔法哲学批判》和《论犹太人问题》都有关于异化的论述，其中在《黑格尔法哲学批判》著作中，马克思谈到了政治异化问题，“政治国家的彼岸存在无非就是要确定它们这些特殊领域的异化”[③]，而在《论犹太人问题》著作中谈到了经济异化问题，“钱是从人异化出来的人的劳动和存在的本质；这个外在本质却统治了人，人却向他膜拜”[④]。对马克思异化问题的认识，我们还可以追溯到更早，《莱茵报》时期马克思对物质利益和共产主义发表意见的难事，是促使他研究经济问题的最初动因。不过，把异化从经济的认识提高到了劳动的高度，认为劳动产品和劳动者的关系、劳动本身和劳动者关系、人和自己的类本质的关系以及人和人的关系等都会产生异化即异化劳动问题，是马克思对异化认识的一个飞跃。恩格斯同样也有关于人的异化的理解。例如，恩格斯在批判宗教时就认为神是一种外部的、不可知的、超自然的力量，是人的本质的异化和外化，统治着人和压抑着人，使人成为神的奴隶。宗教就其本质来说，就是剥夺了人和大自然全部内容的“彼岸之神的幻影”对人和大自然的慈悲和恩典，“宗教按其本质来说就是剥夺人和大自然的全部内容，把它转给彼岸之神的幻影，然后彼岸之神大发慈悲，把一部分恩典还给人和大自然”[⑤]。在《1857—1858 年经济学手稿》《1861—1863 年经济学手稿》《资本论（第一卷）》以及《剩余价值学说史》等著作中，马克思也都曾使用过异化概念，其中《资本论（第一卷）》中的拜物教问题正是异化劳动问题在资本主义商品生产中的一个具体表现——“商品的拜物教性质及其秘密”[⑥]。可以说，如果马克思没有前期对劳动异化问题的认识，那么，后期《资本论》研究中的拜物教问题也很难厘清。马克思用桌子来说明商品的拜物教问题，认为桌子这个“普通的可以感觉的物”，“一旦作为商品出现，就转化为一个可感觉而又超感觉的物。它不仅用它的脚站在地上，而且在对其他一切商品的关系上用头倒立着，从它的木脑袋里生出比它自动跳舞

① 孙伯鍨：《探索者道路的探索——青年马克思恩格斯哲学思想研究》，南京大学出版社，2002 年，第 418 页。

② 中共中央马克思恩格斯列宁斯大林著作编译局：《马克思恩格斯选集（第一卷）》，人民出版社，2012 年，第 15 页。

③ 中共中央马克思恩格斯列宁斯大林著作编译局：《马克思恩格斯全集（第一卷）》，人民出版社，2016 年，第 283 页。

④ 中共中央马克思恩格斯列宁斯大林著作编译局：《马克思恩格斯全集（第一卷）》，人民出版社，2016 年，第 448 页。

⑤ 中共中央马克思恩格斯列宁斯大林著作编译局：《马克思恩格斯全集（第一卷）》，人民出版社，2016 年，第 647 页。

⑥ ［德］马克思：《资本论（第一卷）》，人民出版社，2018 年，第 88 页。

还奇怪得多的狂想”。[①] 如果说马克思《1844 年经济学哲学手稿》之后就不再使用异化概念的确是有点不符合事实，而认为马克思异化概念的使用是前后一致的观点也是不可能站得住脚的。[②]

在《德意志意识形态》中，马克思不再用人的类本质的异化和异化的扬弃而是从以生产活动为基础的生产力的发展和生产关系的变革方面来说明人类社会的发展。马克思在异化劳动原因的分析、异化扬弃途径的实现以及异化实现目标的达成等方面的理解都同 1845 年之前的理解不同了。就异化劳动产生的原因看，与自发形成的分工、私有制以及生产力的发展有关系：其一，只要分工是自然形成的而不是出于自愿，那么人本身的活动就会成为一种“异己的、同他对立的”“压迫着人”的而“不是人驾驭”[③] 的力量。其二，私有制是分工发展的必然结果，在资本主义私有财产形式下，商品成为社会的普遍形式，私有制成为社会的普遍所有制方式，由此私有财产是异化劳动结晶的秘密也就显示出来了，此即是指增值过程中雇佣工人和异化劳动不断被生产出来以及人们对自身关系的崇拜演变为对物、商品、货币和资本崇拜的拜物教问题。其三，生产力和生产力的总和成为新的异己的力量，而与人异化的主要异己力量不再是原来认为的具体的物和人。“生产力表现为一种完全不依赖于各个人并与他们分离的东西，表现为与各个人同时存在的特殊世界，其原因是，各个人——他们的力量就是生产力——是分散的和彼此对立的，而另一方面，这些力量只有在这些个人的交往和相互联系中才是真正的力量。因此，一方面是生产力的总和，生产力好像具有一种物的形式，并且对个人本身来

---

① ［德］马克思：《资本论（第一卷）》，人民出版社，2018 年，第 88 页。从主体自我丧失异化的涵义来看，应是包括拜物教的。拜物教只是异化现象的一种类型、一种人与人的社会关系异化为物与物的现象（刘召峰：《拜物教批判理论与整体马克思》，浙江大学出版社，2013 年，第 18～19 页）。或参阅李怀涛：《马克思拜物教批判理论研究》，江苏人民出版社，2017 年。

② 按照我们对马克思历史认识异化的理解，我们认为马克思在创立历史唯物主义之后并没有抛弃异化概念，也没有用劳动分工或实践概念代替劳动异化概念，也不是说“在发展了的马克思主义的范畴体系中的比重改变了”（［苏联］巴加图利亚：《马克思的第一个伟大发现——唯物史观的形成和发展》，陆忍译，中国人民大学出版社，1981 年，第 53 页）。下面几种观点值得人们思考：一是陈先达的“杂质清洗说”，也即对异化前后认识的不同是指转换后清除了附在异化理论上的“费尔巴哈杂质”，继续发挥了《1844 年经济学哲学手稿》中的异化现象，把其看成是“由生产力所制约的生产关系”的现象问题（陈先达：《处在夹缝中的哲学：走向 21 世纪的马克思主义哲学》，北京师范大学出版社，2004 年，第 321 页）。二是孙伯鍨的“双重逻辑说”，也即对异化前后认识的不同是指转换后“是站在历史唯物主义的基础上使用异化范畴，其内容是指生产关系、社会关系和人相异化，比如，商品的交换价值、货币、资本以至整个私有财产制度，在资本主义条件下都是作为物化的社会关系和人相异化”（孙伯鍨：《探索者道路的探索——青年马克思恩格斯哲学思想研究》，南京大学出版社，2002 年，第 477 页）。三是俞吾金的“视角转换说”，也即对异化前后认识的不同是指转换后“道德评价失去了自己的优先的、强势的地位，逐渐变为‘弱评价’；与此相反，历史评价的地位不断地上升”（俞吾金：《重新理解马克思——对马克思哲学的基础理论和当代意义的反思》，北京师范大学出版社，2005 年，第 330 页）。四是日本广松涉的“物象化论逻辑转换说”，也即对异化前后认识的不同是指，转换后是“从异化论的逻辑到物象化论的逻辑”的一种认识，强调 1845 年前后马克思“世界观的结构”发生了“从异化论的逻辑到物象化论的逻辑”“飞跃”性的转变，“马克思所说的‘物象化’，不再是主体的东西直接成为物的存在这种构想，而和将人与人的社会关系宛如物与物的关系，乃至宛如物的性质这种颠倒的看法有关。例如，商品的价值关系、‘需求’与‘供给’的关系决定物价、货币具有购买力、资本具有自我增殖能力，诸如此类的我们身边的现象”（广松涉：《唯物史观的原像》，邓习议译，南京大学出版社，第 35 页、第 36 页）。当然，对于马克思的异化认识是否是从“劳动异化”到“交往异化”，也是一个值得思考的问题。

③ 中共中央马克思恩格斯列宁斯大林著作编译局：《马克思恩格斯文集（第一卷）》，人民出版社，2009 年，第 537 页。

说它们已经不再是个人的力量，而是私有制的力量，因此，生产力只有在个人是私有者的情况下才是个人的力量。”① 这个问题从最终根源上讲，就是生产力和生产关系间矛盾运动造成的，是在三个层次关系上展开的：生产力—分工（中介）—私有制（生产关系）。由此，既然分工是产生异化的直接根源，是否消灭分工就会意味着可以扬弃异化呢？在马克思看来，仅仅消灭分工不足以消灭异化：“这种‘异化’（用哲学家易懂的话来说）当然只有在具备了两个实际前提之后才会消灭。要使这种异化成为一种‘不堪忍受的’力量，即成为革命所要反对的力量，就必须让它把人类的大多数变成完全‘没有财产的’人，同时这些人又同现存的有钱有教养的世界相对立，而这两个条件都是以生产力的巨大增长和高度发展为前提的。”② 那么，异化扬弃的途径就应是在生产力高度发达的基础上，扬弃私有制，使生产者自由联合起来，消除私有者之间的利益对立和生产者之间的盲目竞争，消灭资本对工人的剥削，最终扬弃生产关系和生产力总和对人的异己性。

马克思一直以来需要解决的就是人道主义与科学理性③的关系问题，所以从这方面讲，认为马克思《1844 年经济学哲学手稿》中的价值认识是一种“价值悬设”④ 并不完全属实。马克思不但区分了黑格尔和费尔巴哈没有区分开的异化和外化概念⑤，而且就“异化”概念的理解来看，也并非一种“先验理性”或“先验逻辑”的设定，而是“人的感性活动的异化”，而“感性活动”的异化“也并非以人的类本质、类实体的逻辑先在为其前提”⑥ 的。马克思对价值的理解追求的是一种科学性，而不是一种价值悬设，或者说是科学性和价值性的统一。在马克思《关于费尔巴哈的提纲》著作之后，这种认识特点显现得越来越明显。正如孙伯鍨先生所言，“历史唯物主义”只有在“科学逻辑”而不是“思辨逻辑”的基础上“才能逐渐产生出来”。⑦ 这个科学逻辑就是“为确立人的解放和发展的价值取向”提供科学依据的“社会发展规律”。⑧

第二，价值的实践性。对于马克思理解的“价值”，经常被提起的是马克思在《评阿·瓦格纳的“政治经济学教科书”》中的一段话：“‘价值’这个普遍的概念是从人们对待满足他们需要的外界物的关系中产生的。”⑨ 从文中马克思对瓦格纳的价值认识的评判看，马克思反对瓦格纳从价值概念得出使用价值和交换价值的“理论的关系”的思

---

① 中共中央马克思恩格斯列宁斯大林著作编译局：《马克思恩格斯文集（第一卷）》，人民出版社，2009 年，第 580 页。

② 中共中央马克思恩格斯列宁斯大林著作编译局：《马克思恩格斯文集（第一卷）》，人民出版社，2009 年，第 538 页。

③ 安启念：《新编马克思主义哲学发展史》，中国人民大学出版社，2015 年，第 10～17 页。

④ 孙伯鍨、张一兵：《走进马克思》，江苏人民出版社，2020 年，第 340 页。

⑤ 侯才：《马克思的遗产》，黑龙江人民出版社，2009 年，第 239～240 页。

⑥ 吴晓明、王德峰：《马克思的哲学革命及其当代意义——存在论新境域的开启（前言）》，人民出版社，2005 年，第 5 页。

⑦ 孙伯鍨：《探索者道路的探索——青年马克思恩格斯哲学思想研究》，南京大学出版社，2002 年，第 177 页。

⑧ 陈新夏：《唯物史观与人的发展理论》，江苏人民出版社，2013 年，第 21 页。

⑨ 中共中央马克思恩格斯列宁斯大林著作编译局：《马克思恩格斯全集（第十九卷）》，人民出版社，2016 年，第 406 页。

路，认为“人对自然的关系”首先是“实践”也即“以活动为基础的关系”[①]。在马克思看来，人对自然的关系的政治经济学研究的出发点应是“劳动产品在现代社会所表现的最简单的社会形式”即“商品”，而不是臆造出来的“概念”或“价值概念”[②]。只有从人对自然的关系出发认识的价值概念，才是“‘价值’的种概念”，而“价值的其他一切形态，如化学元素的原子价，只不过是这个概念的属概念”[③]。在《资本论（第一卷）》中，马克思对价值的论述正是从商品开始，逐步从使用价值、交换价值过渡到抽象价值的，其中使用价值是人类社会发展中注重人的自然需要的一种价值现象——“物的有用性使物成为使用价值”[④] ——是使用价值、交换价值和抽象价值关系发生的基础。

马克思的价值判断注重的是与公平、正义、平等等道德层面不同的幸福、快乐等“非道德层面”[⑤] 的价值问题。这种认识有一定的道理。这从《德意志意识形态》中马克思对人类“创造历史”活动的前提，首先是“吃喝住穿以及其他一些东西”[⑥] 的生活需要的认识中就能看得出来。即使在《1844 年经济学哲学手稿》中，马克思在谈到工人所遭遇到的异化现象时，在一定程度上也还是结合着工人的基本生活状况来谈论异化问题。“对象化竟如此表现为对象的丧失，以致工人被剥夺了最必要的对象——不仅是生活的必要对象，而且是劳动的必要对象。”[⑦] 巴维尔·安年科夫曾在 1880 年 4 月发表的《美妙的十年》中，记录过马克思批评魏特林的事情。在马克思看来，证明革命活动和社会活动的正确，并不是要通过共产主义鼓吹的空泛议论来吸引工人，而使他们失去了工作和无法糊口，而魏特林“只停留在一般的清谈上”[⑧]。也就是说，马克思历史认识中对价值的理解主要是基于人的基本生活需要的一种价值认识。马克思始终立足于私有财产的现实运动来揭示价值与现代资本主义社会之间的关系问题，强调以扬弃私有财产的共产主义运动为旨规。这是问题的一个方面。

另一方面，这并不是说马克思不承认公平、正义、平等人类的价值观念，而是说上述这些价值和人的基本生活需要的价值追求相比，后者更居于基础地位，且在马克思看来，这两种价值之间的关系也不是不可以沟通的。恩格斯在《反杜林论》中在论述“平

---

① 中共中央马克思恩格斯列宁斯大林著作编译局：《马克思恩格斯全集（第十九卷）》，人民出版社，2016，第 405 页。

② 中共中央马克思恩格斯列宁斯大林著作编译局：《马克思恩格斯全集（第十九卷）》，人民出版社，2016 年，第 412 页。

③ 中共中央马克思恩格斯列宁斯大林著作编译局：《马克思恩格斯全集（第十九卷）》，人民出版社，2016 年，第 406 页。

④ ［德］马克思：《资本论（第一卷）》，人民出版社，2018 年，第 48 页。

⑤ 郭强：《论马克思的研究方法》，中国社会科学出版社，2010 年，第 106 页。

⑥ 中共中央马克思恩格斯列宁斯大林著作编译局：《马克思恩格斯选集（第一卷）》，人民出版社，2012 年，第 158 页。

⑦ 中共中央马克思恩格斯列宁斯大林著作编译局：《马克思恩格斯全集（第四十二卷）》，人民出版社，2016 年，第 91 页。

⑧ 中共中央马克思恩格斯列宁斯大林著作编译局：《回忆马克思》，人民出版社，2005 年，第 273 页。

等”时指出，平等不是“永恒的真理”[①]，不管是资产阶级的还是无产阶级的形式的平等，“都是一种历史的产物”[②]。随着人类社会发展中“历史条件”[③] 的不断进步，平等也会逐渐由“表面”向“实际”发展，由“国家领域”逐渐向“社会的、经济的领域中实行”[④]。也就是说，在恩格斯看来，平等的首先是人类社会发展和经济发展中逐渐实现的一种历史的产物。马克思在《哥达纲领批判》中针对“公平分配”抽象的理解，认为“公平分配”只有在生产方式的基础上才能得到认识，正如资产者所断言的“现今的”公平分配是“在现今的生产方式基础上”产生的一样，法同样也是由经济关系产生的。关于这一点，马克思在《资本论（第三卷）》中对正义的阐释更为明确，认为正义与非正义的判断取决于一定社会发展阶段上的生产方式，也即“与生产方式相适应，相一致”的，就是“正义的”，否则就是“非正义的”[⑤]。奴隶制是非正义的，就是因为这种制度与资本主义生产方式相抵牾。“权利决不能超出社会的经济结构以及由经济结构制约的社会的文化发展。”[⑥]

马克思批评康德只谈“‘善良意志’”，而把“善良意志的实现以及它与个人的需要和欲望之间的协调都推”到了“彼岸世界”[⑦]。在马克思看来人的“善良意志”和“需要”“欲望”之间的关系是一个现实世界的关系问题，二者之间的关系不是不可以解决的。也正是在这种意义上，恩格斯在谈如何理解“正义”“人道”“自由”“平等”“博爱”时说，“如果某种事情无法实现”，即使“一千次地提出这种或那种要求”，它也只能是“一种‘虚无缥缈的幻想’”[⑧]。

第三，价值的过程性。在马克思看来，“‘解放’是一种历史活动，不是思想活动”，强调人类社会基于物质生产的历史发展问题，“当人们还不能使自己的吃喝住穿在质和量方面得到充分保证的时候，人们就根本不能获得解放”[⑨]。我们一般把未来共产主义社会的基本特征概括为：一是物质财富极大丰富，消费资料按需分配；二是社会关系高度和谐，人们精神境界极大提高；三是实现每个人自由而全面的发展，人类从必然王国

① 中共中央马克思恩格斯列宁斯大林著作编译局：《马克思恩格斯选集（第三卷）》，人民出版社，2012 年，第 485 页。

② 中共中央马克思恩格斯列宁斯大林著作编译局：《马克思恩格斯选集（第三卷）》，人民出版社，2012 年，第 484 页。

③ 中共中央马克思恩格斯列宁斯大林著作编译局：《马克思恩格斯选集（第三卷）》，人民出版社，2012 年，第 485 页。

④ 中共中央马克思恩格斯列宁斯大林著作编译局：《马克思恩格斯选集（第三卷）》，人民出版社，2012 年，第 484 页。

⑤ 中共中央马克思恩格斯列宁斯大林著作编译局：《马克思恩格斯全集（第二十五卷）》，人民出版社，2016 年，第 379 页。

⑥ 中共中央马克思恩格斯列宁斯大林著作编译局：《马克思恩格斯选集（第三卷）》，人民出版社，2012 年，第 364 页。

⑦ 中共中央马克思恩格斯列宁斯大林著作编译局：《马克思恩格斯全集（第三卷）》，人民出版社，2016 年，第 211 页、第 212 页。

⑧ 中共中央马克思恩格斯列宁斯大林著作编译局：《马克思恩格斯全集（第六卷）》，人民出版社，2016 年，第 325 页。

⑨ 中共中央马克思恩格斯列宁斯大林著作编译局：《马克思恩格斯选集（第一卷）》，人民出版社，2012 年，第 154 页。

向自由王国飞跃。[①] “共产主义社会，将是物质财富极大丰富，人民精神境界极大提高，每个人自由而全面发展的社会。”[②] 我们把未来的社会看成一个人与人以及人与自然的关系非常和谐的社会，这应是没有问题的。问题的关键在于目标的实现是一个过程。“共产主义对我们来说不是应当确立的状况，不是现实应当与之相适应的理想。我们所称为共产主义的是那种消灭现存状况的现实的运动。这个运动的条件是由现有的前提产生的。”[③]

在《共产主义信条草案》《1844年经济学哲学手稿》《德意志意识形态》《共产党宣言》《哥达纲领批判》《家庭、私有制和国家的起源》等著作中，马克思有对未来共产主义社会基本特征的描述，但总体上看，马克思、恩格斯对未来社会特征的描述还是比较谨慎的。在《共产党宣言》中，马克思、恩格斯提出了我们通常所说的“两个必然”问题，也即“资产阶级的灭亡和无产阶级的胜利是同样不可避免的”[④] 这段话。马克思、恩格斯的这段话对于坚定无产阶级的斗争信念和决心具有重要的指导意义。在1859年的《〈政治经济学批判〉序言》中，马克思又提出了我们通常所说的“两个决不会”问题——“无论哪一个社会形态，在它所能容纳的全部生产力发挥出来以前，是决不会灭亡的；而新的更高的生产关系，在它的物质存在条件在旧社会的胎胞里成熟以前，是决不会出现的”[⑤]。马克思、恩格斯的这段论述对于未来社会的实现要从实际出发具有重要的指导意义。在马克思、恩格斯看来，人类要解决的任务只能是“自己能够解决的任务”，而这个任务“只有在解决它的物质条件已经存在或者至少是在生成过程中的时候”[⑥]，才可能产生。

在1875年的《哥达纲领批判》中，马克思讲到了未来社会认识要注意的几个方面的问题：一是劳动和自然都是“财富的源泉”[⑦] 问题，二是财富分配中的社会效益即“社会总产品”“应当扣除”[⑧] 的问题，三是劳动是“谋生”的手段而不是“生活的第一需要”[⑨] 问题，四是“无产阶级的革命专政”[⑩] 问题，等等。我认为不管是财富的生产、

---

① 本书编写组：《马克思主义基本原理》，高等教育出版社，2021年，第304～312页。

② 江泽民：《江泽民文选（第三卷）》，人民出版社，2006年，第293页。

③ 中共中央马克思恩格斯列宁斯大林著作编译局：《马克思恩格斯选集（第一卷）》，人民出版社，2012年，第166页。

④ 中共中央马克思恩格斯列宁斯大林著作编译局：《马克思恩格斯选集（第一卷）》，人民出版社，2012年，第413页。

⑤ 中共中央马克思恩格斯列宁斯大林著作编译局：《马克思恩格斯选集（第二卷）》，人民出版社，2012年，第3页。

⑥ 中共中央马克思恩格斯列宁斯大林著作编译局：《马克思恩格斯选集（第二卷）》，人民出版社，2012年，第3页。

⑦ 中共中央马克思恩格斯列宁斯大林著作编译局：《马克思恩格斯选集（第三卷）》，人民出版社，2012年，第357页。

⑧ 中共中央马克思恩格斯列宁斯大林著作编译局：《马克思恩格斯选集（第三卷）》，人民出版社，2012年，第361页。

⑨ 中共中央马克思恩格斯列宁斯大林著作编译局：《马克思恩格斯选集（第三卷）》，人民出版社，2012年，第365页。

⑩ 中共中央马克思恩格斯列宁斯大林著作编译局：《马克思恩格斯选集（第三卷）》，人民出版社，2012年，第373页。

分配、劳动或是无产阶级的专政问题，其核心要义就在于对人类社会发展的阶段所具有的特点要有更清楚的认识，此即马克思所说的社会发展中的“痕迹”问题。共产主义社会“不是在它自身基础上已经发展了的，恰好相反，是刚刚从资本主义社会中产生出来的，因此它在各方面，在经济、道德和精神方面都还带着它脱胎出来的那个旧社会的痕迹”[①]。在前后两个相继发展的社会中，在“经济、道德、精神”方面除了有质的差异性的变动之外，也有一些不可能马上祛除的消极性的因素存在。这是社会发展“叠加”问题的一个方面。马克思还用案例说明了这个问题，认为资本主义与中世纪社会相比，“或多或少地摆脱了中世纪的杂质，或多或少地由于每个国度的特殊的历史发展而改变了形态，或多或少地有了发展”[②]。这也就是马克思何以会说“在经过长久阵痛刚刚从资本主义社会产生出来的共产主义社会”会有一个“第一阶段”[③] 的主要原因。

第四，价值的人民性。如果仅仅说马克思人类社会历史发展最终价值目标是实现人类的解放，这种认识无疑不够全面。把作为历史创造主体的人民群众看作是人类社会历史发展中价值目标的主要指向的认识补充到一起来看应是更到位的。马克思从中学时期就立志从事与人类有关的事业，《莱茵报》时期开始关注下层群众的生活命运。在《论犹太人问题》和《关于〈黑格尔法哲学批判〉导言》中，马克思进一步找到了历史发展中最重要的一个群体即工人阶级，认为德国人解放的可能性就在于形成了一个“被戴上彻底的锁链的阶级”，也即“无产阶级这个特殊等级”[④]，德国人解放的心脏就是“无产阶级”[⑤]。在《1844 年经济学哲学手稿》中，马克思进一步论述了工人在资本主义生产中的命运问题，而《资本论》则是马克思1848 年欧洲革命后进一步从工人的角度探讨历史问题的具体阐释，目的就是呈现工人在资本主义生产中的重要性以及工人未来命运的发展问题。在马克思看来，工人阶级在资本主义发展中之所以重要，是因为工人的解放包含着“普遍的人的解放”——“整个的人类奴役制就包含在工人对生产的关系中，而一切奴役关系只不过是这种关系的变形和后果罢了”[⑥]。

当然，人民群众创造历史中的“人民群众”是一个历史概念。在资本主义社会中，人民群众指的是工人阶级为核心的包括小工业家、小商人、手工业者、农民等的一个群体。人民群众这个概念是欧洲资本主义发展中的一个历史概念，同样也是欧洲资本主义之外世界其他地区和国家历史发展中的一个概念。

总体上说，把作为历史创造主体的人民群众看作是人类社会历史发展中的价值目标

---

① 中共中央马克思恩格斯列宁斯大林著作编译局：《马克思恩格斯选集（第三卷）》，人民出版社，2012 年，第 363 页。

② 中共中央马克思恩格斯列宁斯大林著作编译局：《马克思恩格斯选集（第三卷）》，人民出版社，2012 年，第 373 页。

③ 中共中央马克思恩格斯列宁斯大林著作编译局：《马克思恩格斯选集（第三卷）》，人民出版社，2012 年，第 364 页。

④ 中共中央马克思恩格斯列宁斯大林著作编译局：《马克思恩格斯选集（第一卷）》，人民出版社，2012 年，第 15 页。

⑤ 中共中央马克思恩格斯列宁斯大林著作编译局：《马克思恩格斯选集（第一卷）》，人民出版社，2012 年，第 16 页。

⑥ 中共中央马克思恩格斯列宁斯大林著作编译局：《马克思恩格斯全集（第三卷）》，人民出版社，2002 年，第 278 页。

是马克思价值认识的必然指向。人民群众是历史的创造主体所表明的，就不仅仅是在手段意义上来认识人民群众的历史作用，而且也要把人民群众自身理解成目的。正如马克思在谈到商品交换时所说的，“每个人是手段同时又是目的”——“只有成为手段才能达到自己的目的，只有把自己当作自我目的才能成为手段”①。

未来的共产主义是对私有财产的积极扬弃，也就是对人的自我异化的积极扬弃。这是保存了以往发展全部财富的完全自觉的一种扬弃。这种扬弃了的异化的社会不再是片面发展的而是全面发展的社会，这种扬弃了异化的人也不再是片面发展的而是全面发展的人。这样的社会才是真正的“自由人的联合体”。这种“自由人的联合体”所展示出的是人与人以及人与自然关系的真正和谐状态。此种意义上理解的自然指的是已经基本上脱离手段的客体意义而具有更大程度上自身目的的主体意义的自然。关于人的异化我会在第八章“科技论”部分继续讨论这个问题。

从上述马克思历史认识中价值特征的论述看，是科学性、实践性、过程性、人民性的高度统一，体现的是马克思历史认识价值特征实践过程中科学性与革命性关系把握的全面性。正如列宁所指出的，马克思主义“对世界各国社会主义者所具有的不可遏止的吸引力，就在于它把严格的和高度的科学性（它是社会科学的最新成就）同革命性结合起来，并且不仅仅是因为学说的创始人兼有学者和革命家的品质而偶然地结合起来，而是把二者内在地和不可分割地结合在这个理论本身中”②。

第三节　价值论在历史认识中的理论意义

“立场”在马克思的历史观中，既可以从“哲学”意义上也可以从“价值”意义上来理解，其关系所涉及的就是哲学史上长期有争议的“事实”和“价值”的关系如何理解的问题。英国哲学家休谟首先对这个命题进行了思考和研究。在休谟看来，在他“所遇到的每一个道德学体系中”，不管是对“上帝”的推理或是“人事”的议论，已经不是一个“‘是’与‘不是’等联系词”问题了，而是“一个‘应该’或一个‘不应该’联系起来”③ 的问题了。具体说，就是个自然的陈述系统（是）和有关社会的评价系统（应该）之间的关系问题。休谟的观点是“是”与“应该”之间不存在逻辑通道。这个被称为“休谟铡刀”的“是”与“应该”的关系问题成为西方哲学史上一个不断讨论的重要问题。在乔治·摩尔看来，“‘善’本身是不可能下定义的”④。既不能把“善”等同于客体自然物的某种属性，也不能把“善”等同于形而上超验的上帝、目的、理性等。其中前者是把价值直接等同于事实，使“实然”与“应然”混为一体；而后者则是试图从“应然”中求“实然”，把“应该”当作了超自然的实体。这就是摩尔所说的

① 中共中央马克思恩格斯列宁斯大林著作编译局：《马克思恩格斯全集（第四十六卷上册）》，人民出版社，2016 年，第 196 页。

② 中共中央马克思恩格斯列宁斯大林著作编译局：《列宁选集（第一卷）》，人民出版社，2012 年，第 83 页。

③ ［英］休谟：《人性论》，关文运译，商务印书馆，1980 年，第 509 页。

④ ［英］乔治·摩尔：《伦理学原理》，长河译，上海人民出版社，2005 年，第 14 页。

“‘自然主义的谬误’”[①]，也就是宾克莱所说的“自然主义和非自然主义”[②] 定义的谬误问题。问题的核心就是说，“善的”也即善的东西或善者是可以定义的，而“善”则是不能下定义的。把价值等同于事实是当代生态伦理学面临的主要问题，也就是刘福森教授所批评的，生态伦理学混淆了价值与事实的关系，在价值观方面忽视了价值的属人本质，“如果缺少价值论的根据，单从存在论中是找不到道德原则的根据的”[③]。刘教授的评判可谓是一语中的。价值与事实关系的沟通是不是要从价值所具有的属人本质来认识呢？这也正是希拉里·普特南不认同“感觉—印象相符合的某种东西”[④]，即传统所定义的“事实”，而认同“认识的价值也是价值”[⑤] 的原因。

中国学术界在对马克思历史认识研究中提出的“‘应该’与‘是’”[⑥]“应有与现有”[⑦]“现实和理想”[⑧] 以及“自由与必然”[⑨] 等关系问题都与此命题有关。在李德顺教授看来，事实与价值相沟通是“不成问题的问题”[⑩]。在李教授看来，人的存在方式的“本质”在于“实践地改变世界”，也即“人作为人，必须依靠不断地把客体从它本来所‘是’的东西，变成对人来说所‘应该’的东西，才能保证自己作为人的生存和发展”[⑪]。人们在现实生活中，为了实现“应该”，就必须从事实践活动，而要使实践活动行之有效，就必须尊重自然之所“是”。通过实践的中介作用，“是”与“应该”就顺利沟通了，事实与价值关系的沟通也就不成问题了。从价值需要达成的意义讲，“应该”的价值问题不可能不需要“是”的事实来确定。关于这一点，张书琛教授早已指出过，“价值得以产生的直接基础”是“人们对待（看待和处理）这种关系的活动”[⑫]。当然，这并不是要排除“以能力和工具为中介的人的需要与对象功能之间的关系”[⑬] 的事实前提问题。这实际上也就是徐长福教授所说的“是”（事实）“应该”（价值）与“做”三者之间的关系问题，其中的关键是“从‘是’去理解‘应该’，还是从‘做’去开显‘应该’”[⑭]。

除了上面李教授和张教授所说的“事实”与“价值”关系沟通的“实践中介说”之外，还有如下三种认识：一是互为前提说，认为只有尊重历史规律，才能获取正确价值

---

① ［英］乔治·摩尔：《伦理学原理》，长河译，上海人民出版社，2005 年，第 15 页。

② ［美］路德·宾克莱：《二十世纪伦理学》，孙彤、孙南华译，河北人民出版社，1988 年，第 208 页。

③ 刘福森：《自然中心主义生态伦理观的理论困境》，《中国社会科学》，1997 年第 3 期，第 46 页。

④ ［美］希拉里·普特南：《事实与价值二分法的崩溃》，应奇译，东方出版社，2006 年，第 37 页。

⑤ ［美］希拉里·普特南：《事实与价值二分法的崩溃》，应奇译，东方出版社，2006 年，第 39 页。

⑥ 孙伯鍨、张一兵：《走进马克思》，江苏人民出版社，2020 年，第 6 页。

⑦ 张曙光：《人的世界与世界的人——马克思的思想历程追踪》，北京师范大学出版社，2017 年，第 60 页。

⑧ 程伟礼：《寻求马克思主义研究的新起点》，上海社会科学院出版社，2008 年，代序，第 3 页。

⑨ 陈晏清、王南湜、李淑梅：《马克思主义哲学高级教程》，南开大学出版社，2012 年，第 22 页。

⑩ 孙伟平：《事实与价值——休谟问题及其解决尝试》，中国社会科学出版社，2016 年，修订本初版序言，第ⅩⅩ页。

⑪ 孙伟平：《事实与价值——休谟问题及其解决尝试》，中国社会科学出版社，2016 年，修订本初版序言，第ⅩⅩ页。

⑫ 张书琛：《西方价值哲学思想简史》，当代中国出版社，1998 年，第 236 页。

⑬ 张书琛：《西方价值哲学思想简史》，当代中国出版社，1998 年，第 236 页。

⑭ 徐长福：《走向实践智慧——探寻实践哲学的新进路》，社会科学文献出版社，2008 年，第 63 页。

取向；反之，只有坚持正确价值取向，才能尊重历史规律。[①] 二是意义视界说，认为历史规律性和历史目的性只有在社会存在论的意义上才会实现二者的统一。[②] 三是合规律性与合目的性的统一说，认为“合规律性”是指现实的人认识到了自然规律或社会规律，使自己的行动自觉地遵循和符合客观规律的要求，自觉地按规律办事，体现的是人的主体性和自觉能动性的特点；“合目的性”是指人由于认识和把握的事物发展的规律性，在实践中能够达到自己的目的，把理想客体变成了现实[③]，也即“合规律性与合目的性统一”的实质就是对马克思“自由的自觉的活动”[④] ——人区别于动物的种的类特性的进一步说明，“合规律性与合目的性”是内在同一的。

综上所述，事实与价值的关系不是一条鸿沟，是可以沟通的，其中的关键如郑慧子教授所言，“是”与“应当”的关系认识，如果“从‘自然’转换到‘人’”，这个问题也就“不再构成问题了”[⑤]。也就是说，问题的关键在于实现认识视角的转换，从人的存在即“人的世界历史性的存在出发”[⑥] 来看这个问题。欧阳康教授所说的“是”可以推出“价值”，也即只要“事实不是纯粹的自然事实而是包含价值的社会事实”[⑦]，也是在这层意义上讲的。孙伟平教授则从方法论的层面指出了如何研究价值的思路问题，认为价值论的研究要从“‘拟科学的’、认知论的研究方法”中走出来，不能“将思维指向单纯地聚焦于对象、客体之上”，只是关注“作为‘事实’的价值”，在关注“‘反映’价值事实”中，试图获得“超主体的普遍性的‘价值真理’”，追求“价值领域的客观性、规律性、必然性、决定论”。[⑧] 方迪启曾追问过“价值是客观的还是主观的”问题，认为“如果价值的存在和本质都与主体无关，价值便是客观的；反之，如果价值的存在、意义或有效性等都得基于主体的感觉或态度时，价值便是主观的”[⑨]。如何理解客观性以及价值是否具有客观性，的确是价值与事实关系问题的关键和症结所在。朱德生先生曾指出，客观与主观的理解不能隔开，“客观之所以叫客观，并不在于它完全排斥主观，而是因为它否定了主观的外在独立性，把它变成了实现客观自身的一种手段和方式”，同理，“主观之所以叫主现，并不在于它完全排斥客观，而在于它企图否定客观对自身的制约，把它变成自身独立自主的内容”。[⑩] 朱先生的论述对我们理解价值和事实

---

① 丰子义：《发展的反思与探索：马克思社会发展理论的当代阐释》，中国人民大学出版社，2006年，第196页。

② 旷三平：《马克思“社会存在论”及其当代价值——一种存在论视阈下的哲学阐释》，江西人民出版社，2007年，第334～337页。

③ 刘曙光：《历史决定论和主体选择论》，吉林人民出版社，2006年，第267～269页。

④ 中共中央马克思恩格斯列宁斯大林著作编译局：《马克思恩格斯全集（四十二卷）》，人民出版社，2016年，第96页。

⑤ 郑慧子：《走向自然的伦理》，人民出版社，2006年，序言，第3页。

⑥ 刘奔：《当代思潮反思录》，河北大学出版社，2005年，第39页。

⑦ 欧阳康：《马克思主义认识论研究》，北京师范大学出版社，2017年，第247页。

⑧ 孙伟平：《价值哲学方法论》，中国社会科学出版社，2008年，第49页。

⑨ ［阿根廷］方迪启（Risieri Frondizi）：《价值是什么——价值学导论》，霍霍译，中国台北联经出版事业公司，1986年，第13页。

⑩ 朱德生：《对三个基础性问题的辩证思考——读稿札记》，载田丰、李旭明：《诠释与澄明：马克思哲学的当代理解》，商务印书馆，2010年，第188页。

问题极具启发意义，价值和事实的认识是不可能离开人自身的存在问题的。当然，在人自身存在的追问中思考价值和事实问题，不是不要客观性，而是不能不考虑人的存在及其实践活动的客观性问题。

虽然马克思没有明确提出“事实”与“价值”这对概念的关系问题，但并不是说马克思没有这样的思想认识。马克思在《1844年经济学哲学手稿》中有段论述：“动物和自己的生命活动是直接同一的。动物不把自己同自己的生命活动区别开来。它就是自己的生命活动。人则使自己的生命活动本身变成自己意志的和自己意识的对象。……通过实践创造对象世界，改造无机界，人证明自己是有意识的类存在物……诚然，动物也生产。它为自己营造巢穴或住所，如蜜蜂、海狸、蚂蚁等。但是，动物只生产它自己或它的幼仔所直接需要的东西；动物的生产是片面的，而人的生产是全面的；动物只是在直接的肉体需要的支配下生产，而人甚至不受肉体需要的影响也进行生产，并且只有不受这种需要的影响才进行真正的生产；动物只生产自身，而人再生产整个自然界；动物的产品直接属于它的肉体，而人则自由地面对自己的产品。动物只是按照它所属的那个种的尺度和需要来构造，而人懂得按照任何一个种的尺度来进行生产，并且懂得处处都把内在的尺度运用于对象；因此，人也按照美的规律来构造。”① 一般把马克思的这段话看成是人按照“种的尺度”和按照“美的规律”来处理人与世界关系问题的思想认识，这是没有问题的。在我们看来，这段论述首先是对“事实”与“价值”关系的阐述，然后提出“事实”与“价值”关系处理的原则问题。首先马克思论述的是人的生命活动的对象性和动物生命活动的同一性的差异，其次是生产的全面性和片面性的差异，最后马克思提出了人的生产的原则问题。对于马克思有关生产原则的论述，具体可以从以下三个方面来理解：

一是按照“种的尺度”来处理人与世界的关系的问题。所谓“种的尺度”指的是一种“客体的外在尺度”，是客体的本性、规定性和规律性的表现。它不仅规定着客体自身及其变化，而且也是主体在实践和认识活动中所要反映和遵循的尺度。这种尺度以外在的强制力量要求主体的活动必须合规律性和历史必然性，规定并促使主体面向客体、接近客体，走向同客体本性和规律的一致。

二是按照“美的规律”来处理人与世界的关系问题。所谓“美的规律”指的是“主体的内在尺度”，是主体的结构、本性、目的、需要、能力等内在规定性。它们不仅内在地构成和制约着主体自身，而且从主体方面规定和制约着主体的实践和认识活动，规定和制约着主体对客体的作用，促使客体主体化。“客体的外在尺度”体现的是主客体关系中的客体性的内容，而“主体的内在尺度”体现的则是主客体关系中的主体性的内容。或者说，“客体的外在尺度”体现的是实践—认识活动过程中的主体客体化问题，而“主体的内在尺度”体现的则是实践—认识活动过程中的客体主体化问题。

三是“种的尺度”和“美的规律”的关系问题。在主体具体的历史社会实践活动中，两种尺度并不是相互孤立、相互分离地存在和起作用的，而是相互依存、相互渗

---

① 中共中央马克思恩格斯列宁斯大林著作编译局：《马克思恩格斯全集（第三卷）》，人民出版社，2002年，第273～274页。

透、彼此补充、相互转化的，都是作为主体活动的现实尺度和原则而起着自己的作用。依据马克思的论述来认识人类社会的发展大体应是不错的，正如布尔斯廷对马克思的评价一样，马克思“在揭示社会变化规律的同时，还以某种方式在历史中保持一种意义和目的意识”①。

在第一章“立场论”中，我在论述马克思历史认识中的“事实”时，已经指出所谓马克思历史认识中的“事实”主要指的是“人们的存在”②。在本章的“价值认识的特征”中，我认为马克思历史认识中的“价值”具有“实践性”，强调了实践之于价值的基础性问题。也就是说，价值的转化不仅仅是个需要充当中介或工具意义的“实践”来达成的问题，而是一个具有本体论意义的问题。“在实践即人的感性活动中，就内在的包含着价值”，不仅如此，“建立在实践基础上的整个体系，也都贯穿着价值论”③。人的感性活动本身就蕴含着人的价值追求，说人的感性活动具有本体论的意义同说人的价值追求具有本体论的意义是问题相互依赖的一体两面。刘怀玉教授提出的“内在蕴含说”也是在这层意义上说的，认为以促进生产力发展的历史尺度内在蕴含着社会个人自主活动和全面而自由发展的价值尺度，而以历史尺度为基础的价值尺度则不会陷入空想或浪漫式的道德评判④。这是我们需要补充说明的一个问题，除此以外，有三个问题还需要说明：

一是罗骞教授所说的历史唯物主义的“能在”问题，“存在不再被抽象地理解为实存、实在、自在，历史唯物主义思想视域中的存在概念是真正的现实，是统一，因此是实践生成中的能在。存在成为能在，这一后形而上学存在论的根本命题是人类历史的结果。……其核心就是能动的实践及其进入意识”⑤。具体说就是，其一，历史尺度所强调的不仅仅是是否有能力“能够”做某事的问题，也是一个是否被伦理道德允许“应该”做的问题。能够做的不一定是应该做的，“‘是什么’这类知识，并不能打开直接通向‘应当是什么’的大门”⑥。其二，价值尺度所强调的则不仅仅是是否伦理道德允许“应如何”的问题，也是一个是否有能力“是如何”的问题。因为“应如何”不能保证“是如何”，也就是说，只有在“是如何”和“应如何”之间架起人的感性活动的实践桥梁，才能实现二者的统一。

二是马克思历史认识中的“劳动”是否“自足”⑦ 的问题。马克思在《资本论（第

---

① ［美］布尔斯廷：《探索者：人类寻求理解其世界的历史》，吴晓妮、陈怡译，上海译文出版社，2000 年，第 285 页。

② 中共中央马克思恩格斯列宁斯大林著作编译局：《马克思恩格斯选集（第二卷）》，人民出版社，2012 年，第 2 页。

③ 马俊峰：《价值论的视野》，武汉大学出版社，2010 年，第 8 页。

④ 刘怀玉、张锐、王友洛等：《走出历史哲学乌托邦：马克思主义发展观的当代沉思》，河南人民出版社，2001 年，第 318～319 页。

⑤ 罗骞：《告别思辨本体论：论历史唯物主义的存在范畴》，华东师范大学出版社，2014 年，第 223 页。

⑥ ［美］爱因斯坦：《爱因斯坦文集（第三卷）》，许良英、赵中立、张宣三编译，商务印书馆，2010 年，第 207 页。

⑦ 所谓“自足”就是把劳动当作一个具有第一性概念身份的独立完整的形式，其他形式都是由其产生和发展出来的，不管是真的、善的还是美的问题。

三卷)》中所说的“自由王国”[①]也即《共产党宣言》中提出的“每个人的自由发展是一切人的自由发展的条件”组成的“联合体”[②]问题。不过，在马克思看来，“作为目的本身的人类能力的发展”的“真正的自由王国”是在受物质生产问题制约的“必然王国的彼岸”[③]。毕竟，物质生产领域的自由还不是最高程度的自由。只要物质生产活动带有谋生的性质，这种活动就具有某种强迫性或强制性，其中私有制社会的强迫性或强制性是来自自身或他人的双重压力，而公有制社会则是来自自身肉体。也正是在这种意义上，马克思同意亚当·斯密“把劳动看作诅咒”的认识，认为“劳动始终是令人厌恶的事情，始终是外在的强制劳动”[④]。人类社会历史发展中的真正自由存在于物质生产王国的彼岸，是在必要劳动时间之外闲暇时间或自由时间的艺术等的活动之中，而最根本的条件是“工作日的缩短”[⑤]。人类社会历史发展中的“社会化的人”，只有联合起来生产，变统治人类社会的“盲目的力量”为“共同控制之下”的为人类所用的“力量”[⑥]，人类社会由于自身生物特性、自身能力以及制度发育欠缺所带来的“异化”[⑦]问题，才会随着人类社会的发展而逐渐消除，人与自然的关系以及人与人的关系也才会展现出和谐的状态。物质生产劳动在这种状态下，才获得社会性和科学性的性质，而人才会成为不是以“自然形成的形式”而是“作为支配一切自然力的那种活动出现在生产过程中”的“主体”[⑧]。李文阁教授所说的马克思实践概念《1844年经济学哲学手稿》中人的“自由的有意识的活动”[⑨]与《资本论（第三卷)》中自由王国“存在于真正物质生产领域的彼岸”[⑩]的矛盾问题[⑪]，在我看来是马克思历史认识中如何认识“劳动”或“实践”概念是否“自足”的一个问题，不完全是物质生产活动和艺术创造等活动自由

① 中共中央马克思恩格斯列宁斯大林著作编译局：《马克思恩格斯全集（第二十五卷)》，人民出版社，2016年，第927页。

② 中共中央马克思恩格斯列宁斯大林著作编译局：《马克思恩格斯选集（第一卷)》，人民出版社，2012年，第422页。

③ 中共中央马克思恩格斯列宁斯大林著作编译局：《马克思恩格斯全集（第二十五卷)》，人民出版社，2016年，第927页。

④ 中共中央马克思恩格斯列宁斯大林著作编译局：《马克思恩格斯全集（第四十六卷下册)》，人民出版社，2016年，第112页、第112～113页。

⑤ 中共中央马克思恩格斯列宁斯大林著作编译局：《马克思恩格斯全集（第二十五卷)》，人民出版社，2016年，第927页。

⑥ 中共中央马克思恩格斯列宁斯大林著作编译局：《马克思恩格斯全集（第二十五卷)》，人民出版社，2016年，第926页、第927页。

⑦ 卢卡奇对异化的认识可以概括为：其一，“能力发展与个性发展的辩证矛盾即异化”；其二，“生产力的发展必然同时就是人的才能的发展，但是人的才能的发展却不一定必然地导致人的个性的发展，这样，异化问题才清清楚楚地表现出来”；其三，“重要之点仅仅在于：才能发展和个性发展的根本对抗，乃是异化的各种不同表现形式的基础”[[匈]卢卡奇：《关于社会存在的本体论（下卷)》，重庆出版社，白锡堃、张西平、李秋零译，1993年，第625页、第618页、第619页]。

⑧ 中共中央马克思恩格斯列宁斯大林著作编译局：《马克思恩格斯全集（第四十六卷下册)》，人民出版社，2016年，第113页。

⑨ 中共中央马克思恩格斯列宁斯大林著作编译局：《马克思恩格斯全集（第三卷)》，人民出版社，2002年，第273页。

⑩ 中共中央马克思恩格斯列宁斯大林著作编译局：《马克思恩格斯全集（第二十五卷)》，人民出版社，2016年，第926页。

⑪ 李文阁：《复兴生活哲学——一种哲学观的阐释》，安徽师范大学出版社，2010年，第294页。

意义蕴含的差异问题。①

三是马克思历史认识中“真善美”的统一问题。按照李秀林等编的《辩证唯物主义和历史唯物主义原理》的解释，“‘真’是获得了或达到了真理的境界，是主体在思想和行动上充分接近和适合于客体必然性的状态”；“善”的狭义之义是指“道德上合乎待人处世的规范”，而广义则是指“使人在自然关系和社会关系中各方面需要（经济的、政治的、道德的、文化的等）得到满足的实际价值”；“美”是“真和善的基础上达到的更高境界”，也即“人类改造世界的创造性活动及其成果对人的自由的肯定”。② 一言以蔽之，“真理和价值各代表主客体统一的一个方面。真理是以客体尺度为依归的主客体的统一，价值是以主体尺度为依归的主客体的统一，真理和价值的统一则是主客体之间全面的完整的统一。它通过人的活动要达到的是真、善、美三种境界以及作为三者统一的最高形态的自由”③。

在孙正聿教授看来，“真善美”的统一中的“真”，不能理解成客观事物及其规律的正确反映，即传统意义上对真理的认识，而是要理解成一种“普遍必然性”。④ 总体上看，“真”有五层含义：一是对是否“存在”的追问，二是对具体的“在者”的追问，三是对事物是否具有某种（某些）规定性的追问，四是对“对象”与“映象”关系的追问，五是对认识主体关于认识对象的评价的追问。概而言之，就是三个问题：一是“有没有”的问题，即所谓“存在论”或“本体论”问题；二是“对不对”的问题，即所谓“认识论”或“逻辑学”问题；三是“好不好”的问题，即所谓“价值论”或“伦理学”问题。⑤ 王路教授也不同意把“真”理解成“真理”，认为真理既然是“对客观事物及其规律的正确认识”，也即一种“思想或理论”（观念性的东西），就应该“用带规律性的真语句来表达”。⑥“真”的意思就是“是真的”，与“‘是什么’这种最普通也最根本的认识相联系”。⑦ 王教授和孙教授不管是强调“真理”内含的理解必须具有“普遍性”，还是真理一定要用“普遍性的形式”来表达，实质都是强调真理认识的“一般性”问题，也即抽象理性的一般性。不过，郭大俊教授对真理的解释也不是没有道理，认为不能把“感性认识”排除在真理之外，传统的真理定义“反映了真理的内容是客观的又是辩证的，而真理的反映形式就是以客观辩证的内容为基础的一个逐步展开的由低到高、由浅入深的能动过程”⑧。

下面几个方面是我的认识：其一，“真”仅仅理解成“真理”不太全面，可以理解

---

① 李文阁：《复兴生活哲学——一种哲学观的阐释》，安徽师范大学出版社，2010 年，第 311 页。

② 李秀林、王于、李淮春等：《辩证唯物主义和历史唯物主义原理》，中国人民大学出版社，2004 年，第 319 页。

③ 李秀林、王于、李淮春等：《辩证唯物主义和历史唯物主义原理》，中国人民大学出版社，2004 年，第 319 页。

④ 孙正聿：《哲学通论》，复旦大学出版社，2017 年，第 160 页。

⑤ 孙正聿：《哲学通论》，复旦大学学出版社，2017 年，第 156 页、第 157 页、第 158 页。“真理是一个认识论和逻辑学概念，不是存在论、伦理学或美学概念。”这是郭继海教授的观点，供参阅（郭继海：《真理符合论的困难及其解决》，中国社会科学出版社，2003 年，第 29 页）。

⑥ 王路：《“是”与“真”——形而上学的基石》，人民出版社，2013 年，第 24 页。

⑦ 王路：《“是”与“真”——形而上学的基石》，人民出版社，2013 年，第 254 页。

⑧ 贺祥林：《哲学与文明的当代视域》，中国社会科学出版社，2015 年，第 76 页。

成“有与无”或“存在与非存在”相对意义上“存在”的含义；其二，真理的确包含有“普遍必然性”认识的一个方面，但从过程认识看，“感性认识”的确是不能排除在外的；其三，“真”翻译成“是”也并非不可，如果理解成“真”所含有的“真理”意义在语言上的表达形式也不是不可以。

中国学术界除了有对“真”走向存在论的探讨之外，也有对“价值”在“存在论”意义上如何理解的问题。赖金良教授在1993年首先对“主体与客体”价值研究范式内的“主体性价值论”“关系价值论”以及“效应价值论”提出质疑，认为“主客体关系理论并不是马克思主义哲学的独创性理论”，且“主客体关系模式并不是可以说明任何现象的普遍有效的方法论模式”，在主体与客体之间的关系之外，至少还存在着“主体与主体之间、客体与客体之间的关系”问题，而“由这些关系所规定、所产生或所制约的各种现象，是很难搬用主客体关系模式来说明的”①，问题在于会导致价值研究中“对人的拒斥和消解”，以致“使价值论研究丧失了人学的基础”，因此，价值的研究应该走向“人学”。② 除此以外，价值研究还存在三种路向，分别是王南湜教授提出的人类存在论路向③、何中华教授提出的超验论路向④和邹世鹏教授提出的生存论路向⑤。我认为价值问题的研究不能完全走向存在论，价值不可能不是一个“主体与客体”的关系问题，但如果把价值问题完全归结为“主客体关系”问题可能就不完整了。按照我在第一章“立场论”中对马克思历史认识“立场”的理解，马克思历史认识中“价值”的理解和唯物主义的“立场”的认识应是一致的。这是我的基本观点，而这一点和上文对“真”的理解也是不矛盾的。

概而言之，按照我的理解，马克思历史认识中“真善美”的统一问题，不能仅仅局限于主体与客体关系范式解读，而是要上升到存在论。只有对“真”的认识上升到存在论，马克思历史认识中“真善美”的统一问题才有可能得到全面的理解。正如冯契先生广义认识论所谈到的，在实践的基础上通过认识世界和认识自己的交互作用，探寻人类从无知到知、转识成智的辩证过程及其规律就是广义认识论的实质。“感觉能否给予客观实在？理论思维能否把握普遍有效的规律性知识？逻辑思维能否把握具体真理（首先是世界统一原理和发展原理）？理想人格或自由人格如何培养？”⑥ 在逻辑学和价值论领域两翼展开智慧如何获得的问题：“一方面讨论如何化理论为方法，即通过思辨的综合和理性的直觉来转识成智；另一方面讨论如何化理论为德性，借助自由德性来亲证智

① 赖金良：《主客体价值关系模式的方法论特点及其缺陷》，《浙江社会科学》，1993年第1期，第55页。

② 赖金良：《哲学价值论研究的人学基础》，《哲学研究》，2004年第5期，第17页。

③ 王南湜：《社会哲学——现代实践哲学视野中的社会生活》，云南人民出版社，2001年，第183～184页。

④ 何中华：《当代价值论研究面临的几个迫切问题》，《中国海洋大学学报（社会科学版）》，2003年第6期，第7页。

⑤ 邹诗鹏：《价值哲学的生存论建构问题》，《天津社会科学》，2002年第2期，第20页。

⑥ 冯契：《认识世界和认识自己》，华东师范大学出版社，2016年，第37页。

慧。”[1] 一言以蔽之，“化理论为方法”和“化理论为德性”关系的统一[2]，就是天道和人道相统一、认识论和历史观相统一，最终使“真善美”相统一。“全人类都自觉追求和实现真、善、美高度统一的时代，就是‘大同’的世界即共产主义的时代。”[3] 我这样理解，同我所说的马克思的历史认识立场、观点和方法的统一也是一致的。

综上所述，价值论对于从立场、观点、方法看待马克思历史观具有的意义在于：价值对于马克思历史认识从过去、现在、未来相统一的“长度”看历史视角的形成具有重要作用。“人”站在一定哲学“立场”上，从一定“视角”出发来看事物，就会产生某种“观点”，而“立场”“视角”“观点”的确定，也就相应地会有“真善美”如何实现的方案和实践活动的路向。具体说就是，“现实的人”从新唯物主义哲学立场的事实出发，从“生产”的视角来看人类社会的历史发展，得出了如何认识主体、规律以及价值的基本观点，从而也就相应地有了“真善美”如何实现的方案和实践活动的路向。当然，对于上述认识而言其意义并不仅仅止于此，如何把人类历史社会的认识拓展到对自然的认识，进一步展现出马克思历史认识的整体意蕴，应是马克思历史认识的应有之义。下一章我们就来探讨马克思历史认识中的“自然”问题。

---

① 高瑞泉、杨扬等：《转折时期的精神转折——“新时期”以来中国社会思潮及其走向》，上海古籍出版社，2008年，第69页。

② 冯契先生的学生沈顺福教授认为，冯先生的“化理论为方法”应被修订为“化理论为实践”（沈顺福：《形而上学导论：一种关于道的哲学理论》，高等教育出版社，2011年，第14页）。

③ 李秀林、王于、李淮春等：《辩证唯物主义和历史唯物主义原理》，中国人民大学出版社，2004年，第320页。

第七章　马克思历史观的自然论[①]

关于自然的认识，在第一章我在阐述人的自然性时谈到过人自身自然的理解问题，在第三章我谈到过作为外部条件的地理环境的自然和人的实践活动要素的自然的理解问题，在第六章我在论述价值时也提到过价值意义理解的自然问题。总体上说，我们所理解的自然指的是人自身的自然、外部条件意义上理解的地理环境的自然、人的活动要素的自然以及社会发展中价值意义的自然等[②]几个方面。当然，要对自然进行整体认识也即从作为存在物总和的自然角度认识自然，还需要深入"自然"与"历史"关系的认识之中来认识具有"存在论"意义的自然。不过，首先我们要看一下马克思自然认识的历程问题。

---

① （1）一般认为对自然的认识就是对自然本身的哲学认识，强调对自然的本质和普遍规律的把握。但自然观还有另一种理解，即认为自然观不是对自然界本身的一种哲学理论，而是关于人与自然关系的哲学思考。尽管哲学自然观也需要对包括人在内的整个自然界做出统一性的解释，"但是，自然图景并不构成哲学自然观的最根本、最核心的内容，而是从属和服务于对人与自然关系的理解的"（汪信砚：《当代视域中的马克思主义哲学》，湖北人民出版社，2004 年，第 406 页）。或者说，自然界本身的解释不是哲学自然观的主要认识方向，而人与自然关系的理解则是哲学自然观的主要目的。日本的马克思主义哲学家岩崎允胤和宫原将平认为，自然观在狭义上是涉及人与自然界关系的"世界观的一个方面、一个构成部分"，而包括狭义自然观和世界图景的自然观可以看作自然观的一种广义理解（［日］岩崎允胤、宫原将平：《科学认识论》，于书亭、徐之梦、张景环等译，黑龙江人民出版社，1984 年，第 455 页）。从人与自然的关系来探讨自然问题是现代哲学的认识方向。（2）西方哲学对唯物主义、人、规律以及价值的研究都起源于古希腊，正如恩格斯所说，"在希腊哲学的多种多样的形式中，几乎可以发现以后的所有看法的胚胎、萌芽"［中共中央马克思恩格斯列宁斯大林著作编译局：《马克思恩格斯选集（第三卷）》，人民出版社，2012 年，第 877 页］。恩格斯在《反杜林论》《自然辩证法》和《英国状况》等著作中，从科学和哲学关系发展的角度论述过古希腊哲学到 19 世纪后期科学的发展状况，认为在"整个认识领域"可以划分为"所有研究非生物界的并且或多或少能用数学方法处理的科学""活的有机体的科学"和"观念上层建筑的历史科学"的研究三大部分，其中恩格斯认为"历史领域"中的科学研究要"比在生物学领域中的科学还要落后得多"［中共中央马克思恩格斯列宁斯大林著作编译局：《马克思恩格斯选集（第三卷）》，人民出版社，2012 年，第 464 页、第 465 页、第 466 页］。马克思从早期博士论文涉及古希腊哲学问题一直到资本主义研究也都离不开哲学和科学的研究问题。上述认识可以看作是马克思、恩格斯从学科发展的角度对自然和社会研究的一种总体认识。

② 卢卡奇是在三种意义上来认识自然的，指的分别是规律、价值以及艺术三个方面（［匈］卢卡奇：《历史与阶级意识——关于马克思辩证法的研究》，杜章智、任立、燕宏远译，商务印书馆，1992 年，第 210～212 页）。卢卡奇的认识同我们的认识相比，还是有一些相同之处的。

第一节　自然认识的形成

周义澄教授在出版于1988年的《自然理论与现时代——对马克思哲学的一个新思考》中提出，马克思的自然概念有三层含义，分别是作为一切存在物的总和（物质）、作为人的环境的自然、作为人类活动要素的自然。具体说，第一种是最广义的自然概念，它包括人的自然和人以外的自然，相当于客观世界和物质概念；第二种指的是人和人类社会外部环境和条件，与人类社会相对应；第三种指的是自然是人的实践活动，特别是物质生产活动的要素，也是科学活动的对象。[①] 孙正聿教授等所著的2011年出版的《马克思主义基础理论研究》中的第四章“马克思主义自然观”，基本上采用的就是周教授的认识思路。[②] 从我上文对自然的认识看，分别对与人自身、外部条件的地理环境、人的实践活动要素、社会发展中价值意义有关的自然都做过论述，就这一点而言，周教授对马克思自然概念的划分同我是基本一致的。但我对马克思自然概念认识的理解与周教授的一个不同是：我并不认为周教授所说的马克思最广义的自然概念至少是从马克思大学《博士论文》时期开始一直延续到《资本论》时期的一种认识发展。这种解释我认为不太符合马克思自然认识的思想发展。《资本论》时期马克思的确有关于物质生产活动的要素自然认识的思想，《德意志意识形态》前后马克思也的确有关于人类社会外部环境和条件的自然的思想认识，其中关于外部环境和条件的自然认识，就是马克思在《德意志意识形态》中提出来的，认为与青年黑格尔派的成员仅谈论没有前提的思想、观念、概念和词句不同，在马克思看来，要有一个现实前提，也即“现实的个人”“已有的”和“自己的活动创造出来”的“物质生活条件”，而全部人类历史的第一个前提就是“这些个人的肉体组织以及由此产生的个人对其他自然的关系”[③]。再具体说，这些条件既包括人们自身的生理特性，也包括与地质、山岳水文地理、气候等有关的各种自然条件。[④] 在《1844年经济学哲学手稿》和《神圣家族》中，马克思也有关于人类活动环境的自然认识。关于这个问题，我们后面再来讨论，下面看看马克思有关自然是人的实践活动要素的认识问题。

关于马克思有关自然是人的实践活动要素的认识问题，我在第四章和第五章“规律论”部分有一些论述，马克思是在《资本论（第一卷）》中关于生活资料和劳动资料的“自然富源”[⑤] 问题时说的这个问题。关于这个问题，马克思在《哥达纲领批判》中也提到过，认为不能把一切财富的源泉仅仅看成是“劳动”，劳动只不过是“一种自然力

---

① 周义澄：《自然理论与现时代——对马克思哲学的一个新思考》，上海人民出版社，1988年，第78～92页。

② 孙正聿等：《马克思主义基础理论研究》，北京师范大学出版社，2011年，第306～334页。

③ 中共中央马克思恩格斯列宁斯大林著作编译局：《马克思恩格斯选集（第一卷）》，人民出版社，2012年，第146页。

④ 中共中央马克思恩格斯列宁斯大林著作编译局：《马克思恩格斯选集（第一卷）》，人民出版社，2012年，第146页。

⑤ ［德］马克思：《资本论（第一卷）》，人民出版社，2018年，第586页。

即人的劳动力的表现”，“自然界同劳动一样也是使用价值（而物质财富就是由使用价值构成的！）的源泉”。[①] 自然界同人的劳动一样都是人的劳动创造财富的条件。在《资本论（第一卷）》中，马克思也指出了与人自身有关的自然条件问题。这一段就是马克思的论述：“劳动首先是人和自然之间的过程，是人以自身的活动来中介、调整和控制人和自然之间的物质变换的过程。人自身作为一种自然力与自然物质相对立。为了在对自身生活有用的形式上占有自然物质，人就使他身上的自然力——臂和腿、头和手运动起来。”[②] 马克思在此所说的是指作为物质的、肉体的、有生命的生物有机体所具有的自然属性、生理机能以及肌体力量的自然力问题。在这层意义上，我们也就会理解马克思提出的“一切生产力都归结为自然力”[③] 的论断了。马克思是从劳动出发来阐释人与自然的关系问题。在马克思看来，劳动是人利用自身的自然力去改造外部自然的过程，这个过程必然会涉及“有目的的活动或劳动本身”“劳动对象”和“劳动资料”[④] 三种简单要素。只要把“人及其劳动”和“自然及其物质”作为“一边”和“另一边”叙述就够了，而不必来叙述“一个劳动者与其他劳动者的关系”[⑤]。

下面来看看《1844年经济学哲学手稿》和《神圣家族》中对自然的认识问题，其中《1844年经济学哲学手稿》中马克思有两种对自然的认识：一方面，马克思认为“人不仅仅是自然存在物”，也是一种“为自身而存在着的存在物”，这种“类存在物”必须“既在自己的存在中也在自己的知识中确证并表现自身”[⑥]；另一方面，马克思又认为“人是自然界的一部分”[⑦]，人作为存在物和对象性的存在物，“所以能创造或设定对象，只是因为它本身是被对象所设定的，因为它本来就是自然界”[⑧]。一般认为，马克思对前者强调的是人与动物的不同，也即在马克思看来，人不仅需要通过劳动来改造自然从而使其满足自己，而且也会在这个改造过程中使自己生成为人，以人之意识本性为中介在知识中确证并表现自己——人之为人的类特性就是“自由的有意识的活动”[⑨]；马克思对后者强调的是人与动物的相同之处，也即在马克思看来，人虽然与其他动植物有很大的不同，但依然是一种从属于自然界的自然存在物，同其他动植物一样受到自然和自然力的限制。从马克思的自然认识看，前者被看作是“人类活动环境”[⑩]

---

① 中共中央马克思恩格斯列宁斯大林著作编译局：《马克思恩格斯选集（第三卷）》，人民出版社，2012年，第357页。

② ［德］马克思：《资本论（第一卷）》，人民出版社，2018年，第207～208页。

③ ［德］马克思：《政治经济学批判大纲草稿（第三分册）》，刘潇然译，人民出版社，1963年，第166页。

④ ［德］马克思：《资本论（第一卷）》，人民出版社，2018年，第208页。

⑤ 中共中央马克思恩格斯列宁斯大林著作编译局：《马克思恩格斯全集（第二十三卷）》，人民出版社，2016年，第209页。

⑥ 中共中央马克思恩格斯列宁斯大林著作编译局：《马克思恩格斯全集（第四十二卷）》，人民出版社，2016年，第169页。

⑦ 中共中央马克思恩格斯列宁斯大林著作编译局：《马克思恩格斯全集（第四十二卷）》，人民出版社，2016年，第95页。

⑧ 中共中央马克思恩格斯列宁斯大林著作编译局：《马克思恩格斯全集（第四十二卷）》，人民出版社，2016年，第167页。

⑨ 中共中央马克思恩格斯列宁斯大林著作编译局：《马克思恩格斯全集（第三卷）》，人民出版社，2002年，第273页。

⑩ 孙正聿等：《马克思主义基础理论研究》，北京师范大学出版社，2011年，第317页。

的自然认识，而后者则被看作是关于“一切存在物之总和”[①] 的自然认识。马克思的这两种认识在《神圣家族》中同样存在，其中前者有这样的认识，“既然人是从感性世界和感性世界中的经验中汲取自己的一切知识、感觉等等，那就必须这样安排周围的世界，使人在其中能认识和领会真正合乎人性的东西，使他能认识到自己是人。……既然人的性格是由环境造成的，那就必须使环境成为合乎人性的环境”[②]；而后者则有这样的认识，“正是自然的必然性、人的特性（不管它们表现为怎样的异化形式）、利益把市民社会的成员彼此连接起来。他们之间的现实的联系不是政治生活，而是市民生活”[③]。

从马克思《1844 年经济学哲学手稿》和《神圣家族》中解读出“人类活动环境”的自然认识，我认为这种认识还是可以理解的，但如果认为其中有关于“一切存在物总和”的自然认识，我认为不太符合马克思的思想发展。如果更进一步地认为马克思大学《博士论文》时期一开始就有关于“一切存在物总和”的自然认识，我认为更不太可能了。下面我们来看看马克思大学时期思想发展中的自然认识问题，所涉及的著作除1841 年的博士论文《德谟克利特自然哲学与伊壁鸠鲁自然哲学的差别》之外，还有1839 年所写的《关于伊壁鸠鲁哲学的笔记》和第五本笔记中的《自然哲学提纲》等。的确，马克思《博士论文》的相关著作中有关于自然的认识，其中有一段是引用伊壁鸠鲁的论述：“最有意义的是关于自然的学说……一旦我们认识了万物的本性之后，我们就从迷信中得到解放……如果我们研究自然的要求，我们的品德将更完善。”[④] 接下来的一段论述是这样的：“当我们承认自然是有理性的时候，我们对它的依附关系就不复存在。自然对我们的意识来说，不再是恐惧的来源……只有当自然被认为完全摆脱了自觉的理性，本身被看作是理性的时候，它才完全成为理性的财产。对自然的任何关系本身同时也就是自然的异化。”[⑤] 我们从上述认识中是不可能得出马克思是在“一切存在物总和”意义上来探讨自然问题的，因为古希腊自然认识的“意义接近于现代西文中的‘本性’（nature），特指事物运动变化的本性”[⑥]。吴国盛教授认为所谓“自然的发现”，指的是“一种通过追寻‘本原’、‘本质’、‘本性’——一句话，通过追寻‘自然’——来理解和把握存在者及其存在的方式”，这种追寻方式是“希腊人独有的，也是希腊哲学和科学得以可能的前提”[⑦]。亚里士多德在《形而上学》中提出过六种自然的理解路

① 孙正聿等：《马克思主义基础理论研究》，北京师范大学出版社，2011 年，第 315 页。

② 中共中央马克思恩格斯列宁斯大林著作编译局：《马克思恩格斯全集（第二卷）》，人民出版社，2016 年，第 166～167 页。

③ 中共中央马克思恩格斯列宁斯大林著作编译局：《马克思恩格斯全集（第二卷）》，人民出版社，2016 年，第 154 页。

④ 中共中央马克思恩格斯列宁斯大林著作编译局：《马克思恩格斯全集（第四十卷）》，人民出版社，2016 年，第 173 页。

⑤ 中共中央马克思恩格斯列宁斯大林著作编译局：《马克思恩格斯全集（第四十卷）》，人民出版社，2016 年，第 173～174 页。

⑥ 赵敦华、孙熙国：《中西哲学的当代研究与马克思主义哲学创新》，人民出版社，2011 年，第 254 页。

⑦ 吴国盛：《自然的发现》，《北京大学学报（哲学社会科学版）》，2008 年第 2 期，第 58 页。

向，其中最基本和最基础的意义指的就是事物的本质。① 这与海德格尔所说的西方的自然“指称着历史性的西方人与存在者的本质性关联”②，也即“本质上处于优先地位”的是“一种对于存在者整体的解释”③ 的认识是一致的。这是马克思自然认识的一种古希腊哲学背景，其中对自然进行思考的还有巴门尼德、毕达哥拉斯、柏拉图等思想家，此群体的自然认识趋向基本一致。从这层意义上讲，马克思不可能不受到这种哲学文化背景的影响。当然，马克思并没有完全接受这种只是关注自然的本性或以自然的本性探讨为核心的自然认识。马克思有这样一段论述：“古代世界起源于自然，起源于实体的东西。贬低和亵渎自然，实质上意味着同实体的、纯粹的生活决裂；新世界起源于精神，它可以轻易地从自身摆脱另一种东西，即自然。”④ 马克思的意思是说西方古代世界的哲学是一种起源于自然的实体学说，它是判断生活各个方面的根本标准，而现代世界起源于精神的哲学是可以摆脱自然实体性的哲学束缚，把分裂的这两个方面重新结合起来的。也正是在此基础上，马克思才论及了伊壁鸠鲁哲学中作为物质基原的原子概念和它的自我意识原则以及自由的、能动的创造原则问题。对此，马克思指出了两点：其一，物质具有“永恒性”，那么，时间也就必然被认为是某种存在于物质基原（原子本身）之外的东西了；其二，“虚空，否定不是物质本身内的否定的东西，而是存在于没有物质的地方”⑤。

马克思有关“一切存在物总和”的自然认识，只有在《关于费尔巴哈的提纲》确立新唯物主义哲学之后才是可能的，其中的核心理念就是从“主体”方面来看“对象、现实、感性”⑥ 等问题。这是马克思自然认识的一个“哥白尼倒转”⑦，也即由从外部事物来思考问题转为从人自身思考外部事物等问题。马克思此时对自然思考的直接对话的对象是德国古典哲学流派中的费尔巴哈、黑格尔，而更为长远一点则是中世纪奥古斯丁、阿奎那，近代培根和笛卡尔以及伽利略和牛顿所思考的自然哲学思想的文化背景。⑧ 正是马克思哲学思想的转变，才使马克思实现了对自然的全新理解。这对马克思认识自然具有重要的意义：其一，作为外部环境和条件的自然只能是相对于人而言的一种认识；

---

① 亚里士多德在《形而上学》中提出的六种自然认识分别是：(1) 生长的事物的生成；(2) 一个生长的事物的内在部分，该事物的生长首先是从这个部分进行的；(3) 每一个自然的对象中的基本运动的源泉，这种运动是由该事物的本质所决定的；(4) 基本质料，任何自然对象由它组成或用它造成，它是无形状的并且不能由它自己的潜能而变化……人们把自然对象的元素也叫作它们的自然；(5) 自然意味着自然的东西的本质；(6) 每一个已经生成的本质也叫自然（本性），因为一个事物的本性就是一种本质（[古希腊] 亚里士多德：《形而上学》，李真译，上海人民出版社，2005 年，第 122 页、第 123 页）。

② [德] 海德格尔：《路标》，孙周兴译，商务印书馆，2000 年，第 275 页。

③ [德] 海德格尔：《路标》，孙周兴译，商务印书馆，2000 年，第 277 页。

④ 中共中央马克思恩格斯列宁斯大林著作编译局：《马克思恩格斯全集（第四十卷）》，人民出版社，2016 年，第 52 页。

⑤ 中共中央马克思恩格斯列宁斯大林著作编译局：《马克思恩格斯全集（第四十卷）》，人民出版社，2016 年，第 71 页。

⑥ 中共中央马克思恩格斯列宁斯大林著作编译局：《马克思恩格斯选集（第一卷）》，人民出版社，2012 年，第 133 页。

⑦ 俞吾金先生认为马克思《关于费尔巴哈的提纲》中对主体的强调正是康德哲学哥白尼式的革命的一种创新性发展，“康德是通向马克思的桥梁”[俞吾金：《实践与自由（前言）》，武汉大学出版社，2010 年，第 14 页]。

⑧ 参阅方锡良：《现代性批判视域中的马克思自然观研究》，上海人民出版社，2014 年，第 32～96 页。

其二，同前一种自然认识不同的是作为人的实践活动要素的自然是直接进入人的活动过程的一种认识。一言以蔽之，自然的认识是相对于人而言的一种理解方式。“人创造环境，同样，环境也创造人。”[①] 也就是在这种认识意义上，马克思才从劳动出发实现了对人与自然关系的完整认识，也才逐步完成了对自然“人类活动环境”和“人类活动要素”的认识。俞吾金先生认为马克思对物质的理解始终是基于“资本主义生产劳动的历史过程”中的“如原料、工具、设备、产品（商品）、生产的排泄物、劳动者自然力的物化”等“物质的种种样态或要素”[②] 来考察物质概念的。俞先生的认识是有道理的，当然，马克思对物质概念的理解不止于此。现在的问题是马克思有关于“一切存在物总和”的自然认识呢？

对“一切存在物总和”的自然认识，恩格斯的论述要相对多一些，是一个和“物质”概念的关系一定绕不开的问题，其中恩格斯在《自然辩证法》中，有多处有关“物质”概念的论述：一是说到“实存的物质”[③] 问题，也即世界上的物质形态从一张桌子到一片叶子都是具体的可以感觉到的一种现实存在物的问题；二是说到“物、物质无非是各种物的总和”[④]，也即“宇宙是一个体系，是各种物体相联系的总体”[⑤] 问题，所指的是物质内蕴理解的宇宙总体或整个世界的问题；三是说到物质形态的共同本质的认识问题，也即“用这种简称把感官可感知的许多不同的事物依照其共同的属性概括起来”[⑥] 的一个问题。[⑦] 从恩格斯的论述看，恩格斯对物质概念的论述是一个整体性认识，这种整体性的认识首先需要理解代表事物形态“共同本质”的这个物质概念，这个概念按照恩格斯的解释其当然是个“纯粹的思想创造物和纯粹的抽象”[⑧]，但这个“思想创造物和纯粹的抽象”当然不是无根之木或无源之水。除此之外，恩格斯论述的物质概念还有一个事物认识“个体”和“总体”的概念，这可以说明两个问题：其一，恩格斯提出的“共同本质”物质概念，可以看作是按照由个别到一般的概括过程得出的。在《自然辩证法》中恩格斯多次提到这个问题，其中比较有代表性的一段概括是这样说的：“一切真实的、寻根究底的认识都只在于：我们在思想中把个别的东西从个别性提高到特殊性，然后再从特殊性提高到普遍性；我们从有限中找出和确定无限，从暂时中找出

---

① 中共中央马克思恩格斯列宁斯大林著作编译局：《马克思恩格斯选集（第一卷）》，人民出版社，2012 年，第 172～173 页。

② 俞吾金：《实践与自由》，武汉大学出版社，2010 年，第 269 页。

③ 中共中央马克思恩格斯列宁斯大林著作编译局：《马克思恩格斯选集（第三卷）》，人民出版社，2012 年，第 950 页。

④ 中共中央马克思恩格斯列宁斯大林著作编译局：《马克思恩格斯选集（第三卷）》，人民出版社，2012 年，第 939 页。

⑤ 中共中央马克思恩格斯列宁斯大林著作编译局：《马克思恩格斯选集（第三卷）》，人民出版社，2012 年，第 952 页。

⑥ 中共中央马克思恩格斯列宁斯大林著作编译局：《马克思恩格斯选集（第三卷）》，人民出版社，2012 年，第 939 页。

⑦ 有关物质概念的论述，可以参阅安徽人民出版社 2001 年出版的陶富源的《实践主导论——哲学前沿的探索》一书第 53～63 页相关内容。

⑧ 中共中央马克思恩格斯列宁斯大林著作编译局：《马克思恩格斯选集（第三卷）》，人民出版社，2012 年，第 950 页。

和确定永久。”[①] 西方哲学发展是一个“个别和一般”关系的历史，很多思想家都谈到过这个问题，其中冯友兰先生的“理一分殊”[②] 以及杨国荣教授所说的“‘事’与‘理’”[③] 都与此有关，游兆和教授“一与多、一般与个别、现象与本质、无限与有限、绝对与相对”[④] 的观点更明显地属于此列。一言以蔽之，思想通过概念创造和抽象出来的“思想物”是一定有一个现实的基础或事物感性的存在样态的。对于事物的创造和抽象，一方面，我们需要面对事物单个的个体；另一方面，我们在处理与世界的关系时又需要从这单个的个体升华到一般性认识，否则我们就无法把握这个世界。正如马克思所说，“如果事物的表现形式和事物的本质会直接合而为一，一切科学就都成为多余的了”[⑤]。其二，不可否认，这种对事物由个别到一般的认识概括不可能是个十足的全体。问题的关键在于我们面对的个体有时也是不能够穷尽的。所以，在这种意义上波珀说他要把“因果性原理”当作“形而上学”的原理从“科学领域里排除出去”[⑥]。但波珀的认识又是过于独断的。我们对事物的认识是个逐渐扩展个体范围的过程，也是一个逐渐提升对事物认识的过程。所以，从这种意义上说，王南湜教授所说的古代对事物的认识是处理“一般与个别的关系”，而现代社会已经由近代“思维与存在的关系”转为如何处理“精神性活动与物质性活动之间的关系问题”[⑦] 了，是有道理的。这也符合马克思所说的由“解释世界”转为“改变世界”[⑧] 的历史发展。恩格斯《自然辩证法》并不是一个单纯的思想抽象发展过程，而是结合人类社会的发展，既有自然历史的发展也有人类社会的历史发展的一种认识概括。恩格斯的“自然辩证法”是一种“实践辩证法”，当然也是一种“历史辩证法”[⑨]。一言以蔽之，恩格斯对自然概念最广义的认识，如果理解成是个既包括人自身和人身外的自然，又包括自然界和人类社会，还包括自在自然和人化自然的“相当于物质概念”[⑩] 的总体性概念，应是没有问题的。当然，这样理解恩格斯最广义的自然概念，并不是说马克思没有这样的思想认识，下面我们就要来谈谈马克思自然认识的特征问题。

---

① 中共中央马克思恩格斯列宁斯大林著作编译局：《马克思恩格斯选集（第三卷）》，人民出版社，2012 年，第 937 页。

② 冯友兰：《三松堂全集（第 4 卷）》，河南人民出版社，2001 年，第 40 页。

③ 杨国荣：《人与世界：以“事”观之》，生活·读书·新知三联书店，2021 年，第 164 页。

④ 游兆和：《哲学本质与演变逻辑新论》，社会科学文献出版社，2011 年，第 119 页。

⑤ 中共中央马克思恩格斯列宁斯大林著作编译局：《马克思恩格斯全集（第四十六卷）》，人民出版社，2003 年，第 925 页。

⑥ ［英］K. R. 波珀：《科学发现的逻辑》，查汝强、邱仁宗译，科学出版社，1986 年，第 33 页。

⑦ 王南湜：《马克思唯物主义的基本含义》，载袁贵仁、杨耕：《当代学者视野中的马克思主义哲学：中国学者卷（上）》，北京师范大学出版社，2012 年，第 9 页。

⑧ 中共中央马克思恩格斯列宁斯大林著作编译局：《马克思恩格斯选集（第一卷）》，人民出版社，2012 年，第 136 页。

⑨ 有关实践辩证法、历史辩证法和自然辩证法的认识，可以参阅中国社会科学出版社 2012 年出版的李西祥的《马克思历史辩证法研究：历史唯物主义的辩证法阐释》、中国社会科学出版社 2013 年出版的熊文的《马克思的实践辩证法思想研究》、吉林大学出版社 2020 年出版的王庆丰的《辩证法的观念》等书的相关内容。

⑩ 赵家祥、李清昆、李士坤：《历史唯物主义教程》，北京大学出版社，1999 年，第 51 页。

第二节　自然认识的特征

马克思历史认识中的主体论、规律论、价值论部分都涉及对自然的认识，但这些认识都还不能算是马克思历史意义上对自然的最终认识。而只有当对自然的认识深入作为存在物总和的自然时，马克思历史认识中自然认识所具有的历史意义才最终显露出来。这种对自然的认识是在“存在论”意义上理解的。

在《德意志意识形态》中，马克思有这样一段论述，“我们仅仅知道一门唯一的科学，即历史科学。历史可以从两个方面来考察，可以把它划分为自然史和人类史。但这两个方面是不可分割的；只要有人存在，自然史和人类史就彼此相互制约。自然史，即所谓自然科学，我们在这里不谈；我们需要深入研究的是人类史”①。从马克思所用的“自然史”和“人类史”两个概念看，“自然史”中包含自然概念应是没有问题的，而“人类史”虽然没有明确出现自然这个概念，其中包含有人类历史中对自然概念的理解应也是没有问题的。这里的关键是马克思并不是在“自然史”和“人类史”截然二分的意义上来理解自然这个概念的。

马克思在《德意志意识形态》中还有一段话，即“历史的自然和自然的历史”②，是在批判费尔巴哈仅仅从“单纯的直观”或“单纯的感觉”理解感性世界时提出的，认为费尔巴哈设定的人“不是‘现实的历史的人’”，因此费尔巴哈也就不会看到周围的感性世界“是工业和社会状况的”“历史的”“世世代代活动的”产物和“结果”③。马克思实际上是在讨论自然史和人类史的关系问题，而要理解这种关系的关键是如何认识“自然界进入历史”这一问题，也即要从人类历史发展的角度来认识此问题。自然界进入历史有两种方式，“即自然界本身的历史和自然界在人类社会中的历史”④。“自然的历史”所考察的是从最简单的生命物质到较高等的动物即猿的历史问题，而从猿转变为人并非纯粹的自然进化，人的劳动在其中的关键作用就是从历史的自然和人类史角度所理解的问题。自然进入历史并非仅仅表明自然会成为人类实践活动的对象，同时也意味着自然和人本身都会在实践活动中逐步生成，也即从物种上不同于动物的人逐渐生成为社会关系上不同于动物的人。⑤

总体上说，在“存在论”意义上，马克思提出了三种自然概念的理解，即自然史的自然、人类史的自然和进入人类史的自然，且这三种自然概念的理解是有密切关系的。

---

① 中共中央马克思恩格斯列宁斯大林著作编译局：《马克思恩格斯选集（第一卷）》，人民出版社，2012 年，第 146 页注释①。

② 中共中央马克思恩格斯列宁斯大林著作编译局：《马克思恩格斯选集（第一卷）》，人民出版社，2012 年，第 156 页。

③ 中共中央马克思恩格斯列宁斯大林著作编译局：《马克思恩格斯选集（第一卷）》，人民出版社，2012 年，第 155 页。

④ 周林东：《人化自然辩证法——对马克思的自然观的解读》，人民出版社，2008 年，第 211 页。

⑤ 关于“社会的自然与自然的社会”内容的阐释，可以参阅北京师范大学出版社 2017 年出版的杨耕的《马克思主义历史观研究》第 19～47 页的相关内容。

当然，这三种自然概念的认识是同马克思的历史认识关联在一起的，也即在马克思看来历史概念的理解也有三个层次，分别是“自然的历史”“历史的自然（或称作为‘社会中自然的历史’）”和“人类的历史”。[①] 这三个方面理解的关键是如何认识人化自然问题。

一般认为“人化自然”是马克思在《1844年经济学哲学手稿》中提出来的，其中马克思明确提到此认识的是这段话：“一句话，人的感觉、感觉的人性，都只是由于它的对象的存在，由于人化的自然界，才产生出来的。五官感觉的形成是以往全部世界历史的产物。”[②] 另外，如下这些论述也都可以作为马克思人化思想提出的依据。

（1）“非对象性的存在物是非存在物［Unwesen］。……一种非现实的、非感性的、只是思想上的即只是虚构出来的存在物，是抽象的东西。”[③]

（2）“被抽象地理解的，自为的，被确定为与人分割开来的自然界，对人来说也是无。”[④]

（3）“作为自然界的自然界，也就是说，就它还在感性上不同于它自身所隐藏的神秘的意义而言，离开这些抽象概念并不同于这些抽象概念的自然界，就是无，即证明自己是虚无的无。”[⑤]

（4）“在人类历史中即在人类社会的形成过程中生成的自然界，是人的现实的自然界。”[⑥]

（5）“只有在社会中，自然界才是人自己的人的存在的基础，才是人的现实的生活要素。”[⑦]

《1844年经济学哲学手稿》中有关于人化自然的思想，马克思、恩格斯与此同时的一本著作即《神圣家族》中也有关于人化自然的思想。在马克思、恩格斯看来，既然一切知识、感觉都是来自感觉世界或者是感觉世界的经验，那么周围的世界就应安排成让人“能认识和领会真正合乎人性”以及“使他能认识到自己是人”[⑧] 的一个东西；也只有使环境成为一个合乎人性的东西，才能同“人的性格是由环境造成的”[⑨] 认识相契

---

① 周林东：《人化自然辩证法——对马克思的自然观的解读》，人民出版社，2008年，第212页。

② 中共中央马克思恩格斯列宁斯大林著作编译局：《马克思恩格斯全集（第四十二卷）》，人民出版社，2016年，第126页。

③ 中共中央马克思恩格斯列宁斯大林著作编译局：《马克思恩格斯全集（第四十二卷）》，人民出版社，2016年，第168～169页。

④ 中共中央马克思恩格斯列宁斯大林著作编译局：《马克思恩格斯全集（第三卷）》，人民出版社，2002年，第335页。

⑤ 中共中央马克思恩格斯列宁斯大林著作编译局：《马克思恩格斯全集（第四十二卷）》，人民出版社，2016年，第179页。

⑥ 中共中央马克思恩格斯列宁斯大林著作编译局：《马克思恩格斯全集（第三卷）》，人民出版社，2002年，第307页。

⑦ 中共中央马克思恩格斯列宁斯大林著作编译局：《马克思恩格斯全集（第三卷）》，人民出版社，2002年，第301页。

⑧ 中共中央马克思恩格斯列宁斯大林著作编译局：《马克思恩格斯全集（第二卷）》，人民出版社，2016年，第166页、第167页。

⑨ 中共中央马克思恩格斯列宁斯大林著作编译局：《马克思恩格斯全集（第二卷）》，人民出版社，2016年，第167页。

合。由此，我们也可以理解马克思何以指出“外部环境对人的影响”等认识的唯物主义学说“同共产主义和社会主义”[①] 之间会有必然联系的问题。

一般认为所谓“人化自然”，就是指已经被人类实践活动改造过、打上主体意志的那部分自然界，或简单地说就是把自然作为人的活动对象的一种认识。“人化自然”思想的确立对马克思认识自然具有重要的意义，为马克思人与自然关系认识的形成提供了一个切入点。也就是说，“人化自然”的认识所体现的是人与自然的直接关系，强调的是人对自然的一种“实践”“感性的人的活动”也即“主体”[②] 的一种理解方式。那么，这种关系性认识的强调是否会陷入原则同格的错误之中呢？回答是不会的。原则同格所说的自我与环境不可分割，主要强调的是“没有自我‘中心项’就没有环境的‘对立项’”关系中的“自我‘中心项’的决定作用”[③]。马克思所说的人与自然关系的不可分割，是既要看到人与自然的相互作用、相互渗透，又要看到自然界在人类实践活动中的前提性地位的一种理解方式。如果要详细认识这个问题，就需要来看看马克思在《德意志意识形态》中提出的“外部自然界优先地位”的思想认识问题。

关于“外部自然界优先地位”的思想认识，是马克思在《德意志意识形态》一文中批判费尔巴哈用直观的方式理解历史，而忽略了人的感性活动实践之于历史的意义问题时直接提出的：一方面强调了人的连续不断的感性劳动、生产是“整个现存的感性世界的基础”[④] 问题，认为以人的感性劳动或生产为中介所形成的人与自然之间的关系就是人化关系问题；另一方面，又指出这种人化关系并不否定“外部自然界的优先地位”[⑤]，认为人与自然之间的这种人化关系并不影响人对“先在自然”[⑥] 前提地位的承认和尊重。对于“先在自然”前提地位的承认，实际上马克思有多处论述，部分论述摘录如下：

（1）“人并没有创造物质本身。甚至人创造物质的这种或那种生产能力，也只是在物质本身预先存在的条件下才能进行。”[⑦]

（2）“没有自然界，没有感性的外部世界，工人就什么也不能创造。它是工人用来

---

① 中共中央马克思恩格斯列宁斯大林著作编译局：《马克思恩格斯全集（第二卷）》，人民出版社，2016 年，第 166 页、第 167 页。

② 中共中央马克思恩格斯列宁斯大林著作编译局：《马克思恩格斯选集（第一卷）》，人民出版社，2012 年，第 133 页。

③ 丰子义：《马克思本体论思想的方法论》，载赵剑英、俞吾金：《马克思的本体论思想》，社会科学文献出版社，2006 年，第 110 页。

④ 中共中央马克思恩格斯列宁斯大林著作编译局：《马克思恩格斯选集（第一卷）》，人民出版社，2012 年，第 157 页。

⑤ 中共中央马克思恩格斯列宁斯大林著作编译局：《马克思恩格斯选集（第一卷）》，人民出版社，2012 年，第 157 页。

⑥ 杨耕教授认为“人化自然”相对的自然是“自在自然”，指的是“人类社会产生之前就已经存在的先在自然”和“人类的实践活动尚未达到或深入到的自然”（杨耕：《马克思主义历史观研究》，北京师范大学出版社，2017 年，第 19 页）。目前大部分论著对自然的认识采用的都是这种划分认识，我们在本书中采用“人化自然”和“先在自然”这两种称呼方式。当然，在内含意义表达上同杨耕教授的认识是一致的。

⑦ 中共中央马克思恩格斯列宁斯大林著作编译局：《马克思恩格斯全集（第二卷）》，人民出版社，2016 年，第 58 页。

实现自己的劳动、在其中展开劳动活动、由其中生产出和借以生产出自己的产品的材料。”①

（3）“劳动的主要客观条件并不是劳动的产物，而是自然。一方面，是活的个人。另一方面，是作为个人再生产的客观条件的土地”②；生产的原始条件“最初本身不可能是生产出来的，不可能是生产的结果”，而是“表现为自然前提，即生产者生存的自然条件，正如他的活的躯体一样，尽管他再生产并发展这种躯体，但最初不是由它本身创造的，而是他本身的前提”③。

（4）“劳动首先是人和自然之间的过程，是人以自身的活动来引起、调整和控制人和自然之间的物质变换的过程”④，而且强调“人在生产中只能像自然本身那样发挥作用，就是说，只能改变物质的形态。不仅如此，他在这种改变形态的劳动中还要经常依靠自然力的帮助。因此，劳动并不是它所生产的使用价值即物质财富的唯一源泉。正像威廉·配第所说，劳动是财富之父，土地是财富之母”⑤。

（5）“劳动不是一切财富的源泉。自然界和劳动一样也是使用价值（而物质财富本来就是由使用价值构成的!）的源泉”，而且强调了“劳动所受的自然制约性”⑥。

从上面论述看，马克思对“人化自然”和“先在自然”的认识是统一的。周林东教授认为传统对自然辩证法的理解之所以出现问题，是因为一直在用一种主客对立的二元眼光来认识这个问题，因此，对自然辩证法的认识就落入了研究自然科学的抽象唯物主义的窠臼之中，造成了人与自然的分离，故如果要从人与自然关系的角度来理解这个问题，就是首先要让自然界进入人类世界，即把承认作为人的对象的自然界的唯物主义看作是真正的唯物主义。这样理解的自然界才具有“现实性”，而所谓“自然界的现实性”则是“相对于人的对象性活动（实践）而言的”，而具有现实性的自然界也就是“人类历史中生成着的自然界”，也即“人类真正生活于其中的自然界”，且这并不否定自然的

① 中共中央马克思恩格斯列宁斯大林著作编译局：《马克思恩格斯全集（第四十二卷）》，人民出版社，2016年，第92页。

② 中共中央马克思恩格斯列宁斯大林著作编译局：《马克思恩格斯全集（第四十六卷上册）》，人民出版社，2016年，第483页。

③ 中共中央马克思恩格斯列宁斯大林著作编译局：《马克思恩格斯全集（第四十六卷上册）》，人民出版社，2016年，第488页。

④ 中共中央马克思恩格斯列宁斯大林著作编译局：《马克思恩格斯全集（第二十三卷）》，人民出版社，2016年，第201～202页。

⑤ 中共中央马克思恩格斯列宁斯大林著作编译局：《马克思恩格斯全集（第二十三卷）》，人民出版社，2016年，第56～57页。

⑥ 中共中央马克思恩格斯列宁斯大林著作编译局：《马克思恩格斯全集（第十九卷）》，人民出版社，2016年，第15页。

“先在性”①。因为“自然界的现实性并不排斥它的先在性和客观性”，但是如果反过来，自然界的先在性和客观性并“不能保证它的现实性”②。自然界的先在性是“相对于人的存在而言的”，指的是“自然界先于人类而存在”，而自然界的客观性则是“相对于人类的主观意识而言的”，指的是“不以人的主观意志为转移”的“外部自然界的存在”③。王金福教授的观点是“先在自然”和“人化自然”并不矛盾：一方面肯定了人化自然的存在，从逻辑上说也就是承认了先在自然的存在；另一方面肯定了在范围和层次上不断改变的人化自然的存在，在实践中也就承认先在自然的存在。④ 吴元梁教授持有一种前提论，不过他所说的前提具体指的不是自然存在的前提而是“人的自然存在”的前提问题，也即“人的自然存在是人的社会存在的自然的、物质的前提和基础”⑤。吴教授上述问题的认识从思路看是想转换存在问题认识的视角，即把存在问题的认识转向从人自身向外看的问题。这一点实际同周林东教授和王金福的认识有相通之处，只不过没有点破而已。对此张奎良教授是直接言明的，认为马克思的唯物主义“不是专注从物质出发去看世界，而是从人作为一个特殊的生命存在的活动出发去看世界”⑥。对上述问题的认识吴教授是专注于自然属性的人来认识问题，而张奎良教授强调的则是人的社会活动属性。这一点同丰子义教授强调的“自然界的优先”，不是时间上而是关系或地位上的优先，是从“人的实践活动关系中来提出问题”⑦ 的一种认识具有相通之处。

有三点还需要指出：其一，“人化自然”不能仅仅在“人造”或“人工”意义上来理解，而应在“使外部自然不仅成为劳动者占有的而且成为能适合人性需要的自然界”⑧ 意义上来理解。其二，“人化自然”除了可以在“人身体之外的自然的人化”意义上理解之外，还可以在“人本身自然的人化”意义上来理解，也即是在使人超越动物性而获得社会性方面的一种认识，“使‘人’成为感性意识的对象和使‘人作为人’的

---

① 周林东：《人化自然辩证法——对马克思的自然观的解读》，人民出版社，2008 年，第 139 页。孙伯鍨先生认为自然界的优先性具有五个方面的含义：一指的是自然界是人类的母体，二指的是自然界是人类赖以生存的、发展的物质资料源泉，三指的是人类社会是自然界这个有机整体的一部分，四指的是人类社会的发展特别是依靠科技的发展要遵循自然界的发展规律，五指的是整体的自然界和整体的人类社会要作为一个整体来研究（孙伯鍨：《卢卡奇与马克思》，南京大学出版社，1999 年，第 63～64 页）。张西平教授认为“自然界的优先地位”的命题应理解成自然界作为历史的前提和基础、作为现存感性世界之源、作为对人类历史的永恒限制和制约三个方面的认识（张西平：《卢卡奇》，湖南教育出版社，1999 年，第 229 页）。上述认识不能说没有道理，但问题的关键在于“优先性”如何理解。我认为“优先性”首先是相对于人自身的存在而言的优先性，而不是抽象的规定优先性。这一点对于理解马克思的自然观具有重要的意义，是驳斥否定马克思具有自在自然或先在自然思想的一个重要入口。

② 周林东：《人化自然辩证法——对马克思的自然观的解读》，人民出版社，2008 年，第 139 页、第 140 页。

③ 周林东：《人化自然辩证法——对马克思的自然观的解读》，人民出版社，2008 年，第 138 页、第 139 页。

④ 王金福：《马克思哲学在理解中的命运——对马克思主义哲学史的解释学考察》，苏州大学出版社，2003 年，第 423 页。

⑤ 吴元梁：《关于“马克思的本体论思想及其当代意义”的几点思考》，载赵剑英、俞吾金：《马克思的本体论思想》，社会科学文献出版社，2006 年，第 87 页。

⑥ 张奎良：《唯物主义：社会主义的思想来源与实践指引》，人民出版社，2009 版，第 30 页。

⑦ 丰子义：《马克思本体论思想的方法论》，载赵剑英、俞吾金：《马克思的本体论思想》，社会科学文献出版社，2006 年，第 110 页。

⑧ 周林东：《人化自然辩证法——对马克思的自然观的解读》，人民出版社，2008 年，第 333 页。

需要成为［自然的、感性的］需要”①。具体说，作为感性意识对象的人的需要会与如下几个方面有关：一是肉体组织、身体器官及其机能问题，二是本能欲求、生理需要问题，三是满足本能欲求、生理需要的条件、方式和手段问题，四是本能欲求、生理需要满足与否所带来的情绪情感问题。② 其三，“人化自然”中外在自然的人化，我认为只能在“改变”对象而不能在“解释”③ 对象意义上来理解，也即要在“人化自然”是人的对象化活动产物的意义上来理解。

马克思存在的认识具有三个特点：其一，从一般意义上讲，马克思所说的“存在”指的是实际的存在（实有）。马克思在论述现实生活中如何把愿望从观念的东西转换成它们的感性的、现实的存在时，提出了“想象的存在”和“现实的存在”④ 两种概念。很明显，前者指的是主观的需要、激情和愿望，后者指的是已经达成的感性的存在。其二，从具体对存在的认识看，马克思的哲学涉及的是自然存在、社会存在以及人的存在等有关存在的认识。自然存在主要指的是与人和人的活动有关的自然界——“被抽象地孤立地理解的、被固定为与人分离的自然界，对人说来也是无”⑤；社会存在，其现实存在的意义更为明显——社会存在不过就是人们的“现实生活过程”⑥；关于人的存在也即“现实的人”的理解问题——“从事实际活动的人”⑦。其三，马克思在存在论意义上理解的自然，绝不是传统本体论意义上实体的认识方式。马克思曾使用过本体意义上的概念，是在《神圣家族》中评述霍布斯的哲学观点时使用的，认为在霍布斯那里“物体、存在、实体是同一种实在的观念。决不可以把思维同那思维着的物质分开。物质是一切变化的主体”⑧。此处的主体术语蕴含的是本体论意义，其意是指某种属性、关系的承担者。另外，马克思在论述商品交换中商品和货币的关系时也用到了此种意义上的主体概念。“一种特殊的产品（商品）（物质）必须成为当作每一种交换价值的属性而存在的货币的主体。”贵金属“作为货币关系的主体，即货币关系的化身”，也就是“作为货币关系的承担者”。⑨ 马克思本体意义上使用的主体概念，同传统本体意义上的实体理解具有根本性的差异。传统本体论意义上的实体认识指的是一种依赖超时空的某

---

① 中共中央马克思恩格斯列宁斯大林著作编译局：《马克思恩格斯全集（第四十二卷）》，人民出版社，2016年，第128页。

② 张建云：《身内自然人化：马克思主义关于人的内在自然人化思想及当代价值》，中央编译出版社，2014年，第14～29页。或参阅李泽厚：《人类学历史本体论》，天津社会科学院出版社，2008年，第38～49页。

③ 周林东：《人化自然辩证法——对马克思的自然观的解读》，人民出版社，2008年，第290页。

④ 中共中央马克思恩格斯列宁斯大林著作编译局：《马克思恩格斯全集（第四十二卷）》，人民出版社，2016年，第154页。

⑤ 中共中央马克思恩格斯列宁斯大林著作编译局：《马克思恩格斯全集（第四十二卷）》，人民出版社，2016年，第178页。

⑥ 中共中央马克思恩格斯列宁斯大林著作编译局：《马克思恩格斯选集（第一卷）》，人民出版社，2012年，第152页。

⑦ 中共中央马克思恩格斯列宁斯大林著作编译局：《马克思恩格斯选集（第一卷）》，人民出版社，2012年，第152页。

⑧ 中共中央马克思恩格斯列宁斯大林著作编译局：《马克思恩格斯全集（第二卷）》，人民出版社，2016年，第164页。

⑨ 中共中央马克思恩格斯列宁斯大林著作编译局：《马克思恩格斯全集（第四十六卷上册）》，人民出版社，2016年，第121页。

种因素设定来做逻辑演绎推理的一种哲学观念。具体说，就是马克思对自然各种存在的理解不是先验的设定，而是建基于人的实践活动基础上的一种认识方式。在人的实践活动的基础上，才有了人化自然和先在自然之分，也才有了这两种自然之间的关系如何理解的问题。周林东教授认为，马克思对人化自然的认识具有本体论的意义，是一种有别于纯精神性存在和不同于纯物质性存在的“新的‘存在’(being)”①，不是没有道理的。

第三节　自然论在历史认识中的理论意义

在上文中，我们引用过两段话：一是“我们仅仅知道一门唯一的科学，即历史科学。历史可以从两个方面来考察，可以把它划分为自然史和人类史。但这两方面是不可分割的；只要有人存在，自然史和人类史就彼此相互制约。自然史，即所谓自然科学，我们在这里不谈；我们需要深入研究的是人类史”②。二是“历史的自然和自然的历史”③。这两段引用是为了解决如何在“存在论”意义上理解自然的问题。实际上，这两段话也可以在“历史”意义上来讨论如何理解自然史与人类史的关系问题。

从第一段话的论述看，马克思似乎只是提出了两种历史概念即“自然史”“人类史”，但不能据此认为在马克思的历史认识中，只有这两种历史概念，且这两种历史概念非常抽象而不具体。也就是说，如果要全面理解马克思的历史概念还需要结合第二段话来认识。具体说就是，对马克思历史概念的整体把握需要把这两段论述联系起来认识，而其关键是如何理解“自然界进入历史”的问题，也即要从人类历史发展的角度来认识此问题。自然界进入历史有两种方式，即“自然界本身的历史和自然界在人类社会中的历史”④。“自然的历史”所考察的是从最简单的生命物质到较高等的动物即猿的历史问题，而从猿转变为人并非纯粹的自然进化，人的劳动在其中的关键作用就是从历史的自然和人类史角度所理解的问题。自然进入历史并非仅仅表明自然会成为人类实践活动的对象，同时也意味着自然和人本身都会在实践活动中逐步生成，也即从物种上不同于动物的人逐渐生成为社会关系上不同于动物的人。马克思在《德意志意识形态》中重点探讨的是人类社会发展的历史问题，研究的主要是人类社会发展中的主体、规律以及价值等历史问题。总体上说，马克思在《德意志意识形态》中使用的历史概念有三个层次，也即“自然的历史”“历史的自然（或称作为‘社会中自然的历史’）”和“人类的历史”⑤。这是三个密切相关的“历史”概念。

为此，马克思批评了两种对人类史或自然史不完整的理解方式：

---

① 周林东：《人化自然辩证法——对马克思的自然观的解读》，人民出版社，2008年，第281页。

② 中共中央马克思恩格斯列宁斯大林著作编译局：《马克思恩格斯选集（第一卷）》，人民出版社，2012年，第146页注释①。

③ 中共中央马克思恩格斯列宁斯大林著作编译局：《马克思恩格斯选集（第一卷）》，人民出版社，2012年，第156页。

④ 周林东：《人化自然辩证法——对马克思的自然观的解读》，人民出版社，2008年，第211页。

⑤ 周林东：《人化自然辩证法——对马克思的自然观的解读》，人民出版社，2008年，第212页。

一是“完全撇开人类史”的理解方式。费尔巴哈当属此列（也包括18世纪的法国唯物主义者），再有就是把人类史等同于自然史的达尔文主义。对于达尔文，正在阅读《物种起源》的恩格斯曾在1859年给马克思写过一封信，认为达尔文的著作把目的论驳倒了，是目前“大规模的证明自然界的历史发展”的成功的“尝试”。① 马克思在1860年给恩格斯的信中，称赞达尔文的著作为他们的“观点提供了自然史的基础”②。继之在给斐·拉萨尔的信中，马克思认为达尔文的著作不仅“可以用来当作历史上的阶级斗争的自然科学根据”，而且给了“自然科学中的‘目的论’以致命的打击”③。不过，马克思并不是没有意识到达尔文理论的不足。其中在1862年给恩格斯的信中，马克思批评达尔文把马尔萨斯只应用于人类的理论却应用于“植物和动物”了④，以至于把动物界描写为了霍布斯所说的“一切人反对一切人的战争”的“市民社会”，一个让他“重新认识了他自己的英国社会及其分工、竞争、开辟新市场、‘发明’以及马尔萨斯的‘生存斗争’”⑤ 的市民社会。达尔文学说的问题在于在夸大了自然竞争作用的同时，低估了人的目的对自然过程的介入和干涉程度，忽视了人类有意识地改造自然以及改造自身的能力，以至于达尔文在排除自然史的目的论时，却把目的论从人类历史中剔除掉了。由此来看，达尔文的自然选择理论至多可以运用于“前人类”或“前意识”的自然史，但却不能运用于人类有意识地改造自然因而也在改造自身的人类史。在马克思看来，不可能存在纯粹的自然界或自然史。

马克思在《资本论（第一卷）》第十三章的一个注释中，认为直到现在也没有一部工艺史，不过，达尔文却注意到了自然工艺史即动植物作为生产工具的器官如何形成的问题。在马克思看来，“社会人的生产器官的形成史”也即“每一个特殊社会组织的物质基础的形成史”⑥，更应该值得注意，且这种形成史更容易写出来。因为正如维柯所说，人类史同自然史是有区别的，其中的差异在于人类史是人类自己创造的，而自然史则不是人类自己创造的。人类的“工艺史”不仅能够揭示出人对自然的能动关系以及人的生活中的生产过程，而且还能够揭示出“人的社会生活关系和由此产生的精神观念的

① 中共中央马克思恩格斯列宁斯大林著作编译局：《马克思恩格斯全集（第二十九卷）》，人民出版社，2016年，第503页。

② 中共中央马克思恩格斯列宁斯大林著作编译局：《马克思恩格斯全集（第三十卷）》，人民出版社，2016年，第131页。

③ 中共中央马克思恩格斯列宁斯大林著作编译局：《马克思恩格斯全集（第三十卷）》，人民出版社，2016年，第574页、第575页

④ 中共中央马克思恩格斯列宁斯大林著作编译局：《马克思恩格斯全集（第三十卷）》，人民出版社，2016年，第251页。马克思不同意达尔文把马尔萨斯的理论应用于动植物界，认为“抽象的人口规律只存在于历史上还没有受过人干涉的动植物界”［［德］马克思：《资本论（第一卷）》，人民出版社，2018年，第728页］。

⑤ 中共中央马克思恩格斯列宁斯大林著作编译局：《马克思恩格斯全集（第三十卷）》，人民出版社，2016年，第252页。恩格斯在《自然辩证法》中对达尔文的生存斗争学说有一段阐述，认为达尔文的学说是经过两个过程完成的：先把霍布斯一切人反对一切人的战争的学说、资产阶级经济学的竞争学说以及马尔萨斯的人口论搬到生物界，然后把这些学说从自然界的历史中再搬回到社会历史中。在恩格斯看来，把动物界的生活规律直接搬到社会中来是不行的，因为一旦生产发生，所谓生存斗争就不再是围绕生存资料进行，而是围绕享受资料和发展资料进行［中共中央马克思恩格斯列宁斯大林著作编译局：《马克思恩格斯选集（第三卷）》，人民出版社，2012年，第986页～987页］。

⑥ ［德］马克思：《资本论（第一卷）》，人民出版社，2018年，第429页。

直接生产过程”[①]。马克思批评达尔文低估人的目的在社会历史中的作用，只是在谈论自然工艺史而没有注意到人的器官形成史。从上述认识看，达尔文的确是把“人类史”等同于“自然史”了。

不过，马克思的论述并没有止步，而是进一步批评了“排除历史过程的、抽象的自然科学的唯物主义”，认为自然科学的唯物主义“每当它的代表越出自己的专业范围时”，它的缺点就会在“他们的抽象的和意识形态的观念中显露出来”[②]。所谓自然科学的唯物主义，简单地说就是离开人及其实践活动抽象的研究自然或物质的一种认识——自然科学只有通过实践和工业相结合，才有可能“失去它的抽象物质的或者不如说是唯心主义的方向”[③] ——达尔文的学说具有这种认识特点。“抽象的唯灵论是抽象的唯物主义；抽象的唯物主义是物质的抽象的唯灵论。”[④] 只有“从当时的现实生活关系中引出”如宗教的“天国形式”等唯物主义的方法，才是“惟一科学的方法”[⑤]。

马克思不仅批判了自然科学的唯物主义的缺陷，而且对自然主义也进行了批判。早在写于1842年4月到8月的《法的历史学派的哲学宣言》一文中，马克思对自然主义人类认识的观点就不是很赞同，认为18世纪流行过的“自然状态是人类本性的真正状态”的认识是一种“臆想”[⑥]。这种要回到“自然状态”或“原始状态”的想法反映出来的是对人的理性或目的理性的怀疑，对人的目的理性之于历史创造性的重要性的否定。在《1844年经济学哲学手稿》中，马克思对费尔巴哈的自然主义是持有一定赞同态度的，认为“只有自然主义能够理解世界历史的行动”[⑦]。费尔巴哈的自然主义在一定程度上同之前的唯物主义又是有所不同的。这一点马克思在《德意志意识形态》中明确指出了的——费尔巴哈相比于“纯粹的”唯物主义的优点是“承认人也是‘感性对象’”[⑧]。马克思在《1844年经济学哲学手稿》中也并非完全赞同费尔巴哈的观点，因为马克思还提出了这样一种认识——“历史是人的真正的自然史”[⑨]，其意不是强调历史的自然性质，而是强调其现代性质也即世界历史的属人性质与特定的主体性质。不过，费尔巴哈所理解的自然主义同其前的自然主义认识也是具有一定程度上的共通之处的，都是在自然史的意义上来理解世界历史的，其所理解的活动是“对象性的自然存在物的

① ［德］马克思：《资本论（第一卷）》，人民出版社，2018年，第429页。

② ［德］马克思：《资本论（第一卷）》，人民出版社，2018年，第429页。

③ 中共中央马克思恩格斯列宁斯大林著作编译局：《马克思恩格斯全集（第四十二卷）》，人民出版社，2016年，第128页。

④ 中共中央马克思恩格斯列宁斯大林著作编译局：《马克思恩格斯全集（第一卷）》，人民出版社，2016年，第355页。

⑤ ［德］马克思：《资本论（第一卷）》，人民出版社，2018年，第429页。

⑥ 中共中央马克思恩格斯列宁斯大林著作编译局：《马克思恩格斯全集（第一卷）》，人民出版社，2016年，第97页。

⑦ 中共中央马克思恩格斯列宁斯大林著作编译局：《马克思恩格斯全集（第三卷）》，人民出版社，2002年，第324页。

⑧ 中共中央马克思恩格斯列宁斯大林著作编译局：《马克思恩格斯选集（第一卷）》，人民出版社，2012年，第157页。

⑨ 中共中央马克思恩格斯列宁斯大林著作编译局：《马克思恩格斯全集（第三卷）》，人民出版社，2002年，第326页。

活动"[1]。另外，马克思至少还有两处谈到自然唯物主义的问题，其中之一是在《德意志意识形态》中，提出"全部人类历史的第一个前提"是"有生命的个人的存在"的观点时谈到的这个问题，认为"第一个需要确认的事实"是"个人的肉体组织以及由此产生的个人对其他自然的关系"，人们自身的生理特性以及地质条件、山岳水文地理条件、气候条件等的"自然条件"是"不能深入研究"[2] 的——"任何历史记载都应当从这些自然基础以及它们在历史进程中由于人们的活动而发生的变更出发"[3]。另外一处是在《〈政治经济学批判〉导言》中，马克思认为他所理解的唯物主义要同"自然主义的唯物主义的关系"[4] 区分开来。在马克思看来，历史中发生的事情，是由"人，现实的、活生生的人"做的，"'历史'并不是把人当做达到自己目的的工具来利用的某种特殊的人格。历史不过是追求着自己目的的人的活动而已"[5]。当然，马克思所说的历史的目的性并非如黑格尔等人所持有的泛神论的目的性。在不同于没有意识的、盲目动力起作用的自然界的社会历史领域内进行活动的尽管"是具有意识的、经过思虑或凭激情行动的、追求某种目的的人"[6]，但这并不能改变社会规律是"人们自己的社会行动的规律"[7] 的历史认识。

二是"曲解人类史"的理解方式，主要是青年黑格尔派和老年黑格尔派和德国历史编纂学派。不过，这两种学派从最终意义上讲没有实质性的差异。马克思在《德意志意识形态》中多次提到历史编纂学问题，马克思批判历史编纂学实际上就是在批判黑格尔派的祖宗黑格尔，所以马克思说，"黑格尔的历史哲学是整个这种德国历史编纂学的最终的、达到自己'最纯粹的表现'的成果"，二者之所以具有相同性，是因为德国的历史编纂学同黑格尔一样看中的是"纯粹的思想"，而不是现实的利益，"甚至不在于政治的利益"。[8] 也就是说，对于德国历史编纂学来说，即使政治利益也不在考虑之内，关注的是纯粹的思想。所以，马克思批评德国历史编纂学派时说："所谓客观的历史编纂学正是脱离活动来考察历史关系。"[9] 所谓历史编纂学脱离活动考察历史关系的客观认

---

① 中共中央马克思恩格斯列宁斯大林著作编译局：《马克思恩格斯全集（第三卷）》，人民出版社，2002 年，第 324 页。

② 中共中央马克思恩格斯列宁斯大林著作编译局：《马克思恩格斯选集（第一卷）》，人民出版社，2012 年，第 146 页。

③ 中共中央马克思恩格斯列宁斯大林著作编译局：《马克思恩格斯选集（第一卷）》，人民出版社，2012 年，第 147 页。

④ 中共中央马克思恩格斯列宁斯大林著作编译局：《马克思恩格斯选集（第二卷）》，人民出版社，2012 年，第 710 页。

⑤ 中共中央马克思恩格斯列宁斯大林著作编译局：《马克思恩格斯全集（第二卷）》，人民出版社，2016 年，第 118～119 页。

⑥ 中共中央马克思恩格斯列宁斯大林著作编译局：《马克思恩格斯选集（第四卷）》，人民出版社，2012 年，第 253 页。

⑦ 中共中央马克思恩格斯列宁斯大林著作编译局：《马克思恩格斯选集（第三卷）》，人民出版社，2012 年，第 671 页。

⑧ 中共中央马克思恩格斯列宁斯大林著作编译局：《马克思恩格斯选集（第一卷）》，人民出版社，2012 年，第 174 页。

⑨ 中共中央马克思恩格斯列宁斯大林著作编译局：《马克思恩格斯选集（第一卷）》，人民出版社，2012 年，第 174 页注释①。

识，就是单纯遁入思想世界的一种历史认识观念，而这一点恰恰是马克思从青年开始就一直挣脱和批评的东西。从对历史编纂学派的所指来看，马克思说的主要是德国当时的兰克学派，这种学派“局限于言过其实的重大政治历史事件的历史观”[①]，所关注的主要是与国家的政治和外交相关的历史认识，认为外交政治高于国内政治，对人们的社会生活关系及其在历史中的作用并不很重视，历史成了脱离日常生活的东西，“处于世界之外和超乎世界之上”[②]。这种只关注精英的历史认识必然会倒向强调人的纯粹精神或自我意识的英雄史观，客观的历史编纂学“正是脱离活动”[③] 或者说是脱离大多数人的活动来考察历史，同黑格尔的历史观本质上并无二致，强调的都是人的思想观念等精神方面而已。正如马克思所说，“黑格尔历史观的前提是抽象的或绝对的精神”，而对于“群众”来说，“仅仅是这种精神的有意识或无意识的承担者”，所以，在黑格尔手中，人类的历史也就“变成了抽象的东西的历史”，而对于“现实的人”来说，“也就是变成了人类的彼岸精神的历史”。[④]

从上面的论述来看，马克思使用的“自然的历史”“历史的自然（或称作为‘社会中自然的历史’）”和“人类的历史”[⑤] 三个层面的历史概念，实质上指的是自然和社会[⑥]关系的历史发展问题，是自然的历史（自然史）和社会的历史（人类史）关系发展的一种理解，相当于一般所说的“一切事物的发展过程”[⑦] 的认识方式。这同与自然相对的社会的历史概念认识有一定的差异，是在“自然存在”的意义上讲的。

对历史概念的这种理解，一个绕不开的“症结”在于如何看待恩格斯提出的“自然辩证法”问题。国外马克思主义者如葛兰西、科尔施、列斐伏尔以及萨特等的核心认识是辩证法不存在客观的自然辩证法，也即自然界本身不存在自然辩证法。即使是他们承认科学认识的辩证法——在人与自然的认识过程中，是包含着主体与客体相互作用的过程的——也认为这“只能证明人的理性是辩证的，而不能证明自然本身是辩证的”[⑧]，如萨特所说，“在人的水平上是有一个辩证真理”，这是完全可以理解的，“而且一旦被理解了，它就在已知的自然环境的作用中确定着自己”，不过，“肯定它自身即是自然辩证法”也是“不必要的”。[⑨] 周林东教授认为问题的症结在于，没有把辩证法“理解成不仅是主观的，而且也是客观的，同时又把自然界看作不断变化的历史过程”[⑩]。周教

① 中共中央马克思恩格斯列宁斯大林著作编译局：《马克思恩格斯选集（第一卷）》，人民出版社，2012 年，第 167 页。

② 中共中央马克思恩格斯列宁斯大林著作编译局：《马克思恩格斯选集（第一卷）》，人民出版社，2012 年，第 173 页。

③ 中共中央马克思恩格斯列宁斯大林著作编译局：《马克思恩格斯选集（第一卷）》，人民出版社，2012 年，第 174 页注释①。

④ 中共中央马克思恩格斯列宁斯大林著作编译局：《马克思恩格斯全集（第二卷）》，人民出版社，2016 年，第 108 页。

⑤ 周林东：《人化自然辩证法——对马克思的自然观的解读》，人民出版社，2008 年，第 212 页。

⑥ 杨耕：《马克思主义历史观研究》，北京师范大学出版社，2017 年，第 19～47 页。

⑦ 赵家祥、李清昆、李士坤：《历史唯物主义教程》，北京大学出版社，1999 年，第 550 页。

⑧ 周林东：《人化自然辩证法——对马克思的自然观的解读》，人民出版社，2008 年，第 14 页。

⑨ 萨特：《萨特哲学论文集》，潘培庆、汤永宽、魏金声等译，安徽文艺出版社，1998 年，第 141 页。

⑩ 周林东：《人化自然辩证法——对马克思的自然观的解读》，人民出版社，2008 年，第 95 页。

授的分析在于：其一，自然界本身有没有辩证法的提法很容易导向只承认“主观思维领域”才会存在辩证法的歧途；其二，自然界本身有无辩证法“只能通过自然科学呈现在人们面前”，是“由有辩证头脑的人对自然科学材料加以概括和综合出来的”[①]，以此用现代自然科学来“证明辩证法在现实中已得到证实”[②]。这样分析是有道理的。

对此，我们认为需要做一些补充：其一，国外马克思主义者之所以在“自然界本身有没有辩证法”问题上产生症结，从哲学根源上讲是囿于实体主义“自然”认识的思维方式，“只把恩格斯的‘自然’概念理解为一种与人无关的‘自然’，脱离了人实践的‘自然’”[③]。正如恩格斯指出，自然主义历史观认为“只是自然界作用于人”[④]。其二，把恩格斯的自然辩证法理解为“自然科学的辩证思想”[⑤]或“自然科学的研究”[⑥]是恰当的。正如恩格斯所言，主观辩证法也即辩证思维“不过是在自然界中到处发生作用的、对立中的运动的反映”[⑦]。其三，把自然辩证法称为与自然科学研究有关的辩证法要从历史发展来理解，也即人与自然的关系从依赖于自然到利用技术意义的工具，再到现代自然科学同生产劳动相结合的多样化的一种实践关系的历史发展。其四，辩证法如果从广义上讲，其所涉及的研究并不仅仅是“人类社会的历史”问题，也是“自然界的历史”[⑧]问题（包括思维运动），即共同适用于“自然界”“人类历史”和“思维运动”，也即“关于一切运动的最普遍的规律”[⑨]，此即从人类与自然关系的历史发展过程最广义意义上讲的马克思恩格斯的辩证法问题。一言以蔽之，“恩格斯的自然辩证法并不仅仅是辩证的自然观，而且是辩证法的世界观——广义的世界观，即作为自然、社会和人类思维整个世界存在的世界观”[⑩]，此也即孙正聿所说的辩证法问题是与“哲学基本问题”有关的问题，而不仅仅看作是“本体论”或“认识论”[⑪]问题。当然，并不是所有的国外马克思主义者都反对马克思恩格斯的自然认识，国外马克思主义研究者中的乔

---

① 周林东：《人化自然辩证法——对马克思的自然观的解读》，人民出版社，2008年，第95页。

② 中共中央马克思恩格斯列宁斯大林著作编译局：《马克思恩格斯选集（第三卷）》，人民出版社，2012年，第747页。

③ 易显飞、杨景钦：《论西方马克思主义对恩格斯自然辩证法的“质疑”及其不合理性》，《科学技术哲学研究》，2022年第4期，第96页。

④ 中共中央马克思恩格斯列宁斯大林著作编译局：《马克思恩格斯选集（第三卷）》，人民出版社，2012年，第922页。

⑤ 中共中央马克思恩格斯列宁斯大林著作编译局：《马克思恩格斯全集（第三十三卷）》，人民出版社，2016年，第82页。

⑥ 中共中央马克思恩格斯列宁斯大林著作编译局：《马克思恩格斯全集（第三十五卷）》，人民出版社，2016年，第121页。参阅周林东：《人化自然辩证法——对马克思的自然观的解读》，人民出版社，2008年，第1～14页。

⑦ 中共中央马克思恩格斯列宁斯大林著作编译局：《马克思恩格斯选集（第三卷）》，人民出版社，2012年，第908页。

⑧ 中共中央马克思恩格斯列宁斯大林著作编译局：《马克思恩格斯选集（第三卷）》，人民出版社，2012年，第901页。

⑨ 中共中央马克思恩格斯列宁斯大林著作编译局：《马克思恩格斯选集（第三卷）》，人民出版社，2012年，第978页。

⑩ 李西祥：《马克思历史辩证法研究：历史唯物主义的辩证法阐释》，中国社会科学出版社，2012年，第3～4页。

⑪ 孙正聿：《哲学通论》，复旦大学出版社，2017年，第84页。

治·卢卡奇和A. 施密特也认为马克思的历史观应研究自然的认识，其中尤以卢卡奇为重，其晚年还专门探讨了马克思的“存在论”问题。①

对于自然和社会关系的历史认识问题，恩格斯有多处论述，其中在《自然辩证法》中就有几处论述：一是在谈到科学研究要从“事实出发”时，提出“在自然界和历史的每一科学领域中，都必须从既有的事实出发”② 的问题；二是在谈到辩证法的“规律”时，提出“辩证法的规律是从自然界的历史和人类社会的历史中抽象出来的”③ 问题；三是在谈到辩证法的规律的“适用”时，指出“辩证法的规律无论对自然界中和人类历史中的运动，还是对思维的运动，都必定是同样适用的”④ 问题；四是在谈到“劳动在从猿到人的转变中的作用”时，提出了“劳动和自然界”⑤ 在人、社会以及语言产生中的关系理解问题。恩格斯对自然和社会关系历史认识问题的论述，涉及两个方面：一是如何理解恩格斯在论述中使用的“历史”概念问题，二是自然和社会关系历史中的自然观如何理解的问题。从上面恩格斯的论述看，恩格斯使用的历史概念，最广义指的是自然的历史和人类社会的历史，包括自然史和社会史，“泛指宇宙间一切事物的发展过程”，狭义指的是人类社会的历史即“人类社会的发展过程”⑥。这两种历史概念在实际使用时并不是截然分开的，多数时候会关联在一起。恩格斯在《反杜林论》中谈到如何理解唯物主义时，有这样一段话：“原则不是研究的出发点，而是它的最终结果；这些原则不是被应用于自然界和人类历史，而是从它们中抽象出来的；不是自然界和人类去适应原则，而是原则只有在符合自然界和历史的情况下才是正确的。”⑦ 这里的历史内涵既有分开的自然的历史或人类社会的历史之义，也有自然和社会关系的历史之义。再有的例证就是在《路德维希·费尔巴哈和德国古典哲学的终结》中历史概念的使用情况：“我们不仅生活在自然界中，而且生活在人类社会中，人类社会同自然界一样也有自己的发展史和自己的科学。因此，问题在于使关于社会的科学，即所谓历史科学和哲学科学的总和，同唯物主义的基础协调起来，并在这个基础上加以改造。”⑧ 这是恩格斯批评费尔巴哈没有关注“社会领域”，即对“历史的自然观”没有“了解”的问题，强调历史既是“自然界”的历史，也是“人类社会”⑨ 的历史，更是自然和人类社

---

① 孙大飞：《西方马克思主义和后马克思主义历史观研究》，中国社会科学出版社，2021年，第163～199页。

② 中共中央马克思恩格斯列宁斯大林著作编译局：《马克思恩格斯选集（第三卷）》，人民出版社，2012年，第878页。

③ 中共中央马克思恩格斯列宁斯大林著作编译局：《马克思恩格斯选集（第三卷）》，人民出版社，2012年，第901页。

④ 中共中央马克思恩格斯列宁斯大林著作编译局：《马克思恩格斯选集（第三卷）》，人民出版社，2012年，第978页。

⑤ 中共中央马克思恩格斯列宁斯大林著作编译局：《马克思恩格斯选集（第三卷）》，人民出版社，2012年，第988页。

⑥ 袁吉富：《历史认识论和历史方法论》，吉林人民出版社，2006年，第2页。

⑦ 中共中央马克思恩格斯列宁斯大林著作编译局：《马克思恩格斯选集（第三卷）》，人民出版社，2012年，第410页。

⑧ 中共中央马克思恩格斯列宁斯大林著作编译局：《马克思恩格斯选集（第四卷）》，人民出版社，2012年，第237页。

⑨ 中共中央马克思恩格斯列宁斯大林著作编译局：《马克思恩格斯选集（第四卷）》，人民出版社，2012年，第237页。

会关系的历史。

对于自然和社会关系历史认识中的自然观的理解问题，恩格斯在《自然辩证法》和《路德维希·费尔巴哈和德国古典哲学的终结》中都有论述，其中前者是在“导言”这部分内容讲的，后者是在恩格斯阐释“马克思的历史观”[①]后总结如何理解历史观时讲的，可以从下面三个方面来理解：首先，恩格斯认为传统的自然观即18世纪的自然观虽然在“材料的整理上大大超过了希腊古代”，而在“以观念形式把握这些材料上”，也即“在一般的自然观上却大大低于希腊古代”[②]。因为此时“自然科学所达到的最高的普遍思想”是“自然界的安排的合目的性的思想”，也即是“浅薄的沃尔夫式的目的论”，[③]而没有如同希腊哲学家所认为的那样，“世界在本质上是某种从混沌中产生出来的东西，是某种发展起来的东西、某种生成的东西”[④]，是一种“‘机械的’自然观”[⑤]。其次，在恩格斯看来，新的自然观就是要“溶解”掉“一切僵硬的东西”，“消散”掉“一切固定的东西”，使“一切被当做永恒存在的特殊的东西”变成“转瞬即逝的东西”——“整个自然界被证明是在永恒的流动和循环中运动着”。[⑥]这不仅要在历史观方面结束“历史领域内的哲学”，也要在自然观方面“使一切自然哲学都成为不必要的和不可能的”。[⑦]最后，“对于已经从自然界和历史中被驱逐出去的哲学来说，要是还留下什么的话，那就只留下一个纯粹思想的领域：关于思维过程本身的规律的学说，即逻辑和辩证法”[⑧]，也即要把辩证法同时“运用于唯物主义的自然观和历史观”[⑨]，从而使自然和社会的历史关系在辩证法的视野中实现了“自然史、科技史和人类史的统一”[⑩]。

对于马克思历史认识中自然和社会关系历史的统一问题，中国学术界在改革开放以来有这方面的探讨，其中首要的认识就是认为马克思的历史观不仅仅要探讨人类的历史，也要探讨自然的历史，孙正聿教授和张一兵教授就持有这种观点。前者认为世界观

---

① 中共中央马克思恩格斯列宁斯大林著作编译局：《马克思恩格斯选集（第四卷）》，人民出版社，2012年，第264页。

② 中共中央马克思恩格斯列宁斯大林著作编译局：《马克思恩格斯选集（第三卷）》，人民出版社，2012年，第850页。

③ 中共中央马克思恩格斯列宁斯大林著作编译局：《马克思恩格斯选集（第三卷）》，人民出版社，2012年，第850页、第851页。

④ 中共中央马克思恩格斯列宁斯大林著作编译局：《马克思恩格斯选集（第三卷）》，人民出版社，2012年，第850页。

⑤ 中共中央马克思恩格斯列宁斯大林著作编译局：《马克思恩格斯选集（第三卷）》，人民出版社，2012年，第946页。

⑥ 中共中央马克思恩格斯列宁斯大林著作编译局：《马克思恩格斯选集（第三卷）》，人民出版社，2012年，第855页、第856页。

⑦ 中共中央马克思恩格斯列宁斯大林著作编译局：《马克思恩格斯选集（第四卷）》，人民出版社，2012年，第264页。

⑧ 中共中央马克思恩格斯列宁斯大林著作编译局：《马克思恩格斯选集（第四卷）》，人民出版社，2012年，第264页。

⑨ 中共中央马克思恩格斯列宁斯大林著作编译局：《马克思恩格斯选集（第三卷）》，人民出版社，2012年，第385页。

⑩ 陈凡、程海东：《恩格斯〈自然辩证法〉的哲学创新和当代价值》，《武汉大学学报（哲学社会科学版）》，2020年第5期，第38页。

意义上的历史唯物主义既包括社会历史也包括自然界[①]，后者也认为马克思的历史唯物主义中当然包含历史性的自然观[②]。俞吾金教授和安启念教授的观点所涉及的内容更为广泛，其中俞吾金教授明确地指出，马克思主义哲学就是历史唯物主义，提出了三个方面的认识问题：一是认为自然界和社会历史会成为一个综合的研究领域，而不会被分割为两个不同的研究领域；二是认为这一综合认识是在社会历史的基础上发生的，而不是在自然界的基础上发生的；三是认为自然界“已经被综合进社会历史这个总体性概念中去了”。[③] 而在安启念教授看来，马克思的大历史观是一种可以解释社会、人和自然界历史的大唯物史观，强调在劳动实践的基础上把自然界、人和人类社会理解为共时态与历时态有机地联系在一起的整体性历史认识。[④] 另外，宫敬才教授的观点更为全面，认为历史唯物主义应是包括哲学本体论、哲学认识论、哲学价值论以及方法论的一种历史认识。[⑤] 马克思的历史观要研究人、自然、社会、思维、价值以及方法等，这同我们的认识是一致的。不过，所不同的是上述教授没有指出从何种视角来研究这些问题。这一点周林东教授有论述，认为马克思有关自然与历史关系认识所确立的是一种更高层次意义上的历史认识，“是应当包括自然（历史）观在内的‘大历史观’”，这种大历史观意义上理解的自然观与历史观应从属于“一种世界观”，可以把其称为“自然—历史观”，内容包含“自然历史观”和“社会历史观”[⑥] 两部分，前者重点考察人与自然关系中的自然界，后者重点考察人与自然关系中的人或社会。周林东教授的观点实际上也是在强调马克思的历史观要在人类与自然的关系史中来考察的一种认识，这同我们的观点是接近的。当然，除认为马克思的历史观要在研究内容和范围上有拓展之外，在时间上也要扩展，其中黄明理教授就持有这种观点，认为马克思的历史观是人类社会发展中“从猿到人”和“从猿人到猿”[⑦] 两次进化的拓展问题，也即要把马克思历史观的认识扩展到史前时期。这种观点同我们的认识也是一致的。“马克思主义自然观与历史观统一于辩证唯物主义、历史唯物主义和实践唯物主义的观点，并非是互不相干、相互排斥的三种观点，而是从意识层面、现实层面和方法层面分别回答了马克思主义自然观与历史观如何统一的问题。其内在逻辑为：辩证唯物主义通过回答‘自然观与历史观如何统一’的问题揭示了世界是可以改造的——历史唯物主义通过回答‘自然观与历史观如何统一’的问题揭示了改造世界的主体是人民群众——实践唯物主义通过回答‘自然观与历史观如何统一’的问题揭示了人民群众必须通过实践改造世界。三种观点共同构成了论证马克思主义自然观与历史观如何统一的三个方面，并在逻辑上呈递进关系。”[⑧] 这是对

---

① 孙正聿：《历史的唯物主义与马克思主义的新世界观》，《哲学研究》，2007 年第 3 期，第 8 页。

② 张一兵：《马克思历史唯物主义中的历史概念》，《哲学研究》，1998 年第 9 期，第 5 页。

③ 俞吾金：《问题域的转换——对马克思和黑格尔关系的当代解读》，人民出版社，2007 年，第 478 页。

④ 安启念：《〈1844 年经济学哲学手稿〉：大唯物史观与实践辩证法》，《中国人民大学学报》，2008 年第 1 期，第 60 页。

⑤ 宫敬才：《马克思经济哲学研究》，人民出版社，2014 年，第 273 页。

⑥ 周林东：《人化自然辩证法——对马克思的自然观的解读》，人民出版社，2008 年，第 175 页。

⑦ 黄明理：《现代科学的大历史观——唯物史观的现代形态》，南京出版社，1993 年，第 160 页。

⑧ 岳奎、许慧：《再论马克思主义自然观与历史观的统一问题——基于发展哲学价值维度的考察》，《武汉大学学报（哲学社会科学版）》，2022 年第 4 期，第 42 页。

马克思历史认识中自然和社会关系历史统一最新和具有辩证性的一种解释，而也正是“实践性”“辩证法”和“历史性”的“马克思的现代唯物主义”[①]，也即实践唯物主义、辩证唯物主义、历史唯物主义“不是三个不同的‘主义’，而是同一个‘主义’”的“马克思新唯物主义”[②] 的重新理解，才使马克思主义自然观和历史观统一性的认识具有了可能性。辩证唯物主义、历史唯物主义与实践唯物主义的提法并不矛盾，其中的辩证性、历史性和实践性的哲学特点都蕴含在上述三种哲学所关涉的人类社会历史发展中人与自然以及人与人的关系之中。

对历史概念的理解，除与自然相对的社会的历史、自然和社会关系的历史认识之外，马克思对“历史”的理解还有一个层面，指的是与语言或商品符号有关的“历史”理解问题。在《德意志意识形态》中，马克思说我们在“考察了原初的历史的关系的四个因素、四个方面”即物质资料的生产与再生产、人自身的生产及社会关系的生产之后，“我们才发现：人还具有‘意识’”[③]。孙伯鍨和张一兵二位教授认为，马克思在此考察的是生产、语言和意识的关系问题，认为“思想、观念、意识的生产最初是直接与人们的物质活动，与人们的物质交往，与现实生活的语言交织在一起的”[④]。意识、精神和语言是不是马克思所说的第五个因素或方面[⑤]，的确是一个值得探讨的问题。这首先和马克思此时面临的哲学任务有关，所以，马克思批判黑格尔唯心主义思辨哲学，把语言变成了“某种独立的特殊的王国”[⑥]。对黑格尔思辨哲学的批判必然是要首先“从思想世界降到现实世界”，也即要揭示语言的秘密——“从语言降到生活中的问题”[⑦]。那么，如何从语言降到现实生活呢？马克思认为只要把抽象出来的语言还原为普通语言，变为“现实生活的表现”，那么，语言就不可能“独自组成特殊的王国”[⑧]。理论词句要靠现实关系来说明，那么，只要改变条件，而不是依靠理论上的演绎，就会实际地消灭这些词句，消除人们意识中的“这些观念”[⑨]。语言也就不会成为被歪曲了的语言。如果联系马克思、恩格斯之后对语言及符号的相关研究看，说马克思把意识、精神和语言看作是历史的第五项因素也并非不可。

首先，在马克思看来，精神一开始就是受到物质的“纠缠”的，“振动着的空气层、

① 王南湜：《现代唯物主义：实践性、辩证性、历史性的统一》，载袁贵仁、杨耕：《当代学者视野中的马克思主义哲学：中国学者卷（上）》，北京师范大学出版社，2012 年，第 16 页。

② 杨耕：《为马克思辩护：对马克思哲学的一种新解读》，江苏人民出版社，2017 年，第 69 页。

③ 中共中央马克思恩格斯列宁斯大林著作编译局：《马克思恩格斯选集（第一卷）》，人民出版社，2012 年，第 160 页。

④ 孙伯鍨、张一兵：《走进马克思》，江苏人民出版社，2020 年，第 170 页。

⑤ 张曙光：《现代性论域及其中国话语》，武汉大学出版社，2010 年，第 98 页。

⑥ 中共中央马克思恩格斯列宁斯大林著作编译局：《马克思恩格斯全集（第三卷）》，人民出版社，2016 年，第 525 页。

⑦ 中共中央马克思恩格斯列宁斯大林著作编译局：《马克思恩格斯全集（第三卷）》，人民出版社，2016 年，第 525 页。

⑧ 中共中央马克思恩格斯列宁斯大林著作编译局：《马克思恩格斯全集（第三卷）》，人民出版社，2016 年，第 525 页。

⑨ 中共中央马克思恩格斯列宁斯大林著作编译局：《马克思恩格斯全集（第三卷）》，人民出版社，2016 年，第 45 页。

声音”[①] 就是语言的物质表现问题。“从思维过渡到现实，也就是从语言过渡到生活的整个问题，只存在于哲学幻想中。”[②] 不是先产生了精神，然后精神产生了现实生活，也不是先创造了语言，然后语言创造了现实生活。思想或语言“只是现实生活的表现”[③]。语言、思想观念都是生活的反映，而不是相反。语言具有物质性。作为思维本身和思想生命表现的要素的语言只能是“感性的自然界”[④]，是“当做感性的人的活动，当做实践去理解”[⑤] 的感性的自然界。就这一点而言，马克思对语言的认识又是区别于旧唯物主义直观、机械的认识方式的。语言具有实践性。其次，对于语言的起源和形成问题，是恩格斯在《劳动在从猿到人转变中的作用》一文中论述的，认为劳动不仅创造了人类社会，而且同时也创造了语言——“语言是从劳动中并和劳动一起产生出来的”[⑥]。在人类社会早期，劳动互助合作的需要成了激发语言产生的必要因素，“劳动的发展使互相支持和共同协作的场合增多了”，于是，“这些正在生成中的人”[⑦] 到了不得不说的地步，语言也就产生了。也即是说，语言除了具有物质性、实践性之外，还具有社会的交往特性，它和意识一样是“由于和他人交往的迫切需要才产生的”，它是“一种实践的、既为别人存在因而也为我自身而存在的、现实的意识”[⑧]，是“我们的彼此发生关系的物品”[⑨]。最后，对于语言和思想观念之间的关系，马克思、恩格斯有多处论述，例如，“语言是思想的直接现实”[⑩]，“观念不能离开语言而存在”[⑪]，语言是“思维本身的要素，思想的生命表现的要素”[⑫]，等等。在马克思看来，语言是思想观念的存在方式，只能通过语言来研究思想观念。

马克思除了对语言符号问题有所论述之外，在《资本论》研究中，还阐述了大量的

---

① 中共中央马克思恩格斯列宁斯大林著作编译局：《马克思恩格斯选集（第一卷）》，人民出版社，2012 年，第 161 页。

② 中共中央马克思恩格斯列宁斯大林著作编译局：《马克思恩格斯全集（第三卷）》，人民出版社，2016 年，第 528 页。

③ 中共中央马克思恩格斯列宁斯大林著作编译局：《马克思恩格斯全集（第三卷）》，人民出版社，2016 年，第 525 页。

④ 中共中央马克思恩格斯列宁斯大林著作编译局：《马克思恩格斯全集（第三卷）》，人民出版社，2002 年，第 308 页。

⑤ 中共中央马克思恩格斯列宁斯大林著作编译局：《马克思恩格斯选集（第一卷）》，人民出版社，2012 年，第 133 页。

⑥ 中共中央马克思恩格斯列宁斯大林著作编译局：《马克思恩格斯选集（第三卷）》，人民出版社，2012 年，第 991 页。

⑦ 中共中央马克思恩格斯列宁斯大林著作编译局：《马克思恩格斯选集（第三卷）》，人民出版社，2012 年，第 991 页。

⑧ 中共中央马克思恩格斯列宁斯大林著作编译局：《马克思恩格斯选集（第一卷）》，人民出版社，2012 年，第 161 页。

⑨ 中共中央马克思恩格斯列宁斯大林著作编译局：《马克思恩格斯全集（第四十二卷）》，人民出版社，2016 年，第 36 页。

⑩ 中共中央马克思、恩格斯列宁斯大林著作编译局：《马克思恩格斯全集（第三卷）》，人民出版社，2016 年，第 525 页。

⑪ 中共中央马克思恩格斯列宁斯大林著作编译局：《马克思恩格斯全集（第四十六卷上册）》，人民出版社，2016 年，第 109 页。

⑫ 中共中央马克思恩格斯列宁斯大林著作编译局：《马克思恩格斯全集（第四十二卷）》，人民出版社，2016 年，第 129 页。

商品货币符号思想，认为商品之所以能够交换，是因为商品除了是自然存在，还必须是纯经济存在，也即在这种纯经济存在中，“商品是生产关系的单纯符号，字母，是它自身价值的单纯符号”[①]。商品如果不采用作为自身价值的符号，它就不可能按照一定比例和其他商品进行交换。在实际的交换中，把商品在观念上抽象还原为纯经济的存在还是不够的，必须要有“一种实际的中介，一种手段，来实现这种抽象”[②]。也就是要创造出一个物化的、可以分割的“象征”的“第三物”[③]的纯经济存在来代替实际的商品进行交换。“同各种商品本身相脱离并且自身作为一种商品又同这些商品并存的交换价值，就是货币。”[④]也就是在商品交换的过程中，商品存在的形式发生了转换，符号化的货币产生了。但这个为解决商品交换矛盾而转换商品存在和货币符号化的过程并没有结束，商品流通中的商品和货币符号还会继续运行发展，最后是货币的资本化问题。

总体上看，马克思历史观中的历史具有三重含义：一是与自然相对的社会的历史即人类社会的历史，二是自然与社会关系的历史也即自然的历史（自然史）与社会的历史（人类史）关系发展的历史，三是与意识、观念、精神有关的语言或商品符号的历史。当然，如果说有四种也并非不可。因为历史也可以理解为与记录、记载有关的“解释原则”的历史。[⑤]

综上所述，自然论对于从立场、观点、方法看待马克思历史观具有的意义在于：自然认识的发展对于马克思历史认识人、自然、社会关系相统一的“宽度”看历史视角的形成具有重要的作用。当然，对于自然认识而言其意义还不止于此，另外的意义还在于如何把人类社会历史发展中人与自然的关系以及人与人的关系在自然、人以及社会的认识中统一起来，也应是马克思历史认识的应有之义。下一章我们就要来探讨马克思历史认识中的“科技”问题。

---

① 中共中央马克思恩格斯列宁斯大林著作编译局：《马克思恩格斯全集（第三十卷）》，人民出版社，1995年，第90页。

② 中共中央马克思恩格斯列宁斯大林著作编译局：《马克思恩格斯全集（第三十卷）》，人民出版社，1995年，第91页。

③ 中共中央马克思恩格斯列宁斯大林著作编译局：《马克思恩格斯全集（第三十卷）》，人民出版社，1995年，第93页。

④ 中共中央马克思恩格斯列宁斯大林著作编译局：《马克思恩格斯全集（第三十卷）》，人民出版社，1995年，第94页。

⑤ 参阅本书“引言”第四部分相关内容。

第八章　马克思历史观的科技[1]论

人与自然的关系既涉及自然的理解问题，也涉及人的理解问题，更与如何处理人与自然关系的中介有关。一般认为科技是现代处理人与自然关系的重要手段，而从大科学[2]的角度看，人类社会一开始就已经涉及了科技问题。“在太古人的洞穴中”所发现

① 从概念使用看，马克思使用比较多的是“科学”一词，在《1844年经济学哲学手稿》《德意志意识形态》《1857—1858年经济学手稿》《1861—1863年经济学手稿》以及《资本论（第一卷）》中马克思都在不同意义上使用过该词，主要是在知识、学问、理论和科学门类的知识总体的“广义”和思想学说体系的“狭义”方面使用的（范畅：《马克思主义理论的科学性问题》，武汉大学出版社，2015年，第235～236页）。相对而言，马克思很少使用“技术”一词，也从未给技术下过定义，但这并不意味着马克思没有技术方面的认识思想，主要是隐含在实践、劳动、生产、工业、机器、机器体系、工艺以及分工等方面的论述中的（于春玲：《文化哲学视阈下的马克思技术观》，东北大学出版社，2013年，第138页），是一种包括“所有工程师所说的技术以及工程学本身”广义的技术认识（［美］卡尔·米奇安：《技术的类型》，载邹珊刚：《技术与技术哲学》，知识出版社，1987年，第245页）。“科技”一词，据李杨教授考证，在中国最早是20世纪40年代开始使用的，是同“科学技术”共同使用的一个概念，20世纪80年代科技一词开始广泛使用。国外也有一些学者开始使用“technoecience”，甚至“sci－tech”或“scitech”等合成词来表达科技的使用含义。吴大猷、邹承鲁、李慎之、关士续以及金吾伦等学者不太赞同使用科技一词，认为这会淡化科学的内在之义，过分张扬技术的外在之义［张杨：《“科技”概念的后现代审思——从知识论的视角》，《东北大学学报（社会科学版）》，2014年第1期，第1～2页］。“‘科技’概念的生成符合中国语境与时代背景，其流行推动生产力、组织力和创新力。如今无须纠结于概念的影响如何，而应在认可‘科技’的基础之上，营造鼓励求真与致用相结合的制度环境，为创新的活动领域开疆拓土。”（雷环捷：《当代中国‘科技’概念的重思与辩护》，《中国人民大学学报》，2022年第4期，第191页）马克思当然没有使用过科技一词，但是正如恩格斯评价马克思一样，马克思是赞同科学与技术相互结合应用于人类社会发展的。“在马克思看来，科学是一种在历史上起推动作用的、革命的力量。任何一门理论科学中的每一个新发现——它的实际应用也许还根本无法预见——都使马克思感到衷心喜悦，而当他看到那种对工业、对一般历史发展立即产生革命性影响的发现的时候，他的喜悦就非同寻常了。”［中共中央马克思恩格斯列宁斯大林著作编译局：《马克思恩格斯选集（第三卷）》，人民出版社，2012年，第1003页］我们认为从马克思主义的角度看，对马克思科学和技术方面思想认识的论述是可以使用“科技”一词的。

② 一般认为大科学的概念是温伯格（1961）提出而由普赖斯（1963）发展了的一个概念，指的是“一种国家、政府、集团或国际组织出面，为了一定的政治、经济、文化等社会目的，而把各种不同学科领域、不同专业中的众多科学家组织起来，把社会上方方面面的人力、物力、财力等等集中调度、协调起来，对某些重大课题进行大兵团攻坚战式研究的计划活动”（夏基松：《现代西方哲学》，上海人民出版社，2009年，第522页。或参阅王续琨、张春博：《试论大科学工程的基本特征和社会功能》，《山东科技大学学报（社会科学版）》，2017年第4期，第1～8页）。实际上，大科学概念的出现至少可以追溯到20世纪30年代前后苏联的黑森和英国的默顿，后来的科学知识社会学和科学技术论发展了这一概念。马克思应是大科学概念产生的一个重要源头。从现代社会的发展看，大科学概念至少应处理如下这些关系：科学和技术的发展关系、科学技术和社会发展的关系、科学技术和文化发展的关系、科学技术和社会生活的发展关系以及科学技术发展本身的社会组织关系、科学技术内部自身的知识发展关系等。这个大科学的概念要比上述大科学的概念更为宽泛（参阅社会科学文献出版社2022年出版的李文靖的《近代英国科学体质的建构》一书第1～292页相关内容）。

的“石制工具和石制武器”[①] 就是最早科技应用于实践的明证，是人类利用科技的最早的开始。本章主要探讨一下马克思历史认识中的科技问题。

第一节　科技认识的形成

一般认为马克思科学技术成熟的研究是在1860年前后《资本论》以及《资本论》的准备性著作如《1857—1858年经济学手稿》和《1861—1863年经济学手稿》中，谈到了科学认识的三个方面：一是科学与生产力的关系，“科学这种既是观念的财富同时又是实际的财富的发展，只不过是人的生产力的发展即财富的发展所表现的一个方面，一种形式”[②]；二是科学与资本的关系，“资本不创造科学，但是它为了生产过程的需要，利用科学，占有科学”[③]；三是科学与资本主义生产方式的关系，“只有资本主义生产才第一次把物质生产过程变成科学在生产中的应用，——变成运用于实践的科学”[④]。实际上，马克思在此是从生产的角度谈到了两个问题：一是科学与生产的关系，二是科学与资本的关系。而前者也就是个生产力问题，后者则是生产关系问题。从生产的角度谈科学，除了要涉及资本之外，很重要的一个方面就是技术和工艺问题。在《资本论（第一卷）》第四编“相对剩余价值的生产”[⑤] 中，马克思在论述工业的发展过程中，分别谈到了分工、协作、机器以及生产的组织形式如工场、工厂和家庭等的发展问题。而在其中第十三章“机器和大工业”中，马克思更是明确地谈到了工艺问题，其中一部分是这样说的：“工艺学揭示出人对自然的能动关系，人的生活的直接生产过程，从而人的社会生活关系和由此产生的精神观念的直接生产过程。甚至所有抽象掉这个物质基础的宗教史，都是非批判的。”[⑥] 马克思的这段论述同我前文中所说的从生产的角度认识科学和资本是一种思路，无非从生产和生活的角度，更为详细地来谈论生产和工艺的关系而已。不过，马克思没有忽略另一方面也即与工艺有关的由直接生产过程产生的精神观念。一言以蔽之，马克思是从生产的角度，谈到了生产和工艺以及和精神观念的关系问题。实际上，马克思对工艺的关注并不仅仅是在《资本论（第一卷）》中，早在1845年的《布鲁塞尔笔记》中，马克思就已经开始注意工艺问题，其后的《伦敦笔记》以及《资本论》手稿中，马克思对工艺问题有大量的摘录笔记，其中谈到的有查理·拜比吉、安德鲁·尤尔、约·亨·摩·波佩和约翰·贝克曼等人的著作，有专家称其为“工艺学

① ［德］马克思：《资本论（第一卷）》，人民出版社，2018年，第210页。

② 中共中央马克思恩格斯列宁斯大林著作编译局：《马克思恩格斯全集（第四十六卷下册）》，人民出版社，2016年，第34～35页。

③ 中共中央马克思恩格斯列宁斯大林著作编译局：《马克思恩格斯全集（第四十七卷）》，人民出版社，2016年，第570页。

④ 中共中央马克思恩格斯列宁斯大林著作编译局：《马克思恩格斯全集（第四十七卷）》，人民出版社，2016年，第576页。

⑤ ［德］马克思：《资本论（第一卷）》，人民出版社，2018年，第363页。

⑥ ［德］马克思：《资本论（第一卷）》，人民出版社，2018年，第429页。

笔记”。[①]

马克思科学技术研究的第二个阶段所涉及的著作主要有《1844年经济学哲学手稿》《神圣家族》《关于费尔巴哈的提纲》《德意志意识形态》等，主要涉及如下几个方面的认识：一是自然科学和哲学的关系问题。在马克思看来，自从18世纪以来，“自然科学展开了大规模的活动并且占有了不断增多的材料”[②]，实证科学逐渐“脱离了形而上学，给自己划定了单独的活动范围”[③]，形而上学也逐渐“变得枯燥乏味了”，其“全部财富只剩下想象的本质和神灵的事物了”[④]，自然科学和哲学目前的关系是“疏远的”[⑤]。二是如何理解科学的问题。其一，“科学是实验的科学”，是用“理性方法去整理感性材料”，其中理性方法的主要条件就是“归纳、分析、比较、观察和实验”[⑥]；其二，科学是一种社会活动，“对象、现实、感性”也是需要从“主体”[⑦]方面来理解的，其中的科学的对象、主体及活动本身都具有社会性，“甚至当我从事科学之类的活动，即从事一种我只在很少情况下才能同别人进行直接联系的活动的时候，我也是社会的，因为我是作为人活动的”[⑧]；其三，科学可以分为自然科学和人的科学，自然科学和人的科学的关系会结合得越来越紧密，“自然科学往后将包括关于人的科学，正像关于人的科学包括自然科学一样：这将是一门科学”[⑨]。感性必须是一切科学的基础。三是科学与工业的关系问题。自然科学只有与工业相联系，才会使自身失去“抽象物质”的也即“唯心主义的方向”，才会真正“成为人的科学的基础”，成为人的本质力量的一种展示，而如此形成的自然界也才是“真正的、人本学的自然界”[⑩]。四是自然科学与哲学的未来如何结合的问题。自然科学只有通过与工业相结合，才能“日益在实践上进入人的生活，改造人的生活，并为人的解放做准备”[⑪]。马克思最早与科学技术有关的认识是自然哲学，我们在第七章“自然论”中也已经做出过论述了。实际上对于西方古典时期自

---

① 参阅张福公：《重访马克思：工艺学与历史唯物主义》，上海三联书店，2019年，第3～42页。

② 中共中央马克思恩格斯列宁斯大林著作编译局：《马克思恩格斯全集（第三卷）》，人民出版社，2002年，第307页。

③ 中共中央马克思恩格斯列宁斯大林著作编译局：《马克思恩格斯全集（第二卷）》，人民出版社，2016年，第161页。

④ 中共中央马克思恩格斯列宁斯大林著作编译局：《马克思恩格斯全集（第二卷）》，人民出版社，2016年，第162页。

⑤ 中共中央马克思恩格斯列宁斯大林著作编译局：《马克思恩格斯全集（第三卷）》，人民出版社，2002年，第307页。

⑥ 中共中央马克思恩格斯列宁斯大林著作编译局：《马克思恩格斯全集（第二卷）》，人民出版社，2016年，第163页。

⑦ 中共中央马克思恩格斯列宁斯大林著作编译局：《马克思恩格斯选集（第一卷）》，人民出版社，2012年，第133页。

⑧ 中共中央马克思恩格斯列宁斯大林著作编译局：《马克思恩格斯全集（第三卷）》，人民出版社，2002年，第301页。

⑨ 中共中央马克思恩格斯列宁斯大林著作编译局：《马克思恩格斯全集（第三卷）》，人民出版社，2002年，第308页。

⑩ 中共中央马克思恩格斯列宁斯大林著作编译局：《马克思恩格斯全集（第三卷）》，人民出版社，2002年，第307页。

⑪ 中共中央马克思恩格斯列宁斯大林著作编译局：《马克思恩格斯全集（第三卷）》，人民出版社，2002年，第307页。

然哲学方面的论述，恩格斯对此谈得最多。

恩格斯对科学技术的研究历程的发展同马克思有所不同，马克思是从自然哲学的研究起始，而以科学、技术、工艺、资本以及精神文化之间关系的研究为终点，同时中间加有科学与哲学关系的思考的一种发展过程。恩格斯是从西方科学整个历史的发展来思考的，开始接触到的就是科学、技术和工业问题，认为到18世纪才有真正的科学，“18世纪综合了过去历史上一直是零散地、偶然地出现的成果，并且揭示了它们的必然性和它们的内部联系。无数杂乱的认识资料得到清理，它们有了头绪，有了分类，彼此间有了因果联系；知识变成了科学，各门科学都接近于完成，即一方面和哲学，另一方面和实践结合了起来。18世纪以前根本没有科学；对自然的认识只是在18世纪（某些部门或者早几年）才取得了科学的形式”①。而后恩格斯对科学的思考追溯到15世纪，认为从15世纪开始才从自然哲学中分离出真正的自然科学，“精确的自然研究只是在亚历山大里亚时期的希腊人那里才开始，而后来在中世纪由阿拉伯人继续发展下去；可是真正的自然科学只是从十五世纪后半期才开始，从这时起它就获得了日益迅速的进展”②。再向后则追溯到了西方的古典时期，认为自然科学与哲学的分离可以追溯到公元前4世纪，“在整个古代，本来意义的科学研究只限于这三个部门，而作为精确的和有系统的研究则是在后古典时期才开始的（亚历山大里亚学派、阿基米得等）”③，理论自然科学要追溯其最早胚胎、萌芽的历史就要回到“希腊人那里去”④。

19世纪70年代后恩格斯对于科学的思考也越来越向哲学接近，不是回归传统哲学，而是在自然和社会关系的历史认识中更加辩证地来看待自然科学和人的科学的关系问题。在《自然辩证法》中，他多次谈到自然和社会关系的历史发展、未来二者关系的连接是需要辩证法⑤的问题。恩格斯作为一个唯物主义者当然是不赞同黑格尔的哲学观点的，但同时恩格斯同马克思一样也并不是一个完全的实证主义者，正如恩格斯所说“经验主义者蔑视辩证法便受到惩罚”⑥。

在刘冠军教授看来，西方科学和哲学的关系可以划分为六个具有不同特征的发展阶段，分别是原始一体化关系时期、非正常关系时期、分化独立时期、相互渗透的萌芽

---

① 中共中央马克思恩格斯列宁斯大林著作编译局：《马克思恩格斯全集（第一卷）》，人民出版社，2016年，第656页、第657页。

② 中共中央马克思恩格斯列宁斯大林著作编译局：《马克思恩格斯全集（第十九卷）》，人民出版社，2016年，第220页。

③ 中共中央马克思恩格斯列宁斯大林著作编译局：《马克思恩格斯全集（第二十卷）》，人民出版社，2016年，第523页。

④ 中共中央马克思恩格斯列宁斯大林著作编译局：《马克思恩格斯选集（第三卷）》，人民出版社，2012年，第877页。

⑤ 在周林东教授看来，恩格斯从古典时期论述到18世纪科学的发展可以看作是科学与哲学关系的一种发展过程，也即公元前4世纪到2世纪是科学与哲学开始分离的萌芽阶段，公元15世纪到17世纪是近代自然科学从哲学分离出来之后取得独立地位的阶段，公元18世纪至19世纪乃是独立的近代自然科学日趋成熟的阶段，其中在第三个阶段科学开始成为生产力渗透社会生活各个领域，但也意味着科学与哲学关系重新思考的时代到来了（周林东：《人化自然辩证法——对马克思的自然观的解读》，人民出版社，2008年，第42～43页）。

⑥ 中共中央马克思恩格斯列宁斯大林著作编译局：《马克思恩格斯选集（第三卷）》，人民出版社，2012年，第890页。

期、高度综合时期、后综合时期或新的一体化关系时期。[①] 刘教授对科学和哲学关系阶段的划分基本上同恩格斯的认识是大体相同的。具体到从历史观的角度如何认识马克思恩格斯的科学和技术思想，刘教授认为可以在“科技—经济”研究范式视域下，划分为19世纪40年代中期之前的科学—技术—工业分析范式时期，19世纪40年代中期至19世纪50年代中期的科学—技术—生产力分析范式时期，19世纪50年代中期之后的生产力与生产关系、经济基础与上层建筑辩证关系的分析范式时期。[②] 从最终意义上讲，马克思、恩格斯对科学技术的认识就是形成了“科技—生产力—生产方式—经济基础—上层建筑”[③] 的一种历史认识结构模式。

第二节　科技认识的特征

对马克思历史认识的误读不仅仅有生产力决定论，还有一种指认是科技决定论。科技决定论的指认在时序上要晚于生产力决定论，但其对马克思历史认识误读产生的危害不小于生产力决定论，而要消除科技决定论，首先需要正确理解马克思历史认识中的科技特点问题。

第一，科技认识以社会为切入点。对科技的认识，马克思是通过社会的反思进入“科学的，而不是相反”[④]。也就是说，正是在源于《莱茵报》时期物质利益问题的思考才使他导向了“对黑格尔法哲学的批判性的分析”，从而得出了法的关系的认识要深入市民社会的“物质的生活关系”中，而不是从“它们本身”或“人类精神的一般发展”来理解的研究思路，才使马克思进入了“市民社会”[⑤]，在思考市民社会问题的过程中注意到了“自然科学，进而提出了‘社会’中的‘科学’就是关于‘社会’的‘科学’的观点”[⑥]。在《1844年经济学哲学手稿》中，马克思有一段论述：“我们看到，工业的历史和工业的已经生成的对象性的存在，是一本打开了的关于人的本质力量的书，是感性地摆在我们面前的人的心理学。”[⑦] 这是马克思在深入市民社会之后看到的工业对于资本主义社会发展的重要性而得出的结论，同时马克思断言，“如果心理学还没有打开这本书即历史的这个恰恰最容易感知的、最容易理解的部分，那么这种心理学就不能成为内容确实丰富的和真正的科学”[⑧]。在马克思看来，对资本主义社会的观察不能从

① 刘冠军：《科学与哲学关系史时期划分的唯象考察》，《文史哲》，2003年第2期，第116页。

② 刘冠军：《马克思“科技—经济”思想及其发展研究》，人民出版社，2021年，第108～113页。

③ 刘冠军：《马克思“科技—经济”思想及其发展研究》，人民出版社，2021年，第112页。

④ 徐志宏：《生存论境域中的科学——马克思科学观研究》，复旦大学出版社，2010年，第82页。

⑤ 中共中央马克思恩格斯列宁斯大林著作编译局：《马克思恩格斯选集（第二卷）》，人民出版社，2012年，第2页。

⑥ 徐志宏：《生存论境域中的科学——马克思科学观研究》，复旦大学出版社，2010年，第82页。

⑦ 中共中央马克思恩格斯列宁斯大林著作编译局：《马克思恩格斯全集（第三卷）》，人民出版社，2002年，第306页。

⑧ 中共中央马克思恩格斯列宁斯大林著作编译局：《马克思恩格斯全集（第三卷）》，人民出版社，2002年，第307页。

“它们本身”或“人类精神的一般发展”[1]来理解，而是要从感性的心理学方面来理解，才会发现资本主义发展中的实质问题。从这层意义上讲，马克思如果没有实现从黑格尔思辨唯心主义向新唯物主义的转变，将很难从唯物主义的角度来理解科技问题。不仅如此，马克思还认为这种认识还是一个对人的本质的理解问题。“对这种心理学人们至今还没有从它同人的本质的联系，而总是仅仅从外在的有用性这种关系来理解，因为在异化范围内活动的人们仅仅把人的普遍存在，宗教，或者具有抽象普遍本质的历史，如政治、艺术和文学等等，理解为人的本质力量的现实性和人的类活动。”[2]马克思的意思是说，从人的感性心理学的角度来看资本主义社会发展中的工业问题，说到底就是一个如何理解人的本质问题。对人的本质的理解就是找到现实的人的产生、存在和发展的根据[3]，而不是从宗教、政治、艺术和文学的角度把人看成是一种普遍存在的异化的外在有用性。从上述认识出发，我们就很容易理解马克思《1844年经济学哲学手稿》中的这段论述了：“宗教、家庭、国家、法、道德、科学、艺术等等，都不过是生产的一些特殊的方式，并且受生产的普遍规律的支配。”[4]这是马克思从科学与社会结构关系的角度提出的科学在历史规律中作用的概括，认为科学应是人类社会发展中普遍规律的一部分，而且会是社会发展中越来越重要的一部分。

关于这一点，我们从恩格斯在《在马克思墓前的讲话》的论述中也能看得出对这一问题的认识。在恩格斯看来，马克思不仅仅是发现了“人类历史的发展规律”和“现代资本主义生产方式和它所产生的资产阶级社会的特殊的运动规律”[5]，而且马克思对科学也十分有研究——在他所研究的数学等领域中都有独到的发现，“其中任何一个领域他都不是浅尝辄止”[6]——从来都不是就科学而研究科学，而是在实践中或者说是人类社会历史发展工业时代到来的实践中结合着人类社会的前途命运来研究科学问题，“在马克思看来，科学是一种在历史上起推动作用的、革命的力量”[7]。从恩格斯自身对科技的论述看，对科技的认识同马克思的认识是基本相同的。恩格斯在《英国状况十八世纪》中不仅提出过“科学和实践结合的结果就是英国的社会革命”[8]的论断，而且也多

① 中共中央马克思恩格斯列宁斯大林著作编译局：《马克思恩格斯选集》第二卷，人民出版社，2012年，第2页。

② 中共中央马克思恩格斯列宁斯大林著作编译局：《马克思恩格斯全集（第三卷）》，人民出版社，2002年，第306页。

③ “本质”不是一般的指“是什么”，而是原因、根源的意思，是某事物作为该事物产生、发展和存在的根据。人的本质不是指人是什么，而是指“什么使人成为人的问题，是人如何产生和发展的问题”（袁贵仁：《对人的哲学理解》，东方出版中心，2008年，第397页）。

④ 中共中央马克思恩格斯列宁斯大林著作编译局：《马克思恩格斯全集（第三卷）》，人民出版社，2002年，第298页。

⑤ 中共中央马克思恩格斯列宁斯大林著作编译局：《马克思恩格斯选集（第三卷）》，人民出版社，2012年，第1002页。

⑥ 中共中央马克思恩格斯列宁斯大林著作编译局：《马克思恩格斯选集（第三卷）》，人民出版社，2012年，第1003页。

⑦ 中共中央马克思恩格斯列宁斯大林著作编译局：《马克思恩格斯选集（第三卷）》，人民出版社，2012年，第1003页。

⑧ 中共中央马克思恩格斯列宁斯大林著作编译局：《马克思恩格斯全集（第一卷）》，人民出版社，2016年，第667页。

次从科学与社会结构关系的角度提出科技的认识问题，其中在《反杜林论》中谈到了“自然哲学。天体演化学，物理学，化学”① “自然哲学。有机界”② 以及“非生物界”“有机体”“历史科学”③ 的学科发展问题，《自然辩证法》中谈到了同希腊人和阿拉伯人有关的“现代自然科学”④ 的诞生问题，《路德维希·费尔巴哈和德国古典哲学的终结》中有“自然科学和工业”⑤ 推动现代社会发展的论述，《恩格斯致瓦尔特·博尔吉乌斯》中有关于“生产和运输”⑥ 技术的论述。这是马克思、恩格斯对科技在社会发展和社会结构中作用的阐述。

第二，科技在人类社会生产发展中作用的演变。从人类社会发展历史的角度，马克思论述了科技在人的生产劳动中作用发展的演变。在《资本论（第一卷）》中，马克思从人类社会历史发展的过程论述了劳动资料对于人类生产劳动的积极性作用，认为在人类社会早期“劳动者身体的器官是惟一的劳动资料”，而作为“延长了他的自然的肢体”加到人的身体器官上的自然物就成了人与自然沟通的物质手段了，例如经过“投、磨、压、切等等的石块”⑦ 就是人类最早的由土地供给的劳动工具。“在太古人的洞穴中，我们发现了石制工具和石制武器。”⑧ 现代社会我们可以把科学技术称为现代生产力的突破口，古代社会起始的则是技术的历史。对此，马克思、恩格斯说得很清楚，其中马克思在《资本论》中论述各经济时代的差异时指出，区别“不在于生产什么，而在于怎样生产，用什么劳动资料生产”⑨。作为现代社会生产力突破口的科技，已经从传统的“生产→技术→科学”模式转向“科学⇆技术⇆生产”模式，科技和生产之间的关系越来越密切了，科学如果转化为技术和生产相结合，就成为生产力中重要的力量因素了。

当然，科技和生产劳动的结合并不是排斥生产关系、经济制度或上层建筑。在《机器、自然力和科学的应用》中，马克思说，“这里所说的不是［工具与机器之间］在工艺上的确切区分，而是在所使用的劳动资料上发生的一种改变生产方式、因而也改变生产关系的革命”⑩。机器在马克思看来不是一种独立的力量，而是人类社会历史发展中

---

① 中共中央马克思恩格斯列宁斯大林著作编译局：《马克思恩格斯选集（第三卷）》，人民出版社，2012 年，第 432 页。

② 中共中央马克思恩格斯列宁斯大林著作编译局：《马克思恩格斯选集（第三卷）》，人民出版社，2012 年，第 442 页。

③ 中共中央马克思恩格斯列宁斯大林著作编译局：《马克思恩格斯选集（第三卷）》，人民出版社，2012 年，第 464 页、第 465 页。

④ 中共中央马克思恩格斯列宁斯大林著作编译局：《马克思恩格斯选集（第三卷）》，人民出版社，2012 年，第 842 页。

⑤ 中共中央马克思恩格斯列宁斯大林著作编译局：《马克思恩格斯选集（第四卷）》，人民出版社，2012 年，第 233 页。

⑥ 中共中央马克思恩格斯列宁斯大林著作编译局：《马克思恩格斯选集（第四卷）》，人民出版社，2012 年，第 648 页。

⑦ ［德］马克思：《资本论（第一卷）》，人民出版社，2018 年，第 209 页。

⑧ ［德］马克思：《资本论（第一卷）》，人民出版社，2018 年，第 210 页。

⑨ ［德］马克思：《资本论（第一卷）》，人民出版社，2018 年，第 210 页。

⑩ 中共中央马克思恩格斯列宁斯大林著作编译局：《马克思恩格斯全集（第四十七卷）》，人民出版社，2016 年，第 412 页。

使生产方式和生产关系发生革命的最积极的因素之一。从工业到机器和工艺再到生产和生产关系，就是马克思思考科技在人类社会发展历史规律社会结构中作用的认识过程。在最终意义上，就是形成了“科技—生产力—生产方式—经济基础—上层建筑”[①] 这种历史规律结构认识的模式，而这正是理解科技在自然与社会关系中沟通作用的重要问题。或者说就是以生产为基点、以科技为中介沟通人与自然的关系和人与社会的关系的一种历史认识模式。从这层意义上讲，我们在第四章和第五章谈到的马克思所说的从历史规律来认识历史，从认识视角看就是“从生产看历史”。从生产看历史，不仅要看人类社会自身的发展历史，也要看自然的历史发展，更要看自然与社会关系的历史发展，厘清自然史与人类史的关系。

第三，科技不是决定论。在国外一些马克思恩格斯的研究者看来，二位经典作家对科技的认识有“科技决定论”的嫌疑，其中“分析的马克思主义”学派的代表威廉姆·肖就持有这种观点，认为马克思是个技术决定论者，“马克思的‘决定论’解释家们，不管是如何地不充分，至少强调了这一事实：马克思确实把生产力的增长看做是社会发展的第一推动者”[②]。所谓“决定论”，我在前文中已经说得很清楚了，就是认为人类社会历史发展中会有一个完全自足性极强的因素推动着其前进，这个因素在威廉姆·肖看来就是马克思所说的生产力。马克思的历史认识当然不是决定论，因为马克思从来没有把生产力或技术看作是推动人类社会发展的独立性自足因素。在马克思看来，政治经济学当然不是“工艺学”[③]。虽然从马克思历史观看，马克思的历史认识中离不开工艺与技术以及科学问题，但马克思从来没有把其看成是推动人类社会历史发展的独立因素，而是强调工艺、技术、科学与其他因素的结合问题。这一点我在上文中已经论述过了。下面对此问题的阐释需要再指明两点：

其一，科学技术与工艺发展的根本意义问题。在马克思、恩格斯看来，科学、技术与工艺从根本意义上讲只能理解成与“人的解放”有关的一种力量，“自然科学却通过工业日益在实践上进入人的生活，改造人的生活，并为人的解放作准备”[④]。

其二，如何理解“技术社会形态”[⑤] 问题。从技术或生产力发展水平的角度来看待人类社会的历史分期，马克思、恩格斯的确有这样的思想认识，其中马克思在《资本论(第一卷)》中就谈到过“石器时代”“青铜时代”“铁器时代”[⑥] 的历史分期问题，而恩格斯在《家庭、私有制和国家的起源》中所作的“蒙昧时代”“野蛮时代”和“文明

① 刘冠军：《马克思“科技-经济”思想及其发展研究》，人民出版社，2021 年，第 112 页。

② ［美］威廉姆·肖：《马克思的历史理论》，阮仁慧、钟石韦、冯瑞荃译，重庆出版社，1989 年，第 79 页。

③ 中共中央马克思恩格斯列宁斯大林著作编译局：《马克思恩格斯选集（第二卷）》，人民出版社，2012 年，第 686 页。

④ 中共中央马克思恩格斯列宁斯大林著作编译局：《马克思恩格斯全集（第三卷）》，人民出版社，2002 年，第 307 页。

⑤ “技术社会形态”这个概念，从知网查阅看，赵家祥教授 1986 年发表在《现代哲学》第 4 期上的《社会形态概念新议》一文，使他成为较早提出这一概念的学者。丹尼尔·贝尔、阿尔文·托夫勒、约翰·奈斯比特以及麦克卢汉等西方学者虽然也提出过“后工业社会”“超工业社会”以及“信息社会”等社会概念，很难认为这些概念的使用是在马克思主义意义上讲的。

⑥ ［德］马克思：《资本论（第一卷）》，人民出版社，2018 年，第 211 页注释⑤。

时代”的历史分期也是在工具使用和发展意义上讲的，其中的“弓箭”[①]“制陶”[②]以及“冶炼”[③]的发展就是恩格斯论述历史发展的一些标志问题。“文明时代是学会对天然产物进一步加工的时期，是真正的工业和艺术的时期。”[④]当然，对“技术社会形态”问题最明显的论述还是马克思《哲学的贫困》中的一段论述——“手推磨产生的是封建主的社会，蒸汽磨产生的是工业资本家的社会。人们按照自己的物质生产率建立相应的社会关系”[⑤]。在第六章“价值论”中，我们对马克思的社会历史分期已经论述过一些内容了，也即马克思对历史分期的认识是在多种意义上讲的，技术分期只是其中的一种划分方式。

第三节　科技论在历史认识中的理论意义

从科学技术的角度看，马克思历史认识所形成的社会结构就是科学—技术—生产力—生产方式—经济基础—上层建筑的一种模式，或者说就是以“生产”为基点形成的一种结构模式。这是现代社会结构以“生产”为基点横向认识中反映人与自然的关系以及人与人的关系的一种表达形式。对于人与自然的关系以及人与人的关系的认识可以从如下几个方面来看：

其一，人与自然的关系决定着人与人的关系。人与人的关系从人及人类社会产生就存在于人对自然的改造活动之中。马克思在批判蒲鲁东把现实和原理、范畴的关系颠倒时指出，蒲鲁东虽然明白呢绒、抹布等是在一定生产关系中制造的，不过他不明白的是，“这些一定的社会关系同麻布、亚麻等一样，也是人们生产出来的。社会关系和生产力密切相联”[⑥]。

其二，人与人的关系也制约着人与自然的关系。只有通过人与人的社会关系，才能产生人与自然的关系。在《德意志意识形态》中，马克思在论述生命的产生时指出，不管是通过劳动产生自己的生命，还是通过生育而产生他人的生命，都会表现为与自然关系和社会关系相关的双重关系，“一定的生产方式或一定的工业阶段始终是与一定的共

---

① 中共中央马克思恩格斯列宁斯大林著作编译局：《马克思恩格斯选集（第四卷）》，人民出版社，2012年，第31页。

② 中共中央马克思恩格斯列宁斯大林著作编译局：《马克思恩格斯选集（第四卷）》，人民出版社，2012年，第31页。

③ 中共中央马克思恩格斯列宁斯大林著作编译局：《马克思恩格斯选集（第四卷）》，人民出版社，2012年，第34页。

④ 中共中央马克思恩格斯列宁斯大林著作编译局：《马克思恩格斯选集（第四卷）》，人民出版社，2012年，第35页。

⑤ 中共中央马克思恩格斯列宁斯大林著作编译局：《马克思恩格斯选集（第一卷）》，人民出版社，2012年，第222页。

⑥ 中共中央马克思恩格斯列宁斯大林著作编译局：《马克思恩格斯选集（第一卷）》，人民出版社，2012年，第222页。

同活动方式或一定社会阶段联系着的”[①]，而这种许多个人的共同活动方式本身指的就是社会关系的含义。在《雇佣劳动与资本》中，马克思比在《德意志意识形态》中说得更为明确，认为人们只要进行生产，相互之间就会发生一定的联系和关系；反之，也只有在“这些社会联系和社会关系的范围内，才会有他们对自然界的影响，才会有生产”[②]。不过，马克思在论述这个问题时，是首先下了结论，才开始展开论述的。“人们在生产中不仅仅影响自然界，而且也相互影响。”[③] 这一点同《德意志意识形态》中加的一段“边注”形成鲜明的对比。在这段“边注”中，马克思的观点同《雇佣劳动与资本》中对人与自然的关系以及人与人的关系之间相互关系的论述是一致的，认为如果人对自然界是一种狭隘的关系，那么人们之间也会是一种狭隘的关系；反之，如果人们之间是一种狭隘的关系，那么也就决定了人对自然界也会是一种“狭隘”[④] 的关系。在《资本论（第一卷）》中，马克思从另一个方面也说明了对这一关系的认识，说的是现实世界的宗教问题，认为只有当实际日常生活关系“在人们面前表现为人与人之间和人与自然之间极明白而合理的关系的时候”，宗教的反映才会消失，古代的自然宗教和民间宗教之所以不会消失，就是因为“他们彼此之间以及他们同自然之间的关系是很狭隘的”[⑤]。

其三，人与自然的关系和人与人的关系是一种对象性关系。关于对象性，马克思认为自然之物也有对象性，太阳的对象是植物，它离开它的对象就什么也不是。“太阳是植物的对象，是植物所不可缺少的、确证它的生命的对象。”[⑥] 植物并非自在之物，而人更是一种对象性的存在。“假定一种存在物本身既不是对象，又没有对象。这样的存在物首先将是一个惟一的存在物，在它之外没有任何存在物存在，它孤零零地独自存在着。”[⑦] 在马克思看来，不管是植物或其他生物之间的关系还是人与人之间的关系都是一种对象性的存在物，“非对象性的存在物，是一种非现实的、非感性的、只是思想上的即只是想象出来的存在物，是抽象的东西”[⑧]。当然，人作为一种对象性的存在物同植物或其他生物是有根本不同的，所以，马克思更为关注的是人的实践的对象性关系问题。在《1844 年经济学哲学手稿》中，马克思对“对象性”的认识多少带有一点唯心

① 中共中央马克思恩格斯列宁斯大林著作编译局：《马克思恩格斯选集（第一卷）》，人民出版社，2012 年，第 160 页。

② 中共中央马克思恩格斯列宁斯大林著作编译局：《马克思恩格斯选集（第一卷）》，人民出版社，2012 年，第 340 页。

③ 中共中央马克思恩格斯列宁斯大林著作编译局：《马克思恩格斯选集（第一卷）》，人民出版社，2012 年，第 340 页。

④ 中共中央马克思恩格斯列宁斯大林著作编译局：《马克思恩格斯选集（第一卷）》，人民出版社，2012 年，第 161 页注释②。

⑤ ［德］马克思：《资本论（第一卷）》，人民出版社，2018 年，第 97 页。

⑥ 中共中央马克思恩格斯列宁斯大林著作编译局：《马克思恩格斯全集（第三卷）》，人民出版社，2002 年，第 325 页。

⑦ 中共中央马克思恩格斯列宁斯大林著作编译局：《马克思恩格斯全集（第三卷）》，人民出版社，2002 年，第 325 页。

⑧ 中共中央马克思恩格斯列宁斯大林著作编译局：《马克思恩格斯全集（第三卷）》，人民出版社，2002 年，第 325 页。关于马克思对“对象性”的认识，可以参阅人民出版社 2008 年出版的孙道进的《马克思主义环境哲学研究》第 15～26 页的相关内容。

主义色彩，主要谈的是对象性存在物的活动是由其内在本质设定的问题。“对象性的存在物进行对象性活动，如果它的本质规定中不包含对象性的东西，它就不进行对象性活动。”① 这是由于马克思把人等同于自我意识即“人＝自我意识”②，但毕竟马克思也已意识到了外化问题。外化问题虽然可能会走向意识的外化，但也可能会走向对象化。马克思说：“当现实的、肉体的、站在坚实的呈圆形的地球上呼出和吸入一切自然力的人通过自己的外化把自己现实的、对象性的本质力量设定为异己的对象时，设定并不是主体；它是对象性的本质力量的主体性，因此这些本质力量的活动也必须是对象性的活动。对象性的存在物进行对象性活动，如果它的本质规定中不包含对象性的东西，它就不进行对象性活动。它所以只创造或设定对象，因为它是被对象设定的，因为它本来就是自然界。因此，并不是它在设定这一行动中从自己的‘纯粹的活动’转而创造对象，而是它的对象性的产物仅仅证实了它的对象性活动，证实了它的活动是对象性的自然存在物的活动。”③ 对此的理解可以总结为：一是作为对象性存在物进行活动的一定是现实的人；二是现实的人是进行对象性活动的主体，是自身对象性本质力量的展示，而不是自我意识的逻辑运作；三是这种感性对象性与自然之间有密切的关系；四是这种对象性同异化有不可分离的关系。在《关于费尔巴哈的提纲》中，马克思提出了“把人的活动本身理解为对象性的活动［*gegenständliche*］”④ 的问题。在《1857—1858 年经济学手稿》中，马克思明确提出了商品的对象化劳动问题，认为商品就是“对象化劳动”⑤，是“在空间上存在的劳动”⑥。对象化意指的就是劳动的对象化，或者说是劳动产品固定在某个对象中的问题。如果“对象化表现为对象的丧失和被对象奴役”⑦ 则是异化问题。这就是对象化和异化的关系问题。从二者的历史存在看，对象化是人类社会发展普遍存在的基础，而异化只是人类历史发展某个阶段的存在现象，是一个历史的范畴。问题还有另一个方面，人在对象化的活动中虽然会产生异化问题，但这并不能否定人在对象化活动中会同时产生人类自身发展的提升问题，包括人类在社会发展中应对自然、社会等各个方面的能力以及品行等的提升问题。虽然人类很难避免异化状态的存在，但毕竟“自我异化的扬弃同自我异化走的是一条道路”⑧。当然，技术异化问题也是包括在

---

① 中共中央马克思恩格斯列宁斯大林著作编译局：《马克思恩格斯全集（第三卷）》，人民出版社，2002 年，第 324 页。

② 中共中央马克思恩格斯列宁斯大林著作编译局：《马克思恩格斯全集（第三卷）》，人民出版社，2002 年，第 323 页。

③ 中共中央马克思恩格斯列宁斯大林著作编译局：《马克思恩格斯全集（第三卷）》，人民出版社，2002 年，第 324 页。

④ 中共中央马克思恩格斯列宁斯大林著作编译局：《马克思恩格斯选集（第一卷）》，人民出版社，2012 年，第 133 页。

⑤ 中共中央马克思恩格斯列宁斯大林著作编译局：《马克思恩格斯全集（第三十卷）》，人民出版社，1995 年，第 229 页。

⑥ 中共中央马克思恩格斯列宁斯大林著作编译局：《马克思恩格斯选集（第三十卷）》，人民出版社，1995 年，第 230 页。

⑦ 中共中央马克思恩格斯列宁斯大林著作编译局：《马克思恩格斯全集（第四十二卷）》，人民出版社，2016 年，第 91 页。

⑧ 中共中央马克思恩格斯列宁斯大林著作编译局：《马克思恩格斯全集（第三卷）》，人民出版社，2002 年，第 294 页。

认识之中的，正如马克思所言，“在我们这个时代，每一种事物好像都包含有自己的反面。我们看到，机器具有减少人类劳动和使劳动更有成效的神奇力量，然而却引起了饥饿和过度的疲劳。财富的新源泉，由于某种奇怪的、不可思议的魔力而变成贫困的源泉。技术的胜利，似乎是以道德的败坏为代价换来的。随着人类愈益控制自然，个人却似乎愈益成为别人的奴隶或自身的卑劣行为的奴隶。甚至科学的纯洁光辉仿佛也只能在愚昧无知的黑暗背景上闪耀。我们的一切发明和进步，似乎结果是使物质力量成为有智慧的生命，而人的生命则化为愚钝的物质力量。现代工业和科学为一方与现代贫困和衰颓为另一方的这种对抗。我们时代的生产力与社会关系之间的这种对抗，是显而易见的、不可避免的和毋庸争辩的事实”①。

其四，从人与自然的关系和人与人的关系的哲学理解看，认为“人与自然和人与人之间的关系”② 是马克思主义哲学的基本问题也并非不可以。只是说这种认识不应排斥思维与存在的关系问题，而把思维与存在的关系问题仅仅说成是知识论哲学的基本问题。相反，在侯才教授看来，这两个问题并不矛盾。人同外在世界的关系可以理解为两个方面：“就人的精神、思想同客观世界的关系而言，是意识与物质或思维与存在的关系；就作为精神与肉体的统一整体即具有意识的物质力量的人同客观世界的关系而言，是主体与客体的关系。”③ 也就是说，对思维与存在关系哲学基本问题的理解，既离不开思想、观念（更远一点说还包括意识和无意识），也离不开具有思想、观念的人（更远一点说是具有意识和无意识的人），其关键应是思维与存在的关系中所涉及的因素如何统一的问题。杨金海教授也认为主体与客体的关系和思维与存在的关系并不矛盾。“思维和存在的关系本质上是人和世界的关系，它是人所特有的意识性的表现，而人所特有的意识性在其现实性上必然发展和表现为主体性，表现为人所特有的‘主观能动性’，从而揭明，人和世界的关系，从根本上说是主体和客体的关系。”④

综上所述，科技论对于从立场、观点、方法上看待马克思历史观具有的意义在于：人与自然的关系和人与人的关系在人的对象性活动中的贯通对于马克思历史认识中看历史“宽度”视角的形成具有重要作用。当然，对于科技论而言其意义并不仅仅止于此，其另外的意义还在于看历史的“宽度”会和看历史的“长度”以及看历史的“深度”共同形成马克思历史认识的看历史的一种“视界”。下一章我们就来探讨马克思历史认识观中的“空间”问题。

---

① 中共中央马克思恩格斯列宁斯大林著作编译局：《马克思恩格斯选集（第一卷）》，人民出版社，2012 年，第 776 页。

② 俞吾金：《重新理解马克思：对马克思哲学的基础理论和当代意义的反思》，北京师范大学出版社，2005 年，代序，第 4 页。

③ 侯才：《马克思的遗产》，黑龙江人民出版社，2009 年，第 3 页。

④ 李为善、刘奔、郭湛、杨金海等：《主体性和哲学基本问题》，中央文献出版社，2002 年，第 45 页。

第九章　马克思历史观的空间[①]论

对于马克思历史认识中的时间问题，前几章特别是“规律论”“价值论”和“自然论”都有所涉及，本章主要探讨马克思历史认识中的空间问题。当然，马克思历史认识中的空间问题和时间问题又是不可分离地交织在一起的。

第一节　空间认识的形成

马克思对空间的认识是同时间交织在一起的，开始于“历史意识”[②] 的萌芽，可以追溯到中学和大学时期。中学时期的毕业论文《青年在选择职业时的考虑》所展示的是马克思——职业的选择“应该遵循的主要指针是人类的幸福和我们自身的完美”[③] ——为人类谋幸福的宽广的胸怀，是为人类社会的发展而奋斗的历史意识的萌芽。在《博士论文》中，马克思通过批判德谟克利特的思想初步对时间有了一定的认识，认为德谟克

---

① 福柯认为西方 19 世纪最看重的是“历史”，而“当今的时代或许应是空间的纪元”（米歇尔·福柯：《不同空间的正文与上下文》，载包亚明：《后现代性与地理学的政治》，上海教育出版社，2001 年，第 18 页）。实际上，西方历史的发展在 16 世纪至 18 世纪这个时段中，时间和空间是缠绕在一起的一个问题。从时间意义上看，是中世纪的基督教催生出了一种认为历史“具有内在规律的发展过程或上升过程的意识”（王南湜：《历史虚无主义批判及其他》，载孙麾、吴晓明：《唯物史观与历史评价：哲学与史学的对话》，中国社会科学出版社，2009 年，第 226 页），而“历史主义”和“进化论”的兴起则增强了这种意识的发展；从空间意义上看，16 世纪以来空间认识的拓展则主要与地理大发现和新航路的开辟有关。当然，时间和空间问题之所以在西方 16 世纪以来发生了巨大的变化，其根本原因还在于资本主义这种新的生产方式的诞生，改变了古希腊以来对时间的循环认识和空间认识的局部意义（有关西方 19 世纪之前对时间和空间的认识可以参阅如下著作：吴国胜：《时间的观念》，北京大学出版社，2020 年，第 58～214 页。吴国胜：《希腊空间概念》，中国人民大学出版社，2010 年，第 1～61 页。马德普：《普遍主义的贫困——自由主义政治哲学批判》，人民出版社，2005 年，第 59～154 页。冯雷：《理解空间：20 世纪空间观念的激变》，中央编译出版社，2017 年，第 30～34 页）。

② 历史意识是人类社会发展中历史认识的一个重要概念。按照吴国盛教授的解释，“所谓历史意识，就是意识到过去的事情值得加以回忆、记录和解释，相应的，历史意识的缺乏，就是没有意识到过去事情的重要性，因而就不会花功夫从事历史的记录和解释工作”（吴国盛：《时间的观念》，北京大学出版社，2020 年，第 60 页）。王南湜教授认为，所谓历史意识“专指把历史理解为一种具有内在规律的发展过程或上升过程的意识”（王南湜：《历史虚无主义批判及其他》，载孙麾、吴晓明：《唯物史观与历史评价》，中国社会科学出版社，2009 年，第 226 页）。历史意识从马克思主义认识论上看，当然指的是时间问题，而理解的关键在于如何在过去、现在、未来相统一的认识中构建这种历史意识问题。

③ 中共中央马克思恩格斯列宁斯大林著作编译局：《马克思恩格斯全集（第四十卷）》，人民出版社，2016 年，第 7 页。

利特的学说把时间从原子世界即本质世界中排除出去后，时间也就被导入两个领域中去了：一个是实体世界，“当它把实体当成有时间的东西时，它同时也就把时间实体化了，因而也就取消了时间的概念，因为绝对化了的时间已经不复是时间性的东西了”[①]；另一个是自我意识，“从本质世界中排除掉的时间，被移置到进行哲学思考的主体的自我意识中去，而与世界本身毫不相干了”[②]。马克思认为伊壁鸠鲁的认识同德谟克利特不同：在伊壁鸠鲁看来，“从本质世界中排除掉的时间……就成为现象的绝对形式。时间被规定为偶性之偶性”[③]，而现象是与人的感性知觉联系在一起的，所以，“当被感官知觉到的物体的偶性被认为是偶性时，时间就发生了。因此自身反映的感性知觉在这里就是时间的源泉和时间本身”[④]。马克思的此意是说：“感性和时间的联系表现在：事物的时间性和事物对感官的显现，被设定为本身同一的东西。”[⑤] 在马克思看来，空间是与感性联系在一起的，即“感性的空间”[⑥]。

大学毕业后的《莱茵报》时期促使马克思思考了很多现实问题，在退回到克罗茨纳赫后，马克思开始从理论上思考家庭、市民社会与国家的关系问题，到巴黎时期马克思把这个问题扩大到宗教、家庭、国家、法、道德、科学、艺术等之间的关系问题。如果马克思要解决这个后来学者概括的所谓经济基础与上层建筑的关系问题，其首要前提就是马克思必须摆脱黑格尔哲学的理论前设，从黑格尔设定的绝对精神成长的精神世界里面走出来，面对现实世界。马克思从《黑格尔法哲学批判》开始就批判黑格尔哲学的唯心主义根基，历经《1844 年经济学哲学手稿》中专门对黑格尔辩证法和 1845 年《关于费尔巴哈的提纲》中对费尔巴哈等的旧唯物主义批判之后，马克思终于从“思想世界降到现实世界”[⑦]，确立了“不是意识决定生活，而是生活决定意识”[⑧] 的历史认识的前提。对于费尔巴哈历史认识的批判，马克思主要是批判了费尔巴哈对“感性世界”的直观和“局限于单纯的感觉”[⑨] 理解问题，认为费尔巴哈把感性世界同自在世界的认识混同了，把感性世界看成了以其自身为根据的自在的实体。“存在是从自身、通过自身而

---

① 中共中央马克思恩格斯列宁斯大林著作编译局：《马克思恩格斯全集（第四十卷）》，人民出版社，2016 年，第 230 页。

② 中共中央马克思恩格斯列宁斯大林著作编译局：《马克思恩格斯全集（第四十卷）》，人民出版社，2016 年，第 230 页。

③ 中共中央马克思恩格斯列宁斯大林著作编译局：《马克思恩格斯全集（第四十卷）》，人民出版社，2016 年，第 230 页。

④ 中共中央马克思恩格斯列宁斯大林著作编译局：《马克思恩格斯全集（第四十卷）》，人民出版社，2016 年，第 232 页。

⑤ 中共中央马克思恩格斯列宁斯大林著作编译局：《马克思恩格斯全集（第四十卷）》，人民出版社，2016 年，第 233 页。

⑥ 中共中央马克思恩格斯列宁斯大林著作编译局：《马克思恩格斯全集（第四十卷）》，人民出版社，2016 年，第 218 页。

⑦ 中共中央马克思恩格斯列宁斯大林著作编译局：《马克思恩格斯全集（第三卷）》，人民出版社，2016 年，第 525 页。

⑧ 中共中央马克思恩格斯列宁斯大林著作编译局：《马克思恩格斯选集（第一卷）》，人民出版社，2012 年，第 152 页。

⑨ 中共中央马克思恩格斯列宁斯大林著作编译局：《马克思恩格斯选集（第一卷）》，人民出版社，2012 年，第 155 页。

来的——存在只能为存在所产生。存在的根据在它自身中，因为只有存在才是感性、理性、必然性、真理，简言之，存在是一切的一切。”① 费尔巴哈只把感性世界理解成一种自在的、直观的、感性的对象，而没有看到感性世界通过人的活动而对人的生成的意义问题，没有看到人与感性世界之间的（反思）对象性关系，也即通过对象化活动而在对象化的世界中确证自身的主体性问题。这也就是马克思在《1844 年经济学哲学手稿》中所说的实践创造一个“对象世界，改造无机界”，从而证明自己是“有意识的类存在物”② 的问题。也就是说，从社会认识的空间意义方面讲，马克思由此也就确立了思想世界和感性世界两种空间领域。当然，马克思对社会认识的空间问题的理解还不止于此。因为在马克思看来，对黑格尔哲学的批判不仅是要“从天国降到人间”，还要“人间升到天国”③。关于这一点，马克思一方面批判青年黑格尔派的意识形态家们只是躲在语言的世界里，“用词句”反对“这个世界的词句”，而“不是反对现实的现存世界”④；另一个方面马克思并不是完全反对词句的语言世界，而所反对的是哲学家们使思维独立化，“把语言变成某种独立的特殊的王国”⑤ 的问题。在马克思看来，语言和意识的不可分离具有长久的历史，语言是思想的载体，是“思想的直接现实”⑥。这种现实性说明的是语言和意识都产生于实践，“语言是从劳动中并和劳动一起产生出来的”⑦。所以，“从思想世界降到现实世界”的问题实际上也是“语言降到生活”⑧ 中的问题。总体上说，“无论思想或语言都不能独自组成特殊的王国，它们只是现实生活的表现”⑨。就上述论述而言，马克思至少在社会空间认识的过程中从哲学的意义上发现了思想世界、感性世界（对象世界）以及语言世界等三个世界。当然，这并不否认马克思对物理世界的存在也是持肯定态度的。⑩ 一言以蔽之，马克思和恩格斯“在语言、意识和实在的关系问题上”，坚持的是“语言和意识具有在实践基础上反映实在的

① ［德］路德维希·费尔巴哈：《费尔巴哈哲学著作选集（上卷）》，荣震华、李金山等译，商务印书馆，1984 年，第 115 页。

② 中共中央马克思恩格斯列宁斯大林著作编译局：《马克思恩格斯全集（第三卷）》，人民出版社，2002 年，第 273 页。

③ 中共中央马克思恩格斯列宁斯大林著作编译局：《马克思恩格斯选集（第一卷）》，人民出版社，2012 年，第 152 页。

④ 中共中央马克思恩格斯列宁斯大林著作编译局：《马克思恩格斯选集（第一卷）》，人民出版社，2012 年，第 145 页。

⑤ 中共中央马克思恩格斯列宁斯大林著作编译局：《马克思恩格斯全集（第三卷）》，人民出版社，2016 年，第 525 页。

⑥ 中共中央马克思恩格斯列宁斯大林著作编译局：《马克思恩格斯全集（第三卷）》，人民出版社，2016 年，第 525 页。

⑦ 中共中央马克思恩格斯列宁斯大林著作编译局：《马克思恩格斯选集（第三卷）》，人民出版社，2012 年，第 991 页。

⑧ 中共中央马克思恩格斯列宁斯大林著作编译局：《马克思恩格斯全集（第三卷）》，人民出版社，2016 年，第 525 页。

⑨ 中共中央马克思恩格斯列宁斯大林著作编译局：《马克思恩格斯全集（第三卷）》，人民出版社，2016 年，第 525 页。

⑩ 王南湜教授认为从人的实践活动的构成出发，马克思的时空概念应包括生命时空、物理时空和狭义的社会时空三部分（王南湜：《辩证法：从理论逻辑到实践智慧》，武汉大学出版社，2011 年，第 319 页）。

可能性”[1] 问题。

马克思在克罗茨纳赫时期理论上研究黑格尔家庭、市民社会与国家的关系是其获得空间方面唯物主义认识的开端，同时马克思通过历史认识获得的时间的认识也逐步展开了。克罗茨纳赫时期马克思对法国史（格亨利希、施密特、卢克莱泰尔）和英国史（拉彭贝尔格）进行了研究。当然，马克思对历史的研究主要是着眼于黑格尔市民社会与国家关系问题的思考，但无疑这也为马克思后来的历史研究做了一定程度上的认识铺垫。也就是在这个时候，马克思在 1843 年 9 月与卢格的通信中，讲到了“从何处来”和“往何处去”[2] 的问题。此处的“从何处来”和“往何处去”不能不说是马克思历史意识的进一步发展。在《1844 年经济学哲学手稿》中，马克思思考了部分资产阶级国民经济学问题，此问题的进一步发展则是在其后的《德意志意识形态》之中，为此，马克思对资本主义的起源（13 世纪到 16 世纪）、发展（17 世纪中叶）和加速时期（18 世纪以后）进行了三个阶段的划分[3]，并对资本主义各个阶段的特征进行了一定程度的描述，认为正是资本主义“首次开创了世界历史”[4]。马克思的这些认识为后来《共产党宣言》中资本主义历史发展的论述以及《资本论》中对资本主义历史的详细论述做了一定的认识铺垫。不仅如此，在《德意志意识形态》中，马克思对资本主义之前人类社会历史发展所做的部落［Stamm］所有制、古典古代的公社所有制和国家所有制、封建的或等级的所有制历史分期划分[5]，也反映了马克思人类社会发展中的时间性的历史认识问题。即使《1857—1858 年经济学手稿》中从人的角度对人类社会发展进行的“人的依赖关系”“物的依赖性”[6] 以及“自由个性”[7] 三个阶段的划分所体现的也是一个人类社会发展中时间性的历史认识问题。除此以外，人类社会发展中的“有机体”[8]

---

① 韩震、董立河：《历史学研究的语言学转向——西方后现代历史哲学研究》，北京师范大学出版社，2008 年，第 166 页。

② 中共中央马克思恩格斯列宁斯大林著作编译局：《马克思恩格斯全集（第一卷）》，人民出版社，2016 年，第 415 页。

③ 中共中央马克思恩格斯列宁斯大林著作编译局：《马克思恩格斯选集（第一卷）》，人民出版社，2012 年，第 184～195 页。

④ 中共中央马克思恩格斯列宁斯大林著作编译局：《马克思恩格斯选集（第一卷）》，人民出版社，2012 年，第 194 页。

⑤ 中共中央马克思恩格斯列宁斯大林著作编译局：《马克思恩格斯选集（第一卷）》，人民出版社，2012 年，第 148 页、第 149 页。

⑥ 中共中央马克思恩格斯列宁斯大林著作编译局：《马克思恩格斯全集》（第三十卷），人民出版社，1995 年，第 107 页。

⑦ 中共中央马克思恩格斯列宁斯大林著作编译局：《马克思恩格斯全集》（第三十卷），人民出版社，1995 年，第 108 页。

⑧ ［德］马克思：《资本论（第一卷）》，人民出版社，2018 年，第 13 页、第 97 页。

或“社会机体”[①] 以及“共同体”[②] 和“联合体”[③] 等人类社会发展的历史认识所反映出的也是时间性的历史认识问题。马克思晚年（1872—1883 年）所写的《历史学笔记》和《人类学笔记》则从历史的角度展示了从社会形态角度对人类社会发展历史认识的确证。其中马克思写于 1881 年底到 1882 年底的《历史学笔记》，其笔记内容结束的时间是 1648 年，开始的时间则是公元前 91 年，这段时间的历史就是欧洲奴隶制和封建制时期；而写于 1879 年至 1881 年的《人类学笔记》则是对奴隶社会之前的古代社会或原始社会发展状况的一种探究。当然，这其中还包括恩格斯根据马克思的笔记所写的《家庭、私有制和国家的起源》以及《自然辩证法》等书对古代社会或原始社会发展状况的研究。

不过，还需要指出一点，《资本论》中马克思有对时间和空间的具体论述，分别是“社会必要劳动时间”[④] 和劳动中的空间问题。从商品生产交换的整个过程看，时间可以划分为生产时间（创造价值）和流通时间（实现价值）两大部分，而生产时间又可进一步划分为必要劳动时间（维持劳动力的再生产时间）和剩余劳动时间（为资本家生产剩余价值的时间）两个部分。对于时间从资本家角度或雇佣劳动者的角度认识是不同的，其中从人格化的资本家的角度看，为了获取更多的剩余价值，一方面他要尽量地延长工人的必要劳动时间；另一方面他要努力改善交通，以缩短商品的流通时间——“一切节约归根到底都是时间的节约”[⑤]。从雇佣劳动者的角度看，其时间可以划分为劳动时间和自由时间或闲暇时间两个部分，同资本家时间的认识相反，雇佣劳动者为了以真正的人的方式生存下去，并发展自己，他们会努力争取缩短劳动时间，扩大自由时间——“工作日的缩短是根本条件”[⑥]。当然，工作日的缩短也不是随意的，归根到底它受制于商品生产中的社会必要劳动时间。对于资本主义生产中的空间问题，马克思是这样描述的：为了生产同一种商品，人数较多的工人在同一资本家的指挥下，“在同一时间、同一空间（或者说同一劳动场所）”中从事着生产——“这在历史上和概念上都是资本主义生产的起点”[⑦]。所以，资本家为了获取更多的剩余价值，就会千方百计地扩大生产的空间，而要这样做，协作就是一种最常见的手段，因为“协作”不仅“可以

---

① 中共中央马克思恩格斯列宁斯大林著作编译局：《马克思恩格斯选集（第一卷）》，人民出版社，2012 年，第 223 页。

② 中共中央马克思恩格斯列宁斯大林著作编译局：《马克思恩格斯选集（第一卷）》，人民出版社，2012 年，第 199 页。

③ 中共中央马克思恩格斯列宁斯大林著作编译局：《马克思恩格斯选集（第一卷）》，人民出版社，2012 年，第 422 页。中共中央马克思恩格斯列宁斯大林著作编译局：《马克思恩格斯全集（第三十卷）》，人民出版社，1995 年，第 474 页。

④ ［德］马克思：《资本论（第一卷）》，人民出版社，2018 年，第 52 页。所谓社会必要劳动时间指的是“在现有的社会正常的生产条件下，在社会平均的劳动熟练程度和劳动强度下制造某种使用价值所需要的劳动时间”［［德］马克思：《资本论（第一卷）》，人民出版社，2018 年，第 52 页］。

⑤ 中共中央马克思恩格斯列宁斯大林著作编译局：《马克思恩格斯全集（第四十六卷上册）》，人民出版社，2016 年，第 120 页。

⑥ ［德］马克思：《资本论（第三卷）》，人民出版社，2018 年，第 929 页。

⑦ ［德］马克思：《资本论（第一卷）》，人民出版社，2018 年，第 374 页。

扩大劳动的空间范围”，而且还“可以与生产规模相比相对地在空间上缩小生产领域”[①]。这是就生产方面而言的，而对流通来说，“资本按其本性来说，力求超越一切空间界限”，而这种超越主要是通过发展“交通运输工具”[②] 来实现的。

从人类社会的历史发展看，空间问题从一开始就是人类历史认识的一个重要问题。人类的实践活动对于人类历史形成与发展的意义，就在于它是人类历史实践活动空间显现出来的主要方式，是自然和社会分化与统一的中介。按照叶秀山和王树人两位先生的解释，人类社会历史的发展就是如何处理“混沌－崩裂”和“和谐－宇宙”的关系，的一种历史认识，可以用这两对范畴“统摄传统哲学的其他范畴”[③] 来认识历史。“混沌－崩裂”的观念是几乎所有民族共有的一种古老的认识，认为现实世界最初是一片混沌，天地万物皆未分开——“‘世界’‘最初’的‘问题’，乃是‘合’和‘分’的问题。‘合’是‘混沌’，‘分’则为‘万物’”[④]。自从世界有了“人”即“‘能思想、具有精神力量’的‘物种’后，“世界就向‘人’‘显现’出‘另一种’‘样子’。‘混沌’被‘开显’出来。‘混沌’（向人）‘开显’为‘宇宙－秩序’”，在这个过程中，“‘人’是‘混沌’‘开显’的关键”[⑤]。人类社会历史的发展就是从一体未分的状态中开启分化出来的。在这个分化过程中，人类逐渐形成了如何应对与自然的关系以及人类自身的关系的各种问题。人的产生以及如何存在、物质生产如何分化出精神生产从而形成良好的分工合作，以及由此在人类社会发展中人的实践活动基础上形成的各种相对独立而又融为一体的思想世界的空间、与思想世界空间相联系的语言符号空间、人的对象化活动的社会实践空间等，都面临着分化与统一的历史发展问题。马克思就是以人类社会发展的空间性为纬、时间性为经，在人类实践活动中构建了一个经纬交织的历史认识图景。“人类文明就是在这种历时是历史、共时是空间的纵线与横线交织而成的语境中得到不断的创造、演进和维系的。”[⑥]

第二节 空间认识的特征

“不同的阶段过程由时间上的顺序进行转化为空间上的并存。”[⑦] 这是马克思在论述工场手工业协作程序时阐述的一个问题，意在说明生产过程中的时间和空间是一个不可分离的问题。马克思在论述工厂制度中的剩余劳动和剩余价值时说：“时间实际上是人

① ［德］马克思：《资本论（第一卷）》，人民出版社，2018 年，第 381 页。

② 中共中央马克思恩格斯列宁斯大林著作编译局：《马克思恩格斯全集（第三十卷）》，人民出版社，1995 年，第 521 页。

③ 叶秀山、王树人：《西方哲学史（学术版　第一卷）》，江苏人民出版社，2004 年，第 31 页。

④ 叶秀山、王树人：《西方哲学史（学术版　第一卷）》，江苏人民出版社，2004 年，第 31 页。

⑤ 叶秀山、王树人：《西方哲学史（学术版　第一卷）》，江苏人民出版社，2004 年，第 32 页。

⑥ 王文斌：《后现代地理学：重申批判社会理论中的空间（译后记）》，载［美］苏贾：《后现代地理学：重申批判社会理论中的空间》，王文斌译，商务印书馆，2004 年，第 404 页。

⑦ 中共中央马克思恩格斯列宁斯大林著作编译局：《马克思恩格斯全集（第四十四卷）》，人民出版社，2001 年，第 399 页。

的积极存在，它不仅是人的生命的尺度，而且是人的发展的空间。”[①] 也就是说，在马克思看来，人类社会发展中的时间和空间的存在是互相关联而不可分开的。这种关系不是一种抽象的理解，而是人类实践活动的一种必然现象。

第一，空间的实践性。对于空间的存在，马克思认为要从人的实践活动出发来认识，要当作“人的感性的活动”和“实践”也即从“主体”[②] 方面来理解。马克思所说的从人的实践活动来理解空间问题，更注重的是从物质生产劳动出发来理解空间问题。马克思在《1857—1858年经济学手稿》中说过这样一段话，此即“劳动是活的、造形的火；是物的易逝性，物的暂时性，这种易逝性和暂时性表现为这些物通过活的时间而被赋予形式”[③]。马克思的意思是说在资本主义社会中物质的普遍存在方式是商品，而商品正是在资本主义的生产方式中通过劳动来创造的。马克思正是从考察人的实践活动，尤其是资本主义生产劳动出发来阐释自己对空间的理解问题，反对以超历史的、抽象的态度来谈论空间问题。前资本主义社会，虽然商品生产不占主导地位，但无疑空间存在的人也是从人的实践活动起始的。马克思在《资本论（第一卷）》中谈到中世纪生产劳动问题时指出，中世纪的人并不像商品社会中的人表现为一个个“独立的人”[④]，而是存在着农奴和领主、陪臣和诸侯、俗人和牧师之间的“人身依附关系”，也正是由于人身依附关系构成了社会的基础，所以作为劳役和实物贡赋而存在的剩余劳动及其产品，才用不着采取与它们的实际存在不同的“直接社会形式”，而是采取“劳动的自然形式”也即“劳动的直接社会形式”[⑤]，这是农奴社会生产劳动的特殊性。具体说就是，虽然徭役劳动同商品生产劳动一样，都是用时间来计量的，但是农奴为主人生产劳动所耗费的劳动力的时间量是不用通过社会关系的形式来计量的（社会必要劳动时间）——“每一个农奴都知道，他为主人服役而耗费的，是他个人的一定量的劳动力”[⑥]。奴隶劳动则与农奴劳动不同，就是奴隶用来补偿他本身的生活资料的价值的工作日部分，即他实际为自己劳动的工作日部分，也是表现为为主人的劳动。一方面，通过掠夺或战争俘获的俘虏由于有利可图，故俘虏也就顺理成章地变为了奴隶，而俘虏的生命也就“由俘获者支配”[⑦] 了；另一方面，奴隶的劳动不存在流通过程的中介环节，而是“通过直接的肉体强制，对他人的劳动力实行实物占有”[⑧]。所以，从整个人类社会的历史发展看，

---

① 中共中央马克思恩格斯列宁斯大林著作编译局：《马克思恩格斯全集（第四十七卷）》，人民出版社，2016年，第532页。

② 中共中央马克思恩格斯列宁斯大林著作编译局：《马克思恩格斯选集（第一卷）》，人民出版社，2012年，第133页、第135页。

③ 中共中央马克思恩格斯列宁斯大林著作编译局：《马克思恩格斯全集（第三十卷）》，人民出版社，1995年，第329页。

④ ［德］马克思：《资本论（第一卷）》，人民出版社，2018年，第94页。

⑤ ［德］马克思：《资本论（第一卷）》，人民出版社，2018年，第95页。

⑥ ［德］马克思：《资本论（第一卷）》，人民出版社，2018年，第95页。

⑦ 中共中央马克思恩格斯列宁斯大林著作编译局：《马克思古代社会史笔记》，人民出版社，1996年，第276页。

⑧ ［德］马克思：《资本论（第二卷）》，人民出版社，2018年，第538页。

空间问题都要从人的实践活动来理解。[①]

第二，空间的组织性。对于空间的存在形式，马克思认为要从人类社会发展中各个不同历史时期出现的各种组织形式来认识。毕竟，空间中物质的运动是需要一定的组织形式作为依托的。法国学者亨利·列斐伏尔认为国家问题虽然是“马克思经常关注的问题”，但在马克思的著作中却不存在“一种连贯和完全的国家学说体系”[②]。当然，此言所述不实。从一般意义上讲，马克思对国家的起源、国家的本质、国家的功能、国家形式的发展、无产阶级国家的应对以及国家的未来发展等问题都有所论述。[③] 从马克思研究的过程发展看，国家问题应是研究计划发展中的一项主要内容。马克思在《〈政治经济学批判〉序言》中已经讲过其对历史规律的研究是开始于对法的问题的思考，在利益总是占法的上风的现实观察的矛盾中认识到了黑格尔理性国家观存在的问题，“整个国家制度和各种行政机构的作用……都应该沦为林木占有者的工具”[④]。马克思此时虽然对国家的认识还没有摆脱黑格尔的理性国家观，不过认识的矛盾已经产生。克罗茨纳赫时期的理论主题是市民社会与国家关系的认识问题，《克罗茨纳赫笔记》内容基本上都是围绕市民社会与国家的关系展开的，其中在第二册末尾的一个笔记的索引中，可以找到马克思思考问题的两条线索，即社会结构中的阶级关系和政治结构以及经济领域的财产关系和所有制结构两方面的问题。这两条线索的共同主题是国家的形成与发展问题。马克思的结论是：“在国家中是把国家观念当作决定性的东西。这种形而上学是反思的形而上学的表达，是旧世界的形而上学的表达。”[⑤] 在《1844年经济学哲学手稿》中，马克思说他“曾预告要以黑格尔法哲学批判的形式对法学和国家学进行批判”[⑥]，也即1844年初发表在《德法年鉴》上的《〈黑格尔法哲学批判〉导言》要完成的任务问题。同年11月马克思还写了《关于现代国家的著作的计划草稿》，其中提出了“为消灭[Aufhebung]国家和市民社会而斗争”[⑦] 的任务。在《德意志意识形态》中，马克思认为国家是一种“虚幻的共同体”，原因是没有真正实现或代表全体成员的共同利益，而仅仅是在“‘普遍’利益”[⑧] 形式的掩盖下对某种特殊利益进行了保护。《纽约每日论坛报》上发表的文章主要是探讨了“亚洲式的社会”的东方国家问题，分析了公共权力在

---

① 恩格斯在《反杜林论》第二编“政治经济学”的第一个标题“对象和方法”中，提出了政治经济学最广义的理解问题，认为“政治经济学，从最广义的意义上说，是研究人类社会中支配物质生活资料的生产和交换的规律的科学”[中共中央马克思恩格斯列宁斯大林著作编译局：《马克思恩格斯选集（第三卷）》，人民出版社，2012年，第525页]。

② [法] 亨利·列斐伏尔：《论国家——从黑格尔到斯大林和毛泽东》，李青宜等译，重庆出版社，1988年，第122页。

③ 郭宝宏：《马克思主义国家理论的当代魅力》，人民出版社，2012年，第12～17页。

④ 中共中央马克思恩格斯列宁斯大林著作编译局：《马克思恩格斯全集（第一卷）》，人民出版社，2016年，第160页。

⑤ 北京图书馆马列著作研究室：《马恩列斯研究资料汇编》，书目文献出版社，1985年，第16页。

⑥ 中共中央马克思恩格斯列宁斯大林著作编译局：《马克思恩格斯全集（第三卷）》，人民出版社，2002年，第219页。

⑦ 中共中央马克思恩格斯列宁斯大林著作编译局：《马克思恩格斯全集（第四十二卷）》，人民出版社，2016年，第238页。

⑧ 中共中央马克思恩格斯列宁斯大林著作编译局：《马克思恩格斯选集（第一卷）》，人民出版社，2012年，第164页。

国家起源中的地位问题，注意到了水利灌溉等因素在国家起源中的作用问题，也注意到了东方社会与西方社会在土地所有制方面的不同，把不能存在土地私有制看作是“了解东方天国的一把真正的钥匙”[①]。马克思在1857年8月写的《〈政治经济学批判〉导言》中，提出了政治经济学批判写作的五篇计划，其中第一和第二部分侧重于资本的一般理论，而从第三部分开始就涉及国家问题，提到了“资产阶级社会在国家形式上的概括”问题，然后第四部分和第五部分分别是“生产的国际关系”和“世界市场和危机”问题。[②] 在1858年2月写给拉萨尔的信中则把原来的“五篇计划”改为“六册计划”，其中第一册、第二册和第三册主要是围绕资本和劳动展开，从第四册开始涉及国家问题，第五册和第六册分别是讲“国际贸易”和“世界市场”[③] 问题。马克思晚年写的“人类学笔记”（“民族学笔记”）以及“古代社会史笔记”（“东方社会笔记”）等一组笔记，在王东教授看来，主要是国家与文明的起源问题，故应称之为“国家与文明起源笔记”。笔记内容主要是围绕国家和文明起源问题进行摘录和评注的，其中既包括氏族组织以及家庭关系的认识，也包括与生产关系、社会关系、意识形态以及阶级等问题有关的国家演进的研究。如果把马克思对史前社会的结构和发展问题的研究与“历史学笔记”中对奴隶社会、封建社会以及资本主义萌芽等的研究进行对比，就会发现两种笔记是可以衔接在一起的，体现了马克思对文明起源与国家产生发展问题相关性研究的目的所向[④]，也应包括意识形态意义所理解史前社会的起源问题。当然，马克思对国家问题的论述和恩格斯的贡献也是分不开的，其中《家庭、私有制和国家的起源》一书就是恩格斯对国家问题探讨的重要贡献。

除对国家的探讨之外，马克思还有对家庭问题的论述。马克思历史认识中对黑格尔家庭、市民社会与国家关系的颠倒本来就是包括家庭的。这一点我们在前面是有过论述的，强调了家庭和市民社会在国家中的基础性地位。“政治国家没有家庭的自然基础和市民社会的人为基础就不可能存在。”[⑤] 马克思对于家庭在人类社会发展中的作用的思考一直保持到《1844年经济学哲学手稿》和《德意志意识形态》中，其中在后者中强调了血缘意义的类的种的延续的家庭认识问题。“每日都在重新生产自己生命的人们开始生产另外一些人，即繁殖。”[⑥] 这种认识一直延续到恩格斯的《家庭、私有制和国家的起源》，强调了史前社会中作为人与人关系连接的血缘意义上的家庭对于人类社会起

---

① 中共中央马克思恩格斯列宁斯大林著作编译局：《马克思恩格斯全集（第二十八卷）》，人民出版社，2016年，第256页。

② 中共中央马克思恩格斯列宁斯大林著作编译局：《马克思恩格斯选集（第二卷）》，人民出版社，2012年，第709页。

③ 中共中央马克思恩格斯列宁斯大林著作编译局：《马克思恩格斯选集（第四卷）》，人民出版社，2012年，第431页。

④ 王东、刘军：《“人类学笔记”，还是“国家与文明起源笔记”——为马克思晚年笔记正名》，《哲学研究》，2004年第2期，第19页。或者参阅刘军：《国家起源新论——马克思国家起源理论及当代发展》，中央编译出版社，2008年，第14～77页。

⑤ 中共中央马克思恩格斯列宁斯大林著作编译局：《马克思恩格斯全集（第三卷）》，人民出版社，2002年，第12页。

⑥ 中共中央马克思恩格斯列宁斯大林著作编译局：《马克思恩格斯选集（第一卷）》，人民出版社，2012年，第159页。

源与发展的意义问题。

不仅如此，马克思对家庭问题的探讨是与传统社会向现代社会发展中的生产组织有密切关系的。现代家庭是随着16世纪以来的资本主义的发展而产生的，其中的关键就是现代企业生产单位的诞生。把生产转移到家户之外始自中世纪后期手工工场的出现，而在这之前生产单位是住户，住户是一个整体，既是其成员生活的共同体，也是一个法律单位，既是劳动单元，又是生活单元，同时还是社会组织基本单元。范迪尔门认为在前近代社会中，人是"从他生活在其中的住户共同体的角度"来定义的，住户之外生活的人都是无家可归的人，只有住户才能使人成为社会的成员，"在法律上和在政治上也是如此"——"单个的人没有被看做是一个个体"[①]。如果把西方历史中生产单位再向前追溯，古希腊和罗马奴隶时期的生产单位主要是家庭。菲利普·阿利埃斯等著的《私人生活史Ⅳ：演员与舞台》一书中认为马克思忽略了"家庭"[②]问题，此种认识是不全面的。

对于历史上的家庭关系，马克思认为家庭关系是人类起初唯一的社会关系，只是随着需要的增长和人口的增多，家庭关系才"成为从属的关系了（德国除外）"[③]。在《1857—1858年经济学手稿》中"资本主义以前的各种形式"一节中，马克思在论述自然形成的共同体时，把家庭作为部落共同体或天然共同体的起始阶段，认为是血缘关系维系了群体的存在，作为天然共同体的部落共同体"并不是共同占有（暂时的）和利用土地的结果，而是其前提"——人类最初的生存方式是不断迁徙中的"游牧"，而"家庭和扩大成为部落的家庭，或通过家庭之间互相通婚[而组成的部落]，或部落的联合"[④]是不可能定居在一定地方利用土地进行生活的生产的。马克思试图探讨资本主义市民社会之前的社会状况，或者说是追溯资本主义市民社会的来源问题，是历史认识的主要意图，这应是没有问题的，"这个社会是以简单的家庭和复杂的家庭，即所谓部落制度作为自己的前提和基础的"[⑤]。问题可能在于囿于19世纪60年代人类学发展的不足，马克思才误认为家庭是最早形成的人群共同体，是社会组织的典型形式和基础，家庭的扩大才带来了氏族和部落的产生，各种形式的公社是通过氏族间的冲突和融合而形

---

① [德]里夏德·范迪尔门：《欧洲近代生活：家与人》，王亚平译，东方出版社，2003年，第8页。

② [法]阿利埃斯、[法]杜比：《私人生活史Ⅳ：演员与舞台》，周鑫等译，北方文艺出版社，2008年，第93页。

③ 中共中央马克思恩格斯列宁斯大林著作编译局：《马克思恩格斯选集（第一卷）》，人民出版社，2012年，第159页。

④ 中共中央马克思恩格斯列宁斯大林著作编译局：《马克思恩格斯全集（第三十卷）》，人民出版社，1995年，第466页。

⑤ 中共中央马克思恩格斯列宁斯大林著作编译局：《马克思恩格斯选集（第一卷）》，人民出版社，2012年，第167页。

成的。[①] 马克思在读到摩尔根《古代社会》一书后，修正了自己对家庭认识的意见，认为摩尔根的说法是正确的，“即使是专偶制家庭”，也“不可能成为氏族社会的自然基础”[②] ——“氏族并不以家庭为单位”[③]。只有氏族才是氏族社会的“基本组织”，才是社会体制的基础和单位，虽然血缘家庭和普那路亚家庭比氏族存在得要早，“但家庭不是（社会制度的）有机系列中的一个环节”[④]。马克思在厘清了家庭、氏族以及部落的发展顺序之后，又对它们演变的历史进行了研究，强调了生存技术在发展中的作用问题。马克思修正了摩尔根1877年出版的《古代社会》一书的体系，对原章节进行了重新排序——“各种发明和发现所体现的智力发展……家族观念的发展……财产观念的发展……政治观念的发展”[⑤]。马克思修改后的结构更能体现出历史发展中各组成要素的发展过程及其相互关系问题，凸显了对历史进行唯物主义理解的方式。1884年恩格斯出版《家庭、私有制和国家的起源》一书，对古代社会的组织及其演变进行了详细的阐述，完成了马克思的遗愿，对马克思主义的历史认识的拓展做出了巨大贡献。马克思利用摩尔根《古代社会》一书对印第安人的认识，可以说间接地论证了希腊和罗马的氏族问题，在一定程度上对欧洲早期社会发展状况的认识是有很大帮助的。当然，马克思对人类早期社会的认识并不仅仅局限于摩尔根《古代社会》一书，《古代社会史笔记》一书还涉及俄国、印度等东方国家的村社制度等问题，应该说是《历史学笔记》历史认识的一种延伸，是对《资本论》等著作中唯物史观社会形态理论的一种认识的发展。

马克思认为资本主义现代工厂的生产关系是由中世纪的手工业或家庭工业发展而来的。在《哲学的贫困》中，马克思在批判蒲鲁东对分工和机器的理解时，也提到了现代工厂的前身手工工场和工场手工业的问题，认为手工工场主要是把“许多劳动者和许多种手艺集合在一起，在一所房子里面，受一个资本的支配”，而不是“将劳动分解”[⑥]。

---

① 恩格斯曾解释说19世纪60年代之前家庭史的研究是比较少的，“在60年代开始以前，根本谈不到家庭史。历史科学在这一方面还是完全处在摩西五经的影响之下”［中共中央马克思恩格斯列宁斯大林著作编译局：《马克思恩格斯选集（第四卷）》，人民出版社，2012年，第16页］。马克思在《资本论（第一卷）》中有一段认识，“在家庭内部，随后在氏族内部，由于性别和年龄的差别，也就是在纯生理的基础上产生了一种自然的分工”［［德］马克思：《资本论（第一卷）》，人民出版社，2018年，第407页］。恩格斯在1883年加过一段注，“后来对人类原始状况的透彻的研究，使作者得出结论：最初不是家庭发展为氏族，相反地，氏族是以血缘为基础的人类社会的自然形成的原始形式。由于氏族纽带的开始解体，各种各样家庭形式后来才发展起来”［［德］马克思：《资本论（第一卷）》，人民出版社，2018年，第407页］。这段注释主要是用来说明当时马克思对家庭的认识是存在一定的不足的。

② 中共中央马克思恩格斯列宁斯大林著作编译局：《马克思恩格斯全集（第四十五卷）》，人民出版社，2016年，第499页。

③ 中共中央马克思恩格斯列宁斯大林著作编译局：《马克思恩格斯全集（第四十五卷）》，人民出版社，2016年，第500页。

④ 中共中央马克思恩格斯列宁斯大林著作编译局：《马克思恩格斯全集（第四十五卷）》，人民出版社，2016年，第500页。

⑤ 中共中央马克思恩格斯列宁斯大林著作编译局：《马克思恩格斯全集（第四十五卷）》，人民出版社，2016年，第328～571页。原章节顺序为：“各种发明和发现所体现的智力发展……政治观念的发展……家族观念的发展……财产观念的发展。”（［美］摩尔根：《古代社会》，杨东莼、马雍、马巨泽译，商务印务馆，2009年，第3～611页）。

⑥ 中共中央马克思恩格斯列宁斯大林著作编译局：《马克思恩格斯选集（第一卷）》，人民出版社，2012年，第245页。

这可以看作资本主义早期生产关系萌芽时家庭式的手工工场的工作情况。资本主义现代工厂的建立引起了“工场手工业、手工业和家庭劳动的革命”[①]。在《资本论（第一卷）》中，马克思专门论述了现代社会的家庭劳动问题，是就英格兰某些偏僻地区的“花边业”和“草辫业”[②]的生产问题而言的。马克思的最终结论是“大工业在瓦解旧家庭制度的经济基础以及与之相适应的家庭劳动的同时，也瓦解了旧的家庭关系本身”[③]。资本主义现代工厂生产及生产关系的建立的确“是一种特殊的以太，它决定着它里面显露出来的一切存在的比重”[④]。不过，马克思对古希腊和罗马时期的家庭问题的论述相对比较少。总体上看，马克思对家庭的论述涉及人类社会早期以及西方中世纪中后期以来的历史发展问题。

从马克思对组织形式论述的历史看，最重要的形式还是社会。关于马克思、恩格斯有关“社会”的论述，我在第六章“价值论”部分有一些论述。不过，需要首先指出一点，马克思对社会“群体性”的分析是同其对阶级的认识关联在一起的，强调的是“生产”和“阶级”形成之间的关系问题，认为阶级群体得以解放的可能性和现实性要依赖于社会物质生产的动因，进而才有可能实现人类解放。[⑤]

第三，空间的附属性。对于时间和空间的关系，马克思并不认为时间和空间同等重要，而是从人的生命的根本追求出发，始终把考察的重点放在时间概念的理解上，认为时间要比空间更重要。“时间实际上是人的积极存在，它不仅是人的生命的尺度，而且是人的发展的空间。”[⑥]相对于人类的生存实践活动而言，时间比空间具有更为重要的意义。时间之所以是人的积极存在是因为根源于人的社会实践活动，根源于社会实践活动的能动性和创造性。正是人的能动的创造性和实践活动，才能够使个人的生命得以在时间中存在，使人类的生命得以在历史的长河中延续，也才能够使人类社会得以由低级到高级绵延不断地向前发展。从人类社会的历史发展看，人类的科学、艺术和其他公共生活的发展都是在社会的自由时间中展开的，而“社会的自由时间是以通过强制劳动吸收工人的时间为基础的，这样，工人就丧失了精神发展所必需的空间，因为时间就是这种空间”[⑦]。从这个意义上说，资本主义财富的积累和发展正是以窃取雇佣劳动者的时间为前提的，正如马克思所说的，“现今财富的基础是盗窃他人的劳动时间”[⑧]。因此，资本就其不断增值的本性而言，它力求超越一切空间界限，去努力创造如发展运输工具

---

① ［德］马克思：《资本论（第一卷）》，人民出版社，2018 年，第 529 页。

② ［德］马克思：《资本论（第一卷）》，人民出版社，2018 年，第 536 页。

③ ［德］马克思：《资本论（第一卷）》，人民出版社，2018 年，第 562 页。

④ 中共中央马克思恩格斯列宁斯大林著作编译局：《马克思恩格斯选集（第二卷）》，人民出版社，2012 年，第 707 页。

⑤ 薛俊强：《“阶级”的群体性分析——对马克思关于“人类解放”学说的思考》，《华中科技大学学校（社会科学版）》，2011 年第 3 期，第 46 页。

⑥ 中共中央马克思恩格斯列宁斯大林著作编译局：《马克思恩格斯全集（第四十七卷）》，人民出版社，2016 年，第 532 页。

⑦ 中共中央马克思恩格斯列宁斯大林著作编译局：《马克思恩格斯全集（第四十七卷）》，人民出版社，2016 年，第 344 页。

⑧ 中共中央马克思恩格斯列宁斯大林著作编译局：《马克思恩格斯全集（第四十六卷下册）》，人民出版社，2016 年，第 218 页。

等的各种物质条件“用时间去更多地消灭空间”[①]，通过缩短时间的方式缓解空间上的某种障碍。“节约劳动时间等于增加自由时间，即增加使个人得到充分发展的时间。”[②]人类要获得自由必须赢得自由时间，“一个人如果没有自己处置的自由时间，一生中除睡眠饮食等纯生理上必需的间段以外，都是替资本家服务，那么，他就还不如一头役畜”[③]。在人的各种活动的时间中，自由时间具有十分重要的意义：它既是社会发展的标志，又是促进个人自由全面发展的基本条件。“从整个社会来说，创造可以自由支配的时间，也就是创造产生科学、艺术等等的时间。”[④] 在阶级对立的社会里，时间会出现“异化”现象，少数人通过掠夺多数人的自由时间，享有了发展自己兴趣、爱好和才能的空间，多数人则陷入极其痛苦的、无休止的必要劳动时间之中。到了共产主义社会，随着阶级的消灭，时间“异化”现象将消失，到那时，“生产力的增长再也不能被占有他人的剩余劳动所束缚了……一方面，社会的个人的需要将成为必要劳动时间的尺度，另一方面，社会生产力的发展将如此迅速，以致尽管生产将以所有的人富裕为目的，所有的人的可以自由支配的时间还是会增加”[⑤]。

从上述空间的特征论述看，现实的人要进行实践活动首先应拥有时间，不仅如此，个人要进行活动就不得不处理人与人关系形成的社会问题——“‘社会’与‘个人’是相互建构的，正像‘个人’只能从社会（关系）中获得其‘存在’及其‘本质’的规定一样，‘社会’也须在个人的现实生活过程和活动及其物质生活条件面前申明自己规范或框架‘个人’的理由”[⑥] ——也是说，现实的人在利用人体器官、实验仪器或者生产工具等中介活动形式，进行实践活动完成自身的目的或计划时就会离不开一定组织形式的依托。人的这种实践活动的特征随着人类社会的发展会越来越明显，在实践活动过程中就会逐渐形成实践主体使用工具与外在于主体的客观对象发生相互作用的过程，从而形成人的实践活动的一种“空间场域”。

第三节　空间论在历史认识中的理论意义

中国学术界对于马克思历史认识中“空间”问题的探讨，主要始于 20 世纪 90 年

---

① 中共中央马克思恩格斯列宁斯大林著作编译局：《马克思恩格斯全集（第四十六卷下册）》，人民出版社，2016 年，第 33 页。

② 中共中央马克思恩格斯列宁斯大林著作编译局：《马克思恩格斯全集（第四十六卷下册）》，人民出版社，2016 年，第 225 页。

③ 中共中央马克思恩格斯列宁斯大林著作编译局：《马克思恩格斯选集（第二卷）》，人民出版社，2012 年，第 61 页。

④ 中共中央马克思恩格斯列宁斯大林著作编译局：《马克思恩格斯全集（第四十六卷上册）》，人民出版社，2016 年，第 381 页。

⑤ 中共中央马克思恩格斯列宁斯大林著作编译局：《马克思恩格斯全集（第四十六卷下册）》，人民出版社，2016 年，第 221～222 页。

⑥ 周世兴：《个人的历史与历史的个人——马克思个人理论研究》，人民出版社，2013 年，第 10 页。

代，其中刘奔、俞吾金、王锐生等教授[①]是比较早的对此问题的研讨者。进入21世纪，随着全球化问题探讨的展开以及国外马克思主义对空间问题探讨成果的引进，对马克思历史认识中空间问题的探讨逐步成为一个热点，其中陈荷清、冯雷、李春敏、张荣军、强乃社、尤金、刘莉等教授[②]都先后出版了对此问题探讨的专著，王南湜、倪志安、陈宗章、章仁彪、皮家胜、戴卫华、付清松、孙全胜、李强等也先后发表文章探讨过此问题。总体上看，主要探讨的是空间在马克思历史认识中的重要性、空间和历史唯物主义的关系以及如何从社会、自然、城乡关系、生产、资本、经济、地理、正义、哲学等视角看待空间问题的认识等。从目前的探讨看，马克思历史认识中的规律问题和空间的关系还是需要进一步探讨的一个问题。在这方面，我认为陈晏清和阎孟伟教授对历史规律和空间问题的探讨值得关注。

在《辩证的历史决定论》一书中，陈晏清和阎孟伟二位教授从历史规律如何形成"场域"的问题入手探讨了空间问题，是从现象学的角度来阐释的，认为现象不能归于自在事物自身的东西的直观理解，"'现象'之为'现象'总是某种'呈显'在主体面前的东西"[③]。同样，对规律的认识也是如此，不是指"自在客体的独立运动"，而是指"在'实践场域'内客体间相互作用过程中各种客观的基本因素之间相互作用关系的一般形式"[④]。"实践场域"内这种客体间的相互作用形式，并不排斥主体的参与。客观事物只有在"实践场域"内才会有可能是人们认识和活动的客体，而客体具有何种属性取决于两个方面：一是客体相互作用呈现出来的现象或特征，二是这些现象或特征把握了所运用到的观测方式、操作方式、思维方式以及作为理解和诠释的基础理论形式和概念系统。只有在"实践场域"内，人们才能认识事物，而对客体的认识也必然包含着"主体的在场"[⑤]。

在陈晏清和阎孟伟二位教授看来，"场域"在马克思历史认识的意义上只能沿着"主客体相互作用"[⑥] 的思路来理解，而不是如同皮埃尔·布迪厄、华康德一样从"价值观和调控原则"[⑦] 方面界定成一个社会构建的空间。埃尔·布迪厄、华康德在《实践与反思——反思社会学导引》中曾明确地指出，其所理解的"场域"，从分析的角度看，

---

① 刘奔：《时间是人类发展的空间——社会时—空特性初探》，《哲学研究》，1991年第10期，第3～10页。俞吾金：《马克思时空观新论》，《哲学研究》，1996年第3期，第11～19页。王锐生：《唯物史观的时空观》，《人文杂志》，1996年第6期，第1～6页。

② 陈荷清、孙世雄：《人类对时间和空间本质的探讨》，河南人民出版社，1985年。冯雷：《理解空间：20世纪空间观念的激变》，中央编译出版社，2017年。李春敏：《马克思的社会空间理论研究》，上海人民出版社，2012年。张荣军：《马克思主义空间理论及其当代价值》，中国社会科学出版社，2016年。强乃社：《历史唯物主义的空间维度》，南京大学出版社，2019年。尤金：《空间与历史唯物主义》，人民出版社，2019年。刘莉：《马克思主义城市空间》，人民出版社，2020年。

③ 陈晏清、阎孟伟：《辩证的历史决定论》，中国社会科学出版社，2007年，第62页。

④ 陈晏清、阎孟伟：《辩证的历史决定论》，中国社会科学出版社，2007年，第64页。

⑤ 陈晏清、阎孟伟：《辩证的历史决定论》，中国社会科学出版社，2007年，第66页。

⑥ 陈晏清、阎孟伟：《辩证的历史决定论》，中国社会科学出版社，2007年，第63页。

⑦ 陈晏清、阎孟伟：《辩证的历史决定论》，中国社会科学出版社，2007年，第64页注释①。

“可以被定义为在各种位置之间存在的客观关系的一个网络（network），或一个构型（configuration）”①。同时，布迪厄、华康德还对何以要提出这个概念，进行了原因的阐述，认为概念的认识既不能采用“专业定义”的方式，也不能取道“中层法则”，而只有“将概念纳入一个系统之中，才可能界定这些概念”②。具体说就是，“只有在关系系统中”，诸如惯习、场域、资本这些概念才会获得“它们的意涵”③。一言以蔽之，“根据场域概念进行思考就是从关系的角度进行思考”④。在布迪厄、华康德看来，他们的“场域”认识，既不是一个抽象定义，也不是一种取道“中层法则”的认识，而仅仅是一种拒斥“实证主义”的“开放式”⑤思考问题的关系方式。这同“结构主义”的认识方式也是不同的——结构主义的思维方式是“狭隘”的，而“近代科学的标志就是关系的思维方式”⑥。

陈晏清和阎孟伟二位教授所说的“实践场域”是指“由与某种实践活动相关的各方面因素所构成的一个实践活动空间”，是以“工具行为”为主同时也“包括来自社会的其他种种因素”⑦的一个因素总和的称谓认识。这种认识同通常意义上所说的实践领域也不相同，是对“支配和影响实践活动的各种因素的总和”⑧的一种指谓。当然，这种认识如同我们上面所述并不否定主体的参与——“对客体的认识就必然包含主体的在场”⑨——而是强调历史参与者在利用把握事物现象或特性的“观测方式、操作方式、思维方式以及作为理解和诠释的基础的理论形式和概念系统”⑩的过程中如何尽量达到客观的一个问题。

关于马克思历史认识中的规律问题，龚培河教授有论述，主要是在反思对历史规律“带有历史宿命论味道的解释理由”的“‘可能性空间’说”⑪中阐释的，认为“在历史实际进程中直接谈论历史规律问题是不可行的”⑫，也即“历史规律自身的必然性”不可能“直接贯穿于现实社会发展这一层面之上并发挥实质性制约作用”⑬。如果认为历

① ［法］皮埃尔·布迪厄、［美］华康德：《实践与反思——反思社会学导引》，李猛、李康译，中央编译出版社，1998年，第133～134页。

② ［法］皮埃尔·布迪厄、［美］华康德：《实践与反思——反思社会学导引》，李猛、李康译，中央编译出版社，1998年，第132页。

③ ［法］皮埃尔·布迪厄、［美］华康德：《实践与反思——反思社会学导引》，李猛、李康译，中央编译出版社，1998年，第133页。

④ ［法］皮埃尔·布迪厄、［美］华康德：《实践与反思——反思社会学导引》，李猛、李康译，中央编译出版社，1998年，第133页。

⑤ ［法］皮埃尔·布迪厄、［美］华康德：《实践与反思——反思社会学导引》，李猛、李康译，中央编译出版社，1998年，第132页。

⑥ ［法］皮埃尔·布迪厄、［美］华康德：《实践与反思——反思社会学导引》，李猛、李康译，中央编译出版社，1998年，第133页。

⑦ 陈晏清、阎孟伟：《辩证的历史决定论》，中国社会科学出版社，2007年，第64页注释①。

⑧ 陈晏清、阎孟伟：《辩证的历史决定论》，中国社会科学出版社，2007年，第64页注释①。

⑨ 陈晏清、阎孟伟：《辩证的历史决定论》，中国社会科学出版社，2007年，第66页。

⑩ 陈晏清、阎孟伟：《辩证的历史决定论》，中国社会科学出版社，2007年，第66页。

⑪ 龚培河：《马克思主义关于历史规律及其实现方式研究》，中国社会科学出版社，2014年，前言，第9页。

⑫ 龚培河：《马克思主义关于历史规律及其实现方式研究》，中国社会科学出版社，2014年，前言，第10页。

⑬ 龚培河：《马克思主义关于历史规律及其实现方式研究》，中国社会科学出版社，2014年，前言，第13页。

史规律直接贯穿于现实之中，无论多么强调主体性，也在所难免会落入火车里面的乘客最终被载向目的地的决定论所设计的命运，人丝毫不会有主体性。虽然说“历史规律不能直接依存在历史实际进程这一层面上”，但不是说其不起作用，而是“可以在其背后贯穿下去”。也就是说，“若历史演化轨迹螺旋一样上升运动，历史规律可以在中间直线式贯穿始末”。[①] 从这一层面上说，历史规律“也不在历史实际进程之外”[②]。具体说就是，历史规律“只是人们的历史活动的中轴线”，就像价格围绕价值波动中价值对价格的作用一样，它“是以人们的活动对它的偏离作为实现的形式”。[③] 历史规律背后的作用可以分为两种情况：一是当人的实践活动没有被外在的因素构成阻力而不能顺利进行之时，这种制约在场但不出场；二是当人的实践活动在外在因素的影响下而不能顺利进行的时候，这种制约就会出场，通过背后制约的强制性把人的实践活动重新扭转到正常轨道上来。总体上说，这种认识认为“人的能动作用如何孕育出历史规律的问题”[④] 才是解开历史规律与人的活动关系矛盾的关键之点，强调历史规律“在场”和“出场”的“结果—反应性”制约功能，反对历史规律自身的必然性直接贯穿于现实社会发展层面上并发挥实质性制约作用的“过程—功能性”[⑤] 制约认识。

我们认为龚教授的认识有几个值得思考的问题：其一，从可能性空间思考历史规律，不一定会“把规律视为有一定域值、扇域、空间的概念”，也不一定会产生“在必然性、唯一性、确定性的‘死墙面’上挖掘出一个容纳可能性、选择性、不确定性的‘壁橱’出来”的“逻辑”上“说不通”[⑥] 的问题，其中原因是历史规律不是实体性的存在；其二，龚教授对历史规律的解释路向并没有说清楚历史规律“在场”和“出场”[⑦] 的必然性关系问题，有陷入实体主义的可能性；其三，最为关键的是龚教授对历史规律的探讨自始至终基本没有论述马克思、恩格斯对历史规律的认识问题，即使最基本的生产力与生产关系以及经济基础与上层建筑的历史规律也没有涉及多少。

历史规律不是实体性的存在，是“人们自己的社会行动的规律”[⑧]，这个观点是恩格斯在《反杜林论》也即后来独立成为著作的《社会主义从空想到科学的发展》中论述现代社会主义是如何发生时提出来的。在恩格斯看来，人类社会至今一直受着一种“客观的异己的力量”所支配，在资本主义社会则表现为生产的无政府状态，而一旦社会占有了生产资料，有计划的自觉的组织生产就会消除个体生存的斗争，脱离动物的生存条件而进入真正人的生存条件的时代才会真正到来，人们才会第一次成为“自然界的自觉的和真正的主人”，才会成为“自身的社会结合的主人”，也就是这个时候，“客观

① 龚培河：《马克思主义关于历史规律及其实现方式研究》，中国社会科学出版社，2014 年，前言，第 14 页。
② 龚培河：《马克思主义关于历史规律及其实现方式研究》，中国社会科学出版社，2014 年，前言，第 14 页。
③ 庄国雄：《唯物史观与历史规律的客观性》，《吉首大学学报（社会科学版）》，2002 年第 4 期，第 36 页。
④ 龚培河：《马克思主义关于历史规律及其实现方式研究》，中国社会科学出版社，2014 年，第 46 页。
⑤ 龚培河：《马克思主义关于历史规律及其实现方式研究》，中国社会科学出版社，2014 年，第 57 页。
⑥ 龚培河：《马克思主义关于历史规律及其实现方式研究》，中国社会科学出版社，2014 年，前言，第 9 页。
⑦ 龚培河：《马克思主义关于历史规律及其实现方式研究》，中国社会科学出版社，2014 年，第 111 页。
⑧ 中共中央马克思恩格斯列宁斯大林著作编译局：《马克思恩格斯选集（第三卷）》，人民出版社，2012 年，第 815 页。

的异己的力量”[1] 才为人类自身所支配，社会历史规律才会成为一种“人们自己的社会行动的规律”[2]。从恩格斯的论述看，恩格斯是在人类能够掌握人类社会历史规律的意义上讲的，认为人类能够利用人类社会的发展规律消除支配人类客观的异己的力量以此实现人类社会的和谐发展，“自觉地自己创造自己的历史”[3]。

对于恩格斯提出的历史规律是“人们自己的社会行动的规律”这个观点，刘远传教授有解释，认为不能在规律实现的工具意义上来理解，虽然比把人和人的活动排除在社会历史规律之外更合理一点，但是这种理解也会带来一个认识误区，即在社会历史规律与人和人的活动的关系认识方面，会把二者区分成社会规律具有“预成性和外在性”的两个东西，而“人的活动只是将预成的规律‘实现’或‘表现’出来”[4]。在刘教授看来，社会历史规律是人的活动规律的理解只能从社会历史的本体上来理解，即“从人是社会历史的本体基础和本质上去理解”[5]。具体说就是，人生存需要的生活资料是通过劳动获取的，而获取生活资料劳动的发生需要建立两种关系：一是人与自然的关系形式，二是人与他人在交互作用中形成的一定形式的社会关系。也就是说，社会历史具有的规律性指的“是人的活动呈现为或‘表现为’某种规律性”，是人的活动所具有的因果性和必然性，“而不仅是人的活动把外在的、既定的规律‘表现出来’”[6]。因此，社会历史规律是人的活动规律的理解从根本意义上说就是“人的活动是规律的载体而不是‘实现’规律的工具”[7]。从上面的论述来看，刘教授的论述同陈晏清和阎孟伟二位教授的论述有一定相似之处。

总体上说，马克思历史规律在“实践场域”中的显现是在各种参与要素结构形成过程中展示出来的。在历史规律的运行中，自然是作为生产劳动的要素和科技活动的要素在生产力意义上进入人类实践活动之中的，而与此同时，社会则是在生产关系和交往关系意义上进入人类实践活动之中的。在这个过程中，作为外部环境条件的自然和生产关系之外的其他社会关系也会因为历史规律的运行而进入人们的实践活动之中。在“实践场域”中显现出来的历史规律就像一条“阿莉阿德尼线”[8]，把人类社会历史发展中的起点、主体、价值、自然以及科技等问题的认识都勾连到了一起，形成了一种互不分离的密切关系。任何“规律”都是对“实践场域”中人类感性活动“运动形态的一般形式

① 中共中央马克思恩格斯列宁斯大林著作编译局：《马克思恩格斯选集（第三卷）》，人民出版社，2012 年，第 815 页。

② 中共中央马克思恩格斯列宁斯大林著作编译局：《马克思恩格斯选集（第三卷）》，人民出版社，2012 年，第 815 页。

③ 中共中央马克思恩格斯列宁斯大林著作编译局：《马克思恩格斯选集（第三卷）》，人民出版社，2012 年，第 815 页。

④ 刘远传：《社会本体论》，武汉大学出版社，1999 年，第 319 页。

⑤ 刘远传：《社会本体论》，武汉大学出版社，1999 年，第 320 页。

⑥ 刘远传：《社会本体论》，武汉大学出版社，1999 年，第 320 页。

⑦ 刘远传：《社会本体论》，武汉大学出版社，1999 年，第 320 页。

⑧ 中共中央马克思恩格斯列宁斯大林著作编译局：《马克思恩格斯文集（第九卷）》，人民出版社，2009 年，第 417 页。阿莉阿德尼（Ariadne）线，本为古希腊罗马典故。恩格斯在《自然辩证法》导言中引用了这个典故，用它来比喻能解决复杂问题的办法。典故内容详见生活·读书·新知三联书店 1978 年出版的戈宝权编写的《〈马克思恩格斯选集〉中的希腊罗马神话典故》第 105 页的相关内容。

的把握，它意味着只要置于这个‘实践场域’之内，构成该‘实践场域’的各种基本因素就必然会发生如此这般的相互作用关系，并必然地导致某种‘现象’或‘事件’的发生”①。具体可以从如下几个方面来理解：

第一，历史主体是“现实的人”在“实践场域”中形成的，历史主体的形成同现实的人的指认具有相同的意义。如果没有现实的人的前提也就不会有历史主体的形成。只有历史主体形成了，才会有历史主体能动性与外部客观制约性的关系问题，也才会有主体与结构的关系问题。

第二，就历史认识的社会结构而言，也是同空间问题分不开的。在杰西·洛佩兹和约翰·斯科特看来，“社会结构”和“场域”有着密切的关系。社会就是一个“社会空间”，其中有许多“重叠和互相渗透”且有“自己的特殊发展动力”的“行为场域共存”，而社会空间中的“场域”和“场域”会互相影响和强化，从而“在这自治和互相渗透的众场域的分散空间中，社会结构得以形成”。② 当然，马克思社会结构同空间关系的认识具有自身特点，是在人的实践活动意义上讲的，强调的是以生产基点的经济基础与上层建筑关系的结构问题。

第三，人类社会历史发展中的价值也是在“实践场域”中展开和逐步实现的。如果没有历史规律在“实践场域”中的显现，历史价值也就无从谈起。

第四，自然与社会关系的历史发展同“实践场域”也不是没有关系。自然与社会关系的产生与发展主要是通过以“生产”为基点的科学—技术—生产力—生产方式—经济基础—上层建筑的一种结构模式实现沟通的。当然，人与自然的关系并非仅仅表现为一种“物”的关系。

第五，人类社会发展中的“实践场域”问题，当然是个“空间”问题，但同时也是个“时间”问题。“时间实际上是人的积极存在，它不仅是人的生命的尺度，而且是人的发展的空间。”③ 正如黑格尔所言，“运动的本质是成为空间与时间的直接统一；运动是通过空间而现实存在的时间，或者说，是通过时间才被真正区分的空间”④。在这一点的理解上，马克思是不同于海德格尔的。在海德格尔看来，与存在者相区分的存在不是空间性的存在，而是时间性的存在，唯有借助于时间性存在才能显现出来。“存在指的都是诸如在场（Anwesen）这样的东西。……存在通过时间而被规定为在场状态。……一旦我们开始深思，在何种程度上有这种通过时间的对存在的规定，这一骚动就会增强。”⑤ 海德格尔现象学意义上所说的“在世界中存在”（德语是 In-der-Welt-sein，也即英语中的 being-in-the-world）中的“在……之中”，就不是空间性意义上的所指。当然，海德格尔这里的理解更不是“容器性”的空间。

---

① 陈晏清、阎孟伟：《辩证的历史决定论》，中国社会科学出版社，2007 年，第 65 页。

② ［英］杰西·洛佩兹、约翰·斯科特：《社会结构》，允春喜译，吉林人民出版社，2007 年，第 127 页、第 128 页。

③ 中共中央马克思恩格斯列宁斯大林著作编译局：《马克思恩格斯全集（第四十七卷）》，人民出版社，2016 年，第 532 页。

④ ［德］黑格尔：《自然哲学》，梁志学、薛华、钱广华等译，商务印书馆，1980 年，第 58 页。

⑤ ［德］海德格尔：《面向思的事情》，陈小文、孙周兴译，商务印书馆，1996 年，第 2 页。

第六，“实践场域”在于“主体和客体两者共同支撑着因而不能分开的开放域”[①]并未被忽略，而是把主客体的统一植根于“人与世界的融合、合一”的“大前提”[②]下，人作为主体来认识客体如此也才会成为可能。以物质生产活动为“优先的通道”而进入“主客体统一的生活世界”[③] 才会成为可能。海德格尔反对“主客二分”，试图以“此在”[④] 超越“主体—客体”结构，问题在于“‘向内转’的形而上学沉思或后现代式的诗性之思”[⑤] 是否会达到这个目的还真是值得怀疑。

第七，“实践场域”另一个未被忽略的就是“客观性”。实践虽然是实践主体使用人体器官、生产工具、实验仪器等手段与外在于主体的客观对象发生作用的过程，但这并不会改变主客体关系过程中所使用的手段和客体相互作用所呈现出来的客观实在性。“‘实践场域’这个概念意味着人类的感性活动同时也构成了物质运动的特殊形态，即与实践主体相关并由此扬弃了‘自在性’的物质运动形态。”[⑥] 这就是“规律”现象表现状态的客观要求。马克思有这方面的认识，是在《德意志意识形态》中阐释生活资料的生产方式时提出的这个问题。在马克思看来，生活资料的生产方式取决于人们“已有的和需要再生产的生活资料本身的特性”，生产方式的考察相比于“个人肉体存在的再生产”而言，人们进行生产的“物质条件”[⑦] 更能说明人们何以进行这种活动方式的客观必然性。“个人怎样表现自己的生命，他们自己就是怎样。因此，他们是什么样的，这同他们的生产是一致的——既和他们生产什么一致，又和他们怎样生产一致。因而，个人是什么样的，这取决于他们进行生产的物质条件。”[⑧] 马克思的这种认识实际上就是现象学的致思取向，是“是什么”和“如何是”的两种结合。正如熊伟先生所言：“现象学（Phänomenologie）之兴起，始使人类从两千年来只追究现象之‘是什么’的成见，鞭辟入里，更进而追究现象之‘如何是’。前者即追究‘在者’，自然（广义的）科学实优为之；后者即追究‘在’，乃科学无能为力而有待于哲学者。”[⑨] 现象学强调的是事物如何是其所是也即现象如何显现出来的问题，反对用自然主义的思维对待事物，首先不是讨论命题中的宾语问题，而是要先直观主词，把一切可能的宾语都放在括号内存而不论。马克思对人的感性活动的强调实际上就是解决的“是者如何是”的问题，也即

---

① ［美］威廉·巴雷特：《非理性的人——存在主义哲学研究》，段德智译，上海译文出版社，1992 年，第 245～246 页。

② 张世英：《哲学导论》，北京大学出版社，2016 年，第 7 页。

③ 王南湜：《后主体性哲学的视域——马克思唯物主义的当代阐释》，中国人民大学出版社，2004 年，第 60 页、第 59 页。

④ ［德］海德格尔：《存在与时间》，陈嘉映、王庆节译，商务印书馆，2016 年，第 63 页。

⑤ 孙伯鍨、刘怀玉：《“存在论转向”与方法论革命——关于马克思主义哲学本体论研究中心的几个问题》，载赵剑英、俞吾金：《马克思的本体论思想》，社会科学文献出版社，2006 年，第 123 页。

⑥ 陈晏清、阎孟伟：《辩证决定论》，中国社会科学出版社，2007 年，第 65 页。

⑦ 中共中央马克思恩格斯列宁斯大林著作编译局：《马克思恩格斯选集（第一卷）》，人民出版社，2012 年，第 147 页。

⑧ 中共中央马克思恩格斯列宁斯大林著作编译局：《马克思恩格斯选集（第一卷）》，人民出版社，2012 年，第 147 页。

⑨ 熊伟：《自由的真谛——熊伟文选》，中央编译出版社，1997 年，第 12～13 页。

“是者如何是”[①] 从人的感性活动来理解的问题。

综上所述，空间论对于从立场、观点、方法看马克思历史观具有的意义在于：“人”站在何种哲学“立场”上、从何种“视角”看事物、产生的何种“观点”以及相应的“真善美”的实现方案和实践活动路向的历史认识问题都离不开一个“立足点”。或者说，按照这种理解方式，“人在反观世界的时候，却总是以人本身为中心，即以一种拟人观，按照人自己存在和活动的特点，来看待世界的存在及其本质”[②]。而这正是空间“实践场域”形成对于马克思历史认识“立足点”确立作用的重要表现。

① 萧诗美：《是的哲学研究》，武汉大学出版社，2003 年，第 372 页。

② 夏甄陶：《夏甄陶文集（第二卷）》，中国人民大学出版社，2011 年，第 45 页。

第十章　马克思历史观的方法[①]论

马克思的历史认识是立场、观点和方法的统一，本章主要探讨一下马克思历史认识中的方法问题。毕竟，“仅仅在历史认识论的范围内谈论历史方法论是不够的，历史方法论要远远超出历史认识论的范围”[②]，它是与历史规律、价值、审美以及语言等都有关的一个历史问题[③]。

第一节　方法认识的形成

在马克思恩格斯的历史认识中，立场、观点、方法的形成有个过程，大体可以分为三个阶段，也即马克思的中学时期到《关于费尔巴哈的提纲》为第一个阶段，以《资本论（第一卷）》的出版为界划分为第二个和第三个阶段，其中第二个阶段是核心时期，主要是基本观点的形成时期，第一和第二个阶段分别是立场和方法的形成时期。第一和

---

① 马克思历史认识中的“方法”问题肯定和历史的认识有分不开的关系，但仅仅就“历史方法论的线索应当是人如何认识历史和创造历史”（袁吉富：《历史认识论和历史方法论》，吉林人民出版社，2006 年，第 171 页）而言，E. M. 茹科夫和约恩·吕森历史方法论是历史认识论的一个组成部分的观点就有很大局限性（［苏联］E. M. 茹科夫：《历史方法论大纲》，王瓘译，上海译文出版社，1988 年，第 15～23 页。［德］约恩·吕森：《历史思考的新途径》，綦甲福、来炯译，上海人民出版社，2005 年，第 3 页）。更何况历史认识中的方法问题也并不仅仅是和历史认识有关系的一个问题。历史本体和历史价值问题也都和历史方法有密切的关系。所以，“仅仅在历史认识论的范围内谈论历史方法论是不够的，历史方法论要远远超出历史认识论的范围”（袁吉富：《历史认识论和历史方法论》，吉林人民出版社，2006 年，第 158 页）。很明显，历史学的方法论同历史方法论更是不能等同的，而是“局部与整体”或“个别与一般”的关系（袁吉富：《历史认识论和历史方法论》，吉林人民出版社，2006 年，第 161～162 页）。同理，历史方法论同社会科学方法论以及自然科学方法论都应是这样理解的一种关系（袁吉富：《历史认识论和历史方法论》，吉林人民出版社，2006 年，第 163～171 页）。当然，方法论的广义理解同认识论既包括“知识”也包括“智慧”，也即“元学如何可能”和“理想人格如何培养”的广义认识问题是并不矛盾的；且方法论的广义理解只有在认识也广义理解时才具有一致的可能性（冯契：《认识世界和认识自己》，华东师范大学出版社，2016 年，第 6 页）。一言以蔽之，马克思历史认识的方法论、认识论、价值论和本体论是统一的，是真善美的统一。

② 袁吉富：《历史认识论和历史方法论》，吉林人民出版社，2006 年，第 158 页。

③ 参阅云南人民出版社 2002 年出版的韩震等著的《历史哲学——关于历史概念的哲学阐释》一书第 35～43 页、吉林人民出版社 2006 年出版的袁吉富的《历史认识论和历史方法论》一书第 9 页、社会科学文献出版社 2008 年出版的万斌等著的《历史哲学》一书第 304～409 页的相关内容。

第二个阶段我们已经在前面的章节中论述过了，下面主要说一下方法[①]问题。

有关马克思历史认识中的方法，我们经常提及的是恩格斯晚年讲的方法问题，其中恩格斯在1890年写给保尔·恩斯特的信中重点阐释了这个问题，是在谈到如何利用唯物主义的方法研究历史时说到的这个问题，认为不能把唯物主义方法“当做现成的公式，按照它来裁剪各种历史事实”，而是要把它当做“研究历史的指南”，否则“它就会转变为自己的对立物”。[②] 从恩格斯的论述看，此处说的方法问题应是在形而上学相对的意义上讲的唯物辩证法问题。对于如何辩证地来理解经济基础中的经济因素和上层建筑中的政治、法律以及道德、艺术、宗教、哲学等因素之间的关系问题，恩格斯有多处论述，其中在1890年致康拉德·施密特的信中，重点提到了要用“辩证法”而不是“形而上学”[③] 的思维方式来理解问题。不仅如此，恩格斯在《自然辩证法》中多次讲到如何辩证地来看待人与自然的关系问题，其中在“辩证法作为科学”这一节中，恩格斯不但明确指出了“形而上学”和“辩证法”[④] 是对立的问题，而且指出了这两种思维方式对立的特点：一个是“非此即彼”[⑤]，一个是“除了‘非此即彼!’，又在恰当的地方承认‘亦此亦彼!’，并使对立的各方相互联系起来”[⑥]。在《反杜林论》和《社会主义从空想到科学的发展》中，恩格斯论述了这种辩证思维方法的特点：一是强调了“联系”的特点，“当我们通过思维来考察自然界或人类历史或我们自己的精神活动的时候，首先呈现在我们眼前的，是一幅由种种联系和相互作用无穷无尽地交织起来的画面，其中没有任何东西是不动的和不变的，而是一切都在运动、变化、生成和消逝”[⑦]；二是强调了“发展”的特点，“世界不是既成事物的集合体，而是过程的集合体，其中各个似乎稳定的事物同它们在我们头脑中的思想映象即概念一样都处在生成和灭亡的不断变化中，在这种变化中，尽管有种种表面的偶然性，尽管有种种暂时的倒退，前进的发展终究会实现”[⑧]。这也是我们经常提起的辩证法的两个基本特点问题。实际上，这还不够。因为就联系和发展的特点而言，黑格尔已经讲得足够多了。在《自然辩证法》中，恩格斯在谈到辩证法时，经常提起它的唯物主义问题，认为不能把“辩证法同

---

① 这里的方法不是指马克思、恩格斯在《〈政治经济学批判〉导言》和《卡尔·马克思〈政治经济学批判。第一分册〉》以及《资本论（第一卷）》“序言”中所讲的从“抽象到具体”“逻辑与历史相统一”的研究方法和叙述方法的问题。关于这些方法的问题我在第二章已经论述过了。

② 中共中央马克思恩格斯列宁斯大林著作编译局：《马克思恩格斯选集（第四卷）》，人民出版社，2012年，第595页。

③ 中共中央马克思恩格斯列宁斯大林著作编译局：《马克思恩格斯选集（第四卷）》，人民出版社，2012年，第614页。

④ 中共中央马克思恩格斯列宁斯大林著作编译局：《马克思恩格斯选集（第三卷）》，人民出版社，2012年，第901页。

⑤ 中共中央马克思恩格斯列宁斯大林著作编译局：《马克思恩格斯选集（第三卷）》，人民出版社，2012年，第909页。

⑥ 中共中央马克思恩格斯列宁斯大林著作编译局：《马克思恩格斯选集（第三卷）》，人民出版社，2012年，第910页。

⑦ 中共中央马克思恩格斯列宁斯大林著作编译局：《马克思恩格斯选集（第三卷）》，人民出版社，2012年，第790页。

⑧ 中共中央马克思恩格斯列宁斯大林著作编译局：《马克思恩格斯选集（第四卷）》，人民出版社，2012年，第250页。

黑格尔派一起抛进大海”①，必须把黑格尔倒立的辩证法“倒过来，以便发现神秘外壳中的合理内核”②。这种唯物主义也就是“在自然界中到处发生作用的、对立中的运动的反映”③ 问题。当然，这种反映是“物质的东西”被“移入人的头脑并在人的头脑中改造过的”④ 东西而已，也即是一种能动的创造过程。或者说，也就是“概念”和“现实”的关系如何理解的问题，二者“像两条渐近线一样，一齐向前延伸，彼此不断接近，但是永远不会相交”⑤。这种差别所反映的是“概念并不无条件地直接就是现实，而现实也不直接就是它自己的概念”⑥，否则就是机械反映论⑦。这是问题的一个方面。另一方面还需要说明的是概念之间也是有关系的，而不是像形而上学者一样“孤立的”⑧ 来考察。本来研究对象就不是“固定的、僵硬的、一成不变的”⑨，那么，我们对其考察所产生的概念以及概念之间的关系也相应地会是不断发生变化的。

当然，马克思、恩格斯对历史认识中方法的理解并不是孤立的，而是同基本观点的形成和哲学立场的确立共同产生的。实际上，从历史认识的基本观点看，历史认识“是什么”和“如何认识”的问题是不可能分开的。这个特点的表现最明显的展示是在《德意志意识形态》和《〈政治经济学批判〉序言》中，其中前者认为历史认识中的这种结合为：“从直接生活的物质生产出发”的社会结构的形成和发展的⑩“是什么”与“从物质实践出发来解释各种观念形态”⑪ 的“如何认识”相结合的问题。后者则是“生活的社会生产”⑫ 如何形成社会结构以及社会形态发展的“是什么”和“人们的社会存在

---

① 中共中央马克思恩格斯列宁斯大林著作编译局：《马克思恩格斯选集（第三卷）》，人民出版社，2012 年，第 875 页。

② ［德］马克思：《资本论（第一卷）》，人民出版社，2018 年，第 22 页。

③ 中共中央马克思恩格斯列宁斯大林著作编译局：《马克思恩格斯选集（第三卷）》，人民出版社，2012 年，第 908 页。

④ ［德］马克思：《资本论（第一卷）》，人民出版社，2018 年，第 22 页。

⑤ 中共中央马克思恩格斯列宁斯大林著作编译局：《马克思恩格斯选集（第四卷）》，人民出版社，2012 年，第 666 页。

⑥ 中共中央马克思恩格斯列宁斯大林著作编译局：《马克思恩格斯选集（第四卷）》，人民出版社，2012 年，第 666 页。

⑦ “社会意识反映社会存在，这就是马克思的学说。反映可能是对被反映者的近似正确的复写，可是如果说它们是同一的，那就荒谬了。意识总是反映存在的，这是整个唯物主义的一般原理。看不到这个原理与社会意识反映社会存在这一历史唯物主义的原理有着直接的和不可分割的联系，这是不可能的。”［中共中央马克思恩格斯列宁斯大林著作编译局：《列宁选集（第二卷）》，人民出版社，2012 年，第 219 页］

⑧ 中共中央马克思恩格斯列宁斯大林著作编译局：《马克思恩格斯选集（第三卷）》，人民出版社，2012 年，第 791 页。

⑨ 中共中央马克思恩格斯列宁斯大林著作编译局：《马克思恩格斯选集（第三卷）》，人民出版社，2012 年，第 791 页。

⑩ 中共中央马克思恩格斯列宁斯大林著作编译局：《马克思恩格斯选集（第一卷）》，人民出版社，2012 年，第 171 页。

⑪ 中共中央马克思恩格斯列宁斯大林著作编译局：《马克思恩格斯选集（第一卷）》，人民出版社，2012 年，第 172 页。

⑫ 中共中央马克思恩格斯列宁斯大林著作编译局：《马克思恩格斯选集（第二卷）》，人民出版社，2012 年，第 2 页。

决定人们的意识”[①] 中的“如何认识”相结合的问题。在《1844年经济学哲学手稿》中也有展示，其中“宗教、家庭、国家、法、道德、科学、艺术等等，都不过是生产的一些特殊的方式，并且受生产的普遍规律的支配”[②] 就是历史“如何认识”的问题，而历史“是什么”则是马克思借助费尔巴哈的唯物主义批判黑格尔思辨唯心主义的过程中初步阐释的问题——“这种共产主义，作为完成了的自然主义，等于人道主义，而作为完成了的人道主义，等于自然主义，它是人和自然界之间、人和人之间的矛盾的真正解决，是存在和本质、对象化和自我确证、自由和必然、个体和类之间的斗争的真正解决”[③]。很明显，历史认识中的“如何认识”就是列宁所说的哲学上的两条路线问题——“从物到感觉和思想呢，还是从思想和感觉到物?”[④] 的认识路线问题。也就是说，马克思历史认识中的“是什么”和“如何认识”的结合问题，所反映出来的并不仅仅是认识观点和认识方法之间有密切关系的一个问题，也是一个和哲学立场有着不可分离的关系的问题。关于马克思、恩格斯如何实现唯物主义的转向问题，我在第一章已经论述过了，下面主要来看看马克思历史认识方法的特征问题。

第二节　方法认识的特征[⑤]

在马克思主义发展史上，明确提出总体性的是卢卡奇，是在《历史和阶级意识》中批判经济决定论强调历史发展会有多种因素起作用时提出来的。“不是经济动机在历史解释中的首要地位（Vorherrschaft），而是总体的观点，使马克思主义同资产阶级科学有决定性的区别。总体范畴，整体对各个部分的全面的、决定性的统治地位（Herrschaft），是马克思取自黑格尔并独创性地改造成为一门全新科学的基础的方法的本质。”[⑥] 卢卡奇提出的这一观点为西方马克思主义的其他学者所认同，不断地被提起和翻新，而实际上，总体性思想在马克思的历史认识中作为一种方法已经被揭示出来了，尽管马克思没有明确提出总体性的概念。

马克思的总体性是一种关系性的总体性，不同于实体性的总体性。所谓实体性是传统本体论哲学的一种认识方式，指的是一种依赖超时空的某种因素设定来做逻辑演绎推理的哲学观念。海德格尔对实体性特征所做的描画也即“无所需求性”[⑦]。具体说，海

---

① 中共中央马克思恩格斯列宁斯大林著作编译局：《马克思恩格斯选集（第二卷）》，人民出版社，2012年，第2页。

② 中共中央马克思恩格斯列宁斯大林著作编译局：《马克思恩格斯全集（第三卷）》，人民出版社，2002年，第298页。

③ 中共中央马克思恩格斯列宁斯大林著作编译局：《马克思恩格斯全集（第四十二卷）》，人民出版社，2016年，第120页。

④ 中共中央马克思恩格斯列宁斯大林著作编译局：《列宁选集（第二卷）》，人民出版社，2012年，第37页。

⑤ 该节作为《澄明马克思历史观决定论的实体性超越理路》的一部分曾发表在《云梦学刊》2022年第3期。

⑥ ［匈］卢卡奇：《历史与阶级意识——关于马克思辩证法的研究》，杜章智、任立、燕宏远译，商务印书馆，1992年，第76页。

⑦ ［德］海德格尔：《存在与时间》，陈嘉映、王庆节译，商务印书馆，2016年，第135页。

德格尔所说的实体就是一个完全不需要其他存在者而存在的东西。关于这一点我在上文中有过论述，已经指出马克思虽然曾使用过本体意义上的概念，但不是在传统本体论意义上使用的。实体性的总体性是传统本体论的一种哲学认识特性，蕴含的就是实体性的哲学理念。黑格尔的哲学就是一种实体性的总体性，也正是在批判黑格尔的实体性的总体性哲学认识的基础上，马克思提出了自己的关系性的总体性的哲学认识。这种认识具有如下几个方面的特点：

一是关系的基础性。马克思通过对黑格尔实体性哲学的批判，首要的认识是实现了哲学立足点的转换，也即从超感性的世界转换到感性世界。马克思的感性世界的认识也是不同于直观唯物主义如费尔巴哈的认识的，其认识不到感性世界是通过人的活动向人生成以及通过对象化的活动而在对象性的世界中确证自身的主体性的认识，相反，仅仅把感性世界理解为一种自在的、直观的对象。“费尔巴哈对感性世界的‘理解’一方面仅仅局限于对这一世界的单纯的直观，另一方面仅仅局限于单纯的感觉。”① 马克思、恩格斯理解的感性世界就是“对象世界”“人类世界”，是一种现实的存在，包括与人和人的活动彼此不可分离的自然界（自然存在）、人的活动过程及其结果的社会或历史（社会存在）以及基于自身需要和社会需要而从事一定实践活动、处于一定社会关系中、具有能动性的现实的个人（人的存在）。感性世界是马克思恩格斯关系性思想认识的基础。

二是关系的对象性。马克思在《博士论文》和《莱茵报》时期，对自我意识和理性的强调使马克思对哲学的理解还带有黑格尔观念实体的烙印，而到了《德法年鉴》和《1844 年经济学哲学手稿》时期，马克思逐渐转向了关系性的思维模式，对黑格尔的绝对理念进行了批评，认为其实际上就是一种“本身既不是对象，又没有对象”② 的存在物。这种没有对象性的存在物，“是一种非现实的、非感性的、只是思想上的即只是想象出来的存在物，是抽象的东西”③。对象性的存在物就是关系性的存在物。在《关于费尔巴哈的提纲》《德意志意识形态》特别是《资本论》中，马克思确立了从社会关系特别是生产关系来看待关系性的论点。

三是关系的相互性。马克思、恩格斯在《〈政治经济学批判〉导言》《路德维希·费尔巴哈和德国古典哲学的终结》《自然辩证法》以及《致康拉德·施密特》的信中，都谈到了关系的相互性问题，其中《〈政治经济学批评〉导言》在论述生产、分配、交换、消费关系时，谈到了“不同要素之间存在着相互作用”④ 的问题，《路德维布·费尔巴哈和德国古典哲学的终结》在阐释社会发展与自然发展具有不同特点时，指出社会发展

① 中共中央马克思恩格斯列宁斯大林著作编译局：《马克思恩格斯选集（第一卷）》，人民出版社，2012 年，第 155 页。

② 中共中央马克思恩格斯列宁斯大林著作编译局：《马克思恩格斯全集（第三卷）》，人民出版社，2002 年，第 325 页。

③ 中共中央马克思恩格斯列宁斯大林著作编译局：《马克思恩格斯全集（第三卷）》，人民出版社，2002 年，第 325 页。

④ 中共中央马克思恩格斯列宁斯大林著作编译局：《马克思恩格斯选集（第二卷）》，人民出版社，2012 年，第 699 页。

的动力在“相互作用中”[①]，《自然辩证法》在谈到自然界的运动时提到了“相互作用是事物的真正的终极原因”[②] 问题。《致康拉德·施密特》的信中，恩格斯在谈到辩证法不能在对立两极中理解时，强调了事物发展过程是“在相互作用的形式中进行的”[③] 的观点。总体上看，马克思、恩格斯是在本体论或辩证法的意义上理解关系的相互作用的，是一般性的阐释。

四是关系的本源性。马克思在《〈政治经济学批判〉导言》中，在谈到生产基础上的生产关系、交往关系以及家庭关系和国际关系时，提到了生产关系可以有第二级、第三级之分也即派生的、转移来的、非原生的生产关系问题[④]；另一处是在给维·伊·查苏利奇的复信中谈到原始公社时，认为对原始公社的认识可以分为“一系列原生的、次生的、再次生的等等类型”[⑤] 问题。

五是关系的中介性。马克思在《资本论》手稿中分析经济范畴时，强调了中介环节的必要性，例如，在理解价值与价格的关系时，他认为生产价格就是一个必要的环节。[⑥] 这是在两个范畴中间环节的中介，也即一个“第三项”或“中项”的意义上使用的中介性概念。这种中介是主体的自否定运动，是扬弃对立环节的统一，即“扬弃这两极的独立的存在，以便通过这两极的扬弃本身来把自己确立为唯一独立的东西”[⑦]。除此以外，中介还可以在对立面相互联系即“对立面互为中介的中介”的意义上使用，《〈政治经济学批判〉导言》中关于生产和消费的论述就是在此意义上使用的：一方面生产是消费的中介，有了生产才会创造出消费材料和消费对象；另一方面消费是生产的中介，有了消费才“替产品创造了主体，产品对这个主体才是产品”[⑧]。其特点就是一方表现为另一方的手段，“以对方为中介”而相互依存，从而在运动中彼此发生关系而不可或缺，“但又各自处于对方之外”[⑨]。恩格斯在《自然辩证法》中批判形而上学的思维时总结了这两种中介性的特点，指出“承认‘亦此亦彼!’，并且使对立互为中介”[⑩] 是

---

① 中共中央马克思恩格斯列宁斯大林著作编译局：《马克思恩格斯选集（第四卷）》，人民出版社，2012 年，第 253 页。

② 中共中央马克思恩格斯列宁斯大林著作编译局：《马克思恩格斯全集（第二十卷）》，人民出版社，2016 年，第 574 页。

③ 中共中央马克思恩格斯列宁斯大林著作编译局：《马克思恩格斯选集（第四卷）》，人民出版社，2012 年，第 614 页。

④ 中共中央马克思恩格斯列宁斯大林著作编译局：《马克思恩格斯选集（第二卷）》，人民出版社，2012 年，第 709 页。

⑤ 中共中央马克思恩格斯列宁斯大林著作编译局：《马克思恩格斯全集（第十九卷）》，人民出版社，2016 年，第 432 页。

⑥ 中共中央马克思恩格斯列宁斯大林著作编译局：《马克思恩格斯全集（第二十六卷第二册）》，人民出版社，2016 年，第 432 页。

⑦ 中共中央马克思恩格斯列宁斯大林著作编译局：《马克思恩格斯全集（第四十六卷上册）》，人民出版社，2016 年，第 295 页。

⑧ 中共中央马克思恩格斯列宁斯大林著作编译局：《马克思恩格斯选集（第二卷）》，人民出版社，2012 年，第 691 页。

⑨ 中共中央马克思恩格斯列宁斯大林著作编译局：《马克思恩格斯选集（第二卷）》，人民出版社，2012 年，第 693 页。

⑩ 中共中央马克思恩格斯列宁斯大林著作编译局：《马克思恩格斯全集（第二十卷）》，人民出版社，2016 年，第 555 页。

辩证思维方式的特点。

六是关系的主导性。马克思在《〈政治经济学批判〉导言》中谈到如何看待如中世纪等社会阶段所有制形式时，认为在一切社会形式中会有一种生产就像“一种普照的光”一样在“一切存在的比重”中“决定其他一切生产的地位和影响”。[①]

七是关系的实践性。如果仅仅把马克思对关系的认识理解成一种对象性关系，还是不够的。对于费尔巴哈来说，其也有对象性的思想认识，指的是一种感性的对象性。费尔巴哈所设定的人“不是‘现实的历史的人’”[②]，“他把人只看作是‘感性对象’，而不是‘感性活动’”[③]。而马克思对关系对象性的理解则是对象性活动或感性活动的意思。“对象性的存在物进行对象性活动，如果它的本质规定中不包含对象性的东西，它就不进行对象性活动。”[④] 如果说《1844 年经济学哲学手稿》中对对象性活动或感性活动的理解还有一定的思辨性，而在《关于费尔巴哈的提纲》和《德意志意识形态》中明确把对象性活动或感性活动理解为“实践”就已经完全褪去了哲学思辨的色彩，转向实践唯物主义的理解方式了，把人的活动本身直接理解为“对象性的［*gegenständlicehe*］活动”。[⑤]

当然，西方哲学从古希腊开始也不是不讲关系性，只不过是一种实体与偶性的关系性而已。[⑥] 黑格尔也不是不讲关系性，但其关系性主要指的是超验实体演化出来的一种关系，是绝对精神成长、外化与回还的一种关系。这是对马克思关系性哲学思想与其他关系性认识相区分的一个方面，另一方面则是如何看待西方 19 世纪中期之后反实体主义走向关系性哲学思想认识与马克思关系性哲学思想相区分的问题。在马克思同时代反对实体性形而上学的，除了马克思之外，以孔德为首的实证主义和人本主义的开创者克尔凯郭尔也是其中的一部分。海德格尔和萨特等的现象学的现代实存主义则是在这之后西方哲学反实体认识的继续发展。西方哲学进入 20 世纪，反实体性的哲学思想成为西方哲学的一个重要组成部分，认为关系性才是哲学认识的关键，方法论的“关系主义”在西方各个学科的研究中占据了重要地位，与“方法论的一元论不同”，关系是“首要地位”。[⑦] 从上面的论述我们可以得知，马克思对关系性的认识同这种关系性认识具有根本不同的特性，至少有一点是明确的，马克思的关系概念“是客观的社会生活关系的

---

① 中共中央马克思恩格斯列宁斯大林著作编译局：《马克思恩格斯选集（第二卷）》，人民出版社，2012 年，第 707 页。

② 中共中央马克思恩格斯列宁斯大林著作编译局：《马克思恩格斯选集（第一卷）》，人民出版社，2012 年，第 155 页。

③ 中共中央马克思恩格斯列宁斯大林著作编译局：《马克思恩格斯选集（第一卷）》，人民出版社，2012 年，第 157 页。

④ 中共中央马克思恩格斯列宁斯大林著作编译局：《马克思恩格斯全集（第三卷）》，人民出版社，2002 年，第 324 页。

⑤ 中共中央马克思恩格斯列宁斯大林著作编译局：《马克思恩格斯选集（第一卷）》，人民出版社，2012 年，第 133 页。

⑥ 对于西方哲学实体与偶性的关系性问题，可以参阅生活·读书·新知三联书店 2019 年出版的邓晓芒的《哲学史方法论十四讲》第 250～288 页的相关内容。

⑦ ［法］皮埃尔·布迪厄、［美］华康德：《实践与反思——反思社会学导论》，李猛、李康译，中央编译出版社，1998 年，第 15 页。

反映”[①]，是从活生生的现实生活中抽象出来的，是带有价值取向而不是单纯强调所谓“中立性”的一种认识，是“感性世界中的超感性”[②]。

第三节　方法论在历史认识中的理论意义

“方法”的认识一般可以分为工具和手段、工具、程序、规则、原则以及视角意义上三个层面的理解方式，其中具体感性的工具属于较低层次，手段、程序、规则、原则属于中间层次，而视角则属于较高层次。正如孙伟平教授所说，方法从狭义上来理解，指的就是“研究视角、手段、工具、程序、规则等方面的内容”[③]。“方法”在西方文化中是源于希腊文的一个词语，是由“μετο”（沿着）和“οδοζ”（道路）合成的一个词，其字面的意思是指“沿着某条道路前进”[④]。“方法”在中国文化中并不仅仅是人们常规理解的规矩、规则的意思，其意和中国传统文化中的“道”的理解有关系。沈顺福教授认为，根据许慎的解释，中国传统文化中理解的“道”的本义是“达”[⑤]。既然“道”可以理解成“达”，那就会有出发点、目的和行走完成，即从起点到终点的任务问题，而在这个过程之中还会有一个“确立一个方向”[⑥] 的问题。从中西文化对“方法”的理解看，都有一个认识“视角”的选择和“道”的关系的理解问题，且“视角”的选择和认识的结果“道”的问题都会和“出发点”有一定关系。汤一介先生在评价冯契先生广义认识论时所说，“以物观之”只有进入“以道观之”，才能够“转识成智”。[⑦]

从方法的角度看，马克思对于自然与社会关系的历史的认识要从三个方面展开：首先是长度不能太短（时段要长），也即要从几十年、几百年、上千年，甚至是上万年来看历史（最长既要追溯到人类社会历史发展的开端，也要展望到人类社会历史发展的未来）；其次是宽度不能太窄（视野要宽），也即要从人与自然的关系以及人与人的关系来看历史（最宽既要涉及个人与个人的关系、个人与群体的关系、群体与群体的关系、个人与自然的关系、群体与自然的关系，也要涉及国家、民族、区域等之间的关系）；最后是深度不能太浅（深度要厚），也即要深入人类社会发展的深层来看历史（最深既要从生产劳动上把握人类社会发展的历史规律，也要从实践上把握人类社会发展的历史规律）。

关于人类社会发展纵向与横向的历史认识是历史解释中很突出的一种观点，周谷城先生对此的认识相对较早。在《世界通史》的“新序”中，周先生论述道：“世界通史

---

① 孙伯鍨、张一兵：《走进马克思》，江苏人民出版社，2020 年，第 263 页。

② 吴晓明、王德峰：《马克思的哲学革命及其当代意义——存在论的新境域的开启》，人民出版社，2005 年，第 240 页。

③ 孙伟平：《价值哲学方法论》，中国社会出版社，2008 年，第 1 页。

④ 郭强：《论马克思的研究方法》，中国社会科学出版社，2010 年，第 19 页。

⑤ 沈顺福：《形而上学导论——一种关于道的哲学理论》，高等教育出版社，2011 年，第 2 页。

⑥ 沈顺福：《形而上学导论——一种关于道的哲学理论》，高等教育出版社，2011 年，第 2 页。

⑦ 汤一介：《读冯契同志〈智慧说三篇导论〉》，载华东师范大学哲学系：《理论、方法、德性——纪念冯契》，学林出版社，1996 年，第 66 页。

并非国别史之总和，而是一个有机的统一体；故叙述时，力求避免分国叙述的倾向，而特别着重世界各地相互的关系。……力求突出世界史在发展中各部分的‘日趋联系’，从而得出比较完整的‘有机统一体’。”[①] 后来吴玉廑和齐世荣二位先生在编写世界史时发展了这种观点，明确地提出了世界历史认识中纵向或横向的认识问题。所谓世界历史横向的认识，是就“历史由各地区间的相互闭塞到逐步开放，由彼此分散到逐步联系密切，终于发展成为整体的世界历史这一客观过程而言的”[②]，相对于世界历史横向的认识，“人类物质生产史上不同生产方式的演变和由此引起的不同社会形态的更迭”[③] 指的则是世界历史的纵向认识，也即原始公社制、奴隶制、封建制、资本主义制和共产主义制五种生产方式和与之相应的五种社会形态由低级到高级发展的纵向序列问题。两种历史认识方式是作用与反作用的一种关系，其中从原始人类分散的生活的各个点到最后联结为世界一体的横向发展过程的推动力量同样是物质生产的不断发展。对于历史认识中的纵向与横向问题，翦伯赞先生在出版于1938年的《历史哲学教程》中也有论述，认为纵的方面指的是历史在时间上“向着一个继起发展的总的前程进行”[④]，横向方面指的是空间上民族历史在世界史中的“交互作用”[⑤] 问题，“历史之纵的发展与横的发展”是“相互的统一”[⑥] 的。

这种对人类社会发展纵向与横向相结合的历史认识，相对于历史学方面单纯的纵向或横向的历史认识，的确有一定道理。不过，我认为这种历史认识是从历史学向哲学发展的一种过渡形式，不是完全哲学意义上的一种历史认识。[⑦] 关于如何理解交往关系历史规律的哲学意义，在本书第五章“规律论”的结尾部分，我已经指出过这一问题了。纵向与横向相结合的历史认识最容易陷入的理论困扰就是如何区分与时间和空间的理解问题。毕竟，时间和空间是社会历史发展物质现象的存在形式，同具体历史事实的存在有关。正如金岳霖先生所言，“事实可没有普遍的。所谓普遍就是超特殊的时空。事实不但不超特殊的时空，而以特殊的时空为一必要成分。任何事实总是在某时或某地的事实”[⑧]，特殊命题的对象是特殊事实的“事”，而普遍命题的对象则是“理”[⑨]。这就是恩格斯所批判的“巴黎在法国，人不吃饭就会饿死，等等”对真理理解的“大字眼”[⑩] 问题。也就是在这种意义上，我把过去、现在、未来相结合看历史的方式称为看历史的“长度”视角，而把人与自然的关系以及人与人的关系相结合看历史的方式称为看历史

---

① 周谷城：《世界通史（第一册）》，商务印书馆，2005年，原影印本新序，第1～2页。

② 吴玉廑、齐世荣：《世界史：古代史编上卷（总序）》，高等教育出版社，2011年，第7页。

③ 吴玉廑、齐世荣：《世界史：古代史编上卷（总序）》，高等教育出版社，2011年，第6页。

④ 翦伯赞：《历史哲学教程》，河北教育出版社，2000年，第90页。

⑤ 翦伯赞：《历史哲学教程》，河北教育出版社，2000年，第92页。

⑥ 翦伯赞：《历史哲学教程》，河北教育出版社，2000年，第90页。

⑦ 刘新成教授曾指出过一个问题，认为吴玉廑和齐世荣二位先生所编纂的《世界史》，“在描述世界的横向发展方面还显得力不从心”（刘新成：《全球史观与近代早期世界史编纂》，《世界历史》，2006年第1期，第43页）。而从哲学或历史哲学的角度提升这种认识也是很有必要的。

⑧ 金岳霖学术基金会学术委员：《金岳霖文集（第三卷）》，甘肃人民出版社，1995年，第747页。

⑨ 金岳霖学术基金会学术委员：《金岳霖文集（第三卷）》，甘肃人民出版社，1995年，第748页。

⑩ 中共中央马克思恩格斯列宁斯大林著作编译局：《马克思恩格斯选集（第三卷）》，人民出版社，2012年，第464页。

的“宽度”视角，而不用“纵向”和“横向”相结合看历史的方式。对于“长度”与“宽度”的认识，我在上文已经论述过了，而对于“深度”的要求还需要做一下阐述。

在第五章我已经论述过马克思历史观“以生产观历史”的认识方式，指的是从“生产”视角来看人类社会历史发展的问题。从这层意义来看，认为历史的发展可以从“劳动”的视角来看也并不是不可以。不过，二者虽然说的都是人的同一个活动，但两种视角看历史还是有一定差异的：一是从认识角度看，生产侧重于结果，而劳动侧重于过程，“如果整个过程从其结果的角度，从产品的角度加以考察，那末劳动资料和劳动对象表现为生产资料，劳动本身则表现为生产劳动”①；二是从认识的关系看，劳动侧重于个人自然力即劳动力的表现，“是人和自然之间的过程，是人以自身的活动来中介、调整和控制人和自然之间的物质变换的过程”②，而生产所涉及的内容会更多，与生产的条件和形式都有关系③。一言以蔽之，劳动相对于生产而言，其抽象和概括的程度都是生产所不能比的。

以此类推，如果我们说从“实践”来看历史是否可以呢？回答当然是肯定的。孙正聿教授所提出的“历史解释原则”的“历史”具体指的是人的实践活动④，万斌和王学川二位教授虽然没有提出历史解释原则问题，但认为“破解历史之谜的钥匙就在于人的实践或实践的人”⑤，而在杨国荣教授看来，“以事观之”地看历史本身就包含着实践，“‘以事观之’，实践活动本身以及实践为对象的认识过程，都是人之所‘作’，并相应地涵盖于‘事’之下”⑥。

就生产、劳动、实践在历史认识中的哲学意义看，有三种不同的认识路向，分别是实践本体论、劳动本体论和生产（力）本体论，其中实践本体论的主要代表是杨耕、何中华、吴晓明⑦等，劳动本体论的代表有宫敬才、谭苑苑⑧等，生产（力）本体论的代表有俞吾金、侯才⑨等。对于如何认识的马克思本体论，陈先达先生有一种观点对我们理解马克思的本体论极富启发意义。在陈先达先生看来，马克思的本体论应是一个包括

---

① 中共中央马克思恩格斯列宁斯大林著作编译局：《马克思恩格斯全集（第二十三卷）》，人民出版社，2016年，第205页。

② ［德］马克思：《资本论（第一卷）》，人民出版社，2018年，第207～208页。

③ 于金福教授认为生产方式主要是指生产的条件与形式，其中条件包括生产的技术条件与社会条件，形式则包括社会的生产形式与生产的社会形式（于金富：《亚细亚生产方式与中国古代社会》，中国社会科学出版社，2019年，第8页）。生产涉及的关系要比劳动涉及的关系更复杂。

④ 孙正聿：《历史唯物主义与马克思主义的新世界观》，《哲学研究》，2007年第3期，第8页。

⑤ 万斌、王学川：《历史哲学》，社会科学文献出版社，2008年，第3页。

⑥ 杨国荣：《人与世界：以事观之》，生活·读书·新知三联书店，2021年，第12页。

⑦ 杨耕：《马克思的实践本体论：一种新解读》，载袁贵仁、杨耕：《当代视野中的马克思主义哲学：中国学者卷（上）》，北京师范大学出版社，2012年，第537页。何中华：《马克思实践本体论：一个再辩护》，载任平、陈忠：《当代视野中的马克思主义哲学》，人民出版社，2010年，第464页。吴晓明、陈立新：《马克思主义本体论研究》，北京师范大学出版社，2012年，第204页。

⑧ 宫敬才：《马克思经济哲学研究》，人民出版社，2014年，第385～386页。谭苑苑：《马克思的劳动本体论思想》，社会科学文献出版社，2019年，第83页。

⑨ 侯才：《马克思对传统本体观的变革》，俞吾金：《作为全面生产理论的马克思哲学》，载赵剑英、俞吾金：《马克思的本体论思想》，社会科学文献出版社，2006年，第62页、第153页。

自然、物质、社会、实践、规律、运动等等的“问题域”①。也就是说，要从多个层面来认识马克思的本体论。其中孙正聿教授是在寻求世界、知识和意义的统一性问题上讲的②，旷三平教授是在唯物辩证法的观点、唯物史观的方法和实践唯物主义三大批判原则意义上讲的③。德国哲学家尼古拉·哈特曼认为对“存在学”的新的理解是分层的，而只有人才包含着物质的、有机的、意识（心灵）的、精神的世界这“四个存在层次”，且“正是一些占主导地位的存在范畴的差别将各个层次相互区分开来”④。本体不是一种绝对独立的形而上的实体，而是多种因素参与的关系中的存在，即“如何存在”的“存在方式”或“是态”⑤ 问题。这种构成因素是有主次轻重之分的，是在人类社会历史发展中逐步形成的。在我们看来，生产、劳动、实践在历史认识中的哲学意义可以从关系性的存在来认识：从三者的关系看，实践的内涵最宽泛，劳动最深厚，“‘具体—抽象性’是马克思劳动本体论思想一大与众不同的本质特征”，而“‘实践’较之‘劳动’而言拥有更为广阔和笼统的外延”⑥。也就说，实践在历史认识中的层次最浅，生产的层次居中，而劳动不但层次最深，且还是贯穿于人类社会发展任何一个时代都不可能离开的主线。当然，三者关系并非互不相干，而是有重合部分，所以，有时把三个概念重叠起来使用也即“生产劳动实践”⑦ 也并非不可。

从现代社会的发展来看，这种表层和深层相结合看历史模式的视角就是经济。经济和生产、劳动、实践比较起来，具有最丰富的内涵，其中经济和生产的关系最接近，二者至少可以在四个方面作比较⑧：其一，从二者的产生看，生产与经济是原生与派生的关系，也即经济是在生产的两个过程也即为生产服务的经济过程和包括技术操作、革新创造、工序衔接、检验维修等一系列完全属于经济自身的、内在的具有直接现实性的生产过程中派生出来的。其二，从二者的内涵看，生产侧重的是人与自然的关系，而经济侧重的则是人与人之间的权利和利益关系，也即生产所涉及的是生产者如何运用劳动资料对劳动对象进行的增殖或增值的创造性活动，而经济则主要是生产、分配、交换和消费持续运行中人、财、物等资源的占有、使用、转让以及生产要素的具体结合等活动问

---

① 陈先达：《马克思主义世界观科学性的客观依据》，载赵剑英、俞吾金：《马克思的本体思想》，社会科学文献出版社，2006 年，第 14 页。

② 孙正聿：《哲学通论》，复旦大学出版社，2017 年，第 148 页。

③ 旷三平：《马克思哲学：思维方式变革与本体论重建》，载赵剑英、俞吾金：《马克思的本体论思想》，社会科学文献出版社，2006 年，第 58 页。

④ ［德］尼古拉哈特曼：《存在学的新道路》，庞学铨、沈国琴译，同济大学出版社，2007 年，第 35 页。孙正聿教授认为传统哲学向现代哲学的转变有两个重要的变化：一是从两极到中介，二是从层级到顺序。前者“从根本上说，就是‘消解’一切‘超历史’的规范人的思想和行动的根据、标准和尺度，把哲学所寻求的真善美理解为时代水平的人类自我意识，把人类已经达到的认识成果理解为时代水平的‘合法的偏见’，把人类自身的存在理解为‘超越其所是’的开放性的存在”。后者的“深层”指的是“以‘深层’文化的‘基础性’、‘根源性’来规范人类的全部思想与行为，从而将‘深层’文化作为人类的‘安身立命之本’”。后者的“顺序”指的是“把‘重要’的文化选择为人的‘安身立命之本’，以它来规范人的思想与行为”（孙正聿：《哲学观研究》，吉林人民出版社，2007 年，第 80 页、第 81 页）。传统哲学向现代哲学的转变从深层意义看，就是本体论、存在论、形而上学的转变问题。

⑤ 赵剑英、俞吾金：《马克思的本体思想》，社会科学文献出版社，2006 年，第 200 页。

⑥ 谭苑苑：《马克思劳动本体论思想》，社会科学文献出版社，2019 年，第 140 页。

⑦ 陆剑杰：《广义经济结构论》，社会科学文献出版社，2005 年，第 115 页。

⑧ 谢平仄：《社会结构论》，湖北人民出版社，1993 年，第 110～112 页。

题。其三，从二者的外延看，生产除了有经济因素之外，也还有技术、人员素质、组织状况等非经济因素，而以生产为根基的经济，则不限于与生产中的经济有关系，其他非生产领域存在的经济因素或经济问题也可能会与经济产生关系。其四，从二者关系的发展看，经济从生产派生出来以后，二者关系分化的相对独立性会越来越强，“凡是存在着社会规模的分工的地方，局部劳动过程也都成为相互独立的。生产归根到底是决定性的东西。但是，产品贸易一旦离开本来的生产而独立起来，它就循着本身的运动方向运行，这一运动总的说来是受生产运动支配的，但是在单个的情况下和在这个总的隶属关系以内，它毕竟还是循着这个新因素的本性所固有的规律运行的，这个运动有自己的阶段，并且也对生产运动起反作用”[①]。

从长度、宽度、深度来看自然与社会的关系的历史发展，必须持有“视界”的辩证思维方式。在《路德维希·费尔巴哈和德国古典哲学的终结》中，恩格斯提出了这样一种观点，认为对于“从自然界和历史”中被驱逐出来的哲学来说，只能留下一个“纯粹思想的领域：关于思维过程本身的规律的学说，即逻辑和辩证法”[②]。也就是说，在恩格斯看来，对自然和历史进行研究要采用一种联系的也即辩证的方法来进行，强调看待事物要采用联系、发展而不是孤立、静止的观点来认识。恩格斯晚年在批判经济决定论对马克思历史观的错误理解时，之所以强调要把马克思的历史观看作是研究的“指南”[③]，而不是当作“构造体系的杠杆”[④]“套语”[⑤]或“教义”[⑥]，不能忽视“辩证法”[⑦]，就是在这种意义上讲的。恩格斯所说的“辩证法”不仅是指人类史的辩证法，也是指自然史的辩证法——“永恒的自然规律也越来越变成历史的自然规律”[⑧]——其中在《自然辩证法》中恩格斯说过这样一段话：“辩证法的规律是从自然界的历史和人类社会的历史中抽象出来的。”[⑨]也就是说，恩格斯所说的辩证法是在自然史和人类史这两种历史共同理解的意义上说的。当然，恩格斯没有忽略思维的辩证法，而是认为不管是自然

① 中共中央马克思恩格斯列宁斯大林著作编译局：《马克思恩格斯选集（第四卷）》，人民出版社，2012年，第608页。

② 中共中央马克思恩格斯列宁斯大林著作编译局：《马克思恩格斯选集（第四卷）》，人民出版社，2012年，第264页。

③ 中共中央马克思恩格斯列宁斯大林著作编译局：《马克思恩格斯选集（第四卷）》，人民出版社，2012年，第595页、第599页。

④ 中共中央马克思恩格斯列宁斯大林著作编译局：《马克思恩格斯选集（第四卷）》，人民出版社，2012年，第599页。

⑤ 中共中央马克思恩格斯列宁斯大林著作编译局：《马克思恩格斯选集（第四卷）》，人民出版社，2012年，第600页。

⑥ 中共中央马克思恩格斯列宁斯大林著作编译局：《马克思恩格斯选集（第四卷）》，人民出版社，2012年，第664页。

⑦ 中共中央马克思恩格斯列宁斯大林著作编译局：《马克思恩格斯选集（第四卷）》，人民出版社，2012年，第614页。

⑧ 中共中央马克思恩格斯列宁斯大林著作编译局：《马克思恩格斯选集（第三卷）》，人民出版社，2012年，第934页。

⑨ 中共中央马克思恩格斯列宁斯大林著作编译局：《马克思恩格斯选集（第三卷）》，人民出版社，2012年，第901页。

界，还是历史或思维的运动，“辩证法的规律”都“必定是同样适用的”[①]。很明显假如没有思维辩证法，那么，自然辩证法和历史辩证法也就没有实际意义了。人类之所以能够形成立场、观点和方法关系的一致性认识，就是因为人类在长期人类社会发展中逐渐形成了看待事物的辩证思维能力。“蔑视辩证法是不能不受惩罚的”——特别是对“经验主义者”[②] 来说。“只有当自然科学和历史科学本身接受了辩证法的时候，一切哲学的废物——除了纯粹的关于思维的理论以外——才会成为多余的东西，在实证科学中消失掉。”[③]

总体上说，马克思恩格斯所说的辩证法实际上指的是一种多重“视角”看问题的辩证“视界”问题。视界与视角的不同就在于：视角一定是单一的，而视界会是多重的。“视界”同“视域”有一定的相同之处，都可以理解为从多种语境要素也即多个方向看问题，而“视角”则是理解者从一种“语境要素”[④] 也即一个方向看问题。三者共同点是从领会事物特定意义的理解者依据某种语境要素来认识事物这一角度来说的。这就是用马克思恩格斯辩证法来看历史所具有的辩证“视界”[⑤] 的方法论意义问题。对此，中国学术界很多专家也有论述，例如赵家祥教授等提出理解历史要用物质生产和现实的人的双重视角[⑥]，丰子义教授提出理解历史要用生产力发展和人的发展的双重视角[⑦]，王南湜教授提出的则是“经济决定论与理性意志论”[⑧] 二者相互限制、相互中介的双重视角，旷三平教授提出的则是“社会存在论”[⑨] 解释的视角，等等。马克思人类社会发展历史认识的高度，如果要从更高层次上来理解，就不能仅仅着眼于主体与客体关系的解读模式[⑩]。只有超越主客体关系的模式，进入马克思历史认识所具有的存在论意义的辩证“视界”，才能达到马克思历史认识的全面理解。问题的关键在于要超越马克思历史认识功能主义的解读模式。

---

① 中共中央马克思恩格斯列宁斯大林著作编译局：《马克思恩格斯选集（第三卷）》，人民出版社，2012 年，第 978 页。

② 中共中央马克思恩格斯列宁斯大林著作编译局：《马克思恩格斯选集（第三卷）》，人民出版社，2012 年，第 890 页。

③ 中共中央马克思恩格斯列宁斯大林著作编译局：《马克思恩格斯选集（第三卷）》，人民出版社，2012 年，第 899 页。

④ 李清良：《中国阐释学》，湖南师范大学出版社，2001 年，第 53 页。

⑤ 孙正聿教授认为，如果从现代社会发展看，哲学不仅仅是被驱逐出了自然界和历史领域，而且也被驱逐出了思维领域。被驱逐出去的哲学的思维领域已经逐渐被语言学、心理学、逻辑学、符号学以及信息论等广义的思维科学所填充。从这层意义讲，辩证视界所看到的领域应该有三个，也即自然、社会以及思维三个历史发展的领域（孙正聿：《马克思主义哲学智慧》，现代出版社，2016 年，第 141 页）。

⑥ 赵家祥、李清昆、李士坤：《历史唯物主义教程》，北京大学出版社，1999 年，第 20 页。

⑦ 丰子义：《发展的呼唤与回应：哲学视野中的社会发展》，北京师范大学出版社，2009 年，第 65 页。

⑧ 王南湜：《社会哲学——现代实践哲学视野中的社会生活》，云南人民出版社，2001 年，第 49 页。

⑨ 旷三平：《马克思“社会存在论”及其当代价值——一种存在论视阈下的哲学阐释》，江西人民出版社，2007 年，第 339 页。

⑩ 有关马克思历史认识主客体关系的理解问题，可以参阅武汉大学出版社 2010 年出版的张一兵教授的《马克思历史辩证法的主体向度》一书第 23～153 页的相关内容。张教授的这本书最早出版于 1995 年，实际上，书中已经蕴含着一种历史认识的辩证视角。这就是张教授在谈到历史唯物主义的广义理解时，所说的从客观社会物质生产发展出发认识历史的问题（张一兵：《马克思历史辩证法的主体向度》，河南人民出版社，1995 年，第 160 页）。这是马克思历史认识辩证视界的一个最重要的方面。这个我们在文中是有详细论述的。

马克思的历史观虽然包含着“功能解释的要素”，但绝不是“功能主义历史观”①，其差别的核心在于：“功能主义解释就是仅仅强调社会各个要素之间的效率关系或者说功能上的适应关系，而忽视其中的合法性关系，或者说，规范上的认同关系。”②

一言以蔽之，只有当马克思从“长度”“宽度”和“深度”的辩证“视界”来认识历史时，对自然与社会关系的历史认识也才达到了人类社会发展历史解读的“高度”。由此，从立场、观点、方法来认识历史的理论意义也就全部展现出来了，从而也就成就了马克思历史观“转识成智”③ 的辩证观意义。

综上所述，从立场、观点、方法来看待马克思的历史观具有的意义就在于：方法的关系性对于马克思历史认识长度（过去、现在和未来的统一）、宽度（人与自然的关系和人与人的关系的统一）和深度（表层与深层的统一）的“多维”视界的形成具有重要的作用。“人”在一定的“空间”中，站在一定哲学“立场”上，从多维“视界”来看事物，就会产生诸种“观点”，而“立场”“视角”“观点”的确定，也就相应地会有“真善美”如何实现的方案和实践活动的路向。具体说就是，“现实的人”在一定的“空间”中，站在新唯物主义从事实出发的哲学立场上，从长度（过去、现在和未来的统一）、宽度（人与自然的关系和人与人的关系的统一）和深度（表层与深层的统一）的多维“视界”来看社会和自然关系的历史发展，得出了如何认识主体、规律、价值、自然、科技以及空间的基本观点，从而也就相应地有了“真善美”如何实现的方案和实践活动的路向。

立场、观点、方法关系的理解在马克思主义发展史上是一个马克思主义认识中的重要问题。毛泽东是马克思主义发展史上第一个明确提出马克思主义立场、观点、方法关系认识的马克思主义者。关于中国马克思主义者对这一问题的认识，我们会在第十一章来论述。

---

① 王晓升：《历史唯物主义的当代重构》，社会科学文献出版社，2013 年，第 1 页。

② 王晓升：《历史唯物主义的当代重构》，社会科学文献出版社，2013 年，第 9 页。

③ 王庆丰：《辩证法的观念》，吉林大学出版社，2020 年，第 9 页。

第十一章　马克思历史观的当代价值

习近平总书记在《在纪念马克思诞辰二百周年大会上的讲话》中指出："马克思的思想理论源于那个时代又超越了那个时代，既是那个时代精神的精华又是整个人类精神的精华。"[①] 马克思历史观只有在传统与现在关系的时代性、中国与西方关系的境域性、民族国家与民族国家关系的一般性的把握中，领会"古今中外法"——"弄清楚所研究的问题发生的一定的时间和一定的空间，把问题当作一定历史条件下的历史过程去研究。所谓'古今'就是历史的发展，所谓'中外'就是中国和外国，就是己方和彼方"[②] ——深入探索马克思主义基本原理和中国之间一般与个别的辩证关系，"阐明新时代中国特色社会主义道路、理论、制度、文化的民族内生性、当代原创性与世界样板性"[③]，才能切实做到"守正创新"[④]，继承发展、创新创造马克思的历史理论，真正领会马克思历史观的当代价值问题[⑤]。

第一节　守正创新：马克思历史观当代价值考量的指引

习近平总书记在《在纪念马克思诞辰二百周年大会上的讲话》中指出，要用马克思主义观察时代、解读时代、引领时代和在实践中推动马克思主义发展的"守正出新"[⑥]，在《在庆祝中国共产党成立100周年大会上的讲话》中，习近平总书记提出了在实现中华民族伟大复兴和创造新时代中国特色社会主义伟大成就中，"中国共产党团结带领中

---

① 中共中央党史和文献研究院：《十九大以来重要文献选编（上）》，中央文献出版社，2019年，第423页。

② 中共中央文献研究室：《毛泽东文集（第二卷）》，人民出版社，1996年，第400页。"古今中外"也可以在"古今中西"意义上理解，其中后者是冯契先生在《古今、中西之争与中国近代哲学革命》的论文和《中国近代哲学的革命进程》著作中提出的一个认识中国近代哲学史的研究范式（冯契：《古今、中西之争与中国近代哲学革命》，《上海社会科学院学术季刊》，1985年第1期，第109页。冯契：《中国近代哲学的革命进程》，华东师范大学出版社，2015年，第1页）。应奇教授在《古今中西之争的哲学求解——论一个哲学传统的养成》一文中，详细论述了冯先生的学生杨国荣、高瑞泉、童世骏、郁振华几位教授从哲学和形上学、动力和秩序的视角，结合哈贝马斯的生活世界与系统关系之辩、韦尔默主体间范式的理性统一性论和海德格尔的存在论对冯先生这个命题的探讨（应奇：《古今中西之争的哲学求解——论一个哲学传统的养成》，《哲学分析》，2021年第4期，第187～195页）。

③ 江林昌：《马克思主义经典奠定"两个相结合"的基础》，《中国社会科学报》，2021年10月29日第5版。

④ 习近平：《在庆祝中国共产党成立100周年大会上的讲话》，人民出版社，2021年，第6页。

⑤ 这个问题我在本书的"结语"部分还要详细阐述。

⑥ 中共中央党史和文献研究院：《十九大以来重要文献选编（上）》，中央文献出版社，2019年，第435页。

国人民，自信自强、守正创新”①，在《中共中央关于党的百年奋斗重大成就和历史经验的决议》中习近平总书记又再次提出这一问题，强调中国共产党在创造了新民主主义革命的伟大成就、社会主义革命和建设的伟大成就、改革开放和社会主义现代化建设的伟大成就的基础上，“自信自强、守正创新，创造了新时代中国特色社会主义的伟大成就”②。在2022年1月11日《省部级主要领导干部学习贯彻党的十九届六中全会精神专题研讨班开班式上的讲话》中，习近平总书记完整提出了“续写马克思主义中国化时代化新篇章”，要“坚持解放思想、实事求是、守正创新”③。

习近平总书记提出的马克思主义认识要“守正创新”，首先是如何对待马克思主义的问题。习近平总书记在《在纪念马克思诞辰二百周年大会上的讲话》中指出，对待科学理论的马克思主义，必须要有“科学的态度”④，再次重申了恩格斯晚年所提的马克思的整个世界观是“方法”而不是“教义”⑤ 的问题，强调不要教条地对待“科学社会主义”——当代中国的伟大社会变革不是“母版”（简单套用马克思主义经典作家设想的）、“再版”（其他国家社会主义实践的）、“翻版”（国外现代化发展的），而只有把“科学社会主义基本原则同本国具体实际、历史文化传统、时代要求紧密结合起来，在实践中不断探索总结”，才会“把蓝图变为美好现实”⑥ ——理论思维“在不同的时代具有完全不同的形式，同时具有完全不同的内容”⑦。一言以蔽之，习近平总书记认为对待马克思主义就是要“掌握和运用马克思主义立场观点方法来研究和解决中国的实际问题”⑧。新形势下，在坚持马克思主义方面，“最重要的是坚持马克思主义基本原理和贯穿其中的立场、观点、方法”——“这是马克思主义的精髓和活的灵魂”⑨，反对教条主义地对待马克思主义。不仅如此，还要把马克思主义作为一种“信仰”来对待，看作是“中国共产党人理想信念的灵魂”⑩。

如何对待马克思主义是中国马克思主义发展史上的一个重要问题。毛泽东在中国

---

① 习近平：《在庆祝中国共产党成立100周年大会上的讲话》，人民出版社，2021年，第6页。

② 习近平：《中共中央关于党的百年奋斗重大成就和历史经验的决议》，《人民日报》，2021年11月17日第1版。

③ 习近平：《习近平谈治国理政（第四卷）》，外文出版社，2022年，第30页。

④ 中共中央党史和文献研究院：《十九大以来重要文献选编（上）》，中央文献出版社，2019年，第434页。

⑤ 中共中央马克思恩格斯列宁斯大林著作编译局：《马克思恩格斯选集（第四卷）》，人民出版社，2012年版，第664页。

⑥ 中共中央党史和文献研究院：《十九大以来重要文献选编（上）》，中央文献出版社，2019年，第434页。

⑦ 中共中央马克思恩格斯列宁斯大林著作编译局：《马克思恩格斯选集（第三卷）》，人民出版社，2012年，第873页。

⑧ 习近平：《深入学习中国特色社会主义理论体系 努力掌握马克思主义立场观点方法》，《求是》，2010年第7期，第17页。

⑨ 习近平：《在哲学社会科学工作座谈会上的讲话》，《人民日报》，2016年5月19日第2版。参阅：余斌、程恩富：《论马克思主义立场、观点和方法的辩证统一》，《马克思主义研究》，2013年第12期，第48~55页。韩庆祥：《习近平新时代中国特色社会主义思想蕴含的马克思主义立场观点方法》，《毛泽东邓小平理论研究》，2019年第3期，第1~9页。王占仁：《习近平新时代中国特色社会主义思想的马克思主义立场观点方法》，《西北工业大学学报（社会科学版）》，2021年第1期，第1~8页。

⑩ 中共中央党史和文献研究院：《十九大以来重要文献选编（上）》，中央文献出版社，2019年，第433页。

马克思主义发展史延安时期就提出不能“教条主义”[①]地对待马克思主义的问题，认为学习马克思列宁主义要学会运用他们的“立场、观点和方法”，而不只是片面“个别词句”[②]，“应当把它当成革命的科学来学习”[③]，而不是做一个“蒙昧无知的人”[④]。邓小平也强调马克思主义是“行动的指南”而不是“教条”[⑤]的问题，认为不能“一切从本本出发”，否则党、国家、民族就会“思想僵化”“迷信盛行”[⑥]，也就没有生机，不能前进了，而是要面对新问题，运用“马克思主义的立场、观点、方法来提出问题，分析问题，解决问题”[⑦]。江泽民不仅强调马克思主义是“改革的行动指南”，而且还认为是“革命”和“建设”的行动指南——“马克思主义是我们认识和改造世界的强大思想武器，是指导中国革命、建设和改革的行动指南”[⑧]。不仅如此，江泽民还认为“努力学习和掌握马克思主义的立场、观点、方法并用以解决实际问题”，是“我们党从来”的“主张”[⑨]。胡锦涛认为“毛泽东思想、邓小平理论和‘三个代表’重要思想都是解放思想、实事求是、与时俱进的科学理论”和中国特色社会主义的新局面和马克思主义在中国发展的新境界，正是在“高举”这些理论的过程中，“中国特色社会主义事业新局面”才不断被开创出来，其中最重要的一点就是“始终坚持马克思主义的立场、观点和方法”[⑩]。

其次，习近平总书记提出的马克思主义认识要“守正创新”，是马克思主义中国化的具体要求问题。习近平总书记在《在庆祝中国共产党成立100周年大会上的讲话》中指出，“马克思主义是我们立党立国的根本指导思想，是我们党的灵魂和旗帜”，在回答“中国共产党为什么能”“中国特色社会主义为什么好”和“归根到底是因为马克思主义行”的过程中，得出“必须继续推进马克思主义中国化”[⑪]。新的征程上，继续推进马克思主义中国化就是要“坚持把马克思主义基本原理同中国具体实际相结合、同中华优秀传统文化相结合”，全面贯彻新时代中国特色社会主义思想，“用马克思主义观察时代、把握时代、引领时代，继续发展当代中国马克思主义、21世纪马克思主义”[⑫]。“马克思主义同中国具体实际相结合”也就是马克思主义同“中国现实实际和中国历史实际”相结合，其中“中国现实实际”指的是“中国社会现实”和“中国问题”，而“中国历史实际”指的则是“中华优秀传统文化”问题。而“马克思主义基本原理同中华优秀传统文化相结合”分为两个方面：一是“用马克思主义研究中华优秀传统文化，汲取其精华，用以丰富和发展马克思主义，使中国马克思主义具有鲜明的民族特色”的

---

① 《毛泽东选集（第三卷）》，人民出版社，1991年，第819页。
② 《毛泽东选集（第三卷）》，人民出版社，1991年，第797页。
③ 《毛泽东选集（第二卷）》，人民出版社，1991年，第533页。
④ 《毛泽东选集（第三卷）》，人民出版社，1991年，第820页。
⑤ 邓小平：《邓小平文选（第三卷）》，人民出版社，1993年，第146页。
⑥ 邓小平：《邓小平文选（第二卷）》，人民出版社，1994年，第143页。
⑦ 邓小平：《邓小平文选（第二卷）》，人民出版社，1994年，第118页。
⑧ 江泽民：《江泽民文选（第三卷）》，人民出版社，2006年，第270页。
⑨ 江泽民：《江泽民文选（第一卷）》，人民出版社，2006年，第498页。
⑩ 中共中央文献研究室：《十六大以来重要文献选编（上）》，中央文献出版社，2005年，第645页。
⑪ 习近平：《在庆祝中国共产党成立100周年大会上的讲话》，人民出版社，2021年，第12页。
⑫ 习近平：《在庆祝中国共产党成立100周年大会上的讲话》，人民出版社，2021年，第13页。

问题；二是“用马克思主义改铸中华优秀传统文化，实现中华优秀传统文化的创造性转化和创新性发展，用以促进中国先进文化的形成和发展”的问题。[①]“马克思主义中国化即把马克思主义同中国具体实际相结合是内在地包含着把马克思主义同中华优秀传统文化相结合的”[②]。“结合”是马克思主义中国化的实质，也就是要解决一个“化中国”和“中国化”的关系问题，前者强调“把马克思主义基本原理运用于中国的具体实际，分析和解决中国的实际问题”，而后者则是指“马克思主义基本原理运用于中国实际中形成的思想，上升为马克思主义的新内涵、新思想，升华为中国化了的马克思主义的新的理论和新的形式”[③] 的问题。要在新时代中国特色社会主义发展中真正贯彻马克思主义中国化的“两个结合”，就需要深入探索马克思主义基本原理与中国之间一般与个别的辩证关系，从而阐明新时代中国特色社会主义道路、理论、制度、文化的民族内生性、当代原创性与世界样板性”[④]。

“马克思主义中国化”作为中国马克思主义发展史上一个重要的命题，是毛泽东1938年在六届六中全会的报告《论新阶段》中明确提出来的，强调要具体对待马克思主义，要使“马克思主义的中国化”，在其每一表现中带有“中国的特性”，也即“按照中国的特点去应用它”[⑤]，把“国际主义的内容与民族形式”“紧密地结合起”[⑥]。这种认识的根本目的就是“用马克思主义的立场、方法来解决中国问题”[⑦]。1943 年 5 月 26 日中共中央通过的《中共中央关于共产国际执委主席团提议解散共产国际的决定》，对马克思列宁主义科学性的理解所讲的就是“结合”问题，认为“中国共产党近年来所进行的反主观主义、反宗派主义、反党八股的整风运动就是要使得马克思列宁主义这一革命科学更进一步地和中国革命实践、中国历史、中国文化深相结合起来”[⑧]。进入中国社会主义革命和建设时期，毛泽东又进一步提出了“第二次结合”的马克思主义中国化的新认识，指出“要进行第二次结合”，就是“找出在中国怎样建设社会主义的道路”[⑨]的问题。改革开放之初，邓小平在党的十二大提出“把马克思主义的普遍真理同我国的具体实际结合起来，走自己的道路，建设有中国特色的社会主义”[⑩] 的论断，开辟了马克思主义中国化历史的新进程。“三个代表”重要思想和科学发展观在马克思主义中

---

① 汪信砚：《百年大党马克思主义中国化的再出发》，《武汉大学学报（哲学社会科学版）》，2021 年第 6 期，第 6 页、第 7 页。

② 汪信砚：《百年大党马克思主义中国化的再出发》，《武汉大学学报（哲学社会科学版）》，2021 年第 6 期，第 7 页。

③ 顾海良：《马克思主义中国化与中国共产党思想的百年辉煌》，《马克思主义与现实》，2021 年第 3 期，第 8 页。

④ 江林昌：《马克思主义经典奠定“两个相结合”的基础》，《中国社会科学报》，2021 年 10 月 29 日第 5 版。

⑤ 中共中央文献研究室、中央档案馆：《建党以来重要文献选编（1921—1949）（第十五册）》，中央文献出版社，2011 年，第 651 页。

⑥ 中共中央文献研究室、中央档案馆：《建党以来重要文献选编（1921—1949）（第十五册）》，中央文献出版社，2011 年，第 651 页。

⑦ 中共中央文献研究室：《毛泽东文集（第二卷）》，人民出版社，1996 年，第 408 页。

⑧ 要中共中央文献研究室、中央档案馆：《建党以来重要文献选编（1921—1949）（第二十册）》，中央文献出版社，2011 年，第 318～319 页。

⑨ 中共中央文献研究室：《毛泽东年谱（1949—1976）（第二卷）》，中央文献出版社，2013 年，第 557 页。

⑩ 邓小平：《邓小平文选（第三卷）》，人民出版社，1993 年，第 3 页。

国化结合认识的指引下，继续向前推进了中国特色社会主义的发展。其中胡锦涛在党的十七大报告中明确提出了改革开放的历史进程中“坚持马克思主义基本原理同推进马克思主义中国化结合起来”等“十个结合”[①] 问题。

再次，习近平总书记提出的马克思主义认识要“守正创新”，是马克思主义最鲜明特征的理解问题。“守正创新”，是马克思主义最鲜明特征理解的内在之意。习近平总书记在《在纪念马克思诞辰二百周年大会上的讲话》中指出，马克思主义是“科学的理论，创造性地揭示了人类社会发展规律”；“人民的理论，第一次创立了人民实现自身解放的思想体系”；“实践的理论，指引着人民改造世界的行动”；“不断发展的开放的理论，始终站在时代前沿”[②]，具有“科学性和真理性”“人民性和实践性”“开放性和时代性”[③]。特征理解是对事物区别于其他事物而本身所具有的最显著的性质的把握，是事物本身所固有的性质，是对事物本身所具有的内容的更高层次的概括。习近平总书记概括的马克思主义所具有的上述特征，既涉及对马克思主义基本观点的理解，也涉及如何理解马克思主义的问题。这些特征相互之间可以形成一种总体结构的框架，是所有特征认识中贯穿的主线。马克思主义的鲜明特征，如果用一句话概括就是科学性与革命性的统一。也就是说，革命性是马克思主义作为一种指导无产阶级和人民群众进行伟大社会革命的科学理论实施过程中，人民性、实践性、发展性的集中体现。如果动态地来理解上述特征的关系就会涉及这些特征所形成的结构的演变问题，如此特征中的发展性就会显得尤其重要。发展性最为明显地体现出马克思主义这种不断发展的学说所具有的与时俱进的理论品质问题。

在中国马克思主义发展史上，强调马克思主义认识的发展性和开放性也是中国共产党的优秀传统。其中毛泽东就认为马克思主义一定要向前随着实践的发展而发展，停止了，也“就没有生命了”[④]。邓小平不但强调马克思主义、社会主义理论要发展，而且毛泽东思想也要发展，“否则就会僵化”[⑤]。江泽民则在马克思主义要随着时代、实践和科学的发展而不断发展“与时俱进”[⑥] 认识基础上，指出了邓小平理论作为一个比较完备的科学体系也需要“从各方面进一步丰富发展”[⑦] 的问题。胡锦涛则在强调马克思主义只有与本国国情相结合、与时代发展同步、与人民群众共命运，才能焕发出强大的生命力、创造力、感召力的基础上，指出了“中国特色社会主义理论体系是不断发展的开放的理论体系”[⑧] 问题。“新时期最突出的标志是与时俱进。”[⑨]

习近平总书记提出的马克思主义认识“守正创新”的命题具有必然性：如何对待

---

① 中共中央文献研究室：《十七大以来重要文献选编（上）》，中央文献出版社，2009 年，第 8 页。

② 中共中央党史和文献研究院：《十九大以来重要文献选编（上）》，中央文献出版社，2019 年，第 423 页、第 424 页。

③ 中共中央党史和文献研究院：《十九大以来重要文献选编（上）》，中央文献出版社，2019 年，第 427 页。

④ 中共中央文献研究室：《毛泽东著作专题摘编》，中央文献出版社，2003 年，第 212 页。

⑤ 邓小平：《邓小平文选（第二卷）》，人民出版社，1994 年，第 128 页。

⑥ 中共中央文献研究室：《十六大以来重要文献选编（上）》，中央文献出版社，2005 年，第 1 页。

⑦ 江泽民：《江泽民文选（第二卷）》，人民出版社，2006 年，第 11 页。

⑧ 中共中央文献研究室：《十七大以来重要文献选编（上）》，中央文献出版社，2009 年，第 9 页。

⑨ 中共中央文献研究室：《十七大以来重要文献选编（上）》，中央文献出版社，2009 年，第 7 页。

马克思主义是马克思主义“守正创新”的切入点，马克思主义中国化是马克思主义“守正创新”的目的，马克思主义发展的鲜明特征是马克思主义“守正创新”的内在要求。

从“守正”与“创新”的自身关系看，“守正”是基础，“创新”是发展，没有“守正”也就没有“创新”，而没有“创新”，“守正”也就会失去生机。对于创新，习近平总书记有多方面的论述，主要包括如下几个方面：其一，从创新的内容看，主要包括理论创新、实践创新、制度创新、科技创新、文化创新等。“世界每时每刻都在发生变化，中国也每时每刻都在发生变化，我们必须在理论上跟上时代，不断认识规律，不断推进理论创新、实践创新、制度创新、文化创新以及其他各方面创新。”① 其二，从理论创新、实践创新、制度创新、科技创新、文化创新的关系看，实践创新是前提，科技创新是支撑，制度创新是保障，理论创新是指引，文化创新是精神动力，其中实践创新和科技创新更具有基础性作用，其他创新都与这两种创新具有密切的关系，是在这两种创新的基础上逐渐发展起来的。“实施创新驱动发展战略，就是要推动以科技创新为核心的全面创新”②。其三，从创新对民族、国家以及人类社会发展的意义看，创新对民族、国家以及人类社会的发展具有重要的推动作用，“创新始终是一个国家、一个民族发展的重要力量，也始终是推动人类社会进步的重要力量”③。其四，从创新对发展的战略意义看，“创新是引领发展的第一动力，是建设现代化经济体系的战略支撑”④，就是要建设创新型国家，“实施创新驱动发展战略”⑤。“创新”在中国马克思主义发展史上也是一个重要的议题。毛泽东和邓小平虽然没有明确提出创新概念，但毛泽东思想和邓小平理论中都是包含着创新思想的。江泽民曾明确提出“创新”问题，认为创新对于民族、国家、政党都具有重要的意义，是“民族进步的灵魂”“国家兴旺发达的不竭动力”“政党永葆生机的源泉”⑥，在改革开放和社会主义现代化建设中“不断解放思想、实事求是、与时俱进”⑦，“努力实施科教兴国的战略”⑧。胡锦涛认为创新不但有实践创新、理论创新、制度创新、科技创新、文化创新，还有国家创新，建设创新型国家，重在“提高自主创新能力”⑨，“实施创新驱动发展战略”⑩，其中科技自主创新能力的发展是提高国家创新能力的关键问题。

不仅“创新”，“创造”问题在中国马克思主义发展史上也提出过，习近平总书记在《在党史学习教育动员大会上的讲话》中就提出过这个问题，认为“我们党的历史，就是一部不断推进马克思主义中国化的历史，就是一部不断推进理论创新、进行理论创造

① 习近平：《习近平谈治国理政（第三卷）》，外文出版社，2020年，第21页。
② 中共中央文献研究室：《习近平关于科技创新论述摘编》，中央文献出版社，2016年，第17页。
③ 习近平：《习近平谈治国理政（第二卷）》，外文出版社，2017年，第267页。
④ 习近平：《习近平谈治国理政（第三卷）》，外文出版社，2020年，第24页。
⑤ 习近平：《习近平谈治国理政（第二卷）》，外文出版社，2017年，第267页。
⑥ 江泽民：《江泽民文选（第三卷）》，人民出版社，2006年，第537页。
⑦ 中共中央文献研究室：《十六大以来重要文献选编（上）》，中央文献出版社，2005年，第10页。
⑧ 江泽民：《论科学技术》，中央文献出版社，2001年，第47页。
⑨ 中共中央文献研究室：《十七大以来重要文献选编（上）》，中央文献出版社，2009年，第17页。
⑩ 中共中央文献研究室：《十八大以来重要文献选编（上）》，中央文献出版社，2014年，第17页。

的历史"[1]。顾海良教授认为马克思主义认识既有一个"理论创新"问题，也有一个"理论创造"问题，前者强调"中国化马克思主义对马克思主义理论的继承性发展和创新"问题，而后者则包含两个方面的内容：一是"对马克思主义经典文本的理论创新"，二是中国共产党完全依据中国的具体实际或当代世界发展的新的现实而在其独特的社会革命和自我革命中实现的马克思主义的"理论创造"[2]。毛泽东思想和中国特色社会主义理论体系是中国共产党理论创新和理论创造成就的集中呈现。2011 年胡锦涛在《在庆祝中国共产党成立九十周年大会上的讲话》中对此有过论述，认为中国共产党在推进马克思主义中国化的过程中产生了两大理论成果：一个是毛泽东思想，另一个是中国特色社会主义理论体系，其中毛泽东思想"系统回答了在一个半殖民地半封建的东方大国，如何实现新民主主义革命和社会主义革命的问题，并对建设什么样的社会主义、怎样建设社会主义进行了艰辛探索，以创造性的内容为马克思主义宝库增添了新的财富"，而中国特色社会主义理论体系则"是包括邓小平理论、'三个代表'重要思想以及科学发展观等重大战略思想在内的科学理论体系，系统回答了在中国这样一个十几亿人口的发展中大国建设什么样的社会主义、怎样建设社会主义，建设什么样的党、怎样建设党，实现什么样的发展、怎样发展等一系列重大问题，是对毛泽东思想的继承和发展"[3]。从上面的论述看，胡锦涛一方面强调了毛泽东思想内容的创造性，另一方面则又强调了中国特色社会主义理论体系与其关系的继承和发展的特性。或者说中国特色社会主义理论体系也应包含着创造性的内容，也应具有创造性。毛泽东也曾指出过对马克思主义要有一个创造的认识，在 1942 年《如何研究中共党史》一文中就提出"要把马、恩、列、斯的方法用到中国来，在中国创造出一些新的东西"[4]，才会"使中国革命丰富的实际马克思主义化"[5]。从毛泽东的论述看，毛泽东并没有孤立地理解创造，而是从方法与创造的关系来看待马克思主义的创造问题的。

马克思主义的认识要"创新"，也要"创造"。当然是"创新"过程中的"创造"。"创造"是马克思主义发展的更高要求，也会是中国马克思主义未来发展的必然趋势。再者，创造是建立在社会发展实际基础上的，而不是凭空创造。习近平总书记在《中共中央关于党的百年奋斗重大成就和历史经验的决议》中，连续提出了"四个创造"，也即"新民主主义革命的伟大成就""社会主义革命和建设的伟大成就""改革开放和社会主义现代化建设的伟大成就""新时代中国特色社会主义的伟大成就"[6] 的创造。江泽民在党的十六大的报告中，在论述"三个代表"重要思想如何理解时，不仅指出了思想要不断解放、理论要不断发展的问题，同时也强调了"实践上不断有新创造"[7] 的

---

① 习近平：《在党史学习教育动员大会上的讲话》，《党建》，2021 年第 4 期，第 7 页。

② 顾海良：《马克思主义中国化与中国共产党思想的百年辉煌》，《马克思主义与现实》，2021 年第 3 期，第 7 页。

③ 中共中央文献研究室：《十七大以来重要文献选编（下）》，中央文献出版社，2013 年，第 436 页。

④ 中共中央文献研究室：《毛泽东文集（第二卷）》，人民出版社，1996 年，第 408 页。

⑤ 中共中央文献研究室：《毛泽东文集（第二卷）》，人民出版社，1996 年，第 374 页。

⑥ 习近平：《中共中央关于党的百年奋斗重大成就和历史经验的决议》，《人民日报》，2021 年 11 月 17 日第 1 版。

⑦ 中共中央文献研究室：《十六大以来重要文献选编（上）》，中央文献出版社，2005 年，第 13 页。

问题。此处的新创造指的是要注重中国特色社会主义实践发展的问题，也是一个“群众的实践创造”① 问题。

第二节　守正：马克思历史观当代价值承续的线脉起始

马克思历史观当代价值认识“守正”的首要要求，就是要坚持马克思历史认识中立场、观点、方法的统一。坚持马克思历史认识中立场、观点、方法的统一，就是要反对主观主义特别是教条主义错误思潮。在马克思主义发展史上，马克思、恩格斯、列宁以及中国的马克思主义者都对主观主义、教条主义错误思潮进行过批判和斗争。对于马克思历史观立场、观点、方法的“守正”，具体可以从下述几个方面来理解：

其一是马克思历史观的立场“守正”问题。对马克思历史观立场的“守正”，首先是对哲学立场的“守正”，也即对马克思新唯物主义立场的“守正”。对于何谓“立场”，习近平总书记有明确的论述，认为立场“是人们观察、认识和处理问题的立足点”②。对于“立场”，我们经常会提起习近平总书记所说的“以人民为中心”③ 或“人民至上”④，这肯定是不错的。习近平总书记的价值立场同哲学立场总是一致的，在提到人民的价值立场时总是同“人民是历史的创造者”⑤ 和“人民是历史的创造者，是真正的英雄”⑥ 的马克思历史观原理一同来讲的。而“人民群众是历史的创造者”所体现出来的哲学理念的根本之处，就是坚持马克思新唯物主义的哲学观也即“辩证唯物主义和历史唯物主义”原理。“相信谁、依靠谁、为了谁，是否始终站在最广大人民的立场上，是区分唯物史观和唯心史观的分水岭，也是判断马克思主义政党的试金石。”⑦ 在《在纪念马克思诞辰二百周年大会上的讲话》中，习近平总书记指出要“坚持和运用马克思主义关于世界的物质性及其发展规律”的原理，“辩证唯物主义和历史唯物主义”⑧ 就是我们坚持和运用的世界观和方法论。习近平总书记 2015 年 1 月 23 日在十八届中央政治局第二十次集体学习时的讲话中，引用了恩格斯“世界的真正的统一性在于它的物质性”的观点，强调“世界物质统一性原理是辩证唯物主义最基本、最核心的观点，是马克思主义哲学的基石”，而要“遵循这一观点，最重要的就是坚持一切从客观实际出发，而不是从主观愿望出发”，所以，“学习掌握世界统一于物质、物质决定意识的原

① 中共中央文献研究室：《十六大以来重要文献选编（上）》，中央文献出版社，2005 年，第 13 页。

② 习近平：《深入学习中国特色社会主义理论体系　努力掌握马克思主义立场观点方法》，《求是》，2010 年第 7 期，第 19 页。

③ 中共中央党史和文献研究院：《十九大以来重要文献选编（上）》，中央文献出版社，2019 年，第 15 页。

④ 习近平：《中共中央关于党的百年奋斗重大成就和历史经验的决议》，《人民日报》，2021 年 11 月 17 日第 1 版。

⑤ 中共中央党史和文献研究院：《十九大以来重要文献选编（上）》，中央文献出版社，2019 年，第 15 页。

⑥ 习近平：《在庆祝中国共产党成立 100 周年大会上的讲话》，人民出版社，2021 年，第 9 页。

⑦ 中共中央文献研究室：《十六大以来重要文献选编（上）》，中央文献出版社，2005 年，第 369 页。

⑧ 中共中央党史和文献研究院：《十九大以来重要文献选编（上）》，中央文献出版社，2019 年，第 433 页。

理”，就是要“坚持从客观实际出发制定政策、推动工作”①。这就是习近平总书记对辩证唯物主义与历史唯物主义原理中“世界物质统一性”观点“从实际出发”哲学立场要求认识最全面的论述，是对马克思历史观的立场“守正”问题最清晰的表达。

辩证唯物主义、历史唯物主义与实践唯物主义的提法并不矛盾，其中的辩证性、历史性和实践性的哲学特点都蕴含在上述三种哲学所关涉的人类社会历史发展中人与自然以及人与人的关系之中。“‘实践唯物主义’、‘辩证唯物主义’、‘历史唯物主义’不是三个不同的‘主义’，而是同一个‘主义’即马克思新唯物主义的三个不同称谓”②，所分别突出的是“实践性”“辩证法”和“历史性”三个基本理论特征，“在此意义上，可以把马克思的现代唯物主义规定为实践的、辩证的、历史的唯物主义”③。

其二是马克思历史观的观点“守正”问题。对马克思历史观的观点的“守正”，就是对马克思历史观中主体、规律、价值、自然、科技以及空间等方面的基本历史认识进行“守正”。对于何谓“观点”，习近平总书记有明确的论述，认为观点“是人们对事物的看法”④。2016 年《在哲学社会科学工作座谈会上的讲话》⑤ 中，习近平总书记对于与马克思历史观有关的基本原理和观点有过阐述，认为马克思主义理论体系和知识体系博大精深，涉及“自然界、人类社会、人类思维各个领域，涉及历史、经济、政治、文化、社会、生态、科技、军事、党建”等各个方面：一是“马克思主义深刻揭示了自然界、人类社会、人类思维发展的普遍规律，为人类社会发展进步指明了方向”，二是“马克思主义坚持实现人民解放、维护人民利益的立场，以实现人的自由而全面的发展和全人类解放为已任，反映了人类对理想社会的美好憧憬”，三是“马克思主义揭示了事物的本质、内在联系及发展规律，是‘伟大的认识工具’，是人们观察世界、分析问题的有力思想武器”，四是“马克思主义具有鲜明的实践品格，不仅致力于科学‘解释世界’，而且致力于积极‘改变世界’”。习近平总书记的阐述，既涉及马克思主义认识的内容，也涉及规律和价值认识问题；既涉及马克思主义认识的本质，又涉及马克思主义的实践品格问题。2018 年《在纪念马克思诞辰二百周年大会上的讲话》中，习近平总书记所指出的与马克思历史观有关的基本原理和观点主要包括马克思的人类社会发展规律……人民立场……生产力和生产关系……人民民主……文化建设……社会建设……人与自然的关系……世界历史以及政党建设⑥等思想认识，也就是“马克思主义关于世界的物质性及其发展规律，关于人类社会发展的自然性、历史性及其相关规律，关于人

① 习近平：《辩证唯物主义是中国共产党人的世界观和方法论》，《思想政治工作研究》，2019 年第 2 期，第 9 页。

② 杨耕：《为马克思辩护：对马克思哲学的一种新解读》，江苏人民出版社，2017 年，第 69 页。

③ 王南湜：《现代唯物主义：实践性、辩证性、历史性的统一》，载袁贵仁、杨耕：《当代学者视野中的马克思主义哲学：中国学者卷（上）》，北京师范大学出版社，2012 年，第 16 页、第 17 页。

④ 习近平：《深入学习中国特色社会主义理论体系　努力掌握马克思主义立场观点方法》，《求是》，2010 年第 7 期，第 20 页。

⑤ 习近平：《在哲学社会科学工作座谈会上的讲话》，《人民日报》，2016 年 5 月 19 日第 2 版。

⑥ 中共中央党史和文献研究院：《十九大以来重要文献选编（上）》，中央文献出版社，2019 年，第 428～433 页。

的解放和自由全面发展的规律，关于认识的本质及其发展规律等原理”[1]，以及“马克思主义的实践观、群众观、阶级观、发展观、矛盾观”等观点——“真正把马克思主义这个看家本领学精悟透用好”[2]。这些方面所体现出来的是对马克思历史观有关人类社会发展中主体、规律、价值、自然、科技、空间以及历史认识的方法等历史问题认识的解答。既有哲学方面的认识，也有科学社会主义、政治经济学以及政治、意识形态等方面的认识。“科学社会主义基本原则不能丢，丢了就不是社会主义。”[3]

其三是马克思历史观的方法“守正”问题。对于何谓“方法”，习近平总书记有明确的论述，认为方法“是与马克思主义世界观相统一的方法论”，是“指导我们正确认识和改造世界的根本思想方法和工作方法”[4]。对马克思历史观方法的“守正”，就是要从历史观蕴含的方法论方面进行“守正”。具体说就是，坚持马克思的历史认识要从自然与社会关系的发展来把握人类社会历史的发展问题：不仅要关注当前的社会发展，也要关注过去与未来的社会发展；不仅要关注中国社会的内部发展，也要关注世界历史的外部发展；不仅要关注中国社会发展的特殊规律，也要关注人类社会发展的一般规律；不仅要关注社会发展的价值性，也要关注社会发展的规律性；不仅要关注中国社会自身发展的民族性，也要关注人类历史发展的世界性；不仅要关注社会发展的现代性，也要关注社会发展的传统性；不仅要关注理论认识，也要关注实践落实。一言以蔽之，马克思历史观方法的“守正”，就是要在自然与社会关系的历史发展中寻求解决社会发展中古今（未来）、中外以及表层到深层的问题。

第三节 创新：马克思历史观当代价值延展的逻辑递归

马克思主义的发展要“创新”，也要“创造”。习近平总书记在《在党史学习教育动员大会上的讲话》中说：“我们党的历史，就是一部不断推进马克思主义中国化的历史，就是一部不断推进理论创新、进行理论创造的历史。”[5] 马克思历史观当代价值认识的“守正”体现的是马克思历史认识“培元固本”[6] 的要求，当然这还不够。马克思历史观当代价值的认识除了“守正”之外还要“创新”，要体现出发展即“创造”的特色来。习近平新时代中国特色社会主义思想是“当代中国马克思主义、二十一世纪马克思主义”，是“马克思主义中国化新的飞跃”[7]，体现了马克思主义继承、发展、创新和创造

---

① 中共中央党史和文献研究院：《十九大以来重要文献选编（上）》，中央文献出版社，2019 年，第 433～434 页。

② 中共中央党史和文献研究院：《十九大以来重要文献选编（上）》，中央文献出版社，2019 年，第 434 页。

③ 中共中央党史和文献研究院：《十九大以来重要文献选编（上）》，中央文献出版社，2019 年，第 434 页。

④ 习近平：《深入学习中国特色社会主义理论体系 努力掌握马克思主义立场观点方法》，《求是》，2010 年第 7 期，第 23 页。

⑤ 习近平：《在党史学习教育动员大会上的讲话》，《党建》，2021 年第 4 期，第 7 页。

⑥ 习近平：《在党史学习教育动员大会上的讲话》，《党建》，2021 年第 4 期，第 7 页。

⑦ 习近平：《中共中央关于党的百年奋斗重大成就和历史经验的决议》，《人民日报》，2021 年 11 月 17 日第 1 版。

的要求，在对马克思历史观立场、观点、方法的理解方面都有自身的特色。“理论的生命力在于创新。马克思主义深刻改变了中国，中国也极大丰富了马克思主义。……坚持解放思想和实事求是相统一、培元固本和守正创新相统一，不断开辟马克思主义新境界。”[①] 这种自身特色最明显的表现就是以方法转换为导向、以立场为基点的观点创新的发展问题。具体表现在下述几个方面。

一、“观点”方面

2016 年习近平总书记在《在哲学社会科学工作座谈会上的讲话》中，指出未来中国社会科学发展要“以我们正在做的事情为中心”[②]，提炼出一些“标识性概念”[③] 和“有学理性的新理论”[④]，不断推进“学科体系、学术体系、话语体系建设和创新，努力构建一个全方位、全领域、全要素的哲学社会科学体系”[⑤]。改革开放以来，中国共产党提出的如“小康”“一国两制”“社会主义市场经济”“邓小平理论”“‘三个代表’重要思想”“科学发展观”“中国特色社会主义”“和谐社会”“生态文明”“‘五位一体’的总体布局”“供给侧结构性改革”“过程性民主”“社会主义核心价值观”“国家治理现代化”“人与自然和谐共生”“一带一路”“人类命运共同体”“总体国家安全观”“中国式的现代化”“人类文明新形态”“中国特色社会主义理论体系”“习近平新时代中国特色社会主义思想”等社会发展称谓都是一些具有标识性和学理性的新概念或新理论。总体上看，中国共产党对“标识性”和“学理性”的新概念或新理论的创新认识主要表现在“规律”方面，也即包括《中共中央关于党的百年奋斗重大成就和历史经验的决议》所说的“中国特色社会主义建设规律”[⑥] 和此前提到的人类社会发展规律、社会主义建设规律、党的执政规律在内的“四大规律”。这“四大规律”具有如下几个方面的特点：一是这“四大规律”从一般规律与特殊规律的划分认识看，“中国特色社会主义建设规律”的提出使“规律”的划分更为具体了；二是这“四大规律”从时间意义认识看，贯穿了“新民主主义革命”“社会主义革命和建设”“改革开放和社会主义现代化建设”“新时代中国特色社会主义”[⑦] 四个历史时期；三是这“四大规律”从主客体的关系认识看，是规律客观性和主体能动性关系的一种融合，突出了以“政党”为核心的群众、阶级、政党和领袖之间关系所形成的主体性。

从贯穿“四大规律”内容的认识看，中国共产党提出的新概念或新理论中，“中国式现代化”“人类命运共同体”“人类文明新形态”几个称谓更具有标识性和学理性，其

---

① 习近平：《在党史学习教育动员大会上的讲话》，《党建》，2021 年第 4 期，第 7 页。

② 中共中央党史和文献研究院：《十八大以来重要文献选编（下）》，中央文献出版社，2018 年，第 327 页。

③ 中共中央党史和文献研究院：《十八大以来重要文献选编（下）》，中央文献出版社，2018 年，第 329 页。

④ 中共中央党史和文献研究院：《十八大以来重要文献选编（下）》，中央文献出版社，2018 年，第 327 页。

⑤ 中共中央党史和文献研究院：《十八大以来重要文献选编（下）》，中央文献出版社，2018 年，第 328 页。

⑥ 习近平：《中共中央关于党的百年奋斗重大成就和历史经验的决议》，《人民日报》，2021 年 11 月 17 日第 1 版。

⑦ 习近平：《中共中央关于党的百年奋斗重大成就和历史经验的决议》，《人民日报》，2021 年 11 月 17 日第 1 版。

中“中国式现代化新道路”和“人类文明新形态”这两个概念，是习近平总书记在《在庆祝中国共产党成立100周年大会上的讲话》中首次提出来的。“我们坚持和发展中国特色社会主义，推动物质文明、政治文明、精神文明、社会文明、生态文明协调发展，创造了中国式现代化新道路，创造了人类文明新形态。”[①]“中国式现代化新道路”[②]这个概念可以从下述几个方面来理解：

其一，“中国式现代化新道路”要从人类社会历史发展的多重“视界”来认识，而不拘泥于传统、现代或中国、世界任何一种视角；其二，从人类社会历史发展的多重“视界”看，“中国式现代化新道路”是传统与现代、中国与世界也即“古今内外”四种力量融合的一种生成；其三，从整个人类社会发展的阶段看，“中国式现代化新道路”是一种跨越式的发展，避免了“资本主义制度的卡夫丁峡谷”[③]所带来的“痛苦”[④]，实现了“对西方现代化发展逻辑和发展方式的超越”，所展现的是“一种崭新的、多元共生的现代化图景”[⑤]，创造性地开创出了一条“并联式”[⑥]的发展道路；其四，从人类社会发展的目标看，“中国式现代化新道路”是一种从前现代社会发展到现代社会的一种价值追求，目标就是实现自然与社会关系发展中人与自然的关系以及人与人的关系的和谐发展，从而实现“共同富裕”——共同富裕是“中国式现代化道路的本质规定”[⑦]——不断促进“人的全面发展”[⑧]。一言以蔽之，中国式现代化新道路就是实现社会主义的现代化道路，就是“走中国特色社会主义道路”[⑨]。

“人类文明新形态”概念同“中国式现代化新道路”这个概念具有密切的关系。从中国近代以来社会的发展看，正是在“中国式现代化”的探索中才逐渐形成了“人类文

① 习近平：《在庆祝中国共产党成立100周年大会上的讲话》，人民出版社，2021年，第13～14页。

② 有关中国式现代化新道路的认识可以参阅如下文章：于金富、郑锦阳：《中国式现代化新道路形成的历史逻辑、制度逻辑与实践逻辑》，《经济纵横》，2022年第2期，第13～18页。王晓青：《中国共产党探索中国式现代化道路的百年历程及经验启示》，《贵州省委党校学报》，2022年第2期，第21～28页。张神根、黄晓武：《改革开放与中国式现代化新道路》，《马克思主义与现实》，2022年第1期，第7～17页。辛向阳：《中国式现代化新道路的性质与特征》，《马克思主义理论教学与研究》，2022年第1期，第14～16页。李景平、吴晓：《中国式现代化新道路的历史演进、基本特征与世界意义》，《攀登》，2022年第1期，第36～41页。高晓林、周克浩：《中国式现代化新道路的建构及其世界意义》，《厦门大学学报（哲学社会科学版）》，2022年第2期，第109～117页。徐平：《中国式现代化新道路对资本主义现代性逻辑的超越》，《中国石油大学学报（社会科学版）》，2022年第1期，第93～98页。李海平：《论中国式现代化道路与人类文明新形态》，《党政论坛》，2022年第3期，第4～8页。李建华、刘畅：《中国式现代化新道路的伦理意蕴》，《武汉大学学报（哲学社会科学版）》，2022年第4期，第27～39页。孙熙国、陈绍辉：《中国式现代化新道路的独特创造》，《国家现代化建设研究》，2022年第2期，第48～54页。刘云杉：《论中国式现代化道路价值自觉的历史生成与现实建构》，《大连干部学刊》，2022年第7期，第5～11页。

③ 中共中央马克思恩格斯列宁斯大林著作编译局：《马克思恩格斯选集（第三卷）》，人民出版社，2012年，第825页。

④ ［德］马克思：《资本论（第一卷）》，人民出版社，2018年，第10页。

⑤ 李辽宁、魏倩倩：《天下情怀：中国共产党胸怀天下的情感密码》，《思想教育研究》，2022年第3期，第15页。

⑥ 中共中央文献研究室：《习近平关于社会主义经济建设论述摘编》，中央文献出版社，2017年，第159页。

⑦ 何显明：《共同富裕：中国式现代化道路的本质规定》，《浙江学刊》，2022年第2期，第13页。

⑧ 孟庆龙：《人的解放与中国式现代化新道路》，《南开学报（哲学社会科学版）》，2022年第4期，第19页。

⑨ 张磊：《中国式现代化新道路的形成理路、核心要义与价值意蕴》，《大连干部学刊》，2022年第7期，第14页。

明新形态"[①] 这样一种新的文明模式和道路。"人类文明新形态"概念的认识，可以从如下几个方面来理解：

其一，这个概念的认识首先应从马克思历史观"社会形态"的角度来认识，而不能从西方自由主义学者等专注于文化或技术方面所理解的角度来认识[②]，"西方新自由主义不是'灵丹妙药'"[③]。

其二，如果从马克思历史观"社会形态"的角度来认识，就是要从"经济社会形态"或"技术社会形态"方面来认识。

其三，如果要从"经济社会形态"或"技术社会形态"方面来认识"人类文明新形态"这个概念，就是要把其看成是"既包括以生产关系为主轴的经济社会形态，也包括以生产力和技术发展水平为主轴的技术社会形态"[④] 的概念，也即文明新形态的塑造成功，绝不仅仅是代表生产力标志的生产工具以及社会生产方式发生了质的飞跃，而是说涉及人与自然、人与人关系的生产技术和社会组织方式以及文化价值体系都发生了或正在发生着重大变革。

其四，这种文明形态的塑造的根本动力来自"生产力和生产关系、经济基础和上层建筑之间关系的矛盾运动"。正是在这种社会基本矛盾的运动下，才逐渐在社会发展中形成了有关经济、政治以及文化或意识形态的"社会结构"。也正是在这种意义上，习近平总书记才不仅强调"生产力和生产关系、经济基础和上层建筑"之间关系的相互作用——"自觉通过调整生产关系激发社会生产力发展活力，自觉通过完善上层建筑适应经济基础发展要求，让中国特色社会主义更加符合规律地向前发展"[⑤] ——而且还十分注重中国特色社会主义"五位一体"[⑥] 总体布局在社会发展中的重要性。这是对毛泽东、邓小平、江泽民、胡锦涛等领导人对此问题认识的重大发展。

其五，生产力与生产关系的基本矛盾运动除在一个国家内部进行运动之外，它也要在国家与国家之间进行运动，特别是全球化在当代社会的铺开，更加显现出了生产力与

---

① 有关人类文明新形态的认识可以参阅如下文章：欧阳军喜：《"人类文明新形态"的形成、特征与意义》，《高校马克思主义理论研究》，2021年第3期，第14～18页。田鹏颖、武雯婧：《论人类文明新形态的生成逻辑》，《科学社会主义》，2021年第6期，第74～80页。李淑梅：《马克思的文明演变思想与创造人类文明新形态》，《南开学报（哲学社会科学版）》，2022年第2期，第21～30页。陈波、鲁明媚：《人类文明新形态的历史演进、中国出场与实践遵循》，《学习与实践》，2022年第2期，第5～13页。侯惠勤：《论人类文明新形态》，《陕西师范大学学报（哲学社会科学版）》，2022年第2期，第5～18页。邱吉、贾蕾：《"人类文明新形态"的科学内涵》，《马克思主义理论学科研究》，2022年第4期，第90～97页。吕文菁：《生成逻辑、内涵特征、重大意义：人类文明新形态研究的多维视角》，《长沙大学学报》，2022年第3期，第6～10页。

② 有关西方学者对文明形态的认识，可参阅李艳艳：《当代国内外文明形态与文明类型理论研究述评》，《天府新论》，2012年第5期，第105页。李艳艳：《马克思主义文明理论及其当代价值》，人民出版社，2017年，第20～26页。

③ 教育部中国特色社会主义理论体系研究中心：《西方新自由主义不是"灵丹妙药"》，《红旗文稿》，2012年第14期，第17页。

④ 徐春：《社会形态与文明形态辨析——唯物史观研究中一个值得注意的问题》，《郑州大学学报（哲学社会科学版）》，2006年第2期，第22页。

⑤ 中共中央党史和文献研究院：《十九大以来重要文献选编（上）》，中央文献出版社，2019年，第429～430页。

⑥ 中共中央党史和文献研究院：《十九大以来重要文献选编（上）》，中央文献出版社，2019年，第14页。

生产关系的基本矛盾国内和国际双向运动的特点。也正是在这种意义上，习近平总书记提出了“以国内大循环为主体、国内国际双循环相互促进的新发展格局”[①] 问题。“一带一路”也就是这种新发展格局的具体实施的重要举措。在运动过程中，特别是全球化时代的到来，需要解决的是资本要素如何运动和国家主权如何保持二者之间关系的矛盾。资本文明的一面会促进生产力的发展，而资本野蛮的一面又会使社会变成一个“着了魔的、颠倒的、倒立着的世界”[②]。这就是资本的双重性问题：既要利用资本，又要驾驭资本。“在完善社会主义市场经济过程中，不只是规范资本本身的行为，还要规范资本无序扩张的外部环境。”[③] 科技网络的发展和智媒时代的到来，资本拜物教正在向“数字拜物教”[④] 转化和演变。

其六，生产力与生产关系基本矛盾国内和国际的双向运动，既是一个社会发展中与空间有关，也是一个与时间脱离不开的认识问题。很明显，生产力与生产关系基本矛盾在国内和国际空间中的运动，其运动范围的大小、发育程度的强弱不是一蹴而就的，而是在社会发展的时间中逐渐形成的一个问题。

其七，从最终意义上讲，生产力与生产关系基本矛盾在过去、现在、未来的时间和国内和国际空间中进行的运动，是离不开生产力与生产关系基本矛盾一般规律的制约的。生产力与生产关系基本矛盾一般规律不是一个抽象假设，其所具有的制约力量是在生产力与生产关系基本矛盾在时间和空间中具体运行的过程中逐渐发挥出来的。

其八，“人类文明新形态”这个概念，既要从“经济社会形态”或“技术社会形态”方面来认识，也要从“社会有机体”方面来认识，也即既要关注规律的客体运动问题，也要关注实践的主体参与问题。对历史主体参与者的关注首先是要注重“人民是历史的创造者，是真正的英雄”[⑤] 的问题。革命、建设、改革离不开人民的支持——“中国共产党的根基在人民、血脉在人民、力量在人民”[⑥] ——也正是有了人民的支持，革命、建设、改革才会取得如此巨大的成就，才会实现全面建成小康社会的目标，也才会有实现一百年奋斗目标的底气、信心和勇气。既要把“人民是历史的创造者”转化为“以人民为中心”的社会发展理念，更要在群众观点的指引下，切实发挥好群众路线在党的各项工作实施中的作用。这是问题的一个方面。“党来自人民、植根人民、服务人民。”[⑦]

另一方面，如果没有中国共产党的正确领导，中国特色社会主义今天能够取得如此巨大的成就也是不可能的。在“坚持加强党的领导和尊重人民首创精神相结合”以及

---

① 习近平：《关于〈中共中央关于制定国民经济和社会发展第十四个五年规划和二〇三五年远景目标的建议〉的说明》，《人民日报》，2020年11月4日第2版。

② 马克思：《资本论（第三卷）》，人民出版社，2018年，第940页。

③ 洪银兴：《社会主义市场经济中的资本：属性、行为和规范——〈资本论〉的启示》，《学术月刊》，2022年第5期，第45页。

④ 徐艳如：《数字拜物教的秘密及其背后的权力机制》，《马克思主义研究》，2022年第6期，第105页。

⑤ 习近平：《在庆祝中国共产党成立100周年大会上的讲话》，人民出版社，2021年，第9页。

⑥ 习近平：《在庆祝中国共产党成立100周年大会上的讲话》，人民出版社，2021年，第11页。

⑦ 习近平：《中共中央关于党的百年奋斗重大成就和历史经验的决议》，《人民日报》，2021年11月17日第1版。

“坚持‘摸着石头过河’和顶层设计相结合”① 等涉及改革开放根本性战略思想认识能力提升的过程中不断推进新时代中国特色社会主义建设向前进。中国共产党百年奋斗首要的历史经验，就是“坚持党的领导”——“中国共产党是领导我们事业的核心力量。中国人民和中华民族之所以能够扭转近代以后的历史命运、取得今天的伟大成就，最根本的是有中国共产党的坚强领导”②。在革命、建设、改革的过程中，党员群体主体性的发挥是一份不可或缺的核心力量。发挥党的主体性同尊重人民群众的主体地位和“以人民为中心”③“坚持人民至上”④ 不但是不矛盾的，而且还是密切一致的。发挥党的主体性就是要发挥习近平总书记在党的十九大报告中所讲的，要让党成为“时代先锋、民族脊梁”⑤，要让党成为“应对国内外各种风险和考验”的“全国人民的主心骨”，成为坚持和发展中国特色社会主义历史进程中的“坚强领导核心”⑥，不断增强党的“政治领导力”“思想引领力”“群众组织力”和“社会号召力”⑦，真正发挥党“总揽全局、协调各方”⑧ 领导一切的能力，把握历史“主动”⑨，发挥“历史主动精神”⑩，积极进行各个方面的探索。“中国特色社会主义，最本质的特征是中国共产党领导”，要“加强党对社会主义现代化建设的全面领导”⑪。

其九，“人民是历史的创造者，是真正的英雄”⑫。人民群众既是社会发展进步的参与者，也是社会发展成果的享有者。不忘初心，砥砺前行，目的就是要让人民过上“美好生活”⑬ ——“人民对美好生活的向往就是我们的奋斗目标”⑭。中国社会发展到2035年的目标是“基本实现现代化”⑮，到21世纪中叶，建成“富强民主文明和谐美丽的社会主义现代化强国”⑯，“促进全体人民共同富裕”——“共同富裕是社会主义的本质要求，是人民群众的共同期盼。我们推动经济社会发展，归根结底是要实现全体人民共同富裕”⑰。

其十，从马克思历史观中“社会形态”和“社会有机体”认识入手来理解“人类文

① 习近平：《习近平谈治国理政（第三卷）》，外文出版社，2020年，第188页、第189页。

② 习近平：《中共中央关于党的百年奋斗重大成就和历史经验的决议》，《人民日报》，2021年11月17日第1版。

③ 习近平：《习近平谈治国理政（第三卷）》，外文出版社，2020年，第16页。

④ 习近平：《习近平谈治国理政（第四卷）》，外文出版社，2022年，第53页。

⑤ 习近平：《习近平谈治国理政（第三卷）》，外文出版社，2020年，第13页。

⑥ 习近平：《习近平谈治国理政（第三卷）》，外文出版社，2020年，第14页。

⑦ 习近平：《习近平谈治国理政（第三卷）》，外文出版社，2020年，第13页。

⑧ 习近平：《习近平谈治国理政（第三卷）》，外文出版社，2020年，第16页。

⑨ 习近平：《在庆祝中国共产党成立100周年大会上的讲话》，人民出版社，2021年，第7页。

⑩ 习近平：《中共中央关于党的百年奋斗重大成就和历史经验的决议》，《人民日报》，2021年11月17日第1版。

⑪ 习近平：《习近平谈治国理政（第四卷）》，外文出版社，2022年，第46页。

⑫ 习近平：《在庆祝中国共产党成立100周年大会上的讲话》，人民出版社，2021年，第9页。

⑬ 习近平：《习近平谈治国理政（第三卷）》，外文出版社，2020年，第9页。

⑭ 习近平：《中共中央关于党的百年奋斗重大成就和历史经验的决议》，《人民日报》，2021年11月17日第1版。

⑮ 习近平：《习近平谈治国理政（第三卷）》，外文出版社，2020年，第23页。

⑯ 习近平：《习近平谈治国理政（第三卷）》，外文出版社，2020年，第23页。

⑰ 习近平：《习近平谈治国理政（第四卷）》，外文出版社，2022年，第116页。

明新形态”，就是要注重未来社会发展的“四个统一”：一是要把“共产主义远大理想同中国特色社会主义共同理想统一起来”；二是要把实现共产主义是由一个一个阶段性目标逐步达成的历史过程“同我们正在做的事情统一起来”[①]；三是要把社会发展中价值目标的实现同历史规律的认识和实践统一起来的——“中国共产党人的理想信念”是建立在“马克思主义科学真理”“马克思主义揭示的人类社会发展规律”和“为最广大人民谋利益的崇高价值”的“基础”之上的——所以，“我们坚定”就是因为“我们遵循的是规律”“代表的是最广大人民根本利益”[②]；四是要把国内社会的发展和世界的发展统一起来，要“坚持胸怀天下。……以世界眼光关注人类前途命运”，“既为中国人民谋幸福、为中华民族谋复兴，也为人类谋进步、为世界谋大同”[③]。这是习近平总书记提出的“人类文明新形态”，作为人类社会发展“形态”所具有的“物质文明、政治文明、精神文明、社会文明、生态文明”[④] 文明意蕴的整体表达和主要认识。

“人类文明新形态”同“人类命运共同体”概念也有密切的关系。这个概念的提出有个过程，在2013年莫斯科国际关系学院的讲话中习近平总书记初次提出了“命运共同体”概念，而后在2015年9月第70届联合国大会的讲话中提出了“人类命运共同体”概念，在2017年1月联合国日内瓦总部的讲话、2019年5月亚洲文明对话的讲话、2020年9月第75届联合国大会的讲话以及2021年1月世界经济论坛“达沃斯议程”对话会上的特别致辞中都提到了“人类命运共同体”[⑤] 概念，并进一步加深了对这一概念认识的阐释。我认为对这一概念的理解需要从如下几个方面来进行：

其一，对这一概念的认识首先要从马克思历史观有关“共同体”的认识入手，而不是从西方如滕尼斯、南茜或鲍曼[⑥]等人的认识起始，但并不排斥中国传统中的“‘大同’社会理想”[⑦]。其二，如果从马克思历史观有关“共同体”的认识入手，就是要从“真正的共同体”[⑧] 也即“自由人的联合体”[⑨] 起始来认识。其三，如果从“真正的共同体”也即“自由人的联合体”起始来认识，就会发现习近平总书记所说的“共同体”一定会包含着一个人类社会发展的理想价值形态，也即“胸怀共产主义的崇高理想”[⑩] 的最高纲领问题。其四，这个概念的认识既要着眼于人类社会发展的未来命运，更要着眼于当前世界发展命运。其五，从当前世界的发展看，就是要构建一个“持久和平的世界……

① 中共中央党史和文献研究院：《十九大以来重要文献选编（上）》，中央文献出版社，2019年，第429页。

② 习近平：《习近平谈治国理政（第二卷）》，外文出版社，2017年，第50页。

③ 习近平：《中共中央关于党的百年奋斗重大成就和历史经验的决议》，《人民日报》，2021年11月17日第1版。

④ 习近平：《习近平谈治国理政（第三卷）》，外文出版社，2020年，第23页。

⑤ 本书编写组：《毛泽东思想与中国特色社会主义理论体系》，人民出版社，2021年，第306页。

⑥ 对于西方有关共同体的论述，可以参阅滕尼斯的《共同体与社会》、鲍曼的《共同体》或南希的《解构的共同体》等著作。

⑦ 王伟光：《崇高的理想 不懈的追求——论从“大同”社会理想到“人类命运共同体”伟大构想》，《马克思主义研究》，2020年第5期，第11页。

⑧ 中共中央马克思恩格斯列宁斯大林著作编译局：《马克思恩格斯选集（第一卷）》，人民出版社，2012年，第199页。

⑨ ［德］马克思：《资本论（第一卷）》，人民出版社，2018年，第96页。

⑩ 习近平：《习近平谈治国理政（第一卷）》，外文出版社，2018年，第23页。

普遍安全的世界……共同繁荣的世界……开放包容的世界……清洁美丽的世界"[①] 的"人类命运共同体"问题，强调政治上要相互尊重、平等协商，安全上要坚持以对话解决争端、以协商化解分歧，经济上要同舟共济，文化上要尊重世界文明多样性，生态上要共同保护好人类赖以生存的地球家园——"中国共产党将继续同一切爱好和平的国家和人民一道，弘扬和平、发展、公平、正义、民主、自由的全人类共同价值，坚持合作、不搞对抗，坚持开放、不搞封闭，坚持互利共赢、不搞零和博弈，反对霸权主义和强权政治，推动历史车轮向着光明的目标前进"[②]。其六，"人类命运共同体"的构建既要关注世界的发展问题，也要关注国内的发展问题，要"把共产主义远大理想同中国特色社会主义共同理想统一起来"，实现共产主义是由一个一个阶段性目标逐步达成的历史过程，要"同我们正在做的事情统一起来"[③]。其七，"人类命运共同体"的构建既要有理想价值目标的指引，也要注重价值目标的实现和达成，要把"人类命运共同体"构建的理想价值目标建立在对生产力和交往关系历史规律认识和实践的基础上，切实把握好国内和国外的交往问题。

总体上说，习近平总书记从"中国式现代化"入手对"人类文明新形态"和"人类命运共同体"的认识，不仅是一种侧重主体与客体关系的认识，也是一种关注主体与主体关系[④]的认识。从自然与社会关系的历史发展看，人类社会发展的历史目标就是追求人与自然的关系以及人与人的关系的和谐状态。这恰恰就是中国共产党提出的"推动物质文明、政治文明、精神文明、社会文明、生态文明协调发展"[⑤] 的文明目标。除此以外，习近平总书记对科技也有大量的论述，其中主要体现在信息、网络以及数字化方面，关于科技在社会发展方面的有些认识问题，我会在本书第十一章第四节中详细论述。不过，有一点需要首先指出：其一，科技对于解决人与自然关系中生产力的发展具有重要的意义，且人与自然的关系是否解决得好已成为生产力发展的关键；其二，科技与制度的关系是相辅相成的，且科技与资本的关系解决得如何已成为中国特色社会主义市场经济发展的一个重点。这两点也是中国马克思主义[⑥]特别是改革开放以来重点把握的两个问题。

二、"方法"方面

"方法"虽然不可超越，但可以根据实际情况实现转换性的创新。马克思历史认识中的"方法"首先指的是一种社会发展历史认识的"视角"。习近平总书记对社会发展

① 习近平：《习近平谈治国理政（第二卷）》，外文出版社，2017 年，第 541～544 页。

② 习近平：《在庆祝中国共产党成立 100 周年大会上的讲话》，人民出版社，2021 年，第 16 页。

③ 中共中央党史和文献研究院：《十九大以来重要文献选编（上）》，中央文献出版社，2019 年，第 429 页。

④ 国外研究交往问题的无疑当首推哈贝马斯，中国学术界研究交往问题较早的是任平教授，可参阅任教授的《交往实践与主体交际》《走向交往实践的唯物主义》及《当代视野中的马克思》等论著。

⑤ 习近平：《在庆祝中国共产党成立 100 周年大会上的讲话》，人民出版社，2021 年，第 14 页。

⑥ 毛泽东既有关于科技与生产力的论述，也有关于科技与制度的论述［中共中央文献研究室：《毛泽东年谱：1949—1976 年（第五卷）》，2013 年，第 295 页。中共中央文献研究室：《毛泽东文集（第八卷）》，人民出版社，1999 年，第 340 页］。

的认识就是从下述视角来论述的：

第一，要遵从站位要高的历史认识的要求。这是历史认识的高度要求，主要有四个方面的论述：其一，历史站位认识需要“鸟瞰”[1]，也即习近平总书记指出的要用“望远镜”看历史的问题——正确的历史观不仅要看现在是什么样，而且“要端起历史望远镜回顾过去、总结历史规律，展望未来、把握历史前进大势”[2]。其二，历史站位认识鸟瞰要有“定位”，一是从人类的发展看，首先要弄清一个基本问题：“我们从哪里来、现在在哪里、将到哪里去?”[3] 首要问题是要弄清楚目前所处的位置问题，也只有弄清楚了目前自身所处的位置，才能明晰来自哪里、要去哪里。二是从国家民族的自身发展看，要注意自己的“角色”，例如在分析国际现象中，“不仅要冷静分析各种国际现象，而且要把自己摆进去，在我国同世界的关系中看问题，弄清楚在世界格局演变中我国的地位和作用”[4]。也就是说，要以参与者的身份站到事物的现象中来看问题。其三，历史站位认识鸟瞰的定位要明确自己的“身份”，也即习近平总书记所说的一个国家或民族要知道自己是“谁”的问题——“一个民族、一个国家，必须知道自己是谁，是从哪里来的，要到哪里去，想明白了、想对了，就要坚定不移朝着目标前进”[5]。其四，要把人类史的高度、世界历史的高度和民族国家历史的高度融合到一起来把握历史的站位问题，一是要深入洞察人类社会演进的基本规律，密切关注人类的共同命运，深刻把握人类未来发展的整体趋向、总格局、大趋势、大潮流，“世界正处于大发展大变革大调整时期，和平与发展仍然是时代主题”[6]，但也要深刻意识到目前国际形势的变化，“进入新时代，国际力量对比深刻调整，单边主义、保护主义、霸权主义、强权政治对世界和平与发展威胁上升，逆全球化思潮上升，世界进入动荡变革期”[7]。二是要深刻把握中国特色社会主义新时代所面临的主要任务，在全面建成小康社会后，中国社会发展到2035年的目标是“基本实现社会主义现代化”[8]，到21世纪中叶，建成“富强民主文明和谐美丽的社会主义现代化强国”[9]，朝着实现全体人民“共同富裕”[10] 的方向不断迈进。

第二，要遵从目光要长的历史认识的要求。这是历史认识的长度要求，主要有三个方面的论述：其一，历史的过去、现在和未来具有连续性，也即历史的过去、现在、未来是相通的，“历史是从昨天走到今天再走向明天，历史的联系是不可能割断的，人们

① “鸟瞰”是梁启超先生在《中国历史研究法》中提出的一种类似“做飞机式的工作”的“先得概念”的历史研究方法。当然，梁先生并没有否定“做显微镜式的工作”的“解剖式”历史研究方法，而是认为“二者不可偏废”（梁启超：《中国历史研究法》，上海古籍出版社，1998年，第155页）。

② 习近平：《习近平谈治国理政（第三卷）》，外文出版社，2020年，第427页。

③ 习近平：《习近平谈治国理政（第二卷）》，外文出版社，2017年，第537页。

④ 习近平：《习近平谈治国理政（第三卷）》，外文出版社，2020年，第427～428页。

⑤ 习近平：《习近平谈治国理政（第一卷）》，外文出版社，2018年，第171页。

⑥ 习近平：《习近平谈治国理政（第三卷）》，外文出版社，2020年，第45页。

⑦ 习近平：《中共中央关于党的百年奋斗重大成就和历史经验的决议》，《人民日报》，2021年11月17日第1版。

⑧ 习近平：《习近平谈治国理政（第三卷）》，外文出版社，2020年，第22页。

⑨ 习近平：《习近平谈治国理政（第三卷）》，外文出版社，2020年，第23页。

⑩ 习近平：《习近平谈治国理政（第三卷）》，外文出版社，2020年，第35页。

总是在继承前人的基础上向前发展的。古今中外，概莫能外”[①]。其二，历史过去、现在和未来连续性的时段要长，也即“对于时间的理解，不是以十年、百年为计，而是以百年、千年为计”[②]。例如对党史的认识，就不能仅仅就100年看党的100年历史，而是要把党的100年放到近代以后180多年的中国历史、5000多年的中华民族文明史以及500多年的世界社会主义发展史、五六千年甚至更久远的人类文明史中来看。再如，对五四运动也是要放到中华民族5000多年文明史、中国人民近代以来170多年斗争史、中国共产党100年奋斗史中来认识和把握的。“总结概括的‘中国共产党百年奋斗的历史经验’，贯通历史、现在、未来，具有重大的历史意义和现实指导意义。”[③] 其三，要把人类历史、中华民族史、中国近代史、社会主义发展史、党史、新中国史、改革开放史连接到一起来认识，而不是割断历史，“中国历史是中国人民、中华民族坚持不懈的创业史和发展史。其中既有升平之世社会发展进步的丰富经验，也有衰乱之世的深刻教训以及由乱到治的经验智慧”，历史之中“蕴涵着十分丰富的治国理政的历史经验”[④]，所以，“重视历史、研究历史、借鉴历史，可以给人类带来很多了解昨天、把握今天、开创明天的智慧。……需要从历史中汲取智慧，需要博采各国文明之长”[⑤]。

第三，要遵从视野要宽的历史认识的要求。这是历史认识的宽度要求，主要有两个方面的论述：其一，世界视野要宽，对此习近平总书记有多处论述，其中习近平总书记在《在纪念马克思诞辰二百周年大会上的讲话》中指出，解决改革中的重大问题需要以“更宽广的视野、更长远的眼光”[⑥] 来把握，强调的就是历史认识中的宽视野问题；再者，习近平总书记在《在庆祝改革开放四十周年大会上的讲话》中也指出，对于问题意识、时代意识、战略意识的把握，要以“深邃的历史眼光、宽广的国际视野把握事物发展的本质和内在联系”[⑦]，其中强调的也是历史认识要有国际视野的问题，还有习近平总书记在2018年党的十九大精神研讨班开班式的讲话中也强调了历史认识要有国际视野的问题——对一些重大理论和实践问题“必须提高政治站位、树立历史眼光、强化理论思维、增强大局观念、丰富知识素养、坚持问题导向，从历史和现实相贯通、国际和国内相关联、理论和实践相结合的宽广视角”[⑧] 来思考和把握。其二，民族国家的视野要宽，对此习近平总书记提出了两个大局问题，认为“要胸怀两个大局，一个是中华民族伟大复兴的战略全局，一个是世界百年未有之大变局”[⑨]。在新发展格局方面，要

---

① 习近平：《领导干部要读点历史——在中央党校2011年秋季学期开学典礼上的讲话》，《党建研究》，2011年第10期，第4页。

② 本报记者杜尚泽：《我们对于时间的理解（习近平主席访问欧洲微镜头）》，《人民日报》，2019年3月26日第1版。

③ 习近平：《习近平谈治国理政（第四卷）》，外文出版社，2022年，第23页。

④ 习近平：《领导干部要读点历史——在中央党校2011年秋季学期开学典礼上的讲话》，《党建研究》，2011年第10期，第1页。

⑤ 习近平：《习近平致第二十二届国际历史科学大会的贺信》，《人民日报》，2015年8月24日第1版。

⑥ 习近平：《习近平谈治国理政（第三卷）》，外文出版社，2020年，第74页。

⑦ 中共中央党史和文献研究院：《十九大以来重要文献选编（上）》，中央文献出版社，2019年，第731页。

⑧ 习近平：《习近平谈治国理政（第三卷）》，外文出版社，2020年，第69页。

⑨ 习近平：《习近平谈治国理政（第三卷）》，外文出版社，2020年，第77页。

"构建以国内大循环为主体、国内国际双循环相互促进的新发展格局"[①]。要"树立'一盘棋'思想，把自身发展放到协同发展的大局之中，实现错位发展、协调发展、有机融合，形成整体合力"[②]。对一些重大理论和实践问题要国内和国际相互联系整体思考和把握。

第四，要遵从眼力要深的历史认识的要求。这是历史认识的深度要求，主要有四个方面的论述：其一，历史认识要把握历史的本质即历史规律问题，正确的历史观不仅要看现在是什么样，而且"要端起历史望远镜回顾过去、总结历史规律，展望未来、把握历史前进大势"[③]。其二，历史认识的本质要在历史认识的长时段中才有可能，"只有在整个人类发展的历史长河中，才能透视出历史运动的本质和时代发展的方向"[④]。其三，要把人类社会发展规律、社会主义建设规律、党的执政规律和"中国特色社会主义建设规律"[⑤] 联系到一起来认识，要注意把握一般规律和特殊规律的关系以及规律客观性和主体能动性的关系问题。要用"深邃的历史眼光、宽广的国际视野把握事物发展的本质和内在联系"[⑥]。其四，要把社会发展基本矛盾规律的认识同社会发展主要矛盾规律的认识结合起来。

一方面，要在社会发展主要矛盾规律认识的过程中，深化社会发展基本矛盾规律的认识；另一方面，要在社会发展基本矛盾规律认识的指引下准确把握社会发展主要矛盾规律。两种矛盾的认识和把握相辅相成，形成一种辩证关系。"党的百年奋斗历程告诉我们，党和人民事业能不能沿着正确方向前进，取决于我们能否准确认识和把握社会主要矛盾、确定中心任务。"[⑦]

第五，要遵从心肠要热的历史认识的要求。这是历史认识的温度要求，主要有三个方面的论述：其一，从人类的发展看，首先要弄清一个基本问题，"我们从哪里来、现在在哪里、将到哪里去"[⑧]，也就是说，要有一个人类社会发展进步的理想和目标，"构建人类命运共同体，实现共赢共享"[⑨]，就是要建立一个"持久和平的世界……普遍安全的世界……共同繁荣的世界……开放包容的世界……清洁美丽的世界"[⑩]。其二，从民族国家的历史发展看，要追求以人民为中心的发展，在整个发展过程中，都要注重民生、保障民生、改善民生，不忘初心，砥砺前行，目的就是要让人民过上"美好生

---

① 习近平：《关于〈中共中央关于制定国民经济和社会发展第十四个五年规划和二〇三五年远景目标的建议〉的说明》，《人民日报》，2020年11月4日第2版。

② 习近平：《在深入推动长江经济带发展座谈会上的讲话》，人民出版社，2018年，第19页。

③ 习近平：《习近平谈治国理政（第三卷）》，外文出版社，2020年，第427页。

④ 中共中央党史和文献研究院：《十九大以来重要文献选编（上）》，中央文献出版社，2019年，第423页。

⑤ 习近平：《中共中央关于党的百年奋斗重大成就和历史经验的决议》，《人民日报》，2021年11月17日第1版。

⑥ 中共中央党史和文献研究院：《十九大以来重要文献选编（上）》，中央文献出版社，2019年，第731页。

⑦ 习近平：《习近平谈治国理政（第四卷）》，外文出版社，2022年，第30页。

⑧ 习近平：《习近平谈治国理政（第二卷）》，外文出版社，2017年，第537页。

⑨ 习近平：《习近平谈治国理政（第二卷）》，外文出版社，2017年，第539页。

⑩ 习近平：《习近平谈治国理政（第二卷）》，外文出版社，2017年，第541～544页。

活”[①]——“人民对美好生活的向往就是我们的奋斗目标”[②]。其三，从个体的发展看，表现为对人民群众每个群体中个体的关切和关怀，“使人人都有通过辛勤劳动实现自身发展的机会”[③]，给青年“实现人生出彩搭建舞台”[④]，“增加低收入者收入”[⑤]，在解决贫困方面，“在中华大地上全面建成了小康社会，历史性地解决了绝对贫困问题”[⑥]，让每个群体中的个体都不要掉队，“促进全体人民共同富裕”[⑦]。历史认识的温度，注重的是“为中国人民谋幸福、为中华民族谋复兴，也为人类谋进步、为世界谋大同”的价值共识，努力弘扬“和平、发展、公平、正义、民主、自由的全人类共同价值”，“胸怀天下。……始终以世界眼光关注人类前途命运”。[⑧]

总体上看，在习近平总书记看来，看历史要做到“五度”，即要有高度（站位高）、长度（眼光长）、宽度（眼界宽）、深度（眼力深）、温度（心肠热）。当然，这五个方面并不是互相排斥的而是紧密结合、相辅相成的。如果一定要在这五个方面分出个层次来，我们的回答就是：看历史的深度更为重要，其他几个方面都可以在看历史深度的历史规律中得到说明和解释，共同形成一种整体看历史的结构网络。

三、“立场”方面

习近平总书记对社会发展认识的“立场”当然是唯物主义也即辩证唯物主义的。从“创新”方面看，习近平总书记对辩证唯物主义哲学“立场”相关方面的认识具体说来表现在如下两个方面：

一是“思维方式”。思维方式的理解可以分层，且至少可以分两层：一是哲学的思维方式，二是具体的思维方式。当然，哲学的思维方式再继续细化为“根本思维方式”“基本思维方式”和“具体思维方式”[⑨]，也并非不可。哲学的思维方式才是根本的思维方式，是人们思考问题、看待事物的根本方式。“哲学思维方式，属于哲学理论的内在的思维逻辑，表现着哲学对待事物的方式、理解事物的模式、处理事物的方法。”[⑩]

一般认为思维方式同方法论也即哲学的思维方式同哲学的方法论有一定的关系。“哲学的方法论意义，主要集中地体现在为人们提供理解、把握和评价相关知识领域问

① 习近平：《习近平谈治国理政（第三卷）》，外文出版社，2020年，第9页。

② 习近平：《中共中央关于党的百年奋斗重大成就和历史经验的决议》，《人民日报》，2021年11月17日第1版。

③ 习近平：《习近平谈治国理政（第三卷）》，外文出版社，2020年，第36页。

④ 习近平：《习近平谈治国理政（第三卷）》，外文出版社，2020年，第55页。

⑤ 习近平：《中共中央关于党的百年奋斗重大成就和历史经验的决议》，《人民日报》，2021年11月17日第1版。

⑥ 习近平：《在庆祝中国共产党成立100周年大会上的讲话》，人民出版社，2021年，第2页。

⑦ 习近平：《习近平谈治国理政（第四卷）》，外文出版社，2022年，第116页。

⑧ 习近平：《中共中央关于党的百年奋斗重大成就和历史经验的决议》，《人民日报》，2021年11月17日第1版。

⑨ 倪志安等：《马克思主义哲学方法论研究》，人民出版社，2007年，第47页。

⑩ 高清海：《哲学的创新》，吉林人民出版社，1997年，第82页。

题的思维方式。"① 这种认识也并非没有道理，问题的另一方面在于：哲学思维方式所生发出的问题认识的线路、程序或模式的不同，从根本上讲是不是与哲学观有本质的差异有关联呢？崔秋锁教授认为马克思实践观点的思维方式是一种"以'实事求是的唯物论原则'为前提和基础而以'否定批判的辩证法原则'为本质特征的哲学思维方式"②。崔教授的评述从另一个方面告诉我们，哲学思维方式的不同从根本意义上讲是与哲学的"立场"有关的一个问题。高清海先生在论述实践思维方式的理解时，并没有否定马克思主义哲学的唯物主义基础，认为"实践的观点"作为"一种崭新的思维方式"是对"存在观点、意识观点、人本观点的否定，又是它们在新的基础上统一和提高"③ 的问题。很明显，高先生对实践的理解是没有脱离马克思主义哲学唯物主义基础的，相反，是借助于实践而对马克思主义哲学更为辩证的一种认识。"实践观点的思维方式，也是'唯物史观'的根本思维方式。"④ 这就是我所说的哲学思维方式需要注意的另一方面。当然，这与我上面已经提到过的哲学思维方式与哲学方法论也有关系的观点并不一定会发生根本冲突而互相抵牾。思维方式有时候称为思维方法也不是不可以，我们只是在思维方式的哲学基础上把其同哲学立场联系在了一起。⑤

习近平总书记在 2019 年 1 月 21 日在省部级主要领导干部坚持底线思维着力防范化解重大风险专题研讨班开班式上的讲话中有一段论述："领导干部要加强理论修养，深入学习马克思主义基本理论，学懂弄通做实新时代中国特色社会主义思想，掌握贯穿其中的辩证唯物主义的世界观和方法论，提高战略思维、历史思维、辩证思维、创新思维、法治思维、底线思维能力，善于从纷繁复杂的矛盾中把握规律，不断积累经验、增长才干。"⑥ 从这段论述看，习近平总书记对于哲学思维问题的论述是从"能力"提高方面讲的，这同哲学思维方式培养的说法是不矛盾的。这是问题之一。其二，习近平总书记是在提到"辩证唯物主义的世界观和方法论"之后讲到的思维能力提高这个问题。也就是说在习近平总书记看来，战略思维和历史思维等思维能力是在"辩证唯物主义的世界观和方法论"的哲学认识的前提下提出来的一个问题，或者说战略思维和历史思维等思维能力的哲学"立场"就是"辩证唯物主义的世界观和方法论"。

习近平总书记对于党的思维问题的论述，除上面这一段之外，在党的十九大报告中，在论述中国共产党的"执政本领"全面增强时，提出了增强政治领导本领，科学制定和坚决执行党的路线方针政策，总揽全局、协调各方落到实处，就是要坚持"战略思维、创新思维、辩证思维、法治思维、底线思维"⑦ 的思维方式。总体上看，习近平总书记对于思维认识所强调的，就是要求认识中要坚持认识的辩证性、历史性、系统性、

---

① 倪志安等：《马克思主义哲学方法论研究》，人民出版社，2007 年，第 47 页。

② 崔秋锁：《实践观点的思维方式及其意义》，载中国辩证唯物主义研究会：《马克思主义哲学论丛（第六辑）》，社会科学文献出版社，2013 年，第 43 页。

③ 高清海：《哲学思维方式变革》，吉林人民出版社，1997 年，第 7 页。

④ 崔秋锁：《实践观点的思维方式及其意义》，载中国辩证唯物主义研究会：《马克思主义哲学论丛（第六辑）》，社会科学文献出版社，2013 年，第 45 页。

⑤ 从这层意义上讲，这部分内容归于习近平总书记社会发展认识的"方法"创新也是可以的。

⑥ 习近平：《习近平谈治国理政（第三卷）》，外文出版社，2020 年，第 223 页。

⑦ 习近平：《习近平谈治国理政（第三卷）》，外文出版社，2020 年，第 53 页。

战略性、底线性和创新性等特征，也即要在实际的工作中，发挥辩证思维能力、历史思维能力、系统思维能力、战略思维能力、底线思维能力和创新思维能力等思维方式所具有的处理问题的能力。对于历史思维能力和系统思维能力，习近平总书记也有论述，其中“历史是最好的教科书”[①]“历史的经验值得注意，历史的教训更应引以为戒”[②]“中国革命历史是最好的营养剂”[③]等论述就是针对历史性思维而言的，而下面这些论述则是针对系统思维认识来论述的：“系统观念是具有基础性的思想和工作方法。”[④]“注重改革的系统性、整体性、协同性。”[⑤]“树立‘一盘棋’思想，把自身发展放到协同发展的大局之中，实现错位发展、协调发展、有机融合，形成整体合力。”[⑥]“要胸怀两个大局，一个是中华民族伟大复兴的战略全局，一个是世界百年未有之大变局……”[⑦]“构建以国内大循环为主体、国内国际双循环相互促进的新发展格局。”[⑧]

二是“思想路线”。思想路线是哲学立场在实践中应用的具体体现，有何种思想路线就会有何种哲学立场。或者反过来说，有何种哲学立场就会有何种思想路线。习近平总书记对辩证唯物主义和历史唯物主义世界观和方法论以及世界物质性规律原理的坚守，具体外化就是在新时代中国特色社会主义中坚持和发展了实事求是的思想路线。习近平总书记在2012年5月16日中央党校春季学期第二批入学学员开学典礼上的讲话中，对党的思想路线从“从充分认识坚持实事求是的重大意义”“真正把握坚持实事求是的基本要求”“领导干部要努力做坚持实事求是的表率”三个方面有详细的论述，其中首要谈到的一个问题，就是认为马克思、恩格斯创立的辩证唯物主义和历史唯物主义，突出强调的就是“实事求是”（没有直接用过“实事求是”这个词汇），而“坚持实事求是，就是坚持一切从实际出发来研究和解决问题”；同时认为作为党的思想路线的“实事求是”，是毛泽东思想和中国特色社会主义理论体系（邓小平理论、“三个代表”重要思想以及科学发展观）的精髓和灵魂，“始终是马克思主义中国化理论成果的精髓和灵魂”，始终是“中国共产党人认识世界和改造世界的根本要求，是我们党的基本思想方法、工作方法和领导方法，是党带领人民推动中国革命、建设、改革事业不断取得胜利的重要法宝。”[⑨]这是问题的一个方面。另一方面，习近平总书记又认为“一切为了群众、一切依靠群众，从群众中来、到群众中去”的党的根本工作路线，同“党的实事求是的思想路线是相辅相成、在本质要求上完全统一的”。[⑩]群众路线是“坚信人民群众自己解放自己的观点，全心全意为人民服务的观点，一切向人民群众负责的观点，

---

① 习近平：《习近平谈治国理政（第一卷）》，外文出版社，2018年，第405页。

② 习近平：《习近平谈治国理政（第一卷）》，外文出版社，2018年，第390页。

③ 习近平：《在党史学习教育动员大会上的讲话》，《党建》，2021年第4期，第4页。

④ 习近平：《关于〈中共中央关于制定国民经济和社会发展第十四个五年规划和二〇三五年远景目标的建议〉的说明》，《人民日报》，2020年11月4日第2版。

⑤ 习近平：《习近平谈治国理政（第一卷）》，外文出版社，2018年，第68页。

⑥ 习近平：《在深入推动长江经济带发展座谈会上的讲话》，人民出版社，2018年，第19页。

⑦ 习近平：《习近平谈治国理政（第三卷）》，外文出版社，2020年，第77页。

⑧ 习近平：《关于〈中共中央关于制定国民经济和社会发展第十四个五年规划和二〇三五年远景目标的建议〉的说明》，《人民日报》，2020年11月4日第2版。

⑨ 习近平：《坚持实事求是的思想路线》，《学习时报》，2012年5月28日第1版。

⑩ 习近平：《坚持实事求是的思想路线》，《学习时报》，2012年5月28日第1版。

虚心向群众学习”的群众观点的具体应用。群众路线和群众观点的哲学基础则是“人民群众是历史创造者”的唯物史观原理。

“群众路线本质上体现的是马克思主义关于人民群众是历史的创造者这一基本原理。”① 我们倒过来梳理一下上述认识就是：如果从“人民群众是历史创造者”的唯物史观认识来看待人民群众在社会发展中的作用，就会有群众的观点，而有了群众的观点，也就相应外化出了群众的路线。从思想路线和群众路线的关系看，二者坚持的都是“辩证唯物主义最基本、最核心”的“世界物质统一性原理”，其哲学立场就是“从客观实际出发”②。除此以外，在实事求是思想路线的建设中，习近平总书记还提出了进行“三严三实”教育、加强“党性修养”以及倡导“调查研究”等具体实施的途径和方案，“坚持辩证唯物主义和历史唯物主义”③。

习近平总书记立足于实事求是从实际出发的思想路线，在探讨自然与社会关系的发展中，提出了如何把握中国社会发展中主体、规律、价值、自然以及空间等系列问题。这不仅仅能体现出中国共产党对马克思历史观的继承与发展，更能体现出来的是中国共产党在这个过程中所展示出来的一种对理论、制度、科技、文化、实践追求奋斗不息和一往无前的创新精神。“创新始终是一个国家、一个民族发展的重要力量，也始终是推动人类社会进步的重要力量。”④ 党的十八大以来，以习近平同志为核心的党中央高度重视“辩证唯物主义和历史唯物主义”⑤ 的世界观和方法论对中国特色社会主义事业的指导作用，系统回答了“新时代坚持和发展什么样的中国特色社会主义、怎样坚持和发展中国特色社会主义，建设什么样的社会主义现代化强国、怎样建设社会主义现代化强国，建设什么样的长期执政的马克思主义政党、怎样建设长期执政的马克思主义政党”⑥ 等重大时代课题，创立了习近平新时代中国特色社会主义思想⑦，开辟了当代中国马克思主义、21世纪马克思主义的新境界。“党的百年历史经验，既是对百年来党领

---

① 中共中央文献研究室：《十八大以来重要文献选编（上）》，中央文献出版社，2014年，第697页。

② 习近平：《辩证唯物主义是中国共产党人的世界观和方法论》，《思想政治工作研究》，2019年第2期，第9页。

③ 习近平：《习近平谈治国理政（第三卷）》，外文出版社，2020年，第15页。

④ 习近平：《习近平谈治国理政（第二卷）》，外文出版社，2017年，第267页。

⑤ 关锋：《坚持辩证唯物主义和历史唯物主义世界观和方法论》，《红旗文稿》，2019年第1期，第12页。

⑥ 习近平：《中共中央关于党的百年奋斗重大成就和历史经验的决议》，《人民日报》，2021年11月17日第1版。

⑦ 有关习近平新时代中国特色社会主义思想的创新性，可以参阅如下文章：孙来斌：《论习近平新时代中国特色社会主义思想对马克思主义的原创性贡献》，《中国高校社会科学》，2022年第4期，第16～26页。龚云：《习近平新时代中国特色社会主义思想为发展21世纪马克思主义作出原创性贡献》，《毛泽东邓小平理论研究》，2022年第2期，第1～5页。冯颜利：《习近平新时代中国特色社会主义思想对马克思主义的原创性贡献》，《河南社会科学》，2022年第2期，第1～9页。李海青：《习近平新时代中国特色社会主义思想对马克思主义发展的原创性贡献》，《党政研究》，2022年第2期，第5～11页。杨晓慧：《习近平新时代中国特色社会主义思想的原创性贡献》，《思想理论教育导刊》，2021年第12期，第10～11页。黄红发、俞思念：《马克思主义在新时代的原创性发展——习近平新时代中国特色社会主义思想的原创性贡献》，《理论视野》，2020年第1期，第28～32页。吴家庆、陈德祥：《论习近平新时代中国特色社会主义思想对马克思主义的原创性贡献》，《马克思主义研究》，2019年第7期，第5～14页。韩庆祥：《习近平新时代中国特色社会主义思想的原创性贡献》，《中共中央党校（国家行政学院）学报》，2019年第3期，第5～14页。

导革命、建设和改革的辉煌历程的全面概括和真实展现，又是中国共产党人在唯物史观指导下推动中国社会发展进步的智慧凝结和理论升华。”①

第四节　挑战：马克思历史观价值未来审视的时代面向

习近平总书记对于网络、信息、数字等高科技问题有大量论述，提出了“信息革命”② 是继农业革命和工业革命后产业革命的第三次革命，强调“网络安全和信息化是事关国家安全和国家发展、事关广大人民群众工作生活的重大战略问题，要从国际和国内大势出发，总体布局，统筹各方，创新发展，努力把我国建设成为网络强国”③。电脑、手机、网络、人工智能、大数据、云端、互联网和物联网等高科技大量运用于生产、生活以及人际交往，这对于哲学所持有的新唯物主义立场、主体、规律、价值、自然、空间以及如何认识人类社会历史发展的方法等问题，都提出了新的认识课题。

一、“立场”问题

恩格斯在《路德维希·费尔巴哈和德国古典哲学的终结》中曾提出过一个观点，是这样说的：“随着自然科学领域中每一个划时代的发现，唯物主义也必然要改变自己的形式；而自从历史也得到唯物主义的解释以后，一条新的发展道路也在这里开辟出来了。”④ 从恩格斯的论述看，可以得到三个方面的启示：一是唯物主义要随着自然科学的发展而具有新的形式；二是在自然科学得到唯物主义解释的同时，历史也要进行唯物主义的阐释；三是如果自然科学和历史都得到了唯物主义的解释，人类社会的发展就会开辟出一条新的道路。总体上看，恩格斯是在自然科学和历史的关系发展中提出的唯物主义理解的问题。从目前自然科学的发展看，电脑、手机、网络、人工智能、大数据、云端、互联网以及物联网不仅自身得到了飞速发展，而且这些技术已经深入到社会发展的生产、生活的各个方面，这势必面临着一个如何唯物主义地理解这些问题的时代要求。这给哲学和科学如何重新解释唯物主义提出了新的问题。这是问题的一个方面。另一方面，随着图像、可视化视频等数字文本形式在网络的传播，意义诠释的“从事实出发”问题，也即如何避免网络意义诠释的“过度化”问题，也成为当前社会发展中唯物主义介入“解释学”的一个重要问题。历史虚无主义中的网络形态和意识形态的网络化，都要求反对唯心史观，树立唯物史观意识。“要坚持用唯物史观来认识和记述历史，

---

① 孙迪亮：《党的百年历史成就和经验的唯物史观底蕴》，《马克思主义研究》，2021 年第 11 期，第 28 页。

② 中共中央党史和文献研究院：《习近平关于网络强国论述摘编》，中央文献出版社，2021 年，第 35 页。

③ 中共中央党史和文献研究院：《习近平关于网络强国论述摘编》，中央文献出版社，2021 年，第 33 页。

④ 中共中央马克思恩格斯列宁斯大林著作编译局：《马克思恩格斯选集（第四卷）》，人民出版社，2012 年，第 234 页。

把历史结论建立在翔实准确的史料支撑和深入细致的研究分析的基础之上。”[①] 马克思历史观价值未来发展的认识不可能不面对这些问题提出新的唯物主义的认识。

二、“观点”问题

马克思历史观中的主体、规律、价值、自然以及空间等基本观点，也需要面对时代的新的发展作出新的理解和解释，其中历史认识中的主体是首先要面对的一个问题。美国哲学家弗莱德·R. 多尔迈在其著作《主体性的黄昏》中认为，主体性观念力量的丧失是时代的具体经验和一些新进哲学家的探究所致，“事实上，依我之见，再也没有什么比全盘否定主体性的设想更为糟糕了”[②]。目前对人类社会发展中主体理解面临的问题，恐怕已经不是否定主体是否对错的问题，关键可能是郭湛教授所提出的信息网络时代“信息、网络和人谁是主体”[③] 的问题。蓝江教授在2021年的文章《从物化批判到数字资本：西方马克思主义的演变历程》中提到一个观点[④]，是2021年2月7日美国历史学家布莱克·史密斯（Blake Smith）在著名的《外交杂志》（*Foreign Policy*）的网站上发表的一篇题为《为什么尤尔根·哈贝马斯不流行?》（“Why Jürgen Haber-mas Disappeared?”）的文章中的观点，认为“哈贝马斯等人塑造的商谈伦理学和主体间性哲学的社会土壤正在日益崩塌，其理论的解释力度也日渐式微”，通讯、传播、互联网等产业革命带来的数字时代的“无产阶级统一体”已经被“左翼的协商政治”或“自诩为激进左翼的身份政治”消解了，而建基于“性别、种族、文化差异、收入差异、国籍、民族等信息”物质性根基上的哈贝马斯式的交往主体间性理论式微也势必难免了；相反，在蓝教授看来，哈特、奈格里、克里斯蒂安·福克斯、约迪·迪恩、尼克·斯尔尼塞克、肖莎娜·祖博夫等新一代西方马克思主义学者从数字时代出发提出的一些观点倒是很值得推崇。如果完全否定哈贝马斯所构建的主体间性商谈理论，也的确是不太可取，倒是利奥塔、鲍德里亚等等后马克思主义者对人类社会历史发展中主体的认识带来了巨大的挑战，使主体面临着被彻底摧毁的危险，其中利奥塔和鲍德里亚的认识最为极端。利奥塔说：“事实上真正的主体性并不存在。”[⑤] 鲍德里亚认为，现代社会正处在转向一个无他者的过程之中，人们也正在变成一个无客体的主体和无他者的主体。“这个无客体的主体、无他者的主体的示例……在无卡路里的糖中……在无奴隶的主人身上、在无我们这些主人的奴隶身上可找出。”[⑥] 这个问题从新时代中国特色社会主义未来发

---

① 习近平：《让历史说话用史实发言　深入开展中国人民抗日战争研究》，《中国党政干部论坛》，2015年第9期，第1页。

② ［美］弗莱德·R. 多尔迈：《主体性的黄昏》，万俊人、宋国钧、吴海针译，上海人民出版社，1992年，第1页。

③ 郭湛：《主体性哲学：人的存在及其意义》，中国人民大学出版社，2010年，第227页。

④ 蓝江：《从物化批判到数字资本：西方马克思主义的演变历程》，《学术界》，2021年第4期，第6页、第27页、第32页。

⑤ ［法］让-弗·利奥塔等：《后现代主义》，赵一凡等译，社会科学文献出版社，1999年，第38页。

⑥ ［法］让·鲍德里亚：《完美的罪行》，王为民译，商务印书馆，2000年，第111页。

展看，如何建构“以人民为中心”[①] 的主体也势必要面对数字时代由物质生产和非物质生产所产生的各种关系问题。不过，有一点是肯定的，内格里所说的“创造非物质性产品，如知识、信息、交往、关系，甚或情感反映的劳动”[②] 不可能反客为主成为生产的主导因素，而成为主导因素的一定会是物质生产——“左翼的复兴需要与这类型的话语作彻底的决裂”[③]。当然，问题的关键可能在于如何把二者的关系统一起来。这种统一一定会是随着社会发展逐渐完成的一个过程，且这个过程会在不同的时代表现出不同的特点。正如中国学者段德智教授所说的，主体问题是一种超越的生成“人的主体性和作为主体的人的生成乃是一个人类永远不能不说也一定会永远说下去的话题”[④]。后人类的“主体”问题的确是个面临风险的主体性如何重塑的问题。[⑤] 对主体问题的认识是其一。

其二，对于“规律”问题的认识，首先是与生产有关的一个问题。这个我们在上文中已经谈到了。数字时代知识、信息、交往、关系以及情感等信息或文化劳动的确会产生一种很大的力量推动着生产发展，且这种力量在社会数字或平台经济发展中所表现出的相对独立性也会越来越突出。而在这个过程中生产关系和交往关系等社会关系也会表现出一些新的特点。以此类推，政治的和意识形态或文化的上层建筑也会表现出新的特点来。后马克思主义者鲍德里亚在《恶的透明》（1993）一书中有一种观点，认为美学、经济、政治和性等社会结构要素领域都在走向内爆，事物间的界限正在被打破，任何领域都在不断渗透和扩散中走向超领域，并在渗透中消灭自己。美学跃出了自身的领域渗透到了政治、经济和性等领域，公开场合中的政治活动、广告中的性以及色情描写都被美学化了，由此，美学变成了超美学。经济学超出经济领域扩散到政治、性、体育等领域，成了超经济。政治则渗透到经济、美学和性等领域，也成了超政治。性也不再仅仅是性，而是扩散到政治、经济、文化和体育等领域，变成了超性。而体育也不再停留在运动领域，已经渗透到商业、性、政治，甚至大众的表演之中——“所有这些领域却都受到了运动场上争先、拼搏、破纪录等理念的影响，这种理念是一种原初的自我超越理念”[⑥] ——美学、经济、政治和性等种类之间都可以拼凑，各个领域之间都可以相互替代，一切领域都处在混杂之中，“每件事情都是性。每件事情都是政治。每件事情都是美学。……每件事情都获得了政治意味。……事物的这种状态可以概括为一个简单的模型：超政治、超性和超美学等”[⑦]。所有的领域都在渗透、扩散和坍塌中消亡了。即使

---

① 习近平：《习近平谈治国理政（第三卷）》，外文出版社，2020 年，第 16 页。

② Antonio Negri，Michael Hardt. Mulitude：War and Democracy in the Age of Empire［M］. New York：The Penguin Press，2004：108.

③ ［埃及］萨米尔·阿明：《帝国与大众》，段欣毅译，《国外理论动态》，2007 年第 5 期，第 58 页。

④ 段德智：《主体生成论——对“主体死亡论”之超越（前言）》，人民出版社，2009 年，第 1 页。

⑤ 靖东阁：《后人类时代教育研究的主体性重塑、风险及其规避》，《电化教育研究》，2022 年第 6 期，第 11 页。

⑥ Jean Baudrillard. The Transparency of EVIL：Essays on Extreme Phenomena［M］. trans. James Benedict，London & New York：Verso，1990：8.

⑦ Jean Baudrillard. The Transparency of EVIL：Essays on Extreme Phenomena［M］. trans. James Benedict，London & New York：Verso，1990：10.

人的身体也不例外，已不再是任何事物的隐喻，而仅仅变成了一个与生理有关或缺乏象征性的场所。一切差别都在消失，世界、事物、人、意义等都在内爆中走向了消亡。这就是鲍德里亚对社会终结走向所谓超级领域的论述。鲍德里亚是对麦克卢汉所持的现代媒介下“社会的、政治的、经济的制度和安排”[①] 都已经不再是被僵硬的等级界限所分割的单项模式观点的极端发展。这种观点对由生产力和生产关系以及经济基础和上层建筑矛盾运动所形成的经济、政治、文化或意识形态的社会结构带来的最大威胁就是拆散了“结构”的架构，结构零散化了，成了一地“配件”。[②] 很明显，如果由生产关系结构形成的规律被拆散了，那么，由交往关系结构所形成的规律也就会不复存在了。马克思历史观价值的未来认识也势必会面临数字时代社会结构如何重组的问题，而这又与新时代中国特色社会主义未来发展“五位一体的布局”具体如何安排的问题密切相关。

其三，对于“价值”问题的认识，首先是个“社会”的认识问题。对马克思“社会”概念的错误理解，既有“实体化”的理解，也即被理解成高于“个体”存在的抽象化的“集合体”和“无人身”的理性实体或一种按照自然科学的方式考察其规律或趋势的客观实在，也有“主体化”的理解，也即被理解成一种主体改造和批判的静态的事实和客观实在的对象世界。其中哈耶克属于前者，认为马克思的社会概念是建构理性主义的产物，此种理解会导致对“自生自发社会秩序”和“个体理性”的背离和舍弃，“我们对‘社会的’这个词太熟悉了——我们甚至把它当做一种当然之物接受了下来，所以我们也就很难再意识到这个词在含义方面所存在的任何问题了”[③]。而伯林则属于后者，认为马克思的社会概念是建立在“普世原则”之上的客观性话语，带有浓厚的神学目的论色彩，“马克思实际上创造的是一个新的反教会的普世性组织”[④]。我认为上述对马克思社会概念认识的指认还不是最具有危险性的，对此除深受自由哲学和新古典经济学影响的撒切尔夫人所说的“根本不存在什么社会”[⑤] 的观点之外，迈克尔·曼则从理论上把社会的整体性肢解了，认为“社会是由多重交叠和交错的社会空间的权力网络构成的”[⑥]，这种权力网络是由“意识形态的、经济的、军事的和政治的（四者用英文字母缩写为 IEMP）”[⑦] 来源构成的。当然，这还不是釜底抽薪的指认。社会概念彻底被虚无化的则是来自一些后现代社会理论家。“极端的后现代理论家们，比如鲍德里亚、克罗亚和库克，把社会蒸发成一种由代码、形象和符号组成的超现实；而福柯却强调了总

---

① ［加］麦克卢汉：《理解媒介：论人的延伸》，何道宽译，商务印书馆，2000 年，第 67 页。

② 孙大飞：《西方马克思主义和后马克思主义历史观研究》，中国社会科学出版社，2021 年，第 200～311 页。

③ ［英］弗里德里希·奥古斯特·冯·哈耶克：《哈耶克论文集》，邓正来译，首都经济贸易大学出版社，2001 年，第 163 页。

④ ［英］以赛亚·伯林：《现实感：观念及其历史研究》，潘荣荣、林茂译，译林出版社，2004 年，第 131 页。

⑤ ［英］菲利普·梅勒：《理解社会》，赵亮员、白小瑜、王璜等译，北京大学出版社，2009 年，第 7 页。

⑥ ［英］迈克尔·曼：《社会权力的来源（第 1 卷）》，刘北成、李少军译，上海人民出版社，2015 年，第 1 页。

⑦ ［英］迈克尔·曼：《社会权力的来源（第 1 卷）》，刘北成、李少军译，上海人民出版社，2015 年，第 3 页。

是太现实的权力运作。"[①] 鲍德里亚拆散了社会结构，实际上也就是消解了"社会"。

当然，对社会概念的理解并非全如极端的后现代主义理论家那样否定社会。在埃伦·梅克辛斯·伍德看来，这些极端的后现代主义者虽然声称揭示了所有价值观和知识的历史特性，但却暴露出了"对历史十分无知"[②]，是一群"根本不顾历史事实的人"，过分依赖极端认识的相对论，把后现代性看成了"人本身固有的特性"[③]，而不是一种历史时期的特征。对于极端后现代主义者对历史认识无知的批评并非仅仅来自伍德，其中特里·伊格尔顿、布莱恩·D. 帕尔默、约翰·贝拉米·福斯特等学者都有认识。[④]另外，劳伦斯·斯通、佩雷斯·扎格林、希目尔伐勃、杰弗里·埃尔顿以及卡洛·金茨伯格等学者就并不完全同意后现代主义对历史的认识，如斯通就认为人们在泼掉"元历史"脏水的同时，"不要把正当的历史这个婴儿也一同扔掉"[⑤]。"没有社会，人类历史是空的。"[⑥] 马克思历史观价值未来发展的认识不可能不面对这个重要的问题。这个问题在未来数字时代的发展中会成为越来越重要的一个问题。现实社会和"智能社会"如何在人际交往空间和虚拟空间发展中共同构建起一个整体社会，不仅是人类社会理想价值形态追求的一种要求，也是人类本身在发展中需要社会承载的一种要求。

其四，对于"自然"问题的认识，首先是个"人化自然"的认识问题。物联网、人工智能等高科技应用于自然的开发工程，自然越来越显示出"人工造物"的特征，对自然的"人化"也即"人化自然"已经到了"人工自然"的层次了。"我造故我在"[⑦]，人类对宏观宇宙的探索和微观世界的考察，已经显示出人类创造和改变世界的能力，自然越来越被数据化了。人们未来面对的就是一个"数据化"的自然，那么，如何重新认识"人化自然"以及其和"自在自然"的关系是马克思历史观价值未来发展也需要思考的一个重要问题。

其五，对于"时空"问题的认识，首先是个"空间"的认识问题。西方马克思主义对空间的研究主要有列斐伏尔、鲍德里亚以及爱德华·苏贾、大卫·哈维等，其中列斐伏尔、鲍德里亚主要是从政治或经济的视角来剖析资本主义矛盾集中表现的都市化问题，苏贾和哈维主要研究的是全球空间问题。列斐伏尔试图构建一个空间—社会—历史三元统一的辩证法，也即实现对整个人类的社会构成、认识发展以及历史演进的空间解释的一种体系构建。"把各种不同的空间及其生成样式全都统一到一种理论当中，从而

---

① ［美］戴维·R. 肯迪斯、安德烈亚·方坦纳：《后现代主义与社会研究》，周晓亮、杨深、程志民译，重庆出版社，2006年，第52页。

② ［美］埃伦·伍德、约翰·福斯特：《保卫历史——马克思主义与后现代主义》，郝名玮译，社会科学文献出版社，2009年，第9页。

③ ［美］埃伦·伍德、约翰·福斯特：《保卫历史——马克思主义与后现代主义》，郝名玮译，社会科学文献出版社，2009年，第11页。

④ 埃伦·伍德、约翰·福斯特：《保卫历史——马克思主义与后现代主义》，郝名玮译，社会科学文献出版社，2009年，第21～225页。

⑤ 韩震、董立河：《历史研究的语言与转向——西方后现代历史哲学研究》，北京师范大学出版社，2007年，第85页。

⑥ 陈先达：《处在夹缝中的哲学：走向21世纪的马克思主义哲学》，北京师范大学出版社，2004年，第197页。

⑦ 参阅大象出版社2002年出版的李伯聪的《工程哲学引论——我造故我在》一书第27页的相关内容。

揭示出实际的空间生产过程。”[①] 鲍德里亚的城市研究比较激进，在他看来，城市已经不再“像19世纪那样是政治－工业的场所，而是‘符号’、传媒和‘符码’的场所”[②]了。苏贾的全球空间研究是一种“势能”认识，也即资本主义发展中仰仗过分发展和欠发展区域之间资本运动所形成的“势能”而生存下来的一种空间认识，资本主义“内在地建基于区域的或空间的各种不均等，这是资本主义继续生存的一个必要手段。资本主义存在本身就是以地理上的不平衡发展的支撑性存在和极其重要的工具性为先决条件的”[③]。哈维的全球空间研究是一种“动能理论”，也即资本发展的逻辑就是不断加速生产，以此力求用时间征服空间的一种空间认识。“积极地创造具有空间特质的各种场所，成了地方、城市、地区和国家之间在空间竞争方面的重要标志。”[④] 列斐伏尔和马克思的关系还较为接近，苏贾和哈维的空间认识也还可以窥见马克思的影子[⑤]，而鲍德里亚城市空间研究的批判性已经激进到要颠覆马克思历史认识中的空间问题了，完全要虚无化了。吉登斯的时空伸延（time—space distanciation）理论、哈维的时空压缩（time—space compression）理论以及卡斯特的流动空间（space of flows）与无时间之时间（timeless time）理论[⑥]，都是很值得思考的问题。

不过，对马克思历史观价值未来发展认识最具有挑战性的还是“赛博空间”问题。按照马丁·道奇和罗佰·肯的认识，所谓“赛博空间”（cyber space），指的就是一个非现实的可操纵航向的概念空间（conceptual space），因此“赛博空间不是一种同质空间的组成，而是包含着无数种迅速膨胀的空间，其中每一种都会提供一种不同的数字相互作用和数字通信的形式”[⑦]。在互联网、虚拟现实或模拟实体中，我们都可以找到这些没有广延性的、非连续的、多维度的和自我映射的超远距离存在的空间形式。赛博空间“明显的是反空间的。你无法说出它在哪儿，也无法描述其可以记忆的形状和比例，或者告诉一个陌生人怎样才能到达那里。不过，虽然你不知道事物在哪里，但你却能在其

---

① Henri Lefebvre. The Production of Space [M]. trans. Donald Nicholson－Smith, Oxford: Basil Blackwell Ltd, 1991: 16.

② Jean Baudrillard. Simulacra and Simulation [M]. trans. Sheila Faria Glaser, Ann Arbor: the University of Michigan Press, 1994: 77.

③ ［美］爱德华·苏贾：《后现代地理学——重申批判社会理论中的空间》，王文斌译，商务印书馆，2004年，第162页。

④ ［美］大卫·哈维：《后现代的状况：对文化变迁之缘起的探究》，阎嘉译，商务印书馆，2003年，第370页。

⑤ 冯雷教授有一种观点，认为列斐伏尔、大卫哈维、海德格尔等的三种空间研究是一种共时性的空间关系，其中场所研究属于建筑空间论，地域研究（城市以及国家是现代社会的主要形式）属于都市空间论，总体性空间研究则属于全球化空间论。这三种空间分别对应住宅、都市（区域）、地球三种基本的栖居状态和家庭、族群（民族）、人类三种不同的人际关系。这种认识显示了人类三种最为重要的存在方式：人作为生命个体在血亲家庭中繁衍生息，人作为社会性动物在一定地域和历史当中劳动和交往，人作为一个物种处于地球生态系统当中（冯雷：《理解空间：20世纪空间观念的激变》，中央编译出版社，2017年，第181页）。不管是1500年后兴起的资本主义，还是进入1900年之后的资本主义，都是基于资本主义生产问题上的一种发展。当然，资本主义前后的发展对空间的认识也有所不同，这也是事实。

⑥ 牛俊伟、刘怀玉：《论吉登斯、哈维、卡斯特对现代社会的时空诊断》，《山东社会科学》，2012年第3期，第24页。

⑦ Martin Dodge, Rob Kitchin. Mapping Cybers Space [M]. London & New York: Routledge, 2001: 1.

中发现它们。网络是一种立刻会变得无处不在的、特别具有包围性的环境。你不能走向它，但是你可以从身体能够运转的任何地方在网上进行联机。网络的交互作用的完全空间化打断了地球编码的钥匙”①。“赛博空间”对马克思历史观认识的挑战，既与主体的形成以及规律的运行有关，也与社会理想价值形态以及自然的认识大有关系。与“赛博空间”并列的，还有一个“赛博时间”问题。“赛博时间”同“赛博空间”一样也是一个概念认识问题：一方面，“瞬间流传全球的信息，混合了横越邻里的现场报道，为社会事件与文化表现提供了前所未有的时间即时性（immediacy）”；另一方面，媒体中各种时间的混合创造出来的是一种既没有“开端”，也没有“终结”和“序列”的“在同一个平面的水平上同时并存”② 的拼贴时间。这就是真实虚拟的文化在电子整合的多媒体系统里时间的转化特性问题，也即同时性（simultaneity）与无时间性（timelessness）。

一言以蔽之，“时间如同空间一样，也是感性或直观的纯粹形式”，且与“赛博空间”一起表现为一种流动的建筑物形式。“流动的建筑制造了流动的城市，这些城市总是随着价值的改变而变化，具有不同知识背景的访问者在哪儿所看到的总是不同的路标。”③ 也就是说，“赛博时间”同“赛博空间”的出现是同人的需要和知识背景有关系的，而且随着人的知识的积累和观念的变化，对这两种时间和空间的认识也会逐渐发生变化和延伸。在互联网、虚拟宇宙、地球、城市的虚拟现实体中，所体现的是“自为是其存在的虚无的基础”，人们完全可以凭借自身的创造力和想象力构造出无穷无尽的存在形式和内容，“自我、自为和它们的关系维持在一种无限制的自由的界限之内”④，于是时间和空间都变成了“一种纯粹的抽象、纯粹的观念”——“这存在借其存在而不存在，借其不存在而存在”⑤。“赛博时间”和“赛博空间”给人们理解时间和空间问题带来的巨大挑战应是“元宇宙”⑥ 问题。

三、“方法”问题

张之沧教授认为“赛博时间”和“赛博空间”问题是波普尔所提出的三个世界也即“物理世界”“精神世界”“概念东西的世界”⑦ 之后的，人类借助于信息、数字、理念和丰富的想象力构造的虚拟世界也即“信息世界”⑧（第四个世界）中产生的问题。在这个世界中，现实的人以及其所形成的主体、社会、自然等的认识都会发生重大变化，

---

① Martin Dodge，Rob Kitchin. Mapping Cyber Space [M]. London & New York：Routledge，2001：62.

② ［美］曼纽尔·卡斯特：《网络社会的崛起》，夏铸九等译，社会科学文献出版社，2001 年，第 561 页。

③ Martin Dodge，Rob Kitchin. Mapping Cyber Space [M]. London & New York：Routledge，2001：61.

④ ［法］萨特：《存在与虚无》，陈宣良等译，生活·读书·新知三联书店，2007 年，第 132 页。

⑤ ［德］海德格尔：《存在与时间》，陈嘉映、王庆节译，商务印书店，2016 年，第 579 页。

⑥ 有关元宇宙的理解，可参阅董扣艳：《元宇宙：技术乌托邦与数字化未来——基于技术哲学的分析》，《浙江社会科学》，2022 年第 8 期，第 113～120 页。张夏恒、李想：《我国元宇宙研究的热点内容、基本特征与趋势分析》，《昆明理工大学学报（社会科学版）》，2022 年第 4 期，第 39～44 页。黄欣荣：《元宇宙的哲学探索——从信息社会到宇宙大脑》，《理论探索》，2022 年第 2 期，第 5～11 页。

⑦ ［英］卡尔·波普尔：《客观知识——一个进化论的研究》，舒炜光等译，上海译文出版社，1987 年，第 164 页、第 165 页。

⑧ 张之沧：《后现代理念与社会》，南京大学出版社，2005 年，第 412 页。

人与人以及人与自然的实践和价值关系越来越向人与人以及人与自然的技术和价值关系发展。“算法社会”“智能社会”“元宇宙”这些科技带来的世界认识的变化，会给如何重新认识自然与社会关系的发展提出新的思考。人类的实践活动越来越虚拟化，“虚拟实践”[①] 越来越成为实践活动的主要形式，如何把虚拟空间中的虚拟实践和人类社会发展中的现实实践的关系沟通起来，如何在自然与社会关系发展中把握人类社会历史发展的运行，是未来人类实践活动面临的一个重大问题。

假如元宇宙成为一个存在论事件[②]，那么，人们看待人类社会历史发展的立场、观点、方法会有什么变化呢？对于这个问题的回答至少有一点是肯定的：马克思新唯物主义的哲学立场应是不可能改变的。

---

① 有关虚拟实践问题，可参阅光明日报出版社 2016 年出版的闵清的《信息时代虚拟实践与人的发展研究》一书第 220～254 页或中国人民大学出版社 2008 年出版的欧阳康的《在观念激荡与现实变革之间：马克思实践观的当代阐释》一书第 72～108 页的相关内容。

② 赵汀阳：《假如元宇宙成为一个存在论事件》，《江海学刊》，2022 年第 1 期，第 27 页。

结 语

“回到马克思”[①] 是20世纪90年代后期中国学术界提出的一个马克思研究的口号，随之提出的另一个问题是“让马克思走入当代”。“回到马克思”和“让马克思走入当代”由此也就成了中国学术界马克思研究中一个颇具争议的话题。

我认为“回到马克思”和“让马克思走入当代”两种提法并不矛盾：首先，“回到马克思”指的是回到马克思的立场、观点和方法；其次，“回到马克思”并不一定会否定马克思的当代价值，“文本研究”不会“回避现实问题因而体现不出马克思主义的当代性”[②]，只要寻找出“当代社会与马克思当年的思考的内在关联”，马克思主义的当代价值“将会理性而客观”地“呈现”出来。[③] “当代社会与马克思当年的思考”之间的关联问题，也就是“回到马克思”和“让马克思走入当代”两种提法的关系问题。“回到马克思”和“让马克思走入当代”两种提法并不矛盾的关键，就是要找到一个马克思和当代结合的具体“语境”[④]。只要二者相遇的具体语境找到了，

---

① 一般认为“回到马克思”是20世纪90年代后期提出的马克思研究的一个问题。实际上，中国学术界在20世纪90年代前后就有学者提出过这个问题，更早一点看，60年代前后在历史研究领域也曾提出过这个问题。从国外的马克思研究看，20世纪初期也已经遇到这个问题了，而2008年金融危机以来，西方出现的《资本论》热也应是“回到马克思”的一种现象。“回到马克思”是一个历史话题。

② 聂锦芳：《文本学研究与对马克思思想的新理解》，载聂锦芳：《滥觞与勃兴：马克思思想起源探究》，中国人民大学出版社，2017年，第8页。

③ 聂锦芳：《文本学研究与对马克思思想的新理解》，载聂锦芳：《滥觞与勃兴：马克思思想起源探究》，中国人民大学出版社，2017年，第9页、第10页。

④ 李清良教授认为，“语境”指的是“与意义承担者发生联系的诸种事物所共同构成的统一体”，其中“与意义承担者发生联系的诸种事物”被称为“语境要素”（李清良：《中国阐释学》，湖南师范大学出版社，2001年，第52页）。袁祖社教授认为“语境”在思想史研究意义上主要指的是“意义背景和文化环境”（袁祖社：《谁之“现实”与何种“合理性”——立足思想史的视野对马克思哲学研究所作的审视》，载田丰、李旭明：《诠释与澄明：马克思哲学的当代理解》，商务印书馆，2010年，第264页）。在剑桥柏拉图学派的斯金纳看来，“语境”指的是“语言的语境”“思想的语境”和“社会、政治语境”。袁教授的语境认识是狭义的，而斯金纳的认识则可以看作是一种广义的认识，也即“跨文本、语境论”的一种思想史研究方法论取向（彭刚：《历史地理解思想——对斯金纳有关思想史研究的理论反思的考察》，载丛日云、庞金友：《西方政治思想史方法论研究》，社会科学文献出版社，2011年，第183页～185页）。本书中所说的“语境”应是一种广义的理解方式，既强调马克思文本与以习近平为主要代表的中国共产党人的文本关系所形成的语境相通问题，也强调二者在社会发展方面语境相通的问题。赵敦华先生有一种观点，认为马克思主义哲学、西方哲学和中国传统哲学会通就是在实现“马克思主义的中国化”“中国传统哲学的现代化”和“西方哲学的处境化”的相互交叉、相互激荡中前进的“三化”趋势（赵敦华：《中西哲学与马克思主义哲学交流》，《中国高校社会科学》，2021年第1期，第48页）。赵先生的观点值得我们进一步思考近代以来“古今中西”这个问题。

那么，“回到马克思”和“让马克思走入当代”关系的处理就一定不会矛盾。“马克思仍然是我们的同时代人”和“马克思与我们同行”提出的意义，就在于找到了“回到马克思”和“让马克思走入当代”的时代语境。“只有回到马克思原初语境为历史唯物主义所锻铸的方法论前提与历史生成总体论视角，辨明‘历史唯物主义重构’概念的确切内涵，并据此校正‘重构’的基本思路，才能有效阐明和凸显历史唯物主义的理论本性、精神实质及当代价值，进而找到使历史唯物主义真实地走向当代的合理路径”，否则“不是把历史唯物主义变成剪裁现实历史的‘抽象公式’，就是将其变成屈从于资本现代性而至多只是从其片段之间的‘缝隙’中寻找批判能量的激进意识形态”。①

习近平总书记在主持第十八届中央政治局第四十三次集体学习时指出：“时代在变化，社会在发展，但马克思主义基本原理依然是科学真理。尽管我们所处的时代同马克思所处的时代相比发生了巨大而深刻的变化，但从世界社会主义500年的大视野来看，我们依然处在马克思主义所指明的历史时代。这是我们对马克思主义保持坚定信心、对社会主义保持必胜信念的科学根据。”② 要理解习近平总书记的这段论述，我认为应注意如下几个方面：

一是如何理解“世界社会主义500年的大视野”问题。500年的视野看世界社会主义最远指的是公元1500年以来世界社会主义的发展问题。公元1500年是人类社会迈入现代社会的关键时期，是人类社会历史发展的转折点，是人类社会交往发展幅度由潜在到进入逐渐大面积浮现的历史阶段，是资本主义同时也是社会主义到来的时代。其一，对于这个时间段马克思是有论述的，其中在《资本论（第一卷）》中马克思曾指出，资本主义最初萌芽的时间是14或15世纪，而“资本主义时代是从16世纪才开始的”③，也即《共产党宣言》中所指的“资产阶级时代”④。其二，马克思所说的1500年以来进入现代社会是对人类社会历史发展的总体性判断，而不是欧洲中心论的。所谓欧洲中心论，不管是认作现代性中看待世界历史的历史观、价值观的视角，还是衡量和评价世界历史的尺度，或是认作裹挟非欧洲民族“重新安排了各种社会的位置”⑤ 的权力，都不外乎是一种企图把“欧美启蒙主义所建立的模式”也即“欧美的历史经验融入人类的命运之中”的具有自我中心主义特性的“自我形象”⑥ 的展示而已。马克思当然不是欧洲中心论者。马克思在批判青年

① 胡刘：《“历史唯物主义重构”的检讨与校正》，《长白学刊》，2017年第3期，第7页、第9页。

② 习近平：《习近平谈治国理政（第二卷）》，外文出版社，2017年，第66页。

③ ［德］马克思：《资本论（第一卷）》，人民出版社，2018年，第823页。

④ 中共中央马克思恩格斯列宁斯大林著作编译局：《马克思恩格斯选集（第一卷）》，人民出版社，2012年，第401页。

⑤ ［美］阿里夫·德里克：《后革命氛围》，王宁等译，中国社会科学出版社，1999年，第166页。

⑥ ［美］阿里夫·德里克：《后革命氛围》，王宁等译，中国社会科学出版社，1999年，第156页。J. M. 布劳特认为“欧洲中心主义从字面上说是殖民世界的世界模式”，是一套或一大批“信条”：(1)“一个非常精雕细琢的模式、一个构建整体”；(2)“自成体系的理论”；(3)“一套高超的理论，是许多历史、地理、心理、社会逻辑和哲学等次级理论的总架构。”（J. M. 布劳特：《殖民者的世界模式——地理传播主义和欧洲中心主义史观》，谭荣根译，社会科学文献出版社，2002年，第12页）。

黑格尔学派的德国中心论时指出，“古往今来每个民族都在某些方面优越于其他民族”，在民族方面的“批判”“认识”并不能“提供精神的优势”，无非是“一种词句上的同义反复”，把自己摆在其他民族之上“并期待着各民族匍匐于自己脚下乞求指点迷径的批判”，只能证明青年黑格尔学派“依然深深地陷在德国民族性的泥坑里”，这不过是“基督教德意志的唯心主义”① 的表现罢了。“无产阶级只有在世界历史意义上才能存在”②，而共产主义事业也只有作为“世界历史性”③ 的存在而存在，才会有可能实现。马克思不仅探讨了欧洲的历史发展，还探讨了欧洲之外俄国、印度、中国以及美洲社会历史发展的问题。马克思在《资本论（第一卷）》中从世界历史发展的角度指出，生产可以分为以机器生产为主的中心和为中心发展工业服务的“主要从事农业的生产地区”④。恩格斯也曾指出：“英国是农业世界的伟大的工业中心……日益增多的生产谷物和棉花的卫星都围绕着它运转。”⑤ 马克思所论述的中心和非中心问题，是从人类社会发展中世界历史一定时代的性质以及其中占统治地位的生产方式的演变规律视角来认识的，强调中心的形成是世界历史时代的整体作用的结果，且这种中心是随着世界历史时代的发展变化而发展变化的，而并不是一种仅仅着眼于整体与部分的关系来看待世界史与民族史、地域史的关系中的中心与边缘以及中心与外围关系的认识方式。⑥ 马克思的世界历史理论是“把作为整体的世界历史的发展视为由各个民族和国家的社会历史发展间的相互联系（直接的或间接的、纵向的或横向的）、相互作用的总和构成的，并能正确、全面地揭示世界历史的过程及其发展导向，把重大社会历史事件真正地置于作为整体的世界历史的过程中来考察”⑦ 的一种历史认识方式。从马克思的历史认识看，马克思并没有拘泥于仅仅论述欧洲的历史，而是从世界历史发展着眼来看待人类社会历史发展的。“马克思形成了一套基于西欧尤其是英国资本主义的分析框架，但这一框架本身就要求纳入唯物史观及其历史地超越西方资本主义的世界历史视野。”⑧

从欧洲历史的实际发展看，欧洲的历史并非完全自生的，不管是古代的历史还是近代以来的历史，欧洲的历史都不是一部独自发展的历史。从全球看，人类世界历史的发展并不是 1500 年之后才出现的事情，1500 年之前的人类社会已经开始从局部地区向更大的范围扩展。就这一点而言，人类社会自产生起就已经开始了向世界历史拓展的历

① 中共中央马克思恩格斯列宁斯大林著作编译局：《马克思恩格斯全集（第二卷）》，人民出版社，2016 年，第 194 页、第 195 页。

② 中共中央马克思恩格斯列宁斯大林著作编译局：《马克思恩格斯选集（第一卷）》，人民出版社，2012 年，第 166 页。

③ 中共中央马克思恩格斯列宁斯大林著作编译局：《马克思恩格斯选集（第一卷）》，人民出版社，2012 年，第 167 页。

④ ［德］马克思：《资本论（第一卷）》，人民出版社，2018 年，第 520 页。

⑤ 中共中央马克思恩格斯列宁斯大林著作编译局：《马克思恩格斯选集（第一卷）》，人民出版社，2012 年，第 72 页。

⑥ 刘怀玉、张锐、王友洛等：《走出历史哲学乌托邦：马克思主义发展观的当代沉思》，河南人民出版社，2001 年，第 426～427 页。

⑦ 叶险明：《马克思的世界历史理论与现时代》，清华大学出版社，1996 年，第 62～63 页。

⑧ 邹诗鹏：《马克思对欧洲中心主义的批判与超越》，《哲学研究》，2018 年第 9 期，第 16 页。

程。1500 年不独是西方的 1500 年，而是世界的 1500 年，[①] 其标识的是整个人类社会历史发展由传统社会向现代社会迈进的历史时期[②]。问题只是在于在这个历史时间段之内，有的民族国家发展得快一点，而有的民族国家则发展得慢一点而已。“世界史不是过去一直存在的；作为世界史的历史是结果。”[③] 当然，“以中国为中心”也不值得倡导。“理解中华文明与世界文明的关系，不是为了以中国中心论替代西方中心论，而是要推进对于人类进程的总体性理解。”[④]

二是如何理解“我们依然处在马克思主义所指明的历史时代”的问题。对这个问题的认识，我认为首先要理解马克思“所指明的历史时代”的问题。马克思在《〈政治经济学批判〉序言》中指出，随着资本主义生产方式由于其内在的生产力与生产关系、经济基础与上层建筑基本矛盾和主要矛盾的运动变化，资本主义形态将作为“社会生产过程的最后一个对抗形式”[⑤] 而必然灭亡。资本主义向共产主义转变，“人类社会的史前时期就以这种社会形态而告终”[⑥]。马克思的论述实际上讲的是资本主义向共产主义转变的历史趋势问题。马克思之后，列宁曾多次讲过人类社会历史发展的时代问题，其中在 1918 年《无产阶级革命和叛徒考茨基》中，列宁提出了从资本主义到共产主义过渡是“一整个历史时代”[⑦] 的问题，在 1919 年的《无产阶级专政时代的经济和政治》中再次提出“过渡时期”和“整个历史时代”的问题——“在资本主义和共产主义之间有一个过渡时期，这在理论上是毫无疑义的。……具有这种过渡时期特点的整个历史时代的必然性，不仅对马克思主义者来说，而且对任何一个有学识的、多少懂得一点发展论的人来说，应当是不言而喻的”[⑧]。关于资本主义和共产主义的过渡问题，马克思在《哥达纲领批判》中论述过，认为在资本主义社会和共产主义社会之间会有一个从前者变为后者的革命转变时期，而同这个时期相适应的也有一个无产阶级革命专政的“政治上的过渡时期”[⑨]。马克思除谈到资本

---

① 贡德·弗兰克的《白银资本》虽然在理论认识方面存在这样或者那样的不足之处，但其注重从欧洲之外的角度看待现代世界的发展的观点还是具有一定意义的。从突破“西方中心主义”的角度看，弗兰克要比沃勒斯坦彻底，相对而言，沃勒斯坦的“世界体系”理论并没有跳出“西方中心主义”的窠臼。

② 关于公元 1500 年后中国和世界的交往，可参阅九州出版社 2011 年出版的韩毓海的《500 年来谁著史：1500 以来的中国与世界》一书第 162～407 页或天地出版社 2021 年出版的郭建龙的《丝绸之路大历史：当古代中国遭遇世界》一书第 381～524 页的相关内容。

③ 中共中央马克思恩格斯列宁斯大林著作编译局：《马克思恩格斯选集（第二卷）》，人民出版社，2012 年，第 710 页。

④ 张文涛：《全球史的兴起与当代中国全球史学科建设》，《甘肃社会科学》，2021 年第 4 期，第 122 页。

⑤ 中共中央马克思恩格斯列宁斯大林著作编译局：《马克思恩格斯选集（第二卷）》，人民出版社，2012 年，第 3 页。

⑥ 中共中央马克思恩格斯列宁斯大林著作编译局：《马克思恩格斯选集（第二卷）》，人民出版社，2012 年，第 3 页。

⑦ 中共中央马克思恩格斯列宁斯大林著作编译局：《列宁全集（三十五卷）》，人民出版社，2017 年，第 255 页。

⑧ 中共中央马克思恩格斯列宁斯大林著作编译局：《列宁全集（三十七卷）》，人民出版社，2017 年，第 265～266 页。

⑨ 中共中央马克思恩格斯列宁斯大林著作编译局：《马克思恩格斯选集（第三卷）》，人民出版社，2012 年，第 373 页。

主义和共产主义社会之间过渡期的政治意义之外，实际上也谈到了这个过渡时期在“经济、道德和精神”方面的意义理解问题，认为这些方面“都还带着它脱胎出来的那个旧社会的痕迹”①。列宁对资本主义和共产主义社会之间过渡问题的理解应该说也不是单一的，而是从经济、政治、文化等各个方面论述的一个问题。当然，列宁对这个问题的理解是有一个发展过程的。总体上说，习近平总书记所讲的“马克思主义所指明的历史时代”，指的是“从资本主义向社会主义过渡的时代”，是一个具有“明确生产关系和经济社会形态属性、鲜明阶级本质和统治方式”为标准划分的社会历史时期，也即“是一个总体性的、本质性的、体现社会发展规律趋势的‘大的历史时代’”。② 十月革命是“资产阶级时代和社会主义时代……世界性交替的开始”③，也即从资本主义向社会主义过渡时代的开始——“俄国伟大十月社会主义革命所开始的由资本主义向社会主义的过渡”④。

习近平总书记除立足于世界历史发展的大视野，对人类社会当今时代全球发展的宏观方位、一般本质与总体特征的历史时代问题有论述之外，还着眼于世界历史发展的最新阶段，对现今时代全球发展的阶段性变化、具体方位以及特征有具体的论述，此即习近平总书记 2017 年 12 月份以来多次论述的“世界百年未有之大变局”问题——“放眼世界，我们面对的是百年未有之大变局”⑤。如何理解习近平总书记提出的“当今世界正经历百年未有之大变局”⑥ 论断，首先是如何认识“百年”的问题。这里的“百年”是个“概略数”而不是“确指”⑦，是“虚数”和“实数”的“结合”⑧，是“社会”和“自然”时间的结合⑨，其最长时间可以是指 500 年也即公元 1500 年以来的大变局问题⑩，较短一点则可以指 100 年也即公元 1900 年以来的大变局问题⑪。其次是“未有之”如何理解的问题。“未有之”当然是说以前从来没有出现过的问题，但这并不是说和以前社会没有关系，而是说社会发展长时间后出现的一个问题，也即公元 1500 年或公元 1900 年以来人类社会发展出现的一个大问题。再次，是“大变局”如何理解的问

---

① 中共中央马克思恩格斯列宁斯大林著作编译局：《马克思恩格斯选集（第三卷）》，人民出版社，2012 年，第 363 页。

② 本刊记者：《我们依然处在马克思主义所指明的历史时代——访中国社会科学院党组成员、当代中国研究所所长姜辉》，《马克思主义研究》，2019 年第 1 期，第 13 页、第 14 页。

③ 中共中央马克思恩格斯列宁斯大林著作编译局：《列宁全集（第三十六卷）》，人民出版社，2017 年，第 208 页。

④ 中国大百科全书总编辑委员会：《中国大百科全书（政治学）》，中国大百科全书出版社，2002 年，第 329 页。

⑤ 习近平：《习近平谈治国理政（第三卷）》，外文出版社，2020 年，第 421 页。

⑥ 中共中央党史和文献研究院：《十九大以来重要文献选编（中）》，中央文献出版社，2021 年，第 271 页。

⑦ 张海鹏：《“百年未有之大变局”是历史的结论》，《山东行政学院学报》，2021 年第 4 期，第 1 页。

⑧ 袁鹏：《世界“百年未有之大变局”之我见》，《现代国际关系》，2020 年第 1 期，第 1 页。

⑨ 王伟光：《世界百年未有之大变局与马克思主义中国化哲学》，《马克思主义哲学》，2021 年第 1 期，第 14 页。任剑涛：《社会变迁的时间尺度》，《华中师范大学学报（人文社会科学版）》，2020 年第 4 期，第 1 页。

⑩ 王文：《500 年？400 年？300 年？200 年？100 年？如何理解“百年未有之大变局”》，《人民论坛·学术前沿》，2019 年第 7 期，第 33 页。徐蓝：《500 年世界历史变迁与“百年未有之大变局”》，《世界历史》，2020 年第 6 期，第 7 页。

⑪ 曲青山：《中国共产党百年与百年大变局》，《中共党史研究》，2021 年第 3 期，第 9 页。

题。既然是“大变局”，那么变化所覆盖的广度和变革所浸入的深度都是前所未有的，既有不同社会制度的较量、全球经济结构秩序的调整、世界治理体系的变革问题，也有意识形态斗争加剧和科技革命影响突出等问题。“世界多极化、经济全球化、社会信息化、文化多样化深入发展，全球治理体系和国际秩序变革加速推进，新兴市场国家和发展中国家快速崛起，国际力量对比更趋均衡，世界各国人民的命运从未像今天这样紧紧相连。”① 总体上说，所谓“世界百年未有之大变局”，就是指“在一个相对较长的历史时期深刻影响人类历史发展方向和进程的世界大发展、大变化、大调整、大转折、大进步”②。

“百年变局”的提出对于我们理解习近平总书记所讲的“马克思主义所指明的历史时代”具有重要的意义。“百年变局”也就是“马克思主义所指明的时代”之中的“百年变局”，是“马克思主义所指明的时代”的重大转向。在这个“马克思主义所指明”的“大变局”的“历史时代”，马克思在百年前提出的“往何处去”③ 的人类社会问题仍是当今世界不得不面临的重要问题。而这也正是马克思主义历史观研究要着重把握的时代问题。新时代中国特色社会主义就是要在这个历史环境中完成下一个一百年的目标和实现中华民族伟大复兴的历史任务。

第三，我们需要再说一下如何进行历史观研究的问题。对此，恩格斯在 1890 年写给康拉德·施密特的信中有过详细的阐述，指出不仅把历史观看作是“研究工作的指南”，而且还“必须重新研究全部历史”④，就是要“详细研究各种社会形态的存在条件，然后设法从这些条件中找出相应的政治、私法、美学、哲学、宗教等等的观点”⑤。遵循恩格斯历史观研究指明的方向，按照中国当代马克思主义也即 21 世纪马克思主义“历史逻辑、理论逻辑、实践逻辑”⑥ 发展的要求，依据“马克思主义基本原理同中国具体实际相结合、同中华优秀传统文化相结合”⑦ 的原则，中国的马克思主义研究一定会“出大力”“认真地工作”，做出“超群出众”的“许多成绩”⑧，为人类社会的历史发展作出应有的贡献。“只要我们勇于结合新的实践不断推进理论创新、善于用新的理论指导新的实践，就一定能够让马克思主义在中国大地上展现出更强大、更有说服力的真理力量。”⑨

---

① 中共中央党史和文献研究院：《十九大以来重要文献选编（上）》，中央文献出版社，2019 年，第 640 页。

② 罗建波：《从全局高度理解和把握世界百年未有之大变局》，《学习时报》，2019 年 6 月 7 日第 2 版。

③ 中共中央马克思恩格斯列宁斯大林著作编译局：《马克思恩格斯全集（第一卷）》，人民出版社，2016 年，第 415 页。

④ 中共中央马克思恩格斯列宁斯大林著作编译局：《马克思恩格斯选集（第四卷）》，人民出版社，2012 年，第 599 页。

⑤ 中共中央马克思恩格斯列宁斯大林著作编译局：《马克思恩格斯选集（第四卷）》，人民出版社，2012 年，第 599 页。

⑥ 习近平：《习近平谈治国理政（第三卷）》，外文出版社，2020 年，第 28 页。

⑦ 习近平：《在庆祝中国共产党成立 100 周年大会上的讲话》，人民出版社，2021 年，第 13 页。

⑧ 中共中央马克思恩格斯列宁斯大林著作编译局：《马克思恩格斯选集（第四卷）》，人民出版社，2012 年，第 599 页。

⑨ 习近平：《中共中央关于党的百年奋斗重大成就和历史经验的决议》，《人民日报》，2021 年 11 月 17 日第 1 版。

主要参考文献

一、普通图书

[1] 周义澄. 自然理论与现时代——对马克思哲学的一个新思考 [M]. 上海：上海人民出版社，1988.

[2] 谢平仄. 社会结构论 [M]. 武汉：湖北人民出版社，1993.

[3] 刘远传. 社会本体论 [M]. 武汉：武汉大学出版社，1999.

[4] 赵家祥，李清昆，李士坤. 历史唯物主义教程 [M]. 北京：北京大学出版社，1999.

[5] 张云飞. 跨越"峡谷"：马克思晚年思想与当代社会发展理论 [M]. 北京：人民出版社，2001.

[6] 叶汝贤. 马克思的历史观 [M]. 广州：中山大学出版社，2002.

[7] 王金福. 马克思的哲学在理解中的命运：对马克思主义哲学史的解释学考察 [M]. 苏州：苏州大学出版社，2003.

[8] 旷三平. 唯物史观前沿问题研究：现代哲学视域下的一种理论探讨 [M]. 北京：中国社会科学出版社，2004.

[9] 庞卓恒. 唯物史观与历史科学 [M]. 北京：高等教育出版社，2004.

[10] 张之沧. 后现代理念与社会 [M]. 南京：南京大学出版社，2005.

[11] 陈晏清，袁吉富. 历史认识论和历史方法论 [M]. 长春：吉林人民出版社，2006.

[12] 阎孟伟. 辩证的历史决定论 [M]. 北京：中国社会科学出版社，2007.

[13] 周林东. 人化自然辩证法——对马克思的自然观的解读 [M]. 北京：人民出版社，2008.

[14] 李百玲. 晚年马克思恩格斯交往观研究 [M]. 北京：中央编译出版社，2009.

[15] 崔唯航. 马克思哲学革命的存在论阐释 [M]. 北京：中国社会科学出版社，2010.

[16] 郭强. 论马克思的研究方法 [M]. 北京：中国社会科学出版社，2010.

[17] 周世兴. 个人的历史与历史的个人——马克思个人理论研究 [M]. 北京：人民出版社，2013.

[18] 龚培河. 马克思主义关于历史规律及其实现方式研究 [M]. 北京：中国社会科学出版社，2014.
[19] 宫敬才. 马克思经济哲学微观研究 [M]. 北京：人民出版社，2021.
[20] 刘冠军. 马克思“科技—经济”思想及其发展研究 [M]. 北京：人民出版社，2021.
[21] 孙大飞. 西方马克思主义和后马克思主义历史观研究 [M]. 北京：中国社会科学出版社，2021.
[22] 杨耕. 危机中的重建：唯物主义历史观的现代阐释 [M]. 武汉：武汉大学出版社，2022.
[23] 马赛罗・穆斯托. 马克思的晚年岁月 [M]. 刘同舫，谢静，译. 北京：人民出版社，2022.
[24] LUHMANN N. The Differentiation of Society [M]. HOLMES S，LARMORE C，trans. New York：Columbia University Press，1982.
[25] BAUDRILLARD J. The Transparency of EVIL：Essays on Extreme Phenomena [M]. BENEDICT J.，trans. London & New York：Verso，1990.
[26] LEFEBVRE H. The Production of Space [M]. NICHDLSON-SMITH D.，trans. Oxford：Basil Blackwell Ltd，1991.
[27] BAUDRILLARD J. Simulacra and Simulation [M]. GLASER SF，trans. Ann Arbor：the University of Michigan Press，1994.
[28] DODGE D，KITCHIN R. Mapping Cybers Space [M]. London：Routledge，2001.
[29] NEGRI A，HARDT M. Mulitude：War and Democracy in the Age of Empire [M]. New York：The Penguin Press，2004.

二、期刊

[1] 孙大飞. 破除对马克思历史观的经济决定论的误读 [J]. 江汉论坛，2016（10）：40—46.
[2] 孙大飞. 传统本体论误读：马克思历史观澄明的现代存在论理路 [J]. 甘肃社会科学，2015（5）：47—51.
[3] 汪信砚. 百年大党马克思主义中国化的再出发 [J]. 武汉大学学报（哲学社会科学版），2021（6）：5—13.
[4] 顾海良. 马克思主义中国化与中国共产党思想的百年辉煌 [J]. 马克思主义与现实，2021（3）：1—10.
[5] 辛向阳. 中国式现代化新道路的性质与特征 [J]. 马克思主义理论教学与研究，2022（1）：14—16.
[6] 赵汀阳. 假如元宇宙成为一个存在论事件 [J]. 江海学刊，2022（1）：27—37.
[7] 岳奎，许慧. 再论马克思主义自然观与历史观的统一问题——基于发展哲学价值维度的考察 [J]. 武汉大学学报（哲学社会科学版），2022（4）：40—48.

[8] 李政，王一钦，魏旭．论马克思政治经济学方法的整体性——兼答陈龙博士的理论困惑［J］．政治经济学评论，2022（4）：194－210．

后　记

这是我写的第三本书，写书当然辛苦，但也快乐。知识在于个人的勤勉和体悟，这是不错的，但也少不了有缘人的助力。本书能最终出版，应感谢很多贵人的帮助。在写作过程中，由于一个地方没搞清楚，有点不通畅，后经四川大学出版社梁平老师的点拨，终使我柳暗花明。感谢梁平老师。王睿君是我的研究生，平时帮我找了很多资料，在此一并感谢。如果没有成都理工大学马克思主义学院的资助，这本书也很难出版，再次感谢李奋生院长和杜春华书记等领导的支持。如果没有四川大学出版社陈克坚老师的帮助，这本书出版也是不可能的，感谢陈老师的付出和帮助。当然，如果没有这么多论著的启迪，这本书也是不可能成型的。感谢所有启迪过我的论著的作者。

我也很期待我的第四本书，期待我的努力能够把理想变为现实。我努力！

孙大飞

2022 年 8 月 28 日于理工东苑